# Sécurité informatique

Pour les DSI, RSSI
et administrateurs

**Laurent Bloch, Christophe Wolfhugel,
Ary Kokos, Gérôme Billois, Arnaud Soullié,
Alexandre Anzala-Yamajako, Thomas Debize**

Préfaces de Christian Queinnec et Hervé Schauer
Avec la contribution de Nat Makarevitch


# Sécurité informatique

## Pour les DSI, RSSI et administrateurs

**5e édition**

EYROLLES

ÉDITIONS EYROLLES
61, bd Saint-Germain
75240 Paris Cedex 05
www.editions-eyrolles.com



© Groupe Eyrolles, 2006, 2009, 2011, 2013, 2016
© Éditions Eyrolles, 2019
ISBN : 978-2-212-11849-0

# Préface

L'Internet, on le lit souvent, est une jungle, un lieu plein de dangers sournois, tapis et prêts à frapper fort, péniblement et durablement. On aura intérêt à ne pas s'attarder sur cette banalité car la jungle est en l'occurrence l'endroit où l'on doit obligatoirement vivre. En revanche, tout comme pour certaines maladies transmissibles, être ignare, ne pas vouloir apprécier les dangers, persister à les ignorer sont des attitudes blâmables.

Par contre, un ordinateur est un assemblage hétéroclite, historiquement enchevêtré, de matériels et de logiciels dont les innombrables interactions sont au-delà de l'humainement appréhendable. Un ordinateur est tout autant une jungle, qui même s'étend au fil de ses expositions successives à Internet.

Comme dans tant d'autres domaines sociétaux, la « sécurité » est réputée être la solution à ces problèmes !

Mais plus que de bonnement nommer cette solution, d'espérer un monde meilleur où l'on pourrait enfin jouir de cette fameuse sécurité, il faut s'interroger sur son existence, sa nature, ses constituants, ses conditions d'apparition ou de disparition, son développement, etc. C'est précisément à ces interrogations que répond l'ouvrage de Laurent Bloch, Christophe Wolfhugel, Ary Kokos, Gérôme Billois, Thomas Debize, Alexandre Anzala-Yamajako et Arnaud Soullié.

Un tel état de grâce ne s'obtient ni par décret, ni par hasard. C'est le résultat d'une confluence opiniâtre de comportements et de solutions techniques. Ces dernières existent depuis l'article séminal de Diffie et Hellman [84] publié en 1976, qui a permis de résoudre le problème, ouvert depuis des millénaires : comment deux personnes, ne se connaissant au préalable pas, peuvent-elles élaborer un secret commun à elles seules en n'ayant échangé que des messages publics ? Clés publiques et privées, certificat, signature électronique sont les plus connues des innovations dérivées de cet article. Notariat électronique, respect de l'anonymat (réseau TOR), crypto-virus blindés en sont d'autres plus confidentielles.

Si, dès maintenant, des solutions techniques existent pour un monde meilleur, sur le plan humain le salut peine à s'instaurer. On ne peut souhaiter un monde sûr que si l'on prend la mesure de l'actuelle insécurité. On ne peut espérer un monde plus sûr que si l'on sait qu'il est réalisable, que si l'on est prêt à tolérer des changements personnels importants de comportement, si l'entière société humaine stimule l'adoption de ces nouvelles règles et veille à les adapter au rythme des inéluctables évolutions.

La sécurité n'est qu'un sentiment dont l'éclosion est due à la conjonction de facteurs techniques et sociétaux. La mise en place d'un contexte favorable à ce sentiment est complexe, tant sont grandes les difficultés de réalisation et les oppositions entre les différentes inclinations libertaires, dirigistes ou *Big Brother*-iennes. L'anonymat est-il autorisé sur Internet ? Puis-je mettre mon ordinateur en conformité avec mes désirs sécuritaires ? Comment rétribuer une création intellectuelle incarnée numériquement *(sic)* et dont la duplication est quasiment gratuite ? Devons-nous laisser l'offre des industriels diriger notre morale et notre liberté ?

L'excellent livre de Laurent Bloch, Christophe Wolfhugel, Ary Kokos, Gérôme Billois, Thomas Debize, Alexandre Anzala-Yamajako et Arnaud Soullié a pour thème la sécurité. Loin de s'appesantir sur les seuls aspects techniques ou de broder autour de banalités comme « la sécurité parfaite n'existe pas » ou encore « avoir listé les menaces garantit une éternelle quiétude », ce livre est à lire et à méditer par tous ceux qui y croient et tous ceux qui n'y croient pas afin que tous puissent participer intelligemment à l'avènement de l'ère numérique. Cet espace incommensurablement démocratique (les internautes votent avec leur souris) que réalise l'interconnexion de toutes les puces calculantes, nous avons une chance de modeler son avenir tout autant que de le transformer en le plus effroyablement fliqué lieu communautaire. À nous de choisir, à la lueur de ce que nous en dit cet ouvrage.

**Christian Queinnec**
Professeur émérite à l'université
Pierre et Marie Curie

# Préface II

Les experts sécurité répètent régulièrement que la sécurité est un échec, que notre métier de consultant en sécurité ne sert à rien. Est-ce réellement le cas ?

Il est toujours plus facile d'attaquer que de défendre, et les gendarmes courent toujours après les voleurs. Il en est de même dans la cybersécurité, les éditeurs comme les consultants courent toujours derrière les problèmes, qu'ils soient d'origine intentionnelle ou pas.

Les nouvelles technologies induisent perpétuellement de nouveaux risques, avec des conséquences potentielles plus graves comme, à présent, la « mort d'homme ». Mais elles permettent cependant une amélioration du quotidien et de beaucoup de métiers, et des gains de productivité qui sont inhérents au progrès.

Nous oublions parfois un peu trop vite avec les nouvelles habitudes le confort apporté par le progrès. Le risque est inhérent à l'évolution, le refuser c'est stagner.

À ces nouveaux risques, des solutions, du bon sens, de l'organisation, de la volonté et de la persévérance, parfois aussi quelques produits pour aider, du personnel compétent, expérimenté, motivé, faisant preuve d'abnégation et de persévérance, et au final, y a-t-il réellement plus de risques qu'avant ? Je n'en suis pas si sûr, en tout cas pas dans les proportions et le catastrophisme perpétuel des papiers de certains éditeurs.

J'étais un des premiers dans les années 1990 à faire peur, je suis passé par là, mais le bilan des accidents sur 20 ans montre plus de constance que de croissance.

Entre les bienfaits des avancées technologiques, les nouveaux comportements qui en découlent et les risques induits, la balance n'est pas forcément en défaveur des risques. Bien sûr ceux-ci doivent être évalués, réduits ou acceptés. Mais nous devons surtout faire preuve de persévérance, d'endurance, de méthode et de rigueur, et pour convaincre rester factuels, en évitant de tomber dans le FUD[1] qui décrédibilise la cybersécurité.

Ainsi la sécurité n'est ni une utopie ni un échec, sans être un succès non plus, elle est un sujet continu qui joue son rôle dans la société en progressant et s'adaptant. Le consultant en sécurité ne doit pas être celui qui crie au loup, mais celui qui permette de protéger les troupeaux.

La nouvelle édition revue et augmentée de ce livre, dont les auteurs ont été rejoints pour l'occasion par cinq nouveaux experts réputés, présente un panorama élargi des risques encourus par les systèmes d'information et des réseaux, et des contre-mesures qui permettent d'y faire face, avec notamment de nouveaux chapitres consacrés à la sécurité des systèmes Windows, Android et iOS. Si le jaillissement quotidien de nouvelles attaques sans cesse plus ingénieuses interdit de croire à une protection prédictive complète, nul doute que ce parcours des différentes familles de problèmes évoqués dans ce livre contribue à approfondir la culture de la sécurité, qui sera en définitive la meilleure arme de l'ingénieur pour faire face à des menaces imprévues.

**Hervé Schauer**
Consultant en sécurité
des systèmes d'information
depuis 1989

---

1. "Fear Uncertainty and Doubt", https://fr.wikipedia.org/wiki/Fear,_uncertainty_and_doubt.

# Table des matières

CHAPITRE 5
# Sécurité du système d'exploitation et des programmes . . . . . . . . . . . . . . . . . . . . . . 143

## Chapitre 17
## Cybersécurité : dimension géostratégique . . . . . . . . . . . . . . . . . . . 539

# Avant-propos

Ce livre procurera au lecteur les connaissances de base en sécurité informatique dont aucun utilisateur d'ordinateur ni aucun internaute ne devrait être dépourvu, qu'il agisse dans le cadre professionnel ou à titre privé. Nous proposons ainsi des pistes pour aider chacun à voir clair dans un domaine en évolution rapide, où l'information de qualité est parfois difficile à distinguer au sein du vacarme médiatique et des rumeurs sans fondement.

Plutôt que de proposer des recettes à appliquer telles quelles et qui dans un domaine en évolution rapide seraient de toute façon vouées à une prompte péremption, nous présenterons des axes de réflexion accompagnés d'exemples techniques.

L'Internet est au cœur des questions de sécurité informatique : nous rappellerons brièvement ses principes de fonctionnement, placés sous un éclairage qui fera apparaître les risques qui en découlent. Pas de sûreté de fonctionnement sans un bon système d'exploitation : nous passerons en revue les qualités que nous sommes en droit d'en attendre. Nous examinerons les différentes formes de malfaisance informatique, sans oublier les aspects organisationnels et sociaux de la sécurité. Pour les entreprises, nous proposerons quelques modèles de documents utiles à l'encadrement des activités informatiques de leur personnel.

La protection des systèmes d'information repose aujourd'hui sur la cryptographie : nous donnerons un exposé aussi simple que possible des principes de cette science, qui permettra au lecteur qui le souhaite d'en comprendre les bases mathématiques. Celui qui serait rebuté par ces aspects pourra en première lecture sauter sans trop de dommages ces développements.

Nous poursuivrons par un tour d'horizon des possibilités récentes de l'Internet, qui engendrent de nouveaux risques : échanges de fichiers pair à pair, informatique en nuage *(Cloud Computing)*, téléphonie sur IP *(Internet Protocol)*, publication de données personnelles sur les réseaux sociaux...

Enfin l'Internet joue dans la politique et l'économie mondiales un rôle comparable à celui des océans entre 1800 et 1930 et les États-Unis y occupent une position dominante analogue à celle de la Grande-Bretagne sur les mers à l'époque victorienne, cependant que les points d'échanges de l'Internet (IXP) sont aussi importants stratégiquement que les Dardanelles et le canal de Suez l'étaient à cette époque. Il serait donc étonnant qu'un espace public d'une telle importance stratégique ne soit pas l'objet de rivalités et de conflits, et effectivement rivalités et conflits y éclatent. La *cyberdéfense* et la *cyberstratégie* deviennent des préocupations centrales pour tous les gouvernements, plus de trente pays ont créé des unités de cyberdéfense. Nous avons consacré notre chapitre n° 17 p. 539 aux questions de sécurité, de défense et de stratégie dans le cyberespace.

---

**Cyberespace**

Nous pouvons définir le cyberespace comme l'ensemble des données numérisées (logiciels et documents textuels, sonores, graphiques ou visuels) disponibles sur l'Internet et des infrastructures matérielles et logicielles qui leur confèrent l'ubiquité.

Nous proposons pour décrire et analyser ce nouvel espace un modèle en quatre couches (cf. *Révolution cyberindustrielle en France* [41]) :

1. couche physique : les infrastructures, fibres optiques transocéaniques, faisceaux hertziens, points d'échanges de l'Internet (IXP) où se trouvent les routeurs qui sont les postes d'aiguillage de l'Internet ;
2. couche commande et contrôle (C&C) : le système de noms de domaines (DNS), les tables et les protocoles de routage, les logiciels qui les implémentent dans les routeurs ;
3. couche logique : les données publiées, les logiciels qui permettent d'y accéder et de les transformer ; serveurs web, moteurs de recherche, navigateurs, *Contents Delivery Networks* (CDN), systèmes de chiffrement...
4. couche cognitive : l'esprit et l'intellection des internautes, organisés par la sémantique et la syntaxe des interfaces d'accès à la couche logique.

Michel Volle[2] nous suggère que « plusieurs dialectiques se nouent [dans le cyberespace] : celle de la centralisation des ressources informatiques, avec le *"cloud computing"* [l'informatique en nuage], et de la décentralisation des accès et interfaces avec l'Internet des objets ; celle du cyberespace, négation de la distance géographique, et de l'espace physique à trois dimensions dans lequel sont plongés nos corps et nos biens ; celle aussi, nous le verrons, du droit et de la violence. »

---

2. http://www.strato-analyse.org/fr/spip.php?article222

Les lignes qui suivent sont avant tout le fruit de nos expériences professionnelles respectives, notamment dans les fonctions de responsable de la sécurité des systèmes d'information de l'Institut national de la santé et de la recherche médicale (INSERM), d'expert des protocoles de l'Internet au sein de la division Orange Business Services de France Télécom, d'ingénieur de recherche et développement en cryptographie au sein de Thalès, et de consultant en sécurité, auditeur et *penetration tester* au sein du cabinet Solucom (renommé entre temps *Wavestone*).

L'informatique en général, ses domaines techniques plus que les autres et celui de la sécurité tout particulièrement, sont envahis de « solutions » que des entreprises s'efforcent de vendre à des clients qui pourraient être tentés de les acheter avant d'avoir identifié les problèmes qu'elles sont censées résoudre. Il est vrai que la démarche inductive est souvent fructueuse dans les domaines techniques et que la démonstration d'une solution ingénieuse peut faire prendre conscience d'un problème, et du coup aider à sa solution. Mais l'induction ne peut trouver son chemin que dans un esprit déjà fécondé par quelques interrogations : le but des lignes qui suivent est de contribuer à cet effort de réflexion.

L'axe de ce livre, on l'aura compris, n'est pas dirigé vers les modes d'emploi de logiciels ou de matériels de sécurité, mais plutôt vers la position et l'explication des problèmes de sécurité, insérés dans un contexte technique dont il faut comprendre les tenants et les aboutissants si l'on veut adopter des solutions raisonnables. Et donner dans un livre des solutions techniques ou, pire, des recettes toutes faites, nous semblerait futile à une heure où le contexte technique évolue si vite que le Web et la presse spécialisée (qui se développe, y compris en langue française, cf. par exemple la revue MISC) nous semblent bien mieux placés pour répondre à ce type d'attente. Il nous a paru plus judicieux de proposer au lecteur un tour d'horizon des problèmes afin qu'il puisse plus facilement, le moment venu, choisir entre plusieurs solutions techniques qui pourraient s'offrir à lui face à un problème concret.

## Mode d'emploi du livre

Comment aborder la lecture de ce livre ? Il propose une progression des explications. La cryptographie   point le plus difficile parce qu'assez technique mais à la base de tout le reste – fait d'abord l'objet d'une évocation informelle et succincte (chapitre 1), ensuite d'une présentation générale de la fonction de chiffrement, sans préjuger de ce qu'elle est (chapitre 2), puis d'une explication précise avec exposé mathématique (chapitre 4). Il semble difficile de faire autrement, car certains lecteurs ont le droit de ne pas lire les mathématiques du chapitre 4, mais ils ont aussi le droit de comprendre le reste quand même. Une explication complète, dès le début, risquerait de décourager le lecteur ; supprimer l'explication préalable du chapitre 2 saperait les développements qui suivent. Cette progression a un prix, des *flashbacks* : nous pensons qu'il vaut mieux revenir sur un sujet que d'égarer le lecteur par une attaque trop abrupte.

---

**Conventions typographiques**

Les textes encadrés ainsi sont destinés à des explications plus techniques que les autres passages, à des exemples pratiques ou à des apartés.

Les nombres entre crochets comme ceci [24] renvoient aux entrées de la bibliographie, en fin de volume.

---

Le livre comporte quatre parties, qui nous semblent correspondre aux quatre axes selon lesquels un responsable de sécurité doit déployer ses compétences et son activité :

- la première partie expose les principes généraux de sécurité, de façon aussi peu technique que possible ; tout directeur du système d'information, tout chef de projet doit posséder ces principes ;
- la seconde partie, consacrée à la *science de la sécurité informatique*, présente les bases scientifiques sur lesquelles reposent les techniques pratiques ; elle est plus exigeante pour le lecteur en termes de difficulté conceptuelle ;
- la troisième partie aborde les aspects politiques, sociaux et psychologiques de la sécurité ; vous devriez pouvoir la placer sous les yeux de votre directeur juridique et de votre DRH ;
- la quatrième partie, qui envisage les évolutions récentes des menaces et de la sécurité, devrait intéresser quiconque navigue régulièrement sur l'Internet.

## Remerciements

La liste de tous ceux à qui ce livre doit quelque chose est trop longue pour que nous prétendions la dresser sans oublier de noms.

Nous citerons Dominique Sabrier et Marie-Capucine Berthier, pour leurs relectures toujours précises et d'une exigence judicieuse. L'idée de ce livre naquit d'un enseignement de master organisé à l'université Paris 12 par Alexis Bès. Christian Queinnec (outre sa préface), Michel Gaudet, Bernard Perrot, Patrick Lerouge, Nat

Makarévitch et Solveig ont relu, utilement commenté, conseillé et encouragé. Nos collègues de l'Inserm, d'Orange, de l'université Paris-Dauphine, de Thalès et de Wavestone (ex-Solucom), sans en avoir forcément eu conscience, ont aussi contribué tant par les échanges d'expériences et d'avis que par les situations concrètes soumises à notre examen. Muriel Shan Sei Fan fut une éditrice à l'exigence stimulante. Florence Henry et Sébastien Mengin ont mis à la composition la touche finale qui fait l'esthétique de l'ouvrage. Pour la cinquième édition, chez l'éditeur, Alexandre Habian, Sophie Hincelin et leur équipe ont pris la relève.

Les activités et réunions organisées par l'Observatoire de la sécurité des systèmes d'information et des réseaux (OSSIR), par le Symposium sur la sécurité des technologies de l'information et de la communication (SSTIC) et par les Journées réseau de l'enseignement supérieur (JRES) ainsi que les conférences *Hackito Ergo Sum* Sum et *NoSuchCon* furent des sources d'inspiration permanentes : parmi les intervenants, nous citerons notamment Éric Filiol, Nicolas Ruff, Hervé Schauer, Ary Kokos. Je remercie le regretté François Bayen pour ses suggestions qui ont amélioré notablement les exposés cryptographiques du chapitre 4. La responsabilité des erreurs qui subsistent néanmoins dans ce texte ne peut être imputée qu'aux auteurs.

Ce livre a été écrit, composé et mis en page au moyen de logiciels libres, notamment GNU/Linux, GNU/Emacs, TeX, (Xe)LaTeX, Bib(La)TeX et xfig : il convient d'en remercier ici les auteurs et contributeurs, dont le travail désintéressé élargit le champ de la liberté d'expression.


## Note pour la cinquième édition

Lorsque le temps est venu de préparer la cinquième édition de ce livre, dix ans s'étaient écoulés et une mise à jour plus profonde que pour les rééditions précédentes s'imposait. Si les grands principes sont restés les mêmes, de nouveaux sujets ont été introduits, et pour ce faire de nouveaux co-auteurs sont venus nous rejoindre : Ary Kokos, Gérôme Billois, Arnaud Soullié, Alexandre Anzala-Yamajako et Thomas Debize, grâce à qui nous avons un chapitre très substantiel sur la sécurité des systèmes Windows récents, un chapitre sur la sécurité des systèmes mobiles Android et iOS, un chapitre nouveau sur la gestion de crise et la réaction aux incidents, et une refonte complète du chapitre sur la cryptographie, qui traite désormais les sujets d'actualité du domaine que sont la cryptographie post-quantique et le chiffrement homomorphique. Cet apport d'idées nouvelles donnera au lecteur, nous l'espérons, un intérêt accru pour cet ouvrage.

# Première partie

# Principes de sécurité du système d'information

1

# Premières notions de sécurité

Ce chapitre introduit les notions de base de la sécurité informatique : menace, risque, vulnérabilité ; il effectue un premier parcours de l'ensemble du domaine, de ses aspects humains, techniques et organisationnels, sans en donner de description technique.

## Menaces, risques et vulnérabilités

La sécurité des systèmes d'information (SSI) est une discipline de première importance car le système d'information (SI) est pour toute entreprise un élément absolument vital : le lecteur de ce livre, *a priori*, devrait être déjà convaincu de cette évidence, mais il n'est peut-être pas inutile de lui procurer quelques arguments pour l'aider à en convaincre ses collègues et les dirigeants de son entreprise. Il pourra à cet effet consulter le livre de Michel Volle *e-conomie* [285], disponible en ligne, qui explique comment le SI d'une entreprise comme Air France, qui comporte notamment le système de réservation Amadeus, est un actif plus crucial que les avions. En effet, toutes les compagnies font voler des avions : mais la différence entre celles qui survivent et celles qui disparaissent (rappelons les disparitions successives des compagnies Panam, TWA, Swissair, Sabena au tournant des années 2000) réside d'une part dans l'aptitude à optimiser l'emploi du temps des équipages et des avions, notamment par l'organisation de *hubs*, c'est-à-dire de plates-formes où convergent des vols qui amènent des passagers qui repartiront par d'autres vols de la compagnie, d'autre part dans l'aptitude à remplir les avions de passagers qui auront payé leur billet le plus cher possible, grâce à la technique du *yield management* qui consiste à calculer pour chaque candidat au voyage le prix à partir duquel il renoncerait à prendre l'avion et à lui faire payer juste un peu moins. Ce qui permet aux compagnies d'atteindre ces objectifs et ainsi de l'emporter sur leurs rivales, c'est bien leur SI, qui devient dès lors un outil précieux, irremplaçable, en un mot vital. Il est probable que la valeur de la compagnie Air France réside plus dans le système de réservation Amadeus que dans ses avions, qui sont les mêmes pour toutes les compagnies et souvent en location ou crédit-bail.

---

**Vocabulaire : sécurité et sûreté**

Le plus gros de la littérature relative à l'informatique est écrit en anglais et les questions de traduction sont importantes pour qui veut avoir les idées claires. Pierre-Luc Réfalo a attiré notre attention sur un couple particulièrement pernicieux de faux-amis : l'anglais *security* désigne, dans notre domaine, tout ce qui a trait aux actes de malveillance, et doit être traduit par le français *sûreté*, cependant que l'anglais *safety* concerne ce qui a trait aux dommages accidentels, et doit être traduit en français par *sécurité*.

---

La même chose est déjà vraie depuis longtemps pour les banques, bien sûr, et les événements financiers de la fin de l'année 2008 ont bien montré que le SI, selon qu'il était utilisé à bon ou mauvais escient, pouvait avoir des effets puissants en bien ou en mal. Jean-François Gayraud a décrit dans son livre *Le nouveau capitalisme criminel. Crises financières, narcobanques, trading de haute fréquence* [115] les extrémités auxquelles pouvaient conduire de tels usages.

Puisque le SI est vital, tout ce qui le menace est potentiellement mortel : cela semble couler de source, et pourtant les auteurs de ce livre peuvent témoigner des difficultés qu'ils ont pu éprouver en essayant de convaincre leurs employeurs de consacrer quelques efforts à la sécurité de leur SI. Conjurer les menaces contre le SI est devenu impératif, et les lignes qui suivent sont une brève description de ce qu'il faut faire pour cela.

Les menaces contre le système d'information entrent dans l'une des catégories suivantes : atteinte à la disponibilité des systèmes et des données, destruction de données, corruption ou falsification de données, vol ou espionnage de données, usage illicite ou sabotage d'un système ou d'un réseau, usage d'un système compromis pour attaquer d'autres cibles. La falsification de sites web à fin de détournement de fonds est aujourd'hui la forme d'attaque qui connaît l'expansion la plus rapide.

Les menaces engendrent des risques et des coûts humains et financiers : perte de confidentialité de données sensibles, indisponibilité des infrastructures et des données, dommages pour le patrimoine intellectuel et la notoriété. Les risques peuvent se réaliser si les systèmes menacés présentent des vulnérabilités.

Il est possible de préciser la notion de risque en la décrivant comme le produit d'un préjudice par une probabilité d'occurrence :

$$risque = préjudice \times probabilité\ d'occurrence$$

Cette formule exprime qu'un événement dont la probabilité à survenir est assez élevée, par exemple la défaillance d'un disque dur, mais dont il est possible de prévenir le préjudice qu'il peut causer par des sauvegardes régulières, représente un risque acceptable ; il en va de même pour un événement à la gravité imparable, comme l'impact d'une météorite de grande taille, mais à la probabilité d'occurrence faible. Il va de soi que, dans le premier cas, le risque ne devient acceptable que si les mesures de prévention contre le préjudice sont effectives et efficaces : cela irait sans dire, si l'oubli de cette condition n'était très fréquent (cf. page 23).

Si la question de la sécurité des systèmes d'information a été radicalement bouleversée par l'évolution rapide de l'Internet, elle ne saurait s'y réduire ; il s'agit d'un vaste problème dont les aspects techniques ne sont qu'une partie. Les aspects juridiques, sociaux, ergonomiques, psychologiques et organisationnels sont aussi importants, sans oublier les aspects immobiliers, mais nous commencerons par les aspects techniques liés à l'informatique.

# Aspects techniques de la sécurité informatique

Les problèmes techniques actuels de sécurité informatique peuvent, au moins provisoirement, être classés en deux grandes catégories :

- ceux qui concernent la sécurité de l'ordinateur proprement dit, serveur, poste de travail, smartphone ou tablette, de son système d'exploitation et des données qu'il abrite ;

• ceux qui découlent directement ou indirectement de l'essor des réseaux et du Web, qui multiplie la quantité et la gravité des menaces.

Si les problèmes de la première catégorie citée ici existent depuis la naissance de l'informatique, il est clair que l'essor des réseaux, puis de l'Internet, en a démultiplié l'impact potentiel en permettant leur combinaison avec ceux de la seconde catégorie.

La résorption des vulnérabilités repose sur un certain nombre de principes et de méthodes que nous allons énumérer dans la présente section avant de les décrire plus en détail.

## Définir risques et objets à protéger

### Fixer un périmètre de sécurité et élaborer une politique de sécurité

Inutile de se préoccuper de sécurité sans avoir défini ce qui était à protéger : en d'autres termes, toute organisation désireuse de protéger ses systèmes et ses réseaux doit déterminer son *périmètre de sécurité*. Le périmètre de sécurité, au sein de l'univers physique, délimite l'intérieur et l'extérieur, mais sa définition doit aussi englober (ou pas) les entités immatérielles qui peuplent les ordinateurs et les réseaux : essentiellement les logiciels et en particulier les systèmes d'exploitation. Avec le développement de l'informatique en nuage et des pratiques AVPA (*Amenez votre propre appareil*, expression imaginée par les Canadiens pour traduire *Buy Your Own Device*, BYOD) cette définition du périmètre de sécurité devient de plus en plus difficile et incertaine, mais elle n'en est que plus nécessaire : l'entreprise doit pouvoir distinguer ce qui lui appartient, que ce soit matériel ou immatériel, de ce qui ne lui appartient pas.

Il est également important de définir contre *qui* et *quoi* l'entreprise doit se prémunir. En effet les mesures à appliquer pour se prémunir d'un même risque, par exemple de fuite d'informations, ne seront pas les mêmes si l'attaquant est un pirate peu expérimenté ou une agence de renseignement. Cette définition du périmètre et du niveau souhaités est parfois appelée *cible de sécurité*.

Une fois ce périmètre fixé, il faut aussi élaborer une politique de sécurité, c'est-à-dire décider de ce qui est autorisé et de ce qui est interdit. À cette politique viennent en principe s'ajouter les lois et les règlements en vigueur, qui s'imposent à tous. Nous disons « en principe », parce que l'identification des lois en vigueur n'est rien moins qu'évidente : en vigueur où ? La législation française interdit la mise en ligne de certaines œuvres à qui n'en possède pas les droits et réprime certains propos discriminatoires, mais d'autres pays ont des législations plus laxistes ; or qui peut m'empêcher d'installer un site xénophobe et de téléchargement illégal dans un tel pays, et d'y attirer les internautes français ?

Si avec l'aide du service juridique de votre entreprise vous avez réussi à surmonter ces difficultés et à mettre sur pied une politique de sécurité des systèmes d'information, il vous sera possible de mettre en place les solutions techniques appropriées à la défense du périmètre selon la politique choisie. Mais déjà, il est patent que les dispositifs techniques ne pourront pas résoudre tous les problèmes de sécurité. De surcroît, la notion même de périmètre de sécurité est aujourd'hui battue en brèche par des phénomènes comme la multiplication des ordinateurs portables et autres objets mobiles informatiques en réseau (smartphones et tablettes...) qui, par définition, se déplacent de l'intérieur à l'extérieur et inversement – à quoi s'ajoute encore l'extraterritorialité de fait des activités sur l'Internet et l'informatique en nuage *(Cloud Computing)* qui empêche même de savoir où sont les données, où ont lieu les traitements et quelles législations s'y appliquent.

## Périmètres et frontières

La notion de périmètre de sécurité, ainsi que le signalait déjà la section précédente, devient de plus en plus fragile au fur et à mesure que les frontières entre l'extérieur et l'intérieur de l'entreprise ainsi qu'entre les pays deviennent plus floues et plus poreuses. Interviennent ici des considérations topographiques : les ordinateurs portables entrent et sortent des locaux et des réseaux internes pour aller se faire contaminer à l'extérieur ; mais aussi des considérations logiques : quelles sont les lois et les règles qui peuvent s'appliquer à un serveur hébergé aux États-Unis, qui appartient à une entreprise française et qui sert des clients brésiliens et canadiens ?

La justice et les fournisseurs français d'accès à l'Internet (FAI) en ont fait l'expérience : un certain nombre d'organisations ont déposé devant les tribunaux français des plaintes destinées à faire cesser la propagation de pages web à contenus négationnistes, effectivement attaquables en droit français. Mais ces sites étaient installés aux États-Unis, pays dépourvu d'une législation anti-négationniste, ce qui empêchait tout recours contre les auteurs et les éditeurs des pages en question. Les plaignants se sont donc retournés contre les FAI français, par l'intermédiaire desquels les internautes pouvaient accéder aux pages délictueuses, mais sans succès. En effet, ainsi que nous le verrons à la page 414, le filtrage de contenus sur l'Internet est une entreprise coûteuse, aux résultats incertains, et en fin de compte vaine, car les éditeurs des pages en question disposent de nombreux moyens pour déjouer les mesures de prohibition.

Sur le filtrage de contenus, on peut lire le rapport Kahn-Brugidou [53]; le site `www.legalis.net` [172] assure une veille juridique bien faite sur toutes les questions liées aux développements de l'informatique et de l'Internet; les livres de Solveig Godeluck [118] et de Lawrence Lessig [173] replacent ces questions dans un contexte plus général.

### Ressources publiques, ressources privées

Les systèmes et les réseaux comportent des données et des programmes que nous considérerons comme des *ressources*. Certaines ressources sont d'accès public, ainsi certains serveurs web, d'autres sont privées pour une personne, comme une boîte à lettres électronique, d'autres enfin sont privées pour un groupe de personnes, comme l'annuaire téléphonique interne d'une entreprise. Ce caractère plus ou moins public d'une ressource doit être traduit dans le système sous forme de *droits d'accès*, comme nous le verrons à la page 48 où cette notion est présentée.

# Identifier et authentifier

Les personnes qui accèdent à une ressource non publique doivent être *identifiées*; leur identité doit être *authentifiée*; leurs droits d'accès doivent être *vérifiés* au regard des *habilitations* qui leur ont été attribuées. À ces trois actions correspond un premier domaine des techniques de sécurité : les méthodes d'**authentification**, de signature, de vérification de l'**intégrité** des données et d'attribution de droits.

> **Concepts : habilitation**
> Une *habilitation* donnée à un utilisateur et consignée dans une base de données adéquate est une liste de droits d'accès et de pouvoirs formulés de telle sorte qu'un système informatique puisse les vérifier automatiquement.

La sécurité des accès par le réseau à une ressource protégée n'est pas suffisamment garantie par la seule identification de leurs auteurs. Sur un réseau local de type Ethernet ou Wi-Fi où la circulation des données fonctionne selon le modèle de l'émission radiophonique que tout le monde est censé pouvoir capter, il est possible à un tiers de détourner cette circulation. Si la transmission a lieu à travers l'Internet, les données circulent de façon analogue à une carte postale, c'est-à-dire qu'au moins le facteur et la concierge y ont accès. Dès lors que les données doivent être protégées, il faut faire appel aux techniques d'un autre domaine de la sécurité informatique : le **chiffrement**.

Authentification et chiffrement sont indissociables : chiffrer sans authentifier ne protège pas des usurpations d'identité (comme notamment l'attaque par interposition, dite en anglais attaque de type *Man in the middle* et décrite à la page 60), authentifier sans chiffrer laisse la porte ouverte au vol de données.

## Empêcher les intrusions

Ces deux méthodes de sécurité ne suffisent pas, il faut en outre se prémunir contre les intrusions destinées à détruire ou corrompre les données, ou à en rendre l'accès impossible. Les techniques classiques contre ce risque sont l'usage de *pare-feu (firewalls)* et le *filtrage* des communications réseau, qui permettent de protéger la partie privée d'un réseau dont les stations pourront communiquer avec l'Internet sans en être « visibles » ; le terme *visible* est ici une métaphore qui exprime que nul système connecté à l'Internet ne peut accéder aux machines du réseau local de sa propre initiative (seules ces dernières peuvent établir un dialogue) et que le filtre interdit certains types de dialogues ou de services, ou certains correspondants (reconnus dangereux).

La plupart des entreprises mettent en place des ordinateurs qu'elles souhaitent rendre accessibles aux visiteurs extérieurs, tels que leur serveur web et leur relais de messagerie. Entre le réseau privé et l'Internet, ces machines publiques seront placées sur un segment du réseau ouvert aux accès en provenance de l'extérieur, mais relativement isolé du réseau intérieur, afin qu'un visiteur étranger à l'entreprise ne puisse pas accéder aux machines à usage strictement privé. Un tel segment de réseau est appelé *zone démilitarisée* (DMZ), en souvenir de la zone du même nom qui a été établie entre les belligérants à la fin de la guerre de Corée. Les machines en DMZ, exposées donc au feu de l'Internet, seront appelées *bastions*.

Certains auteurs considèrent que ces techniques de sécurité par remparts, ponts-levis et échauguettes sont dignes du Moyen Âge de l'informatique ; ils leur préfèrent les systèmes de détection d'intrusion (IDS), plus subtils, qui sont décrits à partir de la page 407. Cette innovation a suscité une surenchère, qui proclame que si l'on a détecté une intrusion, autant la stopper, et les IDS sont ainsi devenus des IPS (systèmes de prévention d'intrusion). Et l'on verra plus loin que les IPS sont critiqués par les tenants des mandataires applicatifs, plus subtils encore. Cela dit, dans un paysage informatique où les micro-ordinateurs et autres objets communicants prolifèrent sans qu'il soit réaliste de prétendre vérifier la configuration de chacun, le filtrage et le pare-feu sont encore irremplaçables. Ainsi si la détection d'intrusion est une mesure importante à mettre en place, son implémentation efficace reste difficile. À titre d'exemple, Mandiant indique dans son rapport 2014[1] que le temps moyen passé à l'intérieur d'un système d'information lors d'une attaque ciblée (l'exemple citée étant une cyberattaque originaire de Chine) est de 243 jours.

Pour couper court à toutes ces querelles autour des qualités respectives de telle ou telle méthode de sécurité, il suffit d'observer l'état actuel des menaces et des vulnérabilités. Il y a encore une quinzaine d'années, le paramétrage de filtres judicieux sur le routeur de sortie du réseau d'une entreprise vers l'Internet pouvait être considéré comme une mesure de sécurité bien suffisante à toutes fins pratiques. Puis il a fallu déployer des antivirus sur les postes de travail. Aujourd'hui, les CERT (*Computer Emergency Response Teams*, voir p. 23 pour une description de ces centres de diffusion d'informations de sécurité informatique) publient une dizaine de vulnérabilités nouvelles par semaine, et l'idée de pouvoir se prémunir en flux tendu contre toutes est utopique. La conception moderne (en cette année 2016) de la protection des systèmes et des réseaux s'appuie sur les notions de *défense en profondeur* et de *réaction aux incidents*, par opposition à la défense frontale rigide, où l'on mise tout sur l'efficacité absolue d'un dispositif unique.

## Défense en profondeur et réaction aux incidents

La défense en profondeur – au sujet de laquelle on lira avec profit un article du Général Bailey [116] qui évoque à son propos une véritable « révolution dans les affaires militaires » – consiste à envisager que l'ennemi puisse franchir une ligne de défense sans pour cela qu'il devienne impossible de l'arrêter ; cette conception s'impose dès lors que les moyens de frappe à distance et de déplacement rapide, ainsi que le combat dans les trois dimensions, amènent à relativiser la notion de ligne de front et à concevoir l'affrontement armé sur un territoire étendu. Plus modestement, la multiplication des vulnérabilités, la généralisation des ordinateurs portables qui se déplacent hors du réseau de l'entreprise, la transformation des téléphones en ordinateurs complets, de nouveaux usages (code mobile, pair à pair

---

1. https://d1.mandiant.com/EE/library/WP_M-Trends2014_140409.pdf

*(peer to peer)*, sites interactifs, téléphonie et visioconférence sur IP, informatique en nuage) et d'autres innovations ont anéanti la notion de « périmètre de sécurité » de l'entreprise, et obligent le responsable SSI à considérer que la menace est partout et peut se manifester n'importe où. Il faut continuer à essayer d'empêcher les intrusions dans le SI de l'entreprise, mais le succès de la prévention ne peut plus être garanti, et il faut donc se préparer à limiter les conséquences d'une attaque réussie, qui se produira forcément un jour. Et ce d'autant plus que le SI contemporain n'est pas comme par le passé contenu par un « centre de données » monolithique hébergé dans un bunker, mais constitué de multiples éléments plus ou moins immatériels qui vivent sur des ordinateurs (tablettes, smartphones...) multiples, dispersés dans toute l'entreprise et au dehors ; et c'est cette nébuleuse qu'il faut protéger.

Ces questions seront approfondies au chapitre 14 p. 431 qui leur est entièrement consacré.

Nous allons au cours des chapitres suivants examiner un peu plus en détail certaines sciences et techniques qui s'offrent au responsable SSI, en commençant par la cryptographie dont sont dérivées les techniques de l'authentification.

## Aspects organisationnels de la sécurité

À côté des mesures techniques destinées à assurer la protection des systèmes et des réseaux, la sécurité du SI comporte un volet humain et social au moins aussi important : la sécurité dépend en dernière analyse des comportements humains et si ces derniers sont inadaptés toutes les mesures techniques seront parfaitement vaines parce que contournées.

### Abandonner les utilisateurs inexpérimentés aux requins ?

Un article de Marcus J. Ranum [221] (cf. p. 400), qui n'est rien moins que l'inventeur du pare-feu et une autorité mondiale du domaine de la SSI, soutient l'idée paradoxale qu'il serait inutile, voire nuisible, d'éduquer les utilisateurs du SI à la sécurité : son argument est que les utilisateurs incapables de maîtriser suffisamment leur ordinateur, notamment en termes de mesures de sécurité, sont condamnés à être expulsés du marché du travail, et qu'il ne faut rien faire pour les sauver. Cette idée ne peut manquer de séduire les RSSI (responsables de sécurité des systèmes d'information) épuisés non pas tant par l'inconscience et l'ignorance de leurs utilisateurs, que par le fait que ceux-ci *ne veulent rien savoir*. Cela dit, après avoir jubilé quelques instants à l'idée de la disparition en masse de ses utilisateurs les plus insupportables, le RSSI se retrouve par la pensée dans la situation du narrateur d'un récit de Roland Topor [278], naufragé reçu comme un dieu vivant sur une île du Pacifique, et qui un jour, exaspéré par une rage de dents, crie à ses fidèles « Vous pouvez tous crever ! », suggestion à laquelle ils obéissent incontinent.

Si la suggestion de M. Ranum n'est pas à adopter à la légère, il convient néanmoins de considérer que les questions de SSI sont fort complexes et évoluent vite, si bien que même les utilisateurs avertis peuvent être pris de court par des menaces dont ils n'étaient pas informés. L'expérience nous apprend une chose : toute tentative d'hameçonnage (*phishing*, envoi d'un message fallacieux qui incite son lecteur à cliquer sur un lien qui mène vers un site toxique) réussira un jour, même avec un utilisateur formé, s'il est dans un moment d'effervescence professionnelle. Nous pouvons même risquer une assertion plus générale : en informatique, *aucune compétence n'est pérenne ni complète*. Il convient donc que les RSSI et de façon plus générale tous les informaticiens responsables des infrastructures techniques et des réseaux consacrent une part de leur activité à informer, sensibiliser et former les utilisateurs à la problématique SSI. Eux-mêmes doivent se tenir en permanence au courant de l'évolution du sujet, être abonnés aux bulletins d'alerte des CERT et aux revues spécialisées, fréquenter les forums et les conférences, et mettre en application les enseignements qu'ils en auront tirés. Tout cela semblerait aller de soi, si l'on ne voyait combien peu de ces conseils sont entendus.

Idéalement, dans une entreprise, aucun utilisateur ne devrait être laissé « à l'abandon », c'est-à-dire avec un accès incontrôlé au réseau de l'entreprise et à ses communications avec l'Internet. Il devrait y avoir dans chaque groupe de travail un correspondant informatique en contact avec les responsables des infrastructures et du réseau. En l'absence d'une telle structure d'échanges ne manqueront pas d'être adoptés des comportements dangereux, bientôt suivis des incidents graves qui en sont la conséquence inéluctable.

La nature du « contact » entre le correspondant informatique et les responsables du SI et des infrastructures pourra dépendre du type d'organisation : dans une entreprise assez centralisée et hiérarchisée, la fonction de correspondant informatique sera définie en termes opérationnels, il aura des directives précises à appliquer et devra rendre compte de leur application ainsi que de tout problème informatique qui pourrait survenir. Dans une entreprise à la structure plus lâche, un organisme de recherche par exemple, la mise en place d'une telle organisation peut se révéler difficile, les relations de contact seront moins formelles, mais il sera néanmoins important qu'elles existent – ne serait-ce que par des conversations régulières au pied de la machine à café.

## Externalisation radicale et accès web

En septembre 2004 un article de *Computer Weekly* [240] a signalé une politique d'une nouveauté bouleversante pour faire face à la dissolution du périmètre de sécurité (on parle désormais de *dépérimétrisation*). British Petroleum (BP), la firme pétrolière bien connue, était obligée d'administrer 380 extranets pour communiquer avec 90 000 correspondants d'entreprises clientes, fournisseurs ou partenaires de par le monde, et ce au travers des infrastructures infiniment variées en nature et en qualité des opérateurs locaux. Elle a décidé qu'il serait beaucoup plus simple et efficace de leur offrir, par l'Internet, un accès analogue à celui que les banques offrent à leurs clients pour gérer leur compte.

La démarche ne s'est pas arrêtée là : BP s'est rendu compte que cette solution d'accès pourrait être étendue à une fraction de son propre personnel, estimée à 60 % de ses 96 200 employés, qui n'avaient pas besoin d'utiliser de systèmes client-serveur particuliers, un navigateur suffirait.

Les avantages d'une telle solution semblent considérables : l'entreprise n'a plus besoin de se soucier de la sécurité sur le poste de travail des correspondants ou des employés ainsi « externalisés », pas plus que la banque ne s'occupe de l'ordinateur de son client. C'est leur problème. Il y a bien sûr un revers de la médaille : l'entreprise, qui n'avait déjà qu'un contrôle relatif de la sécurité de ses postes de travail, n'en a plus du tout.

Nous verrons au chapitre 5 p. 174 une application moins radicale et sans doute plus satisfaisante de ce principe.

## Informatique en nuage, première approche

Depuis une dizaine d'années (lancement par Amazon de son offre *Amazon Web Services* [AWS] en 2006) quiconque est concerné de près ou de loin par les systèmes d'information entend parler journellement d'informatique en nuage (en anglais *Cloud Computing*, traduit *infonuagique* par les Canadiens francophones).

L'informatique en nuage permet de confier ses données à un opérateur extérieur qui ne se contentera pas de les stocker chez lui à l'instar des hébergeurs traditionnels, mais qui sera également en mesure de fournir pour ces données des moyens de calcul ajustables et facturables en volume et à la demande de façon quasi-instantanée.

Cela semble magique, et surtout les tarifs sont extrêmement attrayants, ce qui incite les organisations à adopter cette solution. D'ailleurs quantité d'entreprises et de particuliers font de l'informatique en nuage sans le savoir, dès lors qu'ils utilisent Dropbox, Gmail, Microsoft Office 365 ou Google Docs.

Nous examinerons plus en détail les tenants et les aboutissants de l'informatique en nuage au chapitre 5, p. 160, mais il convient d'en dire quelques mots dès maintenant parce que bien sûr cette externalisation des données de l'entreprise ne va pas sans poser de sérieuses questions de sécurité, et qu'en outre la présentation qui en est faite dans la presse et dans la publicité est généralement inintelligible.

Avec l'informatique en nuage vos données sont quelque part dans le vaste monde, si le fuseau horaire est favorable peut-être aux antipodes parce que là-bas c'est la nuit et que les ordinateurs des centres de données n'ont pas grand-chose à faire. Si tout d'un coup vous avez une pointe de charge, par exemple parce que c'est samedi en début de soirée et que votre casino en ligne[2] reçoit la visite de tous les noceurs en mal de financement pour leur soirée dévergondée, qu'à cela ne tienne, en quelques clics de souris vous pouvez multiplier par dix ou vingt la puissance de calcul qui vous est attribuée, et vous ne paierez ces serveurs que jusqu'à cinq heures du matin, quand vous les restituerez à votre opérateur de nuage.

Comment est-ce possible ? Quel est le modèle économique qui permet cela sans que l'opérateur aille à la faillite ?

C'est possible parce que les serveurs qui stockent vos données et abritent les logiciels qui les traitent ne sont pas des machines physiques, mais des *machines virtuelles*.

### Qu'est-ce qu'une machine virtuelle ?

En bref, une machine virtuelle est un logiciel qui se comporte comme un ordinateur. Un ordinateur est un automate programmable au comportement prévisible, il est donc possible d'écrire un logiciel qui simule parfaitement son comportement, on l'appellera un *émulateur*. Comme ce logiciel émulateur se comporte comme un ordinateur, il est capable de recevoir et de faire fonctionner d'autres logiciels, à commencer par un système d'exploitation, puis des programmes tels que trai-

---

2. Attention quand même, en France c'est interdit, mais en Grande-Bretagne pas de problème.

tement de texte (Office 365 ou Google Docs) ou système de paie du personnel d'une entreprise, exactement comme votre ordinateur physique. Donc si je réunis dans le même ensemble de fichiers l'émulateur, les logiciels dont j'ai besoin et les données à traiter, j'ai une machine virtuelle, que je peux recopier à l'envi (sur la même machine ou sur d'autres ordinateurs physiques pour multiplier la puissance de calcul), transférer par le réseau à l'autre bout du monde, éteindre, redémarrer, bref avec laquelle je peux faire tout ce qui est possible avec une vraie machine, mais sans avoir à attendre le camion de livraison des nouveaux serveurs ni à brancher et débrancher prises électriques ou câbles réseau.

Les fournisseurs d'informatique en nuage offrent plusieurs niveaux de virtualisation :

- machine virtuelle « nue », le client fait son affaire du système d'exploitation, des logiciels et de leur exploitation (*Infrastructure as a Service*, IaaS) ;
- machine virtuelle avec un système d'exploitation et certains logiciels, le client vient avec ses données et ses logiciels spécifiques, le fournisseur assure le fonctionnement régulier de la plate-forme (*Platform as a Service*, PaaS) ;
- machine virtuelle avec une application précise (suite bureautique comme Office 365, ou service de fichiers comme Dropbox, ou messagerie comme Gmail), le client peut tout ignorer du système sous-jacent (*Software as a Service*, SaaS).

## Avantages économiques, mais pas de miracle

Évidemment tout cela est très séduisant, d'autant plus que les tarifs sont imbattables. Le nuage donne aux organisations l'espoir de se débarrasser enfin de leurs informaticiens, cette engeance désagéable qui s'entête à ne pas faire dans l'instant ce que l'on voudrait. Il convient donc ici d'attirer l'attention du lecteur sur quelques détails de nature à tempérer son enthousiasme :

- pour accéder au nuage encore faut-il avoir du réseau, ce qui suppose des ingénieurs système et réseau (oui, des ingénieurs) ;
- ce n'est pas parce que l'on s'abonne à un système de gestion de ressources humaines que l'on a *ipso facto* un Système d'information de ressources humaines : il faudra y introduire les données, le paramétrer en fonction de la nature de l'entreprise et de sa politique de ressources humaines, former le personnel à son usage, bref, créer un vrai système d'information, et ce n'est pas le plus facile ;

- le fait de ne pas savoir où sont les données, éventuellement confidentielles ou protégées par la législation en vigueur (données personnelles du ressort de la loi Informatique et Libertés par exemple), ne va pas sans poser le problème du régime juridique qui s'y applique : imaginons que les services informatiques de la Défense nationale soient hébergés dans un nuage sous le contrôle d'une puissance hostile, pour prendre un cas extrême (et fictif) ; sans aller aussi loin, l'informatique en nuage ouvre de nouvelles perspectives à l'espionnage politique ou économique et au piratage de données comme les révélations d'Edward Snowden l'ont montré.

Certains augures prédisent la fin du Système d'information parce que désormais les données qui intéressent l'entreprise sont dispersées dans divers nuages, dans les appareils personnels des salariés et des clients, etc. Mais cela ne dispense en aucun cas l'entreprise de connaître ces données et de les organiser en fonction de ses objectifs. La nature technique du système d'information va sans doute changer, il faudra fédérer ces données d'origines variées pour en faire quelque chose de cohérent pour contribuer aux objectifs de l'entreprise. Ce sera plus difficile, techniquement et conceptuellement. Les entreprises qui se créent d'emblée dans ce contexte (Uber, leboncoin.fr) ont un avantage déterminant par rapport aux entreprises de style ancien qui devront se réorganiser ou disparaître.

## Sauvegarder données et documents

La sauvegarde régulière des données et de la documentation qui permet de les utiliser est bien sûr un élément indispensable de la sécurité du système d'information, elle constitue un sujet d'étude à elle seule, qui justifierait un livre entier. Aussi ne ferons-nous, dans le cadre du présent ouvrage, que l'évoquer brièvement, sans aborder les aspects techniques. Mentionnons ici quelques règles de bon sens :

- pour chaque ensemble de données, il convient de déterminer la périodicité des opérations de sauvegarde en fonction des nécessités liées au fonctionnement de l'entreprise ;
- les supports de sauvegarde doivent être stockés de façon à être disponibles après un sinistre tel qu'incendie ou inondation : armoires ignifugées étanches ou site externe ;
- les techniques modernes de stockage des données, telles que *Storage Area Network* (SAN) ou *Network Attached Storage* (NAS), conjuguées à la disponibilité de réseaux à haut débit, permettent la duplication de données à distance de plusieurs kilomètres (voire plus si l'obstacle financier n'est pas à

considérer), et ce éventuellement en temps réel ou à intervalles très rapprochés : ce type de solution est idéal pour un site de secours ;
- de l'alinéa précédent, on déduit que, dans un système d'information moderne, toutes les données doivent être stockées sur des SAN ou des NAS, rien ne justifie l'usage des disques attachés directement aux serveurs, qui seront réservés aux systèmes d'exploitation et aux données de petit volume ;
- les dispositifs et les procédures de sauvegarde et, surtout, de restauration et de reprise doivent être vérifiés régulièrement (cf. la section suivante).

## Vérifier les dispositifs de sécurité

Le dispositif de sécurité le mieux conçu ne remplit son rôle que s'il est opérationnel, et surtout si ceux qui doivent le mettre en œuvre, en cas de sinistre par exemple, sont eux aussi opérationnels. Il convient donc de vérifier régulièrement les capacités des dispositifs matériels et organisationnels.

Les incidents graves de sécurité ne surviennent heureusement pas tous les jours : de ce fait, si l'on attend qu'un tel événement survienne pour tester les procédures palliatives, elles risquent fort de se révéler défaillantes. Elles devront donc être exécutées « à blanc » périodiquement, par exemple en effectuant la restauration d'un ensemble de données à partir des sauvegardes tous les six mois, ou le redémarrage d'une application à partir du site de sauvegarde.

Outre ces vérifications régulières, l'organisation d'exercices qui simulent un événement de sécurité impromptu peut être très profitable. De tels exercices, inspirés des manœuvres militaires, révéleront des failles organisationnelles telles que rupture de la chaîne de commandement ou du circuit d'information. Un rythme bisannuel semble raisonnable pour ces opérations.

# La nécessaire veille auprès des CERT

Les CERT *(Computer Emergency Response Teams)* centralisent, vérifient et publient les alertes relatives à la sécurité des ordinateurs, et notamment les annonces de vulnérabilités récemment découvertes. Les alertes peuvent émaner des auteurs du logiciel, ou d'utilisateurs qui ont détecté le problème. Détecter une vulnérabilité ne veut pas dire qu'elle soit exploitée, ni même exploitable, mais le risque existe.

# Organisation des CERT

Les vulnérabilités publiées par les CERT sont relatives à toutes sortes de systèmes ; leur publication constitue une incitation forte pour que les industriels concernés (les producteurs du système ou du logiciel le plus souvent) les corrigent. Certains tentent aussi de ralentir le travail des CERT, dont ils aimeraient bien qu'ils ne dévoilent pas leurs faiblesses.

Le premier CERT a vu le jour à l'université Carnegie Mellon de Pittsburgh (Pennsylvanie) en novembre 1988, sur une initiative de la DARPA *(Defense Advanced Research Projects Agency)* consécutive à la propagation du ver de Morris, la première attaque, involontaire [3] mais de grande envergure, contre l'Internet.

La France dispose aujourd'hui de trois CERT plus ou moins officiels : le CERTA [4] pour les besoins des administrations et services publics, le CERT Renater [5] qui s'adresse aux universités et centres de recherche, et le CERT-IST [6] qui s'adresse au monde industriel. Mais il en existe beaucoup d'autres, animés par des entreprises ou des collectifs variés, qui publient aussi des informations utiles et intéressantes. En fait, la coopération au sein de la communauté mondiale des CERT est assez étroite, surtout en période de crise. Cette communauté est concrétisée par l'existence d'un Centre de coordination des CERT [7], hébergé par l'université Carnegie Mellon.

Pour ce qui concerne la France, il convient de signaler le rôle de l'Agence nationale de la sécurité des systèmes d'information (ANSSI) ; cet organisme placé auprès du Premier ministre, dirigé naguère par Patrick Pailloux, aujourd'hui par Guillaume Poupard et rattaché au Secrétariat général de la Défense et de la Sécurité nationale (SGDSN), est chargé d'élaborer la politique nationale de sécurité des systèmes d'information et de coordonner sa mise en œuvre. L'ANSSI supervise le CERTA [8].

La publication des avis des CERT est une contribution majeure et vitale à la sécurité des systèmes d'information. Leur volume est tel que le dépouillement, qui ne peut être confié qu'à des ingénieurs réseau de haut niveau, représente un travail considérable.

---

3. Du moins à en croire son auteur Robert Tappan Morris.

4. `http://www.certa.ssi.gouv.fr/`

5. `http://www.renater.fr/spip.php?rubrique=19`

6. `http://www.cert-ist.com/`

7. `http://www.cert.org/`

8. `http://www.ssi.gouv.fr/index.html`

# Faut-il publier les failles de sécurité ?

Un débat s'est engagé sur le bien-fondé de certains avis, et sur la relation qu'il pourrait y avoir entre le nombre d'avis concernant un logiciel ou un système donné et sa qualité intrinsèque. Les détracteurs des logiciels libres ont mis en exergue le volume très important d'avis des CERT qui concernaient ces logiciels (par exemple Linux, le serveur web Apache, Sendmail, etc.) pour en inférer leur fragilité. Leurs défenseurs ont riposté en expliquant que les avis des CERT concernaient par définition des failles de sécurité découvertes et donc virtuellement corrigées, alors que l'absence d'avis relatifs à tel ou tel système commercial pouvait simplement signifier que l'on passait sous silence ses défauts de sécurité en profitant de son opacité. Or l'expérience montre que tout dispositif de sécurité a des failles ; les attaquants ne perdent pas leur temps à faire de la recherche fondamentale sur la factorisation des grands nombres entiers, ils essaient de repérer les failles d'implémentation et ils les exploitent.

> **Faille de conception ou d'implémentation ?**
>
> Pour attaquer un système logiciel dont on veut prendre le contrôle, il est possible de rechercher d'éventuelles erreurs de conception dans les méthodes employées par ses auteurs : algorithme inapproprié ou faux, mauvais choix de représentation des données, formule de calcul fausse... Par exemple, la plupart des méthodes cryptographiques d'usage quotidien en 2016 (notamment RSA, cf p. 125) reposent sur des résultats et des hypothèses de théorie des nombres qui disent notamment que la factorisation de grands nombres entiers (plus de 2 000 chiffres binaires) et le calcul du logarithme discret sont des problèmes pratiquement insolubles.
>
> Toutes ces hypothèses s'effondreront le jour où les progrès (hypothétiques) de l'informatique quantique mettront à la disposition des pirates l'algorithme de Shor décrit à la section 4 p. 138 du présent ouvrage.
>
> Plutôt que d'ouvrir un laboratoire de recherche en algorithmique quantique (et un autre pour réaliser un calculateur quantique opérationnel), les attaquants espèrent que les programmeurs soient paresseux et insouciants, et qu'il y ait des erreurs de programmation dans leurs logiciels, par exemple un débordement de zone mémoire (cf. p. 147), de nature à faciliter l'attaque, ainsi que nous le verrons dans les prochains chapitres : c'est ce que l'on nomme une *faille d'implémentation*. Cet espoir est souvent exaucé.

> **Failles « zero-day »**
>
> Dans les publications relatives à la sécurité informatique, il est une notion qui apparaît de façon récurrente, la *faille zero-day*. Il s'agit d'une faille de sécurité inconnue ou non corrigée. Dès lors, un attaquant qui la découvre ou qui l'achète (il existe un lucratif marché des *zero-day*) peut

> l'exploiter avec grand profit. En effet, une faille connue, c'est-à-dire dont la description a été dûment publiée par un CERT, après concertation avec l'éditeur du logiciel concerné qui aura publié une correction ou un contournement, sera corrigée sur beaucoup de systèmes, tandis qu'une faille *zero-day*, non corrigée par définition, est exploitable *a priori* sur tous les systèmes, ce qui procure à l'attaquant un avantage considérable.
>
> Le ver Stuxnet (cf. chapitre 17 p. 553) a suscité l'étonnement, voire l'admiration de la communauté de la sécurité informatique lors de sa découverte, entre autres par le fait qu'il exploitait quatre *zero-day*, luxe inouï : en effet, le *zero-day* est une ressource rare, et en griller quatre d'un coup est une dépense somptuaire.

Face au risque induit par les failles des logiciels, la meilleure protection est une capacité de riposte rapide, qui consiste le plus souvent à commencer par désactiver le composant pris en défaut en attendant la correction. La communauté du logiciel libre excelle dans cet exercice, mais avec les logiciels commerciaux les utilisateurs n'ont souvent aucun moyen d'agir : ils ne peuvent qu'attendre le bon vouloir de leur fournisseur. Dans ce contexte, la publication d'avis des CERT relatifs à des logiciels commerciaux est très bénéfique parce qu'elle incite les fournisseurs à corriger plus rapidement un défaut dont la notoriété risque de nuire à leur réputation. Mais certains fournisseurs cherchent à obtenir le silence des CERT en arguant le fait que leurs avis risquent de donner aux pirates des indications précieuses... ce qui est fallacieux car les sites web des pirates sont de toute façon très bien informés et mis à jour, eux, selon les principes du logiciel libre, ce qui indique bien où est l'efficacité maximale. L'expérience tend à prouver qu'une faille de sécurité est d'autant plus vite comblée qu'elle est publiée tôt et largement. L'accès au code source du logiciel en défaut constitue bien sûr un atout.

La réponse à la question posée par le titre de cette section est donc : *oui, il faut publier les failles de sécurité, mais de façon organisée et responsable*, c'est-à-dire de façon certifiée, sur le site d'un organisme accrédité, typiquement un CERT, et après avoir prévenu l'auteur ou l'éditeur du logiciel en défaut et lui avoir laissé un délai raisonnable pour au moins trouver un palliatif d'urgence. Il faut savoir qu'il existe aujourd'hui un marché de la faille, qui parfois n'est pas loin de s'apparenter à du chantage.

# Le management de la sécurité

> **Qui sont les spécialistes ?**
>
> Cette section doit beaucoup à la formation *ISO 27001 Lead Auditor*, dispensée par Alexandre Fernandez-Toro et Hervé Schauer, de Hervé Schauer Consultants (désormais HSC *by Deloitte*). Qu'ils soient ici remerciés pour avoir su rendre captivante une matière plutôt aride. Les erreurs et imprécisions ne peuvent être imputées qu'à l'auteur.
>
> Nous recommandons la lecture du livre qu'Alexandre Fernandez-Toro a consacré au sujet, *Management de la sécurité du système d'information : Implémentation ISO 27001* [104].

La présente section sur le management de la sécurité présente des normes et des méthodes qui nous inspirent de sérieuses réserves. Néanmoins il convient qu'elles aient leur place dans ce livre, d'abord parce que sans elles cet exposé serait incomplet, ensuite parce que tout responsable de la sécurité a intérêt à les connaître s'il veut conserver son emploi. Nous ne saurions trop recommander au responsable sécurité soucieux de son avenir professionnel de suivre une formation du type de celle qui est mentionnée en exergue de cette section. Il devra presque certainement en mettre les enseignements en pratique, en tout cas s'il travaille dans une grande entreprise acquise aux idées managériales.

> **Culture : « Management », un faux anglicisme**
>
> Pour se résigner à l'emploi du mot management, on se rappellera que, loin d'être un anglicisme, il s'agit d'un vieux mot français remis à l'honneur : Olivier de Serres (1539-1619) emploie en effet le terme *ménager* dans une acception qui en fait le *manager* contemporain (on nous fera grâce de la variation orthographique, courante à l'époque). Et l'emploi du mot *gestion* à toutes les sauces serait bien pire.

## Les systèmes de management

L'Organisation internationale de normalisation, ou *International organization for standardization* en anglais (ISO pour la forme abrégée) est une organisation internationale, créée en 1947, composée de représentants des organismes de normalisation nationaux d'environ 150 pays, qui produit des normes internationales dans des domaines industriels et commerciaux.

L'ISO a entrepris d'encadrer par des normes les *systèmes de management*, et pour ce faire a commencé par en donner une définition, qui fait l'objet de la norme IS (pour *International Standard*) 9000 ; un système de management est un système qui permet :

- d'établir une politique ;
- de fixer des objectifs ;
- de vérifier que l'on a atteint les objectifs fixés.

Plus concrètement, un système de management comporte un ensemble de mesures organisationnelles et techniques destinées à mettre en place un certain contexte organisationnel et à en assurer la pérennité et l'amélioration. L'idée cruciale au cœur de cette problématique est que le système de management repose sur un référentiel écrit, et qu'il est donc *vérifiable*, au moyen d'un *audit* qui consistera à comparer le référentiel à la réalité pour relever les divergences, nommées *écarts* ou *non-conformités*. L'essor de la demande d'audits a déclenché la prolifération des référentiels : sans référentiel, l'auditeur aurait beaucoup de mal à accomplir sa mission, et son rapport ne serait étayé que par sa réputation personnelle d'expert.

Il existe actuellement (en 2016) 7 normes relatives aux systèmes de management :

- la norme IS 9001 consacrée aux systèmes de management de la qualité et aux exigences associées ;
- la norme IS 14001 consacrée aux systèmes de management de l'environnement ;
- la norme IS 20000 consacrée aux services informatiques ;
- la norme ID 22000 consacrée au management de la sécurité des aliments ;
- la norme ID 31000 consacrée au management du risque ;
- la norme ID 50001 consacrée au management de l'énergie ;
- la norme IS 27001 consacrée aux systèmes de management de la sécurité de l'information ; c'est cette dernière qui nous intéressera plus particulièrement ici.

Pour couronner cet édifice remarquable, la norme IS 19001 formule les directives à respecter pour la conduite de l'audit d'un système de management.

# Le système de management de la sécurité de l'information

La norme IS 27001 [148] est destinée à s'appliquer à un système de management de la sécurité de l'information (SMSI) ; elle comporte notamment un schéma de certification susceptible d'être appliqué au SMSI au moyen d'un audit.

Comme toutes les normes relatives aux systèmes de management, IS 27001 repose sur une approche par *processus*, et plus précisément sur le modèle de processus formulé par W. Edwards Deming, du MIT, et nommé *roue de Deming*, ou PDCA, comme *Plan, Do, Check, Act* :

- phase *Plan* : définir le champ du SMSI, identifier et évaluer les risques, produire le document (*Statement of Applicability*, SOA) qui énumère les *mesures de sécurité* à appliquer ;
- phase *Do* : affecter les ressources nécessaires, rédiger la documentation, former le personnel, appliquer les mesures décidées, identifier les risques résiduels ;
- phase *Check* : audit et revue périodiques du SMSI, qui produisent des *constats* et permettent d'imaginer des corrections et des améliorations ;
- phase *Act* : prendre les mesures qui permettent de réaliser les corrections et les améliorations dont l'opportunité a été mise en lumière par la phase *Check*, préparer une nouvelle itération de la phase *Plan*.

Le SMSI a pour but de maintenir et d'améliorer la position de l'organisme qui le met en œuvre du point de vue, selon les cas, de la compétitivité, de la profitabilité, de la conformité aux lois et aux règlements, et de l'image de marque. Pour cela il doit contribuer à protéger les actifs *(assets)* de l'organisme, définis au sens large comme tout ce qui compte pour lui.

Pour déterminer les mesures de sécurité dont la phase *Plan* devra fournir une énumération, la norme IS 27001 s'appuie sur le catalogue de mesures et de bonnes pratiques proposé par la norme IS 27002 (ex-17799), « *International Security Standard* » [149], plus volumineuse et au contenu plus technique.

Afin de mieux en parler, le SMSI est accompagné d'une norme qui en définit le vocabulaire : IS 27000.

IS 27001 impose une analyse des risques, mais ne propose aucune méthode pour la réaliser : l'auteur du SMSI est libre de choisir la méthode qui lui convient, à condition qu'elle soit documentée et qu'elle garantisse que les évaluations réalisées avec son aide produisent des résultats comparables et reproductibles. Un risque peut être accepté, transféré à un tiers (assurance, prestataire), ou réduit à un niveau accepté. Le corpus ISO propose néanmoins sa méthode d'analyse : IS 27005.

Un autre exemple de méthode d'analyse de risque utilisable dans le cadre d'IS 27001 est la méthode EBIOS® (Expression des Besoins et Identification des Objectifs de Sécurité) [9], qui « permet d'apprécier et de traiter les risques relatifs à la sécurité des systèmes d'information (SSI). Elle permet aussi de communiquer à leur sujet au sein de l'organisme et vis-à-vis de ses partenaires afin de contribuer au processus de gestion des risques SSI. »

Tout RSSI (Responsable de la sécurité des Systèmes d'information) amené à effectuer une analyse de risque dans le cadre du déploiement d'un SMSI peut s'appuyer sur EBIOS, de l'avis des praticiens c'est la méthode la plus conforme aux exigences pratiques.

Mentionnons également Mehari, une méthode d'analyse et de gestion des risques créée dès 1996 et diffusée gratuitement selon le modèle Open source depuis 8 ans sur le site du Clusif. Elle est documentée en français, anglais mais avec des traductions bénévoles en 14 langues au total [10].

Les bases de connaissance de Mehari 2010, sous forme de fichier Excel, permettent de réaliser une analyse de risque et de constituer un cadre pour réaliser un SMSI ISO 27001 [11].

La méthode est compatible avec ISO 27005 (reprise de ISO 31000) tout en étendant les lignes directrices de la norme afin de réaliser « méthodiquement » un travail complet à partir des activités de tout type d'organisation. Deux autres démarches, avec leurs propres bases de connaissances, existent : Mehari Pro pour les petites structures, éventuellement rattachées à un groupe ou indépendantes, et Mehari Manager, pour un premier contact avec la gestion de risque ou l'addition d'une activité ou d'un projet dans une structure déjà sensibilisée.

Une base nouvelle de Mehari 2010, en anglais, existe, reliée à la révision ISO 27001 de 2013.

---

9. `http://www.ssi.gouv.fr/fr/bonnes-pratiques/outils-methodologiques/ebios-2010-expression-des-besoins-et-identification-des-objectifs-de-securite.html`
10. `http://www.clusif.asso.fr/fr/production/ouvrages/type.asp?id=METHODES`
11. `http://www.clusif.asso.fr/fr/production/mehari/download.asp`

## Élaboration et mise en place du SMSI

La norme IS 27001 précise la démarche qui doit être suivie pour élaborer et mettre en place le SMSI : sans entrer trop dans les détails, ce qui risquerait d'enfreindre les droits des organismes de normalisation qui vendent fort cher les textes des normes, disons que l'organisme désireux de se voir certifier devra :

- définir le champ du SMSI ;
- en formuler la politique de management ;
- préciser la méthode d'analyse de risques utilisée ;
- identifier, analyser et évaluer les risques ;
- déterminer les traitements qui seront appliqués aux différents risques, ainsi que les moyens d'en vérifier les effets ;
- attester l'engagement de la direction de l'organisme dans la démarche du SMSI ;
- rédiger le *Statement of Applicability* (SOA) qui sera la charte du SMSI et qui permettra de le soumettre à un audit.

## Suivi et application du SMSI

Ici, la norme précise que, une fois que le SMSI a été formulé, il faut faire ce qu'il stipule, vérifier que c'est fait, identifier les erreurs dans son application, les failles qui s'y manifestent et les modifications du contexte nécessitant sa mise à jour ou sa modification.

Pour ces tâches elles-mêmes, l'ISO a produit des documents normatifs : IS 27003 pour l'implémentation, IS 27004 définit des indicateurs de qualité pour le SMSI, IS 27006 encadre le processus de certification du SMSI, IS 27007 le processus d'audit.

## Récapitulation des normes ISO pour la SSI

IS 27001 :  système de management de la sécurité des systèmes d'information (SMSI) ;

IS 27000 :  vocabulaire SSI ;

IS 27002 :  catalogue de mesures de sécurité (ex-17799) ;

IS 27003 :  implémentation du SMSI ;

IS 27004 :  indicateurs de suivi du SMSI ;

IS 27005 :  évaluation et traitement du risque ;

IS 27006 :  certification du SMSI ;

IS 27007 :  audit du SMSI.

On pourra consulter des analyses de ces normes et de leurs conditions d'application sur le site de la société Hervé Schauer Consultants [12]. Nous recommandons aussi la lecture du livre qu'Alexandre Fernandez-Toro a consacré au sujet, *Management de la sécurité du système d'information : Implémentation ISO 27001* [104].

### Tâches de direction et d'encadrement

À la direction de l'organisme, dont il a déjà été dit qu'elle devait s'engager activement dans la démarche, incombent d'autres obligations : vérifier que tout est bien fait selon les règles, affecter à la démarche du SMSI des ressources suffisantes en personnel et en moyens matériels, déterminer les besoins qui en résultent en termes de compétence et de formation, fournir les efforts qui conviennent en termes de sensibilisation et de formation, effectuer le contrôle des effets de ces efforts. Il faut aussi organiser des revues et des exercices, etc., tout cela afin d'assurer l'*amélioration continue* du SMSI. Cette vision idyllique d'un univers en marche vers le Bien, le Beau, le Juste ne saurait manquer de soulever l'enthousiasme du lecteur !

## Un modèle de maturité ?

La norme ISO/IEC 21827 [147] propose un « Modèle de maturité de capacité » : qui peut traduire ce jargon invraisemblable ?

## Critères communs

Les *Critères communs* (norme ISO/IEC 15408) sont étrangers ou plutôt parallèles à la démarche IS 27001 ; ils se proposent de servir de base pour l'évaluation des propriétés de sécurité des produits et des systèmes de traitement de l'information. Nous n'en dirons guère plus ici, parce que cette norme s'adresse aux concepteurs de produits de sécurité plutôt qu'à ceux qui les utilisent pour construire des systèmes d'information sûrs.

---

12. `http://www.hsc.fr/ressources/articles/hakin9_edito_ISO27001/index.html.fr`

## Faut-il adhérer aux normes de sécurité de l'information ?

L'auteur de ces lignes n'est pas convaincu que les normes évoquées à la section précédente soient un remède à l'insécurité ; ces méthodes sont d'une grande lourdeur, leur seul apprentissage peut absorber une énergie considérable. Or, on aura beau connaître par cœur les critères communs et savoir appliquer EBIOS à la perfection, on n'aura pas mis en place une seule mesure concrète de SSI, on sera en tout et pour tout capable, en principe, d'évaluer les mesures que d'autres auront éventuellement mises en place.

Pour reprendre des termes entendus dans une conférence professionnelle consacrée à IS 27001, il n'y a que trois raisons possibles de se plier à un tel exercice :

- l'environnement de l'entreprise fait de la certification IS 27001 une obligation légale ;
- l'entreprise noue des relations contractuelles avec un partenaire qui exige la certification IS 27001 ;
- l'entreprise recherche, par la certification IS 27001, une élévation morale supérieure.

Il est possible d'en ajouter une quatrième : certaines législations, comme Sarbanes-Oxley aux États-Unis ou Bâle 2 en Europe (cf. p. 36), exigent que les entreprises de leur champ d'application se plient à une certification selon une norme de Système de management, en laissant à l'impétrant le choix de la norme : or, IS 27001 est la moins lourde de ces normes.

Tout RSSI (Responsable de la sécurité des Systèmes d'information) doit avoir conscience du fait qu'en 2016 il a de fortes chances de travailler pour un employeur soumis à au moins une de ces quatre obligations.

À la lecture de ces normes, il est frappant de voir que la vérification formelle de conformité à leur texte peut être effectuée par un auditeur dépourvu de compétence technique : il suffit de lire les documents obligatoires et de vérifier que les mesures mentionnées ont bien été appliquées, ce qui doit être écrit dans un autre document. On pourrait presque imaginer un audit par ordinateur : il serait sans doute mauvais, mais formellement conforme. Reste à écrire le compilateur de normes et le compilateur de SOA. Évidemment, pour réaliser un *bon* audit, l'intuition de l'auditeur, nourrie par son expérience, jouera un rôle important. Certains collègues, dont nous tairons les noms de crainte de leur attirer des ennuis, vont jusqu'à dire que l'adoption d'une démarche telle que celle proposée par IS 27001 ou IS 21827 est nuisible : elle empêcherait les gens de penser correctement, de se poser les bonnes questions.

S'il osait, l'auteur de ces lignes serait d'accord avec eux, mais il est trop respectueux des normes et des autorités pour cela. Les auteurs de ces normes semblent croire que l'univers peut être décrit de façon adéquate par un tableau de cases à cocher, analogue à un questionnaire à choix multiples : on se demande pourquoi de grands nigauds nommés Aristote, Descartes, Newton, Kant et Einstein n'y ont pas pensé.

Une autre faiblesse de ces démarches, c'est leur déterminisme : la lecture de leurs documentations suggère que l'univers des risques et des menaces qu'elles sont censées conjurer est parfaitement ordonné et prévisible, alors que justement ses caractéristiques premières sont le chaos et la surprise. De ce fait, le temps passé à cocher consciencieusement les cases du tableau Excel où l'on aura reporté les rubriques de son SOA risque d'avoir été perdu, et il aurait sans doute été plus judicieux de le consacrer à de la sécurité réelle. Soulignons à cette occasion les ravages exercés par un logiciel par ailleurs bien pratique, Excel : pour certains managers, le monde semble pouvoir être décrit par un tableau de cases ; dès qu'un problème a plus de deux dimensions, c'est la panique parce que cela n'entre plus dans le tableur.

Une telle vision, malgré sa pauvreté, comporte une métaphysique implicite, dont Isabelle Boydens [49] donne un énoncé explicite (p. 62) :

« Une telle approche repose implicitement sur trois postulats :

- le monde est composé d'éléments discrets, univoques, clairement identifiables et perceptibles ;
- les combinaisons et la connaissance de ces éléments sont gouvernées par des lois ;
- il est possible d'établir une relation bi-univoque entre le réel observable et sa représentation informatique en vertu de l'isomorphisme qui les relierait l'un à l'autre. »

Bien sûr, le monde n'est pas ainsi. Cela dit, il ne convient pas d'ignorer que, dans les grandes structures bureaucratisées, ce type de démarche est devenu à peu près inévitable, un peu comme ISO 9001. Les procédures destinées à évaluer des travaux techniques deviennent une charge de travail plus lourde que l'objet de l'évaluation, les procédures de gestion demandent plus de travail que les activités qu'elles servent à gérer, bref ce qui devrait être une aide pour l'action devient un fardeau, de surcroît ennuyeux. Pour résumer cette analyse en une formule : toutes ces normes et ces procédures n'ont qu'une finalité, permettre à des incompétents de diriger.

Un autre défaut de ces procédures d'évaluation est qu'elles ne sont pas uniquement construites en fonction des buts à atteindre, mais aussi, sinon surtout, en fonction de ce qui, dans les processus étudiés, se prête bien à l'évaluation, parce que par exemple il est facile d'y adapter une métrique. Conformément au proverbe, pour celui qui ne dispose que d'un marteau, tout ressemble à un clou, et les normalisateurs de la sécurité n'ont pas toujours échappé à ce travers.

Le RSSI qui aura pu échapper à la lourdeur de ces carcans normalisés aura à cœur d'élaborer une politique et des règles de sécurité raisonnables, sobres, les plus simples possible, et adaptées à la situation locale. Le présent ouvrage se veut un guide pour rédiger une politique de sécurité [13].

De toutes les façons, il faut savoir que des règles de sécurité complexes ou trop contraignantes seront simplement inappliquées, parce que trop difficiles à comprendre. La simple lecture des critères communs et des manuels EBIOS représente des milliers de pages : autant dire que leur étude détaillée laissera peu de temps pour se consacrer à l'élaboration d'une politique réelle de sécurité. En fait, seuls des cabinets de consultants spécialisés peuvent maîtriser de tels outils, parce qu'ils les mettent en œuvre à longueur d'année.

## Un projet de certification de sécurité Open Source : OSSTMM

L'*Institute for Security and Open Methodologies* (ISECOM) [14] est un organisme de recherche en sécurité fondé en 2001, qui se proclame « ouvert ». Cet institut a élaboré un référentiel de mesures de sécurité et d'audit, *Open Source Security Testing Methodology Manual* (OSSTMM) [15]. Ce manuel, disponible librement en ligne, propose donc une méthodologie de vérification de la sûreté des systèmes.

La fonction d'un référentiel est de pouvoir faire des audits. Si l'on a construit son système en suivant des règles écrites dans un référentiel, l'auditeur pourra vérifier la conformité du système au référentiel, ce qui est l'essentiel du métier d'audit. Encore faut-il que le référentiel soit pertinent.

Le manuel OSSTMM peut éventuellement être utilisé comme catalogue de vérifications à faire et de mesures à prendre, comme il en existe beaucoup. Mais, comme tout catalogue, il risque de se substituer à la compréhension substantielle de la situation de sécurité à étudier et à résoudre. En outre, il ne sera pas d'un emploi

---

13. Le lecteur pourra aussi se reporter avec profit au livre bénéfiquement concis de Scott Barman, *Writing Information Security Policies* [19].

14. http://www.isecom.org/

15. http://www.isecom.org/osstmm/

très commode pour un auditeur, parce qu'il mêle deux genres : le référentiel de règles et de contrôles, et le manuel explicatif. Il y a certes des listes de choses à vérifier, mais formulées dans des termes assez étroitement techniques, ce qui risque de les périmer assez rapidement. L'auteur de ces lignes n'a pas été convaincu par l'ensemble.

Par ailleurs, l'utilité première d'un processus de certification est de procurer au certifié une garantie institutionnelle dont il puisse se prévaloir vis-à-vis de ses partenaires, des autorités légales et de son conseil d'administration. C'est la principale qualité, par exemple, du processus de certification IS 27001, qui, au moins en France, est encadré assez rigoureusement. De ce point de vue, le processus OSSTMM, où les auditeurs sont autocertifiés et la communauté d'origine autoproclamée, semble assez faible.

# Législation financière et système d'information

Les questions techniques et organisationnelles ne sont pas les seules à avoir des effets sur la sécurité du système d'information. Après le management de la sécurité et ses excès, nous aborderons ici l'application de la sécurité au management, qui engendre elle aussi des pratiques abusives.

L'ubiquité de l'informatique est telle que des mesures législatives destinées à réglementer des domaines que l'on pourrait croire très éloignés de l'objet du présent ouvrage finissent par se trouver au cœur de sa problématique. Un de nos collègues distinguait la « sécurité dure » (cryptoprocesseurs, pare-feu, réseaux privés virtuels, séparation des privilèges) de la « sécurité molle », qui par analogie avec les sciences affublées du même adjectif se préoccupe des aspects simplement humains : il sera ici question de certains d'entre eux. L'administrateur de système et de réseau pourrait se croire à l'abri des monstres bureaucratiques mentionnés ci-dessous : qu'il s'estime heureux si on ne lui impose pas les procédures éléphantesques qu'ils engendrent.

## Prolifération des systèmes de contrôle et d'audit

Depuis les scandales financiers de la période 2001-2002 (nous ne mentionnerons ici que les affaires Enron et Worldcom), sont apparues comme champignons après la pluie des réglementations destinées à améliorer le contrôle des autorités et des actionnaires sur la gestion des entreprises. Le signal a été donné par les États-Unis en juillet 2002 avec la loi Sarbanes-Oxley (plus familièrement SOX), qui impose aux entreprises qui font appel au capital public (c'est-à-dire cotées en bourse) toute une série de règles comptables et administratives destinées à assurer la traçabilité de leurs opérations financières. Ainsi les actionnaires ne courent plus le risque de voir leurs actions partir en fumée après une déconfiture que des comptes truqués n'auraient pas permis de prévoir, cependant que les dirigeants initiés auraient revendu à temps leurs stock-options pour se retirer sur leur yacht aux îles Cayman... La France a bien sûr emboîté le pas avec la loi du 1er août 2003 sur la sécurité financière (LSF) qui concerne principalement trois domaines : la modernisation des autorités de contrôle des marchés financiers, la sécurité des épargnants et des assurés, et enfin le contrôle légal des comptes ainsi que la transparence et le gouvernement d'entreprise. Cette loi française ne concerne pas seulement les sociétés cotées, mais toutes les sociétés anonymes ; elle est complétée par le dispositif réglementaire européen « Bâle 2 » de 2004, qui concerne les établissements financiers.

La conséquence pratique la plus visible des législations de type SOX est la prolifération des systèmes de contrôle et d'audit que nous avons évoqués à la page 27, et c'est bien pourquoi le responsable de sécurité ne peut les ignorer.

La loi Sarbanes-Oxley concerne la sécurité du système d'information en ceci qu'elle impose aux entreprises des procédures de contrôle interne, de conservation des informations, et de garantie de leur exactitude. La description détaillée de ces procédures, et de leur réalisation dans le système d'information, est un élément clé de la loi, notamment pour ce qui a trait aux points suivants :

1. la continuité des opérations ;
2. la sauvegarde et l'archivage des données ;
3. l'externalisation et son contrôle.

Les législations européennes ont emprunté les mêmes chemins.

## Sauvés par la régulation ?

Le lecteur de 2016 sait évidemment que tous ces dispositifs juridiques et réglementaires n'ont en rien empêché les scandales bien plus graves de la crise des *subprimes* en 2008-2009 : cette simple constatation devrait suffire à les considérer avec suspicion. Dans le numéro d'automne 2010 de *Commentaire*, un article d'Augustin Landier et David Thesmar intitulé « Action publique et intelligence collective » [168] explique dans sa section intitulée « Capture du régulateur et anesthésie du politique » (p. 714) que le remède à de telles crises n'est pas à chercher dans la multiplication et le durcissement des règles et des organes de régulation : ces organes étaient déjà nombreux et puissants, simplement ils avaient été captés par le monde de la finance, non pas le plus souvent par corruption, mais par séduction, conviction, influence. Le salut, s'il en est, serait plutôt à chercher dans l'amélioration de la réactivité et de la qualité de la régulation. « Pour répondre à ce besoin, nous proposons donc une action publique en architecture ouverte, à la manière des logiciels libres. Ce nouveau mode d'action publique soumet l'État à une double exigence : informer et écouter. » (p. 716)

# La sécurité procédurale n'est pas la solution

Après ce tour d'horizon des normes de sécurité basées sur des procédures administratives et des excès de la sécurité appliquée au management, nous évoquerons les analyses de Jean-Pierre Dupuy [92], qui jettent une lumière vive aussi bien sur toutes ces normes que sur la mode récente du principe de précaution.

Pour décrire ces systèmes de pensée, Dupuy introduit la notion de « rationalité procédurale », qui serait le produit de réunions de comités d'experts, éventuellement à l'écoute de la société civile, et qui serait la forme consensuelle de la démocratie contemporaine. Ce modèle peut facilement être transposé à la gestion des entreprises, notamment par les méthodes de conduite de projet. « Dire que la rationalité est procédurale, c'est dire qu'une fois l'accord réalisé sur les justes et bonnes procédures, ce qu'elles produiront sera *ipso facto*, par propriété héritée en quelque sorte, juste et bon. C'est donc renoncer à chercher, indépendamment de et antérieurement à toute procédure, les critères du juste et du bien... » [nous pourrions ajouter : du vrai]

Les normes de systèmes de management (IS 9001 pour le management de la qualité, 14001 pour l'environnement, 27001 pour la sécurité de l'information) sont des outils à produire de la rationalité procédurale. Les normalisateurs eux-mêmes le revendiquent : disposer d'une organisation certifiée IS 9001 ne prouve en rien que l'organisation soit d'une qualité particulièrement excellente, cela signifie uniquement que les règles de fonctionnement de cette organisation sont documentées conformément à la norme (qui impose des règles dans certains domaines précis), et que des procédures existent pour vérifier que les règles sont appliquées, mais l'objet de ces procédures n'est en aucun cas de chercher à savoir si les décisions qui ont engendré ces règles étaient judicieuses. On peut dire la même chose des normes IS 14001 et 27001, chacune dans son domaine.

Pour continuer avec Dupuy : « La rationalité procédurale a du bon, sauf lorsqu'elle se construit au prix du renoncement à toute rationalité substantielle. » La sociologie des entreprises et l'évolution des rapports de pouvoir au sein des organisations techniques telles que les directions des systèmes d'information des entreprises, que j'ai décrites dans un ouvrage précédent [36], donnent à penser que c'est bien au renoncement à toute rationalité substantielle que conduisent les normes de système de management IS 9001 et IS 27001. En effet, pour un dirigeant paresseux, la grande supériorité de la rationalité procédurale sur sa cousine substantielle, c'est qu'elle dispense de toute compétence sur son objet, et surtout de toute compétence technique, ce qui dans notre beau pays est une vertu cardinale, tant la compétence technique y est méprisée. Grâce aux systèmes de management, de simples cadres administratifs pourront exercer le pouvoir sur des ingénieurs compétents, puisqu'il leur suffira pour cela de cocher dans un tableur les cases qui correspondent aux étapes des procédures, et de prendre en défaut les acteurs opérationnels qui n'auront pas rempli toutes les cases, cependant qu'eux-mêmes ne seront bien sûr jamais exposés à telle mésaventure. Une caractéristique aussi attrayante rend inévitable le triomphe de ces normes, d'autant plus que la lourdeur des opérations de constitution des feuilles de tableur et de cochage des cases (il existe aussi un marché lucratif de logiciels spécialisés) permettra le développement démographique de la caste administrative et le renforcement de son hégémonie, sans oublier l'essor des cabinets spécialisés qui pourront vendre à prix d'or la mise en place de ces systèmes, puis la rédaction de rapports vides de tout contenu « substantiel ».

Il peut sembler hasardeux de formuler un jugement aussi négatif sur les méthodes désormais classiques de conduite de projet et sur les normes de système de management : si pratiquement tous les directeurs de système d'information les adoptent, c'est qu'il doit y avoir de bonnes raisons à cela, qu'ils doivent y trouver des avantages.

La réponse tient en deux points :

- Les dirigeants qui adoptent des méthodes administratives de management des activités techniques en tirent effectivement des avantages, ceux que j'ai décrits ci-dessus, notamment en termes de renforcement du pouvoir administratif et de diminution de l'exigence de compétence.
- Jean-Pierre Dupuy a emprunté à Friedrich von Hayek une théorie qui est de plus en plus utilisée par les économistes, et qui étudie les phénomènes d'imi-

tation au sein de l'économie de marché. Alors que l'économie néoclassique se représente un *homo œconomicus* autosuffisant et indépendant, parfaitement informé et rationnel dans des choix censés le mener à un optimum qui, à l'échelle du marché, produirait un équilibre, Hayek met en évidence, après Adam Smith et Keynes, le rôle central de l'*imitation* dans les phénomènes collectifs dont le marché est le cadre. Le rôle de l'imitation semble particulièrement important dans les situations de choix entre techniques rivales, et aucun mécanisme ne garantit que la technique qui va l'emporter sera la meilleure. En effet, dans le jeu de miroirs qui précède l'engouement mimétique, une simple rumeur peut orienter quelques acteurs vers la cible, ce qui déclenchera un effet d'avalanche : « [l'imitation généralisée] suscite des dynamiques autorenforçantes qui convergent si résolument vers leur cible qu'il est difficile de croire que cette convergence n'est pas la manifestation d'une nécessité sous-jacente... » Nous ne saurions écarter l'hypothèse que le succès universel des méthodes de gestion de projet pourrait résulter d'un phénomène mimétique de ce type : dit en d'autres termes, pour citer un proverbe du réseau, « 100 000 lemmings ne peuvent pas avoir tort ».

De ce qui précède peut-on déduire qu'il faut forcément être ingénieur informaticien pour devenir directeur du système d'information ? Non, mais un DSI (et d'ailleurs tout dirigeant) devra posséder, pour remplir ses fonctions, un certain nombre de compétences, et il ne pourra pas faire face aux problèmes qui se posent à lui uniquement avec des procédures administratives normalisées. Le rôle de l'informatique dans le monde contemporain est tel que nul ne peut plus se passer d'en connaître les techniques de base.

Dans le contexte français, où l'absence de compétence technique est devenue un atout déterminant pour l'accès aux postes de direction des systèmes d'information [16], les méthodes de management de système selon les normes IS 9001 et IS 27001 acquièrent la propriété de prédictions autoréalisatrices : pour les raisons évoquées ci-dessus, de nombreux DSI ont d'ores et déjà emprunté cette démarche, et leurs collègues en retard, qui n'ont pour boussole dans cet univers que l'air du temps et le qu'en dira-t-on, trouveront facilement auprès de leurs pairs la confirmation que c'est bien dans cette voie qu'il faut aller. Les sommes considérables englouties par ces méthodes n'apparaissent pas forcément comme des inconvénients, puisqu'elles renforcent l'importance et le prestige de celui qui les ordonne, et donnent

---

16. Cette phrase pourrait en fait être remplacée par la suivante : en France, surtout dans les services publics, l'absence de compétence technique est depuis longtemps un atout déterminant pour l'accès aux postes de direction.

satisfaction à la direction générale qui ne dispose en général ni des informations ni des moyens d'investigation nécessaires pour se former une opinion sur le sujet, et qui peut faire état du recours à ces méthodes éprouvées pour répondre aux questions des auditeurs ou des actionnaires.

Quant à nous, nous nous efforcerons au cours des chapitres suivants de dispenser les principes de sécurité substantielle qui nous semblent le socle de ce que doit être aujourd'hui un système sûr, et que plus grand monde ne peut se permettre d'ignorer totalement, que ce soit dans l'entreprise ou dans l'usage privé des ordinateurs et des réseaux.

## Richard Feynman à propos de la conduite de projet

Un des derniers écrits du physicien Richard P. Feynman, prix Nobel 1965, fut en 1986 une annexe [105] au rapport de la Commission Rogers rédigé à la demande des autorités gouvernementales américaines à la suite de l'accident dramatique de la navette spatiale Challenger et destiné à en élucider les circonstances. Il y a suffisamment de points communs entre un sinistre spatial et un sinistre informatique pour que les leçons tirées de celui-là puissent être utiles à ceux qui se préoccupent de celui-ci ; en effet, si les objets produits par l'industrie spatiale et par l'industrie informatique paraissent très dissemblables, les méthodes de conduite de projet mises en œuvre dans l'un et l'autre cas puisent à la même source d'inspiration (le projet Apollo dans les années 1960), et risquent donc d'avoir des effets similaires. En outre, même si le risque semble bien moindre de mettre en danger des vies humaines dans le second cas que dans le premier, il convient de noter qu'une navette spatiale incorpore des millions de lignes de logiciel informatique, soit embarqué soit dans les installations au sol, sans oublier les programmes qui ont servi à sa conception. Il n'y a donc aucune raison de se priver des enseignements prodigués à cette occasion par un des scientifiques les plus réputés du XX<sup>e</sup> siècle, notamment pour ses talents pédagogiques.

Pour établir son rapport, R. Feynman a rencontré différents experts qui avaient participé à la conception et à la réalisation de la navette spatiale, ou qui avaient donné des consultations à son sujet avant ou après l'accident, et il a lu leurs rapports. Il a été frappé par la discordance extraordinaire, parmi les experts et les officiels de la NASA, des opinions relatives au risque d'accident mortel, puisqu'elles vont de 1 accident sur 100 vols à 1 accident sur 100 000 vols, où les premières émanent surtout des ingénieurs qui ont réellement travaillé sur le projet, et les dernières plutôt des managers.

Il a également observé la diminution au fil du temps de la sévérité des critères de certification, au fur et à mesure que les vols sans incidents instauraient l'idée que « puisque le risque avait été encouru jusqu'à présent sans qu'un accident survienne, il pouvait être accepté pour la prochaine fois ».

Pour ce qui nous concerne ici, le passage le plus intéressant du texte est celui qui a trait aux moteurs à combustible liquide de la navette (*Space Shuttle Main Engines*, SSME). Ces composants sont parmi les plus complexes de l'ensemble. Feynman explique que la méthode habituelle de conception de tels moteurs (par exemple pour des avions civils ou militaires) procède selon une démarche *de bas en haut (bottom up)* : on commence par étudier les caractéristiques souhaitables des matériaux à utiliser, puis on teste des pièces élémentaires au banc d'essai. Sur la base des connaissances acquises ainsi, on commence à tester des sous-ensembles plus complexes. Les défauts et les erreurs de conception sont corrigés au fur et à mesure : comme ils ne portent que sur des parties de l'ensemble, les coûts sont modérés. Si des défauts sont encore détectés au moment de l'assemblage de l'ensemble, ils restent relativement faciles à localiser et à corriger, notamment du fait de l'expérience acquise par les tests de sous-ensembles.

Or les moteurs à combustible liquide de la navette n'ont pas été conçus selon cette démarche *bottom up*, mais selon l'approche inverse, de *haut en bas (top down)*, c'est-à-dire que le moteur a été conçu et réalisé tout en même temps, avec très peu d'études et d'essais préalables des matériaux et des composants ; avec une telle démarche, la recherche de l'origine d'un défaut ou d'une erreur de conception est beaucoup plus difficile qu'avec la méthode *bottom up*, parce que l'on dispose de peu d'informations sur les caractéristiques des composants. Il faut alors utiliser le moteur complet comme banc d'essai pour trouver la panne, ce qui est très difficile et onéreux. Il est en outre difficile dans ces conditions d'acquérir une compréhension détaillée des caractéristiques et du fonctionnement du moteur, compréhension qui aurait été de nature à fonder la confiance que l'on aurait pu avoir en lui.

La méthode *top down* a un autre inconvénient : si l'on trouve une erreur de conception sur un sous-ensemble, comme la conception n'en a pas été isolée, mais intégrée dans la conception d'ensemble, il faut repenser la conception générale. Il est à craindre que pour des erreurs jugées mineures (à tort ou à raison), la lourdeur des investigations à entreprendre n'incite pas à renoncer à reprendre la conception de l'ensemble, alors qu'il faudrait le faire.

Nous pensons que cette critique de la méthode *top down* par Richard P. Feynman s'applique bien aux systèmes informatiques, et particulièrement aux systèmes de sécurité informatique. Mais ne lui faisons pas dire ce qu'elle ne dit pas : il convient bien sûr d'avoir une vision d'ensemble du système, simplement il ne faut pas lui accorder les vertus qu'elle n'a pas, elle ne doit pas être trop précise, ce n'est pas d'elle qu'il faudra déduire la conception détaillée des éléments et des sous-systèmes.

2

# Les différents volets de la protection du SI

Avec ce chapitre, nous entamons la teneur technique de notre sujet, mais en douceur : les droits d'accès et leur vérification, l'authentification et le chiffrement sont décrits en termes généraux... ainsi que certaines attaques dont ils peuvent faire l'objet.

## L'indispensable sécurité physique

Avant d'entrer plus avant dans le vif de notre propos, il convient de faire un détour par un sujet que nous ne traiterons pas en détail, mais qu'il importe d'évoquer : toute mesure de protection logique est vaine si la sécurité physique des données et des traitements n'est pas convenablement assurée.

Il faut en effet considérer que si un agent malveillant, espion, concurrent, malfaiteur de quelque sorte, parvient au contact physique d'un ordinateur qui contient le système informatique auquel il s'attaque, il pourra en prendre le contrôle. On dira que ce système est alors *compromis*. L'accès physique au système attaqué est une condition non nécessaire, mais suffisante de la compromission. La suite de cet ouvrage décrira des méthodes de compromission sans accès physique, par le réseau notamment (mais pas seulement).

Il convient donc d'accorder un soin jaloux aux points suivants :

- qualité du bâtiment qui abrite données et traitements, à l'épreuve des intempéries et des inondations, protégé contre les incendies et les intrusions ;
- contrôles d'accès adéquats ;
- qualité de l'alimentation électrique ;
- certification adéquate du câblage du réseau local et des accès aux réseaux extérieurs ; la capacité des infrastructures de communication est très sensible à la qualité physique du câblage et des connexions ;
- pour l'utilisation de réseaux sans fil, placement méticuleux des bornes d'accès, réglage de leur puissance d'émission et contrôle des signaux en provenance et à destination de l'extérieur.

Ces précautions prises, il faut néanmoins envisager qu'elles puissent se révéler insuffisantes, et que l'intégrité physique de votre système d'information soit alors compromise. La *compromission* d'un système d'information désigne le fait qu'un intrus ait pu, d'une façon ou d'une autre, en usurper l'accès pour obtenir des informations qui auraient dû rester confidentielles. Pour éviter que cette circonstance n'entraîne la disparition de l'entreprise, il aura fallu prendre les mesures suivantes :

- sauvegarde régulière des données sur des supports physiques adéquats distincts des supports utilisés en production ;
- transport régulier de copies de sauvegarde en dehors du site d'exploitation ;
- aménagement d'un site de secours pour les applications vitales ; les offres récentes d'hébergement sur des infrastructures de type *cloud computing* ont fait baisser le coût de ces opérations.

Ces précautions seront inopérantes si elles ne font pas l'objet d'une documentation tenue à jour et d'exercices périodiques : en situation de catastrophe, il s'avère que les humains ne savent faire que ce à quoi ils sont entraînés ; des actions complexes qui n'auront jamais été effectuées « à blanc » ne pourront avoir pour conséquence qu'une catastrophe encore plus grave.

Des solutions techniques existent pour toutes ces mesures, mais leur mise en œuvre est complexe et onéreuse, ce qui conduit souvent à les négliger. Le débit des réseaux modernes permet de disposer à plusieurs kilomètres du site d'exploitation un site miroir dont les données pourront être mises à jour heure par heure, ou même en temps réel si cela est vraiment indispensable, le coût n'est même pas tellement élevé, mais la conception et la réalisation d'une telle organisation sont loin d'être des tâches faciles. De même, la complexité d'un plan de sauvegarde pour quelques dizaines de serveurs en réseau ne doit en aucun cas être sous-estimée.

La sécurité des données peut également être améliorée par le recours aux possibilités des matériels modernes de stockage et de leurs logiciels de pilotage : les systèmes NAS *(Network Attached Storage)* offrent des possibilités intéressantes de *prise d'instantanés (snapshots)* et de réplication à distance, les batteries de disques RAID et les systèmes de gestion de mémoire de masse tels que *Logical Volume Management* (LVM) diminuent grandement les risques de perte de données en cas de défaillance d'un disque. De surcroît, la virtualisation des serveurs et des postes de travail permet de simplifier dans des proportions considérables toutes les opérations de sauvegarde, de migration et de test des applications. Le lecteur sera bien avisé de s'intéresser à ces sujets, qui font l'objet de nombreux et volumineux ouvrages, et dont nous ne saurions donner ici plus que cette énumération brève et non exhaustive ; on pourra se reporter à l'article de Laurent Bloch[1] pour une introduction succincte, et à l'excellente synthèse de Curtis Preston [215] pour une explication complète et une bibliographie.

Les mesures évoquées ici sont des missions pour des ingénieurs spécialisés, de haut niveau, et surtout expérimentés. Nous n'entrerons pas plus dans les détails de ces actions, mais nous ne saurions trop mettre en garde contre la tentation de les négliger.

# Protéger le principal : le système d'exploitation

Afin d'être fiable, un système d'exploitation digne de ce nom doit comporter des dispositifs et des procédures de protection des objets qu'il permet de créer et de manipuler. Les objets à protéger appartiennent à deux grandes catégories : les objets persistants tels que les fichiers, et les objets éphémères créés en mémoire pendant l'exécution d'un processus et destinés à disparaître avec lui. Les objets matériels, tels que périphériques physiques, interfaces réseau, etc., sont assimilés à des objets persistants. La protection consiste à empêcher qu'un utilisateur puisse altérer un fichier qui ne lui appartient pas sans que le propriétaire lui en ait donné l'autorisation, ou encore, par exemple, à empêcher qu'un processus en cours d'exécution

---

1. http://www.laurentbloch.org/MySpip3/NFS-SANs-et-NAS

ne modifie une zone mémoire attribuée à un autre processus sans l'autorisation du propriétaire de celui-ci.

---

**Les notions de base du contrôle d'accès**

**Identification** : certaines applications informatiques (par exemple une base de données de ressources humaines), certains services en ligne (par exemple l'accès à votre compte en banque) ne sont pas publics, mais réservés à leurs utilisateurs légitimes, qui peuvent être des humains ou des logiciels (par exemple des Web services) : pour y accéder, l'utilisateur doit donc se soumettre à une procédure d'*identification* au cours de laquelle il fournira un identifiant, représentation de son identité.

**Authentification** : après qu'un utilisateur (humain ou logiciel) ait décliné son identité, le système de contrôle d'accès au service considéré doit vérifier que cette identité est authentique, par un processus d'*authentification*, comme par exemple un contrôle de mot de passe ou de signature électronique.

**Habilitation** : une fois l'utilisateur identifié, et son identité authentifiée, le système de contrôle d'accès doit vérifier quelles sont les données auxquelles il a le droit d'accéder et quelles sont les actions qu'il a le droit d'effectuer. La liste de ces droits constitue les *habilitations* de l'utilisateur.

Ces notions seront au cœur du chapitre 8, consacré aux « Identités, annuaires et habilitations ».

---

Dans cet ouvrage nous traiterons de ces questions de façon générale ainsi que de façon particulière pour les systèmes d'exploitation les plus répandus : Windows, Android, iOS, Unix/Linux.

## Droits d'accès

De façon très générale, la question de la protection d'un objet informatique se pose dans les termes suivants, inspirés des concepts mis en œuvre par le système Multics [193] (voir aussi CROCUS [66]) :

- Un objet a un propriétaire identifié, généralement l'utilisateur qui l'a créé. Un objet est, sous réserve d'inventaire, soit un fichier, soit un processus, soit des structures de données éphémères créées en mémoire par un processus, mais pour Multics tous ces objets sont en fin de compte des espaces de mémoire virtuelle nommés segments ou sont contenus dans des segments.
- Le propriétaire d'un objet peut avoir conféré à lui-même et à d'autres utilisateurs des droits d'accès à cet objet. Les types de droits possibles sont en général les suivants (on peut en imaginer d'autres) :
  - droit d'accès en consultation (lecture) ;

- droit d'accès en modification (écriture, destruction, création);
- droit d'accès en exécution : pour un programme exécutable, la signification de ce droit est évidente; pour un répertoire de fichiers ce droit confère à ceux qui le possèdent la faculté d'exécuter une commande ou un programme qui consulte ce répertoire;
- droit de blocage, par exemple pour un processus en cours d'exécution ou éligible pour l'exécution.

- À chaque objet est donc associée une liste de contrôle d'accès *(access control list)* qui énumère les utilisateurs autorisés et leurs droits.
- Avant toute tentative d'accès à un objet par un utilisateur, l'identité de cet utilisateur doit être authentifiée.
- Pour qu'un utilisateur ait le droit d'exécuter une action sur un objet – et dans un système informatique cette action est perpétrée par l'entremise d'un processus – il faut en outre que le processus en question possède le *pouvoir* voulu. Le pouvoir est un attribut d'un processus, il peut prendre des valeurs qui confèrent à ce processus des *privilèges* plus ou moins étendus. La plupart des systèmes ne proposent que deux valeurs de pouvoir : le mode superviseur, qui confère le pouvoir absolu, et le mode utilisateur, qui limite les actions de l'utilisateur en question aux objets dont il est propriétaire. Mais nous allons voir que certains systèmes ont affiné la hiérarchie des valeurs de pouvoir.
- La valeur du pouvoir d'un processus peut changer au cours de son exécution. Ainsi, un processus qui se déroule dans un mode utilisateur peut faire une demande d'entrée-sortie, ce qui nécessite le mode superviseur. Ceci sera résolu, sous Unix par exemple, par le mécanisme de l'appel système, qui transfère le contrôle, pour le compte du processus utilisateur, à une procédure du noyau qui va travailler en mode superviseur.
- Nous définirons la notion de *domaine de protection* dans lequel s'exécute un processus comme l'ensemble des objets auxquels ce processus a accès et des opérations qu'il a le droit d'effectuer sur ces objets. Lorsqu'un processus change de valeur de pouvoir, il change par là même de domaine de protection.

## Vérification des droits, imposition des protections

Les dispositifs et procédures de protection du système d'exploitation vont consister à faire respecter les règles qui découlent des droits et pouvoirs énumérés ci-dessus et à empêcher leur violation. La protection au sens où nous allons l'étudier dans ce chapitre ne consiste pas à empêcher les erreurs humaines, les défaillances techniques ou les actes de malveillance qui pourraient faire subir à un objet un sort non désiré, mais seulement à empêcher leur incidence sur les objets en question. Il faut protéger les données et les processus d'un utilisateur contre les processus des autres utilisateurs, protéger le fonctionnement du système contre les processus des utilisateurs et vice-versa, enfin protéger les uns des autres les processus d'un même utilisateur.

La qualité des dispositifs et procédures de protection fait la *sûreté* d'un système d'exploitation. On conçoit aisément que le contrôle des droits et des pouvoirs doive être à l'abri des manipulations d'utilisateurs désireux sans légitimité d'accroître leurs privilèges, ce qui signifie que les procédures de contrôle doivent s'exécuter avec le mode de pouvoir le plus grand et les droits les plus étendus, inaccessibles aux utilisateurs ordinaires. Cette réflexion de bon sens suffit à refuser le qualificatif « sûr » à tel système d'exploitation qui comporte un système perfectionné de listes d'accès réalisé... en mode utilisateur, et pour lequel de surcroît l'identification des utilisateurs est facultative.

En effet, et cela va sans dire, mais disons-le : il ne sert à rien de contrôler les droits et les pouvoirs du propriétaire d'un processus si son identité n'est pas déjà raisonnablement certaine. Les procédures d'identification et d'authentification des utilisateurs sont un préalable à toute stratégie de protection.

# Gérer l'authentification

Les sections précédentes ont présenté les principes de conception des dispositifs de protection fournis par les systèmes d'exploitation modernes : il convient de garder à l'esprit que ces dispositifs ne seront efficaces que s'ils sont effectivement utilisés selon des *politiques de sécurité* dont les grandes lignes feront l'objet de la suite de ce chapitre.

## Séparation des privilèges

La *séparation des privilèges* consiste à attribuer à chaque utilisateur, ou à chaque activité du système, les privilèges dont il a besoin, et pas d'autres. C'est le principe du *privilège minimum* qui doit s'appliquer ici.

Ainsi, sur un système Unix par exemple, il existe un utilisateur root doté de tous les droits sur tous les objets du système : il peut créer, détruire ou modifier tous les fichiers, lancer ou interrompre toutes les activités et tous les programmes. Autant dire qu'il est très dangereux de commettre une fausse manœuvre lorsque l'on est connecté au système sous le compte root, puisque l'on peut par exemple effacer l'ensemble d'un système de fichiers, ou corrompre des fichiers de paramètres du système de telle sorte qu'il ne pourra plus fonctionner, ou que sa sécurité sera fortement compromise. Le principe de séparation des privilèges commande de n'utiliser le compte root que le moins souvent possible, de préférence jamais. Il existe des dispositifs qui permettent aux administrateurs du système d'accroître leur niveau de privilèges autant que de besoin, et quand il est besoin, pour une action précise, et pour celle-ci seulement. De surcroît, les journaux du système, destinés à garder la trace de tous les événements significatifs qui y surviennent, enregistreront l'identité réelle des auteurs des actions qui ont nécessité une augmentation de privilège, ce qui est également indispensable à une bonne administration de la sécurité.

De même, certains programmes sont destinés à exécuter des actions privilégiées, mais cantonnées à une partie délimitée du système. Le serveur central d'un système de bases de données doit disposer des privilèges qui lui donneront les moyens de commettre toutes actions nécessaires sur les bases de données, mais uniquement dans ce domaine. De même pour le logiciel de sauvegarde ou pour le serveur de transfert du courrier électronique : ces programmes devront être exécutés sous le compte d'un pseudo-utilisateur spécial, doté uniquement des privilèges nécessaires pour son domaine d'action, et pour lui seul. De tels serveurs ne doivent pas être lancés sous le compte de l'utilisateur root. Les outils de configuration des systèmes Unix modernes, tels que Linux ou OpenBSD, établissent automatiquement ces mesures de séparation des privilèges, et il convient de n'y rien modifier.

Quant aux utilisateurs ordinaires, il convient de ne leur conférer de droits d'accès en création, en écriture et en destruction qu'à leurs propres données, et en lecture aux données partagées, autant que de besoin.

Nous évoquerons à nouveau, de façon plus technique, la question de la séparation des privilèges à la page 157.

## Identification et authentification

Dès lors que l'identité d'un utilisateur du système détermine ses privilèges et ses droits d'accès à telles ou telles données, il convient que cette identité soit correctement administrée, qu'elle ne puisse pas être usurpée par un tiers, et que son authenticité puisse être vérifiée.

Avant toute chose, les utilisateurs doivent être convaincus du caractère personnel de leur identité : cela semble évident, mais de mauvaises habitudes héritées des premiers temps de l'informatique conduisent encore beaucoup de systèmes à être utilisés par plusieurs personnes sous un compte unique dont tout le monde connaît le mot de passe : une telle habitude doit être combattue sans relâche, parce que sur un tel système aucune sécurité n'existe ni ne peut exister. L'interdiction de telles pratiques devrait figurer dans une charte d'usage des systèmes et des réseaux, validée par les instances de concertation telles que le comité d'entreprise et annexée au règlement intérieur.

Pour qu'un système d'identification soit efficace, il faut que l'utilisateur puisse se l'approprier facilement. On évitera donc autant que possible d'avoir un système d'identification particulier pour chaque application, et on se dirigera plutôt vers les systèmes d'identification centralisés, par exemple le *Single Sign-On* (SSO) ; l'encadré ci-dessous précise ces notions.

---

**Le *Single Sign-On* (SSO)**

Le souhait légitime de tout utilisateur d'un système informatique est la simplicité d'utilisation. En de nombreux endroits il y a encore, pour identifier une seule et même personne, une multiplicité d'identifiants et de mots de passe. Cela pourrait être :

- mon `login` de messagerie est `jdupont` ;
- mon `login` pour accéder à l'application de gestion des congés payés `jdu`, etc.

Certains organismes ont déjà fait des efforts pour faciliter la vie de leurs utilisateurs : un seul et même *login* est utilisé pour la totalité des applications. Toutefois l'utilisateur doit ressaisir celui-ci et le mot de passe associé chaque fois qu'il ouvre son application. Il n'est pas rare de devoir saisir ces données plusieurs dizaines de fois en une journée de travail. En plus de l'agacement lié à la saisie multiple de l'identifiant et du mot de passe il y a des risques de sécurité réels :

- ces données figurent probablement dans les bases de chaque application ;
- puis-je faire confiance au format de stockage des mots de passe des applications ?
- la gestion du changement de mot de passe devient plus complexe.

Les objectifs des solutions dites de SSO sont donc multiples :

- avoir un référentiel centralisé des identités et des mots de passe, référentiel auquel les applications s'adressent pour vérifier l'identité d'un utilisateur ;
- ne jamais divulguer le mot de passe (même sous une forme chiffrée) à une application, au pire l'application fournira au système de SSO les identifiants reçus de l'utilisateur pour validation et au mieux un système de tickets (inspiré de Kerberos) entre les trois acteurs que sont l'utilisateur (et son navigateur web), le serveur d'authentification du SSO et l'application, ce qui permet de ne jamais transmettre les éléments secrets (le mot de passe ou ce qui le remplace) à l'application ;

> • éviter les saisies multiples de l'identité pour accéder à plusieurs applications.
>
> C'est ce dernier point qui est bien sûr le plus important aux yeux de l'utilisateur final, mais c'est aussi le plus difficile à mettre en œuvre. Si la prise en charge de tels systèmes prend une certaine ampleur avec des applications « webisées », grâce à l'utilisation de HTTPS et des *cookies*[2], leur mise en œuvre dans le cadre d'applications dites « lourdes » est plus complexe voire impossible car elle ne permet pas d'utiliser les mêmes flux de données entre l'utilisateur final, l'application et le serveur d'authentification.

> **SSO en pratique**
>
> Mettre en œuvre et exploiter un système SSO apporte un confort indéniable, mais cela a un coût : l'investissement éventuel pour une solution du marché, les compétences requises pour la mise en œuvre et l'exploitation de tous les jours, et enfin, l'adaptation des applications web au produit retenu. De l'avis même de ceux qui ont déployé de telles solutions, le plus difficile est l'adaptation des applications au système de SSO retenu.

## Le bon vieux mot de passe

En cette année 2016 le procédé d'authentification le plus utilisé est sûrement encore, de loin, et malgré ses faiblesses bien connues, le couple identifiant-mot de passe *(login-password)*. Rappelons-en brièvement le principe, en prenant l'exemple d'un système Unix (ou Linux, qui, rappelons-le, n'est qu'une variété d'Unix).

Sous Unix, la création du compte d'un utilisateur crée une entrée dans le fichier `/etc/passwd`, qui constitue la base de données d'identification. Ce fichier contient une entrée par utilisateur, chacune comportant des champs séparés les uns des autres par le caractère deux-points (:). Ces champs sont :

- le *nom d'utilisateur*, ou identifiant, qui est une chaîne de caractères qui identifie de façon unique cet utilisateur ; cet identifiant est aussi appelé *nom de login* ;

---

2. HTTP, pour *Hypertext Transport Protocol*, est le protocole de circulation des données sur le Web ; HTTPS en est la version sécurisée par chiffrement ; les *cookies* sont des éléments de données qui permettent de conserver l'identification d'un utilisateur sur le Web pour une série de transactions.

- la représentation codée du *mot de passe* de l'utilisateur ; nous verrons d'ici peu qu'en fait cette représentation codée est conservée ailleurs que dans le fichier `/etc/passwd`, pour des raisons de sécurité ;
- le numéro d'identification (`uid`) de l'utilisateur ;
- le numéro de groupe (`gid`) de l'utilisateur ;
- le *vrai nom* de l'utilisateur ;
- son répertoire d'accueil ;
- son programme d'accueil *(shell)*.

Le *codage* du mot de passe est essentiel pour les motifs de sécurité qui nous intéressent ici ; il est effectué par une fonction de condensation qui consiste à calculer une empreinte numérique du mot de passe (ou condensat) infalsifiable et qui ne permet pas de faire le calcul inverse pour retrouver le mot de passe lui-même. Lorsque l'utilisateur se connecte il tape son mot de passe, l'empreinte est calculée et comparée à celle qui est enregistrée dans la base de données d'identification. Ainsi aucun mot de passe n'est enregisté.

Les principes d'une telle fonction de condensation seront exposés brièvement ci-dessous p. 56, en détail au chapitre 4 p. 105, et diverses applications pratiques en seront exposées au chapitre 15 p. 451.

Le fonctionnement d'Unix exige que le fichier `/etc/passwd` soit accessible en lecture par tout le monde : cela ouvrait à des malveillants la possibilité de récupérer les condensats des mots de passe des utilisateurs, puis d'essayer tranquillement sur leur ordinateur d'en retrouver la version « en clair ». Sachant que la fonction qui prend un mot de passe « en clair » pour le coder est publique, les méthodes les plus ordinaires pour essayer de casser un mot de passe sont :

- l'attaque par force brute, qui consiste à essayer successivement toutes les combinaisons possibles de caractères pour générer des mots de passe arbitraires, les coder et comparer le résultat au texte codé obtenu par le « pompage » de `/etc/passwd` ;
- l'attaque par dictionnaire, où l'on utilise une liste de mots courants et où l'on essaye successivement toutes les variations orthographiques ou typographiques possibles de ces mots, codés au moyen de l'algorithme utilisé, pour ici aussi comparer le résultat au texte chiffré de `/etc/passwd`.

Ces méthodes, surtout la seconde, donnent généralement des résultats positifs, alors pour éviter ce risque les mots de passe codés ne sont en général plus conservés dans le fichier `/etc/passwd`, mais dans un fichier aux droits d'accès plus restreints, `/etc/shadow`.

Il n'en reste pas moins que la divulgation d'une base de données d'identification, même si les données sont codées, est un incident de sécurité grave qui offre de grandes possibilités d'attaque à des agents malveillants. Parmi les fuites qui ont fait la une des journaux en 2015, citons celles des entreprises LinkedIn, Adobe et Ashley Madison, avec à la clé trois suicides et l'évaporation de quelques milliards de dollars.

# Listes de contrôle d'accès

Comme signalé page 49, les listes de contrôle d'accès (*access control list*, ACL) procurent une séparation des droits et privilèges plus fine que les dispositifs standards d'un système comme Unix, en permettant d'accorder des autorisations à un utilisateur particulier pour un fichier particulier.

Les listes de contrôle d'accès pour le réseau seront décrites dans le chapitre 6, à la page 235.

## ACL Posix

Une ACL Posix est associée à un fichier ou à un répertoire; elle est constituée d'une liste d'entrées qui appartiennent à l'un des types suivants :

| Type d'entrée | Forme de l'entrée |
|---|---|
| Propriétaire | `user::`*rwx* |
| Utilisateur nommé | `user:`*nom*`:`*rwx* |
| Groupe propriétaire | `group::`*rwx* |
| Groupe nommé | `group:`*nom*`:`*rwx* |
| Masque | `mask::`*rwx* |
| Autres | `other::`*rwx* |

Les lettres `rwx` signifient *read, write, execute* (lire, écrire, exécuter) et désignent les trois types d'autorisation que peut désigner une entrée d'ACL. Ainsi, la liste suivante :

```
user::rw-
user:pierrot:rw-
group::r--
mask::rw-
other::---
```

donne, pour le fichier concerné, les droits de lecture et d'écriture au propriétaire du fichier et à l'utilisateur Pierrot, les droits de lecture au groupe du propriétaire, et aucun droit aux autres utilisateurs.

Pour les systèmes Linux et *Windows* récents les ACL sont disponibles de façon standard.

### Historique des ACL

Les ACL sont apparues en 1984 dans la version 4 du système d'exploitation VMS *(Virtual Memory System)* pour les ordinateurs VAX de *Digital Equipment*. L'idée en a été reprise par *Cisco* pour le système IOS *(Internet Operating System)* de ses routeurs (l'usage des ACL pour la sécurité des réseaux est décrit au chapitre 6 p. 235). Les ACL font depuis 2002 l'objet d'une norme Posix.

## L'apport de la cryptographie à la problématique de l'authentification

La problématique de l'authentification, c'est-à-dire la vérification de l'identité, peut-être en partie résolue par des techniques issues de la cryptographie. Une présentation plus technique de ce domaine prendra place au chapitre 4, p. 101 mais il est possible de donner dès maintenant un aperçu de la problématique.

Pour vérifier l'identité déclinée par un utilisateur on lui demandera de fournir une preuve. Cette preuve peut être une connaissance que lui seul a, ce qui est le cas de l'exemple du mot de passe développé au chapitre 2 p. 53, une qualité que lui seul possède, développée dans l'encadré 2 p. 62, ou une *capacité* que lui seul a. Si on liste les propriétés que l'on attend de cette capacité on obtient :

- L'utilisateur doit être le seul à détenir cette capacité.
- Il doit être aisé de vérifier que l'utilisateur a cette capacité.
- Face à une preuve de détention de cette capacité, l'utilisateur ne doit pas pouvoir nier en être l'origine. On appelle cela la *non-répudiation*.

Il est important que cette capacité ne puisse pas être répudiée, c'est-à-dire que l'utilisateur ne puisse pas prétendre qu'il n'est pas l'auteur de la preuve d'authentification, qu'elle n'est pas son œuvre. La qualité de résistance à la répudiation doit résider dans une preuve d'authentification, détenue par le système et inaltérable par l'utilisateur.

Dans la suite de ce chapitre nous ferons un rapide panorama de la cryptographie moderne et éclairerons les idées qu'elle propose pour réaliser cette capacité.

## La cryptographie symétrique et ses limites

> **Vocabulaire**
>
> Le jargon des ingénieurs de sécurité informatique emploie souvent les termes « cryptage », « crypter », « chiffrage ». Ces termes sont incorrects et il convient de leur préférer « chiffrement » et « chiffrer », du moins selon les avis de l'ANSSI et de l'Académie française.

La cryptographie symétrique permet d'assurer la confidentialité, l'intégrité et la preuve de l'origine des données en s'appuyant sur le partage d'une clé symétrique qui est la même pour les deux participants (ici, l'utilisateur et le système cherchant à l'authentifier). On peut observer figure 2.1 le fonctionnement du chiffrement symétrique : Alice et Bob partagent une clé à laquelle l'attaquant Ève n'a pas accès et ils se servent de cette clé pour communiquer de manière confidentielle. Les fonctions permettant de calculer ce que l'on appelle des *motifs d'intégrité cryptographique* fonctionnent sur le même principe mais permettent d'assurer l'intégrité et l'origine des données.

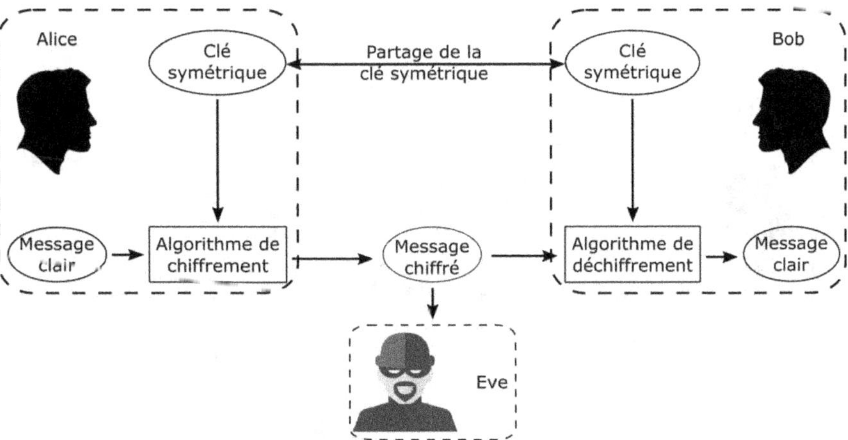


**Figure 2.1 –** Principe du chiffrement symétrique

A-t-on résolu le problème de l'authenfication par une capacité avec les algorithmes brièvement présentés ci-dessus ? Un rapide retour sur les propriétés que l'on attend de la capacité nous permet de conclure que non. En effet, la cryptographie symétrique est fondée sur le partage d'une même clé, ce qui signifie par exemple que l'administrateur du système avec qui l'utilisateur partage une clé à des fins d'authentification pourra se faire passer pour lui et qu'inversement l'utilisateur pourra utiliser sa clé, commettre des actes malveillants puis prétendre que l'administrateur du système a usurpé son identité. Nous n'obtenons donc pas la propriété de non-répudiation en utilisant uniquement des algorithmes cryptographiques symétriques.

## La cryptographie asymétrique

Pour reprendre les termes de Christian Queinnec dans la préface du présent ouvrage, l'invention par Withfield Diffie et Martin E. Hellman [84] d'une nouvelle méthode d'échange de clés a permis de résoudre un problème ouvert depuis des millénaires : comment deux personnes, ne se connaissant au préalable pas, peuvent-elles élaborer un secret commun à elles seules en n'ayant échangé que des messages publics ? Cette révolution ouvrait la voie à l'invention par Ronald Rivest, Adi Shamir et Leonard Adleman de l'algorithme RSA [229] qui est la première instanciation d'un algorithme de cryptographie asymétrique pour la confidentialité ou l'authentification.

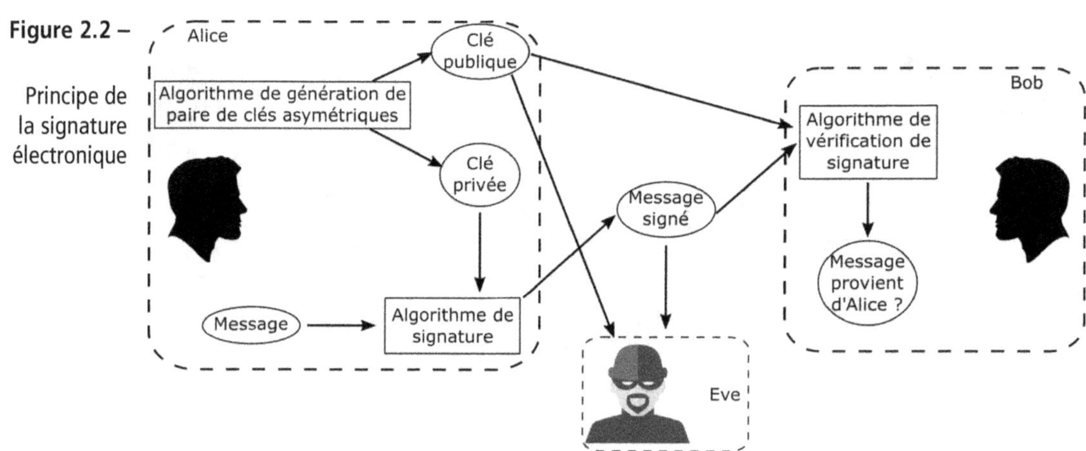


**Figure 2.2 –** Principe de la signature électronique

La cryptographie asymétrique comme on l'observe figure 2.2 se base sur la génération d'une *paire de clés* par un des deux participants (ici Alice) dont les rôles sont tout à fait différents :

- La clé privée est jalousement gardée secrète par Alice qui l'a générée et elle lui permet de signer des messages à l'image de la signature manuelle que l'on appose sur un document papier;
- La clé publique a vocation à être largement diffusé car sa simple possession permet la vérification (mais en aucun cas la génération) de signature. Comme l'indique le nom de la clé associée, cette vérification est une opération publique et réalisable par n'importe qui.

---

**Relation entre chiffrement asymétrique et signature**

La cryptographie asymétrique permet aussi le chiffrement de données et il est courant d'entendre « La signature est l'inverse du chiffrement » ou encore « Pour signer, il suffit de chiffrer avec sa clé privée ». Disons-le clairement ces affirmations sont fausses : il existe des algorithmes de chiffrement qui ne permettent pas de créer des signatures électroniques et des algorithmes de signature électronique qui ne correspondent à aucun algorithme de chiffrement.

La cause de cette confusion est que l'algorithme RSA tel qu'il a été présenté initialement [229] (et tel qu'on le présentera dans le chapitre 4 p. 101) permet effectivement d'obtenir un algorithme de chiffrement et un algorithme de signature. Cependant, 35 ans de recherche académique[3] ont montré que ces algorithmes n'étaient pas sûrs au sens moderne du terme. Aujourd'hui lorsqu'on dit utiliser l'algorithme RSA, on utilise en réalité une de ses extensions pour le chiffrement (usuellement OAEP ou PKCSv1.5 [155]) et une de ses extensions bien distinctes des premières pour la signature (usuellement PSS [155]).

---

La signature est bien la réponse à la problématique de l'authentification par capacité : Alice seule peut générer des signatures, cependant il est possible de vérifier ces dernières efficacement à l'aide de la clé publique, et Alice ne peut nier être l'auteur d'un document signé par elle à moins de prouver que sa clé privée a été dérobée.

Sans anticiper sur le chapitre 4 consacré à une étude plus détaillée des techniques symétriques et asymétriques, nous pouvons néammoins aborder l'exemple de l'algorithme RSA. La base de l'algorithme RSA est l'affirmation suivante : il est facile

---

3. Le lecteur curieux se plongera dans la lecture passionante de la somme écrite par Dan Boneh sur les résultats de cryptanalyse sur RSA [42].

à partir de deux grands nombres premiers $p$ et $q$ (de l'ordre de 300 chiffres décimaux chacun) d'obtenir leur produit que l'on appelle $N$, mais on ne connaît pas de méthodes efficaces pour obtenir $p$ et $q$ à partir de $N$. À partir de cela on construit un algorithme de signature électronique de la manière suivante :

- la clé privée qui permettra de signer un document de manière infalsifiable sera le couple de grands nombres premiers : $p, q$ ;
- la clé publique, publiée dans un annuaire ou sur un site web, sera le produit de ces deux nombres : $N \leftarrow p \cdot q$.

En disant cela, on glisse sur quelques détails techniques, mais le fond de la question est celui-là.

En pratique, lorsqu'on chiffre ou signe un message à destination de plusieurs destinataires, il existe des techniques propres à éviter de reproduire le corps du message en autant d'exemplaires que de destinataires ; ces méthodes sont décrites théoriquement dans le chapitre 4 et mises en pratiques à la p. 311.

# Comprendre les failles et les attaques

L'idée du chiffrement asymétrique avec un couple clé publique-clé privée semble tellement puissante qu'on ne voit pas de raison pour qu'elle ne supplante pas toutes les autres techniques. En fait, un algorithme aussi puissant soit-il ne résout pas tous les problèmes. D'abord les algorithmes de chiffrement asymétrique, tel RSA, sont coûteux en temps de calcul, ce qui peut s'avérer dissuasif, mais les cryptosystèmes à clés publiques sont exposés à d'autres menaces, dont l'examen nous confirmera qu'il n'existe pas de solution purement technique aux questions de sécurité.

## L'attaque par interposition (Man in the middle)

Le meilleur chiffrement du monde ne peut pas empêcher qu'un agent mal intentionné, disons Charles, se soit fait passer pour Franz, ait intercepté les communications d'Anne, et lui ait présenté sa clé publique comme étant celle de Franz : ainsi Charles pourra facilement déchiffrer les messages d'Anne avec sa propre clé privée, les lire, puis les rechiffrer avec la vraie clé publique de Franz et les faire parvenir à ce dernier. Ce type d'attaque, appelé *Man in the middle* (par interposition), est difficile à déjouer une fois que Charles a réussi à s'introduire dans le circuit de communication ; elle peut être tentée contre RSA et aussi contre l'algorithme de Diffie-Hellman, qui sera décrit à la page 132 et sur lequel reposent souvent les procédures d'échange de clés.

Pour éviter le coût en termes de temps de calcul du chiffrement asymétrique, tout en bénéficiant de la sécurité qu'il procure, certains protocoles utilisent le procédé suivant : l'algorithme (asymétrique) de Diffie-Hellman (dont nous verrons par quel procédé [génial] il permet d'échanger de façon sûre des clés de chiffrement symétrique classique), n'est utilisé qu'une fois, pour échanger des clés de chiffrement symétrique qui peuvent alors être utilisées en confiance. Mais cela n'élimine pas le risque lié à l'attaque par interposition.

En fait nous sommes ramenés au sempiternel problème dont nous nous croyions débarrassés : comment établir une relation de confiance entre Anne et Franz, comment échanger des clés dignes de foi. Mais nous avons quand même accompli un progrès : cet échange de clés doit être certifié, mais il peut se faire au grand jour puisque les clés sont désormais publiques. Afin d'interdire les identités d'emprunt, donc l'interposition *(Man in the middle)*, les clés publiques doivent être signées par une autorité supérieure, ce qui donne naissance à la notion d'infrastructure de gestion de clés, ou IGC (PKI en anglais – voir plus loin page 301).

## Vulnérabilité des cryptosystèmes

L'importance économique et sociale des systèmes de chiffrement incite à se poser la question de leur vulnérabilité : méritent-ils la confiance que nous plaçons en eux ?

Il y a déjà quelque temps que des articles ont exhibé des collisions avec l'algorithme SHA-1, ce qui prend en défaut les propriétés énoncées à la page 56 [288, 289, 269]. Avant les travaux de Mesdames Xiaoyun Wang et Yiqun Lisa Yin, une attaque par collision contre SHA-1 demandait $2^{80}$ opérations ; elles ont fait descendre ce nombre à $2^{63}$, ce qui reste considérable et demanderait sans doute, pour être réalisé dans un délai compatible avec un objectif opérationnel, un calcul distribué à l'échelle planétaire. Néanmoins SHA-1 est aujourd'hui de moins en moins utilisé et lui sont préférés les algorithmes de la famille SHA-2, publiés en 2001 : SHA-224, SHA-256, SHA-384, SHA-512 [294]. Une nouvelle norme SHA-3, qui n'est pas dérivée de SHA-1, est entrée en service en 2012.

Cet épisode illustre l'éternelle course aux armements entre les attaquants et les défenseurs, qui avait déjà lieu entre les fabricants d'épées et les fabricants de boucliers.

Mais il suggère aussi que les vraies attaques criminelles n'empruntent pas la voie difficile du cassage de protocole, qui intéresse surtout (de façon bien légitime) les chercheurs en cryptographie. Les pirates recherchent les failles de réalisation, donc souvent de programmation, qui sont hélas assez courantes et d'une exploitation bien plus facile.

---

**Le mirage de la biométrie**

Il est des sujets que la presse grand public fait ressurgir périodiquement lorsqu'elle est à court de copie : cela s'appelle des marronniers. Parmi les marronniers informatiques figurent en tête les prétentions de l'intelligence artificielle, avec au premier rang la traduction automatique et la reconnaissance vocale. Ces valeurs sûres ont été rejointes depuis quelques années par la *biométrie*, qui serait la panacée destinée à résoudre tous les problèmes de contrôle d'accès au SI.

Et depuis que les passeports des États-Unis comportent des données biométriques, cette idée semble aller de soi.

Or cette idée est très discutable, sinon fausse, parce qu'elle repose sur une confusion entre *identification* et *authentification*. Pour reprendre les définitions de l'article de Philippe Wolf [300], « s'identifier, c'est communiquer son identité, s'authentifier, c'est apporter la preuve de son identité. » Les procédés biométriques sont mieux adaptés à l'identification qu'à l'authentification, pour les raisons exposées dans l'article cité ci-dessus, qui retrace ainsi le processus que pourrait suivre une authentification par de tels procédés :

Phase 1 :  présentation de la donnée biométrique par la personne à authentifier ;
Phase 2 :  acquisition de cette donnée par un lecteur biométrique ;
Phase 3 :  traitement de cette donnée par un dispositif électronique qui la transforme en une information numérique, sous forme d'un fichier ; ce codage peut faire appel à des techniques cryptographiques ;
Phase 4 :  comparaison de ce fichier caractérisant la personne à authentifier avec une donnée de référence (quand la personne s'est identifiée au préalable) ou avec des données préstockées de références (représentant l'ensemble des personnes que l'on souhaite authentifier) ;
Phase 5 :  décision, à partir de la comparaison effectuée en phase 4, d'authentifier ou non la personne grâce à une fonction mathématique ou statistique (on retrouve la définition initiale de la biométrie). Ici, la décision binaire (réponse par oui ou par non) est propagée (de manière sûre de préférence) au dispositif informatique demandant l'authentification.

Dans sa réponse à une réponse à cet article (oui, le sujet est controversé), Robert Longeon [212] résume avec concision les inconvénients qui résultent d'un tel procédé : « Les réserves exprimées par l'article sur l'authentification biométrique proviennent du fait que l'authentifiant biométrique est une donnée publique (ce que n'est pas, par exemple, un bon mot de passe) et non révocable en cas de compromission (un mot de passe ou une clé se change régulièrement). »

En effet, il est dans la nature d'un élément d'authentification d'être exposé à la compromission, et lorsqu'il est compromis il faut pouvoir le *révoquer* : ainsi un mot de passe dont on soupçonne la divulgation doit être changé. Les dispositifs biométriques ne sont pas à l'abri de la compromission : si l'on considère les cinq phases énumérées ci-dessus, il sera peut-être difficile à un attaquant d'usurper l'empreinte digitale ou l'iris de l'œil de la personne dont il veut usurper l'identité, ce qui correspondrait à une attaque sur la phase 1, et, certes, de telles possibilités d'attaque existent bel et bien (l'attaquant offre à la victime une coupe de champagne convenablement instrumentée pour obtenir son empreinte digitale, ou même lui coupe le doigt), mais une attaque sur les phases 3 et 4 se résume à un simple vol de fichier, ce qui sera d'autant plus gênant que la victime pourra difficilement révoquer son iris ou son doigt.

Pour donner un exemple réel des difficultés qui peuvent résulter de l'utilisation à des fins d'authentification de données irrévocables, on peut rappeler qu'il y a quelques années certains établissements bancaires américains avaient l'habitude de demander au téléphone à leurs clients d'authentifier leur identité en donnant leur numéro de sécurité sociale et le nom de jeune fille de leur mère. Des escrocs se sont procuré ces données et les ont utilisées pour donner aux banques des ordres tout à leur avantage. La situation des clients était très embarrassante, parce qu'ils ne pouvaient changer ni de numéro de sécurité sociale, ni de mère : on avait utilisé un identifiant comme élément d'authentification, erreur fatale mais fréquente.

# 3

# Malveillance informatique

Parmi les multiples procédés d'attaque contre le système d'information, il convient de réserver une place spéciale à une famille de logiciels malfaisants (les anglophones ont créé à leur intention le néologisme *malware*, nous pouvons proposer *maliciel* pour le français) qui se répandent en général par le réseau, soit par accès direct à l'ordinateur attaqué, soit cachés dans un courriel ou sur un site web attrayant, mais aussi éventuellement par l'intermédiaire d'une clé USB ou d'un DVD. Ces logiciels sont destinés à s'installer sur l'ordinateur dont ils auront réussi à violer les protections pour y commettre des méfaits et pour se propager vers d'autres victimes. Ce chapitre leur sera consacré ; essayons pour commencer d'en dresser une nomenclature.

## Types de logiciels malfaisants

Aujourd'hui, c'est un truisme, quiconque navigue sur l'Internet ou reçoit du courrier électronique s'expose aux logiciels malfaisants que sont les virus, les vers et quelques autres que nous allons décrire. Comme tout le monde navigue sur l'Internet ou reçoit du courrier électronique, il importe que chacun acquière un minimum d'informations sur ces logiciels nuisibles, ne serait-ce que pour pouvoir les nommer aux experts auxquels on demandera de l'aide pour s'en débarrasser. C'est l'objet du petit catalogue que voici.

## Virus

Un virus est un logiciel capable de s'installer sur un ordinateur à l'insu de son utilisateur légitime. Le terme virus est réservé aux logiciels qui se comportent ainsi avec un but malveillant, parce qu'il existe des usages légitimes de cette technique dite de *code mobile* : les appliquettes Java et les procédures JavaScript sont des programmes qui viennent s'exécuter sur votre ordinateur en se chargeant à distance depuis un serveur web que vous visitez, sans que vous en ayez toujours conscience, et en principe avec un motif légitime. Les concepteurs de Java et de JavaScript[1] nous assurent qu'ils ont pris toutes les précautions nécessaires pour que ces programmes ne puissent pas avoir d'effets indésirables sur votre ordinateur, bien que ces précautions, comme toutes précautions, soient faillibles. Les appliquettes Java s'exécutent dans un bac à sable *(sandbox)*, c'est-à-dire dans un environnement étanche qui en principe les isole totalement du système de fichiers qui contient vos documents ainsi que du reste de la mémoire de l'ordinateur.

En général, pour infecter un système, un virus agit de la façon suivante : il se présente sous la forme de quelques lignes de code en langage machine binaire qui se greffent sur un programme utilisé sur le système cible, afin d'en modifier le comportement. Le virus peut être tout entier contenu dans ce greffon, ou il peut s'agir d'une simple amorce, dont le rôle va être de télécharger un programme plus important qui sera le vrai virus.

Une fois implanté sur son programme-hôte, le greffon possède aussi en général la capacité de se recopier sur d'autres programmes, ce qui accroît la virulence de l'infection et peut contaminer tout le système ; la désinfection n'en sera que plus laborieuse.

On remarque que la métaphore par laquelle ce type de programme est nommé virus n'est pas trop fallacieuse, car les vrais virus, ceux de la biologie, procèdent de façon assez analogue : sans trop schématiser, on peut dire qu'un virus est un fragment d'acide désoxyribonucléique (ADN) ou d'acide ribonucléique (ARN) dans le

---

1. Incidemment, contrairement à ce que donnent à croire leurs noms, Java et JavaScript sont des langages qui n'ont rien à voir l'un avec l'autre.

cas d'un rétrovirus, enveloppé dans une sorte de sachet qui lui permet de résister à l'environnement extérieur tant qu'il ne s'est pas introduit dans un organisme-hôte. Une fois qu'il a pénétré dans une cellule de l'hôte, ce fragment d'ADN ou d'ARN, dont on sait qu'il représente une sorte de « programme génétique », utilise la machinerie cellulaire de l'hôte pour se reproduire et envahir d'autres cellules, ce qui peut provoquer une maladie.

---

**Pour en savoir plus**

Pour ce parallèle entre informatique et biologie on pourra se reporter à un article de David Evans, « What Biology Can (and Can't) Teach Us About Security », http://www.cs.virginia. edu/~evans/usenix04/usenix.pdf.

---

Le problème que doit surmonter le virus informatique, comme son collègue biologique, c'est d'échapper au système immunitaire de l'hôte, qui cherche à le détruire, et, comme en biologie, les méthodes les plus efficaces pour atteindre ce but reposent sur les mutations et le polymorphisme, c'est-à-dire que le virus modifie sa forme, son aspect ou son comportement afin de ne pas être reconnu par son prédateur. Pour les virus informatiques comme pour ceux de la biologie, la stratégie de survie peut aussi comporter une *période d'incubation*, au cours de laquelle le malade ignore son état et peut contaminer son entourage, ainsi que des *porteurs sains*, propices également à la contagion. En effet, un virus qui tue trop rapidement sa victime, que ce soit au sens propre ou au sens figuré, limite par là même ses capacités de propagation.

## Virus réticulaire (botnet)

La cible d'un virus informatique peut être indirecte : il y a des exemples de virus qui se propagent silencieusement sur des millions d'ordinateurs connectés à l'Internet, sans y commettre le moindre dégât. Puis, à un signal donné, ou à une heure fixée, ces millions de programmes vont par exemple se connecter à un même serveur web, ce qui provoquera son effondrement. C'est ce qu'on appelle un déni de service distribué (*Distributed Denial of Service*, DDoS).

Un tel virus s'appelle en argot SSI un *bot*[2], et l'ensemble de ces virus déployés un *botnet*. Les ordinateurs infectés par des bots sont nommés *zombies*.

---

2. *bot* est l'abréviation de *robot*.

### Déni de service distribué et zombies

L'arme la plus fréquente à ce jour sur l'Internet est l'attaque par déni de service distribué (*distributed denial of service*, abrégé DDoS). L'attaquant s'assure le contrôle d'un nombre aussi important que possible d'ordinateurs piratés à l'insu de leurs propriétaires et qualifiés de « zombies ». Ce réseau de machines sous contrôle s'appelle un *botnet*. Les machines infectées animent alors un programme qui leur permet de déclencher une action simultanée, comme une avalanche de messages ou de tentatives de connexion. Certains botnets comportent plus d'un million de machines et peuvent émettre 14 millions de messages par minute. Peu de services résistent à 100 000 tentatives de connexions réalisées durant la même seconde.

#### *Origine du terme zombie*

Le terme *zombie* utilisé pour qualifier les ordinateurs qui ont été infectés par un virus (réticulaire, cheval de Troie…) ne doit bien sûr rien au hasard. Ces ordinateurs ressemblent effectivement à des morts-vivants : ces machines donnent l'impression de ne rien faire (il serait plus judicieux d'écrire que leur utilisateur n'a pas conscience de l'infection par un programme malfaisant) et pourtant elles participent à de mauvaises actions, comme par exemple l'envoi de courrier électronique non sollicité ou bien des attaques par déni de service distribué.

De l'avis même des fournisseurs d'accès à l'Internet, ces postes de travail infectés représentent aujourd'hui la principale menace visible : une contribution même modeste (quelques dizaines de messages par heure) de chaque ordinateur, vu le nombre de machines infectées (des centaines de milliers rien qu'en France), suffit pour être à l'origine de dizaines de millions de messages non sollicités chaque jour.

L'article *botnet* de Wikipédia tient à jour la liste des botnets les plus importants, dont les effectifs sont de l'ordre du million de zombies. Signalons que l'un d'entre eux, *Rustock*, a été démantelé le 16 mars 2011 par une action conjointe de Microsoft et des autorités fédérales américaines. Les mieux organisés de ces réseaux disposent d'un service commercial, d'une assistance téléphonique en anglais pour les clients et d'une politique tarifaire attrayante, avec la possibilité de commencer petit en louant, par exemple, une tranche de 10 000 zombies.

Au grand dam des techniciens avertis qui sont lésés dans l'affaire, l'une des mesures phares adoptées (ou en cours d'adoption) par de nombreux fournisseurs d'accès à l'Internet grand public est de restreindre l'accès à l'Internet. Ainsi, face aux *zombies* qui envoient des courriers non sollicités, le filtrage du port 25 devient une norme de fait, obligeant les utilisateurs avertis à prendre le risque de confier leur courrier électronique à leur fournisseur (l'utilisateur moins averti le fait probablement déjà et de façon naturelle).

Nous donnerons une définition plus complète du port à l'encadré page 221, mais pour l'instant il nous suffit de savoir que chaque extrémité d'un flux de données en circulation sur le réseau est identifiée par un numéro arbitraire mais unique, son numéro de port. Le port 25 est dévolu au protocole SMTP utilisé par le courrier électronique, et ainsi chaque émission de message électronique a pour destination le port 25 d'un serveur de messagerie.

#### *Existe-t-il encore des virus qui ne soient pas des chevaux de Troie ?*

La réponse à cette question est bien sûr oui et il faut continuer à lutter. Les chiffres montrent cependant que les virus introduits par des *zombies* ou des chevaux de Troie représentent bien plus de 95 % du total des messages avec virus en circulation sur le réseau (chiffres obtenus d'un grand prestataire français d'accès à l'Internet, sur ses passerelles destinées au marché des entreprises).

## Un beau virus réticulaire : Conficker

Octobre 2008 a vu la naissance d'un virus dont tous les spécialistes conviennent qu'il a représenté un saut dans l'innovation technologique : Conficker. Bien que ce cas soit assez ancien, il représente l'un des meilleurs exemples de virus réticulaire, dont les conséquences ont créé une prise de conscience sur les risques induits par ce type de menace.

Conficker a rapidement infecté des millions d'ordinateurs. Sa technique de propagation repose sur un débordement de zone mémoire (cf. page 147) qui exploite une vulnérabilité connue et corrigée du système Windows (c'est-à-dire qu'un ordinateur à jour des corrections de sécurité ne devrait pas être vulnérable). Il provoque des perturbations gênantes du fonctionnement du système : désactivation de services tels que les mises à jour automatiques de logiciel, le contrôle de sécurité ou la journalisation des erreurs.

Une fois installé, Conficker communique avec son maître au moyen d'un appel de procédure à distance (*Remote Procedure Call*, RPC) spécialement conçu à cet effet, ce qui permet la constitution de réseaux d'ordinateurs-zombies ou *botnets* (cf. page 68). Par le canal de communication, la copie de Conficker sur un ordinateur infecté peut recevoir de son maître des mises à jour du virus, des listes d'actions à effectuer, et lui envoyer des informations recueillies sur place.

La plupart des programmes malicieux qui veulent établir une telle communication utilisent directement les adresses IP des machines concernées : Conficker innove en utilisant le DNS, c'est-à-dire qu'il crée ou qu'il usurpe des milliers de noms de domaines, au moyen desquels les maîtres du virus communiquent avec leurs esclaves.

Les auteurs de Conficker utilisent les techniques les plus récentes de la programmation réseau et produisent à un rythme élevé des versions améliorées de leur virus. On pourra notamment consulter les articles relatifs à la détection du virus, au contournement des mesures prises par Microsoft pour ralentir la propagation des virus, à l'accroissement du nombre de noms de domaines générés, et à un projet de vaccin contre Conficker : rappelons en effet qu'il existe de troublantes analogies entre les vrais virus et ceux des ordinateurs [3].

---

3. http://www.cs.virginia.edu/~evans/usenix04/usenix.pdf

Il existe aussi un excellent article en anglais de Phillip Porras, Hassen Saidi et Vinod Yegneswaran sur le site de SRI International[4].

Cette évolution technique permanente met en difficulté les organismes qui cherchent à organiser la défense au sein d'une alliance informelle nommée *Conficker Working Group*[5] et qui réunit l'*Internet Corporation for Assigned Names and Numbers* (ICANN) et un certain nombre d'entreprises et d'équipes de recherche en sécurité informatique. Les experts estiment que l'épidémie Conficker est la plus grave depuis SQL Slammer en 2003. Les traces des communications laissées par le virus suggèrent une source de l'épidémie dans l'est de l'Europe.

## Ver

Un ver *(worm)* est une variété de virus qui se propage par le réseau. Il peut s'agir d'un *bot* (cf. p. 67). En fait, alors qu'il y a une quinzaine d'années les virus n'étaient pas des vers (ils ne se propageaient pas par le réseau) et les vers n'étaient pas des virus (ils ne se reproduisaient pas), aujourd'hui la confusion entre les deux catégories est presque totale.

## Cheval de Troie

Un cheval de Troie *(Trojan horse)* est un logiciel qui se présente sous un jour honnête, utile ou agréable, et qui une fois installé sur un ordinateur y effectue des actions cachées et pernicieuses.

## Bombe logique

Une bombe logique est une fonction, cachée dans un programme en apparence honnête, utile ou agréable, qui se déclenchera à retardement, lorsque sera atteinte une certaine date, ou lorsque surviendra un certain événement. Cette fonction produira alors des actions indésirées, voire nuisibles.

---

4. `http://mtc.sri.com/Conficker/`
5. `http://www.confickerworkinggroup.org`

# Logiciel espion

Un logiciel espion, comme son nom l'indique, collecte à l'insu de l'utilisateur légitime des informations au sein du système où il est installé, et les communique à un agent extérieur, par exemple au moyen d'une porte dérobée (cf. ci-dessous p. 73 la section sur les portes dérobées).

> ### Le *rootkit* de Sony
>
> Nous ne saurions entreprendre ce tour d'horizon de la malfaisance sans évoquer une affaire où le scandale le dispute au ridicule. Un *rootkit* est un programme ou un ensemble de programmes qui permettent à un pirate de maintenir durablement un accès frauduleux à un système informatique, généralement par l'ouverture de portes dérobées et par des modifications vicieuses du système.
>
> Le 31 octobre 2005, le spécialiste reconnu des systèmes Windows, Mark E. Russinovich, publiait sous le titre « Sony, Rootkits and Digital Rights Management Gone Too Far » un article dans la revue en ligne *Sysinternals* où il racontait la mésaventure suivante [6].
>
> Il testait sur son ordinateur le logiciel de détection d'intrusion *RootkitRevealer* (RKR), destiné comme son nom l'indique à détecter la présence de *rootkits*.
>
> Que révéla RKR à Russinovich ? Un répertoire caché, plusieurs pilotes de périphériques cachés, et un programme caché. Russinovich, auteur notamment de l'ouvrage de référence *Windows Internals : Windows 2000, Windows XP & Windows Server 2003* [235], n'est pas précisément un utilisateur naïf et il applique des règles de sécurité scrupuleuses. Étonné de se voir ainsi piraté, il mobilisa toute sa science des structures internes de Windows et des outils d'analyse pour percer ce mystère (les détails sont exposés dans l'article cité en référence) : quelle ne fut pas sa surprise en découvrant que le *rootkit* incriminé était un logiciel commercial arborant fièrement la marque de la société qui l'avait développé, *First 4 Internet*. Cette société avait créé un ensemble de logiciels destinés à implémenter une technologie nommée XCP, dont la fonction est d'exercer des contrôles d'accès sur les CD musicaux enregistrés et commercialisés selon les spécifications du protocole *Digital Rights Management* (DRM). *First 4 Internet* avait vendu sa technologie à plusieurs sociétés, dont Sony, et en constatant cela Russinovich se rappela avoir acheté peu de temps auparavant un CD Sony qui ne pouvait être joué qu'au moyen du logiciel inscrit sur le CD lui-même, et qui ne pouvait être recopié que trois fois. C'est ce que l'on appelle un CD au contenu protégé contre les copies.
>
> En fait, lorsque le CD était joué sur un ordinateur, le logiciel inscrit sur le CD se recopiait dans le système, à l'insu de l'utilisateur. Une fois installé, il se comportait comme un logiciel espion, et envoyait à Sony l'identification du CD introduit dans le lecteur de l'ordinateur ; avec cet envoi, Sony était informé chaque fois qu'un CD donné était joué sur tel ou tel ordinateur, et recevait également l'adresse IP de cet ordinateur. De surcroît, ce logiciel assez mal conçu créait dans le système des vulnérabilités supplémentaires qui facilitaient des attaques ultérieures par d'autres logiciels malfaisants. Clairement, le *Big Brother* du roman de George Orwell commençait à prendre réalité.
>
> Mais le plus piquant (ou le plus scandaleux) de cette histoire, c'est que pour réaliser leur logiciel secret et malfaisant destiné à espionner leurs clients et à protéger de façon abusive leurs droits, *First 4 Internet* et son mandant Sony avaient purement et simplement piraté des parties de

> certains logiciels libres sous licence GPL dans des conditions contraires aux termes de cette licence, c'est-à-dire qu'ils n'avaient pas hésité à enfreindre les droits d'autrui.

Une variété particulièrement toxique de logiciel espion est le *keylogger* (espion dactylographique, ou enregistreur de frappe selon la Commission générale de terminologie et de néologie), qui enregistre fidèlement tout ce que l'utilisateur tape sur son clavier et le transmet à son honorable correspondant ; il capte ainsi notamment identifiants, mots de passe et codes secrets.

---

**Les formes de malveillance**

Longtemps les actes de malveillance informatique tels que ceux que nous venons de décrire furent le plus souvent le fait de jeunes gens motivés par la recherche de la renommée parmi leurs collègues pirates (les *script kiddies*). Les auteurs de logiciels malfaisants sont souvent dotés de compétences techniques élevées, nécessaires pour détecter et exploiter des vulnérabilités souvent subtiles ; ils mettent ensuite leurs logiciels à la disposition de la communauté, et des pirates peu qualifiés peuvent facilement les utiliser. Il est donc faux que tous les pirates soient des experts de haut niveau, la plupart sont des ignorants *(script kiddies)* qui se contentent de lancer sur le réseau des logiciels nuisibles écrits par d'autres.

Cette malveillance « sportive » (et néanmoins criminelle) a d'abord cédé du terrain à une malveillance à but lucratif. Ainsi, les dénis de service distribués tels que celui que nous avons décrit au début de ce chapitre sont couramment utilisés contre des sites marchands pour exercer contre eux un chantage et en obtenir une rançon.

Aujourd'hui en 2016 ce sont les acteurs étatiques qui prennent le relais, en utilisant des techniques informatiques pour des opérations dans le cyberespace. Le dernier chapitre, n° 17 p. 539 de ce livre, est consacré à la dimension géostratégique de la sécurité informatique, que nous appellerons cybersécurité.

Michel Volle souligne dans son ouvrage *De l'Informatique* [286] que les pirates de l'informatique progressent plus vite que la recherche en sécurité, parce qu'ils utilisent les méthodes du logiciel libre, alors que la recherche publique a du mal à recruter et que la recherche des entreprises s'enferme dans un secret qui souvent ne sert qu'à dissimuler une certaine indigence. La compétence des pirates augmente, ainsi que le nombre et l'ingéniosité de leurs attaques, cependant que l'on ne compte aux États-Unis que 200 chercheurs en sécurité dans les universités et les entreprises, nous dit Michel Volle.

---

6. `http://blogs.technet.com/b/markrussinovich/archive/2005/10/31/`
`sony-rootkits-and-digital-rights-management-gone-too-far.aspx`

---

**Créez votre propre virus**

Si vous voulez aujourd'hui créer votre propre virus ou votre cheval de Troie, nul besoin d'être un virtuose du débordement de zone mémoire, ni même de savoir programmer : vous trouverez sur le Web de magnifiques kits de développement avec des environnements graphiques à la dernière mode qui vous faciliteront le travail, il vous suffira de cliquer sur les boutons de votre choix, et le logiciel malfaisant sur mesure sera généré automatiquement par l'outil. Vous disposerez également du système de lancement sur l'Internet, et tout cela gratuitement. Dans ces conditions, il est étonnant qu'il n'y ait pas plus de dégâts, ou du moins de dégâts patents.

# Portes dérobées

La récente affaire des portes dérobées dans certains produits Juniper [249], suivi d'un cas similaire au sein de produits Fortinet [122], a démontré une fois de plus que tout logiciel ou matériel est susceptible d'être livré avec quelques « améliorations » pouvant permettre un accès par un tiers et que le recours à un produit d'un grand constructeur ou diverses certifications ne représentent pas non plus une garantie absolue en soi.

Certains journalistes ont soutenu que la découverte d'une porte dérobée dans un système induirait une perte de confiance telle que l'entreprise aurait beaucoup de difficulté à continuer à vendre ses produits. Les portes dérobées découvertes au sein de produits Barracuda [174], F5 [68] ou encore Symantec [295] il y a quelques années n'ont pas semblé avoir un grand effet sur les ventes. Et dans le cas de RSA, rappelons que, bien que l'entreprise, d'après Reuters [51, 184], ait reçu 10 millions de dollars pour la mise en place d'une porte dérobée, elle reste l'un des principaux acteurs de son domaine.

Cette section propose quelques rappels sur les portes dérobées (communément appelées *backdoors*), les moyens pour un tiers de les insérer et le besoin de la prise en compte de ce type de menace dans les modèles de risques.

## Définition

Une porte dérobée *(backdoor)* est un logiciel de communication caché, installé par exemple par un virus ou par un cheval de Troie, qui par exemple donne à un agresseur extérieur accès *via* le réseau à l'ordinateur victime. Une porte dérobée peut être définie comme une fonction cachée à l'insu de l'utilisateur légitime, permettant de contourner des protections ou des propriétés légitimes d'un système.

Pour citer quelques exemples, celles-ci peuvent aller d'un simple compte codé en dur permettant un accès privilégié au système, d'un netcat[7] en écoute, à des solutions plus fines et élégantes. Dans la seconde catégorie, il est possible de citer des modifications d'un code cryptographiques pour affaiblir le générateur d'aléas ou encore pour permettre l'extraction des éléments permettant de prédire l'état du générateur aléatoire et ainsi de déchiffrer les communications (cas de Juniper).

Les portes dérobées ne sont pas limitées qu'au logiciel, et il est possible de mettre en place des « implants » matériels [200], consistant à l'ajout de composants électronique (par exemple par ouverture de colis postaux [112]) ou encore d'influencer un standard comme l'aurait réussi avec tant de brio la NSA dans le cas du générateur standardisé par le NIST *Dual EC DRBG*[8].

## Un niveau de complexité variable

Comme esquissé précédemment, tout élément d'un système peut être *backdooré* et la complexité de la porte dérobée est variable :

- la méthode la plus simple consiste en comptes ou clés cryptographiques codées en dur (qui outre leur simplicité de mise en place, présentent l'avantage de présenter une excuse bien commode sous forme d'« erreur » ou d'« oubli de compte de support »);
- si le système d'exploitation est souvent visé, il est également possible de *backdoorer* toutes les autres parties : le BIOS, le SMM, le firmware des disques durs (les travaux d'Aurélien Francillon [11] sont particulièrement intéressants à ce sujet), des cartes réseau, des cartes SIM [200] ou encore le système d'exploitation du baseband[9] d'un téléphone;
- la porte dérobée peut également être placée en dehors du code source, citons la célèbre étude de Ken Thompson « Reflections on Trusting Trust » [275], où la porte dérobée est induite par le compilateur;

---

7. `netcat` est un logiciel qui permet l'ouverture de communications en réseau, de façon très souple, selon toutes sortes de protocoles, ce qui en fait un outil prisé des attaquants comme des défenseurs du SI.

8. *Dual Elliptic Curve Deterministic Random Bit Generator*

9. Le *baseband* (bande de base) désigne le système de supervision des communications radio de l'appareil.

- à plus haut niveau, il est possible de citer des « influences » sur des standards discutées précédemment, des implants matériels ou des canaux cachés. Comme l'a montré le cas de Juniper, un attaquant peut également altérer une porte dérobée existante à son avantage.

## Portes dérobées symétriques et asymétriques

Les portes dérobées peuvent être globalement classées en deux catégories :

- Symétriques : si la présence de la porte dérobée est découverte, l'attaquant l'ayant mise en place ainsi que toute personne ayant le « secret » est en mesure de l'exploiter. C'est le cas par exemple du compte codé en dur dans les produits de Fortinet, une fois le code d'exploitation publié sur Internet [122], toute personne ayant accès aux interfaces peut compromettre un système vulnérable.
- Asymétriques : seul l'attaquant ayant conçu la porte dérobée est en mesure de l'exploiter. Un tiers ayant connaissance de son fonctionnement n'est pas en mesure de l'utiliser sans connaissance d'un secret; c'est le cas de porte dérobée présente dans le DUAL EC DRBG. Pour prendre un exemple plus simple, imaginons un système permettant l'extraction d'une clé en la chiffrant à l'aide d'un algorithme asymétrique. Même si un tiers a connaissance de la porte dérobée, qu'il connaît le canal caché de fuite et qu'il dispose de la clé publique présente dans le code de la *backdoor*, seul l'attaquant disposant de la clé privée (ou toute autre entité ayant compromis l'attaquant initial) est réellement en mesure de l'exploiter.

L'impact d'une porte dérobée symétrique est de loin plus grave, la probabilité d'exploitation étant alors fortement augmentée.

## Comment implanter une porte dérobée

Afin de mieux cerner le risque lié à une porte dérobée et sa probabilité de présence, un exercice intéressant est de se mettre à la place d'une entité « puissante » qui souhaiterait mettre en place une porte dérobée. Il est possible dès lors de subdiviser les cibles en plusieurs catégories (dans l'exemple ci-après l'exercice se focalise sur les systèmes cryptographiques) : les systèmes sous influence nationale, les logiciels et matériels en source fermée étrangers, les systèmes open source et enfin les systèmes conçus en interne.

### Systèmes sous influence nationale

En ce qui concerne les logiciels ou le matériel sous influence nationale, le plus simple est d'agir par influence légale ou par pressions économiques. Dans certains cas il est plus rapide de demander directement un accès ou une copie des données, comme l'a illustré le programme PRISM [125] de la NSA.

Si l'entreprise se révèle peu coopérative, il est toujours possible de mener une attaque ciblée par intrusion informatique ou manipulation humaine.

### Logiciels et matériels en source fermée étrangers

Le second type de cible concerne les logiciels et matériel en source fermée étrangers, sur lesquels une influence directe est plus complexe à mettre en œuvre. Il est dans ces cas possible de cibler dans un premier temps les briques (logicielles ou matérielles) sur lesquelles reposent les produits. En effet peu de constructeurs mettent en place un système entièrement conçu en interne, ils s'appuient le plus souvent sur des composants open source quelque peu modifiés. Le nombre de produits commerciaux vulnérables à la faille HeartBleed illustre assez bien cette situation. Il est dès lors possible d'influencer les standards mathématiques ou les protocoles, attaquer les projets *Open Source* sur lesquels s'appuient le produit, piéger en avance de phase le matériel (microprocesseur, carte réseau, etc), attaquer le processus de distributions en ouvrant les colis postaux ou encore identifier des failles ou des portes dérobées mises en place par l'éditeur.

Une seconde possibilité est de viser un « maillon faible » de la chaîne de production : une attaque ciblée peut être menée sur l'éditeur, l'intégrateur ou des cabinets d'audit et de conseil prenant part au projet de déploiement de la technologie ciblée. Il est bien sûr possible de procéder au sabotage économique d'une entreprise non coopérative.

Enfin le troisième axe d'exploitation vise à prendre appui sur le travail mis en place par la « concurrence », identifier et exploiter la porte dérobée mise en place par un pays tiers (c'est ici l'une des hypothèses de la porte dérobée cryptographique découverte dans certains produits Juniper).

### Systèmes Open Source

Le troisième type de cible est constitué de logiciels *Open Source*. Bien que de très nombreux produits existent, l'ensemble à viser est relativement restreint, en particulier dans le domaine cryptographique, et ces logiciels sont relativement peu audités (les grandes campagnes d'audit ont démarré peu après les révélations de Snowden et la faille Heartbleed, mais ne concernent que peu de logiciels). Il est bien évidemment possible de chercher des vulnérabilités dans ces logiciels ou d'infiltrer les équipes de développement.

### Systèmes conçus en interne

Le dernier type de cible est constitué d'implémentations « maison », celles-ci étant rarement correctement conçues et implémentées, la probabilité de trouver une faille exploitable est élevée. À défaut il est toujours possible de mener une attaque ciblée.

### BULLRUN & EDGEHILL

La mise en place de telles portes dérobées est une pratique courante des services spécialisés. D'après les documents diffusés par Snowden, la NSA américaine et le GCHQ britannique disposent de programmes entiers [199] consacrés à l'affaiblissement de mécanismes cryptographiques (programmes BULLRUN pour la NSA, et EDGEHILL pour le GCHQ).

## Prise en compte pour les modèles de menace

Il est important de prendre en compte la présence de portes dérobées lors de la conception de modèles de sécurité. Si la prise en considération de *backdoors* gouvernementales dépend du modèle de menace spécifique à chaque l'entreprise, de nombreux éditeurs ajoutent des comptes cachés pour faciliter la maintenance, ou ceux-ci sont parfois le fait d'un oubli de la part de développeurs.

La présence d'une porte dérobée peut être désastreuse, non seulement dans les systèmes d'information « classiques » mais encore plus dans le domaine de l'embarqué ou des systèmes industriels ou il n'est pas toujours possible de corriger facilement le problème.

Le cas des ordinateurs de bureau est particulièrement parlant tant le nombre d'emplacements potentiellement exploitables est élevé, comme l'a si bien présenté Joanna Rutkowska dans son article *Intel x86 considered harmful* [236] et discuté dans le présent ouvrage (p. 276). Dans ce cas, seule une nouvelle approche de conception permet de limiter réellement le risque (cf. [237]).

La présence de portes dérobées est un risque avec lequel l'entreprise doit vivre et qu'il est très difficile d'éliminer. Elle peut être comparée, de façon très simplifiée, au niveau humain, aux agents doubles (*backdoor* gouvernementale) ou aux employés trop bavards ne respectant pas les consignes de sécurité (*backdoor* simple) : nier leur existence ou se convaincre de minimiser leur impact réel est une stratégie risquée. Admettre leur présence et mettre en place des mesures de défense en profondeur afin de les identifier et de réduire le risque effectif en cas d'exploitation, même si elle est imparfaite, reste la seule solution viable.

## Mesures de protection

À moins d'un audit complet de la solution, et encore celui-ci ne permettrait pas de déceler toutes les vulnérabilités, il est possible de limiter quelque peu la probabilité d'exploitation de certaines portes dérobées (compte système en dur ou clés cryptographiques communes par exemple) en :

- limitant l'exposition des interfaces d'administration ;
- régénérant dans la mesure du possible tous les éléments sensibles comme des mots de passe ou des clés (pour ces dernières il est préférable de les générer sur un système tiers « sûr » et pour lesquels un bon niveau de confiance est placé dans le générateur de nombres aléatoires ;
- croisant les technologies (par exemple pour de la téléphonie sur IP, il est possible de chiffrer une première fois le flux en SRTP avec une technologie d'un premier constructeur et faire passer le tout sur un VPN IPsec d'un autre fournisseur) ;
- mettant en place une surveillance avancée.

Bien sûr ces mesures ne sont que de peu d'utilité face à une porte dérobée mise en place par un attaquant décidé ou même face à une simple *backdoor* exécutant du code sur une page web cachée. Mais elles permettent au moins de limiter un tant soit peu quelques facteurs d'exploitation.

Dans les cas de systèmes plus sensibles, outre le recours à des produits qualifiés par une instance nationale (et encore une telle qualification n'est pas une garantie absolue) ou à la conception par l'entreprise d'un système maîtrisé (très peu d'entités au monde ont les capacités techniques nécessaires pour le faire), il est possible de s'appuyer sur des propriétés physiques afin de limiter le risque. L'usage de réseaux déconnectés d'Internet (reliés par des diodes pour la remontée d'information et protégés contre les émanations électromagnétiques compromettantes) limitent la probabilité d'exploitation. Il faut cependant prendre en compte la possibilité d'ajout d'implant matériel sur les équipements et disposant de leur propre canal de fuite de données (émetteur radio, optique, sonore, etc).

Des mesures organisationnelles en complément des mesures techniques sont également à étudier dans le cadre d'une défense en profondeur.

## Conclusion

La présence de portes dérobées dans la plupart des équipements utilisés en entreprise est commune. Celles-ci vont de *backdoors* gouvernementales particulièrement complexes et bien conçues à de simples comptes codés en dur, le plus souvent pour faciliter la maintenance par le constructeur.

Si tous les cas ne sont pas à considérer selon la nature des activités de l'entreprise, la prise en compte de la présence de portes dérobées dans le modèle de risque est indispensable. Selon la cible de sécurité retenue, une acceptation du risque ou des mesures complémentaires techniques peuvent être mises en place.

# Courrier électronique non sollicité (spam)

Le courrier électronique non sollicité *(spam)* consiste en des « communications électroniques massives, notamment de courrier électronique, sans sollicitation des destinataires, à des fins publicitaires ou malhonnêtes », selon Wikipédia. Ce n'est pas à proprement parler du logiciel, mais les moyens de le combattre sont voisins de ceux qui permettent de lutter contre les virus et autres malfaisances, parce que dans tous les cas il s'agit finalement d'analyser un flux de données en provenance du réseau pour rejeter des éléments indésirables.

Les messages électroniques non sollicités contiennent généralement de la publicité, le plus souvent pour de la pornographie, des produits pharmaceutiques destinés à améliorer les dimensions et les performances de certaines parties du corps humain, des produits financiers ou des procédés d'enrichissement rapide. Parfois il s'agit d'escroqueries pures et simples qui invitent le lecteur à accéder à un site qui va lui extorquer son numéro de carte bancaire sous un prétexte plus ou moins vraisemblable : cela s'appelle l'hameçonnage *(phishing)*. Rappelons la définition de l'escroquerie par les articles L 313-1 à 313-3 du Code pénal : « le fait, soit par l'usage d'un faux nom, soit par l'abus d'une qualité vraie, soit par l'emploi de manœuvres frauduleuses, de tromper une personne physique et de la convaincre à remettre des fonds, des valeurs ou un bien quelconque ou à fournir un service ou à consentir un acte opérant obligation ou décharge. »

# Attaques sur le Web

Avec la multiplication et la diversification des usages du Web, notamment pour des sites marchands ou de façon plus générale pour des transactions financières, sont apparus de nouveaux types d'attaques qui en exploitent les faiblesses de conception.

## Injection SQL

L'attaque par *injection SQL* vise les sites web qui proposent des transactions mal construites dont les résultats sont emmagasinés dans une base de données relationnelle. Elle consiste en ceci : SQL est un langage qui permet d'interroger et de mettre à jour une base de données relationnelle ; les requêtes sont soumises au moteur de la base en format texte, sans être compilées. Une requête typique est construite à partir de champs de formulaire remplis par l'internaute. Si l'auteur du site a été paresseux, il aura construit ses requêtes en insérant directement les textes rédigés par l'internaute, sans en contrôler la longueur ni le format et le contenu. Ainsi, un utilisateur malveillant informé de cette faille (ou qui la soupçonnerait) peut confectionner un texte tel que, une fois incorporé à une requête SQL, il ait des effets indésirables sur la base de données, par exemple en y insérant directement des ordres du langage, de telle sorte qu'ils soient interprétés. En voici un exemple : l'instruction suivante construit directement à partir du nom introduit par l'utilisateur une requête SQL innocente, qui extrait de la base des utilisateurs tous les enregistrements qui concernent celui-là en particulier :

```
requete := "SELECT * FROM clients
            WHERE nom = '" + nom_client + "';"
```

Soit un attaquant informé de cette faille qui, au lieu d'entrer dans le formulaire un nom valide, introduit la chaîne de caractères suivante :

*x'; DROP TABLE clients;*

La requête sera :

```
SELECT * FROM clients WHERE nom = 'x'; DROP TABLE clients;
```

avec, comme résultat, la destruction pure et simple de la table `clients`.

La parade à ce type d'attaque consiste essentiellement à écrire des programmes moins naïfs, qui vérifient les données introduites par les utilisateurs avant de les utiliser, et en particulier qui éliminent les caractères dotés d'une valeur sémantique spéciale pour SQL. Cette recommandation vaut d'ailleurs pour *tous* les programmes.

## Cross-site scripting (XSS)

Cette famille d'attaques, pour laquelle je n'ai pas trouvé de traduction française généralement admise, est apparue avec le langage *JavaScript*, dont l'usage principal est d'insérer dans une page en HTML sur le Web un programme qui viendra s'exécuter dans le navigateur de l'internaute. Ce procédé est utilisé en particulier par les technologies dites du Web 2.0, comme *Ajax*.

Les navigateurs modernes sont dotés de la capacité d'interpréter des scripts[10] contenus dans les pages web, écrits dans différents langages, tels que JavaScript, VBScript, Java, ActiveX ou Flash. Les balises Html suivantes permettent ainsi d'incorporer des scripts exécutables dans une page web : <script>, <object>, <applet> et <embed>.

De la sorte il est possible à un pirate d'injecter un programme quelconque dans la page web, afin qu'il soit exécuté sur le poste de l'utilisateur dans le contexte de sécurité du site vulnérable. Pour ce faire, il suffit de remplacer la valeur du texte destiné à être affiché par un script, afin que celui s'affiche dans la page. Pour peu que le navigateur de l'utilisateur soit configuré pour exécuter de tels scripts, le code malicieux a accès à l'ensemble des données partagées par la page web de l'utilisateur et le serveur (*cookies*, champs de formulaires, etc.) Un *cookie* (en français *témoin de connexion*, mais cette locution est peu employée), selon le protocole de communication Http, est une suite d'informations envoyée par un serveur Http à un client Http, que ce dernier retourne lors de chaque interrogation du même serveur Http sous certaines conditions. Concrètement le cookie prend la forme d'un fichier stocké dans l'environnement du navigateur et il sert à conserver les données de connexion au serveur, pour contourner le fait que Http soit un protocole sans

---

10. On nomme *script* de petits programmes en langage interprété, par opposition aux programmes compilés sous forme de binaires exécutables.

état, et ainsi éviter d'avoir à saisir à nouveau ces données à chaque connexion. Au fil du temps, les cookies ont été utilisés pour partager toutes sortes de données entre serveur et navigateur, avec de nombreux risques. S'emparer d'un cookie permet d'usurper l'identité de son propriétaire auprès du serveur, cf. [59].

Les actions effectuées par les programmes ainsi injectés risquent d'être peu désirables, mais surtout elles peuvent rediriger discrètement la navigation vers un site malfaisant qui pourra injecter du code dans la page visitée. Il convient de ne pas sous-estimer les risques induits par ce genre de faille, par exemple si la page détournée comporte des demandes d'authentification avec mot de passe ou des transactions financières. La section suivante de ce chapitre décrit certaines exploitations possibles des attaques de type *cross-site scripting*.

## Sécurité du navigateur

### Complexité du Web côté serveur

Le navigateur web est devenu, pour le grand public et pour la majorité des utilisateurs d'informatique en général, le dispositif universel d'accès non seulement à l'Internet et à des systèmes tels que messagerie ou réseaux sociaux, mais aussi aux applications de gestion de l'entreprise, aux données de recherche, aux logiciels d'analyse des différentes disciplines scientifiques, au pilotage des réseaux, etc. La sûreté de fonctionnement des navigateurs est de ce fait un enjeu crucial de sécurité, cependant que sa richesse et sa complexité fonctionnelles ne cessent de croître.

Lors de l'invention du navigateur (NCSA Mosaic en 1993), son fonctionnement pouvait être représenté par le schéma de la figure 3.1.

Des pages statiques affichées par un logiciel simple confiné dans un espace mémoire contrôlé, assurer la sécurité d'un tel dispositif pouvait sembler relativement simple. Mais presque aussitôt survint, côté serveur, la passerelle *Common Gateway Interface* (CGI) qui permettait au serveur web d'invoquer des programmes externes potentiellement dangereux, selon le schéma de la figure 3.2.

La passerelle CGI allait connaître de nombreux perfectionnements, *FastCGI* en 1996, puis l'interprétation des programmes externes directement dans le logiciel serveur (souvent Apache) au moyen de modules dévolus aux langages populaires du Web, Perl d'abord, puis PHP, Python, etc.

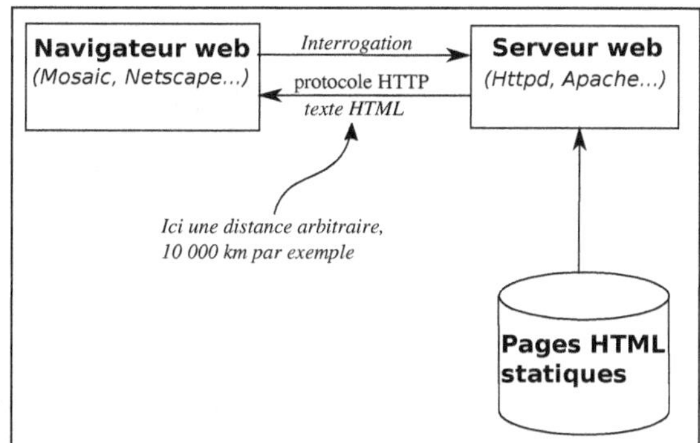



**Figure 3.1 –**
Navigation web, 1993

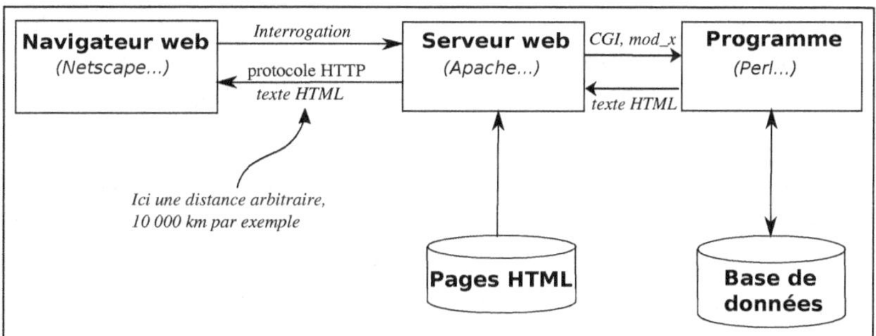



**Figure 3.2 –**
Navigation web, 1993 + $\varepsilon$

## Programmation dans le navigateur

Mais la place accordée aux programmes Perl en tête du classement des risques liés au Web leur sera bientôt disputée par le langage JavaScript, au départ (1995) destiné à la programmation d'effets graphiques dans les pages web, côté navigateur donc, mais qui permet aujourd'hui la construction d'applications complexes côté navigateur et côté serveur. Ce que l'on nomme Web 2.0 repose sur les possibilités de JavaScript, et les applications ainsi construites comportent le risque d'ouvrir des flux d'information entre des programmes et des données, tant côté serveur que côté client, avec les possibilités de vol d'information et de falsification de traitement que l'on imagine.

Aujourd'hui les fenêtres de navigateur sont munies d'onglets. Cette possibilité d'ouvrir plusieurs pages web dans la même fenêtre de navigateur semble innocente,

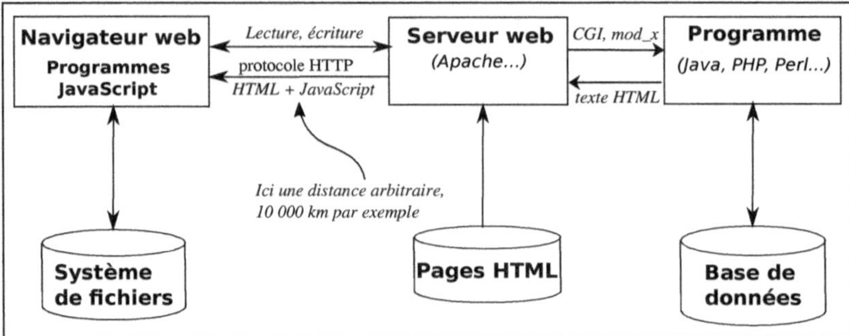



**Figure 3.3 –**
Navigation web, 2005

mais c'est oublier que la façon jusqu'ici habituelle pour un navigateur de conduire plusieurs actions en parallèle est le *multithreading*. Le *thread*, dépourvu dans cette acception de traduction française satisfaisante, est une forme allégée de processus ; un processus peut lancer plusieurs *threads* en parallèle ; dans le cas d'un navigateur, cela signifie que l'unique processus du navigateur peut ouvrir des fenêtres sur des pages de plusieurs sites distincts, avec un *thread* par fenêtre. Alors que chaque processus dispose d'un espace mémoire qui lui est propre et auquel un autre processus ne peut accéder sans disposer des privilèges du super-utilisateur, tous les *threads* rattachés à un même processus partagent le même espace adresse, dans la plus totale promiscuité, et peuvent ainsi accéder aux données les uns des autres. Dès lors que chaque onglet du navigateur, animé par un *thread* du processus navigateur, dialogue avec un site web différent, par exemple mon compte en banque, un casino en ligne, Facebook, etc., on voit les catastrophes possibles, par exemple par vol d'un cookie qui permettrait qu'un programme malfaisant injecté par le serveur corrompu du casino usurpe l'identité de son propriétaire légitime auprès du serveur bancaire.

Afin de réduire les risques liés à la promiscuité des *threads*, les navigateurs modernes leur substituent des processus de plein exercice pour piloter les onglets, au prix d'une charge de calcul bien supérieure.

## HTML 5 : cloisonnement, Same-Origin Policy

Nous sommes décidément très loin des pages statiques des débuts du Web : aujourd'hui (2016) l'accès à une page web ordinaire d'un site commercial déclenchera des chargements de données depuis une bonne cinquantaine de serveurs différents, cependant que l'écran de l'internaute sera envahi d'animations et de vidéos agitées,

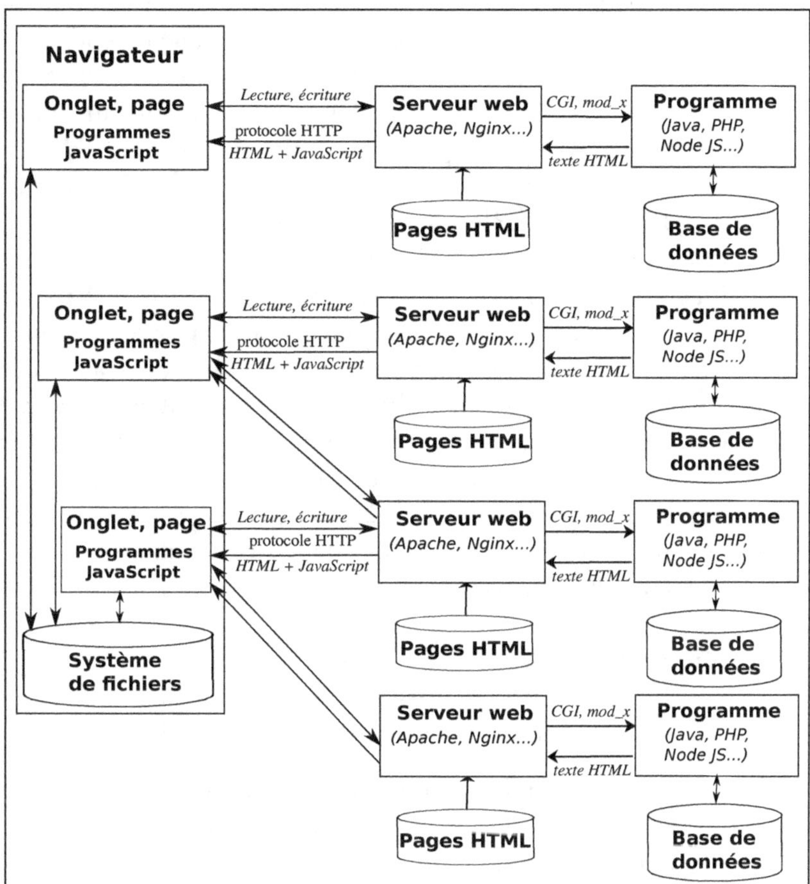



**Figure 3.4 –** Navigation web, 2016

souvent développées sur une base Adobe Flash (particulièrement riche en vulnérabilités toxiques, mais heureusement promise à l'extinction parce que Html 5 procurera les mêmes fonctions, sous une forme normalisée, plus sûre et sans licence de droit d'usage).

Plus généralement HTML 5 apporte de nouvelles fonctions très puissantes dont découlent de nouveaux risques, mais aussi de nouvelles possibilités de protection, basées principalement sur le cloisonnement entre données et processus dont la promiscuité serait potentiellement dangereuse. Les éditeurs de navigateurs élaborent pour se protéger des contre-mesures dont les principales sont envisagées ci-dessous.

- La méthodologie *Same-Origin Policy* (SOP) consiste, pour chaque site visité par le navigateur, identifié par son origine, à lui attribuer un environnement particulier. C'est dans cet environnement que sont enregistrées les pages web en provenance de ce site et les données locales qui leur sont éventuellement associées. La *Same-Origin Policy* consiste à garantir l'étanchéité de chacun de ces environnements les uns par rapport aux autres. La notion d'*origine*, telle que définie par la RFC 6454, est constituée par un triplet d'informations : protocole, domaine, numéro de port.
- La balise HTML <iframe> permet d'afficher sur une page du navigateur, dans le même onglet, le contenu d'une autre page en provenance d'un autre site, en maintenant deux environnements distincts pour l'une et l'autre page, étanches l'un par rapport à l'autre, ce qui garantit le respect de la SOP. Si l'on veut néanmoins établir une communication entre ces deux environnements, c'est possible de façon contrôlée en utilisant le protocole *Web Messaging*.
- L'en-tête HTTP *Content Security Policy* (CSP) permet de restreindre explicitement, pour une page web considérée, les possibilités d'exécution de scripts (principalement JavaScript) et de chargement de pages depuis d'autres origines.
- L'attribut sandbox permet d'ajouter de nouvelles restrictions à la page concernée : blocage des formulaires, des scripts JavaScript, des fenêtres surgissantes *(pop-up)*, de greffons *(plugins)*, du verrouillage de pointeur, au choix.

Pour de plus amples informations sur ces mesures de sécurité à bord des navigateurs, que nous n'avons fait ici qu'aborder, on pourra se reporter à l'article de Baptiste Gourdin et Olivier Zheng *Cloisonnement JavaScript, HTML5 à la rescousse* [123], et d'ailleurs à l'ensemble du dossier *La sécurité des navigateurs* du numéro de mars 2015 de la revue MISC.

### Interface utilisateur

Dans un autre article du même dossier [234], Nicolas Ruff analyse plus particulièrement la sécurité du navigateur Chrome de Google, mais beaucoup de ses observations ont une portée générale. Malgré la mise en œuvre de toutes les mesures de sécurité techniques disponibles, il reste des circonstances où la décision finale revient à l'utilisateur, par exemple pour télécharger un fichier pourtant identifié comme suspect mais attrayant par d'autres aspects, et les praticiens savent que dans ce cas la décision risque fort d'être malencontreuse. À la décharge de l'utilisateur, il faut admettre que certains messages destinés à l'entraîner vers des destinations dangereuses sont rédigés avec une habileté diabolique.

Il existe des cas où l'utilisateur vigilant peut être induit en erreur de façon très difficile à détecter. On conseille toujours aux utilisateurs, à la réception d'un message qui leur intime de se rendre sur le site de leur banque pour une opération urgente, d'introduire manuellement l'URL du site dans la barre d'adresse du navigateur (ou ce qui en tient lieu sur les smartphones), et ce conseil est vraiment impératif. En effet, cliquer sur un lien reçu par courrier électronique expose (entre autres) aux *attaques homographiques* : il s'agit du remplacement d'un caractère de l'alphabet latin par un caractère d'un autre alphabet, visuellement identique mais codé différemment, par exemple le caractère latin « a » par le caractère cyrillique « a » ; une telle substitution peut entraîner le navigateur vers un site toxique construit à dessein, et l'utilisateur risque d'y introduire sans méfiance son identifiant et son mot de passe, dont il sera fait ensuite mauvais usage.

### Conseil aux auteurs de sites web

S'il fallait clore sur ce point par un conseil pratique, nous dirions que beaucoup de sites web sont rendus vulnérables par le désir de leurs éditeurs de les rendre plus attrayants au moyen d'animations réalisées par des bibliothèques de programmes d'origine incertaine, et plus lucratifs par l'affichage de greffons publicitaires mal conçus. Aujourd'hui, lorsque votre ordinateur est anormalement lent, la plupart du temps le coupable est un script JavaScript mal écrit. La sobriété n'exclut pas l'élégance. Et à l'internaute nous pouvons adresser le conseil symétrique de ne visiter que des sites sobres, plus un site est flamboyant et animé plus il risque d'infecter ses visiteurs.

# Attaques sur les données

Des attaquants que l'on pourrait nommer les charognards informatiques exploitent dans les documents des zones que leurs auteurs croient avoir effacées, cependant que d'autres pillent les disques durs des matériels de rebut.

# Palimpsestes électroniques

Au Moyen Âge, le parchemin sur lequel étaient copiés les manuscrits était rare et cher : aussi on grattait les livres passés de mode pour en réutiliser le parchemin et y recopier les derniers succès de librairie. Les chercheurs modernes ont réussi à lire le texte gratté sur de tels manuscrits, appelés *palimpsestes*.

Le XX^e siècle a aussi ses palimpsestes : si l'on n'y prend garde, les fichiers produits par *Microsoft Word* conservent fidèlement dans un coin la trace des modifications passées, et un lecteur habile peut les retrouver. Le Premier ministre britannique Tony Blair a été victime de cet artifice : son cabinet a publié sur le site web gouvernemental un document Word d'explications relatif à l'engagement britannique dans la guerre en Irak, et des journalistes malicieux ont reproduit l'historique de l'argumentation, qui a fait scandale.

## Matériels de rebut

Il y a une douzaine d'années, au début de l'année 2003, un petit article [114] a suscité un certain étonnement : un chercheur et un étudiant du MIT (à Cambridge dans le Massachusetts), Simson Garfinkel et Abhi Shelat, ont acheté 158 disques durs d'occasion, souvent considérés comme des épaves, sur des sites d'enchères en ligne tels que *eBay*. Ils ont entrepris de les lire et d'en analyser le contenu ; 129 disques étaient en état de marche et lisibles, sur 12 seulement les données avaient été convenablement effacées ; sur 28 disques aucune manœuvre d'effacement n'avait été entreprise. Lorsque des opérations d'effacement avaient été effectuées, elles avaient souvent été inefficaces : en effet, la destruction d'un fichier, ou même le formatage du disque, ne remet pas effectivement chaque bloc du disque à zéro. Sur un des disques soi-disant formatés, Garfinkel et Shelat ont trouvé 5 000 numéros de cartes de crédit. De grandes quantités de données personnelles financières ou médicales, ainsi que de courriers privés et de pornographie, ont été découvertes. Que cela serve de leçon à quiconque met un ordinateur au rebut ! Il est vivement conseillé de détruire soigneusement tous les supports de données qui ont été utilisés pour des usages sensibles.

# Lutte contre les malveillances informatiques

La prolifération des formes de malveillance informatique s'accomplit parallèlement à la convergence de leurs méthodes : néanmoins l'utilisateur n'est pas sans défense contre les attaques de plus en plus nombreuses et de plus en plus puissantes, il existe des armes défensives. Nous examinerons ici la plus nécessaire : le logiciel antivirus. Plus loin dans cet ouvrage, nous étudierons le pare-feu et les systèmes de détection et de prévention des intrusions.

Ce que l'on peut dire de la lutte contre les virus s'applique aussi dans une large mesure à la lutte contre les autres malfaisances informatiques, car aujourd'hui les logiciels malfaisants sont très polyvalents : la plupart des virus sont aussi des vers, qui ouvrent des portes dérobées et pratiquent l'espionnage pour « améliorer » leurs performances. Ils peuvent aussi à l'occasion émettre du courrier non sollicité et se procurer des numéros de cartes bancaires.

## Antivirus

Ces sections sont notamment inspirées par certaines informations et analyses contenues dans un article d'Éric Filiol [107]. Pour une étude approfondie il faudra aussi se reporter à son livre consacré aux virus [109].

Il existe des logiciels dits *antivirus*, qui peuvent s'installer principalement en deux sortes d'endroits :

- soit à l'entrée d'un réseau local, là où arrivent les flux en provenance de l'Internet ; certains de ces flux seront filtrés pour y détecter des virus, essentiellement les flux relatifs aux protocoles SMTP (courrier électronique) et HTTP (Web) ;
- soit sur le poste de travail de l'utilisateur, et là l'antivirus servira généralement à inspecter et désinfecter le disque dur (il convient de garder à l'esprit que certains virus s'exécutent en mémoire vive, sans s'enregistrer sur le disque).

Il y a essentiellement deux modes de fonctionnement des logiciels antivirus :

- mode statique : le logiciel est activé uniquement sur ordre de l'utilisateur, par exemple pour déclencher une inspection du disque dur ;
- mode dynamique : le logiciel est actif en permanence, et il scrute certains événements qui surviennent dans le système, ce qui induit une consommation non négligeable de ressources telles que temps de processeur et mémoire, mais permet une meilleure détection des attaques, notamment par analyse comportementale des logiciels suspects d'être contaminés. Il est important de noter que si un antivirus permet de limiter le risque de menaces connues, en particulier lorsque des signatures existent pour ceux-ci, il n'est que peu utile face à un attaquant menant une attaque sur mesure tant il est facile

de passer outre les mécanisme de détection de la plupart des antivirus du marché [11].

---

**Où mettre des antivirus ?**

Le lecteur l'aura remarqué dans l'exposé : certains systèmes sont plus menacés par le risque viral que d'autres. Est-ce parce que ces systèmes d'exploitation sont moins bien sécurisés que les autres ? L'auteur de ces lignes n'a pas la prétention de répondre à cette question. Ce qui est en revanche certain, c'est que la popularité d'un système d'exploitation ou d'un logiciel attire naturellement à lui les auteurs de codes malfaisants : quel serait l'intérêt, pour la gloire de l'auteur anonyme, d'écrire un virus qui exploiterait un défaut dans un logiciel qui n'est utilisé qu'à dix exemplaires dans le monde ?

Tout utilisateur se doit donc de mettre en œuvre une protection contre les codes malfaisants si son ordinateur est concerné par le risque, et il faudra en inclure le coût dans le budget global de fonctionnement de l'ordinateur. Les entreprises d'une certaine taille l'ont compris et intègrent ce risque dans la gestion de leur parc micro-informatique.

Ces dispositifs sont souvent complétés par des solutions centralisées et indépendantes du poste de travail : les serveurs de messagerie, les mandataires permettant d'accéder au Web, etc. disposent parfois eux aussi de solutions de recherche et d'élimination de virus, voire plus largement de codes malicieux ou supposés tels.

Installer simultanément un logiciel antivirus sur le poste de travail et un contrôle central sur les passerelles sont des précautions complémentaires : chacune apporte sa brique pour réduire le risque (on ne parlera pas de l'éliminer, le risque zéro n'existe pas).

Les passerelles centralisées présentent l'avantage d'avoir un point central de contrôle des flux en provenance de l'extérieur, point central auquel l'entreprise peut mettre en œuvre les moyens nécessaires pour être à jour et au fait des menaces les plus récentes et ainsi protéger son parc informatique. Ces passerelles n'apportent cependant pas de solution à certaines situations, par exemple :

- l'utilisateur nomade *(road warrior)* qui, pour les besoins de son travail, doit accéder à l'Internet sans pour autant être en mesure d'ouvrir un accès distant de type VPN avec son réseau d'entreprise (où il bénéficierait alors des solutions de sécurité centrales) ;
- les contenus chiffrés ne sont par définition pas analysables par les passerelles centrales (celles-ci pourraient être configurées pour rejeter ce type de contenu, mais dans ce cas il faut bien avoir conscience des effets induits indésirables) ;
- l'analyse de formats inconnus – un antivirus en position centrale saura-t-il reconnaître tous les formats de fichiers de la planète ? Certainement pas !

C'est à ce stade que les solutions de poste de travail apportent un avantage : les solutions modernes vont bien au-delà de l'analyse des fichiers présents sur le disque dur de l'ordinateur. Ces solutions de sécurité vont intercepter, en temps réel, certains accès à des fichiers, des opérations spécifiques et faire leur travail de recherche d'un code malicieux : la passerelle centrale laissera ainsi peut-être passer un virus dans un message chiffré S/MIME, l'antivirus de poste de travail le détectera probablement après déchiffrement, et surtout lorsque l'utilisateur tentera d'enregistrer le message déchiffré sur son disque dur.

---

11. `http://packetstorm.foofus.com/papers/virus/BypassAVDynamics.pdf` ou
`https://blog.netspi.com/10-evil-user-tricks-for-bypassing-antivirus)`

La principale difficulté de l'antivirus de poste de travail réside en sa gestion, et notamment la mise à jour des moteurs de recherche de code malicieux et des bases de signature. Des systèmes existent bien, mais en général les mises à jour sont moins fréquentes que sur une machine centrale (imaginez l'impact de 100 000 ordinateurs d'une grande entreprise qui vont vérifier toutes les cinq minutes s'il y a des mises à jour) et la période de risque pour la prise en compte d'une menace récente est légèrement plus longue qu'avec une solution centralisée.

L'auteur de ces lignes tient à préciser qu'il n'a aucun lien avec l'industrie fort lucrative des éditeurs de solutions antivirales, et, comme tout utilisateur final, il est fort mécontent des tarifs pratiqués, mais il n'a vraiment pas le choix : le risque est aujourd'hui bien trop grand.

## Les techniques de détection

Éric Filiol distingue trois familles de procédés de détection des virus : l'analyse de forme, le contrôle d'intégrité et l'analyse dynamique de comportement.

L'*analyse de forme* consiste à détecter la présence d'un virus dans un fichier par des caractères statiques qui permettent de le reconnaître. Éric Filiol distingue les éléments suivants :

- La recherche de signatures : on cherche un motif textuel, c'est-à-dire une suite de bits, caractéristique d'un virus connu. Cette méthode ne permet pas de détecter un nouveau virus, ni un virus déjà connu mais modifié. Elle impose l'installation et la mise à jour en permanence d'une base de données des signatures. Quelques heures de retard dans la mise à jour peuvent suffire à mettre en échec la protection.
- L'analyse spectrale : certaines instructions sont rares dans les programmes ordinaires mais fréquentes dans les virus, ainsi une analyse statistique de la fréquence des instructions peut permettre la détection de virus, y compris parfois de virus inédits. Cette méthode est sujette aux faux positifs, c'est-à-dire à la détection, à tort, d'un virus dans un fichier exécutable légitime.
- L'analyse heuristique : il s'agit d'établir et de mettre à jour un corpus de règles qui permettent de caractériser les propriétés d'un fichier suspect. Cette méthode, comme la précédente, est sujette aux faux positifs.

Le *contrôle d'intégrité* consiste à détecter la modification anormale d'un fichier, qui peut signaler sa contamination par un virus. Pour mettre en œuvre cette méthode, il faut calculer pour chaque fichier sensible une empreinte numérique infalsifiable par une fonction de condensation (on dit aussi hachage, voir page 56). Constituer et mettre à jour une base de données de telles empreintes est difficile, et cette méthode est de moins en moins utilisée.

*L'analyse dynamique de comportement* consiste à scruter les actions d'un programme dès qu'il s'exécute et à détecter les activités suspectes : tentatives d'accès en écriture à des fichiers de programmes exécutables, ou à des bibliothèques, ou à des zones du disque réservées au système.

Aucune de ces méthodes n'est infaillible, aussi convient-il d'avoir recours à une combinaison de méthodes ; l'inconvénient est qu'un logiciel ainsi constitué devient encombrant, lent, et il ralentit le système, ce qui risque de dissuader l'utilisateur. Il est néanmoins nécessaire de déployer des antivirus sur le poste de travail *et* en entrée de réseau, ce qui permettra d'éviter la plupart des infections. Ensuite, comme on sait que certaines infections franchiront les barrières, il faut faire en sorte d'en limiter les conséquences, notamment en fractionnant son réseau en segments isolés les uns des autres pour réduire l'ampleur d'une éventuelle contamination.

## Des virus blindés pour déjouer la détection

Le point commun entre les trois procédés de détection de virus dont nous avons emprunté ci-dessus la nomenclature à Éric Filiol, c'est que pour élaborer un antivirus le virologue a pu se procurer un exemplaire du virus et en analyser le texte. Le même auteur signale dans un autre article [108] la possibilité, démontrée expérimentalement, de créer des virus furtifs ou, pour reprendre sa terminologie, blindés, qu'il est pratiquement impossible d'isoler sous leur forme virulente.

Le principe en est cryptologique : pendant le transport, le texte du virus est chiffré. Le succès de l'attaque repose sur l'impossibilité pour le défenseur de se procurer la clé de déchiffrement. Cela semble paradoxal, car pour attaquer il faudra bien que le virus soit déchiffré, et donc que la clé de déchiffrement soit d'une façon ou d'une autre accessible depuis le site de la cible.

---

**Jeu en ligne et nouvel essor de l'activité SSI**

Hervé Schauer, dirigeant du cabinet spécialisé en sécurité du système d'information Hervé Schauer Consultants [12], me signale un regain d'activité du secteur SSI depuis 2010, essentiellement provoqué par la promulgation de la loi n° 2010-476 du 12 mai 2010 relative à l'ouverture à la concurrence et à la régulation du secteur des jeux d'argent et de hasard en ligne, transposition de la directive européenne 95/46/CE du 24 octobre 1995.

> En vertu de cette loi a été créée une Autorité de régulation des jeux en ligne [13] chargée de faire appliquer aux opérateurs de jeux de hasard agréés des mesures de sécurité drastiques, telles que celles prévues par les articles 17 et 18 de la loi, qui imposent un contrôle strict de l'identité des joueurs, de leur âge, de leurs moyens de paiement, etc.
>
> Malgré ces contraintes, le marché du jeu en ligne a connu un développement impétueux : entre le 8 juin, date de l'ouverture effective du marché des jeux en ligne, et le 31 décembre 2010, les Français ont misé 5,1 milliards d'euros (paris sportifs et hippiques, poker) sur Internet, selon l'Arjel, à comparer à un chiffre de 600 millions pour l'année 2008.

De tels virus sont concevables pour des attaques ciblées : le code du virus comporte une procédure de déchiffrement qui réunit, avant de déchiffrer le texte du code virulent, des données d'activation, les unes présentes sur le site visé, les autres fournies à distance par l'attaquant ; la clé de déchiffrement est construite à partir de ces données d'activation, supposées impossibles à reproduire. Après avoir commis l'attaque, le virus s'autodésinfecte, ainsi qu'en cas d'échec d'une des étapes de son activité, ce qui rend pratiquement impossible à un analyste de s'en procurer un exemplaire. Éric Filiol a démontré que, même en possession du texte du virus blindé expérimental construit par des virologues, l'analyse en demanderait $2^{512}$ opérations, ce qui revient à la déclarer impossible dans les conditions techniques de ce jour.

Si les virus construits selon de tels principes n'ont jusqu'à présent provoqué que des dégâts limités, c'est à cause de leur réalisation maladroite : algorithmes cryptographiques mal choisis et mal implémentés, mauvaise gestion des clés.

Pour un autre exemple de virus complexe et novateur, on pourra se reporter à la description de Stuxnet, chapitre 17 p. 553.

# Que faire en cas d'effraction informatique ?

*Comme les poissons sont pris à l'hameçon et les oiseaux au filet, aussi les hommes se trouvent surpris par l'adversité, lorsque tout d'un coup elle fond sur eux.*

[Sacy, Bible, Ecclésiaste, IX, 12]

---

12. `http://www.hsc.fr/index.html.fr`

13. `http://www.arjel.fr`

# Risques encourus

Entreprises et particuliers sont souvent pris au dépourvu lorsqu'ils sont victimes d'une attaque informatique réussie. Il faut avoir conscience de la gravité potentielle d'une telle situation ; selon les données obtenues ou détruites par les criminels, les conséquences peuvent être la divulgation de documents confidentiels, l'usurpation d'identité pour des transactions commerciales, le détournement de fichiers de clientèle, la destruction de données vitales pour l'entreprise (la destruction de son système d'information entraîne à coup sûr sa faillite), l'usage frauduleux de comptes bancaires, etc. Il ne faut surtout pas oublier qu'un système informatique contrôlé par des pirates peut être utilisé pour attaquer d'autres cibles, ce qui risque d'engager la responsabilité pénale et civile de son propriétaire légitime.

Les risques engagés par une telle situation sont donc la ruine du particulier, la faillite de l'entreprise, sans préjudice de condamnations pénales et civiles.

# Conserver les pièces à conviction

Lorsque l'effraction est constatée, il importe de recueillir et de copier en lieu sûr les données qui permettront à des experts d'analyser l'attaque, peut-être d'identifier l'auteur et le vecteur utilisé, peut-être de réparer tout ou partie des dégâts.

Si un support contaminé (disque dur, clé USB, pièce jointe de courrier électronique, page web) est disponible, il faut le garder soigneusement, si possible en l'état dans lequel il se trouvait lors de l'attaque, ou dans un état le plus proche possible de celui-ci. Une telle pièce à conviction sera très précieuse tant pour les enquêteurs que pour les experts qui auront la charge de réparer le système. Les méthodes d'analyse de ce type de documents, souvent désignées par le terme anglais *forensic* (médico-légal) que nous traduirons par autopsie, sont étudiées à la section suivante 3 p. 95.

Les *journaux (logs)* sont un autre type de document précieux, journaux du système d'expoitation et du réseau, il convient de les archiver précieusement. La lecture des journaux est fastidieuse mais instructive. Il existe des logiciels pour en faciliter l'analyse : en effet la plupart des événements y enregistrés sont banals et répétitifs, il s'agit d'y repérer les événements anormaux ou exceptionnels, tels qu'une pointe de trafic réseau en pleine nuit ou un dimanche, ou la modification intempestive du fichier de configuration d'un serveur web. Un logiciel bien paramétré doit pouvoir aider à trouver, parmi les millions de lignes des journaux, les informations significatives, au prix du temps passé par ses utilisateurs à configurer le profil des événements normaux.

## Porter plainte

Pour les raisons évoquées ci-dessus, il est utile, après une effraction informatique réussie, de déposer une plainte, ne serait-ce que pour dégager sa responsabilité en cas d'utilisation des actifs détournés par le pirate pour nuire à des tiers.

Au sein de la police judiciaire française, la lutte contre la délinquance informatique est confiée à l'*Office Central de Lutte Contre la Criminalité liée aux Technologies de l'Information et de la Communication* (OCLCTIC), longtemps dirigé par le commissaire divisionnaire Christian Aghroum, puis depuis 2010 par le commissaire divisionnaire Valérie Maldonado.

La police et la gendarmerie possèdent aujourd'hui des services compétents pour ces questions, avec des personnels formés et efficaces. Pour Paris et la petite couronne il faut s'adresser à la Brigade d'enquêtes sur les fraudes aux technologies de l'information (BEFTI), 122/126 rue du Château des Rentiers, 75013 Paris.

# Autopsie de logiciel malfaisant

L'analyse *post mortem* d'un délit informatique dont la victime a suivi les recommandations de la section précédente commence par l'examen de la scène du crime, c'est-à-dire principalement par la lecture des journaux *(logs)* du système et du réseau, qui permettra peut-être de relever les traces du passage du malfaiteur (les plus habiles savent effacer leurs traces, d'où la nécessité de protéger et de recopier en lieu sûr ces documents). Si des fichiers contaminés sont disponibles il est loisible de continuer l'analyse par leur autopsie. L'ensemble de ces travaux ressemble aux examens médico-légaux (en anglais *forensic*, terme souvent utilisé tel quel par les spécialistes francophones du domaine).

Un logiciel malfaisant isolé dans un fichier contaminé sera généralement sous forme binaire et parfois chiffré. L'analyse de son comportement impose donc de le déchiffrer, puis de traduire le texte binaire exécutable vers le langage de programmation utilisé. C'est une technique de rétro-ingénierie. Nous allons voir que ce n'est pas facile, et même souvent impossible.

Rappelons quelques principes techniques : un programme écrit dans un langage de programmation compilé, tel que C ou Java, est d'abord traduit en langage assembleur par un programme nommé *compilateur*. Alors que C ou Java sont des langages généraux disponibles pour toutes sortes de processeurs et enseignés dans toutes les bonnes écoles, un langage assembleur est spécifique d'un modèle de microprocesseur, et ses instructions correspondent exactement aux instructions matérielles de ce processeur particulier. Le programme en assembleur est ensuite traduit en langage machine, codé sous forme binaire, directement exécutable par le processeur. Le texte binaire d'un programme en langage machine est intelligible par un être humain, mais au prix d'un effort prolongé considérable, tel que la lecture de plus de quelques dizaines de lignes est un exercice irréaliste. Les principes de l'exécution de programmes sont exposés dans le livre de L. Bloch *Les systèmes d'exploitation des ordinateurs* [35], disponible en ligne librement.

L'opération de traduction du binaire vers le langage de programmation, nécessaire à l'analyse du programme malfaisant, va donc à l'inverse de l'utilisation normale pour laquelle on écrit en langage C ou Java (par exemple) un programme que l'on soumet ensuite au compilateur pour qu'il soit traduit en langage machine binaire. Elle s'appelle *désassemblage*, elle est réalisée au moyen d'un programme dit *désassembleur* qui donnera un texte en langage assembleur ; pour obtenir ensuite un texte en langage C ou Java, dont on espère qu'il ressemblera d'assez près au programme d'origine, il faut en outre utiliser un *décompilateur*, ce qui suppose déjà que l'on ait identifié le langage source utilisé. Dans les faits, le processus de désassemblage et de décompilation ne permet jamais d'obtenir le programme d'origine, il permet rarement et uniquement dans les cas très simples d'obtenir un programme utilisable, mais il permet d'obtenir toutes sortes d'informations sur le comportement et les effets du programme, en un mot de comprendre son fonctionnement.

Le désassembleur interactif IDA Pro est le logiciel de ce type le plus utilisé en rétro-ingénierie. Il supporte une grande variété de formats exécutables pour différents processeurs et systèmes d'exploitation. Son avantage principal par rapports à des logiciels libres comparables comme `objdump` ou `ndisasm` est d'être interactif, ce qui facilite grandement le travail. En effet le désassemblage n'est pas un processus parfaitement automatisable, l'intervention humaine est indispensable.

Certains pirates particulièrement retors ont créé des virus chiffrés tels que ceux évoqués ci-dessus p. 92, dont l'analyse nécessite le désassemblage à la volée, en mémoire vive, lors de leur exécution, ce qui comporte des risques. Nous verrons un autre exemple de désassemblage en mémoire, celui du logiciel Skype (cf. p. 384). Lancer à des fins d'analyse l'exécution d'un programme potentiellement dangereux est à envisager avec précaution. La technique du confinement dans un bac à sable (*sandbox*) est de rigueur, elle consiste à créer dans le système d'accueil un environnement fermé au sein d'une machine virtuelle. Nous avons déjà vu (p. 20) ce qu'était une machine virtuelle et nous y reviendrons plus en détail p. 162.

# Tendances récentes

Nous emprunterons ici quelques informations au *Rapport Sophos 2014 sur la gestion des menaces à la sécurité* [261], ainsi qu'à leur *Rapport sur les menaces à la sécurité mobile* [267].

Sur le champ de bataille de la malfaisance informatique, le vandalisme ludique a depuis longtemps cédé la place à la criminalité organisée. Les attaques virales massives, trop vite repérées, se voient remplacées par des infections de basse intensité, qui échappent à l'attention, par exemple avec les programmes malfaisants furtifs et persistants (APT, *Advanced Persistent Threat*) envisagés plus en détail p. 411 et surtout au chapitre 14 p. 437.

Après s'être longtemps concentrées sur les systèmes Windows, les attaques sont de plus en plus nombreuses sur les sites web, par le truchement de Java, PHP, JavaScript, sur les systèmes mobiles Android et sur les serveurs Linux. Si Linux a en effet du mal à gagner du terrain sur les postes de travail des utilisateurs, il est de plus en plus présent sur les serveurs des entreprises, pour ne pas parler des grandes plates-formes d'intermédiation telles que Google, Facebook, Dropbox ou Twitter, qui reposent entièrement sur le logiciel libre.

En ce qui concerne Android (le système créé par Google pour les smartphones, tablettes et autres objets connectés) la plate-forme *Google Play* de téléchargement d'applications est largement ouverte à tout développeur, à l'inverse de la plate-forme *App Store* pour appareils sous iOS tels que iPhone, iPad ou iPod, soigneusement supervisée et contrôlée par son propriétaire Apple. L'ouverture de la plate-forme *Google Play* a des avantages, mais elle permet à des développeurs malveillants d'y déposer des applications malfaisantes assez facilement.

Outre l'utilisation de programmes malfaisants furtifs et persistants (APT) (à propos desquels on se reportera avec profit au chapitre 14 p. 437) contre des cibles bien spécifiques pour extraire des informations confidentielles ou saboter des processus industriels, un des modes d'attaque les plus répandus reste l'hameçonnage *(phishing)* par envoi d'un message fallacieux qui incite son lecteur à cliquer sur un lien qui mène vers un site toxique. Le hameçonnage vise par exemple à obtenir des couples identifiant-mot de passe, sur des serveurs de messagerie qui seront ensuite utilisés pour l'envoi de courrier électronique non sollicité (spam), ou bien pour accéder à des comptes bancaires à des fins de détournement de fonds ou de fraude à la carte bancaire. En effet, depuis quelques années la majorité des fraudes à la carte bancaire ont lieu sur le Web.

La généralisation de l'informatique en nuage (*Cloud Computing*, cf. p. 19 et 160) a bien entendu suscité des convoitises dans ce domaine, et donc des attaques. Les questions liées à la sécurité des systèmes en nuages sont traitées p. 169, au sein du chapitre 5.

# Deuxième partie

# Science de la sécurité du système d'information

# 4

# La clé de voûte : la cryptographie

*Pour ce chapitre consacré à la cryptographie Alexandre Anzala-Yamajako a entièrement refondu et réécrit le texte précédent de Laurent Bloch, auquel il a ajouté des éléments relatifs aux avancées récentes du domaine telles que la cryptographie post-quantique et le chiffrement homomorphe.*

La cryptographie est la science qui produit les idées qui servent à sécuriser un système de la même manière que les mathématiques fournissent à la physique les idées qui permettent d'analyser le mouvement des planètes. La sécurité du système analysé repose alors sur des *hypothèses mathématiques* éprouvées par la communauté cryptographique [1]. Idéalement, le système dispose en plus d'une *preuve de sécurité* qui garantit que le seul moyen de violer ses objectifs de sécurité est de contredire l'hypothèse sous-jacente.

---

[1]. Par exemple, le cryptosystème RSA repose sur l'hypothèse qu'il est difficile de factoriser de grands nombres.

Parallèlement à la cryptographie, la cryptanalyse est, quant à elle, la discipline adverse : le cryptanalyste se fixe comme objectif de contredire les hypothèses cryptographiques de la manière la plus efficace possible. Par exemple en tentant d'améliorer les algorithmes de factorisation existants ce que lui permettrait en cas de succès significatif de remettre en question la sécurité de certaines instances de l'algorithme RSA.

Le rôle de la cryptanalyse est fondamental car c'est grâce aux résultats publiés par les meilleurs cryptanalystes qu'il est possible d'évaluer la sécurité des algorithmes cryptographiques. Ainsi, si le meilleur algorithme connu pour attaquer un cryptosystème donné requiert au moins 100 ans pour s'exécuter, il est alors raisonnable de l'utiliser pour protéger de l'information qui n'aura plus de valeur dans quelques jours (comme peuvent l'être le jour et l'heure d'une réunion secrète).

Nous sommes dans le vif du sujet de cet ouvrage : les principes que l'on présentera dans ce chapitre sont ceux sur lesquels reposent une grande partie des systèmes de sécurité informatique. Une liste non exhaustive comporte le standard EMV qui permet de sécuriser les paiements effectués avec des cartes de crédit, les protocoles réseau SSL/TLS, IPSEC, SSH, le système de chiffrement PGP, les Infrastructures de gestion de clés et d'autres encore. La lecture de ce chapitre donnera au lecteur consciencieux toute la connaissance nécessaire pour comprendre l'utilisation de la cryptographie dans ces contextes variés.

Nous ne saurions tracer ici une histoire complète de la cryptographie et de son usage à travers les âges, pour cela le lecteur pourra par exemple se reporter au livre de Simon Singh [258]. Il convient cependant d'isoler deux périodes cruciales dans le développement de la cryptographie. D'abord, l'avènement de l'informatique a donné un essor considérable à la cryptographie et à la cryptanalyse. Ce n'est d'ailleurs pas un hasard si le créateur du modèle théorique de la programmation informatique, Alan Turing, a été aussi pendant la Seconde Guerre mondiale un formidable concepteur de machines à cryptanalyser les messages allemands chiffrés par les automates *Enigma*. Les machines conçues par Turing, appelées *Bombes*[2], étaient fondées sur une réalisation originale du logicien polonais Marian Rejewski. La courbe qui trace le succès des attaques de sous-marins allemands contre les convois transatlantiques qui acheminaient les fournitures américaines à la Grande-Bretagne et à l'URSS subit des fluctuations importantes, qui correspondent au dé-

---

2. Sachons que ces machines n'ont rien à voir avec le modèle théorique de calcul intitulé *machine de Turing*, contrairement à ce que peut donner à croire le film, par ailleurs intéressant et documenté, *Imitation Game*.

lai à l'issue duquel l'équipe d'Alan Turing à Bletchley Park en Angleterre parvenait à cryptanalyser plus ou moins parfaitement le chiffre allemand après un changement de combinaison des *Enigma*. Lorsqu'on sait l'importance militaire qu'ont eue ces fournitures, on ne saurait sous-estimer la contribution de Turing à la victoire alliée. Plus tard, les années 1970 et l'invention des techniques asymétriques a complètement transformé l'usage de la cryptographie et en a libéralisé l'usage.

Aujourd'hui, que ce soit *via* un navigateur internet, un smartphone, une carte de crédit, ou même une voiture, nous sommes quotidiennement confrontés à la cryptographie sans en avoir conscience.

Le lecteur qui jugerait le contenu de ce chapitre trop technique pourra en première lecture passer outre les démonstrations mathématiques, voire passer directement au chapitre suivant sans que cela obère sa compréhension générale de l'ouvrage. Qu'il sache néanmoins que ces passages pourront lui donner les meilleures clés de compréhension de la cryptographie, qui reste la pierre angulaire de la sécurité.

## Signification du concept de sécurité en cryptographie

Tout d'abord il convient d'introduire le vocabulaire consacré lorsqu'il s'agit de cryptographie moderne : dans la suite de ce chapitre Alice et Bob vont tenter de communiquer *via* un canal contrôlé par Ève, l'attaquant. En effet, Ève peut non seulement lire tous les messages échangés sur le canal, mais aussi modifier, supprimer et insérer des messages de son choix. De plus, on considère que toute information non explicitement désignée comme secrète (qui est alors connue uniquement d'Alice et de Bob) est connue d'Ève.

En pratique cela signifie qu'Ève connaît les moyens utilisés par eux pour communiquer comme par exemple les algorithmes cryptographiques, les sources et destinations des messages envoyés, ou encore leur encodage, et ignore uniquement les clés utilisées. Cette distinction entre ce que l'attaquant connaît (tout au plus) et ce qu'il ignore est connue sous le nom de *principe de Kerckhoffs* du nom d'Auguste Kerckhoffs, un cryptologue du XIXe siècle. Selon ce principe, pour le dire autrement, un système cryptographique doit résister à un attaquant qui en connaîtrait tous les détails de réalisation, hormis les clés de chiffrement. Ce scénario peut sembler extrême mais reflète la réalité à laquelle nous sommes confrontés quotidiennement. En effet, lorsque nous cherchons à atteindre un site Web *via* notre navigateur tous les équipements réseau entre nous et ce site Web se trouvent exactement dans cette situation.

Pour aider Alice et Bob à communiquer de manière sécurisée malgré la quasi-omniscience d'Ève, la cryptographie fournit des moyens que nous détaillerons dans le suite de ce chapitre et qui permettent de garantir les propriétés suivantes :

- la *confidentialité* : les messages échangés ne sont lisibles que par Alice ou Bob ;
- l'*intégrité* : les messages échangés n'ont pas été modifiés de manière non autorisée ;
- l'*authentification des données* : la source des messages est identifiée et vérifiable ;
- l'*authentification des personnes* : l'interlocuteur (Bob ou Alice) est identifié et son identité est vérifiable ;
- la *non-répudiation* : l'impossibilité pour Bob ou Alice de nier être la source d'un message qu'il/elle a émis.

Lorsque sont mis en place des algorithmes cryptographiques destinés à permettre à Alice et Bob d'atteindre les objectifs de sécurité qu'ils se sont fixés, par exemple communiquer de manière confidentielle sur le réseau Internet, il est intéressant de s'interroger sur le *niveau de sécurité* offert. En effet, bien qu'il soit courant de considérer la sécurité comme une notion binaire, le niveau de sécurité est une notion plus précise qui traduit l'effort que doit fournir Ève pour attaquer les objectifs de sécurité, dans l'exemple choisi, lire les messages que s'échangent Alice et Bob malgré leurs efforts pour les protéger. Dans le meilleur des cas il n'existe pas pour l'attaquant de méthode plus rapide que l'énumération de toutes les possibilités de secrets, ce que l'on appelle la *recherche exhaustive* ou méthode de *force brute (brute force)*. Cependant il existe des cryptosystèmes couramment utilisés pour lesquels il existe des méthodes beaucoup plus efficaces que la recherche exhaustive. Le niveau de sécurité dépend donc directement du choix des algorithmes et de la façon dont ils sont utilisés. Afin de fixer les idées sur les ressources nécessaires pour effectuer un certain effort on fournit les ordres de grandeur suivants [3] :

- effectuer $2^{40} \approx 10^{12}$ opérations est faisable sur un ordinateur personnel ;
- effectuer $2^{56} \approx 6 \cdot 10^{16}$ opérations est possible pour une entreprise ou un laboratoire de recherche ;

---

3. On rappelle que $2^{10} = 1024 \approx 1000 = 10^3$.

- effectuer $2^{64} \approx 10^{19}$ opérations est probablement possible pour les agences d'un état-nation comme la NSA, le GCHQ ou la DGSI ;
- effectuer $2^{80} \approx 10^{24}$ opérations est considéré comme assez peu probablement faisable ;
- effectuer $2^{128} \approx 2 \cdot 10^{38}$ opérations est hors d'atteinte avec nos technologies actuelles ;
- effectuer $2^{256} \approx 6 \cdot 10^{76}$ opérations est quasi-impossible phyisquement : un ordinateur parfait au sens physique nécessiterait une énergie équivalente à celle dégagée par notre soleil pendant plusieurs années pour effectuer un tel nombre d'opérations.

Bien entendu ces ordres de grandeur n'étaient pas vrais il y a 20 ans (à l'époque $2^{56}$ représentait un effort majeur) et ne le seront pas plus dans 20 ans (à ce moment là $2^{80}$ opérations sera peut-être devenu le pain quotidien de certaines entreprises) mais de ceci on peut tirer l'enseignement suivant : quel que soit l'objectif de sécurité recherché par Alice et Bob, si pour le violer Ève est forcée d'effectuer de l'ordre de $2^{256}$ opérations alors ce système est sûr même s'il est conçu pour fonctionner plusieurs siècles.

# Fonction de condensation

Les fonctions de condensation, usuellement notées H, sont au fondement d'une famille d'algorithmes d'usage courant en informatique. Le calcul d'une fonction de condensation sur une donnée de taille arbitraire, notée $d$, retourne une valeur $h \leftarrow \mathrm{H}(d)$ de taille fixe (par exemple 160 bits soit 20 octets) que l'on appelle le *condensat* ou encore l'*empreinte* de la donnée $d$ (ou, improprement, le *haché*).

---

**Vocabulaire : condenser, résumer, *to hash***

Le terme anglais *hash* est courant dans le langage parlé des informaticiens francophones, malheureusement il est impropre. Nous utilisons ici, comme dans le reste de l'ouvrage, les termes *condensation* et *condensat* pour traduire l'anglais *hash*, qui évoque la pagaille ou le brouillage et n'a rien à voir avec la hache du français. *Résumé numérique* ou *empreinte numérique* seraient d'autres traductions possibles. Nous mesurons bien les avantages de la concision de l'anglais, mais autant éviter les contre-sens.

---

Lorsqu'on compare la taille de l'ensemble des entrées possibles de la fonction de condensation H (un ensemble de taille très très grande puisqu'on peut condenser n'importe quelle donnée) et l'ensemble des sorties (si la taille de la sortie de la fonction est 160 bits alors il y a $2^{160}$ condensats possibles) il est aisé de déduire que pour toute fonction de condensation il existe des *collisions* c'est-à-dire deux données $d_0$ et $d_1$ qui ont le même condensat *via* H.

Dans ce qui suit nous verrons ce qui différencie les fonctions de condensation classiquement utilisées en informatique des fonctions de condensation cryptographiques utilisées plus spécifiquement dans le contexte de la construction de systèmes sécurisés.

## Sécurité des fonctions de condensation

Pour simplifier, on peut décrire une fonction de condensation cryptographique comme une fonction de condensation qui possède deux propriétés supplémentaires. Afin d'introduire ces propriétés appelons $n$ la taille en bits du condensat produit par la fonction H, il existe donc $2^n$ condensats possibles. On dit que la fonction de condensation H est :

- *résistante aux collisions* s'il est difficile pour Ève, l'attaquante, d'exhiber deux données $d_0$ et $d_1$ distinctes telles que $H(d_0) = H(d_1)$. Le meilleur algorithme générique, c'est-à-dire un algorithme qui n'exploite pas la structure interne de H mais uniquement ses entrées et ses sorties, nécessite $2^{n/2}$ évaluations de la fonction de condensation pour exhiber une collision ;
- *résistante aux pré-images* s'il est difficile pour Ève, l'attaquante, à qui l'on donne une valeur de condensat $h$ de $n$ bits d'exhiber une donnée $d$ telle que $H(d) = h$. Le meilleur algorithme générique de recherche de pré-images nécessite $2^n$ évaluations de la fonction de condensation pour exhiber une pré-image.

---

**Le paradoxe des anniversaires**

L'algorithme naïf pour exhiber une collision sur une fonction de condensation consiste à coder par cette fonction des données distinctes jusqu'à ce que deux données donnent le même condensat. Comme il existe $2^n$ valeurs de condensats possibles, dans le pire cas cette technique renvoie une collision au bout de $2^n + 1$ évaluations de H. Le lecteur attentif se sera donc étonné du fait qu'il suffise seulement de $2^{n/2}$ évaluations de la fonction de condensation pour trouver une collision. Ceci résulte de ce que l'on nomme le *paradoxe des anniversaires* qui, nous apprend Wikipédia, « est une estimation probabiliste du nombre de personnes que l'on doit réunir pour avoir une chance sur deux que deux personnes de ce groupe aient leur anniversaire le même jour. Il se trouve que ce nombre est 23, ce qui choque un peu l'intuition. À partir d'un groupe de 57 personnes, la probabilité est supérieure à 99 %. »

La clé pour élucider la question est de se demander quelle est la probabilité, pour un individu de la réunion considérée, de n'avoir la même date d'anniversaire qu'aucun autre individu présent. Pour le premier individu envisagé il y a 365 possibilités, pour le suivant 364, etc. « Dans un groupe de vingt-trois personnes, il y a $(23 \times 22)/2 = 253$ paires possibles, ce qui représente plus de la moitié du nombre de jours contenu dans une année. »

On peut faire le lien entre l'énoncé du paradoxe des anniversaires et la recherche de collisions sur une fonction de condensation en associant les 365 jours de l'année aux $2^n$ valeurs de condensat possibles et les dates d'anniversaire au résultat du calcul de la fonction de condensation. On obtient ainsi un algorithme pour la recherche de collision en $2^{n/2}$ évaluations.

Pour avoir plus d'information, on renvoie au chapitre concernant les fonction de condensation de l'ouvrage très complet de Menezes, van Oorschot et Vanstone [183].

L'histoire des fonctions de condensation cryptographiques modernes débute avec MD5. MD5 est une fonction de condensation initialement publiée dans la RFC 1321 en 1992 par R. Rivest [228]. La taille des condensats MD5 est de 128 bits. À l'époque de sa publication on pensait qu'il était impossible à un attaquant de réussir à trouver des collisions (respectivement pré-images) en calculant moins de $2^{64}$ (respectivement $2^{128}$) évaluations de MD5. Cependant depuis des scientifiques ont exhibé des collisions en exploitant des faiblesses de la structure interne de MD5. Les derniers résultats publiés décrivent une attaque permettant de trouver une collision en moins de $2^{30}$ évaluations de la fonction de condensation ce qui représente un effort de l'ordre de la seconde sur un ordinateur de bureau moderne. Malheureusement MD5 reste très largement utilisé jusqu'à aujourd'hui malgré les preuves indéniables de sa faiblesse.

Pour pallier les avancées incessantes des attaques sur MD5, le NIST a publié en 1995 le *Secure Hash Standard* [196] qui décrit une nouvelle fonction de condensation nommée SHA-1 [4]. La taille des condensats SHA-1 est de 160 bits, on s'attend donc à une résistance aux collisions (respectivement pré-images) de l'ordre de $2^{80}$ (respectivement $2^{160}$) évaluations de la fonction de condensation. Encore une fois des travaux de recherche ont démontré théoriquement qu'il était possible de construire des collisions en évaluant SHA-1 seulement $2^{60}$ fois ce qui, on l'a vu précédemment, ne représente pas un effort irréalisable. Pourtant, il n'existe aujourd'hui aucune publication exhibant des collisions. La communauté cryptographique considère SHA-1 comme une fonction de condensation cassée en théorie (à l'instar

---

4. Le sigle SHA signifie laconiquement *Secure Hash Algorithm*.

de MD5) et déconseille son usage. Le NIST a réagi par une mise à jour du standard en 2001. Cette mise à jour introduit la famille de fonctions de condensation SHA-2 qui compte notamment les membres suivants :

- SHA-224 dont la taille des condensats est 224 bits et dont la sécurité théorique est $2^{112}$ contre les collisions et $2^{224}$ contre les pré-images ;
- SHA-256 dont la taille des condensats est 256 bits et dont la sécurité théorique est $2^{128}$ contre les collisions et $2^{256}$ contre les pré-images ;
- SHA-384 dont la taille des condensats est 384 bits et dont la sécurité théorique est $2^{192}$ contre les collisions et $2^{384}$ contre les pré-images ;
- SHA-512 dont la taille des condensats est 512 bits et dont la sécurité théorique est $2^{256}$ contre les collisions et $2^{512}$ contre les pré-images.

Même s'il n'existe aucune attaque significative connue sur les fonctions de la famille SHA-2, il est intéressant de noter que leur conception ainsi que celle de SHA-1 a été faite au sein de la NSA. Ceci a suscité des protestations dans la communauté cryptographique qui n'ont pas dû être étrangères à l'iniative du NIST d'organiser une compétition ouverte pour la fonction de condensation normalisée par le standard SHA-3. Le processus de sélection débuta en 2008 et se termina en 2012 par le choix du candidat Keccak. Le standard [198], lui-même, a été publié en août 2015.

## Applications des fonctions de condensation cryptographiques

Ci-dessous se trouvent deux exemples classiques de l'utilisation de fonction de condensation où l'intérêt de leur usage se justifie par leurs propriétés de sécurité.

### Détection d'erreurs de transmission

Malgré les avancées dans le domaine des télécommunications de ces dernières décennies le téléchargement de gros fichiers peut rester une gageure pour les utilisateurs. Nous ne sommes en effet jamais à l'abri d'une erreur de transmission involontaire ou d'une coupure brutale de la connexion à Internet. De façon générale, la question de la détection des erreurs est au cœur de la science des réseaux.

Supposons qu'Alice dispose d'une donnée $d$ de grande taille librement accessible que Bob souhaite télécharger avec la garantie que ce qu'il a obtenu est bien une copie intègre de $d$. Pour garantir cette propriété :

1. Alice calcule et publie $h \leftarrow \mathrm{H}(d)$ le condensat de la donnée $d$ ;

2. Bob télécharge $h$ ;
3. Bob lance le téléchargement de la donnée de grande taille $d$ ;
4. Bob dispose d'une donnée $d'$ et calcule $h' \leftarrow \mathrm{H}(d')$. Il conclut que $d' = d$ si $h' = h$.

Lors de l'étape 2, la taille de $h$, le condensat téléchargé par Bob, varie en fonction du choix de la fonction de condensation mais reste assez faible[5] pour que l'on néglige le risque d'erreur de transmission.

Selon la taille de $d$, l'étape 3 peut avoir duré plusieurs jours. On considère donc que Bob dispose d'une donnée $d'$ qui ne sera pas égale à $d$ s'il y a eu un problème.

Notons que si le condensat calculé par Bob sur les données reçues et celui obtenu d'Alice ne sont pas égaux ($h' \neq h$) alors nécessairement les données sont différentes ($d' \neq d$) puisque H est une fonction déterministe. Bob ne se trompe donc jamais lorsqu'il conclut qu'il y a eu un problème. Par contre, comme on l'a vu plus haut, il est possible que la donnée $d$ d'Alice et la donnée $d'$ obtenue par Bob soient différentes mais partagent néanmoins le même condensat. Ceci revient en fait à exhiber une collision de la fonction H ce qui est impossible en un temps raisonnable si H est une fonction de condensation cryptographique sûre. Bob peut donc dormir sur ses deux oreilles s'il utilise une des fonctions de condensation de la famille SHA-2 ou la fonction de condensation SHA-3.

Ce mécanisme est utilisé, entre autres, par plusieurs distributions Linux (Debian, Ubuntu, Fedora…) pour sécuriser la dissémination de leurs images disque : on trouve le condensat de l'image à télécharger sur le site officiel de la distribution et une fois le téléchargement terminé, on peut recalculer puis comparer les valeurs de condensat sur son ordinateur personnel. Le protocole de partage de fichier Bitorrent s'appuie également sur ce mécanisme : le fichier d'annonce `.torrent` contient les condensats des blocs de données ce qui permet leur vérification après réception.

## Authentification d'utilisateurs sur un ordinateur personnel

On peut également utiliser une fonction de condensation pour renforcer la sécurité de l'authentification par login et mot de passe. Supposons qu'Alice possède le login `AliceOnLinux` et le mot de passe (malheureusement trop commun) `'password'` pour s'authentifier sur son ordinateur personnel. L'authentification pourrait se dérouler de la manière suivante :

---

5. En pratique cette taille varie entre 20 et 64 octets.

1. Lors de la création du compte d'Alice, le système d'exploitation stocke le couple [`AliceOnLinux`/`'password'`].
2. Lors d'une authentification, Alice entre son login `AliceOnLinux` et un mot de passe.
3. Le système d'exploitation vérifie que la paire constituée du login et du mot de passe entré existe.

Cette méthode a l'inconvénient sérieux que le mot de passe d'Alice est nécessairement présent et lisible sur son ordinateur. Cela signifie que si Ève, une attaquante malintentionnée, peut lire les données du système d'exploitation, elle y trouvera le mot de passe `'password'`.

L'usage d'une fonction de condensation cryptographique résoud une partie du problème :

1. Lors de la création du compte d'Alice, le système d'exploitation :
   1.1. calcule $h_{\text{Alice}} \leftarrow \text{H}(\text{'password'})$ ;
   1.2. stocke le couple [`AliceOnLinux`/$h_{\text{Alice}}$].
2. Lors d'une authentification, Alice entre son login `AliceOnLinux` et un mot de passe $mdp$ ;
3. le système d'exploitation vérifie que $\text{H}(mdp) = h_{\text{Alice}}$, c'est-à-dire que la paire [`AliceOnLinux`/$\text{H}(mdp)$] existe.

Pour retrouver le mot de passe d'Alice, Ève ne peut plus se contenter de lire les données du système d'exploitation puisque celui-ci ne contient plus qu'un condensat du mot de passe d'Alice. Si à partir du condensat Ève était capable de trouver le mot de passe d'Alice, Ève exhiberait alors une pré-image pour la fonction H. Ceci étant impossible pour une fonction de condensation cryptographique, Alice pourrait croire qu'elle a complètement résolu le problème.

Seulement il existe une autre stratégie pour Ève qui s'avère très efficace. Ève sait quelle fonction de condensation utilise le système d'exploitation pour authentifier Alice[6]. Plutôt que d'épuiser ses ressouces dans une vaine recherche de pré-images Ève peut utiliser la fonction de condensation pour précalculer une très grande table associant des mots de passe probables à leur condensat. Elle peut ensuite retrouver le mot de passe d'Alice en identifiant le condensat stocké par le système d'exploitation à un des condensats « candidats » de sa base de donnée. L'avantage de cette méthode est qu'elle permet d'amortir le coût initial du précalcul : cette même table permet à Ève de retrouver le mot de passe associé à n'importe quel condensat. Ève

---

6. Cf. principe de Kerckhoffs.

menace ainsi non seulement tous les utilisateurs de l'ordinateur d'Alice mais aussi les systèmes dans le monde entier qui authentifient leurs utilisateurs de cette manière avec la même fonction de condensation.

À titre d'exemple, si on entre la chaîne de caractères :

```
5e884898 da280471 51d0e56f 8dc62927 73603d0d 6aabbdd6 2a11ef72
1d1542d8
```

dans un moteur de recherche on trouve immédiatement :

$$\mathrm{SHA\text{-}256}(\texttt{'password'}) = 5e884898\ da280471$$
$$51d0e56f\ 8dc62927$$
$$73603d0d\ 6aabbdd6$$
$$2a11ef72\ 1d1542d8$$

Le moteur de recherche permet ici de retrouver le mot de passe d'Alice dans une table déjà construite de mots de passe condensés avec SHA-256.

Cet exemple n'illustre pas une faiblesse de SHA-256 mais plutôt la difficulté pour des humains de choisir de bons mots de passe. Il est très fructueux pour un attaquant de mener une telle attaque avec les mots de passe les plus courants.

Une solution est d'introduire une donnée aléatoire appelée *sel*, ou *salt*, ou *diversifiant*, dans le calcul du condensat, ce qui permet de réduire singulièrement l'intérêt du précalcul d'une table de mots de passe pour Ève en l'empêchant d'amortir le coût de sa construction sur plusieurs utilisateurs. Une meilleure méthode d'authentification est donc :

1. Lors de la création du compte d'Alice, le système d'exploitation :
    1.1. génère un sel aléatoire noté $s_{\mathrm{Alice}}$ ;
    1.2. calcule $h_{\mathrm{Alice}} \leftarrow \mathrm{H}(s_{\mathrm{Alice}}||\texttt{'password'})$ [7] ;
    1.3. stocke le triplet $[\texttt{AliceOnLinux}/s_{\mathrm{Alice}}/h_{\mathrm{Alice}}]$.
2. Lors d'une authentification, Alice entre son login `AliceOnLinux` et un mot de passe $mdp$.
3. Le système d'exploitation vérifie que $\mathrm{H}(s_{\mathrm{Alice}}||mdp) = h_{\mathrm{Alice}}$, c'est-à-dire que le triplet $[\texttt{AliceOnLinux}/s_{\mathrm{Alice}}/\mathrm{H}(s_{\mathrm{Alice}}||mdp)]$ existe.

---

7. où $\cdot||\cdot$ est l'opérateur de concaténation.

Cette méthode est celle utilisée par les systèmes Linux pour authentifier les utilisateurs : on retrouve les informations nécessaires à l'authentification (login, fonction de condensation utilisée, sel, condensat du mot de passe salé...) dans le fichier `/etc/shadow`.

Toutes ces précautions se révèlent cependant limitées face à l'augmentation des efforts des attaquants : en effet, il est aujourd'hui possible d'acheter des circuits intégrés dédiés permettant de calculer de l'ordre de $10^{12}$ évaluations de fonctions de condensation courantes (MD5, SHA-1, SHA-256...) par seconde pour 1 500 dollars américains. Cela signifie qu'il suffit d'une seule de ces machines pour tester *tous les mots de passe de 8 caractères ou moins*[8] en 2 heures. Malgré cette impressionante capacité de calcul il existe des contre-mesures propres à compliquer le travail de l'attaquant.

La première option consiste à forcer les utilisateurs à utiliser des mots de passe plus longs : la même machine aurait besoin de deux ans pour tester tous les mots de passe de 10 caractères ou moins. Si cette méthode est efficace, elle est généralement très impopulaire auprès des utilisateurs.

La seconde option nécessite de réfléchir à l'asymétrie qui existe entre l'attaquant, qui souhaite tester un maximum de candidats par unité de temps, et l'utilisateur qui souhaite simplement s'authentifier.

Le calcul d'une fonction de condensation moderne nécessite quelques nanosecondes sur un ordinateur classique ; cependant du point de vue de l'utilisateur ce calcul pourrait être mille fois plus complexe (et donc nécessiter quelques microsecondes) sans avoir d'impact sur son confort d'utilisation. Ce facteur mille est par contre un drame du point de vue de l'attaquant qui teste un grand nombre de mots de passe : son attaque est alors mille fois plus lente. Si l'on reprend l'exemple ci-dessus, l'attaquant aurait alors besoin de plus de 80 jours pour tester tous les mots de passe de 8 caractères ou moins.

La méthode la plus naturelle pour complexifier le calcul d'une fonction de condensation est tout simplement d'itérer celui-ci : au lieu d'utiliser la fonction $H(\cdot)$ comme précédemment on utilise la fonction $H^k(\cdot) = \underbrace{H(\ldots H(H(\cdot)))}_{k \text{ applications de } H}$. On obtient donc la méthode d'authentification suivante :

---

8. Par caractère on entend ici les lettres majuscules ou minuscules mais aussi les chiffres et la ponctuation.

1. Lors de la création du compte d'Alice, le système d'exploitation :
   1.1. fixe un nombre d'itération $k$ ;
   1.2. génère un sel aléatoire noté $s_{\text{Alice}}$ ;
   1.3. calcule $h_{\text{Alice}} \leftarrow \text{H}^k(s_{\text{Alice}}||'\texttt{password}')$ ;
   1.4. stocke le triplet $[\texttt{AliceOnLinux}/s_{\text{Alice}}/h_{\text{Alice}}]$.
2. Lors d'une authentification, Alice entre son login `AliceOnLinux` et un mot de passe $mdp$.
3. Le système d'exploitation vérifie que $\text{H}^k(s_{\text{Alice}}||mdp) = h_{\text{Alice}}$, c'est-à-dire que le triplet $\left[\texttt{AliceOnLinux}/s_{\text{Alice}}/\text{H}^k(s_{\text{Alice}}||mdp)\right]$ existe.

En pratique, les algorithmes PBKDF2 [154], bcrypt [219] et son successeur scrypt [210] offrent la possibilité au système de choisir le nombre d'itération. Notons que l'algorithme scrypt permet aussi de fixer la quantité minimale de mémoire requise pour la condensation d'un mot de passe et ce afin de réduire l'avantage des plates-formes massivement parallèles (comme les grappes de processeurs graphiques ou les circuits intégrés dédiés) qui sont à la peine lorsqu'il s'agit de gérer de grandes quantités de mémoire.

En 2013, l'initiative *Password Hashing Competition (PHC)* s'est fixé pour but d'organiser une compétition permettant de proposer de nouveaux algorithmes de condensation de mots de passe et de les évaluer publiquement. Le gagnant de cette compétition, l'algorithme Argon2 [32], a été désigné en juillet 2015.

# Confidentialité et intégrité symétrique

Dans cette partie on fait l'hypothèse qu'Alice et Bob disposent d'un canal confidentiel, authentifié et intègre leur permettant d'échanger une clé symétrique $k$. Cette clé reste en la possession exclusive d'Alice et de Bob. Le lecteur peut juger ici que cette hypothèse est forte, mais il existe des techniques (que l'on verra dans la suite) pour réaliser cet échange de clés initial.

On retrouve ici le principe de Kerckhoffs : Ève sait comment Alice et Bob communiquent, elle dispose de la description des algorithmes utilisés, seule $k$ lui est inconnue.

# Chiffrement symétrique

L'objectif du chiffrement symétrique est de s'appuyer sur la possession exclusive de la clé $k$ pour assurer la confidentialité des messages échangés entre Alice et Bob. Un algorithme de chiffrement symétrique, noté $(\text{SymEnc.}(\cdot), \text{SymDec.}(\cdot))$, fonctionne de la manière suivante :

1. Par un canal confidentiel, authentifié et intègre Alice et Bob échangent une clé symétrique $k$.
2. Alice souhaite communiquer de manière confidentielle le *message clair* $m$ à Bob :
    2.1. elle utilise l'algorithme de chiffrement qui prend en entrée le message clair $m$ et sa clé $k$ et renvoie le *message chiffré* associé $c$ : $c \leftarrow \text{SymEnc}_k(m)$ ;
    2.2. elle transmet $c$ à Bob par un canal sous le contrôle d'Ève.
3. Bob reçoit le message *chiffré* $c$.
4. Il utilise l'algorithme de déchiffrement qui prend en entrée $c$ et la même clé $k$ et renvoie le message *clair* associé $m$ : $m \leftarrow \text{SymDec}_k(c)$.

---

*Data Encryption Standard* **(DES)**

Le premier algorithme de chiffrement informatique normalisé fut créé par un Allemand émigré aux États-Unis en 1934, Horst Feistel. Sa nationalité et son métier de cryptologue lui valurent quelques difficultés avec la *National Security Agency* (NSA), désireuse avant tout de garder la maîtrise des moyens de chiffrement et de pouvoir percer les algorithmes utilisés par des particuliers. Finalement il mit ses compétences au service d'IBM, pour qui il développa au début des années 1970 l'algorithme *Lucifer*, base du futur *Data Encryption Standard* (DES).

DES chiffre 64 bits à chaque appel. Chaque bloc est découpé en demi-blocs dont les bits subissent des permutations complexes qui dépendent de la clé, puis les demi-blocs sont additionnés et soumis à d'autres transformations. L'opération est recommencée seize fois.

La NSA a obtenu que la normalisation du DES en 1976 comporte une limitation de la taille de la clé à 56 bits, ce qui selon l'échelle fournie en début de chapitre n'offre plus une sécurité suffisante aujourd'hui. Dès 1998, l'*Electronic Frontier Foundation* fait construire *Deep Crack*, une machine composée de circuits intégrés spécifiquement conçus pour la recherche exhaustive appliquée à DES, pour 250 000 dollars américains. En moyenne, le temps nécessaire pour retrouver une clé DES en utilisant Deep Crack est de quatre jours et demi. En 2008 le projet *COPACOBANA*[9], de l'université de Bochum en Allemagne, permet la recherche exhaustive en moins de 36 heures à partir de circuits logiques programmables disponibles dans le commerce et ce pour un coût total inférieur à 10 000 dollars américains.

---

9. *Cost-Optimized PArallel COde Breaker*.

> *Triple DES*
>
> L'algorithme *triple DES*, qui consiste à chiffrer trois fois avec DES avec trois clés différentes a été normalisé par le NIST à la fin des années 1990 afin de pallier la faiblesse de DES. La sécurité équivalente de triple DES est 112 bits.
>
> On sait aujourd'hui que la NSA a apporté avant sa publication des modifications au standard DES dont l'objectif était de le protéger contre deux techniques de cryptanalyse qui n'ont été découvertes publiquement qu'au cours des années 1990 soit une quinzaine d'années plus tard. Ceci donne une idée de la qualité des cryptanalystes de l'ombre travaillant à la NSA.

L'appellation chiffrement symétrique provient du fait qu'Alice et Bob utilisent la même clé pour leurs opérations de chiffrement et de déchiffrement. Du point de vue d'Ève qui a accès à $c$, le message chiffré doit être inintelligible, mais le chiffrement est inversible pour Bob qui dispose de la bonne clé. Mathématiquement, à clé fixée, la fonction de déchiffrement est l'inverse de la fonction de chiffrement : $\text{SymEnc}_k(\cdot)^{-1} = \text{SymDec}_k(\cdot)$.

**Figure 4.1 –**
Principe du chiffrement symétrique

De l'époque de Jules César au début des années 2000, un grand nombre d'algorithmes de chiffrement ont été inventés, et la plupart d'entre eux sont aujourd'hui considérés comme cryptographiquement faibles. Ainsi le code de César, qui repose sur une simple transposition circulaire des lettres de l'alphabet, est très facile à cryptanalyser. D'abord, il n'y a que 26 clés possibles, ce qui rend la recherche exhaustive triviale, ensuite l'analyse des fréquences des lettres du texte chiffré correspond à celle du texte clair. Un bon algorithme de chiffrement ne permet pas l'observation des biais statistique du message clair (répétition de mots ou de phrases, fréquence des lettres, structure générale du message…) par l'observation du message chiffré car ceci est un indice pour le cryptanalyste. Il faut de plus supposer que le cryptanalyste dispose de messages clairs et de leur version chiffrée qui peuvent l'aider dans son entreprise, comme dans le cas de Champollion et de la pierre de Rosette.

---

*Advanced Encryption Standard* (AES)

Plusieurs facteurs ont poussé l'algorithme DES vers une retraite méritée à la fin des années 1990 : la taille de clé n'était plus suffisante pour justifier l'impossibilité d'une recherche exhaustive, le temps d'exécution de l'algorithme était acceptable lorsqu'implanté avec du matériel dédié mais considéré comme trop long lorsqu'implanté en logiciel (l'introduction de triple DES a empiré cet état de fait) et enfin les plus suspicieux suggéraient déjà à l'époque que la NSA aurait pu introduire des portes dérobées dans le standard DES.

Le 2 janvier 1997 le NIST lança donc une compétition ouverte pour le standard AES *(Advanced Encryption Standard)*. Les prérequis étaient de pouvoir utiliser des clés de 128, 192 ou 256 bits (au lieu de 56 bits pour DES), d'avoir une taille de bloc d'au moins 128 bits (au lieu de 64 bits pour DES) et de s'exécuter rapidement sur le maximum de plates-formes.

Cette compétion fut très bien accueillie par la communauté cryptographique et déboucha sur le choix de l'algorithme *Rijndael* le 3 octobre 2000. Cet algorithme a été conçu par Joan Daemen et Vincent Rijmen de l'université catholique de Louvain. Le détail de son fonctionnement dépasse le cadre de cet ouvrage, mais le lecteur intéressé pourra se référer au livre écrit par V. Rijmen and J. Daemen [74] qui explique l'ensemble des structures mathématiques sous-tendant les choix faits lors de la conception de Rijndael.

---

Parmi les algorithmes de chiffrement symétriques célèbres on peut citer l'algorithme de chiffrement par blocs DES dont l'histoire est développée dans l'encadré p. 114, son successeur AES p. 116 et un algorithme de chiffrement à flot populaire malgré sa faiblesse : RC4 p. 117.

---

**Modes d'opérations pour algorithme de chiffrement par bloc**

On a vu plus haut que DES (cf. p. 114) et son successeur AES (cf. p. 116) sont des algorithmes de chiffrement par bloc. Cela signifie qu'à chaque appel ces algorithmes chiffrent un bloc de $n$ bits ($n = 64$ pour DES et $n = 128$ pour AES). Il faut donc étendre ces algorithmes pour permettre le chiffrement de données de taille arbitraire. C'est à cela que servent les *modes d'opération*.

Certains modes d'opération comme les modes CBC et CTR garantissent uniquement la confidentialité des données tandis que d'autres comme GCM ou CCM garantissent simultanément la confidentialité et l'intégrité des données.

La compétition ouverte CAESAR[10] a débuté en mars 2014 et a pour objectif de désigner le meilleur mode d'opération qui garantisse simultanément la confidentialité et l'intégrité des données. La fin de la compétition est prévue pour décembre 2017.

*Rivest Cipher 4* (RC4)

L'algorithme de chiffrement RC4 a une histoire particulière. Il fut conçu par Ron Rivest en 1987 pour la société RSA Security qui l'implanta dans ses produits. En 1994, un anonyme publia sur Internet ce qu'il prétendait être une description de l'algorithme, prétention rapidement confirmée par des tests d'interopérabilité avec les produits de RSA Security. Contrairement à DES, son contemporain, la description de RC4 est très simple (une cinquantaine de lignes de code suffisent) et il a été conçu pour une implantation rapide en logiciel. Ceci explique pourquoi RC4 est rapidement devenu l'algorithme de chiffrement de choix pour toute une variété d'applications.

Cependant dès le milieu des années 1990 des résultats de recherche ont révélé des propriétés statitisques indésirables que possédait RC4. L'adage bien connu en cryptographie « les attaques ne font que s'améliorer avec le temps » est très bien illustré par l'histoire des faiblesses de RC4. D'abord relégués au rang « d'attaques théoriques » à l'époque de leur publication, ces résultats se sont améliorés avec le temps jusqu'à menacer la sécurité de systèmes entiers. On compte dans cette catégorie le protocole WEP dont la faiblesse résulte en partie de l'utilisation de RC4 mais aussi le protocole TLS qu'il est aujourd'hui déconseillé d'utiliser avec RC4.

## Motifs d'intégrité cryptographique

Grâce au chiffrement symétrique nous possédons les outils pour assurer la confidentialité des messages échangés entre Alice et Bob. Nous ne disposons cependant pas de moyens d'assurer l'authentification de ces messages. On a vu p. 108 qu'il était possible de garantir l'intégrité de données échangées au moyen de fonctions de condensation, mais comme leur utilisation ne requiert la connaissance d'aucun secret, cela ne permet pas d'identifier l'origine d'un message reçu.

Les *motifs d'intégrité cryptographique*[11], notés $MAC.(\cdot)$, permettent d'assurer l'authentification des messages échangés en s'appuyant sur la clé symétrique que seuls Alice et Bob connaissent. Ils fonctionnent de la manière suivante :

---

10. `http://competitions.cr.yp.to/caesar`
11. *Message Authentication Code* ou MAC en anglais.

1. *Via* un canal confidentiel, authentifié et intègre Alice et Bob échangent une clé symétrique $k$ ;
2. Alice souhaite communiquer de manière intègre et authentifiée le message $m$ à Bob :
   2.1. elle utilise l'*algorithme de calcul de motifs d'intégrité cryptographique* qui prend en entrée $m$ et sa clé $k$ et renvoie le motif associé $t_{\text{Alice}}$ : $t_{\text{Alice}} \leftarrow \text{MAC}_k(m)$ ;
   2.2. elle transmet la paire $(m, t_{\text{Alice}})$ à Bob *via* un canal sous le contrôle d'Ève.
3. Bob reçoit la paire $(m, t_{\text{Alice}})$ ;
4. il utilise le même algorithme de calcul de motifs d'intégrité cryptographique pour calculer le motif $t_{\text{Bob}}$ : $t_{\text{Bob}} \leftarrow \text{MAC}_k(m)$ et accepte le message comme provenant d'Alice si $t_{\text{Alice}} = t_{\text{Bob}}$

L'intégrité et l'authentification de l'origine des messages sont assurés car seuls Alice et Bob sont capables de générer des motifs valides puisqu'eux seuls disposent de $k$.

Dans la pratique ces fonctions de calcul de motifs d'intégrité cryptographiques peuvent être construites à partir de fonctions de condensation cryptographique comme l'algorithme HMAC décrit dans la RFC 2104 [165], d'algorithmes de chiffrement par blocs comme l'algorithme CMAC décrit par Iwata et Kurosawa [150], ou encore d'autres structures mathématiques comme les algorithmes Poly1305 [26] ou GFMAC [93].

# Confidentialité et intégrité asymétrique

Les progrès de la cryptographie symétrique depuis le début de l'ère informatique à la fois en termes de sécurité et de rapidité d'exécution (il est aujourd'hui possible de condenser, chiffrer ou encore de calculer des motifs d'intégrité cryptographique à des débits de l'ordre du gigaoctet par seconde) ne changent rien au fait que le partage d'une clé symétrique par chaque couple d'utilisateurs pose plusieurs problèmes. D'abord il requiert l'existence d'un canal confidentiel, authentifié et intègre entre chaque paire d'utilisateurs pour l'échange de la clé symétrique ce qui est une hypothèse forte. Ensuite ce principe implique de gros problèmes de gestion de clés lorsqu'on passe à l'échelle : si seuls Alice et Bob veulent communiquer de manière sécurisée il leur suffit d'une clé symétrique. Pour 100 utilisateurs qui souhaitent communiquer les uns avec les autres il faut gérer 5000 clés symétriques, pour 1000 utilisateurs on arrive à 500 000 clés symétriques ($\frac{n(n-1)}{2}$). On observe que l'on arrive rapidement à des quantités ingérables de données sensibles. Enfin, il est impossible d'assurer la propriété de non-répudiation : Alice pourra toujours générer un message, utiliser sa clé $k$ et prétendre qu'il provient de Bob (puisqu'il a la même !).

L'invention de la cryptographie asymétrique à la fin des années 1970 (cf. l'encadré suivant pour un court historique) a constitué une révolution qui a permis de dépasser les limites de la cryptographie symétrique.

---

**Brève histoire de la cryptographie asymétrique**

Dans les années 1970 un chercheur indépendant et excentrique, Whitfield Diffie, réfléchissait au moyen pour deux utilisateurs du réseau ARPANET [12] d'échanger des courriers électroniques chiffrés sans se rencontrer physiquement au préalable pour convenir de la clé de chiffrement qu'ils utiliseraient. En 1974, il donna une conférence sur le sujet au centre de recherche Thomas J. Watson d'IBM à Yorktown Heights (déjà le lieu de travail de Horst Feistel), et là il apprit que Martin Hellman, professeur à l'université Stanford à Palo Alto, avait donné une conférence sur le même sujet. Aussitôt il prit sa voiture et traversa le continent pour rencontrer Hellman.

Si l'idée du chiffrement asymétrique à clés publiques revient à Diffie et Hellman (sans oublier les précurseurs britanniques du GCHQ tenus au secret), le mérite de la première réalisation concrète de cette idée revient à Ronald Rivest, Adi Shamir et Leonard Adleman : ils ont trouvé une solution mathématique permettant sa mise en œuvre et nommé cette solution de leurs initiales : RSA [229]. Une des réalisations les plus utilisées actuellement est due à Taher Elgamal, qui a soutenu sa thèse à Stanford sous la direction de Martin Hellman (comme Ralph Merkle).

Le *Turing Award* 2015 a été décerné à Martin Hellman et Whitfield Diffie pour leur contribution fondamentale à la cryptographie moderne, notamment par leur article de 1976 *New Directions in Cryptography*.

Notons que les fondements mathématiques des algorithmes asymétriques les plus couramment utilisés de nos jours étaient déjà connus des mathématiciens du XVIIIe siècle comme Euler (peut-être même Fermat), et le lecteur découvrira qu'il peut les aborder avec la seule maîtrise de l'addition et de la multiplication.

---

Pour comprendre le principe de la cryptographie asymétrique il faut se rappeler que l'objectif est la protection des communications, ce qui implique l'existence de deux entités séparées : un émetteur et un récepteur. Une réflexion sur les objectifs que l'on cherche à atteindre révèle que toutes les opérations réalisées ne sont pas sensibles : plus précisément, lorsqu'un des deux rôles effectue une opération

---

12. En 1969 l'ARPA *(Advanced Research Projects Agency)*, agence du ministère américain de la Défense pour la recherche, impulsa la création du réseau ARPANET pour faciliter les échanges entre les différents laboratoires de recherche avec lesquels elle avait des contrats. ARPANET fut l'ancêtre de l'Internet.

sensible l'autre effectue une opération non-sensible. Si on cherche à obtenir la confidentialité des messages échangés, la fonction sensible est le déchiffrement du message réalisée par le récepteur. En effet, n'importe quel émetteur devrait pouvoir nous envoyer un message que nous seuls pouvons déchiffrer. Si l'on cherche à obtenir l'authentification des messages, la fonction sensible est celle réalisée par l'émetteur. En effet, n'importe quel récepteur doit pouvoir être convaincu que ce message provient bien de nous.

Cette différence se traduit par la transformation du concept de clé partagée de la cryptographie symétrique en celui de *paire de clés asymétriques* :

- une *clé publique*, usuellement notée $pk$ [13], qui permet la réalisation de l'opération non sensible :
  - le chiffrement est réalisé par l'émetteur avec la clé publique du destinataire si l'on souhaite souhaite obtenir la confidentialité des messages,
  - la vérification de l'authenticité est réalisée par le récepteur avec la clé publique de l'émetteur si l'on souhaite souhaite obtenir l'authentification des messages ;
- une *clé privée* ou *clé secrète*, usuellement notée $sk$ [14], qui permet la réalisation de l'opération sensible :
  - le déchiffrement est réalisé avec sa clé privée par le récepteur si l'on souhaite souhaite obtenir la confidentialité des messages,
  - la signature est réalisée avec sa clé privée par l'émetteur si l'on souhaite souhaite obtenir l'authentification des messages.

Comme son nom l'indique notre clé publique est destinée à être diffusée largement, dans des annuaires électroniques ou sur des sites web, et n'est pas confidentielle. En effet tout le monde doit pouvoir chiffrer vers nous et tout le monde doit pouvoir vérifier que des messages proviennent bien de nous. À l'inverse, notre clé privée reste toujours en notre seule possession.

Les clés publiques n'ayant pas besoin d'être protégées en confidentialité, les hypothèses faites pour la distribution de clés symétriques peuvent être relâchées : le canal d'échange ne transporte que des clés publiques et doit donc seulement être authentifié et intègre.

La cryptographie asymétrique facilite grandement la gestion de clés : chaque participant possède sa propre paire de clés asymétriques et a besoin uniquement des clés

---

13. $pk$ pour *public key* en anglais.
14. $sk$ pour *secret key* en anglais.

publiques des autres pour communiquer avec eux. Le groupe de 1 000 personnes évoqué précédemment peut remplacer la gestion de 500 000 clés symétriques par celle de 1 000 paires de clés asymétriques.

Avant de poursuivre, faisons l'hypothèse qu'Alice ait généré une paire de clés asymétrique $(pk_A, sk_A)$ et qu'elle partage avec Bob un canal authentifié et intègre leur permettant d'échanger sa clé publique $pk_A$. Sa clé privée $sk_A$ reste en sa possession exclusive.

On retrouve encore le principe de Kerckhoffs : Ève sait comment Alice et Bob communiquent, elle dispose de la description des algorithmes utilisés et de la clé publique d'Alice, seule la clé privée correspondante lui est inconnue.

## Chiffrement asymétrique

Une métaphore adaptée pour décrire le chiffrement asymétrique est celle d'une boîte aux lettres à clé. En effet, tout émetteur disposant du nom et de l'adresse du destinaire (ceci constitue l'équivalent de sa clé publique) peut aller déposer des messages à son intention dans sa boîte aux lettres, mais le destinataire est le seul à pouvoir l'ouvrir avec sa clé (qui est l'équivalent de sa clé privée) pour récupérer l'ensemble des messages à lui destinés.

En résumé, un *algorithme de chiffrement asymétrique*, noté :

$$(\text{AsymEnc.}(\cdot), \text{AsymDec.}(\cdot))$$

fonctionne comme suit :

1. *via* un canal, authentifié et intègre Bob obtient la clé publique d'Alice $pk_A$ ;
2. Bob souhaite communiquer de manière confidentielle le message clair $m$ à Alice :
    2.1. il utilise l'algorithme de chiffrement asymétrique qui prend en entrée le message $m$ et la clé publique d'Alice $pk_A$ et renvoie le message chiffré associé $c : c \leftarrow \text{AsymEnc}_{pk_A}(m)$,
    2.2. il transmet $c$ à Alice *via* un canal sous le contrôle d'Ève ;
3. Alice reçoit $c$ ;
4. elle utilise l'algorithme de déchiffrement asymétrique qui prend en entrée $c$ et la clé privée d'Alice $sk_A$ et renvoie le message clair associé $m$ : $m \leftarrow \text{AsymDec}_{sk_A}(c)$.

Mathématiquement, pour une paire de clés asymétriques $(pk, sk)$ fixée, la fonction de déchiffrement est l'inverse de la fonction de chiffrement :

$$\textsc{AsymEnc}_{pk}(\cdot)^{-1} = \textsc{AsymDec}_{sk}(\cdot)$$

Comme on l'a mentionné plus haut p. 119, l'algorithme RSA est le premier algorithme de chiffrement asymétrique public et reste aujourd'hui très largement utilisé, nous allons donc le détailler. Ceci nécessite d'introduire quelques notions mathématiques.

## Arithmétique modulaire

L'*arithmétique modulaire* est un chapitre mathématique très utilisé par les informaticiens. C'est l'arithmétique fondée sur les classes d'équivalence *modulo N*.

Considérons l'ensemble des entiers relatifs $\mathbb{Z}$ muni de l'addition et de la multiplication. La division euclidienne de $a$ par $b$ que nous avons apprise à l'école primaire y est définie ainsi :

$$a \div b \rightarrow a = b \cdot q + r, 0 \leq r < b$$

où $q$ est le quotient et $r$ le reste de la division. Ainsi :

$$13 \div 3 \rightarrow 13 = 3 \cdot 4 + 1$$

Intéressons-nous maintenant à tous les nombres qui, divisés par 3, ont pour reste 1. Nous avons déjà trouvé un nombre, 13, pour lequel $r = 1$ ; donnons-en quelques autres :

$$
\begin{aligned}
1 \div 3 \quad &\rightarrow \quad 3 \cdot 0 + 1 \\
4 \div 3 \quad &\rightarrow \quad 3 \cdot 1 + 1 \\
7 \div 3 \quad &\rightarrow \quad 3 \cdot 2 + 1 \\
10 \div 3 \quad &\rightarrow \quad 3 \cdot 3 + 1 \\
13 \div 3 \quad &\rightarrow \quad 3 \cdot 4 + 1 \\
16 \div 3 \quad &\rightarrow \quad 3 \cdot 5 + 1
\end{aligned}
$$

On dit que ces nombres constituent une classe d'équivalence, c'est-à-dire qu'ils sont tous équivalents à 1 mod 3 (prononcer « un modulo trois »), ce qui s'écrit :

$$
\begin{aligned}
4 &\equiv 1 \bmod 3 \\
7 &\equiv 1 \bmod 3 \\
&\cdots
\end{aligned}
$$

On construit de la même façon une classe des nombres équivalents à 0 mod 3, qui contient $-6, -3, 0, 3, 6, 9, 12 \ldots$, et une classe des nombres équivalents à 2 mod 3, avec $-7, -4, -1, 2, 5, 8, 11 \ldots$.

On peut définir une addition modulaire, par exemple ici l'addition modulo 3 :

$$
\begin{aligned}
(4 \bmod 3) + (7 \bmod 3) &= (4 + 7) \bmod 3 \\
&= 11 \bmod 3 \\
&= 2 \bmod 3
\end{aligned}
$$

On démontre (exercice laissé au lecteur) que l'ensemble des classes d'équivalence *modulo* un entier $N$ muni de cette relation d'équivalence (réflexive, transitive) et de cette addition qui possède les bonnes propriétés (associative, commutative, existence d'un élément neutre $0 \bmod N$ et d'un symétrique pour chaque élément) possède une structure de groupe appelé groupe additif $\mathbb{Z}_N$ (prononcé « Z modulo N »).

On peut aussi faire des multiplications :

$$
\begin{aligned}
(4 \bmod 3) \cdot (7 \bmod 3) &= (4 \cdot 7) \bmod 3 \\
&= 28 \bmod 3 \\
&= 1 \bmod 3
\end{aligned}
$$

Nous pouvons montrer là aussi que la multiplication modulo 3 possède toutes les bonnes propriétés qui font de notre ensemble de classes d'équivalence un groupe pour la multiplication, mais cela n'est vrai que parce que 3 est premier. En effet si nous essayons avec les classes d'équivalence modulo 12, dans certains cas les choses se passent aussi bien que précédemment :

$$
\begin{aligned}
(4 \bmod 12) \cdot (7 \bmod 12) &= (4 \cdot 7) \bmod 12 \\
&= 28 \bmod 12 \\
&= 4 \bmod 12
\end{aligned}
$$

Il est aussi possible de nous retrouver dans le cas désagréable de multiplier deux éléments non nuls et d'obtenir un résultat nul. On appelle ces éléments des *diviseurs de zéro*, et leur existence détruit la structure de groupe multiplicatif :

$$(4 \bmod 12) \cdot (6 \bmod 12) = (4 \cdot 6) \bmod 12$$
$$= 24 \bmod 12$$
$$= 0 \bmod 12$$

Le produit de 4 par 6 est un multiple de 12 et donc nul au sens de $\mathbb{Z}_{12}$.

Aussi pourrons-nous bien définir un groupe multiplicatif $\mathbb{Z}_N^*$, qui, si $N$ est premier, aura les mêmes éléments que le groupe additif $\mathbb{Z}_N$ à l'exclusion de 0, mais si $N$ n'est pas premier il faudra en retrancher les classes correspondant aux entiers non premiers avec $N$ :

$$\mathbb{Z}_3^* = \{1, 2\}$$
$$\mathbb{Z}_{12}^* = \{1, 5, 7, 11\}$$
$$\mathbb{Z}_{15}^* = \{1, 2, 4, 7, 8, 11, 13, 14\}$$

Dans le groupe multiplicatif $\mathbb{Z}_N^*$ chaque élément a un inverse (sinon ce ne serait pas un groupe) :

$$2 \cdot 2 \bmod 2 = 4 \bmod 2$$
$$= 1 \bmod 2$$

$$7 \cdot 7 \bmod 12 = 49 \bmod 12$$
$$= 1 \bmod 12$$

$$11 \cdot 11 \bmod 12 = 121 \bmod 12$$
$$= 1 \bmod 12$$

$$7 \cdot 13 \bmod 15 = 91 \bmod 15$$
$$= 1 \bmod 15$$

Comme on le voit il est possible pour un nombre d'être son propre inverse, mais il s'agit ici d'une pure coïncidence.

L'exponentielle est définie :

$$5^3 \bmod 11 = 125 \bmod 11$$
$$= 4$$

et si $N$ est premier elle a les mêmes propriétés que dans $\mathbb{Z}$ :

$$(a^x)^y = (a^y)^x = a^{x \cdot y}$$

## L'algorithme RSA

Nous disposons maintenant de tous les outils permettant de décrire l'algorithme RSA en détail. Comme précédemment on suppose que Bob souhaite envoyer un message confidentiel à Alice.

La première phase est la phase de génération de clés pour Alice qui se déroule ainsi :

1. Alice choisit deux grands nombres premiers $p$ et $q$. Si en pratique on choisira des nombres $p$ et $q$ de l'ordre de $10^{300}$, nous allons donner un exemple avec $p = 3$ et $q = 11$ ;
2. Alice :
   2.1. calcule $N \leftarrow p \cdot q$ où $N$ est appelé le *module RSA*. Dans notre exemple $N \leftarrow 33$ ;
   2.2. calcule $\phi(N) = (p - 1)(q - 1)$ [15]. Dans notre exemple $\phi(33) = 20$.
   2.3. choisit un entier $e$, impair et premier avec $\phi(N)$ [16]. Dans la pratique, $e$ sera toujours petit devant $n$ [17]. Dans notre exemple, on fixe $e \leftarrow 7$ ;
   2.4. calcule $d$, l'inverse de $e \bmod \phi(N)$, c'est-à-dire $e \cdot d = 1 \bmod \phi(N)$. Les théorèmes de l'arithmétique modulaire nous assurent que, dans notre cas, $d$ existe et est unique. Dans notre exemple $d = 3$ ;
3. La clé publique est $pk_A \leftarrow (e, N)$. Dans notre exemple $pk_A \leftarrow (7, 33)$ ;
4. La clé privée est $sk_A \leftarrow d$. Dans notre exemple $sk_A \leftarrow 3$.

---

15. La fonction phi d'Euler donne la taille du groupe multiplicatif modulo $N$, $\mathbb{Z}_N^*$.
16. $e$ est dit *premier avec* $\phi(N)$ s'ils n'ont aucun diviseur commun autre que 1 et $-1$.
17. On dira que $e$ est petit devant $n$ s'il est beaucoup plus petit que $n$.

Notons que, s'il n'est pas nécessaire d'inclure $p$, $q$, et $\phi(N)$ dans la clé privée, il reste impératif de les effacer après la phase de génération de clés car ils permettent de retrouver $d$ à partir de la clé publique.

Une fois que Bob a obtenu la clé publique d'Alice $pk_A$ il peut chiffrer un message $m$ (pour l'exemple on fixe $m \leftarrow 19$) pour lui transmettre de manière confidentielle de la manière suivante :

$$c \leftarrow \text{AsymEnc}_{pk_A}(m) = m^e \bmod N$$

Dans notre exemple :

$$c \leftarrow \text{AsymEnc}_{(7,33)}(19) = 19^7 \bmod 33 = 13$$

On appelle $c$ le message chiffré.

Pour obtenir le message clair Alice déchiffre avec sa clé privée ainsi :

$$\text{AsymDec}_{sk_A}(c) = c^d \bmod N$$

Dans notre exemple :

$$\text{AsymDec}_3(13) = 13^3 \bmod 33 = 19$$

Miraculeux, non ? En fait, c'est logique :

$$\begin{aligned}
\text{AsymDec}_{sk_A}(c) &= c^d \bmod N \\
&= (m^e)^d \bmod N \\
&= m^{e \cdot d} \bmod N
\end{aligned}$$

On a besoin ici du théorème d'Euler :

**Théorème** (d'Euler). *Soit $N$ un entier. Pour tout entier $a$ premier avec $N$ on a : $a^{\phi(N)} \equiv 1 \bmod N$.*

*Démonstration.* On note $(z_1, \ldots, z_{\phi(N)})$ les $\phi(N)$ éléments de $\mathbb{Z}_N^*$ et on appelle $a\mathbb{Z}_N^*$ l'ensemble dans lequel tous les éléments $\mathbb{Z}_N^*$ sont multipliés par $a$. Les éléments de $a\mathbb{Z}_N^*$ sont donc $(az_1, \ldots, az_{\phi(N)})$. Comparons les ensembles $\mathbb{Z}_N^*$ et $a\mathbb{Z}_N^*$ :

Soit $g \in a\mathbb{Z}_N^*$, on a pour un certain $1 \leq i \leq \phi(N)$ $g = az_i$. Or $a$ et $z_i$ sont tous deux premiers avec $N$ donc $g$ est premier avec $N$. On en déduit que $g \in \mathbb{Z}_N^*$.

Soit $z_i \in \mathbb{Z}_N^*$, si on appelle $a^{-1}$ l'inverse de $a$ dans $\mathbb{Z}_N^*$ on a :

$$z_i \bmod N = 1 \times z_i \bmod N$$
$$= (aa^{-1})z_i \bmod N$$
$$= a(a^{-1}z_i) \bmod N$$

Or $(a^{-1}z_i) \in \mathbb{Z}_N^*$ donc il existe $1 \leq j \leq \phi(N).z_j = a^{-1}z_i$ ce qui implique $z_i = az_j$ et $z_i \in a\mathbb{Z}_N^*$.

On a simultanément $a\mathbb{Z}_N^* \subset \mathbb{Z}_N^*$ et $\mathbb{Z}_N^* \subset a\mathbb{Z}_N^*$, les deux ensembles sont donc identiques.

On a en particulier :

$$\prod_1^{\phi(N)} az_i \bmod N = \prod_1^{\phi(N)} z_i \bmod N$$
$$a^{\phi(N)} \left( \prod_1^{\phi(N)} z_i \right) \bmod N = \prod_1^{\phi(N)} z_i \bmod N$$
$$a^{\phi(N)} \bmod N = 1 \bmod N$$

Avec ce théorème on peut conclure l'explication de RSA, on rappelle que : $e \cdot d = 1 \bmod \phi(N)$ on peut donc écrire $e \cdot d = k\phi(N) + 1$ pour $k \in \mathbb{Z}$. Donc :

$$\textsc{AsymDec}_{sk_A}(c) = m^{e \cdot d} \bmod N$$
$$= m^{k\phi(N)+1} \bmod N$$
$$= m(m^{\phi(N)})^k \bmod N$$
$$= m1^k \bmod N$$
$$= m \bmod N$$

Quel problème doit résoudre Ève lorsqu'elle est face à RSA ? L'attaquant connaît la clé publique d'Alice $pk_A = (e, N)$, qui a servi à chiffrer $m$, ainsi que le message chiffré, $c$ qu'elle voit passer sur le réseau. Pour trouver $m$, l'équation à résoudre est :

$$c = m^e \bmod N$$

$N$, $c$ et $e$ étant connus. Encore une fois, dans le monde des réels, la solution est triviale : $m = \sqrt[e]{c}$. Mais il n'existe pas d'algorithme connu efficace pour calculer l'équivalent en arithmétique modulaire. Ainsi, trouver la racine cubique modulo $N$ d'un nombre est un problème ouvert.

En fait, l'attaque connue la plus efficace (outre la recherche de failles de réalisation du logiciel) consiste à trouver $p$ et $q$ par recherche des facteurs de $N$, ce que l'on appelle la factorisation du nombre $N$. La factorisation permettrait de calculer $\phi(N) = (p-1)(q-1)$ et on obtiendrait la clé privée $d$ en calculant l'inverse de $e$ modulo $\phi(N)$. Mais avec les tailles de $N$ utilisées en pratique, il est impossible d'en déduire $p$, $q$ ou $\phi(N)$.

Les réalisations industrielles ont longtemps utilisé, et utilisent parfois encore $e = 3$. De nos jours, $e = 2^{16} + 1 = 65\,537$ est populaire. $d$ est typiquement du même ordre de grandeur que $N$, soit $d \approx 2^{2048}$. L'élévation à une puissance de cet ordre peut être réalisée efficacement par des algorithmes de type « élévation au carré et multiplication » *(square and multiply)*, qui prennent quelque secondes sur une carte à puce.

---

**Pour en savoir plus**

Le lecteur trouvera des explications mathématiques supplémentaires dans l'ouvrage de Cormen, Leiserson et Rivest (le R de RSA) [71] ou dans celui de Menezes, van Oorschot et Vanstone [183], ou encore, de façon plus abordable, dans ceux de Gilles Dubertret [88] ou d'Albert Ducrocq et André Warusfel [91], ou encore de Michael W. Lucas [175]. Au demeurant, il est stupéfiant de constater que les découvertes prodigieuses de Diffie, Hellman, Merkle, Rivest, Shamir Adleman et les autres pionniers de la cryptographie asymétrique reposent sur des bases mathématiques déjà entièrement établies par Leonhard Euler (1707-1783), sinon par Pierre de Fermat (1601-1665), et que personne n'y avait pensé avant. Et si personne n'y avait pensé, c'est qu'avant l'invention de l'informatique moderne les méthodes cryptographiques dont nous venons de donner un bref exposé étaient non seulement irréalisables, mais *impensables*.

---

## Signature électronique

La métaphore idéale pour décrire la *signature électronique* est celle d'un équivalent électronique de nos signatures manuelles. En effet, en théorie, nous seuls sommes capables de signer notre nom (ce qui représente l'opération sensible), mais n'importe qui peut vérifier la validité de la signature produite en se référant par exemple au modèle situé sur nos cartes nationales d'identité. Si la signature produite est identique à la signature de référence alors on peut affirmer que le document ne peut provenir que de nous.

On relève ici que la signature manuelle, et son équivalent électronique, permettent de garantir la non-répudiation. Si une seule personne est capable de produire une signature valide alors elle ne peut pas prétendre qu'elle n'est pas à l'origine d'un document à moins de prouver qu'on a imité sa signature dans le cas manuel ou qu'on a dérobé sa clé privée dans le cas électronique.

Un *algorithme de signature électronique*, noté $(\text{SIGN.}(\cdot), \text{VERIF.}(\cdot, \cdot))$, fonctionne comme suit :

1. *Via* un canal authentifié et intègre Bob obtient la clé publique d'Alice $pk_A$.
2. Alice souhaite communiquer de manière intègre et authentifiée le message $m$ à Bob :
    2.1. elle utilise l'algorithme de signature qui prend en entrée le message $m$ et sa clé privée $sk_A$ et renvoie la signature associée $s$ : $s \leftarrow \text{SIGN}_{sk_A}(m)$,
    2.2. elle transmet la paire $(m, s)$ à Bob *via* un canal sous le contrôle d'Ève ;
3. Bob reçoit la paire $(m, s)$.
4. Il utilise l'algorithme de vérification de signature qui prend en entrée le message $m$, la signature $s$ et la clé publique d'alice $pk_A$ et renvoie une valeur de vérité $b$ : $b \leftarrow \text{VERIF}_{pk_A}(m, s)$. Bob accepte le message comme provenant d'Alice si $b$ vaut vrai.

Dit autrement, Alice envoie un texte (celui du message ou un texte dérivé convenu, par exemple le condensat du message) chiffré avec sa clé privée, et si Bob peut déchiffrer ce texte avec la clé publique d'Alice cela prouve bien qu'elle en est l'émettrice.

En pratique, les algorithmes de signature électronique utilisés sont très généralement issus d'une des deux familles suivantes :

- ceux basés sur le problème de la factorisation de grands entiers : parmi eux on trouve les algorithmes RSASSA-PSS et RSASSA-PKCS1-v1.5 issus de la RFC 3447 [155] ;
- ceux basés sur le problème du logarithme discret : parmi eux on trouve les algorithmes DSA et ECDSA issus du standard du NIST concernant la signature électronique [197].

> **Le paradigme** *condense-puis-signe* (*Hash-then-sign*)
>
> On a vu dans la description de l'algorithme RSA que tous les calculs étaient réalisés modulo un grand entier $N$ typiquement de 2048 bits.
>
> Si l'on souhaite signer une donnée $d$ de plusieurs mégaoctets on utilise usuellement une fonction de condensation (cf. p. 105) et on *signe un condensat* du message. Cela permet de signer des données de taille arbitraire car le condensat est généralement de petite taille (512 bits pour SHA-512) et peut donc être manipulé comme un nombre par l'algorithme RSA.
>
> On observe qu'il est alors impératif que la fonction de condensation soit résistante aux collisions car si deux messages ont le même condensat, ils auront alors la même signature.
>
> Ce paradigme est celui utilisé par tous les algorithmes de signature modernes.

## Canal de distribution des clés publiques

On peut s'interroger sur les raisons qui imposent que le canal de distribution des clés publiques soit authentifié et intègre. On peut s'en convaincre aisément en prenant l'exemple du chiffrement asymétrique et en filant la métaphore de la boîte aux lettres : supposons qu'Ève soit capable de modifier les données lors de la transmission de la clé publique d'Alice à Bob. Elle peut alors donner à Bob une mauvaise adresse, en particulier elle peut lui donner sa propre adresse à condition qu'elle dispose elle-même d'une boîte aux lettres. Bob ira alors déposer en toute confiance les messages à destination d'Alice dans la boîte d'Ève. Ève peut en plus s'assurer que ni Alice ni Bob ne s'aperçoivent de la supercherie en allant, après les avoir lus, déposer les messages de Bob dans la boîte d'Alice. C'est l'attaque classique par interposition *(Man in the middle)*.

Le problème à résoudre est celui du lien entre une identité (Alice) et une clé publique ($pk_A \leftarrow (7,33)$ par exemple). Si l'on se cantonne à la cryptographie classique il n'existe pas de solution technique [18]. On se tourne donc vers des méthodes de validation organisationelles appuyées sur des tiers de confiance comme les Infrastructures de gestion de clés ou le *Web Of Trust* utilisé par PGP (cf. p. 295 pour une analyse plus détaillée de ce sujet).

---

18. Il existe des propositions académiques pour résoudre ce problème techniquement et non organisationellement mais elles reposent sur des mathématiques avancées qu'il serait trop long d'exposer ici. Le lecteur intéressé pourra lire l'article de Dan Boneh sur la cryptographie basée sur les identités [43].

# Échange de clés et chiffrement hybride

On a vu plus haut comment la cryptographie asymétrique permettait de s'affranchir des contraintes imposées par la cryptographie symétrique. Cependant la cryptographie symétrique dispose d'un avantage de taille sur sa cousine : la vitesse d'exécution. On considère généralement que la cryptographie asymétrique est de l'ordre de 1 000 à 10 000 fois plus lente. Cela s'explique à la fois par la complexité des opérations asymétriques par rapport aux opérations symétriques (arithmétique modulaire contre additions, rotations, ou exclusif et autres opérations binaires) et la taille des structures sur lequel on travaille (de 128 à 512 bits contre plusieurs milliers de bits). Les tailles des structures utilisées sont plus grandes car les meilleurs algorithmes pour attaquer les cryptosystèmes asymétriques sont plus efficaces que ceux connus pour les cryptosystèmes symétriques ou, dit autrement, à sécurité équivalente fixée il faut plus de bits de clé asymétrique que de bits de clé symétrique. On résume cela dans le tableau suivant.

| Sécurité équivalente en bits | Chiffrement bloc | Fonction de condensation | RSA & Diffie-Hellman |
| --- | --- | --- | --- |
| 56 | DES | | 512 |
| ≤ 80 | | SHA-1 | 1024 |
| 112 | Triple-DES | SHA-224 | 2048 |
| 128 | AES 128 *(Small)* | SHA-256 | 3072 |
| 192 | AES 192 *(Medium)* | SHA-384 | 7680 |
| 256 | AES 256 *(Large)* | SHA-512 | 15360 |

Tout ceci incite à se poser la question de l'échange de clés symétriques. L'objectif ici est pour Alice et Bob de partager la même clé symétrique de manière confidentielle, intègre et authentifiée à la fin du protocole. Une fois qu'Alice et Bob ont échangé une clé symétrique ils peuvent communiquer en utilisant uniquement des algorithmes symétriques. On nomme cela la *cryptographie hybride* puisqu'elle mêle les techniques asymétriques, pour l'échange de clés symétriques, et les techniques symétriques pour l'échange de données, et obtient de cette façon les avantages cumulés des deux types de cryptographie.

On suppose dans la suite que l'on dispose d'une méthode permettant de valider les clés publiques échangées par exemple en utilisant une infrastructure de gestion de clés.

## Transport de clé

On suppose ici qu'Alice dispose d'une paire de clés asymétriques de signature $(pk_A, sk_A)$ et que Bob dispose d'une paire de clés asymétriques de chiffrement $(pk_B, sk_B)$.

La méthode dite de *transport de clé* consiste en un chiffrement asymétrique d'une clé symétrique choisie unilatéralement par l'émetteur. Cette clé symétrique est chiffrée avec la clé publique du destinaire et signée avec la clé privée de l'émetteur ce qui permet de garantir les propriétés de confidentialité, d'intégrité et d'authenticité de la clé symétrique transmise. En détail :

1. Alice obtient la clé publique de chiffrement $pk_B$ de Bob et en valide l'intégrité ;
2. Alice choisit une clé symétrique $k$ qu'elle souhaite communiquer de manière confidentielle, intègre et authentifiée à Bob ;
3. Elle calcule $c \leftarrow \text{AsymEnc}_{pk_B}(k)$ puis $s \leftarrow \text{Sign}_{sk_A}(c)$ ;
4. Alice transmet la paire $(c, s)$ à Bob ;
5. Bob obtient la clé publique de vérification $pk_A$ d'Alice et en valide l'intégrité ;
6. Bob vérifie la signature $s$ sur $c$, $\text{Verif}_{pk_A}(c, s) = \text{vrai}$ ;
7. Bob obtient $k \leftarrow \text{AsymDec}_{sk_B}(c)$.

Bob et Alice sont alors prêts à communiquer en utilisant des algorithmes symétriques.

## Mise en accord de clé

La mise en accord de clé rassemble tous les protocoles interactifs au moyen desquels Alice et Bob collaborent pour obtenir une clé symétrique $k$. Le premier du genre est l'algorithme Diffie-Hellman [84] dont l'importance justifie que nous le détaillions ici.

Au moment de leur rencontre en 1974[19], Diffie et Hellman cherchaient une méthode pour convenir d'un secret partagé sans avoir à le transmettre explicitement. Martin Hellman en a eu l'inspiration une nuit, mais il est le résultat de leur travail commun, auquel d'ailleurs il faut adjoindre Ralph Merkle.

---

19. On renvoie de nouveau à l'historique de la cryptographie asymétrique p. 119.

Le protocole repose sur la fonction *à sens unique* $x \rightarrow g^x \bmod p$, avec $p$ premier et $g < p$. Son caractère « sens unique » vient du fait qu'elle est facile à calculer mais qu'on ne connaît pas d'algorithme efficace pour l'inverser : de $g^x \bmod p$ on ne sait pas déduire $x$. Choisissons $g \leftarrow 7$ et $p \leftarrow 11$, pour l'exemple.

> **Pour aller plus loin**
>
> Le lecteur attentif remarquera que beaucoup d'auteurs utilisent cet exemple numérique. S'il se donne la peine de quelques essais personnels, il constatera qu'il y a une bonne raison à cela : les autres valeurs numériques suffisamment petites donnent des résultats corrects mais peu pédagogiques du fait de coïncidences fâcheuses.

1. Alice choisit un entier qui restera son secret, disons $a \leftarrow 3$ ;
2. Bob choisit un entier qui restera son secret, disons $b \leftarrow 6$ ;
3. Alice et Bob veulent échanger une clé symétrique, qui sera $k \leftarrow g^{a \cdot b} \bmod p$, mais ils n'obtiendront la valeur de $k$ qu'après avoir interagi l'un avec l'autre puisque chacun ne connaît que $a$ ou $b$, mais pas les deux ;
4. Alice applique à $a$ la fonction à sens unique, soit $\alpha$ le résultat :

$$\begin{aligned} \alpha &\leftarrow g^a \bmod p \\ &= 7^3 \bmod 11 \\ &= 343 \bmod 11 \\ &= 2 \end{aligned}$$

5. Bob applique à $b$ la fonction à sens unique, soit $\beta$ le résultat :

$$\begin{aligned} \beta &\leftarrow g^b \bmod p \\ &= 7^6 \bmod 11 \\ &= 117\,649 \bmod 11 \\ &= 4 \end{aligned}$$

6. Alice envoie $\alpha$ à Bob, et Bob envoie $\beta$ à Alice, comme représenté par la figure 4.2. $\alpha$ et $\beta$ peuvent être connus de la terre entière sans compromettre le secret d'Alice et de Bob ;

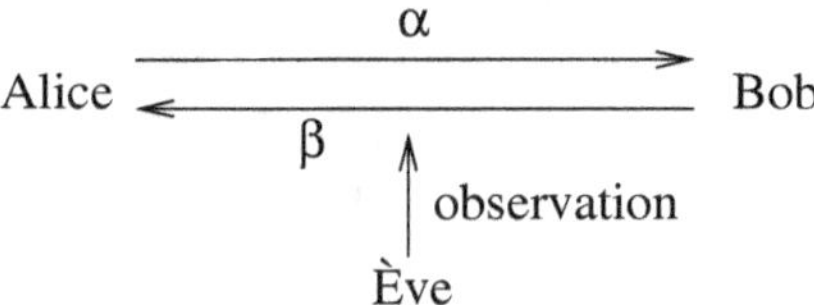



**Figure 4.2 –**
Échange de clés selon Diffie et Hellman

7. Alice a reçu $\beta$ et calcule $\beta^a \bmod p$ (qui est $(g^b)^a \bmod p$, soit $7^{b \cdot a} \bmod 11$) mais elle ne connaît pas $b$ :

$$\beta^a \bmod p = 4^3 \bmod 11$$
$$= 64 \bmod 11$$
$$= 9$$

8. Bob a reçu $\alpha$ et calcule $\alpha^b \bmod p$ (qui est $(g^a)^b \bmod p$, soit $7^{a \cdot b} \bmod 11$) mais il ne connaît pas $a$ :

$$\alpha^b \bmod p = 2^6 \bmod 11$$
$$= 64 \bmod 11$$
$$= 9$$

Alice et Bob obtiennent à la fin de leurs calculs respectifs le même nombre 9 qui n'a jamais été exposé à la vue des indiscrets : c'est la clé $k$ ! N'est-ce pas miraculeux ? Ils ont pu échanger l'information nécessaire pour calculer la clé, sans transmettre celle-ci. De plus, contrairement à la technique du transport de clé, cette clé est vraiment le résultat d'une collaboration : à partir de $\alpha$ (respectivement $\beta$) Alice (respectivement Bob) n'a aucun moyen de prévoir quelle sera la valeur de la clé.

Supposons qu'Ève souhaite obtenir $k$ : elle pourra intercepter l'échange des messages $\alpha = g^a \bmod p$ et $\beta = g^b \bmod p$, à partir desquels elle veut calculer $k = g^{a \cdot b} \bmod p$. Or il n'existe pas aujourd'hui d'algorithme efficace pour réaliser ce calcul.

Si nous étions dans le monde des nombres réels, la solution serait triviale mais, dans le monde des classes d'équivalence modulo $p$, ce problème dit du *logarithme discret* reste un problème ouvert. Pour être considéré sûr aujourd'hui, l'entier premier $p$ doit faire au moins 2 048 bits.

L'algorithme de Diffie-Hellman est une découverte majeure et contraire à l'intuition. Il procure à Alice et Bob le moyen d'échanger une clé sans la faire circuler sur le réseau.

# Évaluer la robustesse d'un cryptosystème

Comme nous l'avons vu, les algorithmes de chiffrement symétriques et asymétriques reposent sur des méthodes mathématiques complètement différentes. Ces deux familles sont d'un usage complémentaire, et sont utilisées conjointement dans les réalisations techniques que nous employons quotidiennement. Il convient d'avoir une conscience claire du fait que la confiance que l'on peut placer en eux (en d'autres termes leur *robustesse*) repose sur des hypothèses radicalement différentes dans les deux cas.

## Robustesse du chiffrement symétrique

La robustesse d'un système de chiffrement symétrique repose sur l'impossibilité pour Ève de retrouver la clé utilisée, qui peut être obtenue au moyen de trois qualités et d'une précaution :

- la précaution est que les utilisateurs doivent éviter de divulguer la clé et la stocker sur un support convenablement protégé – cela semble évident, mais souvent cette condition n'est pas vérifiée ;
- l'espace des clés doit être vaste, pour parer aux *attaques par force brute* (aussi appelée recherche exhaustive) qui consistent à tenter le déchiffrement avec toutes les clés possibles successivement ; autrement dit, la clé doit être longue, de sorte qu'une telle attaque prenne trop de temps ;
- l'algorithme doit être lui-même robuste, c'est-à-dire tel que l'examen du message chiffré ne révèle pas d'indices de nature à aider le déchiffrement, soit par la découverte de la clé, soit par l'élucidation directe du message ;
- enfin la réalisation du logiciel doit être correcte, et c'est généralement là que gisent les failles ; les algorithmes robustes sont complexes et subtils, une programmation maladroite peut par exemple réduire de façon spectaculaire la taille effective de l'espace des clés ou laisser filtrer de l'information sur le message chiffré.

Les cryptanalystes travaillent constamment à l'attaque des algorithmes, pour cela ils commencent en général par des versions affaiblies des algorithmes cibles et « remontent la pente ». En pratique, pour décerner un certificat de robustesse à un système de chiffrement symétrique, on évalue la proximité entre la version affaiblie cassée et l'algorithme réel. À titre d'exemple l'AES-128 compte 10 tours et s'il est trivial de casser un seul tour d'AES, il n'existe pas aujourd'hui de résultats significatifs sur plus de 6 tours.

## Robustesse du chiffrement asymétrique

La robustesse des cryptosystèmes à clés publiques repose sur deux piliers :

- La confidentialité de la clé privée de celui qui l'utilise ; en effet la divulgation de cette clé privée réduit à néant la protection offerte par le système.
- Les résultats de la théorie des nombres, ou plutôt l'absence de tels résultats, nous disent que la factorisation de très grands nombres est un problème difficile, ainsi d'ailleurs que le problème du logarithme discret (ici, le terme *difficile* doit être entendu comme *insoluble en pratique*). Tout ces systèmes sont en réalité à la merci d'un progrès inattendu de la théorie mathématique, qui viendrait par exemple offrir aux cryptanalystes un nouvel algorithme de factorisation rapide.

Comme pour le chiffrement symétrique, la taille de clé choisie comme base du système doit être suffisamment grande pour décourager les meilleures algorithmes de cryptanalyse, et la réalisation des programmes doit être correcte. En effet, pour citer Adi Shamir (le S de RSA), *Crypto is bypassed, not penetrated*. Les attaquants à but lucratif ne font pas de recherche en théorie des nombres, ils cherchent les failles d'implémentation, c'est plus sûr et plus rapide.

## Responsabilité de l'utilisateur de cryptosystème

Si les deux familles de cryptosystèmes obéissent à des critères de robustesse différents, la confiance qu'il est possible de leur accorder repose aussi sur un facteur qu'ils ont en commun : la responsabilité de l'utilisateur. Nous avons déjà évoqué à la page 17 la thèse de Marcus J. Ranum au sujet de l'éducation des utilisateurs, et nous y reviendrons à la page 400 : si la sûreté de votre système repose sur l'éducation des utilisateurs, alors il convient d'être inquiet. Un autre cryptologue célèbre,

Bruce Schneier, a écrit un article[20] où il soupèse la confiance que l'on peut placer dans un autre type de systèmes de sécurité dont nous parlerons plus loin (page 301), mais son analyse rejoint celle de Ranum sur ce point : les systèmes de sécurité reposent sur des comportements humains dont il est imprudent de penser qu'ils seront adoptés toujours et en toutes circonstances :

- Qui peut garantir que sa clé privée est inaccessible ?
- Est-il possible de vérifier l'authenticité des certificats électroniques (Https) de tous les sites web que nous visitons ?
- Et si nous nous avisions de le faire, les serveurs qui détiennent les listes de révocations de certificats et les réseaux qui leur donnent accès ne seraient-ils pas irrémédiablement saturés ?
- Nous pouvons être sûrs de l'identité d'un porteur de certificat ou de clé publique que nous avons rencontré en personne et qui nous a montré une pièce d'identité et le condensat de sa clé, mais faire confiance à un certificat parce qu'il est signé par une lointaine autorité de certification n'est pas aussi facile : le nom et le prénom d'une personne peuvent l'identifier de façon sûre au sein d'une petite population, mais ce n'est plus vrai à l'échelle d'un pays ou du monde. Et son identité a pu être usurpée. C'est tout le problème de l'attaque par interposition *(Man in the middle)*.

Il n'est donc guère raisonnable d'espérer que les utilisateurs soient en mesure de garantir que ces conditions seront réunies en tout lieu et à chaque instant. Nous envisagerons des moyens de progresser vers ce but, sinon de l'atteindre, au chapitre 8 p. 295.

## L'avenir de la cryptographie

Les notions présentées jusqu'ici dans ce chapitre se rattachent à ce que l'on peut appeler l'utilisation classique de la cryptographie. En effet, comme on l'a dit plus haut, ces notions recouvrent l'utilisation de la cryptographie telle qu'elle est mise en œuvre dans les protocoles de communication les plus courants. La cryptographie compte bien d'autres domaines d'intérêt et parmi ceux-ci il est en deux qu'il semble pertinent de mentionner ici.

---

20. `http://www.schneier.com/paper-pki.html`

# Cryptographie post-quantique

Il convient tout d'abord de dissiper les malentendus quant au sujet abordé dans ce paragraphe. Il ne s'agit pas ici de parler de *cryptographie quantique*, c'est-à-dire de l'utilisation de propriétés liées à la physique quantique pour la construction de systèmes sécurisés. Le lecteur intéressé par le sujet peut se référer à l'article de Bennett et Brassard sur la distribution quantique de clés [24].

Il s'agit ici discuter les conséquences de l'apparition éventuelle d'un ordinateur quantique sur les capacités de cryptanalyse.

## L'ordinateur quantique

Pour fixer les idées, commençons par décrire la différence entre un ordinateur classique et un ordinateur quantique. À tout moment, un ordinateur classique peut être décrit par une (longue) chaîne de bits qui représente à la fois les données présentes sur l'ordinateur et les programmes qui s'y exécutent. La partie « programme » d'un ordinateur quantique est décrite par la donnée de ses portes logiques, qui peuvent être quantiques ou classiques, mais c'est la description des données qui permet un changement de paradigme. À la place de bits, qui n'ont comme valeurs possibles que 0 ou 1, les données d'un ordinateur quantique sont décrites par des qubits [21] qui peuvent décrire n'importe quelle superposition d'états entre 0 et 1. Cette superposition gouverne la probabilité d'obtenir un 1 ou 0 lors de la mesure. Le point intéressant est que les opérateurs quantiques agissent sur l'ensemble des états superposés *simultanément* ce qui ouvre le champ des possibilités calculatoires.

Cependant il convient d'être prudent : la mesure ne renvoie qu'un état et détruit tous les autres. Un algorithme quantique ne se résume donc pas simplement à « teste toutes les possibilités et renvoie la bonne ». Ces algorithmes sont complexes car il faut que la seule mesure possible résolve le problème avec une probabilité significative.

## L'algorithme quantique de Shor

Le plus fameux des algorithmes quantiques, publié par Peter Shor en 1997 [255], présente une méthode pour factoriser des nombres et résoudre le problème du logarithme discret en temps polynomial sur un ordinateur quantique. Avant de parler de ses conséquences, arrêtons-nous rapidement sur son fonctionnement.

---

21. Pour *quantum bits*.

L'objectif est ici de factoriser $N$. Pour cela on va utiliser la fonction :

$$f : x \to a^x \bmod N$$

Remarquons d'abord que si $a$ n'est pas premier avec $N$ alors on obtient avec l'algorithme d'Euclide un facteur non trivial de $N$. On suppose maintenant qu'on obtient de manière magique une *période* de la fonction $f$[22], c'est-à-dire un $t$ tel que pour tout $x$, $f(x + t) = f(x)$, notons que cela signifie que $a^t = 1 \bmod N$. Plusieurs cas peuvent alors se présenter :

1. $t$ est impair : dans ce cas on recommence l'opération avec un $a$ différent;
2. sinon $t$ est pair, on a soit :
   2.1. $a^{t/2} = -1 \bmod N$ : dans ce cas on recommence l'opération avec un $a$ différent,
   2.2. $a^{t/2} = 1 \bmod N$ : dans ce cas $(a^{t/2} - 1)$ et $(a^{t/2} + 1)$ sont des facteurs non triviaux.

Ceci conclut la partie classique de l'algorithme de Shor.

La partie quantique de cet algorithme sert à trouver une période $t$ de $f$. Pour cela, on construit une superposition des états $(1, f(1))$, $(2, f(2))...(N, f(N))$ et on applique une transformation appelée la *transformée de Fourier quantique* qui va diminuer l'amplitude de tous les états sauf celle de la période $t$ recherchée. C'est cela que l'on détectera lors de la mesure. Nous n'en dirons pas plus ici sur le fonctionnement de l'algorithme de Shor.

La cryptographie que l'on a présentée dans la partie asymétrique s'écroulera avec l'avènement de l'ordinateur quantique, il est difficile de prédire exactement combien de temps il faudra pour factoriser des grands nombres ou résoudre le problème du logarithme discret, mais il est clair qu'on passera d'un monde dans lequel ces tâches sont impossibles en un temps raisonnable à un monde dans lequel ces tâches seront faisables. Et on ne pourra pas compenser cette baisse de sécurité par une augmentation de la taille des clés car pour être sûrs les algorithmes devront avoir des tailles de clés qui les rendront impraticables.

On en conclut donc que dans un monde avec un ordinateur quantique on devra abandonner immédiatement RSA, Diffie-Hellman, DSA, ECDSA et tous les autres algorithmes basés sur le problème de la factorisation ou celui du logarithme discret (et ceux-ci sont nombreux).

---

22. $x \to \cos x$ est une fonction dont des périodes sont $4\pi$, $2\pi$ ou encore $10\pi$.

### La cryptographie survivra à l'avènement du quantique

Cependant il existe de nombreuses branches de la cryptographie qui ne sont pas
à ce jour menacées par l'avènement de l'ordinateur quantique. Parmi celles-ci on
trouve :

- la cryptographie symétrique : on pourra continuer à utiliser AES pour le
  chiffrement, HMAC pour le calcul de motifs d'intégrité cryptographique,
  les familles SHA pour la condensation… ;
- la cryptographie basée sur les fonctions de condensation comme celle utilisée
  dans les signatures de Merkle [185] ;
- la cryptographie basée sur les codes correcteurs d'erreur : le cryptosystème
  de McEliece [181] pourra être utilisé ;
- la cryptographie basée sur les réseaux euclidiens et en particulier le cryptosystème NTRU [131] ;
- la cryptographie basée sur les systèmes d'équations multivariés illustrés par
  le cryptosystème HFE de J. Patarin [208].

Aujourd'hui ces algorithmes ne se sont pas imposés car ils sont écrasés par l'omni-
présence des mastodontes que sont RSA et Diffie-Hellman auxquels tout le monde
est habitué. Il faut toutefois concéder que leur sécurité est moins établie que celle
de RSA ou Diffie-Hellman puisque les efforts cryptanalytiques qui leur ont été
appliqués ont été nécessairement moins intenses.

## Cryptographie complètement homomorphe

Le sujet récent le plus brûlant dans la communauté cryptographique académique
est celui du chiffrement complètement homomorphe. Pour comprendre cet engouement des scientifiques il convient d'expliquer la signification du mot *homomorphe*.

Lors de l'analyse de RSA le lecteur attentif aura remarqué qu'il existe une relation
non triviale entre le produit de deux messages chiffrés RSA et le chiffré du produit
des messages clairs correspondants. Si on réutilise les notations introduites lors de

la présentation de l'algorithme RSA on a :

$$\text{A\textsc{sym}E\textsc{nc}}_{pk_A}(m_1) \cdot \text{A\textsc{sym}E\textsc{nc}}_{pk_A}(m_2) \bmod N = m_1^e \cdot m_2^e \bmod N$$
$$= (m_1 \cdot m_2)^e \bmod N$$
$$= \text{A\textsc{sym}E\textsc{nc}}_{pk_A}(m_1 \cdot m_2)$$

On obtient donc que le chiffré du produit est égal au produit des chiffrés modulo $N$. C'est cette propriété que l'on appelle homomorphisme : c'est la capacité de faire sur les chiffrés des opérations qui après déchiffrement correspondent à ces mêmes opérations sur les clairs. Tout l'intérêt est de tirer parti de cette propriété afin de permettre à des utilisateurs de déporter leurs calculs sur des serveurs distants potentiellement malveillants tout en ne sacrifiant pas la confidentialité des données sur lesquelles portent ces calculs. Dans l'exemple de RSA mentionné plus haut, le possesseur de la clé publique peut choisir une série d'entiers $m_1, m_2, \ldots$ et déléguer leur multiplication modulaire à un serveur sans révéler ni les $m_i$ ni leur produit.

À l'instar de RSA de nombreux cryptosystèmes sont homomorphes pour une opération (la multiplication dans le cas de RSA). Si l'on dispose d'un algorithme de chiffrement homomorphe pour l'addition on peut sommer les votes chiffrés d'électeurs pour calculer homomorphiquement le résultat d'une élection sans compromettre la confidentialité des votes individuels.

L'intérêt du chiffrement complètement homomorphe, celui qui permet non pas une seule, mais deux opérations, a été rapidement compris par les précurseurs de la cryptographie asymétrique mais avant les travaux de Gentry publiés en 2009 [117] et la littérature foisonnante qui a suivi, le problème d'obtenir une construction concrète restait ouvert. Théoriquement, le chiffrement complètement homomorphe permet de déporter n'importe quel traitement. En effet si on note $\text{HE\textsc{nc}}.(\cdot)$ un algorithme de chiffrement complètement homomorphe sur des bits on a simultanément :

$$\text{HE\textsc{nc}}_{pk_A}(b_0) \oplus \text{HE\textsc{nc}}_{pk_A}(b_1) = \text{HE\textsc{nc}}_{pk_A}(b_0 \oplus b_1)$$
$$\text{HE\textsc{nc}}_{pk_A}(b_0) \cdot \text{HE\textsc{nc}}_{pk_A}(b_1) = \text{HE\textsc{nc}}_{pk_A}(b_0 \cdot b_1)$$

Cela signifie que l'on peut passer homomorphiquement d'une porte logique XOR ou d'une porte logique AND sur les messages chiffrés à la même porte logique sur les messages clairs. Or ces portes logiques sont *universelles*, c'est-à-dire que toute fonction booléenne peut être exprimée comme un circuit composé uniquement de portes logiques XOR et AND. Ainsi, on peut utiliser HE$\textsc{nc}$ de la manière suivante :

1. Alice souhaite calculer la valeur renvoyée par l'application du circuit logique $f$ sur les entrées $b_1, b_2, \ldots, b_t$ mais ne dispose pas des ressources suffisantes. Bob dispose de ressources nécessaires, mais Alice souhaite lui cacher à la fois la valeur de ses entrées (les $b_i$) ainsi que celle de la sortie, soit la valeur $f(b_1, b_2, \ldots, b_t)$ :
   1.1. Alice calcule : $c_i \leftarrow \mathrm{HE\textsc{nc}}_{pk_A}(b_i)$ pour $1 \leq i \leq t$,
   1.2. elle transmet $c_1, \ldots, c_t$ et la description de $f$ à Bob ;
2. Bob reçoit $(f, (c_1, \ldots, c_t))$ ;
3. il calcule le résultat chiffré $c_{\text{resultat}}$ :

$$
\begin{aligned}
c_{\text{resultat}} &\leftarrow f(c_1, \ldots, c_t) \\
&= f(\mathrm{HE\textsc{nc}}_{pk_A}(b_1), \ldots, \mathrm{HE\textsc{nc}}_{pk_A}(b_t)) \\
&= \mathrm{HE\textsc{nc}}_{pk_A}(f(b_1, \ldots, b_t))
\end{aligned}
$$

4. Bob transmet $c_{\text{resultat}}$ à Alice ;
5. Alice reçoit $c_{\text{resultat}}$ et le déchiffre avec la clé privée $\mathrm{HD\textsc{ec}}_{sk_A}(c_{\text{resultat}})$ pour obtenir le résultat qu'elle souhaitait.

Les possibilités sont impressionantes : on pourrait imaginer qu'à terme un fournisseur de services de messagerie électronique puisse stocker, trier, envoyer, recevoir, filtrer nos messages *sans jamais avoir accès à leur contenu*. Si les résultats académiques ne permettent pas encore ce genre de réalisation, il est déjà possible d'observer des applications non triviales (comme par exemple des applications à but médical ou statistique) du chiffrement complètement homomorphe.

En pratique, tout ne passe pas aussi simplement, il existe trois limitations majeures qui obèrent le développement du chiffrement complètement homomorphe. D'abord, les messages chiffrés sont significativement plus coûteux en espace que les messages clairs. À titre d'exemple, le chiffrement d'une image de 4 mégaoctets donnera une donnée chiffrée de taille suceptible de dépasser le gigaoctet. Ensuite l'évaluation homomorphique est significativement plus lente qu'une évalutation normale : il faut plusieurs *minutes* pour évaluer homomorphiquement le circuit correspondant à l'AES, à comparer au débit de l'ordre du gigaoctet par seconde lorsque l'on évalue classiquement ce même circuit. Enfin, la complexité des fonctions évaluées homomorphiquement ne peut pas être infinie, en effet, chaque opération sur les chiffrés ajoute un *bruit* qui s'il devient trop élevé rend le déchiffrement impossible.

5

# Sécurité du système d'exploitation et des programmes

## Rôle d'un système d'exploitation

Pour exploiter un logiciel d'application (gestion financière, serveur web, calcul balistique, etc.) il faut de l'espace mémoire pour stocker données et résultats et un ordinateur pour calculer les résultats à partir des données. En fait, la plupart du temps, il faut en outre un système d'exploitation, qui est un logiciel destiné à servir d'intermédiaire entre l'utilisateur (ou son logiciel d'application) et l'ordinateur, parce que si chaque logiciel devait interagir directement avec l'ordinateur physique, d'une part ce serait trop complexe, d'autre part cela donnerait lieu à des conflits d'accès entre les différents logiciels.

Les fonctions principales du système d'exploitation sont illustrées par le schéma de la figure 5.1 et énumérées ci-dessous :

- assurer la répartition équilibrée des ressources du système (temps de calcul, espace mémoire, espace de stockage, accès aux différents dispositifs matériels tels que réseau, imprimante, clavier, clé USB, etc.) entre les différents travaux des utilisateurs ;

- assurer la synchronisation correcte des différentes actions effectuées par le (ou les) processeur(s) ;
- contrôler l'intégrité et la sécurité du système ;
- présenter à l'utilisateur ou à ses logiciels une interface stylisée, standardisée, abstraite et intelligible pour communiquer avec ces dispositifs matériels ou logiciels complexes et hétéroclites.

**Figure 5.1 –**
Le système d'exploitation,
entre ordinateur et utilisateurs

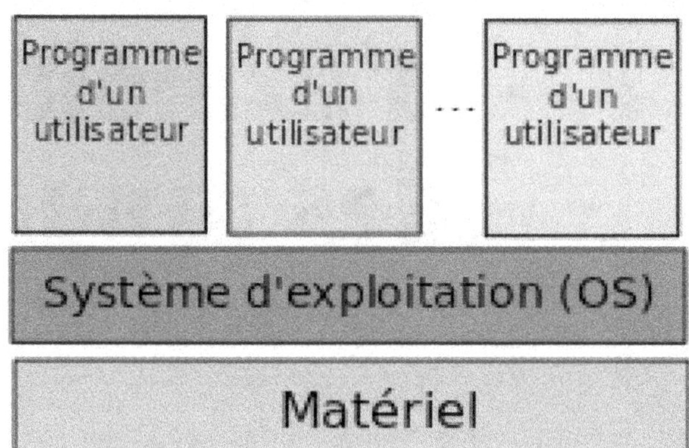


# Un modèle de protection : Multics

Dans le domaine de la protection, l'approche mise en œuvre par le système Multics dès les années 1960 fait encore aujourd'hui figure de référence et de modèle. En voici une brève description.

Multics est né en 1964 au MIT *(Massachusetts Institute of Technology)* dans le cadre d'un projet de recherche nommé MAC, sous la direction de Fernando Corbató. L'objectif du projet était la réalisation d'un grand système informatique capable de fournir des services interactifs en temps partagé à un millier d'utilisateurs simultanés. Multics comportait beaucoup d'innovations de grande portée : le langage de commande pour piloter le fonctionnement de la machine était un langage de programmation, le même que celui dont disposait l'utilisateur pour interagir avec le système, le *shell* inventé à cette occasion par Louis Pouzin.

Le système d'exploitation était écrit en langage évolué (en l'occurrence PL/1), voie ouverte par les systèmes Burroughs écrits en Algol, mais encore peu fréquentée. Les concepts de mémoire centrale pour les données volatiles et de fichiers pour les données persistantes étaient fondus en un concept unique de mémoire virtuelle segmentée, certains segments étant dotés de la qualité de persistance.

De même que les auteurs de Multics avaient accompli une percée conceptuelle considérable et qui reste aujourd'hui à poursuivre en réunissant les structures de données en mémoire et les fichiers persistants sur disque en un concept unique de segment, ils ont aussi imaginé pour la protection une approche et des concepts originaux et puissants que les systèmes d'aujourd'hui redécouvrent lentement.

---

**Abolir les fichiers !**

L'unification conceptuelle des données en mémoire vive et des données persistantes (fichiers) fut un progrès parce qu'elle abolit une distinction arbitraire (mémoire – fichier) dont les raisons techniques sont aujourd'hui en grande partie périmées grâce aux systèmes à mémoire virtuelle et à la capacité accrue des mémoires de toutes sortes. Elle reste à poursuivre parce que les systèmes actuels reposent encore sur l'ancien modèle de mémoire et sur la notion inélégante de fichier.

---

Si Multics n'a guère connu le succès, sa postérité est innombrable parce que Unix (et par conséquent Linux) en est le descendant direct. À la fin des années 1960, l'échec de Multics aux *Bell Labs* était patent. L'équipe qui allait y concevoir Unix, autour de Ken Thompson et Dennis Ritchie, comprit que Multics ne serait pas utilisable pour un travail réel dans un délai raisonnable. Le groupe de D. Ritchie, K. Thompson, M. D. McIlroy et Joseph F. Ossanna souhaitait conserver l'environnement de travail luxueux que Multics leur procurait à un coût d'autant plus exorbitant qu'ils en étaient les derniers utilisateurs. Pour ce faire, ils allaient développer leur propre système sur un petit ordinateur bon marché et peu utilisé récupéré dans un couloir, un PDP 7 de Digital Equipment. Unix était sinon né, du moins conçu, mais il abandonnait certains des concepts novateurs de Multics, notamment l'unification mémoire vive – mémoire persistante et les dispositifs de protection, trop coûteux en mémoire et en temps de processeur pour les ordinateurs de l'époque.

## Les dispositifs de protection de Multics

Nous décrirons les dispositifs et procédures mis en œuvre dans Multics pour assurer la protection des objets car, bien qu'anciens, ils restent à ce jour de l'an 2015 une réalisation de référence. Cette description doit beaucoup à celles de l'ouvrage collectif de CROCUS [66], *Systèmes d'exploitation des ordinateurs* et du livre de Silberschatz et ses collègues [256] *Principes appliqués des systèmes d'exploitation*.

La protection sous Multics repose sur une structure dite « en anneaux ». Chaque processus s'exécute dans un anneau, chaque anneau correspond à un niveau de privilèges. Multics offre huit anneaux numérotés de 0 à 7, l'anneau 0 procure les privilèges les plus élevés, l'anneau 7 les moins élevés. L'anneau du processus courant figure dans le mot d'état de programme (PSW), zone de mémoire qui contient des informations essentielles sur le traitement en cours, notamment l'adresse de la prochaine instruction à effectuer.

Chaque segment (de mémoire volatile ou persistante), pour chaque type d'accès (lecture, écriture, exécution si le segment contient un programme ou un répertoire), appartient à un anneau. Si un processus s'exécute dans un anneau de valeur inférieure ou égale à l'anneau d'exécution d'un segment, par exemple, il peut exécuter le programme contenu dans ce segment, sinon non. Le schéma p. 147 donne un exemple de ce mécanisme : il représente la protection d'un segment accessible en lecture à des processus qui s'exécutent dans les anneaux 0 à 3, mais dont la modification par une écriture est réservée aux processus de l'anneau 0.

À tout moment un processus peut changer d'anneau (sous le contrôle du système d'exploitation qui évidemment vérifie que ce processus dispose des accréditations nécessaires) et ainsi acquérir de façon temporaire ou définitive des privilèges supérieurs qui lui ouvriront l'accès à de nouveaux segments.

# Protection des systèmes contemporains

Finalement, il apparaît que les plus fidèles disciples de l'équipe Multics furent les ingénieurs d'Intel. Depuis le modèle 80286 jusqu'aux gammes actuelles les processeurs de la ligne principale d'Intel disposent d'une gestion de mémoire virtuelle à adressage segmenté et d'un système de protection à quatre anneaux, typiquement destinés respectivement au noyau du système pour l'anneau 0, aux fonctions auxiliaires du système pour les anneaux 1 et 2, et aux programmes en mode « utilisateur » pour l'anneau 3. Ces possibilités des processeurs Intel ne sont guère utilisées

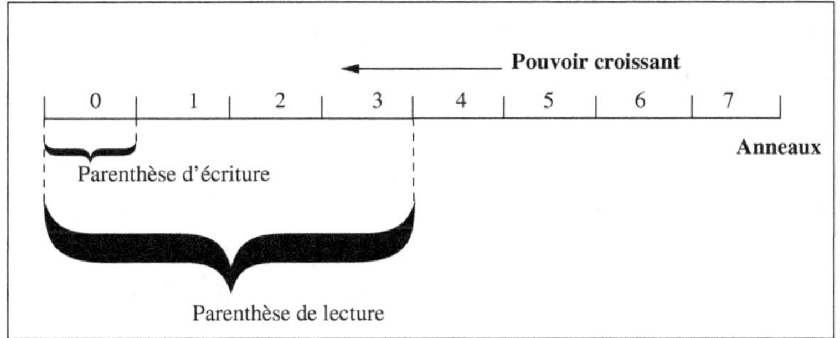



**Figure 5.2 –**
Protection en anneaux sous
Multics

par les systèmes d'exploitation, que ce soient ceux de Microsoft ou les Unix libres FreeBSD, OpenBSD, NetBSD ou Linux; aucun ne tire parti de ce dispositif pour unifier les gestions de la mémoire virtuelle et de la mémoire persistante (le système de fichiers) : les premiers sont contraints à la compatibilité avec leurs ancêtres... et les Unix aussi.

Les systèmes conventionnels comme Unix possèdent un système d'anneaux dégradé à seulement deux anneaux (le mode superviseur et le mode utilisateur) et un système de listes d'accès dégradé avec pour chaque fichier des droits d'accès en lecture, en écriture et en exécution pour trois ensembles d'utilisateurs : le propriétaire du fichier, les membres de son groupe, tous les autres utilisateurs. Linux utilise l'anneau 0 comme mode noyau et l'anneau 3 comme mode utilisateur, c'est tout. Ces systèmes plus rudimentaires ont (avaient?) l'avantage d'être moins lourds.

# Débordements de zone mémoire

Si vous consultez un site de publication de listes de vulnérabilités, par exemple celui de *Security Focus*[1], vous verrez apparaître avec une fréquence étonnante la phrase *"A buffer overflow allows remote attackers to execute arbitrary code..."* (« Un débordement de zone mémoire permet à un agresseur à distance d'exécuter un code arbitraire... »), c'est-à-dire que cet agresseur est en mesure de prendre le contrôle de l'ordinateur affecté et d'en faire n'importe quoi, ce qui représente la gravité maximale pour un incident de sécurité.

---

1. http://www.securityfocus.com/

De quoi s'agit-il ? D'une maladie fréquente qui fait l'objet d'une entrée dans Wikipédia[2] et de nombreux articles détaillés, celui-ci[3] parmi beaucoup d'autres. Nous commencerons par en exposer un cas particulier très significatif, qui a le mérite de bien faire comprendre le principe du mécanisme, puis le cas général.

Mais il convient d'abord de préciser ce que sont les zones mémoire en question, désignées en anglais par le terme *buffer*, souvent traduit par *tampon*. Ce terme ne nous semble pas convenir ici parce qu'il désigne plutôt en général une zone de mémoire utilisée par le système d'exploitation pour stocker temporairement des données en provenance du (ou en partance vers le) monde extérieur. Il s'agira ici plus généralement d'une zone de mémoire utilisée par un programme pour y manipuler un texte, au sens le plus général.

## Attaques par débordement sur la pile

La revue *Communications of the Association for Computer Machinery* (CACM) a publié un article [167] qui décrit en détail un cas particulier d'attaque par débordement de zone mémoire, celui qui survient sur la *pile* du programme.

Le principe en est le suivant (sachant que l'*adresse* d'une donnée ou d'une instruction est le numéro de la case mémoire où elle se trouve) :

- tout programme est le sous-programme d'un autre programme, ne serait-ce que du système d'exploitation, auquel il devra rendre le contrôle du processeur lorsqu'il s'achèvera ;
- un programme en cours d'exécution note dans un coin (comme sur un Post-it) l'adresse de l'instruction à laquelle il rendra la main au programme qui la lui aura donnée (souvent mais pas toujours le système d'exploitation) quand il aura fini son travail ;
- l'attaquant cherchera à modifier cette adresse de retour pour la remplacer par celle d'un programme malfaisant installé par ses soins.

Le « coin » où cette adresse de retour est notée se situe dans une zone nommée pile d'exécution du programme. Une pile est une structure de données, une façon de ranger un ensemble de données dans la mémoire, telle que la dernière donnée introduite sera la première à être obtenue. On parle d'organisation LIFO, pour

---

2. http://fr.wikipedia.org/wiki/Dépassement_de_tampon
3. http://c2.com/cgi/wiki?CeeLanguageAndBufferOverflows

*last in, first out,* comme une pile d'assiettes, où la première à prendre sera celle du dessus, qui a été déposée la dernière. Pour extraire les données de la pile, on utilise un *pointeur*; un pointeur est une donnée dont la valeur est l'emplacement d'une autre donnée; par exemple la valeur du pointeur peut être le numéro de la case mémoire où se trouve la donnée pointée par lui, autrement dit son *adresse.* Le *pointeur de pile (stack pointer)* est une donnée qui contient l'adresse du dernier élément empilé, ou en d'autres termes l'adresse du sommet de la pile.

Un programme est en général constitué de plusieurs sous-programmes; à chaque sous-programme correspondent des données locales : les valeurs des paramètres transmis lors de l'appel du sous-programme, des variables locales dont la durée de vie est limitée à la période d'activité de ce sous-programme, et surtout l'adresse de retour vers le programme appelant, c'est-à-dire l'adresse de l'instruction qui devra être exécutée à la fin du sous-programme. L'ensemble de ces données locales constitue le *bloc d'activation (activation record)*[4]de *cet* appel au sous-programme, aussi appelé *cadre de pile (stack frame).*

La pile d'exécution d'un programme est une pile de blocs d'activation. Lors d'un appel à un sous-programme, le bloc d'activation (ou cadre de pile) correspondant est créé et stocké sur la pile du programme. Lorsque le sous-programme se termine, ce cadre de pile est détruit et le pointeur de pile pointe vers le cadre précédent, qui est celui du programme appelant.

On observe qu'une telle organisation en pile autorise que soient présents en mémoire à un instant donné les blocs d'activation de plusieurs appels emboîtés au même sous-programme, ce qui est indispensable pour les programmes récursifs, qui s'appellent eux-mêmes; ainsi chaque instance du sous-programme possède son propre bloc d'activation, avec ses variables locales et ses arguments, sans interférence avec les autres instances. La figure 5.3 représente la pile d'un processus Unix; on notera qu'elle croît à l'envers, son sommet est vers le bas (vers les adresses de plus faibles valeurs); le *tas* est une autre région de la mémoire du programme, où sont allouées les zones nécessaires à des données de plus grande taille, tels les tableaux.

Un débordement de zone mémoire sur la pile consistera à altérer de façon fautive mais soigneusement calculée, dans un programme légitime, une variable locale de type chaîne de caractères, de façon que l'adresse de retour soit écrasée par l'adresse

---

4. Les auteurs de langue française traduisent souvent *activation record* par « enregistrement d'activation », qui nous semble moins approprié que « bloc d'activation ».

du code malicieux placé là par le pirate ; ainsi ce sera ce code qui s'exécutera à la fin de l'exécution du sous-programme.

---

**Alternative : faire croître la pile vers le haut ?**

Christian Queinnec fait observer la chose suivante : cette possibilité d'écraser l'adresse de retour d'un programme par un débordement de zone mémoire résulte uniquement du choix des concepteurs d'Unix (imités par de nombreux suiveurs) de faire croître la pile vers le bas ; si les blocs d'activation s'empilaient dans l'autre sens, les débordements de zone mémoire écraseraient sans doute des données, mais pas l'adresse de retour. Il y a bien sûr des raisons à ce choix de conception : faire croître la pile et le tas en sens inverse simplifie l'utilisation de la mémoire, procéder autrement poserait d'autres problèmes, mais devant l'abondance des failles qui reposent sur ce dispositif, on devrait au moins se poser la question.

---

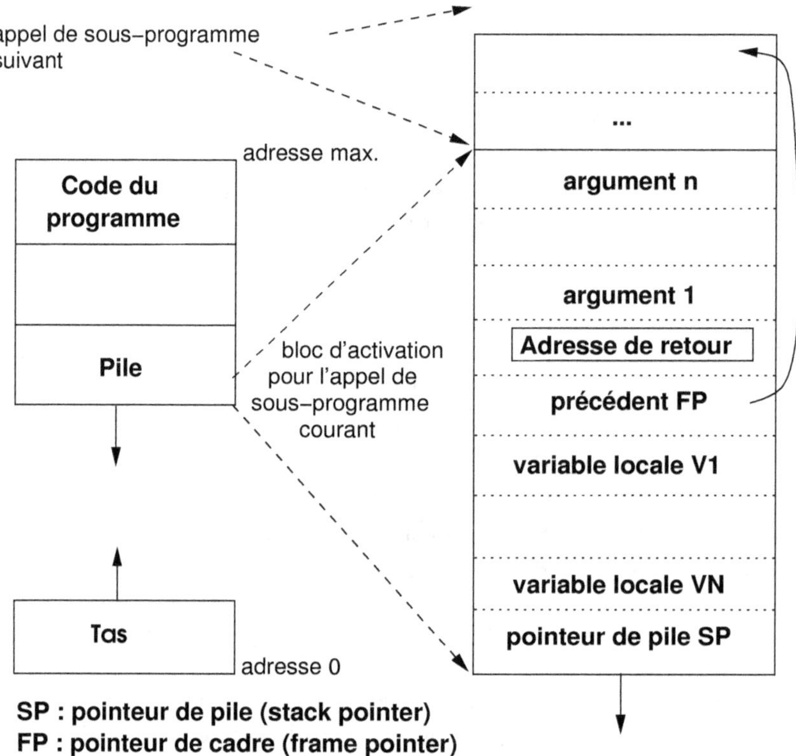


**Figure 5.3 –**
La pile d'un processus Unix

L'article des CACM cite quelques attaques réussies par débordement de zone mémoire sur la pile et énumère plusieurs remèdes de nature à les prévenir :

1. Les développeurs du projet *OpenBSD* passent en revue le code de l'ensemble de leur système pour y repérer les séquences d'instructions affectées par une telle vulnérabilité, et ajouter des contrôles de nature à vérifier la longueur des chaînes de caractères concernées ; ils ont créé, pour les aider dans ce travail de bénédictin, des logiciels qui automatisent une partie des opérations.

2. Il existe des logiciels ou des bibliothèques de sous-programmes qui instrumentent le compilateur de façon qu'il insère automatiquement des contrôles adéquats dans le programme compilé :

   - *StackGuard* place dans la pile un marqueur spécial, et détecte grâce à lui toute altération anormale de l'adresse de retour.
   - *StackShield* modifie le comportement du compilateur gcc de façon à ce qu'il insère dans le programme compilé des séquences d'instructions destinées à maintenir une copie de secours de la pile des adresses de retour, et à détecter ainsi toute altération anormale de la pile du processus.
   - RAD est une modification du compilateur gcc qui insère au début et à la fin des appels de fonctions des instructions qui recopient la pile des adresses de retour, un peu comme *StackShield*.

3. Il existe également un projet baptisé *SmashGuard* qui se propose d'implanter les opérations destinées à protéger la pile contre les débordements de zone mémoire dans le matériel, par la modification des instructions d'appel et de retour de fonction, ce qui éviterait d'une part de modifier ou de recompiler d'innombrables logiciels, d'autre part de détériorer les performances des systèmes en voulant les rendre plus sûrs.

---

**Culture : gcc**

gcc est le compilateur de base du projet GNU. Un compilateur est un programme qui traduit le texte d'un programme vers un langage de plus bas niveau, souvent le langage machine de l'ordinateur sur lequel on souhaite que le programme s'exécute. Initialement conçu pour le langage C, gcc sert désormais à traduire d'autres langages, tels que C++, Ada ou Java. C'est un logiciel libre.

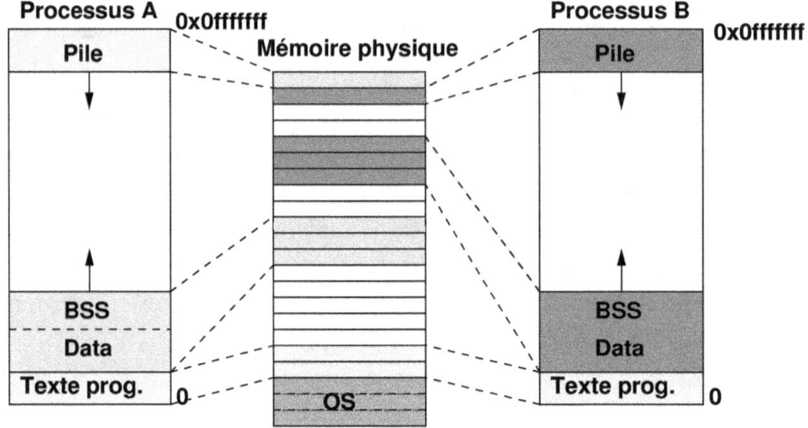


**Figure 5.4 –** Mémoire virtuelle de processus et mémoire physique (Linux)

## Débordement de zone mémoire : exposé du cas général

Pour citer Wikipédia, « Le principe de l'utilisation malveillante du [débordement de zone mémoire] est de profiter de l'accès à certaines variables du programme, souvent par le biais de fonctions telles que `scanf()` (analyse d'une chaîne de caractères) ou `strcpy()` (copie d'une chaîne de caractères) en langage C, qui ne contrôlent pas la taille de la chaîne à traiter, afin d'écraser la mémoire du processus jusqu'à l'adresse de retour de la fonction en cours d'exécution. L'attaquant peut ainsi choisir quelles seront les prochaines instructions exécutées par le processus et faire exécuter un code malfaisant qu'il aura introduit dans le programme. »

Comme nous l'expliquent Cunningham & Cunningham [73], les langages C et C++ représentent les chaînes de caractères (`char *`) en plaçant les caractères considérés dans des zones de mémoire à partir d'une adresse de début, zones dépourvues de taille propre. La fin de la zone est simplement indiquée par le caractère ASCII 0, que le programme peut écraser à sa guise pour augmenter la taille de la zone attribuée à la chaîne considérée. L'utilisateur malveillant d'un programme écrit en C peut fournir, en réponse à une question du programme, une chaîne de caractères plus longue que ce que le programmeur a prévu, et ainsi écrire subrepticement dans des zones mémoire réservées à d'autres usages, ce qui va altérer le comportement du programme. Par exemple, il sera possible ainsi d'insérer, à des emplacements bien choisis, du code exécutable, et de le faire exécuter par le programme : c'est l'*exploitation* d'un débordement de zone mémoire *(buffer overflow)*.

Que le programme soit vulnérable à ce genre d'exploitation n'est bien sûr pas une fatalité : il est possible d'écrire des programmes qui vérifient que la longueur de la chaîne de caractères saisie par l'utilisateur n'excède pas la taille prévue pour la zone mémoire, mais l'expérience montre que, sauf à utiliser des méthodes systématiques, le programmeur en oublie toujours quelque part. Parmi les méthodes systématiques on peut citer l'usage de bibliothèques de fonctions de traitement de chaînes de caractères écrites conformes aux bonnes règles de sécurité ; de telles bibliothèques existent mais leur usage n'est pas très répandu parce qu'elles sont assez étrangères à la tradition de la programmation en C.

## Débordement de zone mémoire et langage C

Il est à noter que le problème du débordement de zone mémoire est propre aux langages C et C++ : ainsi, il est à peu près impossible d'en déclencher un en Java, en Scheme, en Perl ou en Python, parce que ces langages ne comportent pas de pointeurs qui contiennent des adresses de zones arbitraires en mémoire, modifiables par le programmeur, mais qu'ils sont dotés d'un système de gestion automatique de la mémoire, en l'occurrence un glaneur de cellules *(garbage collector)*, ce qui règle la majeure partie des problèmes d'allocation de mémoire, principale source de failles comme l'on sait. Même à supposer que le traducteur du langage ou la machine virtuelle chargée de l'exécuter soient eux-mêmes affectés d'erreurs, leur exploitation malveillante serait très difficile.

Poul-Henning Kamp a écrit dans les *Communications of the ACM* (CACM) en juillet 2011 un article [156] consacré à cette question, intitulé *The Most Expensive One-byte Mistake* et sous-titré *Did Ken, Dennis, and Brian choose wrong with NUL-terminated text strings?* La réponse est affirmative [5] : les coûts sont considérables en termes de dégâts causés par les erreurs de programmation et par les actions malveillantes qui les exploitent, et en termes de mesures de sécurité prises pour s'en prémunir.

Cette possibilité qu'offre le langage C d'utiliser des adresses explicites qui désignent des emplacements arbitraires en mémoire a ses raisons d'être : C a été conçu à l'origine pour écrire un système d'exploitation (Unix en l'occurrence), et un auteur de système d'exploitation a besoin d'accéder à des zones de mémoire situées à des emplacements physiques arbitraires, ne serait-ce que... pour gérer la mémoire elle-

---

5. `http://queue.acm.org/detail.cfm?id=2010365`

même. Cette possibilité n'est d'aucune utilité réelle pour un serveur web ou pour un logiciel d'affichage de documents, et elle devient au contraire une nuisance. Le malheur est que la popularité de C, accrue par des qualités extra-langagières telles que la disponibilité sans supplément de coût sur tout système Unix et la relative légèreté du compilateur, ont contribué à sa propagation auprès de communautés de développeurs d'applications, pour lesquels il n'était sans doute pas le mieux adapté.

# Sécurité par analyse du code

Les lignes qui suivent concernent sans doute plus les auteurs de logiciels que les administrateurs de réseaux. Mais quel administrateur n'est pas à ses heures développeur ? Ne serait-ce que de logiciels d'administration, souvent écrits en *Perl*, langage dont il sera question ci-dessous.

## Analyses statiques et méthodes formelles

*L'analyse statique de programme (static code analysis)* désigne un ensemble de techniques destinées à déterminer certaines propriétés d'un programme sans déclencher son exécution, par opposition aux méthodes de test. L'énoncé même de ce projet montre qu'il peut avoir des applications dans le domaine de la sécurité.

Une première famille de méthodes qui se rattachent à cette catégorie comporte des méthodes formelles :

- la *sémantique dénotationnelle* se propose de créer le modèle sémantique d'un système informatique en construisant des objets mathématiques qui expriment sa sémantique, ou en d'autres termes ce qu'il fait ;
- la *sémantique axiomatique* vise le même but en s'appuyant sur des formalismes empruntés à la logique ;
- la *sémantique opérationnelle* utilise aux mêmes fins les diagrammes d'état et l'interprétation symbolique.

Entrer dans le détail de ces méthodes nous entraînerait au-delà du champ de cet ouvrage, on pourra se reporter aux références indiquées par Wikipédia [6].

---

6. `http://en.wikipedia.org/wiki/Denotational_semantics`
`http://en.wikipedia.org/wiki/Hoare_logic`
`http://en.wikipedia.org/wiki/Operational_semantics`

# Méthode B

Devant la difficulté de mise en œuvre des méthodes formelles évoquées à la section précédente, Jean-Raymond Abrial a choisi d'aborder ce problème par une autre face : prouver la justesse et la sûreté du programme avant de l'écrire. Pour cela, il a créé la méthode B [4, 27] au milieu des années 1980. Elle a été utilisée dans le cadre du projet de métro sans conducteur METEOR (Métro est-ouest rapide) réalisé par Matra (maintenant *Siemens Mobility*) pour le compte de la Régie autonome des transports parisiens (RATP), afin de construire de façon sûre les parties du logiciel qui jouent un rôle critique pour la sécurité des passagers. La partie du logiciel du métro METEOR réalisée grâce à l'Atelier B (l'outil informatique sous-jacent à la méthode [62] développé par la société ClearSy) comprend près de 100 000 lignes de code Ada générées automatiquement. Notons qu'avant B, Abrial avait créé le langage de spécification Z : peut-être un clin d'œil de cinéphile aux amateurs des films de série B ou Z ?

Les premières démarches de preuve de programme tentaient d'appliquer des procédures de preuve à des programmes déjà construits. Il s'est assez vite révélé qu'un programme final était un objet beaucoup trop complexe pour être soumis d'un seul coup à une procédure de preuve, manuelle ou à plus forte raison automatique. L'idée de B est donc d'élaborer la preuve en même temps que le programme. Le langage de développement B permet de spécifier d'une part le programme proprement dit, d'autre part les propriétés dont on souhaite le voir doté.

On aura compris que B est un système de développement complet, qui comporte son propre langage de programmation, ce qui confirme en fait l'idée qu'une méthode de spécification est soit un langage de programmation, soit inutile, et que de toute façon la création d'un système informatique demande une vraie compétence en programmation. Il semble clair que les exigences de B en termes de délais et de qualification technique du personnel sont relativement élevées par rapport à du développement classique de logiciel non critique. Le tout est de ne pas se tromper dans la détermination de ce qui est critique et de ce qui ne l'est pas.

Lors du développement des 100 000 lignes de code Ada critique pour le logiciel du métro METEOR, l'Atelier B a produit 30 000 obligations de preuves, dont plus de 90 % ont été réalisées automatiquement. Les quelque 2 500 preuves qui ont résisté aux procédures automatiques ont nécessité plusieurs mois de travail humain, mais l'industriel a estimé que le bilan était largement positif grâce à l'économie engendrée par la suppression des tests de bas niveau. Après quelques années d'exploitation sans incident notable, la conclusion s'impose que la méthode B est efficace et sûre pour les développements critiques.

Pour être complet, il faut également signaler les limites de la méthode B :

- les capacités de preuve sur des formules comportant des opérations arithmétiques sont limitées;
- le développement formel de systèmes contenant des calculs numériques n'est actuellement pas possible avec la méthode B et les outils associés; de tels calculs restent sous-spécifiés et les preuves de correction ne peuvent être données;
- absence de vérification de propriétés temporelles due à la logique supportée (par l'Atelier B);
- on ne peut pas décrire avec B les phénomènes concurrents, les fenêtres de temps et plus généralement le temps réel (codage des événements par des variables); les logiques temporelles sont plus adaptées pour spécifier le comportement dynamique.


## Perl en mode souillé

Le langage *Perl* [99] propose une méthode de sécurité statique plus prosaïque mais plus facile à mettre en œuvre : le *mode souillé (taint mode),* qui déclenche des mesures de sécurité particulières. Le mode souillé est activé automatiquement dans certaines situations, par exemple lorsque les droits d'accès du programme et de l'utilisateur effectif sont discordants, il peut aussi être activé explicitement, ce qui est fortement conseillé pour les programmes serveurs.

En mode souillé, Perl active des *contrôles de pollution (taint checks)* : certains sont classiques, tels que l'interdiction d'écrire dans les répertoires du chemin de recherche des programmes exécutables.

En mode souillé, Perl affecte d'une marque spéciale toutes les données qu'un programme reçoit de l'extérieur, tels les champs de formulaires remplis directement par un internaute et qui pourraient comporter des injections de code (cf. p. 80); de même sont marqués souillés les arguments de ligne de commande, les variables d'environnement, et toutes les données lues depuis un fichier. Les variables souillées sont soumises à des restrictions d'usage : elles ne peuvent pas être utilisées pour modifier une donnée extérieure au programme, sauf si elles ont été dûment vérifiées et explicitement « blanchies ». Les meilleures méthodes de blanchissage de données reposent sur la technique du *filtrage*; il s'agit ici du filtrage dans l'acception qui désigne une technique de programmation nommée en anglais *pattern matching*, à ne pas confondre avec le filtrage sur les réseaux, bien que celui-ci puisse recourir à celle-là. Bref, le filtrage évoqué ici consiste à tenter de détecter, dans le contenu de la variable souillée, des caractères ou « mots » potentiellement dangereux.

# Séparation des privilèges dans le système

Nous avons déjà évoqué la problématique de la séparation des privilèges p. 50, notamment du point de vue de la gestion des comptes des utilisateurs. Nous allons préciser ici quelques aspects un peu plus techniques.

Il est important que chaque utilisateur, à chaque instant, possède les privilèges qui lui sont indispensables pour accomplir son travail, et seulement ceux-là. S'il doit pour une opération particulière élever son niveau de privilèges, cette élévation doit être temporaire, et son effet doit être limité à l'opération en question. Cela est bien sûr encore plus impératif lorsqu'il s'agit des privilèges du super-utilisateur, `root` sous Unix ou `Administrateur` sous Windows, par exemple. Mais ces précautions déjà signalées ne suffisent pas.

La plupart des systèmes d'exploitation modernes administrent également la séparation des privilèges au sein même de l'espace mémoire affecté à chaque utilisateur ou, pour être plus précis, à chaque processus en cours d'exécution sur le système. Cet espace de mémoire (aussi dénommé espace adresse) est divisé en régions, chacune caractérisée par son contenu.

Par exemple, sous un système Unix tel que Linux, la zone de mémoire allouée à un programme en cours d'exécution est divisée en sections : le code exécutable proprement dit est dans la section `.text`, les données initialisées sont dans la section `.data`, les données non initialisées dans la section `.bss`, sans préjudice des zones allouées au tas *(heap)* et à la pile *(stack)*. Chacune de ces sections, ainsi que le tas et la pile, sans oublier les zones affectées respectivement au code et aux données de chaque bibliothèque utilisée par le programme, seront installés dans des régions de mémoire particulières et bien identifiées, dotées de privilèges adéquats. Ainsi, seul le contenu des régions affectées au code exécutable sera habilité à être exécuté, c'est-à-dire qu'une instruction de branchement ne sera valide que si son adresse de destination est contenue dans une telle région, sinon elle déclenchera une erreur et l'interruption du programme. De cette façon, il sera impossible d'exécuter du code placé dans une section de données ou sur la pile. De même, ne pourront être modifiées par programme que les données contenues dans les régions destinées à cet effet. De telles mesures de protection de la mémoire sont de nature à contrecarrer toute une famille de logiciels malfaisants, conçus à l'origine pour exploiter des débordements de zone mémoire dans la pile.

En effet, sur un système qui n'est pas doté de ce type de protection, il est possible d'injecter du code malfaisant dans une zone de mémoire disponible en écriture, puis de l'exécuter.

# Architectures tripartites

La locution *architecture tripartite* traduit ici l'anglais *three-tier*, qui n'a jamais signifié trois-tiers (ni quatre-quarts), et qui pourrait aussi se traduire par architecture à trois niveaux (c'est le choix de Wikipédia) ou à trois étages. Il s'agit d'un modèle de construction de systèmes informatiques propre à en améliorer la sécurité, et nous n'hésiterons donc pas à recommander son usage. Il peut bien sûr y avoir plus de trois étages, et l'on parlera alors d'architecture multipartite, mais trois est la cardinalité la plus fréquente. Il s'agit d'une extension du modèle client-serveur, fameux en son temps et aujourd'hui supplanté par les architectures construites à partir de serveurs et de navigateurs web.

L'idée de tripartition d'une application informatique consiste à séparer trois groupes de fonctions et à les implanter sur des systèmes informatiques différents, placés sur des réseaux distincts régis par des règles de sécurité spécifiques et adaptées à chacune de ces fonctions, qui sont :

1. l'interface utilisateur, nommée ici le *niveau présentation*, qui, de plus en plus souvent, sera affichée par un navigateur web ;
2. les logiciels de traitement, qui constituent le *niveau logique*, éventuellement invoqués par l'intermédiaire d'un serveur web ou d'un mandataire applicatif ;
3. le stockage des bases de données, qui constitue le *niveau données*.

Outre les avantages habituels de la modularité des applications, qui permettent notamment de faire évoluer les logiciels des postes de travail sans impact sur le système de bases de données, cette architecture améliore la sécurité globale du système : les bases de données, qui sont généralement la partie la plus sensible de l'ensemble, seront placées dans un sous-réseau hautement protégé, isolé de tout accès direct des utilisateurs ; les logiciels de traitement seront implantés sur des ordinateurs dépourvus de données, ce qui réduira les conséquences de leur éventuelle compromission.

Entre le navigateur de l'utilisateur et la couche traitement, on interposera souvent un mandataire applicatif, nommé en anglais *reverse proxy*, c'est-à-dire un serveur web spécialisé qui analyse les requêtes émises par les utilisateurs, rejette les requêtes non autorisées ou malformées et réécrit les requêtes convenables pour les transmettre au logiciel d'application. Un tel système réduit de façon drastique le risque d'attaque réussie contre le serveur, à condition, certes, que les logiciels aient été écrits en respectant la règle du privilège minimum nécessaire, que les barrières soient bien baissées là où il le faut... et au prix d'un budget supplémentaire non négligeable. L'architecture tripartite devient ainsi quadripartite (cf. p. 225).

# Machines virtuelles et informatique en nuage

Nous avons déjà évoqué l'informatique en nuage *(Cloud Computing)* et la notion de virtualisation dont elle est inséparable au chapitre 1 p. 19, nous allons entrer un peu plus dans les détails, qui sont importants parce que cette question est au cœur des problèmes du système d'information et de sa sécurité aujourd'hui.

## Ce qu'est la virtualisation

Qu'est-ce qu'un ordinateur, en fin de compte ? Un automate auquel on envoie des messages, et qui envoie une réponse. La réponse est calculée par un programme. On peut imaginer un logiciel qui calculerait des réponses telles qu'il apparaîtrait, aux yeux de l'émetteur des messages, parfaitement semblable au système d'exploitation de tel ou tel ordinateur. On peut alors, avec ce logiciel, créer des machines virtuelles, c'est-à-dire des logiciels (accompagnés de données) qui se comportent comme des ordinateurs munis d'un système d'exploitation, nous dirons qui *émulent* (plutôt que simulent) des ordinateurs physiques.

Le système virtuel peut être un ordinateur, ou un système d'exploitation, ou un serveur web (cette liste n'est pas limitative). Ainsi on pourra simuler sur un seul ordinateur plusieurs ordinateurs, sur un ordinateur animé par un système d'exploitation, par exemple Linux, un système d'exploitation différent, par exemple Windows. On pourra aussi exploiter sur un seul serveur physique plusieurs serveurs web indépendants, isolés les uns des autres comme s'ils étaient sur des serveurs physiquement distincts. Les hébergeurs de sites web ne procèdent pas autrement.

Si l'ordinateur émulé (la machine virtuelle) est du même modèle que l'ordinateur physique qui l'accueille, les programmes exécutés sur l'ordinateur émulé seront exécutés par le processeur de l'ordinateur hôte, et la machine virtuelle pourra avoir des performances proches de celles de l'ordinateur physique « réel ». Par contre si l'ordinateur émulé est d'un modèle différent de l'ordinateur physique hôte, avec un jeu d'instructions du processeur différent, les instructions de l'ordinateur émulé devront être simulées par un logiciel, on dit qu'elles sont alors « émulées », et le logiciel qui réalise cette émulation est appelé émulateur. Le logiciel libre QEMU est un bon exemple d'émulateur, il permet d'émuler les architectures des processeurs Intel x86, ARM, PowerPC, Sparc et MIPS[7].

## Introduction à l'informatique en nuage

L'informatique en nuage (en anglais *Cloud Computing*, traduit *infonuagique* par les Canadiens francophones) est un service d'hébergement informatique en réseau dont la première apparition fut le lancement par Amazon de son offre *Amazon Web Services* (AWS) en 2006. Il s'agissait alors pour Amazon de commercialiser la puissance de calcul inutilisée des serveurs déployés de par le monde pour son propre usage, et qui n'étaient utilisés qu'à 10 % de leur capacité, afin de pouvoir faire face aux points saisonnières, notamment lors des fêtes de fin d'année.

L'originalité de l'informatique en nuage par rapport aux offres traditionnelles d'hébergement de données, de sites web ou de serveurs de calcul repose sur les cinq caractéristiques suivantes :

- déploiement et arrêt des services à la demande, en self-service, généralement par une interface web, quasi instantanément ;
- accès par réseau à haut débit ;
- mutualisation de ressources non localisées : infrastructures, réseau, logiciel, stockage ;
- allocation et désallocation rapide des ressources (« élasticité ») ;
- facturation à la consommation, typiquement heure par heure.

---

7. http://fr.wikipedia.org/wiki/QEMU

Cette souplesse est permise par la disponibilité de quatre technologies déjà bien connues, mais dont les performances ont accompli récemment des progrès considérables : l'informatique distribuée, un réseau à haut débit omniprésent, le système de noms de domaines (DNS), et des plates-formes efficaces pour machines virtuelles :

- la nécessité d'un réseau rapide et omniprésent est évidente ;
- la disponibilité de systèmes efficaces de virtualisation, dont une analyse détaillée sera donnée ci-dessous, elle permet de déployer facilement, et même dans certains cas automatiquement, de nouveaux serveurs à la demande, alors que s'il s'agissait de machines physiques il y faudrait toute une logistique de transport, de distribution d'énergie et d'infrastructure réseau ;
- l'usage de techniques perfectionnées de gestion du DNS confère à cette répartition dans l'espace (physique et topologique) la souplesse nécessaire ;
- une fois que l'on a déployé de nombreuses machines virtuelles, les principes de l'informatique distribuée sont indispensables pour les faire coopérer de façon cohérente1.

L'informatique en nuage peut être offerte selon trois formes :

- IaaS *(Infrastructure as a service)* : le client se voit livrer une machine (virtuelle) nue, c'est-à-dire sans système d'exploitation installé, mais avec de l'espace disque et une ou plusieurs interfaces réseau (virtuelles) ; il installe sur cette machine le système et les logiciels de son choix, et fait son affaire des mises à jour, de sécurité notamment ;
- PaaS *(Platform as a service)* : le client reçoit une machine virtuelle dotée du système d'exploitation qu'il aura choisi sur le catalogue du fournisseur, ainsi que de quelques programmes utilitaires (base de données, serveur web par exemple) ; c'est le fournisseur qui assurera les mises à jour des logiciels qu'il aura installés, cependant que le client sera responsable de la gestion des données et des logiciels d'application qu'il aura installés lui-même ;
- SaaS *(Software as a service)* : le client reçoit les droits d'accès à un système entièrement configuré avec les logiciels choisis sur le catalogue du fournisseur (par exemple paie, messagerie, blog, wiki ou gestion financière), il n'a plus qu'à les utiliser avec ses propres de données.

Grâce à la virtualisation des serveurs et du réseau, l'utilisateur de services en nuage ne sait où se trouvent ni ses données, ni l'ordinateur qui les exploite, et d'ailleurs leur emplacement physique peut changer à tout instant, même en cours de travail.

La plupart des services en réseau destinés au grand public ou aux entreprises, tels que les Google Apps, Facebook, Dropbox, etc., fonctionnent en nuage : on ne sait où sont ni les données, ni les ordinateurs qui les créent et qui les transforment.

Des offres SaaS existent pour des applications relativement uniformes, telles que la paie, le traitement de texte ou la gestion des relations avec les clients (CRM), mais sont également apparues des applications originales telles que Dropbox, un service implanté sur le *Cloud* d'Amazon qui permet à un groupe d'utilisateurs de partager très commodément des fichiers qui restent sur leurs ordinateurs personnels, mais qui sont mis à jour automatiquement et en temps presque réel dès qu'un des participants au partage modifie sa copie locale d'un fichier. Dropbox maintient aussi un historique des modifications, ce qui permet de revenir dans le temps en cas de besoin (cf. p. 222 une présentation plus détaillée de Dropbox).

L'avantage des systèmes virtuels en nuage, c'est que la puissance de calcul et la capacité de stockage de données fournies peuvent être adaptées de façon souple et rapide aux besoins du client. Ainsi, un système de gestion des relations avec la clientèle peut fonctionner sur une seule machine virtuelle en régime de croisière, mais en nécessiter soudain une vingtaine pendant le lancement d'une campagne de promotion : il suffit alors au fournisseur de créer les machines virtuelles demandées, ce qui se fait en quelques minutes et quelques clics de souris, et le client ne paiera que ce qu'il aura consommé, pendant le laps de temps où il aura consommé.

On observera que souvent des fournisseurs de services SaaS, tels que par exemple Dropbox, appuient leur offre sur des fournisseurs de services PaaS tels qu'Amazon.

## Machines virtuelles ; leur administration

### Principe de la virtualisation

Si le déplacement des données d'un endroit à un autre sur le réseau se conçoit facilement, la mobilité des serveurs grâce à la virtualisation mérite quelques éclaircissements. Comme l'informatique en nuage repose entièrement sur les techniques de virtualisation des serveurs, qui déterminent complètement les considérations de sécurité qui s'y appliquent, il convient d'en donner ici une présentation suffisamment complète, qui sera la suite de la première section de ce chapitre, qui rappelait les principales fonctions d'un système d'exploitation.

Un ordinateur est un objet physique, dont le déplacement ne peut pas être effectué par le réseau : l'idée de machine virtuelle consiste à remplacer un ordinateur par un programme qui en simule le fonctionnement. Un programme, c'est un texte, qui peut circuler sur le réseau. Une machine virtuelle est constituée de ce programme, qui se comporte comme un ordinateur, et qui peut donc accueillir un système d'exploitation, auquel il sera possible d'adjoindre des programmes d'application et leurs données.

Une machine virtuelle constituée du système d'exploitation (OS invité sur la figure 5.7 ci-jointe), des programmes d'application et de leurs données, ce sera donc, vue de l'extérieur, un ensemble de données, qui peut être recopié à autant d'exemplaires que souhaité, et chaque exemplaire peut être déplacé, sur le réseau par exemple, ou dans une clé USB. La machine virtuelle fonctionnera sous le contrôle du programme de simulation de l'ordinateur (émulateur).

Dans le cas le plus général, représenté ici, les machines virtuelles peuvent être d'architectures matérielles différentes de celle de l'ordinateur physique hôte, ce qui implique que l'émulateur (par exemple QEMU déjà mentionné) réalise en logiciel les opérations effectuées par le matériel des machines émulées, ce qui est bien sûr coûteux en termes de performances.

**Figure 5.5 –**
Machines virtuelles à
architecture quelconque

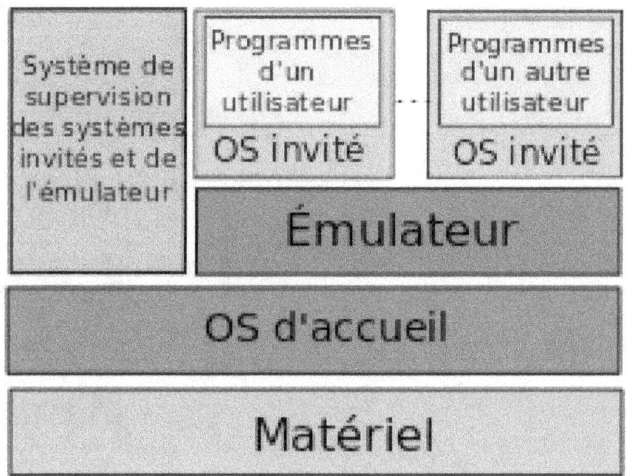


Il faudra donc que sur la plate-forme physique d'accueil de machines virtuelles soient installés l'émulateur et son système de supervision pour que puissent s'y exécuter autant de machines virtuelles que la machine physique sera capable d'en supporter.

La réalisation d'un émulateur tel que QEMU[8] est une des entreprises les plus difficiles que l'on puisse concevoir en informatique : elle nécessite une connaissance approfondie du fonctionnement du processeur émulé, du processeur hôte et des systèmes d'exploitation utilisés sur chacun. L'auteur de QEMU est Fabrice Bellard[9].

### Différents niveaux de virtualisation

Comme la virtualisation repose sur du logiciel qui simule du matériel, l'imitation peut se faire de diverses façons :

- S'il faut simplement des systèmes isolés les uns des autres sur la même machine physique, il existe des systèmes de cloisonnement qui procurent à chaque logiciel serveur un environnement qui donne l'illusion de disposer d'une machine privée : conteneurs Linux, *jail* FreeBSD. Il y a en fait un seul système d'exploitation en service, mais chaque serveur fonctionne comme s'il était seul, ce qui lui confère une sécurité accrue (sauf défaillance du logiciel).

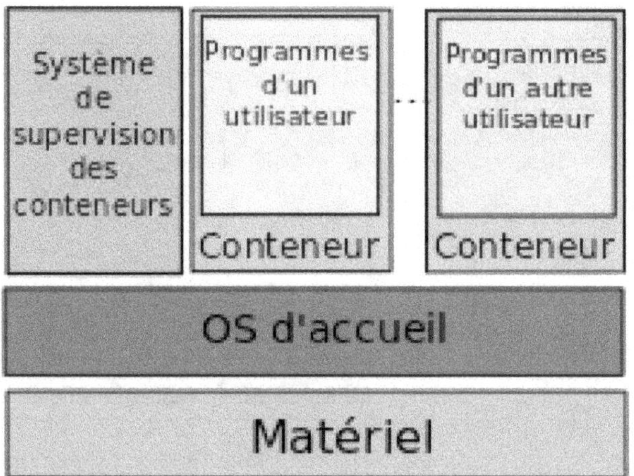


**Figure 5.6 –**
Système simplifié de
virtualisation par conteneurs

- S'il faut vraiment des machines virtuelles distinctes, mais toutes sur le même modèle de processeur (même architecture matérielle), il faudra interposer

---

8. `http://fr.wikipedia.org/wiki/QEMU`

9. `http://fr.wikipedia.org/wiki/Fabrice_Bellard`

entre le matériel et les différentes copies du système d'exploitation un logiciel de simulation, mais les opérations élémentaires seront néanmoins effectuées par le matériel sous-jacent, ce qui évitera la grande diminution des performances qui serait entraînée par la simulation en logiciel desdites opérations. VMware, Xen, KVM, Citrix, Microsoft Hyper-V Server sont de tels systèmes, nommés hyperviseurs. Les hyperviseurs sont en fait des systèmes d'exploitation allégés de beaucoup des fonctions qui seront dévolues aux OS hébergés. Les processeurs modernes sont équipés de dispositifs matériels qui facilitent leur exécution (Intel VT et AMD Pacifica).

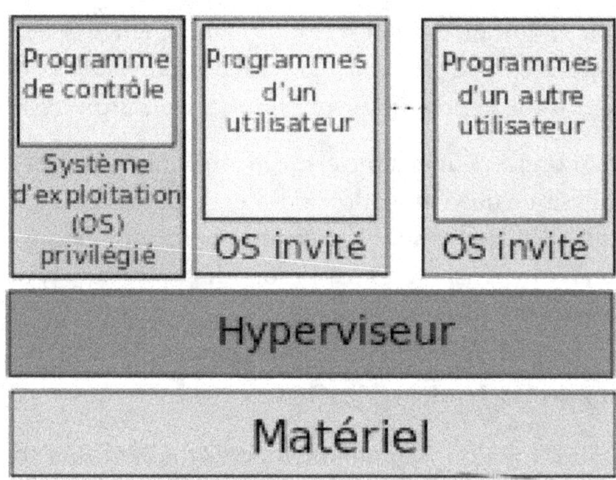


**Figure 5.7 –** Machines virtuelles à architecture uniforme

- Ce n'est que si l'on veut simuler sur un ordinateur physique d'architecture A une machine virtuelle d'architecture B qu'il faudra simuler sur A, par du logiciel, le jeu d'opérations élémentaires de B, ce qui aura un coût élevé en termes de performances (cf. figure 5.7). Nous avons déjà signalé le logiciel libre d'émulation de processeur QEMU qui offre ce type de possibilité par l'intermédiaire d'un hyperviseur tel que Xen ou KVM.

Toutes ces machines virtuelles peuvent bien sûr communiquer entre elles et avec le vaste monde par un réseau... virtuel évidemment ! mais qui doit néanmoins établir des passerelles, voire des ponts, avec le réseau réel, par l'intermédiaire de routeurs et de commutateurs virtuels : tous les systèmes de virtualisation modernes fournissent ce type d'accessoires, dès lors que l'on sait virtualiser, on peut tout virtualiser.

Comme une machine physique, une machine virtuelle peut être « démarrée » et « arrêtée »; dans ce cas il s'agira en réalité du lancement d'un programme et de son arrêt.

## Machines virtuelles pour des langages

Les machines virtuelles mentionnées jusqu'ici visent à émuler des machines physiques et les systèmes d'exploitation qui s'y appliquent, mais il y a d'autres possibilités. Il existe ainsi des machines virtuelles spécialisées pour l'exécution de programmes rédigées dans un certain langage. Les plus célèbres sont les machines virtuelles pour le langage Java (JVM), mais il y en a pour d'autres langages. Le texte du programme Java est traduit dans le langage de la machine virtuelle, appelé code intermédiaire *(bytecode)*. La machine virtuelle sait interpréter le code intermédiaire, comme le processeur physique sait interpréter le langage machine.

Ce programme peut ensuite être diffusé par le réseau et être exécuté sur tout ordinateur, physique ou virtuel, doté d'un exemplaire de la JVM, ce qui donne naissance à la notion de code mobile, très utile pour tout ce qui est programmation pour le Web, parce qu'ainsi on n'a pas besoin de savoir quel type d'ordinateur et de système d'exploitation utilise le destinataire.

## Avantages de la virtualisation

Pour faire fonctionner une machine virtuelle il sera toujours nécessaire de disposer d'un ordinateur physique : quels avantages apporte donc l'usage de machines virtuelles ? La puissance de calcul des ordinateurs actuels est largement supérieure à ce que demandent la plupart des usages. Il est donc possible d'installer sur un ordinateur physique une vingtaine d'ordinateurs virtuels, et même beaucoup plus, par exemple pour héberger des serveurs web peu visités. La virtualisation a été inventée à la fin des années 1960, mais elle n'est réellement utilisable que depuis un petit nombre d'années, grâce au progrès des performances des ordinateurs.

Cette multiplication des machines virtuelles sur un nombre bien inférieur de machines physiques est la base du modèle économique de l'informatique en nuage. La plupart des serveurs virtuels sont inactifs la plupart du temps; lorsque subitement l'un d'entre eux connaît une pointe de trafic, il est possible de le recopier en plusieurs exemplaires, sur plusieurs machines physiques au besoin, voire dans plusieurs zones géographiques.

Installer un nouveau serveur physique nécessite des actions matérielles : déplacements, branchements électriques et réseau, etc. Installer un nouveau serveur virtuel se fait en quelques clics de souris, éventuellement à quelques milliers de kilomètres de distance, et même, si c'est programmé ainsi, automatiquement en fonction de la charge du système.

Il est clair que pour tout ce qui est tests, validation de nouvelles versions de logiciels, enseignement, l'usage de machines virtuelles présente des avantages décisifs : au lieu d'avoir à demander un devis pour une machine physique, rédiger un bon de commande, attendre la livraison, installer le serveur, il est possible de configurer une machine virtuelle en quelques dizaines de minutes.

## Administration d'un système virtuel

Pour maintenir un ordinateur (physique ou virtuel) en état de marche correct, un certain nombre de tâches doivent être effectuées régulièrement, notamment :

- mise à jour du système d'exploitation et des logiciels à partir des nouvelles versions fournies par les éditeurs ;
- mise à jour des bases de données des systèmes anti-virus et anti-intrusion ;
- mise à jour de la base de données des utilisateurs autorisés pour tenir compte des arrivées et des départs ;
- consultation quotidienne des journaux d'incidents ;
- sauvegarde des données ;
- vérification de la disponibilité d'un espace de stockage de données suffisant ;
- application des corrections de sécurité publiées.

Ces opérations (la liste n'est pas complète), que nous désignerons du terme d'« administration système », peuvent être en partie automatisées, elles sont bien sûr moins absorbantes pour un poste de travail personnel que pour un serveur avec des dizaines d'utilisateurs directs, ou que pour un serveur web ouvert à tous les publics, mais elles constituent une part importante du travail des ingénieurs système, que les serveurs soient virtuels ou des machines physiques.

Les opérations d'administration du système d'une machine physique supposent que la machine soit en marche : en effet, la consultation des paramètres du système, leur modification, les copies de fichiers supposent que soient actifs un éditeur de texte et quelques commandes du système, et que l'on ait accès aux données persistantes sur les disques durs, à tout le moins. Machine éteinte, rien ne serait possible.

Il en va tout autrement pour une machine virtuelle : nous avons vu qu'en fait elle était constituée de logiciels et de données hébergées sur un ordinateur physique. De ce fait, machine virtuelle arrêtée - et à condition bien sûr que la machine physique sous-jacente, elle, ne soit pas arrêtée - il est possible, grâce au système d'exploitation et aux logiciels de la machine physique d'accueil, d'accéder aux paramètres de son système et à ses données. Si l'on en connaît le format et l'organisation, on pourra, dans certaines conditions, effectuer les opérations d'administration.

Trois ingénieurs de *CA Technologies* à Hyderabad en Inde et à Datchet en Angleterre, Nishant Thorat, Arvind Raghavendran et Nigel Groves, ont mis en œuvre une telle solution d'administration, et ils ont écrit un article [276] qui la décrit. Ils ont tiré parti du fait que les principaux éditeurs de systèmes de virtualisation se sont entendus sur des formats de données publiés. La *Distributed Management Task Force* (DMTF ; http ://dmtf.org/) a publié en 2007 l'*Open Virtualization Format*, ou OVF, une spécification adoptée par les principaux éditeurs (tels que Citrix, Microsoft, Red Hat et VMware) et acceptée comme norme en août 2010 par l'*American National Standards Institute* (ANSI ; http ://ansi.org/).

Les avantages d'une telle solution sont patents : à l'heure de l'informatique en nuage, où les machines virtuelles se propagent aux quatre coins de l'Internet et s'y reproduisent de façon peu contrôlable, leur appliquer « au vol » un plan de maintenance est bien plus difficile que pour un parc de machines physiques sagement rangées dans les armoires d'un centre de données. Il est plus facile de travailler sur l'image physique qui a servi à engendrer toutes ces machines virtuelles, et qui est généralement stockée dans un endroit centralisé bien identifié.

Les auteurs de l'article mentionné ne manquent pas de souligner que cette solution présente aussi des inconvénients : certaines opérations qui nécessitent l'observation de la machine en marche ne sont pas possibles, et il reste du travail à faire pour que l'on puisse utiliser les mêmes procédures d'administration sur les machines arrêtées et sur les machines en marche. Mais surtout ces procédures induisent des failles de sécurité : s'il est possible de modifier les paramètres de fonctionnement du système, il faut envisager l'éventualité d'une modification malveillante effectuée par un intrus.

# Questions de sécurité pour les services en nuage

Avant d'adopter les services en nuage pour bénéficier de leurs avantages, il faut se poser un certain nombre de questions, notamment quant aux garanties de sécurité offertes, tant aux entreprises qu'aux particuliers. Nous commencerons par les *gains de sécurité* obtenus grâce au nuage.

## Apports des services en nuage à la sécurité

Si l'adoption de services en nuage comporte des risques, elle procure également des gains de sécurité, que ce soit aux entreprises ou aux particuliers :

- l'opérateur de services en nuages, dans bien des cas, fait son affaire de la sauvegarde des données, en les répliquant sur plusieurs sites, ce qui confère à ces sauvegardes une robustesse bien supérieure à celle que l'on observe dans la plupart des entreprises ; c'est toujours le cas pour les services de type SaaS, pour les services de type PaaS c'est fréquent, et en tout cas l'opérateur sera en mesure de restaurer des données perdues du fait d'une défaillance de ses propres infrastructures (sinon, changer d'opérateur) ;
- pour les services de types SaaS et PaaS, l'opérateur se charge des mises à jour du système d'exploitation et des logiciels qu'il procure, ce qui, là aussi, instaure une situation meilleure que ce que l'on observe dans la plupart des entreprises ; là aussi, si le prestataire n'effectue pas ce travail avec la ponctualité voulue, il convient d'en changer ;
- les économies d'échelle obtenues par un opérateur de services en nuage de grande taille lui permettent d'avoir des équipes d'exploitation présentes sept jours sur sept, 24 heures sur 24, ce qui est loin d'être possible dans toutes les entreprises ;
- de même, un opérateur de services en nuage disposera de plusieurs accès à l'Internet, assurés par des fournisseurs différents, géographiquement et topologiquement distincts, organisation hors de portée, financièrement et surtout techniquement, de la plupart de leurs clients ; la configuration d'un réseau avec plusieurs accès distincts à l'Internet nécessite en effet la maîtrise du protocole *Border Gateway Protocol* (BGP) et une configuration subtile du service de noms de domaines (DNS), à la portée seulement d'ingénieurs hautement qualifiés ;

- une infrastructure dans les nuages, de par sa répartition dans l'espace (géographique et topologique), résistera mieux aux pannes et aux cyber-attaques qu'un centre de calcul classique.

## Risques de l'informatique en nuage

### Contre-mesures en nuage

Le *Cloud Computing* comporte intrinsèquement des risques techniques et organisationnels.

En principe les techniques de virtualisation garantissent l'isolement mutuellement étanche des machines virtuelles, mais cet isolement assuré par le logiciel de virtualisation peut être attaqué, et certaines attaques ont déjà réussi[10] [61]. Et de toute façon, en cas d'attaque réussie sur la machine physique, les traitements et les données hébergés sur les machines virtuelles sont vulnérables.

Les grandes entreprises de *Cloud* mettent à profit la facilité de déplacement et de création des machines virtuelles pour en organiser la migration au fur et à mesure des évolutions de la demande de calcul et de l'offre de puissance informatique. De ce fait, le client ne sait pas où sont ses données, qui au gré des fluctuations dans le *Cloud* peuvent franchir les frontières, éventuellement vers des pays avec des législations de protection des données incompatibles avec celles du pays d'origine. Cette situation introduit un risque juridique pour les entreprises.

L'Agence européenne de cybersécurité (ENISA)[11] a publié en décembre 2012 un guide pour l'utilisation de l'informatique en nuage dans les systèmes d'information des infrastructures critiques [79]. Ce document résume les avantages et les inconvénients de cette technologie du point de vue de la sûreté et de la sécurité de fonctionnement de systèmes sensibles.

### Disponibilité des données

Si une entreprise place dans les nuages tout ou partie des données et des traitements de son système d'information, il faut que les responsables aient conscience du fait que la survie de leur activité dépend désormais du système qui les héberge, et de la

---

10. `http://www.cert.org/blogs/insider_threat/2012/08/title_insider_threats_related_`
`to_cloud_computing--installment_3_insiders_who_exploit_cloud_vulnerabi.html`
11. `http://www.enisa.europa.eu/media/enisa-en-francais`

possibilité d'y accéder. Il convient de prendre des précautions relatives aux risques suivants :

- Cessation du service par le prestataire ; un exemple récent et célèbre est celui de l'arrêt annoncé en juillet 2012 par Google de cinq services : iGoogle, Google Mini, Google Talk Chatback, Google Video et Symbian Search App. Cette annonce suivait celle d'avril 2012, qui concernait One Pass, et celles d'octobre 2011 (version gratuite de Google Analytics et Google Buzz). Pour chacune de ces applications, une solution de rechange était proposée, plus ou moins commode, mais il n'est jamais simple de changer de logiciel, surtout si le travail de toute une équipe en dépend. Face à une entreprise géante comme Google, même des clauses contractuelles adaptées seraient de peu de secours pour une PME, et de toute façon un dédommagement financier ne résoudrait pas les problèmes causés par la disparition de tout un pan du système d'information.
- Cessation d'activité du prestataire : cette éventualité laisse encore moins de marge de manœuvre que la précédente, puisqu'alors aucune clause contractuelle ne peut plus être invoquée.
- Dysfonctionnement du réseau local : accéder à un système en nuage nécessite un accès sûr et de bonne performance au réseau ; c'est une évidence, mais il faut aussi penser aux ingénieurs chargés de le maintenir en condition opérationnelle, ce qui suppose une activité permanente et une compétence élevée. Pour une entreprise dont la taille ne justifierait pas une équipe permanente, un contrat avec un prestataire s'impose.

## Sécurité et confidentialité

Les révélations d'Edward Snowden ont appris au monde ce que les observateurs attentifs savaient déjà : plusieurs grands opérateurs américains (Google, Dropbox, Facebook, Microsoft, Oracle...) sont contraints par le Patriot Act, promulgué le 26 octobre 2001 à la suite des attentats du 11 septembre précédent, de collaborer avec la *National Security Agency* (NSA) et de lui livrer les données auxquelles ils ont accès.

La directive 95/46/CE du Parlement européen et du Conseil, du 24 octobre 1995, relative à la protection des personnes physiques à l'égard du traitement des données à caractère personnel et à la libre circulation de ces données fait obligation aux États membres de protéger les données des citoyens européens.

Afin de permettre aux acteurs européens de l'Internet de respecter les termes de cette directive lorsqu'ils traitent avec des entreprises américaines, le Département du Commerce des États-Unis, en concertation avec la Commission européenne, a élaboré un cadre juridique nommé *Safe Harbor* (Sphère de sécurité). Parallèlement, l'administration américaine a élaboré, en concertation avec les autorités helvétiques, un cadre juridique comparable à l'usage des citoyens suisses. Ainsi, l'ensemble des utilisateurs de l'Espace économique européen étaient supposés bénéficier de protections semblables.

Le cadre juridique *Safe Harbor*, qui était censé procurer aux utilisateurs européens les mêmes garanties aux États-Unis que si leurs données étaient en Europe, a été démantelé *de facto* par le *Patriot Act*, qui permet aux autorités fédérales américaines d'enjoindre à tout acteur opérant sur le territoire américain de leur communiquer toutes les données qu'elles jugeront utiles. Le *Patriot Act* étend bien sûr la portée de ses injonctions aux acteurs de nationalités européennes présents sur le territoire américain, et aux sites des acteurs de nationalité américaine implantés sur des territoires européens.

Pour cette question de la sécurité des systèmes en nuage on consultera avec profit les directives de la *Defense Information Systems Agency* du *Department of Defense* américain [64], celles de son homologue britannique [65] et le guide du NIST [151].

## Chiffrement dans les nuages

Est-il possible et sûr de chiffrer des données stockées dans les nuages ? Les experts de Wavestone (ex-Solucom) ont examiné la question [161]. La réponse est oui, mais tout dépend de qui on veut se protéger. Si c'est d'un concurrent, les systèmes de chiffrement disponibles sont efficaces. Mais il faut savoir que l'opérateur du nuage aura accès à toutes les données, ainsi que les autorités étatiques qui ont pouvoir sur lui, comme la NSA a pouvoir sur Amazon et Dropbox.

Se protéger de la NSA est de toute façon illusoire, mais se protéger de son opérateur est théoriquement possible. Il faut pour cela que le chiffrement soit effectué en dehors de l'infrastructure de l'opérateur, ce qui risque de compliquer les opérations techniques quotidiennes, sauf à utiliser un mandataire applicatif *(reverse proxy)* en coupure en sortie du SI de l'entreprise. On voit déjà que cela se complique, que de telles dispositions supposent un niveau de maturité du SI élevé et surtout une équipe d'ingénieurs compétents (l'idée selon laquelle les systèmes en nuage permettraient de se débarrasser de ses informaticiens est décidément une illusion).

## Rétrospective de la virtualisation

Les premiers systèmes virtuels CP-67 ont été créés en 1967 par des équipes d'IBM à Grenoble et à Cambridge, pour des ordinateurs IBM 360-67. Ils ont été à l'origine en 1972 du système VM/370, qui est l'ancêtre de la famille de logiciels dont VMware est aujourd'hui le représentant commercial-phare.

Jusque dans les années 2000, la puissance des ordinateurs disponibles limitait l'usage de la virtualisation, qui était néanmoins très utile pour tester de nouveaux systèmes sans avoir à déployer toute une infrastructure physique. On peut aussi installer sur une machine physique plusieurs machines virtuelles, et créer entre elles un réseau virtuel, ce qui permet de tester des architectures et des protocoles de réseau. Ce type de possibilités est aussi très utile pour l'enseignement, d'autant plus que cela permet de faire travailler les étudiants sur toute une variété de systèmes sans avoir à acheter les matériels correspondants.

Au cours des années 1990 la puissance des processeurs a cru selon la loi de Moore [12], ce qui a permis des réalisations opérationnelles telles que l'émulateur de Mac 68k *Executor* pour PC. Ces avancées ont aussi été rendues possibles par le progrès des méthodes de compilation *Just in Time* (JIT).

Depuis les années 2000, on dispose d'ordinateurs suffisamment puissants pour mettre en production réelle des systèmes virtuels. Dans un premier temps, cela a permis aux hébergeurs de mettre en location des serveurs qui sont en fait des systèmes virtuels, ce qui en simplifie considérablement la gestion et le déploiement.

Avec la virtualisation, l'administration des systèmes devient plus facile : déplacer un serveur, c'est déplacer un fichier, le sauvegarder, c'est copier un fichier sur une clé USB, doubler un serveur, c'est recopier un fichier, cela prend quelques secondes et quelques clics de souris, sans se déplacer en salle machine (on dit maintenant *centre de données*).

Dans un second temps, de grands opérateurs du Web, à commencer par Amazon, bientôt imité par *Google* et d'autres, qui avaient installé pour leurs propres besoins des milliers de serveurs, ont imaginé de louer leur puissance de calcul inutilisée à un

---

12. `http://fr.wikipedia.org/wiki/Loi_de_Moore`

instant donné sous la forme de machines virtuelles créées à la demande, ce qui leur permet de proposer des tarifs très inférieurs à ceux de l'hébergement traditionnel. C'était la naissance de l'« informatique en nuage » *(Cloud Computing)*.

## Une machine virtuelle pour chaque application ?

Il est peut-être possible et sûrement tentant de distribuer aux salariés d'une entreprise et à ses interlocuteurs (clients, fournisseurs, prestataires) des machines virtuelles applicatives sécurisées qui dispenserait l'organisation en question d'assurer la sécurité de l'ordinateur (tablette, smartphone...) de l'utilisateur, qui pourrait ainsi continuer à utiliser Sharepoint et à bavarder sur Facebook (deux activités des plus dangereuses) sans remettre en cause la sécurité globale de son environnement professionnel.

Cela pourrait se faire de la façon suivante : les utilisateurs légitimes du système d'information de l'entreprise font leur affaire de leur équipement en postes de travail, qu'ils configurent à leur guise, mais pour chaque application à laquelle ils doivent accéder, la Direction du système d'information leur remet une copie d'une machine virtuelle spécialement adaptée, dotée des certificats de sécurité, de la configuration réseau et des métadonnées adéquates.

L'idée peut être poussée plus loin : puisque chaque application est lancée dans une machine virtuelle qui lui est propre, alors celle-ci peut être configurée de façon à ne comporter que les parties du système d'exploitation (OS) qui sont nécessaires à l'application considérée, et qui lui seront liées sous forme de bibliothèque de fonctions.

Puisque chaque OS invité n'exécute qu'une seule application, est-il nécessaire qu'il soit muni de tous les dispositifs ultra-complexes destinés à garantir l'étanchéité des espaces de mémoire et de données de chaque application, tout en leur permettant de communiquer entre elles lorsqu'il le faut ? Ces fonctions d'isolation et de communication seront assurées, bien plus efficacement et bien plus simplement, par l'hyperviseur. Il est donc possible de les retirer du système invité.

Puisqu'en outre cet OS invité n'aura pas à piloter toute une variété de dispositifs physiques complexes et changeants, mais seulement quelques périphériques simulés ultra-simplifiés et stables, il sera allégé des fonctions correspondantes.

Et puisque seront éliminés la plupart des risques liés aux accès directs au matériel et à la cohabitation de logiciels entre lesquels il faut éviter les interférences, il ne sera plus utile d'avoir une distinction entre le mode superviseur et le mode utilisateur, ni entre la mémoire du noyau et l'espace mémoire des utilisateurs.

Après toutes ces simplifications, les OS invités pourront se présenter sous forme de simples bibliothèques de fonctions, qui seront compilées et liées avec les logiciels d'application.

Et tant qu'à faire, on écrira toutes ces bibliothèques dans un langage fonctionnel de haut niveau, ce qui facilitera considérablement le développement, et réduira le risque d'apparition de vulnérabilités telles que les débordements de *buffer*, inévitables en programmation de bas niveau, et toujours en tête du hit-parade des CERT.

Cette idée des OS en bibliothèque a été brillamment développée par Anil Madhavapeddy et David J. Scott pour leur système *MirageOS* écrit en OCaml [177, 39].

# Garantir l'effacement des données, mythes et mise en œuvre

L'effacement sécurisé et garanti de données est un sujet largement documenté, il fait partie de la panoplie du RSSI depuis des années et le *National Institute of Standards and Technology* américain (NIST) a même édité un manuel à ce sujet : *Guidelines for Media Sanitization* [159].

## De l'importance de l'effacement des données

Au-delà de certains mythes persistants comme l'obligation de faire de nombreuses passes d'effacement successives, de nombreuses procédures rédigées il y a de cela quelques années visent avant tout les supports *(media)* électromagnétiques (disque dur, disquettes, bandes, etc) et ne prennent pas toujours en compte certaines évolutions comme l'arrivée massive des smartphones et des SSD.

Le cas des smartphones est particulièrement parlant : comme il est impossible de retirer l'espace de stockage principal, la procédure repose souvent sur la fonction de remise à zéro fournie par le constructeur. Une étude récente de Laurent Simon et Ross Anderson [257] a analysé et exposé de nombreuses vulnérabilités de ce mécanisme d'effacement. Dans le cas présent, des informations (*Token* Google permettant d'accéder à la messagerie, fichiers, messages, SMS, photos, etc) ont pu être retrouvées. Les statistiques sont assez parlantes (les barres représentent le pourcentage de systèmes dépourvu d'un dispositif d'effacement sécurisé suffisant selon la version d'Android, cf. figure 5.8 p. 176).

**Figure 5.8 –** Source : Simon et Anderson [257]

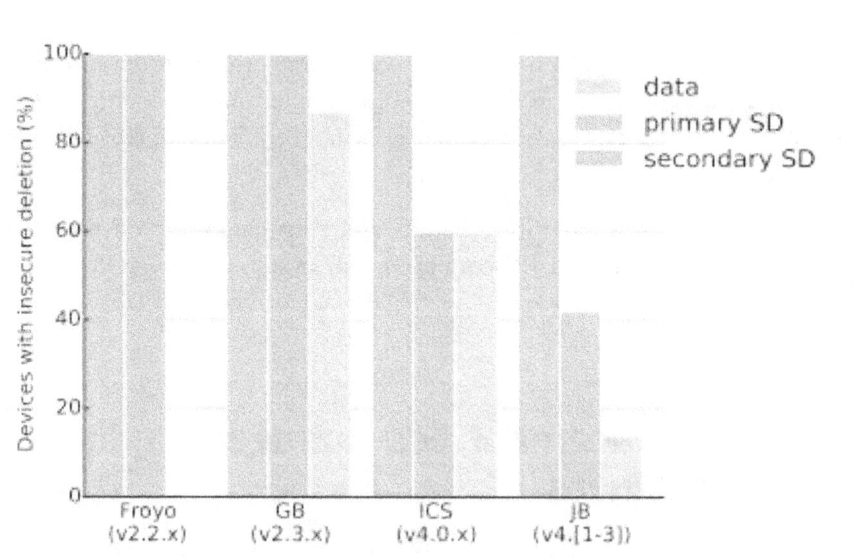


Fig. 5. Percentage of devices with flawed logical sanitisation. Results for primary and secondary SD cards (i.e. external storage) implicitly assume the use of the Factory Reset in Settings since the Recover/Bootloader Factory Reset only sanitises the data and cache partitions.

La présente section reprend les principes de base de l'effacement sécurisé puis, après un retour sur quelques mythes, explore les principales approches.

Pour un exposé plus détaillé des mesures à mettre en place, en particulier au niveau technique, le NIST [159], l'ANSSI [126] ou le département de la Défense australien (*Information Security Manual* de 2014, [16]) ont réalisés d'excellents documents présentant les différentes approches possibles.

# Rappel des principes

Sans s'appesantir sur les risques liés à l'effacement incomplet de supports - pour cela il suffit d'imaginer que le disque dur d'un serveur critique, le téléphone d'un directeur ou une clé USB contenant des données médicales ou de gestion de personnel soit perdu ou tombe entre de mauvaises mains - la nécessité de procéder à un effacement sûr des supports dits sensibles s'impose et est globalement bien comprise par les différents acteurs.

## À l'origine du problème

Pour le dire de façon très simplifiée, un effacement classique ne suffit pas, dans la mesure où la majorité des systèmes actuels ne procèdent pas à l'effacement des données elles-mêmes mais uniquement du pointeur qui permet d'y accéder.

Il est possible d'imaginer la situation comme une encyclopédie avec un index et plusieurs volumes sous forme de palimpsestes :

- lorsqu'un fichier est ajouté, une page est écrite et la référence ajoutée dans l'index ;
- lorsqu'un fichier est effacé, afin en particulier de ne pas trop dégrader les performances, seule l'entrée de l'index est enlevée, indiquant la page comme libre (même si le texte est encore présent) ;
- lorsqu'un nouveau fichier est ajouté, la page est réécrite.

Ainsi même si un disque est indiqué comme vide, il suffit de parcourir son contenu secteur par secteur (dans le parallèle feuilleter directement les volumes page par page) pour lire la donnée.

Une telle récupération est triviale à réaliser avec des outils de *carving* comme *Photorec* [211] ou *PC Inspector File Recovery* [209].

## Mémoires flash

Historiquement la solution pour procéder à un effacement sécurisé a été soit la destruction physique du media soit la réécriture (par sur-impression de signal électromagnétique), afin d'empêcher un tiers de retrouver l'information.

Une analyse particulièrement intéressante rédigée par Peter Gutmann [128] décrit plusieurs principes de rémanence dans les semi-conducteurs et pourra donner au lecteur intéressé les principes fondamentaux induisant le risque de fuite de données.

Si dans le cas d'un disque dur magnétique une petite quantité de données pouvait se retrouver en « zone constructeur » (une zone du disque utilisée comme réserve pour remplacer des secteurs défectueux), sa taille était relativement limitée et ce type de risque n'était à considérer dans le cas de supports particulièrement sensibles.

Comme les mémoires flash résistent mal aux réécritures (qui finissent par les user), cette zone réservée est beaucoup plus volumineuse dans le cas d'un SSD ou d'une clé USB (pouvant dans certains cas aller jusqu'à 20-30 % de la taille total du disque selon les technologies utilisées). Ainsi sur un disque de 100 Go, si 20 Go (chiffre arbitraire) sont réservés pour ce mécanisme dit de *wear levelling*, une grande quantité de données peuvent s'y trouver. Cette zone spéciale n'étant pas accessible (le *remapping* de secteurs défectueux étant géré directement par le microcontrôleur), même si l'utilisateur réécrit tout le disque, il ne réécrira que les 100 Go visibles et exposés par le contrôleur. Un tiers passant outre ce dernier et allant lire directement les données sera donc en mesure d'y accéder.

Bien sûr différents constructeurs ont proposé des commandes pour l'effacement sécurisé intégré, mais l'implémentation étant assez aléatoire, il est difficile de se fier à cette méthode sans test approfondi modèle de disque par modèle de disque, ce qui n'est pas réalisable pour la majorité des entreprises.

Ainsi d'autres solutions basées en particulier sur le chiffrement ont émergé. Avant de voir celles-ci en détail, il est important de se pencher sur quelques mythes.

## Mythes de l'effacement sécurisé

### Mythe n° 1

**Il est impératif de faire plusieurs passes pour avoir un effacement sécurisé sur un disque** : plutôt FAUX et en pratique le résultat peut être même contraire à l'objectif.

Depuis la parution d'un article de Peter Gutmann [127] de nombreuses écoles existent quant au nombre de passes à effectuer : 3, 7 voire 35 passes.

Si effectuer plusieurs passes était nécessaire il y a quelques années de cela avec d'anciens modèles de disque, selon les dernières recommandations du NIST [159] la plupart des supports actuels (en pratique la majorité des disques ayant moins de 5-7 ans) ne nécessitent qu'une seule passe pour garantir un niveau d'effacement jugé comme suffisant. Ce point suscitant régulièrement des débats, rappelons trois études :

- Le *Center for Magnetic Recording Research* de l'université de Californie à San-Diego (organisme de référence aux USA sur le sujet) a fait des recherches sur ce point et a également conclu que plus d'une passe n'apportait pas d'avantages significatifs [134] (traduction des auteurs) :
  - « Question : des réécritures multiples améliorent-elles les résultats d'une réécriture simple ?
  - Réponse : de nombreux logiciels disponibles sur le marché utilisent des méthodes inspirées du manuel *DoD 5220.22-M* du Département américain de la Défense [195], certains effectuent jusqu'à 35 passes de réécriture. Malheureusement l'approche par réécritures multiples n'est pas beaucoup plus efficace qu'une réécriture unique parce qu'elle ne fait rien de plus pour les bords de pistes résiduels où subsistent après réécriture la plupart des données rémanentes distordues, et elle prend beaucoup plus de temps. »
- Le SANS a mené une étude sur le sujet avec un microscope à force magnétique (l'argument des tenants des passes multiples étant justement que l'usage d'un tel outil permettait de retrouver les données) arrivant aux mêmes conclusions [301] (Peter Gutmann conteste une partie des résultats dans une mise à jour de son article, mais il a révisé son analyse initiale suite aux évolutions technologiques).
- Le SP 800-88 du NIST indique en page 7 : « Pour les appareils à mémoire magnétique, une passe unique de réécriture par un motif constant tel que des zéros binaires empêche la récupération des données, même par le recours à des techniques de laboratoire conformes à l'état de l'art pour tenter de retrouver les données. »

D'un point de vue pratique, soit une passe est jugée suffisante vis-à-vis du niveau de sensibilité du système soit la méthode par surimpression est considérée comme non suffisante (supports très sensibles requérant une destruction physique) ou inefficace (dans le cas de système ayant un mécanisme de *wear levelling*). Une exception peut être faite pour des supports jugés très sensibles pouvant faire l'objet de plusieurs passes d'effacement suivi d'une destruction physique.

L'usage de plusieurs passes aggrave même la situation dans la mesure où réécrire 7 ou 35 fois un disque dur de plusieurs téra-octets demande des heures voir des jours. Face à ces durées les disques sont souvent empilés en attente d'effacement (et ne le seront jamais car simplement jetés quelques années après) ou l'activité sera sous-traitée à des prestataires. L'effacement n'est pas alors toujours réalisé selon l'état de l'art :

- dans un cas constaté par l'un des auteurs seul le premier giga-octet du disque était effacé pour gagner du temps (le prestataire en question ayant remarqué que l'audit interne ne vérifiait que des octets aléatoires du début du disque) ;
- dans un autre cas des disques étaient soustraits à l'entrepôt principal du prestataire et revendus d'occasion par certains employés peu scrupuleux ;
- dans un troisième cas le mécanisme du disque était défectueux et donnait l'impression qu'il effaçait les données alors qu'il n'y avait en réalité pas d'écriture (l'erreur a été particulièrement difficile à identifier dans la mesure où l'opération s'arrêtait aléatoirement après 5 à 20 minutes d'usage).

D'autre part le temps nécessaire à cette activité génère des coûts non négligeables alors que cette énergie pourrait être utilisée à d'autres approches complémentaires (chiffrement, etc).

Il s'agit globalement d'un compromis entre la sécurité apportée et le rapport temps-coût, le tout mis en perspective vis-à-vis de la technologie (disque magnétique ou mémoire flash).

## Mythe n° 2

**L'usage de solutions cryptographiques permet de se soustraire à un effacement sécurisé en bonne et due forme** : OUI, mais à condition que le système soit bien implémenté et utilisé.

Si l'usage de solutions cryptographiques permet de limiter le risque en rendant les données inintelligibles même si elles sont lisibles, cette protection s'applique dans la limite de la bonne implémentation du système :

- Si l'utilisateur a choisi un mot de passe faible et que l'attaquant peut le retrouver il pourra accéder aux données. Par exemple sous Android 4.3, attaquer par force brute un code de 6 chiffres requiert moins de 10 secondes sur un PC standard [95].
- En cas de porte dérobée cryptographique ou de faiblesses du chiffrement, un attaquant pourra passer outre le système. Dans un cas rencontré par l'un des auteurs, l'équipe d'intégration avait oublié d'enlever un compte générique pour le chiffrement racine des postes. Comme celui-ci était beaucoup plus court que le mot de passe imposé aux utilisateurs, il s'est rapidement passé de bouche à oreille et a fini par être même connu de prestataires externes.

Si par contre le système de chiffrement est bien implémenté, correctement utilisé et si les clés sont correctement mises à zéro, il est alors particulièrement efficace, d'autant plus qu'il n'est pas sensible au risque présenté par le mécanisme de *wear levelling*.

## Mythe n° 3

**Le disque est physiquement endommagé, il n'est pas possible de retrouver les données** : cela dépend des cas.

De nombreuses sociétés de récupération de données publient chaque année leur palmarès, citons par exemple [76] :

- un ordinateur portable ayant passé 20 mn dans un four ;
- un ordinateur portable trouvé sur une plage (trempé) ;
- un ordinateur portable passé par-dessus bord ;
- une clé USB passée à la machine à laver ;
- des CD ayant fondu partiellement dans leur boîte suite à un incendie ;
- la récupération de données sur un disque dur percé puis rempli d'huile ;
- un PC portable tombé depuis un hélicoptère ;
- récupération de données sur un PC situé dans un local où a eu lieu un incendie ;
- un disque dur rempli de cafards morts.

La récupération de données dans des situations extrêmes est spécifique à chaque cas, mais ces éléments nous donnent un ordre d'idée de ce dont est capable une entité avec quelques moyens ou en sous-traitant l'action à une entreprise spécialisée.

## Mythe n° 4

**Il s'agit d'un disque RAID ou issu d'un cluster propriétaire où les données sont « entrelacées », il est impossible de les lire sans la baie de disque, logiciel, etc. et il n'est donc pas nécessaire de chiffrer ou de procéder à un effacement sécurisé :** FAUX.

En l'absence d'effacement sécurisé ou de mécanisme de chiffrement il est toujours possible de récupérer des morceaux d'information et dans le cas de systèmes propriétaire il s'agit surtout de rétro-concevoir le système de « codage » ou de compression.

# Approche globale

La méthode la plus efficace pour mettre en place un processus d'effacement sécurisé est d'avoir une approche par classification des données, basée sur les risques et évaluée technologie par technologie. Il est également important de mettre en place un système de contrôle afin de vérifier que les données sont effectivement effacées.

Un point clé pour assurer le bon fonctionnement du système est d'avoir un processus le plus transparent possible et dont la bonne mise en œuvre ne dépend pas intégralement d'une action *a posteriori*. Il est par exemple préférable de chiffrer à l'avance la mémoire d'un téléphone ou le disque d'un serveur plutôt que de se reposer intégralement sur une réécriture complète (bien qu'il soit préférable d'appliquer les deux). Ainsi même en cas de perte des disques ou d'envoi en réparation chez un tiers la donnée n'est pas exposée.

## Cible de sécurité et effacement sécurisé

La mise en place d'un processus étant complexe et coûteuse, la première étape consiste à déterminer :

- La cible de sécurité : contre qui (ou quoi) l'entreprise doit-elle se défendre ? De quels moyens l'attaquant dispose-t-il et quelles sont les ressources à disposition de l'entreprise ?
- Une classification : par exemple PUBLIC, INTERNE, DIFFUSION RESTREINTE, CONFIDENTIEL, SECRET.

Puis des mesures spécifiques doivent être appliquées pour chaque niveau en fonction de la technologie. Un exemple d'approche est proposé ci-dessous.

## Processus de contrôle

Il est primordial de mettre en place une procédure de contrôle, basée sur un mécanisme inhérent au logiciel d'effacement, ou sur un contrôle manuel, aléatoire ou déclaratif.

De base il est important de tracer et suivre les supports, de disposer d'un compte rendu d'effacement et de réaliser des audits aléatoires (audit simple effectué en interne avec une copie à base de dd du support et visualisation avec un éditeur hexadécimal et test avec un *file carver* comme Photorec ou avec Autopsy/*The Sleuth kit* ou audit externe de bas niveau réalisé par une entreprise spécialisée).

### Précautions pour la sous-traitance et le stockage des disques

En l'absence de chiffrement des supports, le niveau de sécurité physique des disques pendant leur stockage ou en cas de manipulation par un sous-traitant doit être audité.

Une approche différentielle selon le niveau est recommandée, il serait par exemple possible de définir une approche de ce type :

| PUBLIC | Sous-traitance possible avec traçabilité et engagement contractuel. |
|---|---|
| INTERNE | Sous-traitance déconseillée mais possible sous réserve de mesures complémentaires de restriction d'accès aux données. |
| DR | Sécurité physique forte. |
| CONFIDENTIEL | Sous-traitance interdite. |
| SECRET | Manipulation des supports réservée à l'équipe sécurité ou à une liste limitée d'internes dûment habilités. |

Le risque peut être un peu diminué en appliquant quelques mesures rapides avant la transmission du disque pour effacement, par exemple :

- activation de la fonction *ATA secure erase* puis débranchement à chaud du disque : lorsque le disque sera rebranché, l'effacement reprendra (le comportement est cependant à valider sur un modèle test) ;
- remise à zéro constructeur d'un téléphone ou d'une imprimante ;
- perçage rapide d'un disque ou coup de marteau sur une clé USB.

Si ces mesures ne sont absolument pas efficaces contre un attaquant un tant soit peu décidé, elles compliqueront le travail d'un opportuniste et diminueront l'intérêt d'une « récupération » des pièces.

## Principes de l'effacement sécurisé

Pour chaque système cible, il convient dans un premier temps de déterminer son niveau de sensibilité (classification) et de lister l'ensemble des supports à effacer.

### Principe général

Si le cas d'un disque dur est simple, une imprimante multifonctions peut contenir un disque dur pour le stockage des images, un disque flash pour le tampon, une ou plusieurs cartes SD pour la configuration (contenant par exemple des mots de passe). Une fois tous les supports listés et identifiés, la méthode la plus efficace d'effacement doit être déterminée.

### Principales approches

Les principales approches sont les suivantes :

- Méthode « élémentaire » : basée sur le fonctionnement inhérent du système d'exploitation ou de l'objet (effacement OS, remise à zéro du constructeur, etc). Cette méthode ne doit pas être considérée comme fiable et permet juste de couvrir les cas les plus simples. L'effacement constructeur peut être considéré comme fiable après audit approfondi de son mécanisme.
- Méthode basée sur la réécriture (surcharge électromagnétique, *ATA secure erase*) : efficacité à évaluer selon la présence de mécanisme de *wear levelling*. Dans le cas de disque durs cette méthode est efficace, mais elle n'est pas toujours suffisante dans le cas de disques flashs.
- Méthode basée sur la démagnétisation : méthode efficace mais uniquement sur les disques électromagnétiques, elle est inefficace sur un CD ou une mémoire flash. Un démagnétiseur efficace et validé par une autorité de confiance (ANSSI, BSI, NDSA, etc) est coûteux mais rentable à partir d'un certain volume.
- Méthode basée sur des mécanismes cryptographiques : méthode particulièrement efficace si le mécanisme est correctement implémenté et utilisé. Seule méthode réellement efficace (outre bien sûr la destruction physique) pour les supports flashs ou les systèmes non complètement maîtrisés. Idéalement il faut procéder à l'effacement sécurisé de la clé de chiffrement (écrasement de la clé par des zéros binaires).
- Méthode basée sur la destruction physique : méthode la plus efficace, mais également plus coûteuse.

Compte tenu de la complexité croissante des systèmes et de l'usage massif de mémoire flash, l'approche par mécanismes cryptographiques tend à se développer.

## Précautions pour les systèmes non maîtrisés de bout en bout

S'il est aisé de retirer et d'effacer le disque dur d'un ordinateur portable, il n'en est pas de même dans le cas d'un système qui n'est pas maîtrisé de bout en bout comme le stockage dans un Cloud ou dans le cas d'un SAN (où des disques peuvent être remplacés à la volée par le constructeur) ou encore dans le cas de systèmes complexes où la donnée peut être répliquée à de multiples endroits.

Si le système ne peut pas être maîtrisé de bout en bout, la seule approche viable est celle par chiffrement des données, qui détourne de fait la souveraineté de l'information du support vers un sous-système mathématique contrôlé par l'entreprise.

## Niveau d'effacement

Afin de simplifier les références aux recommandations du NIST, voici une description des trois niveaux d'effacement (*"clear"*, *"purge"* et *"destroy"*, avec quelques adaptations).

Ces 3 niveaux sont détaillés en section 5 du document du NIST *Guidelines for Media Sanitization* [159], en voici un exposé simplifié :

- Effacement simple *(Clear)*
    - Approche par remplacement de l'information : réécriture, remise à zéro par méthode du constructeur évaluée.
    - Fonctionnement limité aux zones accessibles, ne permet pas d'effacer les zones endommagées. Une attaque en laboratoire peut permettre de récupérer des données.
- Effacement « profond » *(Purge)*
    - Méthode cryptographique, démagnétisation qualifiée, commandes spécifiques d'effacement sécurisé qualifiées.
    - Permet de s'assurer que les données sont inaccessibles même en cas d'attaque en laboratoire.
- Destruction *(Destroy)*
    - Destruction physique.
    - Permet de s'assurer que les données sont physiquement inaccessibles.

L'efficacité de chaque approche est à évaluer dans chaque contexte spécifique, mais le tableau ci-dessous peut donner un premier ordre d'idée :

| Niveau de l'attaquant | Exemple | Niveau d'effacement |
|---|---|---|
| Attaquant sans qualification technique | Voleur, employé non technicien | *Clear* |
| Attaquant peu à moyennement qualifié | Individu doté de quelques capacités techniques (usage d'un *file carver* par exemple) | *Clear* |
| Attaquant qualifié disposant d'une salle blanche et de moyens importants | Hacker qualifié, attaquant peu qualifié mais sous-traitant l'analyse à une entreprise spécialisée | *Purge* |
| Attaquant très qualifié et disposant de moyens très importants | Gouvernements | *Destroy* |

## Mesures par type de support

Les mesures à appliquer en fonction de chaque support sont détaillées dans l'annexe A du document du NIST *Guidelines for Media Sanitization* [159], ce document étant à la fois complet et la référence dans le domaine, seul un résumé légèrement adapté sera présenté ci-après en mettant l'accent sur quelques technologies :

| Papier et microfilms | Mécanisme cryptographique |
|---|---|
| *Clear* | Sans objet |
| *Purge* | Papier : passage au destructeur de documents (de préférence à coupe croisée et générant des morceaux d'au maximum 1x5 mm) |
| *Destroy* | Incinération, pulvérisation et dispersion des cendres. |

| Téléphone, PDA, routeur, photocopieur, fax | Mécanisme cryptographique lorsqu'applicable |
|---|---|
| *Clear* | Effacement manuel des données par démontage des supports si possible |
| *Purge* | Remise à zéro (*factory reset*) |
| *Destroy* | Broyage, désintégration, pulvérisation, incinération |

| Disques dur magnétiques, disquettes | Mécanisme cryptographique |
|---|---|
| *Clear* | Réécriture |
| *Purge* | Dégaussage |
| *Destroy* | Broyage, désintégration, pulvérisation, incinération |

| Bandes magnétiques | Mécanisme cryptographique |
|---|---|
| *Clear* | Réécriture avec un appareil de même nature |
| *Purge* | Dégaussage |
| *Destroy* | Broyage, désintégration, pulvérisation, incinération |

| CD/DVD | Mécanisme cryptographique |
|---|---|
| *Clear* | - |
| *Purge* | - |
| *Destroy* | Broyage, désintégration, pulvérisation, incinération |

| RAM | Mécanisme cryptographique |
|---|---|
| *Clear* | Retirer la source d'énergie et attendre 30 mn |
| *Purge* | Retirer la source d'énergie et attendre 30 mn |
| *Destroy* | Broyage, désintégration, pulvérisation, incinération |

| Mémoire flash (SSD, flash, etc) | Mécanisme cryptographique |
|---|---|
| *Clear* | Réécriture |
| *Purge* | ATA SECURE ERASE si supporté |
| *Destroy* | Broyage, désintégration, pulvérisation, incinération |

## Gros plans sur des technologies spécifiques

## iOS

- *Clear* et *Purge* : utiliser la fonction de *reset* intégrée. Sur des versions récentes d'iDevices le chiffrement étant opéré au niveau matériel, cette méthode peut être jugée comme globalement efficace.

## BlackBerry

- *Clear* : utilisation de la fonction "*Option > Security > Security Wipe*".
- *Purge* : le NIST considère un *Security Wipe* comme étant suffisant (celui-ci pouvant durer plusieurs heures). Il est cependant recommandé de chiffrer les données en plus de l'effacement.
- Note : certaines informations peuvent être présentes dans les backups sur le poste de travail de l'utilisateur ou sur le *BlackBerry Enterprise Server* (SMS, contacts, etc) selon sa configuration.

## Android

- *Clear* : puisque l'étude menée par Ross Anderson [257] a montré que l'effacement constructeur était de loin insuffisant, contrairement à ce qui est indiqué dans le document du NIST, il est recommandé de procéder par une phase de chiffrement :
    - si le téléphone est déjà chiffré (la probabilité qu'un mot de passe simple soit utilisé est élevée et le support matériel du chiffrement est très limité à l'heure actuelle) il est recommandé de faire un *factory reset* suivi d'un rechiffrement du terminal avec un mot de passe aléatoire de plus de 16 caractères, puis d'un remplissage de la mémoire ;
    - si le téléphone n'est pas chiffré, il est recommandé de procéder de même tout en ayant conscience du risque de fuite de données de par le mécanisme de *wear levelling*.
- *Purge* :
    - la seule solution efficace est un chiffrement avant usage avec un mot de passe complexe (et sous réserve d'implémentation correcte par le constructeur, certains modifiant le mode de fonctionnement natif) ;
    - la qualité de l'implémentation du chiffrement étant assez aléatoire selon les versions d'Android, selon les modèles de smartphones [95] et

certaines applications pouvant écrire en dehors de la zone chiffrée, il est important de garder ces limites à l'esprit lors de l'évaluation du modèle de risque.

## Windows Phone

- *Clear* : utiliser la fonction native *(Settings > About > Reset)*. La qualité de ce mécanisme n'ayant pas encore fait l'objet de recherches poussées, il convient de rester prudent quant à son efficacité.
- *Purge* : le mécanisme d'effacement et de chiffrement étant variable, il est recommandé d'utiliser un chiffrement applicatif en amont.

## Disques disposant de la fonction Secure Erase

Les disques durs modernes ATA (PATA, SATA, eSATA inclus) disposent d'une fonctionnalité native d'effacement sécurisé et certains disques chiffrants disposent de fonctions de remise à zéro cryptographiques.

Certains disques SCSI disposent d'une commande spécifique SCSI SANITIZE.

## Quelques exemples de mesure d'effacement sécurisé

Pour les méthodes à base de logiciel deux approches sont possibles : effacement du disque entier ou effacement par fichier. Il est globalement recommandé d'effectuer un effacement intégral dans la mesure où l'effacement d'un fichier ne garantit pas l'effacement des fichiers temporaires ou de son indexation.

Quelques exemples de programmes :

- Windows : *Eraser, CCleaner*, etc.
- Linux/Unix/OS X : *Shred, wipe, Secure-delete utils.*
- Mac : *disk utility.*

Dans le cas d'effacement disque, un *Live CD* spécialisé comme DBAN peut être utilisé.

Les fonctions *Secure Erase* sont accessibles soit par des utilitaires de constructeurs, soit en ligne de commande par exemple sous Linux [293] :

- vérifier que le disque n'est pas en état *frozen* (ici le X est à adapter selon le disque) :
  `hdparm -I /dev/X` not frozen doit apparaître dans les sorties ;

- définir un mot de passe utilisateur (ici S3cr3t) :
  ```
  hdparm –user-master u –security-set-pass S3cr3t /dev/X
  ```
- vérifier avec `hdparm -I /dev/X` que le mot de passe maître est défini ;
- lancer l'effacement sécurisé :
  ```
  time hdparm –user-master u –security-erase toto /dev/X
  ```
- vérifier avec `hdparm -I /dev/X` que le mot de passe n'est plus défini *(not enabled)*.

Certains outils commerciaux ont été qualifiés par l'ANSSI ou le CESG britannique (voir le site de l'ANSSI ou la liste des produits du CESG [139]).

Pour le chiffrement des outils comme GPG, Truecrypt (nb : en fin de vie), dmcrypt-LUKS, Filevault, OpenSSL, etc. peuvent être utilisés.

## Conclusion

Si l'effacement sécurisé fait partie depuis de nombreuses années des règles classiques de sécurité, il convient de revisiter régulièrement les mécanismes pour s'adapter aux évolutions technologiques (dans le cas présent une attention particulière doit être portée aux mémoires flash). En cas de doute sur une méthode, l'approche la plus générale et dont l'usage va en augmentant reste celle de l'approche cryptographique.

# 6

# Sécurité du réseau

La sécurité de l'informatique ne se limite certes pas à celle du réseau, mais il est indéniable que la plupart des incidents de sécurité surviennent par le réseau, et visent le réseau. Aussi, le présent chapitre, qui lui est consacré, est-il le plus copieux du livre. Après un rappel des principes de l'Internet, nous traiterons des réseaux privés virtuels (VPN), du partage de fichiers à distance, des pare-feu, du système de noms de domaines (DNS), des réseaux locaux virtuels (VLAN) et des réseaux sans fil (Wi-Fi).

Les protocoles pair à pair *(peer to peer)* et de téléphonie sur Internet seront abordés au chapitre 12, la détection d'intrusion au chapitre 13, les annuaires au chapitre 8.

## Modèle en couches pour les réseaux

Avant de parler de sécurité des réseaux, il peut être utile de rappeler brièvement le modèle qui sert à les décrire. Le lecteur familier de ces notions peut sans risque passer à la section suivante.

L'architecture en couches a été formulée par le chercheur néerlandais Edsger Wybe Dijkstra (1930-2002) dans un article fameux publié en mai 1968 par les CACM, *"The Structure of the "THE"-Multiprogramming System"* [85], pour représenter des systèmes qui relèvent simultanément de plusieurs niveaux d'abstraction. L'idée est d'isoler chaque niveau d'abstraction pertinent pour le système considéré, de façon à s'en faire une idée plus simple. Le principe de l'architecture en couches peut être rapproché de celui d'*architecture tripartite* que nous avons étudié à la page 158 ; le but en est le même : diviser un problème en sous-problèmes plus simples, isoler différents niveaux d'abstraction.

## Application du modèle à un système de communication

Ainsi, imaginons le système de communication constitué par deux chefs d'État, accompagnés de leurs interprètes respectifs, en train de mener une négociation bilatérale. Chaque chef d'État s'exprime dans sa langue nationale, que nous appellerons respectivement langue A et langue B ; chaque interprète traduit ce que dit son chef d'État en picto-saintongeais, langue diplomatique internationale. Nous pouvons modéliser ce système de communication au moyen de trois couches, illustrées par la figure 6.1 :

- **la couche 3** « négociation » décrit les interactions entre les deux chefs d'État ;
- **la couche 2** « traduction » décrit les interactions entre les interprètes ;
- **la couche 1** « phonologique » décrit les mécanismes physiologiques et physiques en jeu dans la communication verbale entre deux êtres humains.

Chacune de ces couches a sa logique propre, qu'il est possible d'étudier sans se préoccuper des deux autres, bien que la couche 3 ne puisse pas exister sans les couches 2 et 1, ni la couche 2 sans la couche 1.

Lors de leur négociation, les deux chefs d'État respectent un *protocole*, que nous nommerons protocole de la couche 3 : il comporte les règles du savoir-vivre des grands de ce monde, ainsi peut-être que les traités conclus entre les pays dont ils sont les dirigeants.

De leur côté, les interprètes respectent un protocole de couche 2, qui comporte sûrement aussi des règles de savoir-vivre (sans doute un peu moins cérémonieuses que celles de la couche 3), mais surtout le respect des règles de la grammaire du picto-saintongeais et de la sémantique de son lexique, nécessaires à la bonne compréhension entre les négociateurs.

La couche 1 pourrait être décrite en termes de larynx, de cordes vocales, de propagation d'ondes sonores dans l'atmosphère.

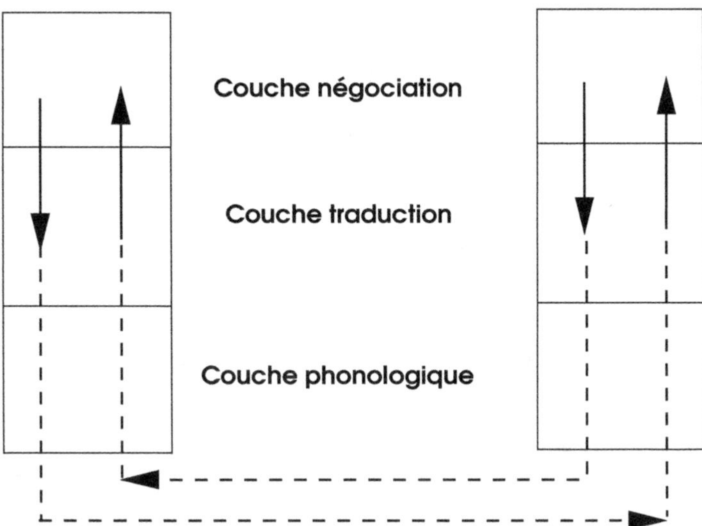


**Figure 6.1 –**
Un système de communication
à trois couches

Notons qu'après avoir prononcé une phrase, disons en langue A, le chef d'État considéré doit attendre que son interprète l'ait traduite en picto-saintongeais, puis que l'interprète de l'autre partie l'ait traduite de picto-saintongeais dans la langue B de l'autre chef d'État, et vice-versa, sans oublier les délais de propagation des sons qui constituent les paroles dans l'atmosphère (dans le vide, sur la lune, ce dispositif échouerait, il faudrait en imaginer un autre).

Alors que les échanges entre deux interlocuteurs d'une couche donnée sont régis par un protocole, les échanges entre un chef d'État et son interprète sont régis par une *interface*, ainsi, de façon générale, que les échanges entre un agent de la couche $n$ et un agent de la couche $n-1$, du même côté de la communication. Pour que la négociation se déroule de façon satisfaisante, il ne faut pas qu'il y ait d'interactions directes entre un agent de la couche $n$ d'une partie et un agent de la couche $n-1$ de l'autre partie : si le chef d'État de langue nationale A s'adresse directement à l'interprète du chef d'État de langue nationale B dans une langue C, différente du picto-saintongeais, langue internationale, on risque l'incident diplomatique.

Mais, quoi qu'il en soit des couches 1 et 2, les diplomates qui rédigeront le communiqué final et les journalistes qui commenteront l'entrevue ne prendront en considération que les échanges de la couche 3, ils *feront abstraction* des échanges des couches basses, pourtant indispensables. Et tel était bien le but poursuivi.

# Modèle ISO des réseaux informatiques

Les réseaux informatiques ont fait l'objet d'une modélisation par l'ISO selon un modèle en sept couches nommé OSI (pour *Open Systems Interconnection*), qui n'a pas eu beaucoup de succès en termes de réalisations effectives, mais qui s'est imposé par sa clarté intellectuelle comme le meilleur outil de conceptualisation des réseaux. La figure 6.2 représente les quatre couches basses du modèle ISO ; les couches 5 à 7 sont moins intéressantes et peu évoquées par la littérature ; mentionnons néanmoins la couche 7, « Application », qui correspond aux logiciels utilisés directement par les utilisateurs, tels que navigateur web, logiciel de courrier électronique ou de connexion à distance.

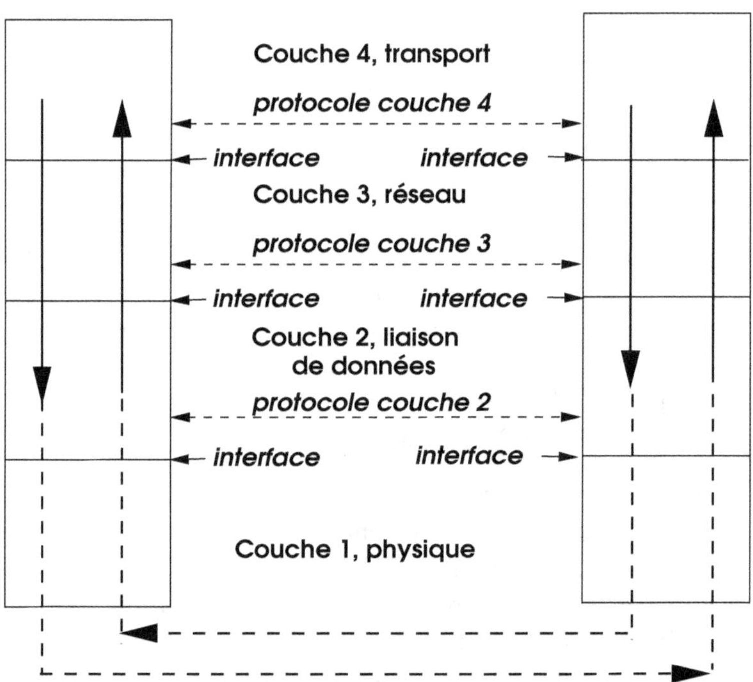


**Figure 6.2 –**
Les quatre couches basses du modèle ISO

La couche 1 concerne la mise en œuvre du support physique de la communication, il s'agit d'électronique et de traitement du signal.

L'objet de la couche 2 (dite *liaison de données*) est d'acheminer de façon sûre des données entre deux stations *(hosts)* directement connectées au même support physique. L'ensemble élémentaire de données véhiculé par la couche 2 s'appelle une *trame.* Chaque station est identifiée sur un support de couche 2 par une adresse dite *adresse MAC* (comme *Medium Access Control*), longue de six octets, généralement enregistrée de façon fixe et définitive dans les circuits de l'interface physique, prise réseau ou antenne Wi-Fi par exemple. C'est pourquoi l'adresse MAC est souvent appelée adresse physique, et qu'elle peut servir à identifier le matériel auquel elle est attachée. Il faut savoir néanmoins qu'une adresse MAC peut être modifiée, ou usurpée par un autre matériel.

La couche 3 (dite *réseau*) envisage deux stations connectées à des réseaux différents, eux-mêmes reliés à d'autres réseaux qui forment un *Internet*. Il faut, à travers un réseau de réseaux interconnectés, un peu comme les réseaux ferroviaires européens entre eux, trouver un itinéraire pour acheminer les données : c'est la question du *routage.* L'ensemble élémentaire de données véhiculé par la couche 3 s'appelle un *paquet.* Chaque station dans un réseau est identifiée par une *adresse réseau*, par exemple sur l'Internet l'adresse réseau est appelée *adresse IP (Internet Protocol).*

La communication entre réseaux, dans un Internet, est assurée par des *routeurs*, qui sont en fait des ordinateurs spécialisés, qui disposent d'au moins deux interfaces réseau, ce qui leur permet d'être connectés à au moins deux réseaux différents, et ainsi de faire passer des paquets d'un réseau à un autre, selon des règles inscrites dans des *tables de routage.*

La couche 4 *(transport)* vise à assurer entre deux stations distantes l'acheminement sûr des données de bout en bout par un itinéraire calculé par la couche 3, soit à établir entre ces deux stations distantes le même type de communication qui serait assuré par la couche 2 si elles partageaient le même support physique, comme si le réseau complexe qui les sépare était un support unique. L'ensemble élémentaire de données véhiculé par la couche 4 s'appelle un *segment.*

Cette abstraction en couches permet de concevoir un réseau comme l'Internet, fondé sur les couches 3 et 4, indépendant des couches basses (1 et 2), et disponible pour toutes sortes d'applications non prévues. Il en a été ainsi parce que les créateurs de l'Internet, qui utilisaient pour construire le réseau une infrastructure téléphonique dont les opérateurs ne leur révélaient pas les caractéristiques internes, ont fait de nécessité vertu : l'architecture qu'ils ont imaginée peut fonctionner « au-dessus » de n'importe quelle infrastructure de communication. C'est ce qui a assuré le succès de l'Internet, et lui a permis, au fil des années, de s'adapter aux nouveaux supports : fibre optique, liaisons satellite, liaisons sans fil, infrarouges, sans que ses protocoles en soient affectés.

> **Pour aller plus loin**
>
> On consultera avec profit à ce sujet la contribution de Jean-François Abramatic, *Croissance et évolution de l'Internet*, [3]. Cf. aussi le livre classique de Katie Hafner et Matthew Lyon, *Where Wizards Stay Up Late – The Origins of the Internet* [129].

# Un modèle de réseau : TCP/IP

## Protocoles IP et TCP

L'Internet est construit autour de son protocole de réseau, IP *(Internet Protocol)*, et de son principal protocole de transport, TCP *(Transmission Control Protocol)*. Le protocole IP correspond à la couche 3 du modèle OSI, la couche réseau. La « pile » TCP/IP (comme une pile de couches... empilées) n'obéit pas strictement à la nomenclature du modèle OSI : elle comporte une couche liaison de données qui englobe les couches 1 et 2 de l'OSI, la couche IP (réseau) correspond à la couche 3 de l'OSI, la couche TCP[1] (transport) correspond à la couche 4 de l'OSI. La couche « applications » englobe tout ce qui relève des couches hautes de l'OSI.

La notion centrale de TCP/IP est la notion d'*adresse*, ou de numéro IP. Chaque interface réseau de chaque ordinateur connecté à l'Internet (ou « nœud » du réseau) est dotée d'une adresse IP *(Internet Protocol)*[2], ou numéro IP, qui, à l'instar d'un numéro de téléphone dans le réseau téléphonique, est unique et permet de l'atteindre depuis n'importe quel autre nœud du réseau, n'importe où dans le monde ; cette adresse sert d'une part à *identifier* une interface réseau, d'autre part à *localiser* l'appareil en question. Dès la conception du protocole IP, en 1973, Louis Pouzin avait attiré l'attention, dans son rapport *Interconnection of Packet Switching Networks* [214], sur l'inconvénient de cette dualité d'usage de l'adresse IP et il avait suggéré l'utilisation de deux identifiants séparés. L'idée ne fut pas retenue, mais Vinton Cerf et Robert Kahn ont reconnu ultérieurement que c'était regrettable.

Le protocole IP comprend l'ensemble des règles et des conventions qui commandent l'acheminement des paquets de données à travers l'Internet. La version

---

1. ... ou UDP, autre couche transport disponible au-dessus d'IP.

2. Dans la pratique quotidienne on a l'habitude de considérer qu'une adresse IP est propre à un ordinateur, parce que le plus souvent chaque ordinateur n'a qu'une seule interface réseau, mais rien n'interdit d'en avoir plusieurs, ne serait-ce qu'une prise RJ45 et une antenne Wi-Fi.

4 du protocole IP, IPv4, la plus utilisée actuellement, comporte des numéros à 32 chiffres binaires. La pénurie de numéros nécessite toutefois de passer à IPv6, avec des numéros à 128 chiffres binaires, pour les mêmes raisons que le réseau téléphonique français a eu des numéros à 6, 7, 8 et maintenant 10 chiffres.

L'architecture de TCP/IP peut être vue sous l'angle suivant. À partir d'un message émis par un utilisateur, chaque couche en partant de la plus haute lui ajoute des en-tête qui contiennent les informations nécessaires à son fonctionnement, ce que montre la figure 6.3.

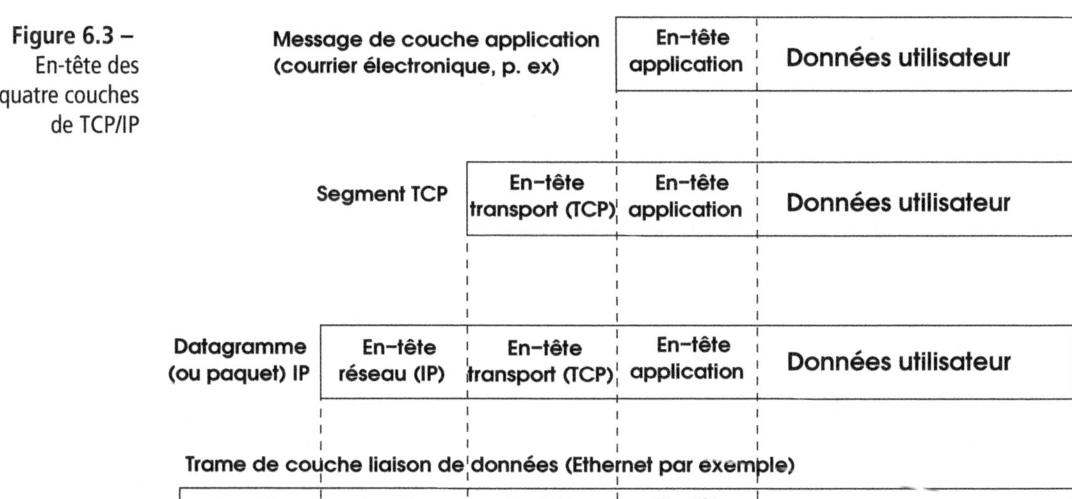


Figure 6.3 – En-tête des quatre couches de TCP/IP

Ainsi, un message électronique sera d'abord doté par votre logiciel de courrier des en-tête applicatifs, en l'occurrence tels que décrits par la RFC 822 révisé en 5322 (ce sont les lignes From :, To :, Subject :, etc. qui figurent en tête des messages). Votre logiciel de courrier mettra également, si besoin est, le contenu de message en forme, toujours afin d'adhérer à ce standard qu'est la RFC 5322. Un message complexe, par exemple mélangeant texte et image, pourra être formaté selon le standard MIME.

> **Vocabulaire : les RFC**
>
> Les *Requests for Comments (RFC)* sont les documents de référence pour le fonctionnement du réseau. Citons ici le nom de Jon Postel, éditeur des RFC depuis la première, en 1969, jusqu'à sa mort en 1998, et auteur ou co-auteur de 204 d'entre elles, ce qui lui a conféré une influence considérable sur la physionomie du réseau. Toutes les RFC sont accessibles par l'URL *(Universal Resource Locator)* http://www.ietf.org/rfc/ ou sur de nombreux sites miroirs. Nous ne saurions trop en conseiller la lecture ; même si la qualité de leur style est inégale, elles fournissent sur l'Internet une information de première main, souvent exposée très clairement, et dont la citation dans les dîners en ville vous assurera une réputation de gourou du réseau.

Après ces transformations, ce message, devenu conforme à la RFC 5322, doit être transporté afin de parvenir jusqu'à son destinataire légitime. Pour cela, votre système de courrier électronique s'appuie sur un autre standard, le protocole SMTP défini dans la RFC 5321 (qui met à jour les RFC 821 et 2821). Le protocole SMTP décrit les échanges qui vont se dérouler entre les parties (le système de messagerie de l'expéditeur et celui du destinataire).

C'est cet ensemble structuré qui représente les « données utilisateur » du protocole SMTP et qui sera découpé en segments TCP, chacun doté de l'en-tête convenable décrit à la figure 6.4.

Chaque segment TCP sera empaqueté dans un ou plusieurs paquets IP, qui possèdent chacun un en-tête, décrit à la figure 6.5 pour la version 4 du protocole IP, et à la figure 6.6 pour la version 6. Et chaque paquet sera expédié sur la couche liaison de données qui correspond au support physique, Ethernet par exemple.

Le protocole réseau IP fournit à la couche transport un service non fiable non connecté de datagrammes. Le terme datagramme signifie que le flux de bits remis par la couche transport (TCP) est découpé en morceaux (les datagrammes) acheminés indépendamment les uns des autres. En général les datagrammes sont transmis en entier sur le réseau, mais le protocole prévoit que tous les segments du réseau n'admettent pas forcément la même taille de données à transmettre, auquel cas il peut arriver qu'un datagramme soit découpé en plusieurs *paquets* ; toutefois, la plupart du temps, un datagramme correspond à un paquet, les deux termes sont quasiment synonymes. Notons cependant que cette possibilité de fragmenter les datagrammes est parfois utilisée par les pirates pour dissimuler leurs attaques.

Par « non fiable » nous entendons que la couche IP ne fournit aucune garantie de remise des datagrammes ni aucun contrôle d'erreur, et par « non connecté » nous entendons que la couche IP ne maintient aucune information d'état sur une

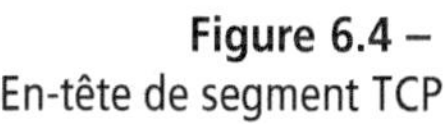

**Figure 6.4 –**
En-tête de segment TCP

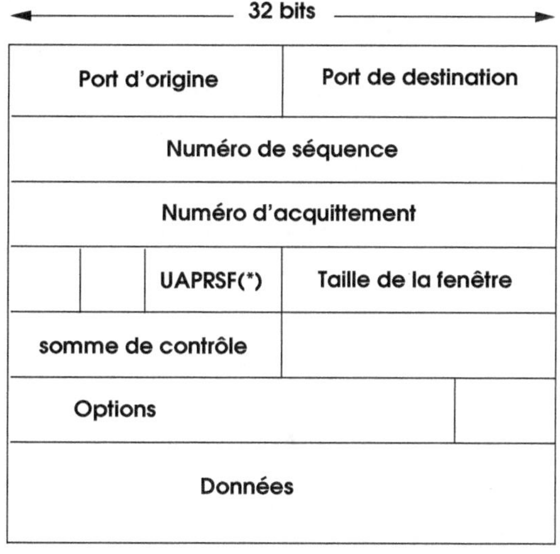


transmission de données en cours, et notamment qu'elle ne garantit pas la remise des datagrammes dans l'ordre dans lequel ils ont été émis.

Ces caractéristiques sont de nature à inquiéter les néophytes, et semblent curieuses, d'autant plus que la couche de liaison de données fournit à la couche réseau, pour chaque segment physique d'un chemin de données utilisé par un datagramme, un service fiable de flux de bits remis dans le bon ordre.

En fait, la couche IP ne fournit pas de contrôle d'erreur parce que de toute façon la couche TCP devra en effectuer, ainsi que la vérification du bon ordre de remise des datagrammes au terminus de la transmission, et que de tels contrôles au niveau de la couche 3 seraient redondants. Son ascétisme et sa désinvolture confèrent à la couche IP la simplicité, la légèreté et la souplesse qui font son efficacité.

## Principes du routage IP

Cette section décrit ce qui se passe avec la version 4 du protocole IP (IPv4) ; les procédés employés par IPv6 peuvent différer, pas dans les grands principes, mais dans les détails techniques (cf. p. 392).

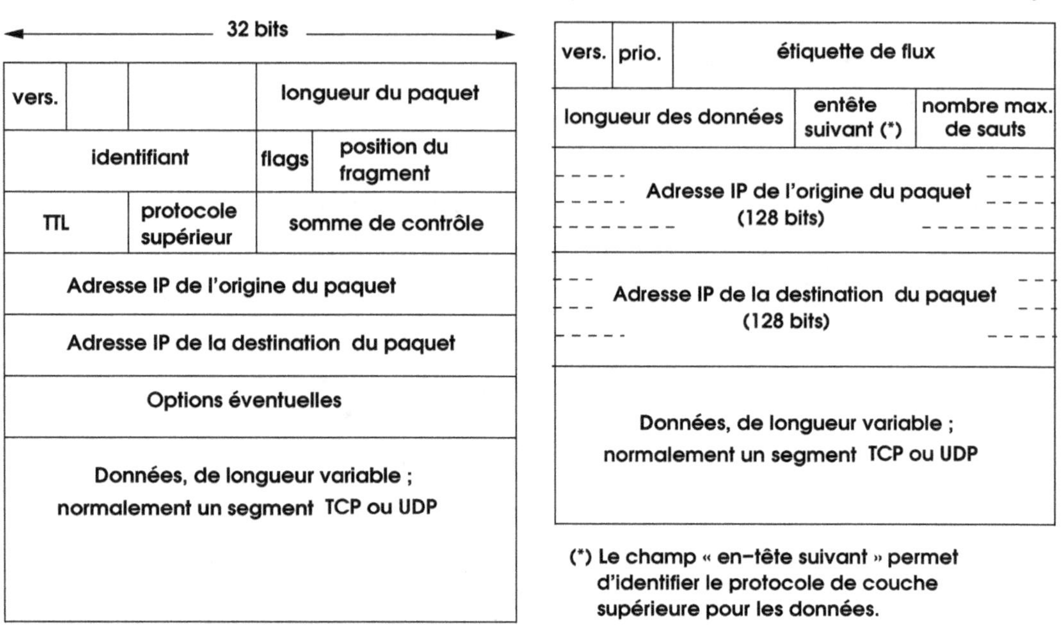

**Figure 6.5 –**
En-tête de paquet IPv4

(*) Le champ « en-tête suivant » permet d'identifier le protocole de couche supérieure pour les données.

**Figure 6.6 –**
En-tête de paquet IPv6

Lorqu'un routeur ou une station connaît l'adresse IP de destination d'un paquet de données, par exemple après avoir posé la question au DNS (voir p. 235), l'algorithme d'émission est le suivant :

- Chaque machine du réseau possède une table de routage qui permet de déterminer, en fonction de l'adresse IP de destination d'un paquet, l'interface réseau à laquelle il faut le remettre. Les stations de travail ordinaires ont en général une seule interface réseau, les routeurs en ont par définition au moins deux.
- Comparer l'adresse de destination du paquet avec chaque entrée dans la table de routage, afin d'en extraire le préfixe « adresse de réseau », dont la longueur est donnée, pour chaque entrée, par un masque.
- Trouver ainsi dans la table de routage l'adresse de réseau qui correspond le mieux à notre adresse de destination. Quatre cas sont possibles :

1. l'adresse du réseau de destination figure dans la table de routage et y correspond à un réseau directement connecté au nœud local : il y a remise directe du datagramme sur ce réseau par l'interface désignée et le routage est fait (il faudra encore traduire l'adresse IP en adresse MAC par le protocole ARP *(Address Resolution Protocol)*), cf. la section suivante « Remise des paquets sur réseau local : le protocole ARP » ;
2. le réseau de destination figure dans la table de routage et le moyen de l'atteindre qui y est mentionné est l'adresse d'un routeur : le datagramme est transmis à ce routeur selon l'algorithme vu pour le cas précédent ;
3. le réseau de destination ne figure pas dans la table de routage, mais la table mentionne un routeur par défaut : le datagramme est transmis à ce routeur ;
4. tout autre cas déclenche une erreur de routage (le trop célèbre message `Network is unreachable`).

## Remise des paquets sur réseau local : le protocole ARP

Le rôle du protocole ARP *(Address Resolution Protocol)* est d'assurer la délivrance des paquets de données sur un réseau local (typiquement 802.nn, soit Ethernet ou Wi-Fi), ce qui demande de connaître l'adresse MAC de l'interface réseau qui correspond à l'adresse IP du destinataire. C'est un protocole IPv4, ce problème est résolu en IPv6 selon une méthode différente dont on trouvera la description au chapitre 12, p. 392.

Le principe du protocole ARP est le suivant : la station qui possède une adresse IP et veut connaître l'adresse MAC correspondante (cela ne marche qu'au sein d'un même réseau local, de type Ethernet par exemple) envoie en diffusion générale à toutes les stations du réseau un message qui comporte l'adresse IP en question. La station qui possède cette adresse IP se reconnaît et répond « C'est moi, et voici mon adresse MAC. »

Ce protocole pose bien sûr un problème de sécurité connu sous le nom d'*ARP spoofing* (littéralement, « bidonnage ARP »), qui permet d'effectuer une pollution de cache ARP *(ARP cache poisoning)*. En effet, comme toutes les stations du réseau local reçoivent le message ARP, rien n'empêche un pirate de répondre à la place du destinataire authentique et de donner sa propre adresse MAC, ce qui lui permettra de recevoir les communications qui ne lui sont pas destinées. Il est difficile de parer une attaque de ce type, mais elle n'est pas facile à réaliser discrètement, puisqu'il faut être connecté au réseau local.

Il existe des mesures pour parer à cette attaque, comme des tables d'allocation statique des adresses MAC aux ports du commutateur (ce qui demande une bonne maîtrise du parc, à peu près impossible dans un contexte avec beaucoup d'intervenants extérieurs équipés de portables) ou le *Dynamic ARP Inspection* (vérification entre autres de la cohérence des adresses par rapport à la base fournie par le serveur DHCP, l'implémentation varie selon les constructeurs).

# Les réseaux privés virtuels (VPN)

Au chapitre 4 p. 101, nous avons décrit l'usage de techniques cryptographiques pour le chiffrement de messages individuels, mais ce n'est en aucun cas le seul usage de cette technique. On peut imaginer, et c'est de plus en plus ce qui sera réalisé, le chiffrement systématique de toutes les communications en réseau.

Si l'on procède ainsi, chiffrer message par message serait très inefficace : on choisira plutôt de chiffrer le flux de l'ensemble du trafic sur un ou plusieurs itinéraires donnés, cela constituera un *réseau privé virtuel*, (VPN – *Virtual Private Network*). Il s'agira par exemple d'établir un canal chiffré entre deux nœuds quelconques de l'Internet, ces nœuds pouvant eux-mêmes être des routeurs d'entrée de réseaux. On aura ainsi établi une sorte de tunnel qui, à travers l'Internet, reliera deux parties éloignées l'une de l'autre du réseau d'une même entreprise pour donner l'illusion de leur contiguïté. Mais le chiffrement permet aussi d'établir un VPN personnel pour un utilisateur, par exemple entre son ordinateur portable et le réseau local de l'entreprise.

---

**Encapsulation, tunnel, inspection en profondeur**

Les premières pages de ce chapitre nous ont familiarisés avec les notions de protocole, de paquet, de segment et d'en-tête. Munis de ce savoir, posons-nous le problème suivant : il faut acheminer les échanges relatifs à un protocole A au travers d'un réseau R qui n'autorise pas ce protocole. C'est possible en utilisant un protocole autorisé, appelons-le B ; à l'entrée du réseau R qui refuse le protocole A, je place les paquets complets de A, munis de leurs en-têtes, comme des données de paquets B, munis des en-têtes B ; à la sortie de ce réseau j'extraierai les paquets A, qui pourront continuer leur chemin. Pour que cela marche, il aura bien sûr fallu que je mette en place quelques conventions qui me permettent de retrouver mes paquets A à la sortie. Cette opération s'appelle *encapsulation* de A dans B. En encapsulant le protocole A dans le protocole B, nous avons réalisé un *tunnel* pour le protocole A au travers du réseau R inhospitalier.

Maintenant le travail des ingénieurs de sécurité du réseau R, dont la mission est d'empêcher le transit du protocole A à travers R, est plus difficile. Avant le tunnel, il leur suffisait de bloquer le numéro de port caractéristique du protocole A. Désormais, il leur faut configurer un logiciel de détection d'intrusion qui va examiner le contenu de tous les paquets, y compris ceux de protocoles autorisés comme B, pour voir si les données ne sont pas des paquets A encapsulés. Ce travail d'examen des données contenues dans les paquets se nomme *inspection en profondeur*.

L'encapsulation de protocole utilise fréquemment des protocoles universellement autorisés, comme HTTP (Web, port 80) ou le DNS (port 53).

On remarquera que le fonctionnement normal du réseau comporte déjà l'encapsulation de chaque protocole en partant du haut de la pile dans le protocole de la couche immédiatement inférieure, par exemple de TCP dans IP. Mais rien n'empêche d'encapsuler un flux IP dans TCP. Naguère, du temps du réseau Transpac, on encapsulait IP dans X25, protocole étranger à l'Internet.

## Principes du réseau privé virtuel

Le chiffrement est généralement utilisé pour les VPN de la façon suivante : l'algorithme de Diffie-Helmann est utilisé pour procéder au choix d'un secret partagé, qui constituera une clé de session pour chiffrer le trafic, et qui sera renouvelé à intervalles réguliers.

Il y a en revanche une assez grande variété de solutions pour introduire le VPN dans l'architecture du réseau :

- **Couche 3** : introduire le VPN au niveau de la couche réseau (n° 3 du modèle ISO) semble la solution la plus logique : il s'agit bien de créer un *réseau virtuel*, après tout. C'est la solution retenue par la pile de protocoles désignés collectivement par l'acronyme IPsec, que nous décrirons à la section suivante. Les protocoles IPsec sont implantés dans le noyau du système d'exploitation, ce qui assure une plus grande sûreté de fonctionnement (face aux attaques notamment) et de meilleures performances (un protocole implanté en espace utilisateur passe son temps à recopier des tampons de mémoire entre l'espace noyau et l'espace utilisateur).
- **Couche 4** : La disponibilité de bibliothèques SSL/TLS (pour *Secure Socket Layer/Transport Layer Security*, décrites ci-dessous p. 207) à la mise en œuvre facile a encouragé le développement de VPN de couche 4 (transport), comme *OpenVPN* ou les tunnels SSL[3]. *OpenVPN*, par exemple, établit un

---

3. `http://openvpn.net/`

tunnel entre deux stations, et par ce tunnel de transport il établit un lien réseau, chaque extrémité recevant une adresse IP.

- **Couche 7** : Le logiciel SSH *(Secure Shell)*, qui comme son nom l'indique est un client de connexion à distance chiffrée, donc de couche 7, permet de créer un tunnel réseau.
- **Couche 2** : Mentionnons ici, pour mémoire, les réseaux locaux virtuels (VLAN), que nous étudierons plus en détail à la page 252 : il ne s'agit pas à proprement parler de VPN, mais ils ont souvent un même usage : regrouper les stations d'un groupe de personnes qui travaillent dans la même équipe sur un réseau qui leur soit réservé, séparé des réseaux des autres équipes. Et on peut même encapsuler un VLAN (couche 2) dans des paquets UDP de couche 4, c'est le protocole *Virtual Extensible LAN*[4] (VXLAN), indispensable avec l'informatique en nuage[5].

  L2TP *(Layer Two Tunneling Protocol)*, comme son nom l'indique, encapsule une liaison de couche 2 (liaison de données) sur un lien réseau (couche 3).

## IPsec

IPsec désigne un ensemble de RFC destinées à incorporer les techniques de chiffrement (et d'autres, relatives aussi à la sécurité) au protocole IP lui-même, plutôt que d'avoir recours à des solutions externes. IPv6 a été conçu pour *pouvoir* comporter d'emblée toutes les spécifications IPsec, qui sont aussi disponibles pour IPv4.

IPsec comporte essentiellement deux protocoles :

- le protocole AH *(Authentication Header)* assure l'authenticité et l'intégrité des données acheminées ; c'est un protocole réseau, de couche 3 donc, que l'on peut voir comme une option d'IP ;

---

4. Cf. `http://vincent.bernat.im/fr/blog/2012-multicast-vxlan.html`

5. En effet la possibilité, offerte par l'informatique en nuage *(cloud computing)*, que la machine virtuelle chargée d'effectuer votre travail se déplace subitement à l'autre bout de la planète crée un dilemme : soit elle se déplace dans la couche 3, et elle change alors de réseau, donc d'adresse IP, et si elle abrite votre serveur web vous perdez vos visiteurs, ou alors elle se déplace dans la couche 2, mais cela impose une infrastructure de niveau 2 transcontinentale, ce qui est impraticable à cause de la taille excessive de la table d'adresses MAC (de couche 2) et des problèmes de sécurité entraînés par la non-segmentation d'un réseau tellement vaste. VXLAN est une des solutions possibles du dilemme. NVGRE *(Network Virtualization using Generic Routing Encapsulation)* est une proposition alternative.

• le protocole de transport ESP (couche 4) *(Encapsulating Security Payload)* assure la confidentialité et l'intégrité des données, leur authenticité étant assurée de façon optionnelle.

Avec l'un ou l'autre de ces protocoles, IPsec peut fonctionner en *mode transport* ou en *mode tunnel* :

• en mode tunnel chaque paquet IP est encapsulé dans un paquet IPsec lui-même précédé d'un nouvel en-tête IP ;
• en mode transport un en-tête IPsec est intercalé entre l'en-tête IP d'origine et les données du paquet IP.

La figure 6.7 illustre ces différentes possibilités.

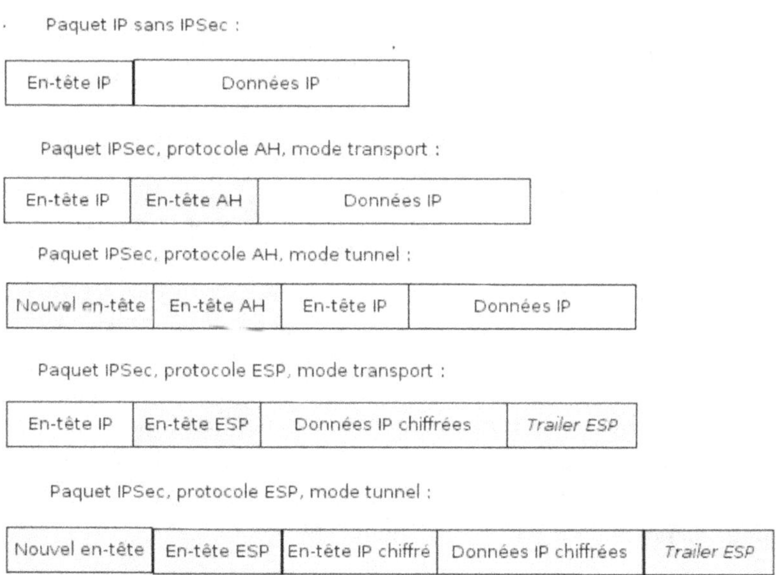


**Figure 6.7 –**
Protocoles et modes IPsec

Les protocoles AH et ESP sont complétés par le protocole d'échange de clés IKE *(Internet Key Exchange)*, défini dans la RFC 2409, et par le protocole de gestion de clés ISAKMP *(Internet Security Association and Key Management Protocol)*, défini dans la RFC 2408. Selon certains experts du réseau, ISAKMP serait un protocole irrémédiablement mal conçu.

ISAKMP est censé faciliter un grand déploiement mais n'est pas nécessaire à IPsec.

On l'aura compris, IPsec est une usine à gaz, son implémentation complète est de ce fait difficile ; néanmoins il est assez largement répandu aujourd'hui (2016).

## Autres réseaux privés virtuels

À côté d'IPsec, il existe d'autres procédés pour créer des réseaux privés virtuels, intégrés à TCP/IP de façon peut-être moins satisfaisante, mais plus pratique.

1. L2TP (*Layer Two Tunneling Protocol*, RFC 2661), comme son nom l'indique, encapsule une liaison de couche 2 (liaison de données) sur un lien réseau (couche 3), ce qui permet à un PC distant d'avoir accès au réseau de son entreprise comme s'il était connecté au réseau local, et ainsi d'avoir accès aux serveurs de fichiers, aux imprimantes, etc.

2. MPLS (*Multi-Protocol Label Switching*, RFC 2547) est un protocole de niveau 3 (réseau) qui permet d'établir un tunnel privé au sein d'un réseau public ; il est surtout utilisé par les fournisseurs d'accès à l'Internet pour proposer à leurs clients un moyen de créer un réseau privé entre plusieurs sites d'une même entreprise.

3. Mentionnons également des procédés pour créer des tunnels dits « IP dans IP » (couche 3, réseau) par divers procédés, ou encore les réseaux virtuels créés au moyen de TLS *(Transport Layer Security)*, qui, comme son nom l'indique, est une version de la couche 4 renforcée du point de vue de la sécurité.

Aujourd'hui, la plupart des VPN effectivement en fonction appartiennent à la dernière catégorie de la liste ci-dessus. Il existe des boîtiers qui contiennent des systèmes tout configurés, qu'il suffit de placer derrière les routeurs d'entrée de réseau pour disposer d'un VPN entre deux sites.

Il convient, avant de clore cette section, de signaler que si la technique des réseaux locaux virtuels *(Virtual Local Area Network, VLAN)* vise un objectif en principe assez différent de celui des VPN, elle peut dans certains cas être envisagée comme une solution de substitution. Nous évoquerons cette technique plus loin p. 252.

# Le protocole SSL/TLS

Le protocole *Secure Socket Layer* (SSL) a été développé au sein de la société *Netscape Communications*, principalement sous l'impulsion de Taher Elgamal, pour faciliter les transactions sécurisées sur Internet et donc l'essor du e-commerce. Les objectifs de sécurité initiaux de SSL sont facilement identifiables :

- **Confidentialité** : un client ne veut révéler ses informations bancaires à personne d'autre qu'au destinataire du paiement ;
- **Intégrité** : un client veut s'assurer d'envoyer et de recevoir des données intègres depuis l'application de e-commerce afin de ne pas par exemple être amené à payer 2 fois le même article ;
- **Authentification** : un client veut s'assurer qu'il envoie ses données bancaires à l'application de e-commerce et non pas à un tiers malveillant se faisant passer pour celle-ci.

Ces objectifs de sécurité doivent être satisfaits en dépit du fait que les données transitent sur un réseau potentiellement sous le contrôle d'un tiers malveillant.

Si SSL 2.0 a été la première version publique du protocole, elle a été rapidement remplacée par SSL 3.0 en raison de nombreuses vulnérabilités et failles de sécurité. En 1999 l'*Internet Engineering Task Force* (IETF) standardise le protocole SSL 3.0 dans la RFC 2246 [274] et le nomme TLS 1.0. Depuis, deux versions ont vu le jour : TLS 1.1 en Avril 2006 et TLS 1.2 en août 2008. La prochaine version du protocole, TLS 1.3, est en cours de discussion au sein de l'IETF et sera probablement publiée courant 2016.

Ces mises à jour du protocole répondent à deux besoins principaux : d'une part offrir de nouvelles fonctionnalités et d'autre part corriger les erreurs du passé ayant mené à des vulnérabilités voire à des failles de sécurité.

TLS étant un protocole déployé à très grande échelle, il est une cible de choix. Ceci est confirmé par la longue liste d'attaques qui accompagnent son développement [34, 18, 282]... Ces attaques sont aussi variées que peuvent l'être les objectifs et les moyens des attaquants. On trouve des attaques sur la logique du protocole, d'autres s'appuient sur des erreurs de conception cryptographique, d'autres encore combinent les deux précédentes. On voit aussi apparaître des attaques résultant d'erreurs d'implémentation ou de configuration. Si on ajoute à cela les attaques sur les infrastructures à clé publique il n'est par surprenant de voir que les implémentations les plus déployées de TLS reçoivent plusieurs mises à jour de sécurité critiques par an.

# Objectifs de sécurité

SSL/TLS est un protocole réseau destiné à rendre des services de sécurité de manière transparente aux applications qui communiquent par Internet. SSL/TLS prétend garantir la sécurité *de bout en bout* en fournissant aux deux points de terminaison de la connexion :

- l'**authentification** des points de terminaison de la connexion par l'utilisation de certificats électroniques ;
- la **confidentialité** des données échangées entre les points de terminaison de la connexion ;
- l'**intégrité** des données échangées entre les points de terminaison de la connexion ;
- la **protection contre le rejeu** des données échangées entre les points de terminaison de la connexion.

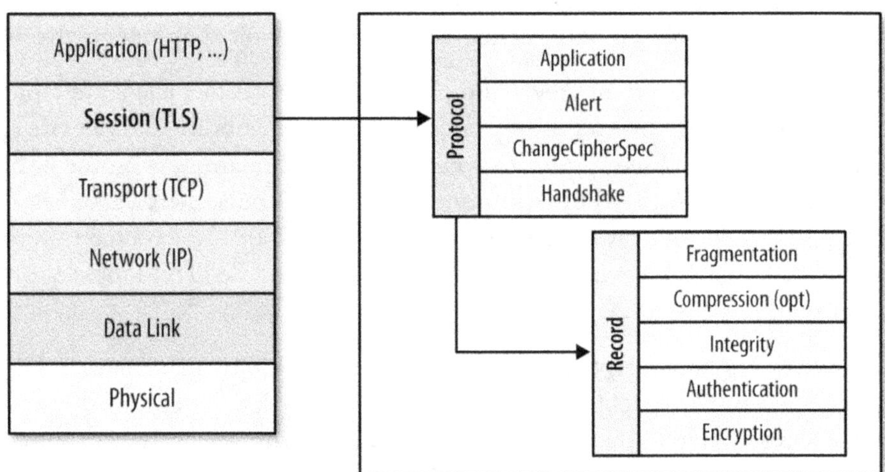


**Figure 6.8 –** TLS et ses sous-protocoles dans le modèle OSI

En accord avec le modèle réseau OSI on s'appuie sur les propriétés du protocole sous-jacent TCP qui permet de s'abstraire des problématiques liées à la disponibilité et au fonctionnement du réseau Internet. On observe cela sur la figure 6.8.

# Architecture de confiance

Les objectifs de sécurité énoncés plus hauts reposent sur la vérification de l'identité des points de terminaison de la connexion. En général cette étape de validation est effectuée au moyen de certificats électroniques au format X.509 [141] (cf. p. 306 pour une description du format et de la fonction des certificats X.509) signés par une autorité de certification de confiance.

Le processus de validation est le suivant : un point de terminaison de la connexion prouve son identité en effectuant une opération cryptographique que lui seul peut faire mais qui est publiquement vérifiable en utilisant son certificat. L'architecture qui permet de délivrer des certificats électroniques signés par une autorité de certification et ainsi de vérifier l'identité d'un point de la terminaison est appelée une *Infrastructure de gestion de clés*[6] (IGC) [142] ; la structure et le fonctionnement des IGC sont abordées en détail au chapitre 8 p. 301.

Dans le contexte de la sécurisation des échanges web (cf. HTTPS) qui est le cas d'usage le plus courant du protocole TLS on demande généralement au serveur de s'identifier et de s'authentifier auprès du client en utilisant un certificat tandis que le client s'authentifie auprès du serveur en utilisant des méthodes indépendantes de TLS comme une paire identifiant/mot de passe.

# Structure de TLS

SSL/TLS est un méta-protocole puisqu'il définit plusieurs sous-protocoles permettant la protection du lien de communication et est construit sur une architecture à deux phases :

- une phase de négociation appelée **Handshake** qui permet de décider entre autres choses la version de SSL/TLS utilisée, les algorithmes cryptographiques choisis, par les points de terminaison de la connexion. Cette phase permet également l'établissement d'un secret partagé ;
- une phase de communication appelée **Application** qui permet d'échanger de manière sécurisée les données applicatives entre les points de terminaison de la connexion.

La complexité du protocole TLS vient en partie de sa modularité et de la possibilité offerte de négocier un nombre toujours croissant de primitives cryptographiques.

---

6. *Public Key Infrastructure* (PKI) en anglais

Au plus bas niveau on trouve le sous-protocole **Record** qui accepte des chaînes d'octets et les découpe en blocs qui sont transmises au protocole TCP. Les 4 sous-protocoles suivants s'appuient sur le sous-protocole **Record**, on les présente dans leur ordre d'apparition dans une session TLS classique :

- **Handshake** ;
- **ChangeCipherSpec** ;
- **Application** ;
- **Alert**.

## Les sous-protocoles de TLS en détail

### Record

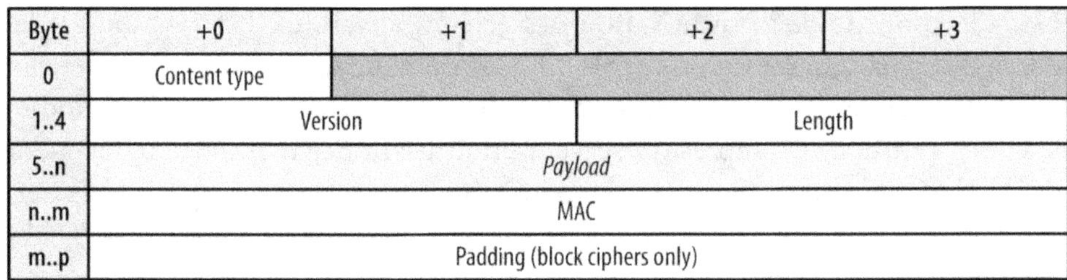

Figure 6.9 – Structure d'un Record TLS

| Byte | +0 | +1 | +2 | +3 |
|---|---|---|---|---|
| 0 | Content type | | | |
| 1..4 | Version | | Length | |
| 5..n | Payload | | | |
| n..m | MAC | | | |
| m..p | Padding (block ciphers only) | | | |

Ainsi qu'expliqué plus haut, le sous-protocole **Record** encapsule tous les autres protocoles TLS et fournit une couche d'abstraction pour le chiffrement, la protection en intégrité et la compression.

La taille maximale d'un **Record** comme indiqué figure 6.9 est de $2^{14}$ octets qui excluent les champs obligatoires `Content Type`, `Version` et `Length`. Un **Record** peut optionellement être chiffré, protégé en intégrité *via* l'utilisation d'un motif d'intégrité cryptographique et compressé *via* un algorithme de compression sans perte ainsi qu'indiqué sur le schéma ci-dessous.

### Handshake

Toute connexion TLS débute par l'exécution obligatoire du sous-protocole **Handshake**. Il est également possible d'exécuter le protocole **Handshake** à l'intérieur d'un canal TLS déjà établi ce qui peut servir à renouveler le secret partagé ou pour préserver l'anonymat des participants puisque la présentation des certificats se fera *via* un canal déjà protégé en confidentialité.

Le sous-protocole **Handshake** définit l'ensemble des interactions nécessaires pour négocier un nouvel ensemble d'algorithmes cryptographiques, de paramètres ainsi qu'un secret partagé.

Les paramètres de sécurité pertinents sont détaillés dans le tableau ci-dessous.

La figure 6.10 p. 212 représente les messages échangés lors du déroulement d'une **Handshake** complète que l'on détaille ci-après. Les messages optionels sont indiqués entre parenthèses.

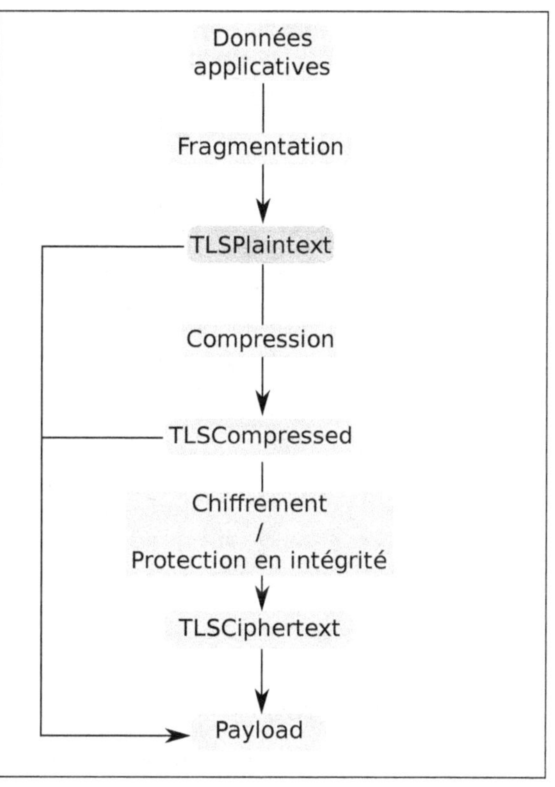


Types de données

| Paramètre | Description |
| --- | --- |
| entity | Définit le rôle (client ou serveur) |
| bulk_cipher_algorithm | Algorithme de chiffrement |
| cipher_type | Définit le type de chiffrement (flot ou bloc) |
| key_size | La taille de la clé négociée |
| mac_algorithm | L'algorithme de génération de motifs d'intégrité cryptographique |
| hash_size | La taille de la sortie de la fonction de condensation |
| compression_algorithm | L'algorithme de compression |
| master_secret | Secret partagé de la session |
| client_random | Aléa fourni par le client pour ce canal TLS |
| server_random | Aléa fourni par le serveur pour ce canal TLS |

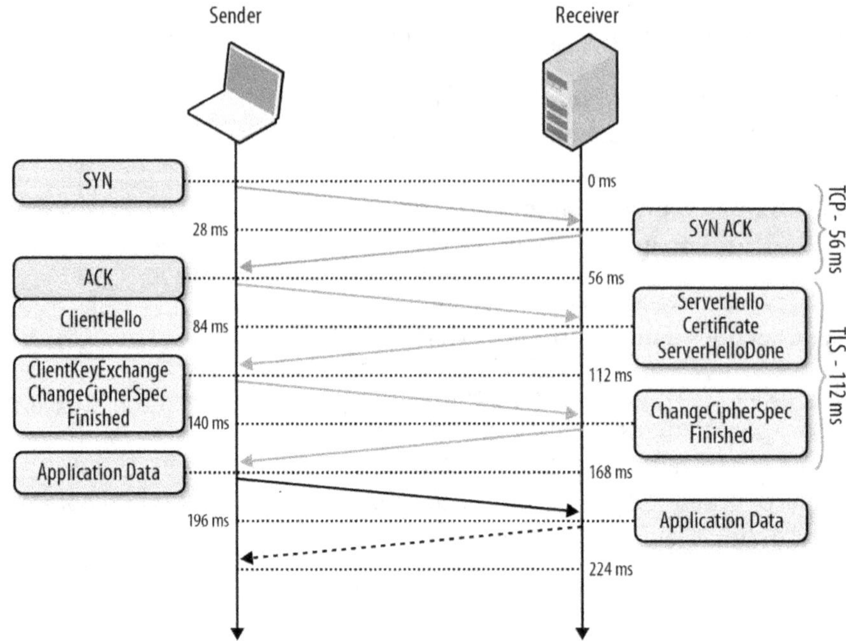


**Figure 6.10 –** Handshake TLS

### *(HelloRequest)*

Ce message peut être envoyé par le serveur à tout moment et a pour but de demander au client d'initier une nouvelle **Handshake**. Ce message peut être ignoré par le client.

### *ClientHello*

Généralement le premier d'une **Handshake,** le message **ClientHello** est envoyé par le client et indique au serveur :

- l'ensemble des **ciphersuite**s supportées par le client ;
- la version du protocole SSL/TLS la plus récente supportée ;
- les algorithmes de compression supportés ;
- 32 octets aléatoires ;
- optionnellement les extensions supportées.

### *ServerHello*

Le message **ServerHello** qui suit le message **ClientHello** est envoyé par le serveur et indique au client :

- la **ciphersuite** choisie ;
- la version du protocole SSL/TLS choisie ;
- l'algorithme de compression choisi ;
- 32 octets pseudo-aléatoires ;
- optionnellement les extensions supportées.

### *(Certificate)*

Le message **Certificate** est typiquement envoyé par le serveur après le message **ServerHello**. Le client ne doit en envoyer un que si le serveur en fait la demande. Ce message est optionnel si la **ciphersuite** choisie est anonyme. Il contient une chaîne de certification commençant au certificat de l'émetteur au format X.509 (cf. p. 306 pour l'explication des certificats X.509) et se termine par un certificat d'une autorité de certification qui est autosigné.

### *(ServerKeyExchange)*

Le message **ServerKeyExchange** est optionnellement envoyé par le serveur au client si la **ciphersuite** choisie comporte :

- un protocole d'échange de clés Diffie-Hellman [84] qui implique donc une contribution du serveur ;
- un protocole d'échange de clés RSA [229] avec une clé publique temporaire qui doit donc être envoyée au client.

Il contient des données permettant au client de calculer un premier secret partagé. Ces données sont signées sauf si la **ciphersuite** choisie est anonyme.

### *(CertificateRequest)*

Le message **CertificateRequest** est envoyé par le serveur et indique au client qu'il doit envoyer son certificat X.509 pour obtenir l'authentification mutuelle des participants.

### *ServerHelloDone*

Le message **ServerHelloDone** est envoyé par le serveur et indique au client que la partie serveur du protocole d'échange de clés est terminée.

### ClientKeyExchange

Le message **ClientKeyExchange** est envoyé par le client et représente la contribution du client au protocole d'échange de clés permettant partager le secret symétrique. Selon la **ciphersuite** choisie le contenu du message varie :

- si l'algorithme d'échange de clés choisi est RSA [229] alors le message est un secret choisi par le client puis chiffré (avec RSA) en utilisant la clé publique du serveur (celle du certificat reçue ou celle reçue dans le message **ServerKeyExchange**) ;
- si l'algorithme d'échange de clés choisi est Diffie-Hellman statique alors la partie publique de l'échange de clés est contenue dans le message **Certificate** envoyé par le client ;
- si l'algorithme d'échange de clés choisi est Diffie-Hellman éphémère alors la partie publique de l'échange de clés constitue le contenu du message.

### (CertificateVerify)

Le message **CertificateVerify** est envoyé par le client si ce dernier s'est engagé dans une authentification mutuelle et indique au serveur que le client possède bien le secret associé au certificat reçu. Cette preuve est une signature sur l'ensemble des messages échangés jusque-là.

### Finished

Le message **Finished** est envoyé pour indiquer la fin de la phase **Handshake**. Après la réception d'un message valide le client et le serveur sont prêts à échanger des données applicatives et c'est le début de la phase **Application**. Les messages **Finished** interviennent après le **ChangeCipherSpec** et sont les premiers messages qui sont protégés par les algorithmes négociés au cours de la **Handshake**. Ce message permet de vérifier l'accord sur :

- l'ensemble des données échangées au cours de la **Handshake** ;
- les clés cryptographiques négociées.

À partir du secret partagé, une paire de clés symétriques (confidentialité et authentification) est générée par sens de communication de manière classique.

- si l'algorithme d'échange de clés choisi est RSA [229], alors le message contient un secret partagé choisi par le client puis chiffré (avec RSA) en utilisant la clé publique du serveur (celle du certificat reçu, ou celle reçue dans le message **ServerKeyExchange**) ;

- si l'algorithme d'échange de clés choisi est Diffie-Hellman statique alors la partie publique de l'échange de clés est contenue dans le message **Certificate** envoyé par le client ;
- si l'algorithme d'échange de clés choisi est Diffie-Hellman éphémère alors la partie publique de l'échange de clés constitue le contenu du message.

## ChangeCipherSpec

Le sous-protocole **ChangeCipherSpec** consiste en un unique message qui indique que le point de terminaison de la connexion TLS qui envoie ce message utilisera à partir de ce moment les algorithmes négociés au cours de la phase **Handshake**. Le point de terminaison recevant ce message sait que tous les messages échangés après la réception du **ChangeCipherSpec** seront protégés.

## Application

Les données applicatives $D$ sont d'abord protégées en intégrité par un motif d'intégrité cryptographique puis on leur ajoute un bourrage (si nécessaire) et finalement la chaîne d'octets $D||MAC||PAD||PADLEN$ est chiffrée pour obtenir $C$. L'entrée de la fonction de génération de motifs d'intégrité cryptographique contient un compteur non transmis qui permet d'éviter le rejeu des données.

Pour éviter un certain nombre d'attaques la procédure de déchiffrement doit se dérouler comme suit :

1. déchiffrement de $C$ ;
2. vérification de la validité du bourrage ;
3. vérification de la validité du motif d'intégrité cryptographique.

Les erreurs rencontrées au cours de cette procédure de déchiffrement ne doivent pas être distinguables et doivent donc masquer à la fois leur type et le moment exact de leur occurrence. Cela nécessite un soin partculier lors de l'implémentation puisque ce processus doit s'exécuter en temps constant. Il existe de nombreuses attaques qui exploitent des écarts à ce comportement idéal comme par exemple les résultats de Bleichenbacher [34], Bardou *et al.* [18] et Al Fardan *et al.* [10].

## Alert

Le protocole **Alert** est utilisé pour communiquer les erreurs de différents types et sévérités. Pour distinguer les erreurs tolérables des erreurs critiques le protocole TLS définit deux types d'erreurs :

- `warning`;
- `fatal`.

Les erreurs de type `fatal` entraînent une terminaison immédiate de la connexion.

## Panorama des attaques sur SSL/TLS

Comme mentionné dans l'introduction, les attaques sur le protocole SSL/TLS sont aussi variées que peuvent l'être les objectifs et les moyens des attaquants. On trouve des attaques sur la logique du protocole, d'autres s'appuient sur des erreurs au niveau des choix cryptographiques, d'autres encore combinent les deux précédentes. Ces attaques ont généralement un impact important car toutes les librairies SSL/TLS sont impactées par ces attaques.

On découvre également des attaques résultant d'erreurs d'implémentation ou de configuration. On pourrait espérer que les erreurs d'implémentation n'impliquent que le faible nombre d'utilisateurs utilisant cette librairie malheureusement l'écosystème des librairies publiquement disponibles implémentant le protocole SSL/TLS étant réduit, toute vulnérabilité découverte impacte un grand nombre d'utilisateurs.

Les implémentations majeures du protocole SSL/TLS sont les suivantes :

- OpenSSL (`https://www.openssl.org`) est la librairie SSL/TLS la plus utilisée par les serveurs Internet;
- SChannel est la librairie SSL/TLS utilisée par les produits Microsoft;
- Secure Transport est la librairie SSL/TLS utilisée par les produits Apple;
- NSS est la librairie SSL/TLS utilisée par les produits Mozilla (Firefox, Thunderbird…) et Google Chrome;
- cryptlib (`www.cryptlib.com`) est principalement utilisée dans le secteur bancaire;
- GnuTLS (`www.gnutls.org`) est une librairie libre principalement utilisée dans des projets *open source*;
- JSSE est une extension du langage permettant aux applications Java de bénéficier de services SSL/TLS;
- MatrixSSL (`www.matrixssl.org`) est principalement utilisé pour fournir des services SSL/TLS à des environnements embarqués;
- mbedSSL (`tls.mbed.org`), le successeur de PolarSSL, récemment racheté par ARM, est principalement utilisée pour fournir des services SSL/TLS à des environnements embarqués;

- LibreSSL (www.LibreSSL.org) est un *fork* d'OpenSSL destiné à la distribution OpenBSD (www.openbsd.org).

## Failles protocolaires

Tel que décrit dans les RFC, le protocole SSL/TLS est parfois sous-spécifié voire même ambigu. Il n'est donc pas surprenant que l'on découvre au fil des ans de nouvelles attaques sur la logique du protocole.

Dans cette catégorie on trouve par exemple les attaques décrites par Wagner *et al.* dans [287]. L'attaque dite de *version rollback* permet à un attaquant de forcer l'utilisation du protocole SSL 2.0 même si les deux points de terminaison de la connexion supportent le protocole SSL 3.0 en profitant du fait que tous les messages du sous-protocole **Handshake** ne sont pas authentifiés. L'attaque dite de *ChangeCipherSpec message drop* permet à un attaquant de ne pas déclencher l'utilisation de la **ciphersuite** négociée au cours du sous-protocole **Handshake** en supprimant le message **ChangeCipherSpec**.

Bhargavan *et al.* ont également découvert [28] une attaque sur le sous-protocole **Alert** permettant à un attaquant de transformer une erreur de type fatal (qui devrait donc causer la clôture immédiate de la connexion) en une erreur de type warning (qui peut être ignorée).

## Failles cryptographiques

Les attaques sur des failles cryptographiques peuvent être le résultat de progrès de la communauté scientifique en cryptanalyse comme c'est le cas pour l'attaque décrite par Al Fardan *et al.* [12] qui exploite les biais de l'algorithme RC4 pour déchiffrer le contenu normalement protégé du sous-protocole **Application**. Cependant des vulnérabilités découlent également d'une mauvaise utilisation de primitives cryptographiques sûres comme l'illustre la fameuse attaque *B.E.A.S.T.*[7]. Cette attaque s'appuie sur une mauvais utilisation du mode d'opération CBC et permet de déchiffrer du trafic en principe protégé par le sous-protocole **Application**.

Toutes les attaques de la famille *Padding Oracle* exploitent la capacité d'un attaquant à distinguer, soit *via* des messages d'erreurs, soit *via* des différences de temps d'exécution les réactions d'un point de terminaison à la réception de messages manipulés par celui-ci et d'en déduire des informations sur les messages échangés. On

---

7. *Browser Exploit Against* SSL/TLS.

trouve dans cette famille les attaques sur le sous-protocole **Handshake** de Bleichen-bacher [34] et de Bardou *et al.* [18] qui permettent de retrouver le secret partagé. On y trouve aussi les attaques de Vaudenay [282] Al Fardan *et al.* [10] sur le sous-protocole **Application**.

### Failles dans l'implémentation ou la configuration

Les failles dans l'implémentation sont diverses : on trouve par exemple des failles classiques de programmes informatiques comme la mauvaise gestion des codes de retour de fonctions ou les débordements de zone mémoire[8] illustrées par la fameuse attaque *Heartbleed*[9]. L'ensemble des implémentations permettant des attaques par canaux cachés entrent également dans cette catégorie.

Les failles de configuration concernent par exemple le code de vérification des certificats électroniques ou l'ensemble des erreurs causées par la mauvaise gestion de la librairie SSL/TLS offerte aux applications.

# Comparer les procédés de sécurité

Avant d'utiliser un procédé de sécurité, il faut se faire une idée assez précise de ce que protègent, et de ce que ne protègent pas, les différents usages possibles du chiffrement :

- Si Alice envoie à Bob un message électronique chiffré avec la clé publique *GnuPG* de Bob, seul Bob pourra lire le message ; même si Alice par erreur a également envoyé le message à Charlotte, celle-ci ne pourra pas le déchiffrer. Si un jour un juge d'instruction veut lire ce message qui en fait contenait le plan d'un complot pour renverser l'État, il devra obtenir la clé privée de Bob pour lire le contenu de sa boîte aux lettres.
- Si Alice et Bob ne chiffrent pas les messages électroniques qu'ils échangent, mais que les serveurs de messagerie des réseaux locaux de leurs employeurs respectifs utilisent les versions sécurisées par TLS des protocoles de courrier électronique SMTP et POP, les échanges seront chiffrés pendant la circulation des messages sur le réseau, mais pas sur leurs postes de travail. Les messages seront ainsi protégés contre l'espionne Charlotte si celle-ci a accès

---

8. *Buffer overflow* en anglais, cf. au chapitre 5 p. 147.
9. http://heartbleed.com

au réseau, mais pas dans leurs boîtes aux lettres respectives si Charlotte a accès à leurs ordinateurs. De même, le juge d'instruction, lorsqu'il aura saisi les disques durs, pourra lire les messages sans difficulté.

- Alice et Bob peuvent aussi disposer de VPN IPsec pour accéder aux réseaux qui abritent leurs serveurs de messagerie respectifs, qui ne sont accessibles que par ce procédé : ce dispositif garantit que l'espionne Charlotte ne pourra pas accéder à ces serveurs, car seuls les utilisateurs autorisés et authentifiés par IPsec le peuvent. Ce type d'accès permet à Alice, à Bob et à leurs collègues d'accéder ainsi à tous les services du réseau local, pas uniquement à la messagerie.

- Les serveurs de messagerie respectifs d'Alice et de Bob pourraient aussi être accessibles par un dispositif de type *Webmail*, sécurisé par HTTPS, ce qui est une variante de la solution 2, où le message lu reste sur le serveur.

---

**Vocabulaire : SMTP, POP et IMAP**

*Simple Mail Transport Protocol* est le protocole d'échange de messages électroniques entre serveurs de messagerie, il est également utilisé par les logiciels de courrier électronique sur les postes de travail pour l'envoi des messages. La version sécurisée s'appelle ESMTP.

*Post Office Protocol* est le protocole utilisé sur un poste de travail pour relever une boîte aux lettres sur un serveur de messagerie distant et transférer les messages sur le poste de travail. La version sécurisée s'appelle POP3S.

*Internet Message Access Protocol* est un protocole utilisé sur un poste de travail pour lire les messages contenus dans une boîte aux lettres en les laissant sur le serveur de messagerie distant, donc *sans les transférer* sur le poste de travail, contrairement à POP. C'est notamment le protocole utilisé en général par les *webmails*. Il est conseillé également sur les smartphones, dont la faible capacité de stockage serait vite saturée par le stockage des messages.

---

# Partager des fichiers à distance

## Protocoles d'accès à un serveur

Si l'on désire utiliser à distance (à travers l'Internet) certains protocoles intrinsèquement non sûrs, l'établissement d'un réseau privé virtuel est le seul moyen acceptable du point de vue de la sécurité.

Le type même du protocole non sûr est le protocole de partage de fichiers : comme son nom l'indique, un tel protocole permet à plusieurs utilisateurs, depuis leurs postes de travail, d'accéder à des fichiers emmagasinés sur un serveur distant, exactement comme s'ils étaient sur leur disque dur local (enfin, presque exactement). De tels protocoles ont pour nom :

- *Network File System* (NFS) dans l'univers Unix/Linux ;
- *Common Internet File System* (CIFS), *Server Message Block* (SMB) ou *Net-BIOS* dans le monde Microsoft Windows ;
- et d'autres...

Les protocoles de partage de fichiers sont à proscrire dans un environnement non sûr pour les raisons suivantes :

- par définition, ils permettent d'exécuter sur une machine distante un programme capable de créer, de modifier, de lire ou de détruire un fichier ; il s'agit là d'actions puissantes et complexes ;
- pour des raisons où se mêlent la paresse des concepteurs et la recherche de meilleures performances (qui en est souvent le prétexte) il s'agit de *protocoles sans état*, c'est-à-dire que chaque message contribue à une action, et une action sur un fichier à distance comporte l'échange de nombreux messages entre les deux ordinateurs, chaque message est donc indépendant du précédent et du suivant ;
- il découle de la caractéristique précédente qu'il est relativement facile pour un attaquant de s'immiscer dans une action légitime en cours pour y insérer ses propres messages, qui vont avoir pour but d'accomplir des actions non désirées par le propriétaire du ou des fichiers ;
- de fait, les protocoles de partage de fichiers ont fait l'objet d'innombrables publications de vulnérabilités dont beaucoup ne sont ni corrigées ni corrigibles ;
- lorsqu'on analyse les tentatives d'accès de pirates (les *scans de port*) avec l'objectif de trouver des sites dont la fragilité pourrait être favorable à leurs projets, ce qu'ils recherchent avec le plus d'avidité sont les machines qui offrent une porte ouverte sur un protocole de partage de fichiers, car c'est ce qu'il y a de plus facile à attaquer et à vaincre ;
- utiliser un protocole de partage de fichiers à travers l'Internet sans autre protection qu'un identifiant et un mot de passe pour accéder au serveur, protection largement illusoire ici, est proprement suicidaire.

Outre ces raisons techniques, il y a des raisons tout simplement pragmatiques (nous pourrions dire aussi fonctionnelles, ou logiques) de ne pas utiliser de façon trop laxiste un protocole de partage de fichiers. La question des droits d'accès (lecture, écriture, création, destruction) doit faire l'objet de précautions particulières. Les règles de bon sens sont les suivantes : un serveur de partage de fichiers peut être ouvert soit en lecture et en écriture exclusivement pour chaque propriétaire de chaque fichier, soit pour plusieurs personnes, mais alors en lecture seule, sinon il en résulte des accidents tels que corruption de fichiers ou « perte » des droits d'accès. Si on réfléchit un peu en gardant à l'esprit le caractère « sans état » du protocole, c'est logique, et l'expérience confirme ici largement le raisonnement logique : aucun dispositif ne peut empêcher que deux utilisateurs qui auraient ouvert directement sur le serveur un même document de traitement de texte pour le modifier chacun de son côté ne le sauvegardent concurremment ; dans le meilleur des cas les modifications effectuées par un des auteurs seront perdues, et dans bien des cas le document sera corrompu et irrécupérable ; les droits d'accès pourront aussi être altérés de façon peu prévisible par les manœuvres d'un auteur. Les versions modernes de ces protocoles pallient parfois ces inconvénients par l'usage de verrous censés protéger les fichiers ouverts, mais cette protection n'est efficace qu'à l'égard d'un utilisateur de bonne foi, pas d'un attaquant.

---

**Vocabulaire : un *port***

Un *port* (en français *sabord*, orifice destiné à laisser passer un flux) est dans la terminologie TCP/IP un numéro conventionnel qui sera associé d'une part à un type de trafic (caractérisé par le protocole utilisé), d'autre part à une adresse IP. Le couple adresse IP – numéro de port définit de que l'on appelle une *socket*, que l'on pourrait traduire ici par *connecteur réseau*[10] (en général la traduction de *socket* est plutôt *prise*, ou *socle*). Une *socket* identifie *de façon unique* une extrémité de connexion.

Par convention certains numéros de ports sont réservés aux serveurs de certains protocoles ; ainsi le port 80 est réservé au protocole Http (Web), le port 25 à Smtp (courrier électronique), les ports n° 137, 138 et 139 au protocole de partage de fichiers *NetBIOS*, c'est-à-dire qu'un *serveur* NetBIOS sera en écoute sur le réseau et attendra des tentatives de connexion sur ces numéros de port, cependant que les *clients* NetBIOS essaieront de s'y connecter.

L'utilité des numéros de port est de permettre le multiplexage de différents types de trafic entre deux adresses IP identiques. Ainsi mon poste de travail peut échanger des données de trafic web (Http) et de courrier électronique (Smtp) gérés par des logiciels serveurs implantés sur la même machine, de sorte que chaque logiciel serveur reconnaisse le trafic qui lui est destiné.

À l'extrémité côté client, le numéro de port est quelconque, en général supérieur à 1024, et unique pour son adresse IP. La connexion est ainsi identifiée de façon unique par le quadruplet {adresse IP d'origine, port d'origine, adresse IP de destination, port de destination}. Cette abstraction permet à un nœud unique du réseau d'être simultanément serveur pour plusieurs protocoles, et également d'être à la fois serveur et client. Les pirates recherchent activement

---

10. Pour ces questions on consultera avec profit le site de l'association Traduc.org : `http://traduc.org/`

> sur l'Internet les machines accessibles qui laissent ouverts des ports de protocoles réputés vulnérables pour essayer de compromettre le serveur à l'écoute.

## Protocoles de distribution de copies

Avec le développement de l'informatique en nuage (cf. p. 160 pour un exposé de cette technologie, de ses avantages et de ses risques) et la baisse du coût de l'espace de stockage sont apparus de nouveaux protocoles de partage qui fonctionnent différemment, et de façon plus sûre. L'un des plus répandus est le système Dropbox, administré par la société du même nom.

### Présentation générale de Dropbox

Le logiciel *Dropbox* est un système de partage de documents en ligne très utilisé à cause de sa simplicité et de son universalité. Il est accessible depuis tout type de plate-forme matérielle ou logicielle (y compris iOS et Android) et pour tout type de document, ce qui le distingue des systèmes concurrents (SkyDrive, iCloud), souvent limités aux systèmes de leurs fournisseurs (Microsoft, Apple).

En outre, Dropbox ne place en partage que des copies des fichiers, l'utilisateur conserve l'original sur son propre système, et effectue des synchronisations, ce qui est très commode pour le travail en collaboration. Dropbox fournit en somme des services de partage collaboratif de données analogues à ceux de systèmes de gestion de version tels que Mercurial, Git ou Subversion, avec la différence que ces derniers ne sont utilisables que par des professionnels entraînés, alors que Dropbox est accessible au commun des mortels. Les chercheurs de toutes disciplines en sont parmi les utilisateurs les plus assidus.

À ce jour, Dropbox aurait 400 millions d'utilisateurs dans le monde (en 2015), et un chiffre d'affaires annuel de l'ordre de 250 millions de dollars, mais l'entreprise est assez discrète sur ses finances. Le service de base est gratuit (jusqu'à 2 Go de données, extensibles à 56 Go ou plus grâce au parrainage), pour des capacités supérieures il faut payer.

Les données partagées grâce au système Dropbox sont hébergées physiquement sur le Cloud S3 d'Amazon. Les mécanismes de synchronisation reposent sur `rsync`.

## Soupçons sur la sécurité

Les services de Dropbox ont subi dans le passé des failles de sécurité :

- le système d'authentification est, encore aujourd'hui, faible : la connaissance de l'identifiant `host_id` du dépôt d'un utilisateur permet d'accéder à ses données ;
- en mars 2011, les échanges de données avec les smartphones se faisaient sans chiffrement SSL/TLS ;
- plusieurs incidents de divulgation de mots de passe ont provoqués des tempêtes de spam.

Comment savoir que quelqu'un utilise Dropbox sur votre réseau ? Le système utilise, pour la synchronisation de postes situés sur le même réseau local, une technologie baptisée LANSync : si vous voyez passer du trafic pour les ports 17500/tcp et 17500/udp, c'est Dropbox. LANSync peut être désactivé par l'utilisateur.

## Étude de l'implémentation

Nicolas Ruff et Florian Ledoux ont entrepris l'étude du programme, puisqu'il est accessible. Il est écrit en Python ; ce langage est soit interprété, soit traduit en code intermédiaire *(bytecode)*, qui sera lui-même interprété, ce qui signifie que le texte du programme source ou du programme en code intermédiaire est présent en mémoire lors de l'exécution et de ce fait lisible par l'utilisateur (lecture plus facile que celle du code binaire du langage machine). Les auteurs du logiciel ont eu recours à quelques techniques de programmation un peu particulières pour rendre la lecture plus difficile : certaines fonctions de la bibliothèque Python standard ont été modifiées, et la bibliothèque est chargée en mémoire de telle façon que son nom n'apparaisse pas dans l'analyse de la mémoire, mais nos auteurs ont réussi à la trouver et à déchiffrer le code intermédiaire (ce qui ne veut pas dire que ce soit facile : Nicolas Ruff est un expert de première classe dans ce genre d'exercice).

Pour le détail il convient de se reporter aux planches consultables sur le site de l'OSSIR [11].

## En conclusion

Après étude des structures internes de Dropbox, la conclusion est : vous pouvez l'utiliser, les failles de sécurité ont été raisonnablement colmatées, hormis le sys-

---

11. `http://www.ossir.org/paris/supports/2013/2013-01-08/Dropbox_OSSIR.pdf`

tème d'identification et d'authentification qui est une erreur de conception de départ, difficilement rattrapable ; il faut savoir que le host_id doit rester secret.

Saad Kadhi, qui lui aussi a étudié Dropbox de près (cf. *Le nuage Dropbox vu de la terre ferme*, [152]), ainsi que certains systèmes concurrents comme box.com (cf. *À l'abord de Box*, [153]), approuve cette conclusion : on voit que Dropbox a été conçu par de vrais professionnels et réalisé avec soin, et que box.com est parti d'un modèle d'affaires mis sur pied par des financiers, et a été réalisé de façon moins réfléchie.

# Sécuriser un site en réseau

Assurer la sécurité de systèmes informatiques abrités sur un site connecté à l'Internet et de ce fait accessible du monde entier est une autre branche de ce domaine de la sécurité en réseau dont, en 2015, beaucoup d'organisations ne semblent pas avoir pris l'exacte mesure.

Comme nous l'avons mentionné, il appartient tout d'abord aux responsables du site de déterminer le périmètre qu'ils veulent protéger, ainsi que ce qu'ils veulent autoriser.

Cet examen aboutit généralement à identifier un certain nombre de services qui doivent être accessibles de l'extérieur par nature, comme un serveur web, un relais de courrier électronique, un serveur DNS. Les ordinateurs qui abritent ces services devront être visibles de l'Internet, c'est-à-dire que le DNS doit publier leurs adresses.

Les autres ordinateurs, que ce soient des serveurs internes ou les stations de travail des personnes qui travaillent sur le site, ne doivent pas être visibles, mais il faut néanmoins qu'ils puissent accéder à l'Internet. En d'autres termes, une session TCP lancée de l'intérieur du site depuis un de ces ordinateurs est autorisée, mais une session lancée de l'extérieur vers le même ordinateur est interdite parce que réputée erronée ou hostile (sous l'angle de la sécurité les deux termes sont quasiment synonymes).

De quels moyens disposons-nous en 2016 pour mettre en œuvre une telle politique de sécurité ? Il nous faut pour cela rappeler le fonctionnement des réseaux, et notamment ce qui concerne les données contenues dans les en-têtes de datagrammes IP et de segments TCP, ainsi que le routage.

## Segmentation

Chaque paquet IP qui se présente à un routeur est doté d'une fiche signalétique constituée de ses en-têtes. Les informations principales, sous l'angle qui nous intéresse ici, sont les adresses IP d'origine et de destination et le protocole de transport (TCP ou UDP), figurant dans l'en-tête de datagramme IP, et les numéros de ports [12] d'origine et de destination, figurant dans l'en-tête de segment TCP ou de datagramme UDP. La mention dans l'en-tête IP du protocole de transport permet de connaître le format de l'en-tête de transport (TCP ou UDP), et ainsi d'y retrouver le numéro de port. Nous avons vu que l'association d'une adresse et d'un port constituait une *socket*. Une paire de *sockets* identifie de façon unique une connexion dans le cas de TCP. Le routeur maintient une table des connexions TCP établies qui lui permet de déterminer si ce paquet appartient à une communication déjà en cours (parce qu'établie entre les mêmes adresses IP et avec les mêmes numéros de ports, par exemple) ou à une nouvelle communication. Bien sûr, les adresses d'origine et de destination du paquet permettent au routeur de déterminer le sort qui lui sera réservé :

- délivrance directe au nœud destinataire sur un réseau local auquel le routeur est directement connecté ;
- émission vers un autre routeur, par une interface de sortie du réseau local, soit parce que les tables de routage disent que le réseau de destination est accessible par ce chemin, soit parce que c'est le routeur de sortie par défaut ;
- mise à la poubelle.

Le routage est un important instrument de sécurité. Il permet de découper un grand réseau en autant de sous-réseaux qu'on le souhaite, et de contrôler le trafic entre ces sous-réseaux. Les sous-réseaux peuvent d'ailleurs être virtuels, pour s'affranchir des contraintes de localisation, ce qui sera de plus en plus souvent le cas avec le développement de l'informatique mobile. Cela exige des compétences et du travail : ce que nous avons dit du routage montre qu'il est tout sauf simple. Mais un tel investissement est indispensable à qui veut disposer d'un réseau sûr.

## Filtrage

Forts de cette possibilité, nous pourrons segmenter le réseau de notre site en un sous-réseau public, qui abritera les serveurs visibles de l'extérieur, et un sous-réseau

---

12. Voir l'encadré p. 221 pour la définition du *port*.

privé, éventuellement divisé lui-même en sous-réseaux consacrés à tel groupe ou à telle fonction. Chacun de ces sous-réseaux verra son accès et son trafic régis par des règles spéciales.

Les règles d'accès et de trafic appliquées aux réseaux consistent à établir quels sont les type de paquets (en termes de protocole et de numéro de port, en l'état actuel de la technique) autorisés en entrée ou en sortie depuis ou vers tel réseau ou telle adresse particulière. Ainsi un serveur de messagerie (appelé également passerelle de messagerie, ou MTA, comme *Mail Transfer Agent*) pourra recevoir et émettre du trafic SMTP (port 25) mais n'aura aucune raison de recevoir du trafic NNTP *(Network News Transfer Protocol)* sur le port 119. Appliquer ce genre de règles, c'est faire du *filtrage par port*.

Le sous-réseau public (souvent appelé « zone démilitarisée » ou DMZ) devra faire l'objet de mesures de sécurité particulièrement strictes, parce que de par sa fonction il sera exposé à toutes les attaques en provenance de l'Internet. Le principe de base est : tout ce qui n'est pas autorisé est interdit, c'est-à-dire que tout paquet qui n'a pas de justification liée aux fonctions du serveur de destination doit être rejeté.

Il est prudent que les serveurs en zone publique contiennent aussi peu de données que possible, et même idéalement qu'ils n'en contiennent pas du tout, pour éviter qu'elles soient la cible d'attaques. Ceci semble contradictoire avec le rôle même d'un accès à l'Internet, mais cette contradiction peut être résolue en divisant les fonctions. Ainsi, pour un serveur de messagerie, il est possible d'installer un relais en zone publique qui effectuera toutes les transactions avec le monde extérieur mais transmettra les messages proprement dits à un serveur en zone privée, inaccessible de l'extérieur, ce qui évitera que les messages soient stockés en zone publique en attendant que les destinataires en prennent connaissance. De même un serveur web pourra servir de façade pour un serveur de bases de données en zone privée. Ces serveurs en zone publique qui ne servent que de relais sont souvent nommés serveurs mandataires, ou mandataires applicatifs, *proxy servers* en anglais (cf. p. 158).

La figure 6.11 représente un tel dispositif, avec un routeur d'entrée qui donne accès à la DMZ, et un pare-feu *(firewall)*, qui est en fait un routeur un peu particulier dont nous détaillerons le rôle ci-dessous, qui donne accès à un réseau privé.

Le relayage entre zone publique et zone privée fonctionne aussi dans l'autre sens : l'utilisateur en zone privée remet son courrier électronique au serveur privé, qui l'envoie au relais en zone publique, qui l'enverra au destinataire. Pour consulter une page sur le Web, l'utilisateur s'adresse au serveur relais qui émettra la vraie requête vers le monde extérieur. Ici le relayage peut procurer un autre avantage,

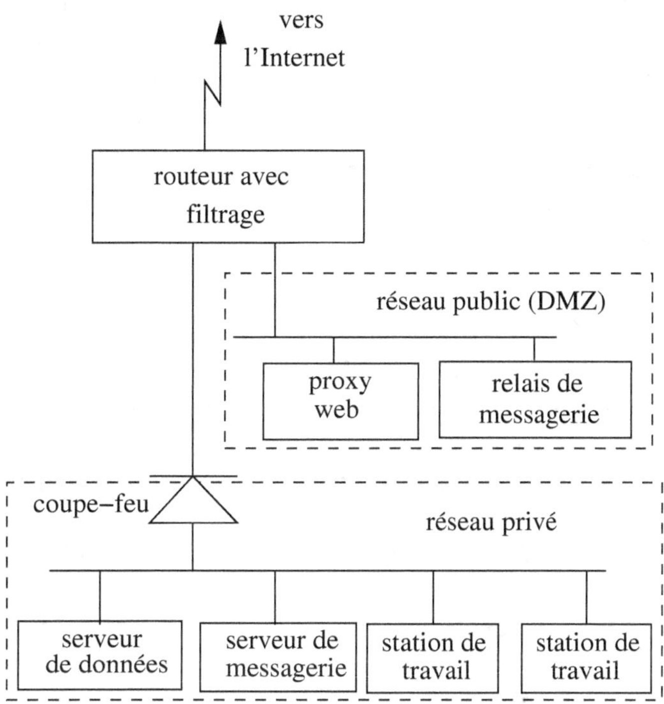


**Figure 6.11 –**
Réseau avec DMZ et pare-feu

celui de garder en mémoire cache les pages obtenues pendant un certain temps, pour les fournir au même utilisateur ou à un autre lorsqu'il les redemandera sans avoir à accéder à la source distante (une analyse statistique des requêtes révèle que dans un contexte donné les gens accèdent souvent aux mêmes pages).

Le filtrage par port permettra la communication entre le proxy et le serveur en zone privée de façon contrôlée. Les routeurs disposent de fonctions de filtrage assez élaborées, permettant de distinguer quels protocoles et quels numéros de ports sont autorisés selon l'origine et la destination, et si telle communication a été lancée depuis un nœud à l'intérieur ou à l'extérieur du réseau.

## Pare-feu

La plupart des réseaux privés sont munis d'un pare-feu *(firewall)*, ordinateur qui filtre les communications, un peu comme un routeur – d'ailleurs il est possible de configurer un routeur pour lui faire jouer le rôle d'un pare-feu simple. Un routeur doit décider au coup par coup du sort de chaque paquet, avec seulement une faible possibilité d'analyse historique, alors qu'un pare-feu efficace contre les attaques subtiles doit pouvoir faire des choses plus compliquées.

La configuration d'un pare-feu consiste à rédiger des règles propres à déterminer les paquets autorisés et les paquets interdits ; chaque paquet est caractérisé par quelques paramètres :

- l'interface réseau sur laquelle le paquet est arrivé ; un pare-feu a au moins deux interfaces, en général l'une connectée au réseau privé et l'autre connectée au lien d'accès à l'Internet ;
- le fait que le paquet se présente sur l'interface depuis l'intérieur du pare-feu ou depuis le réseau ;
- le protocole auquel appartient le paquet, tel que mentionné dans son en-tête IP ;
- les adresses d'origine et de destination, mentionnées dans l'en-tête IP du paquet ;
- les numéros de port d'origine et de destination, mentionnés dans l'en-tête TCP ou UDP ;
- s'il s'agit d'un paquet TCP, les numéros de séquence et d'acquittement, qui permettent de reconstituer la séquence des paquets d'une connexion TCP.

Ces paramètres permettent d'identifier le type de communication auquel appartient le paquet, et éventuellement de reconstituer une séquence. Le simple filtrage par port se traduit par la rédaction de règles simples, qui peuvent prendre la forme de listes de contrôle d'accès (ACL) comme sur les routeurs *Cisco*.

Le logiciel libre *IP Tables / Netfilter* [13], qui permet de construire un pare-feu avec un système Linux, et qui est au cœur de beaucoup de pare-feu du commerce, offre de grandes possibilités en termes de suivi de connexion et d'analyse des paquets. *IP Tables* peut garder des datagrammes en file d'attente pour en reconstituer une séquence complète et en faire l'analyse, ce qui est indispensable si l'on veut détecter des protocoles furtifs comme certains systèmes pair à pair tels que Skype, que nous évoquerons à la page 380. D'autres logiciels tels que Packet Filter sous OpenBSD ou IPFW sous FreeBSD sont aussi largement répandus.

Routeur filtrant et pare-feu, configurés pour repousser certaines attaques en rejetant des paquets appartenant à des connexions suspectes, produisent des fichiers

---

13. `http://www.netfilter.org/`

de comptes rendus (dits journaux, ou *logs*) qui relatent les incidents. Il est bien sûr indispensable, pour bénéficier de la protection qu'ils sont censés procurer, d'analyser le contenu de ces fichiers et de les confronter avec les avis publiés par les CERT *(Computer Emergency Response Teams)* – sur les CERT, voir la page 23. Ceci suppose des ingénieurs compétents, ce qu'oublient certaines entreprises qui se croient protégées en achetant (fort cher) un pare-feu clé en main, configuré avec des filtres pertinents à un instant donné, mais périmés quinze jours plus tard, et qui se retrouvent ainsi dotés d'une magnifique ligne Maginot.

Il existe un marché assez actif du pare-feu, ainsi que des logiciels libres, tel *IP Tables* mentionné ci-dessus, qui permettent de réaliser un pare-feu avec un ordinateur sous un Unix libre. Il existe des logiciels pare-feu pour ordinateur individuel, tel celui que Microsoft incorpore désormais à son système Windows, ou *Zone Alarm*. *IP Tables* peut être configuré en pare-feu personnel pour machine Linux isolée ; c'est une opération assez complexe, mais il existe des enrobages préconfigurés très faciles d'emploi, comme par exemple *Firestarter*[14] ou *Shorewall*. Les routeurs ADSL pour réseau personnel (surnommés « box ») comportent tous un pare-feu, parfois assez puissant. Tous ces systèmes sont utiles dès lors qu'ils sont correctement paramétrés, mais aucun n'est une panacée. Pour un réseau d'entreprise, l'efficacité d'un pare-feu est subordonnée aux conditions suivantes :

- il y a un ingénieur compétent chargé du pare-feu, qui a le temps de le configurer et d'en analyser les journaux ;
- le pare-feu est du modèle que connaît bien l'ingénieur ;
- le logiciel ou le *firmware* du pare-feu ont reçu les dernières mises à jour de sécurité ;
- il existe un document qui définit ce qui est autorisé sur le réseau ;
- tout ce qui n'est pas explicitement autorisé par le document évoqué ci-dessus est interdit, et cette interdiction est traduite dans les règles du pare-feu ;
- enfin il est recommandé d'utiliser deux pare-feu de deux marques et technologies différentes afin de limiter l'impact d'une vulnérabilité logicielle ou d'une erreur de configuration (ce qui contraindra les ingénieurs responsables à connaître au moins deux technologies, ce qui est de toutes les façons souhaitable).

Les exigences pour un pare-feu personnel sont moins lourdes, parce que le problème est plus simple : en général, il y a une seule adresse IP publique, éventuellement partagée au moyen d'un routeur qui fait la traduction d'adresses (cf. p. 244),

---

14. `http://www.fs-security.com/`

et il n'y a aucune raison d'autoriser les connexions entrantes, sauf peut-être un accès distant par SSH *(Secure Shell)* ou L2TP *(Layer Two Tunneling Protocol)*. Sur la machine Linux qui sert à rédiger le présent ouvrage, l'auteur utilise le logiciel libre *IP Tables/Netfilter*, muni de l'interface *Shorewall* [15] qui en facilite l'emploi. Voici le fichier de règles `/etc/shorewall/rules` :

```
#ACTION    SOURCE   DEST     PROTO    DEST      SOURCE   ORIGINAL
#                                     PORT      PORT(S)  DEST
ACCEPT     net      fw       icmp     8
ACCEPT     fw       net      icmp
AllowSSH   net      fw
#LAST LINE -- ADD YOUR ENTRIES BEFORE THIS ONE --
```

et le fichier de « *policy* » `/etc/shorewall/policy`, des plus simples :

```
#SOURCE          DEST           POLICY          LOG LEVEL
fw               net            ACCEPT
net              all            DROP            info
# The FOLLOWING POLICY MUST BE LAST
all              all            REJECT          info
#LAST LINE -- ADD YOUR ENTRIES ABOVE THIS LINE --
```

Lors de l'examen d'une demande d'accès réseau, le pare-feu examine d'abord le fichier de règles puis, si aucune règle ne correspond à la situation, le fichier de « *policy* » ; si la première ligne de l'un des deux fichiers qui correspond à la situation s'applique, les suivantes ne sont pas examinées. Comme la machine est unique, elle est confondue avec le pare-feu et constitue à elle toute seule la zone `fw`. Les règles disent que l'on autorise les accès au réseau depuis la zone interne `fw` (sortants), ainsi que le protocole ICMP (essentiellement `ping`) du réseau vers la machine et vice-versa, ainsi que l'accès par SSH depuis le réseau. Les autres types d'accès depuis le réseau (entrants) sont proscrits.

Nous avons vu des configurations de pare-feu qui se résumaient en une litanie d'ouverture de ports notoirement dangereux pour des adresses IP spécifiques : une telle configuration assure une sécurité nulle, parce que l'usurpation d'adresse IP *(IP spoofing)* est un sport que tous les pirates pratiquent depuis l'école maternelle, tant il est facile.

---

15. `http://www.shorewall.net/`

> **Important**
>
> On ne le répétera jamais assez, il est indispensable, sur un accès à l'Internet, d'interdire les protocoles de partage de fichiers, notamment NetBIOS (ports 137, 138, 139, protocoles TCP et UDP).

## Protection d'un poste Linux isolé avec Netfilter

La mise en œuvre de *Netfilter* dans un système Linux permet plusieurs usages. Le premier qui vient à l'esprit est de remplacer un boîtier du commerce par un ordinateur Linux disposant de plusieurs interfaces Ethernet pour obtenir un pare-feu plus économique. Cette notion d'économie est cependant toute relative : l'utilisateur devra s'assurer que les fonctions offertes sont suffisantes, et qu'à l'arrivée le coût d'exploitation reste compatible avec ses objectifs. D'expérience, l'administration d'un Netfilter nécessite des connaissances techniques plus importantes qu'avec certains produits sur étagère du marché. Que le lecteur ne se prenne cependant pas à croire qu'administrer un pare-feu du marché, aussi bien conçu soit-il, puisse se faire sans compétences.

*Netfilter* présente un intérêt certain pour un autre usage, la protection du poste de travail Linux isolé : que l'on soit un particulier raccordé à l'Internet sur une liaison ADSL ou une petite entreprise avec un serveur isolé rendant certains services, *Netfilter* permet de mettre en œuvre un bon niveau de sécurité sans devoir faire l'acquisition d'un boîtier complémentaire.

L'important est de bien définir sa politique de sécurité en fonction de l'usage qui est prévu. La suite de cet exposé proposera une mise en œuvre pour un poste de travail isolé et raccordé de façon permanente à l'Internet tout en disposant d'une adresse IP publique (il n'y a donc pas de traduction d'adresses).

En premier lieu il convient de définir en des termes simples la politique de sécurité qui doit être mise en œuvre. Celle de notre exemple est très simple :

- la machine Linux héberge un serveur web (Http et Https) qui doit être accessible depuis tout l'Internet ;
- un serveur de courrier (SMTP) reçoit les correspondances de l'extérieur ;
- un accès par le protocole SSH est autorisé à certaines adresses IP en provenance de l'Internet ;
- l'utilisateur local peut utiliser les services Http, Https, FTP et SSH depuis la machine vers toute destination de l'Internet ;

- les services DNS et NTP (synchronisation de l'horloge) sont autorisés car ce sont des services de base indispensables ;
- tout autre trafic est interdit, mais le trafic ICMP associé aux connexions légitimes doit, lui, être acheminé à destination ;
- le trafic provenant de certaines adresses IP (et notamment des adresses IP privées définies dans la RFC 1918) est interdit, car il n'a aucune raison d'arriver sur la machine en provenance de l'Internet.

L'absence d'une configuration de type « mode diode » est voulue. L'administrateur pourra à loisir faire évoluer la liste des règles pour autoriser des services supplémentaires. Il veillera cependant à conserver lisibilité et simplicité dans les règles et s'interdira d'ouvrir des services dangereux.

Par convention, dans l'exemple de règles ci-après, l'unique interface réseau de la machine Linux s'appelle eth0. Les commandes iptables proposées sont appelées avant le démarrage de l'interface réseau afin de garantir une protection dès le premier instant. Sur un système Linux-Debian, l'administrateur pourra judicieusement placer ces commandes dans un *script* situé dans le répertoire /etc/network/if-pre-up.d et l'appeler iptables.

```sh
##! /bin/sh
##
## Ce script est à lancer juste avant la mise à disposition de l'interface
## réseau. Le premier test ci-après n'a de sens que dans un environnement
## Linux Debian lorsque le script est placé dans le répertoire
## /etc/network/if-pre-up.d (ici il s'agit d'activer les règles pour eth0
## et de ne rien faire dans tous les autres cas).
test "${IFACE}" = "eth0" || exit 0

## Charger les modules (si cela n'a pas déjà été fait au
## démarrage du système).
modprobe iptables ip_conntrack ip_conntrack_ftp

## Effacer toutes les règles actuellement présentes sur la machine.
iptables -F; iptables -X

## La première règle vise à interdire tout le trafic dans les principales
## chaînes du module Netfilter. La chaîne INPUT prend en charge les
## paquets à destination de la machine, la chaîne OUTPUT traite les
## paquets émis par la machine et enfin la chaîne FORWARD n'est utilisée
## que si le système assure une fontion de routeur et dispose de plusieurs
## cartes réseau, ce qui n'est pas le cas de notre exemple. Les ordres
## ci-après ont donc pour effet de "fermer" le système : tout le trafic
## réseau est interdit.
iptables -P INPUT   DROP
iptables -P OUTPUT  DROP
iptables -P FORWARD DROP

## Nous allons maintenant définir un certain nombre de chaînes de contrôle
```

```
## qui seront utilisées ultérieurement. Ceci contribue à la lisibilité de
## la politique de sécurité.

## listenoire : il s'agit des réseaux IP desquels aucun trafic provenant
## de l'Internet n'est légitime. Cela comprend les adresses privées, mais
## aussi l'adresse IP de la machine et de certains réseaux spécifiques.
iptables -N listenoire
iptables -A listenoire -s 127.0.0.0/8     -j DROP   ## Loopback
iptables -A listenoire -s 10.0.0.0/8      -j DROP   ## RFC-1918
iptables -A listenoire -s 172.16.0.0/12   -j DROP   ## RFC-1918
iptables -A listenoire -s 192.168.0.0/16 -j DROP    ## RFC-1918
iptables -A listenoire -s x.x.x.x         -j DROP   ## Mon adresse IP
iptables -A listenoire -s x.x.x.x/yy      -j DROP   ## Réseau indésirable

## serveurs : les règles à appliquer au trafic en entrée vers les
## quelques services accessibles de l'extérieur (SMTP, HTTP, HTTPS
## & SSH depuis certains réseaux seulement).
iptables -N serveurs

## Autoriser le courrier électronique (port 25, SMTP)
iptables -A serveurs -p TCP --dport smtp \
  -m state --state NEW,ESTABLISHED -j ACCEPT
## Les accès aux serveurs WWW
iptables -A serveurs -p TCP --dport http \
  -m state --state NEW,ESTABLISHED -j ACCEPT
iptables -A serveurs -p TCP --dport https \
  -m state --state NEW,ESTABLISHED -j ACCEPT
## Le réseau 194.2.11.128/25 peut se connecter avec SSH
iptables -A serveurs -p TCP --dport ssh -s 194.2.11.128/25 \
  -m state --state NEW,ESTABLISHED -j ACCEPT

## autres_in : règles pour attraper tout ce qui doit l'être, c'est-à-dire
## le trafic retour des connexions TCP et UDP établies (à l'initiative de
## la machine) mais aussi le trafic ICMP en rapport avec des connexions
## établies.
iptables -N autres_in
iptables -A autres_in -p TCP \
  -m state --state ESTABLISHED,RELATED -j ACCEPT
iptables -A autres_in -p UDP \
  -m state --state ESTABLISHED          -j ACCEPT
iptables -A autres_in -p ICMP \
  -m state --state RELATED              -j ACCEPT

## Appliquer les règles de sécurité sur le trafic provenant de l'Internet
## et destiné à la machine Linux.
iptables -A INPUT  -i eth0 -j listenoire   ## La liste noire
iptables -A INPUT  -i eth0 -j serveurs     ## Le serveurs sur ma machine
iptables -A INPUT  -i eth0 -j autres_in    ## Autres sessions
iptables -A INPUT  -i eth0 -j DROP         ## Tout le reste à la poubelle

## clients : règle pour autoriser le trafic en sortie, ce que ma machine a
## le droit de faire en direction de l'Internet.

## Le service DNS (ports 53 UDP & TCP)
iptables -N clients -p TCP --dport domain \
```

```
    -m state --state NEW,ESTABLISHED    -j ACCEPT
iptables -N clients -p UDP --dport domain \
    -m state --state NEW,ESTABLISHED    -j ACCEPT
## File Transfer Protocol
iptables -N clients -p TCP --dport ftp \
    -m state --state NEW,ESTABLISHED    -j ACCEPT
## Synchronisation de l'heure
iptables -N clients -p UDP --dport ntp \
    -m state --state NEW,ESTABLISHED    -j ACCEPT
## La navigation "standard" vers l'Internet
iptables -N clients -p TCP --dport http \
    -m state --state NEW,ESTABLISHED    -j ACCEPT
iptables -N clients -p TCP --dport https \
    -m state --state NEW,ESTABLISHED    -j ACCEPT
## Envoyer du courrier électronique
iptables -N clients -p TCP --dport smtp \
    -m state --state NEW,ESTABLISHED    -j ACCEPT
## Autoriser toute connexion SSH sortante
iptables -N clients -p TCP --dport ssh \
    -m state --state NEW,ESTABLISHED    -j ACCEPT

## autres_out : règles pour attraper tout ce qui doit l'être, c'est-à-dire
## le trafic retour des connexions TCP et UDP établies (à l'initiative de
## l'extérieur comme par exemple une connexion SMTP entrante).
iptables -N autres_out
iptables -A autres_out -p TCP \
    -m state --state ESTABLISHED,RELATED -j ACCEPT
iptables -A autres_out -p UDP \
    -m state --state ESTABLISHED          -j ACCEPT
iptables -A autres_out -p ICMP \
    -m state --state RELATED              -j ACCEPT

## Appliquer les règles de sécurité sur le trafic sortant (c'est-à-dire
## celui de la machine à destination de l'Internet).
iptables -A OUTPUT -o eth0 -j clients     ## Les services "client" autorisés
iptables -A OUTPUT -o eth0 -j autres_out ## Autres sessions
iptables -A OUTPUT -o eth0 -j DROP        ## Tout le reste à la poubelle
```

> **Important**
>
> Les règles proposées utilisent le module *connection tracking* du noyau Linux (ce module fait partie intégrante de *Netfilter*). Son intérêt est de faire évoluer *Netfilter* d'un simple filtre de paquets (pour une liste de contrôle d'accès sur un routeur IP) vers un pare-feu à états *(stateful firewall)*. On ne saurait aujourd'hui demander moins, les filtres de paquets étant insuffisants dans la quasi-totalité des situations qui peuvent se présenter.

## Listes de contrôle d'accès pour le réseau

Les listes de contrôle d'accès (*access control list*, ACL) pour contrôler les accès à un réseau, introduites par *Cisco*, utilisent les mêmes principes que les ACL Posix évoquées à la page 55, mais elles sont adaptées, plutôt qu'aux fichiers, aux objets du réseau : interfaces réseau, adresses IP et ports. Ainsi, les entrées ci-dessous :

```
int Ethernet 1
access-group 101 in
int serial 0
access-group 101 in
```

disent que le filtrage des paquets en entrée du routeur (paramètre `in`) sur les interfaces `Ethernet 1` et `serial 0` sera conforme aux règles contenues dans la liste d'accès nº 101, que voici :

```
access-list 101 permit tcp any host 192.168.35.1 eq www
access-list 101 permit tcp any host 192.168.35.1 eq 443
access-list 101 permit icmp any host 192.168.35.1 eq echo
```

Ces règles disent que le serveur à l'adresse `192.168.35.1` ne peut être atteint que par les deux ports web ouverts (`www` est un raccourci pour le port 80), et qu'il peut aussi être atteint par la commande `ping`.

# Le système de noms de domaines (DNS)

Le DNS, ou « système de noms de domaines »*(Domain Name System)* est le système d'annuaire destiné à traduire, sur l'Internet, des noms IP (par exemple `www.jargonf.org`) en adresses numériques [16].

Pour établir par un réseau d'ordinateurs une liaison selon le protocole IP *(Internet Protocol)*, le nœud à l'initiative de la communication doit émettre des paquets de données vers le nœud destinataire, qui lui répondra. Pour ce faire, les paquets doivent comporter un en-tête qui comprendra notamment les adresses d'origine (le nœud émetteur) et de destination (le nœud destinataire). Mais un utilisateur de l'Internet ne connaît généralement pas les adresses des machines avec lesquelles il veut communiquer. Ce qu'il veut faire, le plus souvent, c'est envoyer un cour-

---

16. La présente section donne une description technique du DNS ; pour un exposé des enjeux politiques et stratégiques qui en découlent, on pourra se reporter à la page 547 du chapitre 17.

rier électronique, par exemple à l'INRIA, ou consulter le serveur `http://www.sncf.fr` pour connaître l'horaire de train. `www.sncf.fr` n'est pas une adresse, mais un nom qui désigne la machine qui abrite le serveur désiré. `sncf.fr` n'est pas une adresse mais un nom qui désigne un domaine au sein duquel se trouve par exemple un serveur de courrier électronique nommé `mail.sncf.fr`, qui détient la boîte aux lettres électronique d'un certain nombre d'abonnés. Mais la couche réseau IP n'a que faire des noms, elle ne connaît que des adresses.

## Fonctionnement du DNS

Il faut se dire qu'avant même de résoudre cette embarrassante affaire de noms et d'adresses, ce que l'on veut envoyer ce ne sont pas des paquets IP, mais des courriers électroniques ou des interrogations au serveur. Mais là, la réponse est aisée. Tout bon logiciel de courrier électronique donnera à notre message la mise en forme convenable (définie par une *Request for Comment* (RFC) fameuse entre toutes, la RFC 822, mise au goût du jour par la 2822, et maintenant par la 5322), puis le transmettra à un logiciel serveur de messagerie (couche application) conforme au protocole de transport de courrier électronique SMTP *(Simple Mail Transfer Protocol)* tel que *Sendmail* ou *Postfix*, qui s'occupera de déterminer comment atteindre le destinataire, et transférera toutes les informations et données nécessaires au protocole de transport TCP (couche 4 de l'OSI), qui lui-même entamera les manœuvres nécessaires en envoyant des flux de bits à la couche IP (couche 3 de l'OSI), qui découpera tout cela en paquets avec les bonnes données et les bonnes adresses, et les enverra à la couche liaison de données (couche 2 de l'OSI).

---

**Les passerelles de messagerie**

*Sendmail* et *Postfix* sont des logiciels dits de *passerelle de messagerie (Mail Transfert Agent, MTA)*, de même que *Qmail* et *Exim*. Une passerelle de messagerie est chargée de l'expédition et de la distribution du courrier électronique, à la différence de logiciels comme *Eudora, Thunderbird* ou *Outlook*, qui sont des *clients de messagerie (User Agent, UA)*, chargés de remettre le courrier départ au MTA et de relever la boîte à lettres. *Sendmail*, conçu par Eric Allman, a joué un rôle historique considérable dans le développement de l'Internet, c'est l'exemple de ces logiciels libres sans lesquels l'Internet n'existerait pas. *Postfix*, conçu par Wietse Venema, est réputé pour sa sécurité.

---

Si l'on revient maintenant à la question initiale, le nom d'un serveur (de courrier électronique, Web, etc.) est connu et la couche IP a besoin de son adresse, qui ici joue plutôt le rôle du numéro de téléphone. Dans la vie courante, existent des annuaires pour répondre à ce genre de question : sur l'Internet, c'est la même chose. L'annuaire qui permet, si l'on connaît le nom d'un serveur, de trouver son adresse, et vice-versa, s'appelle le DNS *(Domain Name System)*.

Fonctionnellement, la description du DNS tient en deux lignes : c'est une liste à deux colonnes, dans la colonne de droite les noms, dans la colonne de gauche les adresses. D'ailleurs aux origines de l'Internet il en était réellement ainsi, et les fichiers `hosts` en conservent le souvenir. Aujourd'hui le DNS est une immense base de données distribuée sur l'ensemble de la planète, l'une des plus grandes qui existent. Le processus de résolution de noms en adresses est complété par un autre service, qui publie les noms des serveurs de courrier électronique qui desservent un domaine et permet ainsi la distribution planétaire des messages électroniques. Il faut définir maintenant ce qu'est un domaine, et ceci fait l'objet de l'alinéa suivant.

## Un espace abstrait de noms de serveurs et de domaines

L'espace des noms de l'Internet (il est important de garder à l'esprit que les schémas qui vont suivre décrivent un espace abstrait de noms de serveurs et de domaines, c'est-à-dire la structure d'un ensemble d'informations, et pas la topologie du réseau physique qui les relie), est organisé de façon hiérarchique, selon un schéma calqué sur l'organisation du système de fichiers Unix. Ce système génial, dont le fonctionnement n'est pas très facile à comprendre, a été défini par Paul Mockapetris dans les RFC 1034 et 1035.

La figure 6.12 montre l'organisation hiérarchique de l'espace de noms de l'Internet. Chaque nœud de l'arbre, représenté par un cercle, comprend un label, qui peut avoir jusqu'à 63 caractères de long, et pour lequel les lettres minuscules et majuscules ne sont pas distinguées. Le nom de domaine d'un nœud s'obtient en construisant la séquence de tous les labels des nœuds compris entre le nœud considéré et la racine inclus, séparés par des points, par exemple `vera.sophia.inria.fr`.

Sous une racine sans nom se trouvent un certain nombre de domaines de premier niveau (TLD, pour *Top Level Domains*). Chaque entreprise, association, université ou autre entité désireuse d'accéder à l'Internet appartiendra à un de ces domaines. Ceux qui ont des noms à trois lettres sont dits domaines génériques : `com`, `edu`, `net`, `gov`, respectivement pour les activités commerciales, éducatives, liées au réseau ou rattachées au gouvernement américain. Les TLD à deux lettres sont des domaines géographiques : `fr`, `ca`, `be`, `de`, `dz` respectivement pour la France, le Canada, la

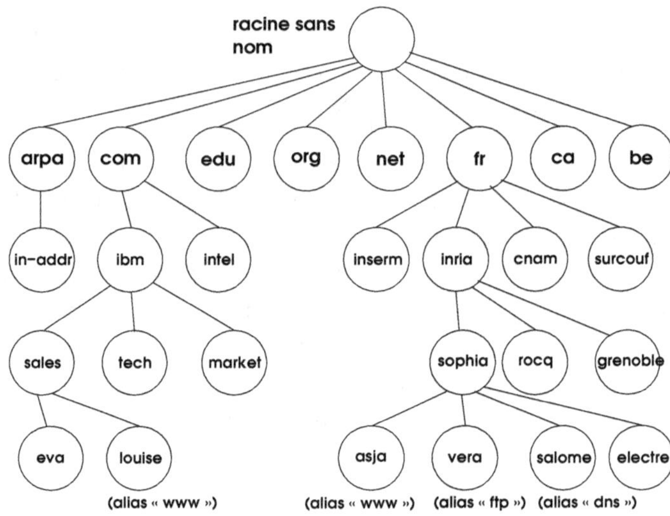



**Figure 6.12 –** Organisation en arbre des noms de domaines

Belgique, l'Allemagne et l'Algérie. Le domaine arpa a un rôle particulier, il sert à la résolution inverse, c'est-à-dire à la traduction des adresses en noms.

---

**Les serveurs DNS racine de l'Internet**

Les *serveurs racine* du DNS utilisé dans l'Internet et connus sous les noms a.root-servers.net à m.root-servers.net sont représentés sur l'Internet par 13 adresses IP. Dans la réalité le nombre d'équipements est bien sûr très supérieur à 13.

Certains serveurs racine sont constitués de plusieurs machines (éventuellement derrière un répartiteur de charge) afin d'assurer des redondances et permettre le traitement d'un nombre de requêtes plus important.

D'autres (par exemple K) sont déployés en utilisant une technique fort intéressante pour une telle application : le routage *Anycast*. Cette technique consiste à répliquer l'adresse IP en de nombreux lieux géographiques judicieusement choisis. Le protocole de routage de l'Internet *(Border gateway protocol, BGP)* fera le reste du travail et acheminera les utilisateurs auprès du serveur K (disponible) le plus proche.

Une autre mesure complémentaire visant à augmenter le niveau de sécurité consiste en l'utilisation de matériels, systèmes d'exploitation et logiciels différents pour rendre la même fonction : ainsi un défaut qui affecterait une technologie précise n'aura peut-être pas d'impact sur un produit différent.

Pour en savoir plus sur les serveurs racine, le site root-servers.org peut servir de point d'entrée. On y verra notamment une carte des implantations, qui montre qu'à ce jour (en 2015) le nombre des répliques et leur dispersion géographique sont considérables.

# Autres niveaux de domaines

Au niveau inférieur, au sein du TLD, on trouve généralement les domaines qui correspondent aux universités, aux entreprises, etc. qui se sont connectées à l'Internet. Elles ont choisi elles-mêmes leur nom de domaine, avec la contrainte que le nom complet doit être unique : il ne peut y avoir qu'un domaine `inria.fr`, mais il peut y avoir `ibm.com`, `ibm.fr`, `ibm.be`, etc. Ces domaines peuvent être eux-mêmes subdivisés : ainsi Inria (naguère l'Institut national de la recherche en informatique et en automatique) aura un domaine pour chacune de ses unités de recherche, Rocquencourt, Sophia-Antipolis, Grenoble, etc., qui s'appelleront `sophia.inria.fr`, `rocq.inria.fr`, `grenoble.inria.fr`, etc.

Cette subdivision peut atteindre des niveaux plus ou moins fins ; les feuilles de l'arbre, au niveau le plus bas, correspondent aux nœuds du réseau, qui sont des interfaces réseau de stations de travail ou de serveurs.

Une station sur le réseau peut avoir, outre son nom propre tel que nous venons de le voir, un ou plusieurs alias. Ainsi il est de coutume que le serveur web d'un organisme soit connu sous le nom `www.quelquechose.fr`. Alors, si le serveur web d'Inria Sophia est hébergé sur la machine `asja`, celle-ci recevra un alias, `www.sophia.inria.fr`. Les deux noms désigneront la même machine, ou plus exactement la même interface sur le réseau.

Il serait possible d'imaginer une administration centralisée de l'arbre des domaines, mais une fraction de seconde de réflexion révèle l'immensité des difficultés qui en résulteraient. Aussi cet arbre est-il découpé en sous-arbres appelés zones, administrées séparément. Ainsi en France l'Association française pour le nommage Internet en coopération (AFNIC) administre-t-elle tous les domaines dont le nom se termine par `.fr` : on dit que l'AFNIC a reçu délégation pour la zone `fr`. De même l'AFNIC déléguera l'administration de la zone `inria.fr` à Inria, qui lui-même déléguera à une équipe de son unité de Sophia-Antipolis l'administration de `sophia.inria.fr`.

Dès lors qu'un organisme a reçu délégation de l'administration d'une zone, il a le devoir de mettre en service des serveurs de noms pour cette zone, au moins deux, un « primaire » et un « secondaire » (ces termes tendent à être remplacés par « maître » et « esclave »). Un serveur de noms est un logiciel que l'on peut interroger : si on lui fournit le nom d'une machine, il renvoie son adresse. Dès qu'un nouvel ordinateur

---

16. `http://www.root-servers.org/`

est mis en service dans une zone, l'administrateur du DNS de cette zone doit lui affecter un nom et une adresse et les ajouter à la base de données du serveur de noms primaire local. On dit que ce serveur de noms détient l'autorité sur la zone, il possède l'attribut *Start of Authority* (SOA) .

Un serveur primaire obtient les informations relatives à sa zone en accédant directement aux bases de données locales. Un serveur secondaire (il peut y en avoir plusieurs, et il est recommandé qu'ils soient physiquement distincts et redondants) obtient ces mêmes informations en les demandant au serveur primaire. L'opération par laquelle un serveur secondaire reçoit du serveur primaire l'information qui décrit la zone est nommée *transfert de zone*. La pratique courante est de demander à une personne sur un autre site d'administrer le serveur secondaire pour votre zone, à charge de revanche.

## Conversations entre serveurs de noms

Donc tout système installé dans la zone, lorsqu'il voudra traduire un nom en adresse, posera la question au serveur de la zone. Plus précisément, le logiciel d'application qui a besoin de l'adresse (par exemple votre navigateur web ou le logiciel de transfert de courrier électronique) fait appel à un résolveur, qui va dialoguer avec le serveur de noms qui lui aura été désigné.

Si le nom à traduire désigne une machine locale, le serveur de noms interrogera directement sa base. Sinon, il doit interroger un autre serveur de noms, qui, lui, connaîtra la réponse. Comment trouver un serveur de noms en possession de la réponse à la question posée ? Chaque serveur connaît (il en possède les adresses dans sa base de données) la liste des serveurs de noms racine, à ce jour au nombre de treize, dispersés à la surface de la planète et munis de nombreuses répliques qui assurent la résilience du système (cf. p. 238). Ces serveurs racine détiennent la liste des serveurs de noms qui détiennent l'autorité pour tous les domaines de second niveau (dans notre schéma de la figure 6.12, la ligne `ibm.com`, `inria.fr`, etc.).

Notre serveur va donc interroger un serveur racine. Celui-ci répondra en donnant l'adresse du serveur qui détient l'information autorisée relative au domaine de second niveau dont relève le nom de domaine que l'on cherche à résoudre ; ce troisième serveur, interrogé, donnera soit la réponse, soit l'adresse d'un quatrième serveur plus proche du domaine concerné, etc. Le serveur interrogé initialement peut transmettre la première réponse au résolveur, à charge pour ce dernier d'interroger le serveur de noms suivant, et ainsi de suite : une telle interrogation est dite *itéra-*

*tive*. Le résolveur peut au contraire demander au serveur de faire son affaire des interrogations des autres serveurs de noms impliqués, et de ne transmettre que la réponse finale : une telle interrogation sera dite *récursive*.

Toute cette subtile conversation entre serveurs sera bien sûr ignorée de l'utilisateur. Les logiciels de courrier électronique ou de navigation sur le Web savent faire appel au résolveur. Lorsqu'un abonné individuel à l'Internet allume son modem, la plupart du temps le routeur de son FAI lui envoie, grâce au protocole DHCP *(Dynamic Host Configuration Protocol)*, en même temps que son adresse IP dynamique, l'adresse du ou des serveurs de noms auxquels le résolveur pourra s'adresser. Mais il est utile de savoir à quoi correspond la case la plus perturbante du menu de configuration d'un accès au réseau : celle où l'on demande l'adresse du serveur DNS. Heureusement les méthodes modernes de gestion de réseau évitent presque toujours d'avoir à la remplir.

## Sécurité du DNS

Le DNS, on l'aura compris, est un élément constitutif primordial de l'Internet, et de ce fait la sûreté de son fonctionnement doit être maintenue à tout prix. Nous n'envisagerons pas ici les questions qui se posent au niveau des serveurs racine et de l'infrastructure au cœur du réseau (à ce sujet, cf. pp. 547 et suivantes), mais plutôt celles que doit se poser l'administrateur d'un réseau local d'entreprise.

Comme c'est le DNS qui résout pratiquement chaque demande d'accès à l'Internet ou au réseau local en donnant l'adresse qui correspond au nom du service demandé, s'il ne fonctionne plus, l'Internet et le réseau sont inaccessibles. Si les serveurs légitimes sont remplacés par des serveurs frauduleux, ou si les serveurs légitimes sont frauduleusement alimentés en données falsifiées, il sera possible de détourner le trafic au profit des fraudeurs, par exemple pour se procurer des informations confidentielles ou pour commettre des escroqueries. Il existe plusieurs méthodes de corruption du DNS, contre lesquelles il importe de se prémunir.

### Espace public et espace privé

Le paradoxe du DNS est qu'il doit rester sûr tout en étant ouvert virtuellement au monde entier. Une des premières précautions que prendra un administrateur de réseau avisé sera de séparer d'une part les informations relatives à son réseau qui sont destinées à être visibles du monde entier, par exemple l'adresse du serveur web public de l'entreprise et celle de sa passerelle de messagerie, d'autre part les informations qui n'ont aucune raison de sortir du réseau local, comme les adresses des serveurs de fichiers et des imprimantes.

Dans un article consacré à la protection du DNS [52], Christophe Brocas et Jean-Michel Farin analysent les risques liés à son usage et proposent quelques principes pour une solution. Les risques se rangent dans les catégories suivantes :

- fuites d'information par détournement du protocole (ce que l'on appelle les canaux cachés);
- obtention indésirable d'informations sur le réseau de l'entreprise au moyen de transferts de zone illégitimes;
- corruption de la résolution de noms, avec pour conséquence le détournement d'un trafic légitime vers des destinations mises en place à des fins malintentionnées;
- dénis de service déclenchés par la corruption des bases de données des serveurs DNS.

Afin de se prémunir contre ces risques, les auteurs proposent un certain nombre de mesures qui exploitent les fonctions introduites par les versions relativement récentes des logiciels de gestion du DNS, notamment *Bind*. Ces mesures sont décrites dans le contexte d'un réseau interne d'entreprise, relié à l'Internet au travers d'un pare-feu, et doté de deux DMZ (cf. p. 225 pour l'explication) : une DMZ externe où sont installés les serveurs de l'entreprise qui doivent être « vus » depuis l'Internet, une DMZ à usage interne, où résident les serveurs qui doivent « voir » l'Internet. Cette architecture est résumée par la figure 6.13.

*La première mesure de protection* consiste à interdire aux machines du réseau interne tout accès direct à l'Internet : les accès au Web sont relayés par un mandataire HTTP, tout le courrier électronique émis doit impérativement être relayé par la passerelle de messagerie de l'entreprise.

*La seconde mesure de protection* consiste à avoir deux serveurs DNS maîtres, un qui *fait autorité* (et de ce fait nommé *Start of Authority*, SOA) vis-à-vis du monde extérieur, l'autre SOA à usage interne. Le serveur à usage externe divulgue une vue du réseau de l'entreprise réduite aux seules machines qui doivent être visibles de l'Internet. Le serveur à usage interne détient les informations complètes sur le réseau interne.

*La troisième mesure de sécurité* interdit toute interrogation directe du serveur SOA interne : les stations ne peuvent interroger qu'un serveur cache, esclave du précédent.

*La quatrième mesure* est la suivante : lorsque le serveur cache interne veut résoudre un nom de domaine inconnu, c'est-à-dire qui correspond à une adresse du

**Figure 6.13**

–

Organisation
sûre de
serveurs DNS

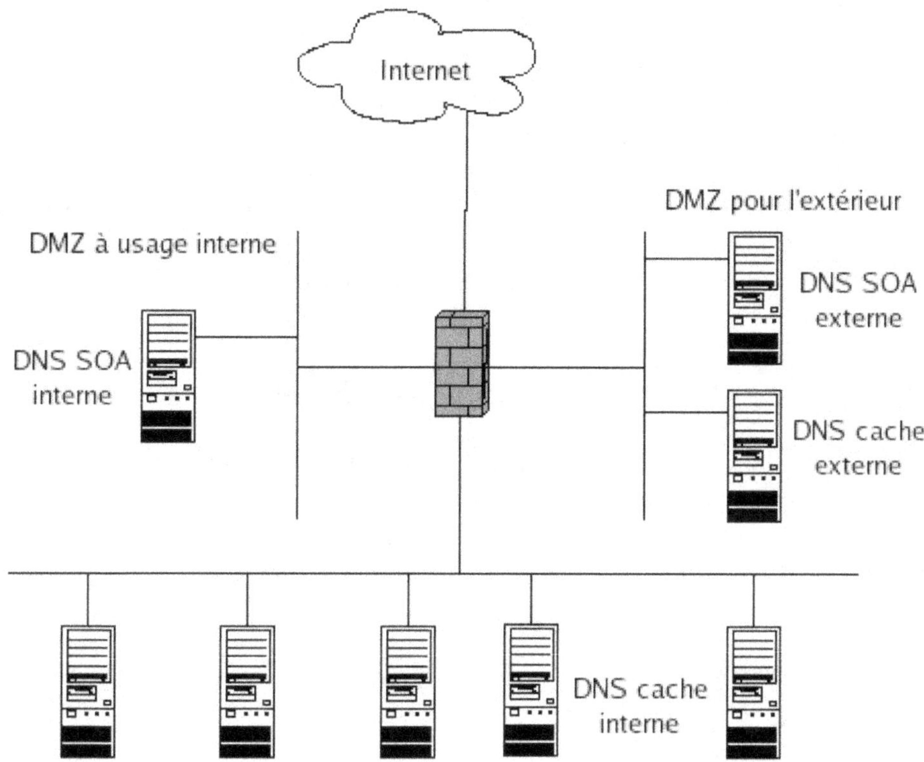


monde extérieur, sur l'Internet, il transmet la requête à un serveur cache en
DMZ externe.

*La cinquième mesure* indique que les serveurs SOA ne doivent répondre que pour
des requêtes qui concernent un ou plusieurs domaines propres à l'entreprise,
ils n'effectuent donc aucune interrogation récursive.

*Des mesures complémentaires* visent à empêcher les utilisateurs de postes de travail
de contourner les mesures de sécurité en réécrivant de façon créative leur
fichier `hosts` ; les méthodes d'attribution d'adresses qui exigent la modification dynamique du DNS (DHCP, contrôleur de domaine Windows)
demandent des précautions supplémentaires, qui pour bien faire devraient
aller jusqu'à l'authentification des transactions.

On mesure, par le résumé succinct qui est donné ici d'un article fort détaillé, que
l'administration sûre du DNS n'est pas une affaire facile.

# Traduction d'adresses (NAT)

Le système de traduction d'adresses[17] NAT *(Network Address Translation)* est apparu en 1994 dans la RFC 1631 [94] (remplacé maintenant par la 3022 [264]), initialement pour permettre la communication entre l'Internet et des réseaux privés contenant des adresses IP non conformes au plan d'adressage de l'Internet, et il a été ensuite très largement utilisé pour pallier le déficit d'adresses IP engendré par l'étroitesse de la plage d'adresses de la version 4 du protocole. Il est devenu de ce fait à la fois une solution et un problème de sécurité des réseaux.

## Le principe du standard téléphonique d'hôtel

Le principe de la traduction d'adresses est le suivant : chaque nœud de l'Internet doit posséder une adresse IP pour mettre en œuvre le protocole TCP/IP, et cette adresse doit être unique, comme pour les numéros de téléphone, sinon il serait impossible d'acheminer correctement les communications.

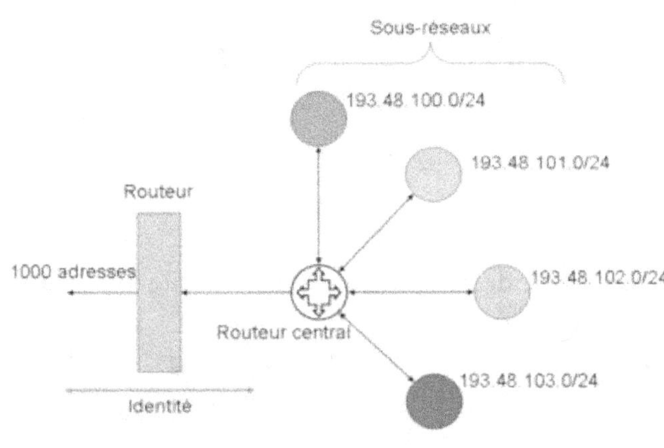


**Figure 6.14 –**
Réseau sans NAT : les adresses des hôtes sont des adresses uniques et routées sur l'Internet.

Mais, pour poursuivre la comparaison avec le téléphone, dans certains hôtels par exemple, seul le standard a un numéro de téléphone unique, et le poste de chaque

---

17. Notons que l'anglais *translation* se traduit ici en français par « traduction », translation d'adresse ne voulant rien dire.

chambre a un numéro local, à usage strictement interne, et qui peut très bien être le même que celui d'une chambre dans un autre hôtel : cela n'a aucune conséquence fâcheuse car le numéro de la chambre n'est pas visible de l'extérieur; ceci permet parfaitement à l'occupant de la chambre d'appeler l'extérieur en donnant un code particulier (« composer le numéro 0 pour avoir l'extérieur »), et de recevoir des communications passant par le standard qui effectue la commutation vers la ligne de la chambre.

## Adresses non routables

Le système NAT repose sur un principe analogue : dans un réseau local, seuls les nœuds qui ont vocation à abriter des serveurs vus de tout l'Internet, comme le serveur web de l'entreprise ou sa passerelle de messagerie, doivent recevoir des adresses reconnues universellement, et donc uniques et conformes au plan d'adressage de l'Internet. Les postes de travail ordinaires peuvent recevoir des adresses purement locales, qui ne sont pas routables, c'est-à-dire qu'un paquet à destination d'une telle adresse peut circuler sur le réseau local et atteindre sa destination, mais ne peut pas franchir un routeur, parce que ces classes d'adresses sont explicitement désignées pour que les routeurs les oublient. Sont dites *non routables* toutes les adresses appartenant aux blocs d'adresses définis à cet effet par la RFC 1918 [225] : 192.168.0.0 à 192.168.255.255 (préfixe 192.168/16), 172.16.0.0 à 172.31.255.255 (préfixe 172.16/12) et 10.0.0.0 à 10.255.255.255(préfixe 10/8).

## Accéder à l'Internet sans adresse routable

Si la gestion des adresses non routables s'arrêtait là, ces malheureux ordinateurs dotés d'adresses de seconde zone ne pourraient jamais naviguer sur l'Internet : en effet, une communication aussi simple que l'accès à un serveur web demande que les paquets comportent une adresse source et une adresse destination valides, ne serait-ce que pour que le serveur puisse renvoyer au client web le contenu de la page qu'il a voulu consulter. D'ailleurs dans un réseau fermé sans connexion à l'Internet les possibilités de communication sont limitées au réseau local, et c'est pour de tels réseaux qu'avaient été créées à l'origine les classes d'adresses non routables, que NAT a ensuite astucieusement détournées de leur destination, si j'ose dire.

Sur un réseau connecté à l'Internet qui ne contient que des postes de travail dotés d'adresses non routables, il y a au moins un nœud qui possède une adresse routable :

le routeur d'entrée du réseau, puisque justement il est connecté. Il y a donc au moins un moyen de faire communiquer un poste du réseau local avec l'extérieur : il faut pour cela que le routeur soit doté de la capacité de traduction d'adresses ; ainsi il pourra jouer vis-à-vis des nœuds du réseau local le même rôle que le standard de l'hôtel vis-à-vis des postes téléphoniques des chambres, en « passant les communications ». Le principe de NAT est de remplacer une adresse interne non routable par une adresse routable.

## Réalisations

La façon la plus simple pour réaliser la traduction d'adresses est la méthode *statique* : à chaque adresse interne non routable on fait correspondre, bijectivement, une adresse routable qui la remplace. Le routeur contient la table de correspondance et fait la traduction, sans autre forme de procès.

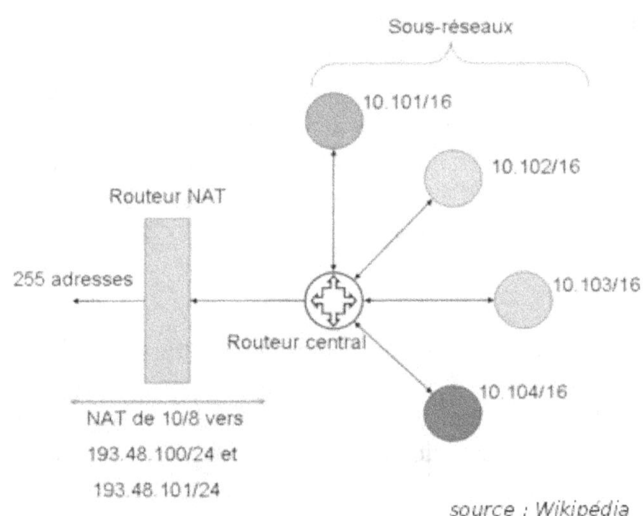


**Figure 6.15 –**
Réseau avec NAT : les adresses des hôtes sont des adresses réutilisables. Le routeur d'entrée fait la traduction d'adresses. On notera que la modification du plan d'adressage alloue désormais un réseau /16 par sous-réseau, s'affranchissant de la limite des 254 adresses possibles avec un /24.

La traduction d'adresses statique est simple, mais dans l'univers de la fin des années 1990 la pénurie des adresses IP a conduit vers d'autres réalisations. En effet, la version 4 du protocole IP comporte des adresses sur 32 chiffres binaires, ce qui autorise un maximum de 4 294 967 295 adresses uniques, en réalité un peu moins compte tenu des contraintes sur la structure de ces adresses, et donc nettement moins que d'êtres humains à la surface de la Terre. On s'est donc tourné notamment vers la traduction d'adresses dite *dynamique*, et plus particulièrement vers une de ces méthodes dynamiques, dite *IP masquerading* (masquage d'adresse IP), aujourd'hui prédominante et que nous allons décrire brièvement (pour plus de détails et de références, cf. Wikipédia [18]). Avec NAT et le masquage d'adresse IP, seul le routeur possède une adresse routable, toutes les communications des nœuds internes sont vues de l'extérieur comme issues de cette adresse ou destinées à elle, et le tri est fait par le routeur au moyen d'une manipulation des numéros de port, de façon tout à fait analogue au travail du standardiste de l'hôtel que nous évoquions ci-dessus.

Cette façon de recevoir à une adresse unique les paquets destinés en réalité à plusieurs machines, et de regrouper comme s'ils provenaient d'une adresse unique les paquets émis par ces diverses machines avant de les lancer dans l'Internet, s'appelle le *multiplexage*. À l'inverse, lorsque le routeur trie les les paquets reçus de l'Internet à son adresse pour les distribuer à leurs destinataires réels, il effectue un *démultiplexage*. Plus généralement, on nomme multiplexage le fait d'acheminer plusieurs communications sur un même support physique ou logique.

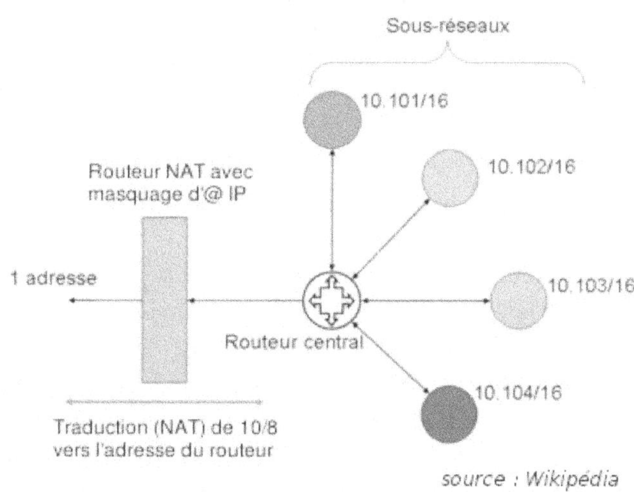


**Figure 6.16 –**
Réseau avec NAT et masquage d'adresse IP : seule l'adresse de l'interface externe du routeur est utilisée ; le multiplexage/démultiplexage des adresses IP internes se fait grâce aux numéros de ports (modifiés par le routeur).

On a vu (encadré p. 221) qu'une connexion TCP était identifiée par le quadruplet {*adresse IP de destination, numéro de port de destination, adresse IP d'origine, numéro de port d'origine*}. En général, dans le paquet qui transporte la demande de connexion,

---

18. http://fr.wikipedia.org/wiki/Network_address_translation

le numéro de port de destination obéit à une convention (par exemple 80 pour l'accès à un serveur web), et le numéro de port d'origine est quelconque, supérieur à 1 024, et choisi de façon à former un couple unique avec l'adresse d'origine. Lorsque le routeur recevra un tel paquet, où l'adresse d'origine sera une adresse NAT non routable, il remplacera cette adresse par sa propre adresse, éventuellement il remplacera le numéro de port d'origine par un autre, s'il a déjà utilisé ce couple {*adresse, numéro de port*} pour une autre traduction, et il conservera dans une table la correspondance entre ce couple {*adresse, port*} envoyé sur l'Internet et celui du poste émetteur, ce qui permettra, au prix donc d'une traduction, d'acheminer les paquets dans les deux sens.

---

**Sur l'unicité des sockets**

Il est possible, lors de l'initiation d'une connexion réseau, de déterminer un tel couple {*adresse,port*}, nommé *socket*. Celui-ci est doté de la propriété d'unicité, car ce n'est pas le logiciel client qui établit la connexion, mais le *noyau du système d'exploitation*, du moins dans les systèmes sérieux (certains systèmes rudimentaires d'un passé récent ont pu implanter tout ou partie de la pile réseau dans l'espace utilisateur, ce qui ouvrait la voie aux pannes et aux piratages).

---

## Une solution, quelques problèmes

À première vue, NAT est une *solution* de sécurité : avec un tel procédé et le masquage d'adresses IP, les adresses des nœuds du réseau interne, qui sont en général les postes de travail des utilisateurs, ne sont pas visibles de l'extérieur, ces nœuds sont donc hors d'atteinte de tentatives de connexions menées par des malfaisants, et de fait il n'y a en général aucune raison valable pour qu'une connexion soit établie depuis l'extérieur vers un poste de travail individuel; si tel devait être le cas, cela devrait être fait selon une méthode de traduction explicite, par exemple pour permettre la prise de contrôle à distance dans un contexte d'assistance technique ou d'administration du système (mise à jour d'antivirus, etc.).

Cette protection du réseau privé par NAT est réelle et elle ne doit pas être sous-estimée. Il convient cependant d'avoir conscience du fait que, avec la version 6 du protocole TCP/IP, NAT va probablement disparaître, au moins sous sa forme actuelle, et avec lui les politiques de sécurité qui reposeraient trop fortement sur ses caractéristiques contingentes.

De toute façon, NAT n'est pas une solution très orthodoxe du point de vue de l'architecture du réseau, et peut même apparaître comme un *problème* de sécurité :

1. NAT viole le principe d'indépendance des couches du protocole : en effet le routage dans le réseau (IP, couche 3) au travers d'un routeur NAT utilise et modifie des informations contenues dans les en-têtes de la couche transport (TCP ou UDP, couche 4), en l'occurrence les numéros de port ;
2. NAT viole le principe de *connectivité de bout en bout*, fondamental dans IP, qui signifie que toute l'« intelligence » du réseau doit être concentrée dans les nœuds terminaux, et que le réseau lui-même doit assurer un transport neutre ; avec NAT le routeur qui assure la traduction excède son rôle canonique ;
3. le routeur NAT conserve une trace des échanges sur le réseau, ce qui revient à dire que tous les échanges sont effectués en *mode connecté*, or IP admet des protocoles non connectés, tel UDP, qui subit ainsi une transformation insidieuse en protocole connecté ;
4. les en-têtes TCP et UDP comportent des numéros de port, mais aucune loi n'interdit d'utiliser au-dessus de la couche IP d'autres protocoles de transport, qui pourraient ne pas reposer sur le concept de port, et qui de ce fait ne pourraient pas franchir un routeur NAT.

---

**Protocoles connectés et non connectés**

Dire qu'UDP est un protocole *non connecté* signifie qu'il émet chacun de ses paquets sans conserver à son sujet d'information d'état : aussitôt émis, aussitôt oublié. Au contraire, TCP est un *protocole connecté*, ce qui signifie qu'il tient un journal des paquets émis ou reçus, de façon notamment à vérifier qu'ils sont dans le bon ordre et tous bien reçus, ce dont UDP n'a cure.

---

NAT pose des problèmes aux protocoles qui transportent des adresses IP et des numéros de port dans la partie « données » de leurs paquets. De tels protocoles sont dits « sales », parce qu'ils ne respectent pas le modèle d'abstraction en couches, et qu'ils transportent de l'information de niveau protocolaire (adresses) sous forme de données quelconques. Le type même du protocole sale est H323, utilisé pour la téléphonie sur IP et la visioconférence. Pour franchir un routeur NAT, un tel protocole doit être implémenté de façon que le routeur puisse inspecter le contenu des paquets et traduire les adresses qui s'y trouvent, puis recalculer la somme de contrôle et la longueur du paquet.

NAT pose aussi des problèmes à IPsec, il est en fait rigoureusement incompatible avec le protocole AH d'IPsec car il modifie les adresses et les numéros de ports (cf. la RFC 3715).

NAT modifie donc les paquets, ce qui, du moins en IPv4, oblige à recalculer la somme de contrôle qui y figure (IPv6 supprime cette contrainte).

### Attribution dynamique et automatique d'adresses : DHCP

Dans un réseau qui met en œuvre NAT, le masquage d'adresse IP et le recours aux adresses non routables de la RFC 1918 illustrées par la figure 6.16 (ce qui est très répandu, notamment avec les petits routeurs ADSL que chacun installe maintenant à son domicile sous le nom de quelque chose-*box*) les adresses sont généralement affectées de façon dynamique par un protocole conçu à cet effet, DHCP *(Dynamic Host Configuration Protocol)*. Ce protocole n'est pas exempt de critiques du point de vue de la sécurité, notamment parce qu'il émet des diffusions générales à la cantonade sans que ce soit toujours nécessaire, et aussi parce qu'il n'est pas protégé contre les usurpations d'identité : je monte un serveur DHCP pirate, j'alloue aux clients naïfs des adresses que je contrôle, je leur indique un serveur de noms que je contrôle et ainsi je peux capter les communications de ces clients et intercepter des échanges qui ne me sont pas destinées ; cette attaque est connue sous le nom de DHCP *spoofing*, c'est une variété d'attaque par interposition *(Man in the middle)*. La méthode pour s'en prémunir, connue sous le nom de DHCP *snooping*, consiste à configurer tous les équipements actifs du réseau local (routeurs et commutateurs) de telle sorte que ne soient diffusées que les réponses DHCP émises par des serveurs de confiance ; la façon de s'y prendre diffère selon les fabricants de matériel.

# Promiscuité sur un réseau local

Lorsqu'il est question de sécurité du réseau, on pense le plus souvent à la protection contre les attaques en provenance de l'Internet. Or, négliger les attaques en provenance de l'intérieur par le réseau local *(Local Area Network*, LAN) serait s'exposer à des menaces qui deviennent de jour en jour plus réelles avec le développement du nomadisme et des réseaux sans fil, et qui d'ailleurs existaient de tout temps. De ce point de vue nous pouvons dire que les réseaux sans fil ne produisent aucune menace qui n'ait déjà existé, ils ne font que susciter la prise de conscience des risques qui en résultent, et bien sûr en accroître l'intensité.

Nous allons le voir, il règne sur un réseau local une véritable *promiscuité*, au sens où un utilisateur mal intentionné dispose de moyens d'accès aux communications qui ne lui sont pas destinées.

## Rappel sur les réseaux locaux

On nomme habituellement réseau local une infrastructure de couche 2 (liaison de données) qui dessert un bâtiment ou un campus. Une telle infrastructure comporte en général, outre le câblage, des répéteurs, des commutateurs et des bornes d'accès pour réseaux sans fil, mais pas de routeur, hormis celui qui relie le réseau local à l'Internet. C'est le schéma classique de l'équipement d'un site d'entreprise.

Nous n'évoquerons ici que les réseaux locaux définis par la norme IEEE 802.3, plus communément nommés *Ethernet*, puisque les autres types de réseaux définis par ce groupe de normes ne sont plus guère utilisés. Disons tout de suite que les réseaux sans fil 802.11 (dits *Wi-Fi*) reposent par bien des points sur les mêmes principes techniques que 802.3, notamment pour leurs caractéristiques significatives du point de vue de la sécurité.

La norme 802.3 décrit des réseaux où toutes les stations partagent un support physique unique ; à l'origine il s'agissait d'un câble coaxial sur lequel toutes les stations étaient branchées en émission comme en écoute (câblage dit 10Base5), puis apparurent des répéteurs *(hubs)* auxquels les stations étaient reliées par des paires téléphoniques torsadées (câblage dit 10BaseT), mais toutes les données circulant sur le réseau atteignaient toutes les stations. Aujourd'hui la plupart des réseaux utilisent un câblage 100BaseT ou 1 000BaseT en étoile autour de commutateurs *(switches)*, qui sont des répéteurs « intelligents » capables d'« apprendre » sur quelle branche de l'étoile se trouve telle station, ce qui leur permet d'établir des liaisons point à point et améliore ainsi considérablement la sécurité des communications. On peut dire que les réseaux 802.11 font revivre la première époque d'Ethernet 802.3, où toutes les stations accédaient au même support physique et pouvaient, de ce fait, recevoir *toutes* les données échangées sur ce support.

Une autre conséquence du partage du support physique par toutes les stations, c'est que deux stations peuvent essayer d'émettre simultanément, avec pour résultat ce que l'on appelle une *collision*, qui provoquera le brouillage temporaire des communications. Pour résoudre ce problème, les stations d'un réseau 802.3 mettent en œuvre le protocole dit *Carrier Sense Multiple Access with Collision Detection* (CSMA-CD), ou accès multiple par écoute de la porteuse, avec détection de collision. De leur côté, les réseaux 802.11 ont recours au protocole *Carrier Sense Multiple Access with Collision Avoidance* (CSMA-CA), analogue à CSMA-CD, mais avec évitement des collisions, parce que sur un réseau sans fil les collisions ne peuvent pas toujours être détectées, du fait que chaque station ne « voit » pas forcément toutes les autres. La description de ces protocoles excède le cadre du présent exposé ; on pourra plus se reporter à un exposé général [35], à une présentation technique détaillée des réseaux 802.11 [17], ou à un ouvrage de référence complet sur les réseaux informatiques [271].

---

**Vocabulaire : la porteuse**

Les systèmes de transmission électro-magnétiques, avec ou sans fil, procèdent souvent par l'émission d'une onde sur une fréquence constante, le signal étant réalisé par une modification de cette fréquence, ou sa *modulation*. L'onde de fréquence constante est appelée la *porteuse* (*carrier* en anglais).

---

## Réseaux locaux virtuels (VLAN)

Les réseaux locaux virtuels (*Virtual LAN*, VLAN) sont apparus en 1995, avec les commutateurs 802.3. Il s'agit donc d'un dispositif de couche 2 (liaison de données), en pratique Ethernet. L'idée est la suivante : il peut être tentant, notamment pour des raisons de sécurité, de regrouper les stations d'un groupe de personnes qui travaillent dans la même équipe sur un réseau local qui leur sera réservé, séparé des réseaux des autres équipes. Mais si les membres des différentes équipes sont dispersés dans différents bâtiments et mélangés avec les autres groupes, adapter le câblage physique à l'organisation peut se révéler coûteux et malcommode, d'autant plus que la répartition géographique des membres de chaque équipe peut changer. On a donc recherché des moyens de créer, sur une infrastructure parfois complexe, des réseaux locaux virtuels, qui isoleraient logiquement les communications propres à un groupe de stations, lequel partagerait tout ou partie d'un même support physique avec d'autres groupes. En somme il s'agit de faire au niveau de la couche 2 (liaison de données) ce que les VPN (voir page 202) font au niveau de la couche 3 (réseau).

Après quelques errements, les VLAN ont été normalisés en 1998 par la norme 802.1Q, qui a nécessité une modification du format de la trame Ethernet afin de lui ajouter 4 octets, dont 12 bits constituent une étiquette *(tag)* destinée à identifier les trames qui appartiennent à tel ou tel réseau local virtuel. Les commutateurs modernes sont programmés pour tenir compte de ces étiquettes, et pour n'acheminer les trames que vers des destinations qui appartiennent au VLAN désigné par leur étiquette.

Ce sont les commutateurs qui jouent le rôle principal dans la gestion des VLAN : le premier commutateur que rencontre une trame lui affecte une étiquette, qui déterminera son VLAN, et, partant, son destin.

Un lien physique partagé par plusieurs VLAN est nommé *trunk* dans le jargon des VLAN, ou parfois *channel* dans la terminologie du constructeur *Cisco*.

Il est de bonne politique que le routeur de sortie du réseau vers l'Internet appartienne à tous les VLAN, ou du moins à tous ceux dont les stations doivent pouvoir atteindre l'Internet. Exclure ce routeur d'un VLAN est un bon moyen d'interdire aux utilisateurs de ce VLAN de naviguer sur l'Internet.

Les VLAN peuvent être utiles en termes de sécurité, par exemple en limitant la promiscuité sur un réseau local. Une application assez répandue et commode de ce procédé consiste, sur un campus ou au sein d'une entreprise, à créer pour accueillir les ordinateurs portables des visiteurs extérieurs un VLAN où ils seront confinés, ce qui évitera qu'ils puissent accéder aux serveurs internes, ou qu'ils répandent dans l'entreprise les virus dont ils pourraient être infectés, tout en ayant la possibilité d'accéder à l'Internet ou à toute autre ressource qui leur aura été autorisée.

## Sécurité du réseau de campus : VLAN ou VPN ?

Nous venons de voir que les VLAN permettaient d'améliorer la sécurité d'un réseau local en cloisonnant le trafic réseau par la réservation à chaque équipe ou entité fonctionnelle d'un réseau privé virtuel, et en limitant ainsi la promiscuité des données.

Une autre façon de segmenter le réseau est de recourir à des routeurs. Nous avons vu ci-dessus (page 202) que les réseaux privés virtuels (VPN) permettaient d'établir des tunnels chiffrés entre deux stations quelconques sur l'Internet.

Comment choisir entre ces deux types de solution ?

Les VLAN, par définition, ne peuvent être déployés qu'au sein d'un même réseau local. Dans ce rôle ils sont très commodes : une fois les commutateurs configurés, tout est automatique. Les commutateurs sont plus faciles à configurer que les routeurs, ils sont aussi moins chers et plus rapides. Les réseaux commutés demandent moins de compétences humaines et moins d'investissements matériels que les réseaux routés. Leur inconvénient principal, malgré la promulgation de la norme 802.1Q, est de reposer le plus souvent sur des recettes de configuration propres à chaque constructeur, qui violent plus ou moins ouvertement le principe de l'indépendance protocolaire : les VLAN mélangent des fonctions qui relèvent de la couche 2 avec des fonctions de couche 3. Cette confusion n'a pas que des inconvénients théoriques, elle peut conduire à l'édification d'un réseau à la topologie confuse dont l'évolution ultérieure et la maintenance seront difficiles.

Le routage est une technique qui repose sur des bases théoriques et conceptuelles solides et acceptées par tous. En fait, il est la pierre angulaire de l'Internet. Les protocoles privés créés naguère par certains constructeurs cèdent de plus en plus souvent la place aux protocoles normalisés et documentés, tel OSPF *(Open Shortest Path First)* [19]. Un réseau privé virtuel peut s'étendre, virtuellement donc, à l'ensemble de la planète, mais il est aussi tout à fait possible de construire pour un coût marginal un minuscule VPN entre mon ordinateur au bureau, celui de mon domicile et mon ordinateur portable connecté à un point d'accès sans fil.

---

**En pratique**

Nous pensons qu'il est très intéressant, sur un campus, de créer un VLAN pour accueillir les ordinateurs portables des visiteurs auxquels on ne veut pas accorder de droits, mais qui doivent quand même travailler et accéder à l'Internet, ne serait-ce que pour communiquer avec leurs bases. Pour tout autre usage, il faut bien se demander si le VLAN n'est pas une solution paresseuse à un problème pour lequel le routage serait plus satisfaisant.

---

# Réseaux sans fil et sécurité

Les réseaux sans fil connaissent un engouement important, et les problèmes de sécurité qu'ils soulèvent ont fait l'objet d'une note de synthèse du Centre d'expertise

---

19. *Open Shortest Path First* (OSPF) est un protocole de routage basé sur un algorithme de recherche de parcours dans un graphe dû à Dijkstra.

gouvernemental de réponse et de traitement des attaques informatiques (CERTA, dernière révision le 21 novembre 2008) [20]. Le cadre réglementaire de leur mise en œuvre est résumé par un texte de l'Autorité de régulation des communications électroniques et des postes (ARCEP) [21]. Mais commençons par délimiter ce dont il s'agit.

## Types de réseaux sans fil

Les réseaux sans fil appartiennent à plusieurs catégories, régies par des normes spécifiques :

- les réseaux dits *Wireless Local Area Network* (WLAN) ou *Wi-Fi* obéissent aux normes de la famille IEEE 802.11, dont la première édition date de 1997 ; ils sont destinés à faire communiquer des équipements séparés par une distance de l'ordre de quelques dizaines de mètres, par exemple dans un immeuble ; les dispositifs d'émission et de réception de ces appareils ont une puissance maximale de 100 mW (à comparer avec celle d'un téléphone portable GSM, qui est de 1 W) ;
- les réseaux dits *Wireless Personal Area Network* (WPAN) ou *Bluetooth* obéissent à la norme IEEE 802.15.1 ; ils permettent des communications entre des appareils distants de quelques mètres, par exemple un téléphone et son oreillette sans fil ; ils sont également présents dans les *smartphones* et leurs promoteurs envisagent des débouchés sur le marché du jouet et des consoles de jeu ; la puissance des émetteurs est plus faible que pour les appareils 802.11, en général 1 mW (il existe bien une option de la norme qui permet une puissance de 100 mW, mais elle n'est pratiquement pas utilisée), et de ce fait la consommation électrique est moindre ; la norme IEEE 802.15.3 (Bluetooth2) est une évolution de la norme Bluetooth avec des débits plus rapides et des mécanismes de sécurité améliorés par rapport à 802.15.1 ;
- les réseaux dits *Wireless Metropolitan Area Network* (WMAN) obéissent à la norme 802.16, plus connue sous le nom de WiMax, ou de *Boucle locale radio* (BLR) ; ils sont capables de relier des équipements distants de quelques kilomètres, par exemple pour se substituer aux liaisons ADSL dans les zones rurales à faible densité ;

---

20. http://www.certa.ssi.gouv.fr/site/CERTA-2002-REC-002/
21. http://www.arcep.fr/index.php?id=8127

- les réseaux dits *Wireless Wide Area Network* (WWAN) utilisent les systèmes de téléphonie sans fil tels que GSM *(Global System for Mobile Communication)*, GPRS *(General Packet Radio Service)* ou UMTS *(Universal Mobile Telecommunication System)* comme couche de liaison de données pour constituer une infrastructure d'accès à l'Internet.

Nous nous intéresserons surtout ici aux réseaux 802.11, dont on trouvera une description technique détaillée sur le site des Journées réseau de l'enseignement supérieur (JRES) 2005 [22].

## Vulnérabilités des réseaux sans fil 802.11

Tout d'abord, les réseaux 802.11 sont affectés de toutes les vulnérabilités qui concernent les réseaux 802.3. En effet, capter les signaux hertziens d'un réseau 802.11 procure les mêmes moyens d'observation et d'action que l'accès en mode *promiscuous* au support physique d'un réseau local câblé. Simplement, procéder à ce type d'intrusion est plus facile et plus discret. Le remplacement des répéteurs par des commutateurs avait diminué la vulnérabilité des réseaux câblés en établissant des liaisons point à point : le support hertzien ramène le candidat à l'intrusion au temps des répéteurs, où le mode *promiscuous* donnait accès à toutes les trames de toutes les stations.

### Vulnérabilités 802.11 spécifiques

Le Centre d'expertise gouvernemental de réponse et de traitement des attaques informatiques (CERTA) énumère trois types de vulnérabilités propres aux réseaux sans fil :

1. la diffusion de l'information facilitant l'interception passive à distance ;
2. la sensibilité au brouillage diminuant la disponibilité du réseau ;
3. les configurations non sécurisées par défaut des nouveaux équipements, facilitant les attaques.

L'article `http://tinyurl.com/hkb76` signale en outre la possibilité de prendre à distance le contrôle d'un ordinateur portable en exploitant les failles de leurs pilotes Wi-Fi.

---

22. `http://2005.jres.org/tutoriel/Reseaux_sans_fil.livre.pdf`

## Protection des points d'accès

Pour la sécurité des points d'accès, les mesures suivantes sont préconisées :

1. changer les mots de passe par défaut (notamment administrateur) par des mots de passe plus solides ;
2. désactiver les services disponibles non utilisés (SNMP, Telnet...) ;
3. régler la puissance d'émission du point d'accès au minimum nécessaire ;
4. changer l'identifiant de réseau (SSID) par défaut ;
5. mettre à jour le *firmware* de son point d'accès dès que le constructeur propose une mise à jour.

## Protection des communications par chiffrement

La facilité d'écoute des communications hertziennes suggère fortement de chiffrer le trafic 802.11. La norme propose une méthode de chiffrement, *Wired Equivalent Privacy* (WEP), qui est malheureusement « inapte à offrir un niveau de sécurité suffisant pour la plupart des utilisateurs. En effet, il est possible en écoutant une quantité suffisante de trafic (cela peut prendre plusieurs heures selon l'activité du réseau), de casser une clé WEP en quelques secondes. Une documentation abondante sur le sujet est disponible sur l'Internet. Plusieurs outils d'attaque publics permettent de faire cela facilement, sans matériel spécialisé, dans un temps raisonnable », nous dit le document du CERTA [23].

En juin 2004, l'IEEE a ratifié la norme 802.11i, qui comporte de nouveaux protocoles de sécurité, plus robustes :

1. *Wi-Fi Protected Access* (WPA), qui propose deux modes de fonctionnement : *WPA-PSK Mode* repose sur un secret partagé, cependant que *WPA Enterprise Mode* utilise le protocole d'authentification RADIUS ;
2. dans les deux cas, le chiffrement est effectué selon l'algorithme *Advanced Encryption Standard – FIPS-197* (AES), déjà mentionné à la page 116 comme un protocole symétrique robuste.

En 2004 est parue une mise à jour de la norme nommée WPA2. Deux mécanismes de chiffrement sont utilisés dans WPA : TKIP et CCMP. TKIP est basé sur l'algorithme RC4 et a été conçu dans un souci de rétrocompatibilité avec du matériel supportant WEP. CCMP est lui basé sur l'algorithme AES. Il est à noter que depuis la publication d'attaques en 2014 sur l'implémentation de RC4 utilisée dans

---

23. `http://www.certa.ssi.gouv.fr/site/CERTA-2002-REC-002/`

TKIP par des chercheurs de l'université de Londres[24], ce mode n'est plus recommandé.

**Le fonctionnement du protocole RADIUS**

Le protocole RADIUS *(Remote Authentication Dial In User Service)* décrit un principe d'authentification très général : un individu souhaite accéder à un service en réseau pour lequel il lui faut s'authentifier ; pour ce faire il va envoyer ses données d'authentification (couple identifiant-mot de passe, ou certificat électronique, par exemple) à un serveur RADIUS, qui lui-même établira une transaction avec le véritable serveur d'authentification (annuaire électronique, ou système de mot de passe d'un serveur Unix...). Le protocole RADIUS permet ainsi d'utiliser des systèmes d'authentification préexistants pour de nouvelles applications en réseau, sans avoir à modifier ni le serveur ni l'application.

## Authentification des accès au réseau

**Authentification par défi-réponse**

L'authentification par défi-réponse permet de vérifier l'identité de son interlocuteur sur le réseau : par exemple, si Alice veut s'assurer que celui qui cherche à se connecter à son serveur est bien Bob, elle peut configurer le logiciel du serveur de sorte que celui-ci compose un texte conventionnel, le chiffre avec la clé publique de Bob, et l'envoie à Bob. Si le logiciel client de Bob réussit à déchiffrer le message et à le renvoyer en clair au serveur d'Alice, cela prouve qu'il était bien en possession de la clé privée de Bob, et si celle-ci n'a pas été compromise, cela prouve bien l'identité de Bob.

La norme 802.11 définit une méthode d'authentification par défi-réponse, dite *Shared Key Authentication* :

1. le mobile qui veut accéder au réseau envoie au système de contrôle d'accès du point d'accès (qui peut être un routeur ou une borne Wi-Fi) une demande d'authentification ;
2. le point d'accès envoie un texte aléatoire au mobile ;
3. le mobile chiffre ce texte avec sa clé WEP et envoie le texte chiffré au point d'accès ;

---

24. `http://www.isg.rhul.ac.uk/tls/RC4biases.pdf` et
`http://eprint.iacr.org/2013/748.pdf`

4. le point d'accès déchiffre le message avec la clé WEP censée correspondre à celle du mobile et le compare au texte original : s'ils coïncident, c'est que le mobile et le point d'accès partagent la même clé WEP, et l'accès est accordé.

---

**Adresse MAC**

L'adresse MAC (comme *Medium Access Control*) d'un équipement connecté à un réseau local, avec ou sans fil, est son adresse de couche 2 ; en général elle est enregistrée « en dur » dans l'interface réseau, ce pourquoi on l'appelle souvent adresse physique, ce qui ne veut pas dire pour autant qu'elle soit infalsifiable, mais dans des conditions normales elle n'est jamais modifiée. Il est également possible, depuis un autre équipement connecté au même réseau local, d'observer l'adresse MAC et d'utiliser cette observation pour espionner les communications qui en émanent.

---

Il est également possible de restreindre l'accès aux adresses MAC autorisées (cf. encadré ci-dessus) ; ces deux méthodes sont considérées comme insuffisantes, parce qu'il existe des méthodes de contournement faciles à mettre en œuvre. Aussi est-il conseillé d'employer une méthode plus robuste, et susceptible d'ailleurs d'être utilisée également pour un réseau câblé 802.3 : celle définie par la norme IEEE 802.1x.

## Norme 802.1x pour l'authentification

La norme IEEE 802.1x définit une méthode générale d'authentification des accès à un point d'entrée du réseau, qu'il s'agisse d'une prise d'un commutateur filaire ou d'un point d'accès sans fil. Le protocole d'authentification proprement dit est laissé au choix de l'administrateur du système parmi les variantes d'EAP *(Extensible Authentication Protocol)* :

- EAP-TLS (*EAP – Transport Layer Security*, RFC 2716) ouvre entre le mobile et le point d'accès un tunnel sûr dont l'accès est contrôlé par des certificats électroniques délivrés par une Infrastructure de gestion de clés (IGC, PKI en anglais) ;
- EAP-MD5 repose sur le chiffrement par le protocole MD5, notoirement fragile ;
- EAP-TTLS *(EAP-Tunneled Transport Layer Security)*, assez similaire à EAP-TLS, si ce n'est qu'il n'utilise qu'un seul certificat du côté du serveur ;
- PEAP *(Protected Extensible Authentication Protocol)*, très semblable au précédent ;
- et deux ou trois autres variantes plus ou moins désuètes.

Le protocole d'authentification EAP est encapsulé au-dessus du protocole IEEE 802.11. L'équipement d'accès au réseau sans fil (point d'accès) relaie les trames entre le client et le serveur d'authentification (serveur RADIUS), sans connaître le protocole EAP utilisé. Dans le cas où le protocole d'authentification prend en charge la gestion des clés, celles-ci sont transmises à l'équipement d'accès puis au client dans le cadre du chiffrement. Le protocole d'authentification le mieux adapté semble être EAP-TLS *(EAP - Transport Layer Security)* créé par Microsoft et accepté sous la norme RFC 2716, ce qui, curieusement, introduit une touche de confusion protocolaire.

---

**Une alternative à la sécurisation des réseaux Wi-Fi**

La mise en œuvre de solutions de sécurité Wi-Fi de type WPA reste complexe : choix de bornes Wi-Fi adéquates, serveur de sécurité, gestion des utilisateurs et éventuellement logiciel spécifique à installer sur les postes de travail.

Ajoutez à cela l'incertitude qui semble peser sur la sécurité effective de tels dispositifs. Une méthode assez simple qui est parfois employée pour déployer de tels accès en entreprise est de considérer l'accès Wi-Fi à l'identique d'un accès Internet. Le montage est alors le suivant :

- déploiement d'un réseau Wi-Fi peu protégé (un peu quand même pour limiter l'accès à des touristes) ;
- des filtres en sortie du réseau Wi-Fi n'autorisent le trafic que vers la passerelle VPN des utilisateurs nomades de l'entreprise, et cela afin d'éviter que les touristes ne puissent profiter de l'accès ;
- l'utilisateur ainsi connecté en Wi-Fi doit utiliser son logiciel VPN pour se connecter au réseau d'entreprise, technologie dans laquelle l'entreprise est en général plus confiante.

Il est bien sûr indispensable dans une telle situation que la passerelle VPN soit dimensionnée de façon adéquate, les volumes de données à traiter pouvant être importants.

---

## L'accueil des visiteurs sur un réseau sans fil

De nombreuses entreprises reçoivent des visiteurs. Pouvoir leur donner un accès à l'Internet sans pour autant autoriser l'accès au réseau d'entreprise fait partie de ces petits plus qui facilitent la vie à tout le monde.

La généralisation des réseaux Wi-Fi ne fait qu'augmenter la pression des visiteurs pour bénéficier d'un tel service. Les avantages pour l'entreprise sont réels : il n'est plus nécessaire de gérer un câblage et des prises spécifiques pour les visiteurs, une infrastructure d'accueil sans fil permettra un accès depuis toute la zone de couverture.

Le déploiement d'un accès Wi-Fi pour les visiteurs nécessite de faire attention à quelques points :

- la simplicité d'utilisation ; on évitera donc des technologies compliquées comme celles basées sur WPA *(Wi-Fi Protected Access)* qui nécessitent une prise en charge logicielle adéquate sur chaque poste de travail ; on préférera un portail web permettant au visiteur de s'identifier, d'accepter les conditions d'utilisation et enfin d'utiliser le réseau Internet indispensable au travail de tous les jours ;
- l'information du visiteur sur ses droits, devoirs ainsi que sur les risques liés à l'utilisation d'un réseau sans fil est indispensable ;
- le respect de la réglementation en vigueur : l'opérateur d'un point d'accès à l'Internet pour ses visiteurs est considéré comme un fournisseur d'accès à l'Internet et doit donc enregistrer un certain nombre de données afin de permettre l'identification d'un utilisateur, par exemple dans le cadre d'une réquisition judiciaire.

Une architecture simple que l'on peut rencontrer (en le faisant soi-même ou bien en utilisant des produits du commerce) permet de mettre en œuvre un réseau sans fil utilisable aussi bien pour les besoins de l'entreprise que pour ceux des visiteurs. La contrainte essentielle est de disposer de points d'accès sans fil qui prennent en charge les réseaux virtuels multiples (VLAN) afin de séparer le trafic en plus d'une gestion de plusieurs SSID. On associera bien sûr un SSID à un VLAN pour chaque type d'utilisateur. Souvent, les produits d'entrée de gamme ne répondent pas à ces caractéristiques techniques : il convient de bien vérifier auprès de son fournisseur avant tout achat.

Le déploiement se fera ensuite selon les principes directeurs suivants :

- sur son réseau d'entreprise, créer un VLAN pour les visiteurs – ce réseau virtuel n'aura pas accès aux ressources internes à l'entreprise, mais il devra disposer d'un accès à l'Internet (moyennant parfois des filtres de sécurité, l'entreprise reste maîtresse de la nature ouverte ou restreinte du service qu'elle propose) ;
- sur l'infrastructure Wi-Fi, transporter ce VLAN sous un identifiant SSID dédié à cet usage ;
- configurer les bornes Wi-Fi afin que les différents utilisateurs du réseau visiteurs ne puissent pas se voir (lorsqu'il y a une seule borne Wi-Fi c'est assez simple à faire : par exemple sur une borne *Aironet* de *Cisco* on utilisera la fonction *Public Secure Packet Forward*) ;

- mettre en œuvre un *portail Wi-Fi* pour les visiteurs, qui assure l'identification et l'information de l'utilisateur avant de lui donner accès à l'Internet – l'enregistrement et l'attribution des codes d'accès pourront se faire lors de l'accueil du visiteur ou bien à l'initiative des salariés disposant d'un accès au portail d'enregistrement.

Le marché propose aujourd'hui des solutions permettant de mettre en œuvre de telles solutions d'accès, et bien sûr les utilisateurs expérimentés pourront souhaiter déployer eux-mêmes une solution à base d'outils libres; un serveur Linux avec quelques logiciels adéquats permet de mettre en œuvre un tel service :

- un portail web permet (depuis le réseau filaire) aux personnes autorisées de créer des accès pour les visiteurs et d'imprimer leur fiche d'accès ;
- lorsque le visiteur utilise le réseau sans fil, il ne peut accéder directement à l'Internet, et le serveur « portail visiteurs » redirige toutes les connexions sortantes (au moins les connexions web) vers le portail d'identification qui demandera au visiteur son code d'accès et le mot de passe associé ;
- une fois l'identité du visiteur vérifiée, le portail visiteurs autorise l'accès à l'Internet en configurant dynamiquement le pare-feu (*Netfilter* avec un système Linux) pour autoriser ce poste de travail, et lui seul, à sortir sur l'Internet ;
- lorsque le visiteur quitte l'entreprise, ou bien en fin de journée, le code d'accès est automatiquement désactivé ;
- le logiciel du portail garde trace des heures d'utilisation et des adresses IP attribuées : cela permet de répondre, si besoin est, à une réquisition judiciaire pour identifier l'internaute.

L'administrateur du réseau ne doit en outre pas oublier que lorsqu'il est dans une zone relativement dense, des tiers ne manqueront pas d'essayer, avec ou sans intention malveillante, d'accéder à son réseau « visiteurs », car celui-ci sera présenté comme étant « ouvert » et donc accessible à tous. Cela peut générer une quantité non négligeable d'événements dans les journaux d'activité. On peut aussi envisager, si les systèmes en place le permettent, des mécanismes de défense qui refusent l'accès à une station de travail après un certain nombre de tentatives d'accès.

**7**

# Sécurité du microprocesseur

## Rétroconception de composants électroniques

La rétroconception *(reverse engineering)* est aussi vieille que la technique, et les polisseurs de pierre de toute l'Europe se sont probablement évertués à reconstituer les méthodes de fabrication des lames de silex du Grand-Pressigny, qui s'exportaient jusqu'en Hollande et aux Îles Anglo-Normandes. L'informatique n'a pas échappé à la règle. À l'époque des matériels à logique discrète c'était de l'ingénierie classique, tempérée par les brevets et les avocats chargés de les défendre; on se rappellera les batailles homériques des années 1970 autour des interfaces des contrôleurs de disques, de lecteurs de bandes et d'imprimantes IBM.

## Pour le logiciel

Dans le domaine du logiciel, la rétroconception n'a servi pendant longtemps qu'à reconstituer les spécifications d'un logiciel non-libre afin d'en produire une imitation. Depuis quelques années son champ d'application s'est étendu à l'analyse des logiciels malfaisants (maliciels, *malwares*) pour apprendre à s'en protéger. La rétroconception du logiciel s'applique en général à un programme compilé, donc traduit en langage machine, d'une lecture particulièrement laborieuse et difficile. Les auteurs se protègent de la rétroconception par l'obscurcissement du code (en anglais *obfuscation*, ensemble de techniques destinées à le rendre incompréhensible), et finalement par le chiffrement du programme enregistré en mémoire persistante, ce qui oblige à lire le code à la volée en mémoire vive pendant son exécution, exercice difficile. Des logiciels perfectionnés tels que Skype vérifient la conformité de leur propre texte [82], afin d'éviter qu'un observateur ne réussisse à l'instrumenter pour mieux l'analyser (cf. p. 384). Il existe depuis longtemps des programmes désassembleurs, capables de traduire le langage machine en un texte plus lisible. À ces techniques maintenant classiques sont venus s'adjoindre des logiciels qui permettent l'observation du logiciel au cours de son exécution, en mémoire vive. Le développement de ces méthodes a eu un effet de bord bénéfique, la remise au goût du jour de l'assembleur, dont la pratique donne, de façon irremplaçable, une compréhension intime du fonctionnement des ordinateurs.

## Est-ce possible pour le matériel ?

Depuis que les composants des ordinateurs, à commencer par le processeur, sont réalisés sous forme de circuits intégrés, on pouvait penser que la rétroconception par observation directe d'une puce de trois milliards de transistors sur deux centimètres carrés (soit un pas de dessin [1] de 20 nm) était impossible : n'aurait été possible que l'analyse des signaux (électromagnétiques en règle générale, mais aussi sonores et temporels) émis par le composant à destination du monde extérieur, ce que l'on nomme les canaux auxiliaires, éventuellement manipulés par des fautes, qui consistent à perturber le fonctionnement du composant et à observer les effets de cette perturbation sur ses réponses et sur les canaux auxiliaires.

---

**Canaux auxiliaires, fuzzing, attaques en faute**

Les canaux auxiliaires représentent l'ensemble de l'information que l'on peut obtenir sur l'exécution d'un algorithme en plus du couple entrée/sortie (temps d'exécution, fuite d'information du cache, consommation de courant, émanation électromagnétique, bruit).

Le fuzzing consiste à interagir avec le composant en respectant son interface mais pas forcément sa spécification (on envoie un entier mais pas dans les bornes prévues par la fonction par

---

1. Par convention le pas de dessin qui caractérise une technologie micro-électronique est la longueur de la grille du transistor.

exemple) alors que les attaques en faute consistent à perturber le fonctionnement du composant lors de l'exécution d'une fonction (au milieu d'une multiplication, je change la valeur d'un registre) et d'observer le résultat de cette perturbation.

Cette idée était erronée. Un article de quatre chercheurs de la Délégation générale à l'armement (DGA), Denis Réal, Julien Micolod, Jean-Claude Besset et Jean-Yves Guinamant, publié dans le numéro hors-série n° 7 de la revue MISC [222], présente un panorama des avancées récentes dans le domaine de la rétroconception des puces électroniques. Disons d'emblée que ces techniques ne sont aujourd'hui pas employées contre des microprocesseurs d'usage général, tels que ceux qui animent les ordinateurs, plutôt contre de plus petits systèmes, tels que des clés USB cryptographiques, mais demain... Et signalons aussi que ces techniques sont employées en conjonction avec les méthodes par canaux auxiliaires, pour extraire la clé privée du composant, ou des informations sur l'algorithme cryptographique utilisé. Nul doute que ces techniques soient appelées à progresser.

## Comment analyser un composant électronique ?

C'est possible, mais difficile.

Les échantillons doivent être préparés par des procédés physico-chimiques adéquats de façon à dégager les couches intéressantes du composant.

Pour observer des objets dont le motif élémentaire mesure une vingtaine de nanomètres, il convient de se munir d'un bon microscope électronique (un grossissement de $1 \times 60\,000$ devrait suffire), ce qui limite déjà les ambitions. Prévoir aussi un banc de prise de vue avec un moteur pas à pas pour la capture d'images. Le budget matériel se monte déjà à quelques centaines de milliers d'euros.

Ainsi équipé, on peut obtenir une collection d'images utilisables par des logiciels d'assemblage et de vectorisation, ce qui procurera l'équivalent de photographies aériennes des différentes couches du composant, en quelque sorte (un composant moderne comporte une trentaine de couches de circuits).

Ce qui permet d'aller plus loin, c'est que la morphologie de ces composants est élaborée au moyen d'un langage de description, analogue à un langage de programmation, qui en génère le dessin sous une forme acceptable par les machines de fabrication. Les principaux langages de ce type sont VHDL et VERILOG. Ils engendrent des dessins très réguliers et répétitifs, ce qui facilite la reconnaissance des motifs, et donc la rétroconception. Il existe des logiciels de vérification des règles architecturales et électriques, qui permettent de traduire les images en *liste d'interconnexions (netlist)* acceptable par un compilateur VHDL ou VERILOG. L'analyse ainsi réalisée permet de comprendre le fonctionnement général du composant, compréhension qui sera affinée par l'observation des signaux électromagnétiques émis au cours de son fonctionnement, avec différents jeux de données.

Les analyses de ce type, si leur coût en réserve l'usage aux grandes entreprises, aux États développés, aux équipes de recherche correctement financées et aux cartels mafieux de grande envergure, ouvrent la voie à des attaques sur les couches basses du matériel, très dangereuses parce qu'elles contournent toutes les protections par matériel ou par logiciel.

# Sabotage furtif de microprocesseurs
## Attaquer le maillon faible

La section précédente présentait une approche pour l'analyse d'un circuit électronique. L'article *Stealthy Dopant-Level Hardware Trojans?* de Georg T. Becker, Francesco Regazzoni, Christof Paar et Wayne P. Burleson [21] expose une méthode pour effectuer, en quelque sorte, l'opération inverse, modifier subrepticement le fonctionnement d'un microprocesseur aussi complexe que l'on veut.

Le type d'attaque proposé est particulièrement dangereux, parce que pratiquement indétectable, et si le matériel est compromis, on ne peut plus se fier à aucun logiciel. Les cibles les plus prometteuses, selon les auteurs, seraient les générateurs de nombres pseudo-aléatoires utilisés par les opérations de calcul cryptographique (désormais incorporées à tous les processeurs modernes) pour réduire l'entropie du tirage et affaiblir le chiffrement ; ainsi, l'utilisateur croirait tirer un nombre au hasard parmi les nombres de 128 chiffres binaires, mais en réalité il tirerait dans un ensemble beaucoup plus petit, par exemple celui des nombres de 56 chiffres binaires ; ce dernier ensemble est suffisamment petit pour qu'un assaillant puisse se livrer à une attaque par force brute. Cette méthode de sabotage permet en outre, comme nous allons le voir, de s'attaquer à un des maillons les plus faibles de la chaîne de fabrication du processeur, ce qui est un autre avantage pour les pirates.

## Étapes de conception d'un microprocesseur

Examinons en effet la suite des opérations préalables à la fabrication d'un microprocesseur, et quels sont les agents qui effectuent chacune, en ayant présentes à l'esprit les caractéristiques d'un processeur moderne : 2 ou 3 cm$^2$, de l'ordre d'un milliard de transistors par centimètre carré, un dessin au pas de 22 nm, voire aujourd'hui (2016) 14 nm.

La conception d'un microprocesseur est effectuée par les équipes d'ingénieurs de l'entreprise qui le diffusera sous son nom. Elle consiste à écrire la description du circuit dans un langage spécialisé, par exemple VERILOG ou VHDL (pour ce dernier langage existent des compilateurs *open source*). La compilation du programme VERILOG ou VHDL produit soit une description du circuit vérifiable par un simulateur (première étape), soit dans un second temps une description plus détaillée acceptable par les machines de fabrication des *fonderies de silicium* (bon, c'est très résumé, mais le principe est celui-là). Lorsqu'on parle de machines, il s'agit dans les fonderies de silicium essentiellement de *scanners*, des objets à 20 ou 30 millions de dollars pièce.

Les laboratoires où travaillent les ingénieurs qui conçoivent les processeurs sont situés le plus souvent en Californie ou en Israël. Dans le cas d'ARM, une entreprise britannique qui conçoit des architectures de processeurs, qui n'en fabrique pas et qui vend les « plans »[2] à des industriels, une partie de la conception a lieu dans ses laboratoires de Cambridge (UK), et l'assemblage final du « plan », éventuellement avec d'autres composants, a lieu dans les laboratoires du client (Qualcomm, Texas Instruments, STMicroelectronics, Huaweï, Broadcom, Freescale, Samsung, LG, ZTE, etc.). Introduire une falsification dans la description d'un circuit (la couche HDL, comme *Hardware Description Language*) risque d'être une entreprise difficile et peu reproductible, seulement à la portée d'une organisation étatique.

À l'issue du processus de conception, on dispose donc d'un ensemble de données, une maquette au sens typographique du terme *(layout)*.

---

2. Nous écrivons plan entre guillemets, parce que ce terme désigne habituellement un dessin, alors qu'ici il s'agit du texte d'un programme qui permet à une machine de produire un dessin.

# Le processus de fabrication

La fabrication d'un microprocesseur consiste à implanter, par un procédé photolithographique, le dessin issu de la conception sur une tranche de silicium. Chaque tranche de 300 mm de diamètre (450 mm pour les usines les plus récentes) peut contenir quelques centaines de composants. Le processus sera réitéré pour chaque couche de circuits.

Pour dessiner les transistors et les circuits qui les relient sur la tranche de silicium, celle-ci va être soumise à une succession de traitements physico-chimiques qui s'apparentent à de la sérigraphie, ou à de la peinture au pochoir, mais avec un niveau de détail de l'ordre de quelques nanomètres.

La tranche sera d'abord recouverte d'une résine photo-sensible, puis exposée à un rayonnement ultra-violet (UV) au travers d'un masque qui représente le motif à dessiner. Le support du masque est en quartz et les parties opaques destinées à protéger les zones de résine qui ne doivent pas être exposées sont recouvertes de chrome. La résine des zones exposées aux UV devient soluble et sera éliminée chimiquement, pour ne la laisser subsister que dans les zones protégées du rayonnement. C'est ce que l'on appelle le procédé photo-lithographique par lequel on grave littéralement les circuits à réaliser.

Cette opération de photolithographie est répétée une trentaine de fois, pour implanter les éléments semi-conducteurs et les circuits métalliques qui les relient. Les éléments semi-conducteurs seront réalisés par le *dopage* du silicium : l'atome de silicium a une valence de 4, ce qui correspond à peu près (que les chimistes nous pardonnent!) au fait que la couche d'électrons la plus extérieure comporte 4 électrons. Si on introduit dans certaines zones des impuretés, par exemple des atomes de phosphore, qui a une valence de 5, cela correspond à un surcroît de charges négatives. Si au contraire on introduit des atomes de bore (valence 3), cela correspondra à un déficit de charges négatives, donc à un dopage positif (que les physiciens nous pardonnent!). Ce sont ces déséquilibres de charges électriques qui permettent la réalisation de circuits semi-conducteurs qui sont au cœur du fonctionnement des ordinateurs.

Un composant perfectionné peut donc comporter jusqu'à trente couches de composants et de circuits, il faudra donc trente séries d'opérations physico-chimiques, ce qui explique les cinq à six semaines de production d'une tranche. Il faut donc une collection d'une trentaine de masques « chrome sur quartz », qui au complet coûtera un million d'euros. On comprend pourquoi il n'est pas question de faire de petites séries.

L'implantation des circuits métalliques (naguère en aluminium, désormais en cuivre) se fait par vaporisation du métal. Tout cela coûte très cher, mais ce n'est rien en regard des matériels de photo-lithographie, naguère statiques et nommés *steppers*, aujourd'hui plutôt analogues à des bancs photographiques mobiles et appelés *scanners*. Pour le procédé 22 nm un scanner coûte de l'ordre de trente millions d'euros, et pour les procédés en cours de test (14 nm) ou à venir plus tard (7 nm) on parle de centaines de millions d'euros par appareil. Quatre entreprises fabriquent de tels appareils : Nikon, Canon, l'américain Ultratech et le néerlandais ASML qui contrôle les deux tiers du marché mondial.

Pour un dessin au pas de 14 nm, les masques sont au pas de 193 nm. Il faut donc un facteur de réduction de près de 14, qui sera obtenu par un procédé optique. Les objectifs (installés dans les scanners) qui procurent ce résultat mesurent de l'ordre de 50 cm de diamètre, plusieurs mètres d'épaisseur (ou de longueur plutôt), pèsent plusieurs centaines de kilos et coûtent quelques millions d'euros [3]. Les principaux producteurs de ces optiques phénoménales sont Zeiss, Canon et Nikon.

La réduction obtenue par ces objectifs monstrueux ne suffit pas, parce que la finesse du dessin contraindrait à une longueur d'onde inférieure à celle de l'UV extrême, et les rayons X qui viennent ensuite ont des propriétés différentes. Cette difficulté est surmontée grâce à une pellicule d'eau qui, par un phénomène de diffraction, produit l'effet optique escompté.

Les perspectives de sabotage lors de l'étape de fabrication proprement dite sont plus prometteuses que lors de l'étape de conception, ne serait-ce que du fait de la division du travail entre plusieurs entreprises dans plusieurs pays : conception, assemblage de plusieurs dessins issus de concepteurs différents, fabrication.

## Falsification sur la chaîne de fabrication du microprocesseur

Nous voici à l'étape du processus où le producteur de microprocesseurs dispose d'une maquette du processeur qu'il veut proposer à ses clients, sous la forme d'un programme exécutable, issu de la compilation d'un texte écrit dans un langage de de description (HDL), qui va permettre de piloter les machines de fabrication, *steppers* et autres équipements de photolithographie. L'industriel peut avoir conçu entièrement cette maquette, ou il peut y avoir incorporé des éléments dont la pro-

---

3. Cf. `http://www.ece.neu.edu/edsnu/mcgruer/class/ece1406/asmlat110000204.pdf`

priété intellectuelle lui a été concédée sous licence par une autre entreprise dont c'est la spécialité, comme ARM. Il faut maintenant fabriquer.

Certains industriels, comme Intel, IBM, Infineon (issu de Siemens), Renesas (qui regroupe les activités micro-électroniques de NEC, d'Hitachi et de Mitsubishi) ou Samsung, possèdent leurs propres usines. D'autres n'en ont jamais eu, tels Qualcomm, Broadcom, Nvidia, ou ont filialisé leur activité de fabrication, comme AMD ou Philips. D'autres encore fabriquent une partie de leur production et confient le reste à des *fonderies de silicium*, comme *GlobalFoundries* (issu de la fusion des activités de fabrication d'AMD avec le Singapourien *Chartered Semiconductors*) ou les Taïwanais TSMC (le leader mondial) et UMC. C'est entre l'envoi de la maquette du circuit à la fonderie et la sortie des pièces de la chaîne de fabrication que se présentent les meilleures occasions pour l'introduction d'une modification malveillante.

Une première piste à laquelle pourrait songer le pirate serait d'ajouter au composant un circuit supplémentaire de son cru, qui détournerait le fonctionnement nominal du composant selon ses plans, ou de modifier une partie du composant. Cela suppose bien sûr des failles de sécurité au cours de la fabrication, dans l'usine. Cette piste semble peu prometteuse, parce que les modifications effectuées seraient détectables, soit par un examen au microscope, soit parce que les composants modernes sont généralement pourvus de circuits d'auto-vérification (*Built-In Self-Test*, BIST) capables de détecter un comportement non conforme aux spécifications nominales. Cela dit il existe de nombreuses modifications qu'un BIST ne peut pas détecter mais qui seraient extrêmement dommageables, par exemple un bloc multiplieur qui serait correct partout sauf sur une paire d'entrées.

### Jouer sur le dopage des composants

Le dopage envisagé ici ne concerne pas le sport : comme le dit Wikipédia, « dans le domaine des semi-conducteurs, le dopage est l'action d'ajouter des impuretés en petites quantités à une substance pure afin de modifier ses propriétés de conductivité ».

La méthode proposée et expérimentée par les auteurs de l'article cité en référence consiste à modifier le comportement d'un composant en modifiant le dopage (c'est-à-dire le taux d'impuretés) du matériau en certains points précis pour établir ou au contraire supprimer des contacts électriques, et ainsi modifier le comportement du circuit. « Les propriétés des semi-conducteurs sont en grande partie régies par la quantité de porteurs de charge qu'ils contiennent. Ces porteurs sont les électrons ou les trous. Le dopage d'un matériau consiste à introduire, dans sa matrice, des atomes d'un autre matériau. Ces atomes vont se substituer à certains atomes initiaux et ainsi introduire davantage d'électrons ou de trous. » (Wikipédia)

Cette méthode innovante présente des avantages décisifs par rapport à celles évoquées ci-dessus : modification frauduleuse de la description du composant ou insertion frauduleuse d'un circuit parasite, au niveau HDL ; ces deux types de sabotages sont en effet détectables, tant par examen au microscope électronique que par exécution des procédures de test algorithmique.

L'idée centrale de la méthode décrite par nos auteurs est la suivante : une porte logique [4] du schéma original est modifiée en certains points précis par introduction de porteurs de charges différents de ceux du schéma prévu. Ces modifications altèrent le comportement de la porte d'une façon prévisible. Une telle modification est indétectable au microscope électronique, et les deux exemples de réalisation par les auteurs de l'article ont résisté aux procédures de vérification prévues par les industriels.

## Exemple 1. Sabotage du générateur de nombres pseudo-aléatoires de l'architecture Ivy Bridge d'Intel

La conception d'un bon générateur de nombres pseudo-aléatoires a toujours été un art difficile et plein de pièges, et l'histoire de l'informatique est pleine d'échecs dans ce domaine. Cette question est particulièrement sensible aujourd'hui, parce que toute la cryptographie moderne repose sur la capacité de générer des nombres pseudo-aléatoires.

Un bon générateur de nombres pseudo-aléatoires, invoqué un grand nombre de fois, doit produire des nombres uniformément répartis sur un intervalle aussi large que possible. Le générateur de nombres pseudo-aléatoires de l'architecture Ivy Bridge d'Intel, dont il est question ici, produit des nombres de 128 chiffres binaires, soit compris entre 0 et $2^{128}- 1$, en d'autres termes entre 0 et :

340 282 366 920 938 463 463 374 607 431 768 211 455

---

4. « En électronique, une porte logique est un élément appliquant une fonction logique de l'algèbre de Boole. » (Wikipédia) Les microprocesseurs, comme tous les calculateurs, sont constitués de circuits logiques, eux-mêmes constitués de portes logiques. Une porte logique est généralement constituée de deux à six transistors.

La taille de cet intervalle détermine ce que l'on nomme l'*entropie*[5] du générateur. Moins les nombres produits sont prédictibles (plus le générateur s'approche de l'aléatoire idéal), plus l'entropie est élevée (plus la quantité d'information fournie est grande).

Les générateurs d'aléas modernes répondent à des contraintes fortes sur leur vitesse de génération (parfois plusieurs gigaoctets par seconde) ainsi que sur leur résistance à différentes attaques, un attaquant ne doit :

- ni pouvoir prévoir les nombres générés dans le futur en observant les nombres déjà générés ;
- ni pouvoir retrouver les nombres générés dans le passé même si tout le générateur tombe entre ses mains.

Il n'est généralement pas possible d'obtenir des résultats satisfaisants en utilisant directement une source d'entropie externe comme peuvent l'être les déplacements erratiques de la souris ou des turbulences engendrées par le système de refroidissement du processeur. C'est pourquoi la pratique moderne est d'obtenir une « graine » : une courte séquence de bits extraite d'une source d'entropie de confiance (généralement entre 128 bits et 1 024 bits), puis d'utiliser des algorithmes cryptographiques déterministes qui vont étendrent cette graine en une longue séquence répondant aux contraintes évoquées ci-dessus. C'est cette construction que l'on appelle un générateur de nombres pseudo-aléatoires.

Deviner par force brute un nombre pseudo-aléatoire tiré dans cet intervalle consiste à essayer un par un tous les nombres consécutifs, jusqu'à tomber sur celui que l'on cherche... par hasard. Avec l'intervalle que nous venons de décrire et les processeurs actuels, le temps qui reste à exister au système solaire n'y suffirait pas. Réduire l'entropie d'un générateur de nombres pseudo-aléatoires est donc intéressant pour un attaquant qui cherche à attaquer un système cryptographique.

Le générateur de nombres pseudo-aléatoires de l'architecture Ivy Bridge d'Intel[6][7] est considéré comme très sûr, il est très bien documenté et doté de procédures de test et de vérification, internes et externes, conformes au meilleur état de l'art. Les procédures de vérification interne (BIST) sont effectuées à chaque démarrage du

---

5. `http://fr.wikipedia.org/wiki/Entropie_de_Shannon`
6. M. Hamburg, P. Kocher, and M. E. Marson. *Analysis of Intel's Ivy Bridge Digital Random Number Generator. Technical Report*, Cryptography Research INC., March 2012.
7. Intel. *Intel Digital Random Number Generator (DRNG) Software Implementation Guide.*

système. Il produit des nombres de 128 chiffres binaires, soit compris entre 0 et $2^{128} - 1$, en d'autres termes entre 0 et :

340 282 366 920 938 463 463 374 607 431 768 211 455

Son principe de fonctionnement repose sur les éléments suivants :

- une source d'entropie (ES) et un générateur déterministe de bits aléatoires (DRBG) ;
- ES fournit périodiquement une nouvelle graine $(s, t)$ ;
- DRBG a deux registres d'état internes $c$ et $K$ de 128 bits réalisés chacun par 128 bascules flip-flops, et calcule le résultat $r$ :
  1. $c = c + 1, r = AES_K(c)$
  2. $c = c + 1, x = AES_K(c)$
  3. $c = c + 1, y = AES_K(c)$
  4. $K = K \oplus x$
  5. $c = c \oplus y$

L'attaque consiste à fixer la valeur de $K$ à une valeur constante, et à ne laisser varier que $n$ des 128 bits de $c$, en modifiant les bascules dont on veut qu'elles donnent toujours la même valeur.

L'article décrit le procédé par lequel, en modifiant le dopage d'une porte, à une échelle très petite, une variable du calcul est contrainte à une valeur constante, cependant que parmi les 128 chiffres d'une autre variable, $n$ sont maintenus constants, $n$ étant choisi au gré de l'attaquant. Le nombre pseudo-aléatoire obtenu possède toutes les qualités requises par la suite de tests imposées par le *National Institute of Standards* (NIST SP800-90), simplement il est choisi dans un intervalle arbitrairement petit, tel que l'attaquant puisse le trouver par force brute. Voici le schéma de la modification à la figure 7.1 p. 274.

Les auteurs ont veillé à ce que le calcul consomme la même quantité d'énergie électrique que celle utilisée par le circuit non falsifié, ce qui fait obstacle à la surveillance sur les canaux auxiliaires[8] (cf. ci-dessous). Cette falsification est donc très difficile

---

8. On désigne comme canaux auxiliaires *(side-channels)* les paramètres du fonctionnement d'un circuit observables de l'extérieur (consommation électrique, dissipation thermique, temps de calcul), et dont des valeurs anormales peuvent susciter des soupçons de piratage. Les pirates peuvent eux-mêmes observer les canaux auxiliaires et, dans certains cas, en déduire la valeur de clés secrètes, notamment en introduisant dans le circuit des données aberrantes (attaque par faute). Les concepteurs de composants cherchent à se protéger de telles attaques en faisant en sorte que les valeurs de ces paramètres soient les mêmes, quelles que soient les données fournies en entrée.

à détecter, les résultats du calcul effectué par le circuit falsifié présentent tous les caractères statistiques désirés et résistent à toutes les procédures de vérification, et l'attaque permet l'accès à la clé secrète de la cible.

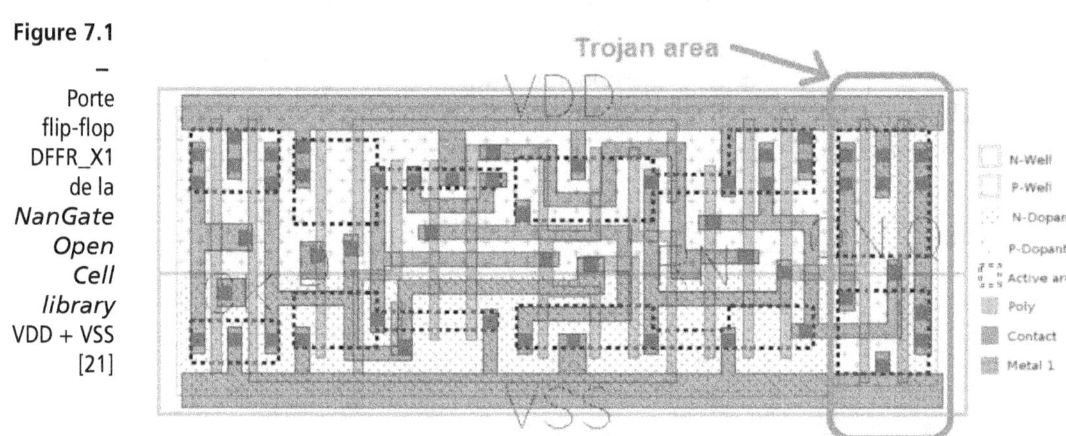


**Figure 7.1**

–

Porte
flip-flop
DFFR_X1
de la
*NanGate
Open
Cell
library*
VDD + VSS
[21]

## Exemple 2. Attaque par canaux auxiliaires : créer (furtivement) le canal

Un algorithme, cryptographique ou autre, se comporte différemment selon la nature des données qui lui sont soumises : le nombre d'instructions exécutées diffère selon la valeur de la clé de chiffrement, il en résulte que les temps d'exécution ne sont pas les mêmes, non plus que la consommation électrique, ni la chaleur dissipée. Ces phénomènes physiques sont nommés *canaux auxiliaires* (*side-channels* en anglais), et leur observation peut, dans certains cas, donner accès à un secret, tel qu'une clé symétrique, une clé privée de déchiffrement ou une clé privée de signature. C'est une attaque par canal auxiliaire.

Pour se prémunir d'une attaque par canal auxiliaire, les auteurs de logiciels de chiffrement et de déchiffrement adaptent leurs algorithmes de sorte qu'ils exhibent le même comportement extérieur quel que soit le calcul effectué. Les contremesures mises en place vont dépendre fortement du type de canal auxiliaire contre lesquels on souhaite se protéger : contre l'analyse de courant/émanations électromagnétiques on utilise le masquage où on traite simultanément $x + r$ et $r$. Pour le temps on essaie de faire des implémentations en temps constant quelles que soient les entrées.

Il est donc intéressant pour un attaquant d'ouvrir un canal auxiliaire là où il n'y en a pas. C'est ce qu'ont fait nos auteurs, en s'attaquant à une implantation de l'algorithme de chiffrement AES (cf. p. 116) conçue pour résister à de telles attaques, par les subterfuges suivants : réinitialisation des portes logiques à chaque cycle d'horloge, randomisation cohérente des opérations effectuées. Ces méthodes de dissimulation reposent sur une combinaison assez complexe de portes logiques, pour la description de laquelle le lecteur peut se reporter à l'article original *Stealthy Dopant-Level Hardware Trojans?* [21]. Nos auteurs, dans le rôle de l'attaquant, ont « simplifié » le circuit en inhibant certaines zones des transistors concernés, toujours en modifiant le dopage de zones sensibles. Ils ont ainsi créé les conditions pour une consommation électrique dépendante des données et prédictible. Ils ont simulé le circuit saboté, et comparé son comportement à celui du circuit normal. L'analyse du canal auxiliaire montre effectivement qu'il permet de récupérer la clé secrète calculée par le circuit, et qu'en outre le circuit est résistant aux attaques par canal auxiliaire triviales [9] (c'est-à-dire celles des autres).

L'idée de la manipulation de la figure 7.2 est d'établir une connexion permanente entre $V_{DD}$ et le contact du drain, et d'inhiber toute connexion entre le transistor n-MOS et la terre.

De la sorte, l'inverseur donnera toujours en sortie $V_{DD}$ pour toute valeur en entrée.

Ce travail spectaculaire et remarquable place très haut la barre à franchir pour se prémunir d'attaques contre le matériel, attaques qui réduisent à néant toute sécurité du logiciel. Heureusement, Messieurs Georg T. Becker, Francesco Regazzoni, Christof Paar et Wayne P. Burleson se proposent, au cours de leurs travaux à venir, de réfléchir à des moyens de détection de telles attaques. Espérons qu'ils trouveront rapidement !

---

9. Il faut noter que d'une manière générale les attaques par canaux auxiliaires sont extrêmement efficaces même lorsqu'on se place dans un modèle d'attaque normale : aujourd'hui pour essayer de casser un algorithme cryptographique les premières attaques à tenter sont celles-là. Il existe même des exemples d'attaques par canaux auxiliaires menées au moyen du son produit par le PC lors de l'utilisation de sa clé privée.

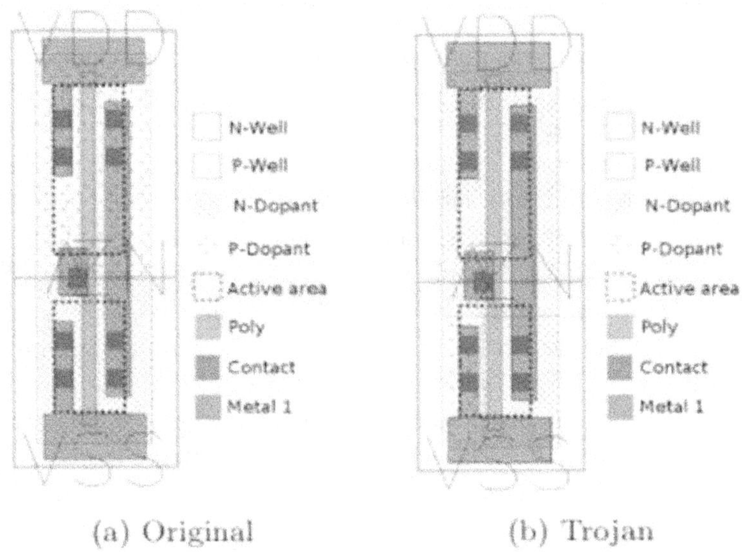



**Figure 7.2 –** Modification frauduleuse d'une porte de type inverseur [21]

# L'architecture x86 est-elle sûre ?

En octobre 2015 la chercheuse en sécurité informatique Joanna Rutkowska a publié un article retentissant intitulé *Intel x86 considered harmful* [236], qui étudie principalement les mécanismes peu connus du démarrage du microprocesseur, avant le lancement du système d'exploitation, et qui fait l'inventaire des failles de sécurité potentielles exploitables par un attaquant. Le résultat est très impressionnant.

Lors de la mise sous tension d'un ordinateur il faut que lui soit donnée une information d'amorçage : que faire pour commencer ? Plus précisément : quelle est l'adresse de la première instruction à exécuter ? On imagine bien que la modification de cette adresse par un attaquant pourrait compromettre irrémédiablement tout le fonctionnement ultérieur de quelque logiciel que ce soit, et notamment de tout système d'exploitation, aussi sûr soit-il. Cette question du démarrage est donc cruciale, d'autant plus qu'elle est généralement mal documentée et mal connue. C'est tout le mérite de Joanna Rutkowska d'avoir appliqué ses capacités d'investigation et de critique à ce processus, et d'avoir ainsi montré qu'en dépit d'une complexité considérable ajoutée au cours des dernières années pour en améliorer la sécurité, le système est encore vulnérable. D'où le titre de l'article.

## Au début était le BIOS

Lorsqu'IBM a lancé les premiers PC en 1981 sur une base de microprocesseurs Intel 8088, il en a publié les spécifications, ce qui a permis que les réalisations ultérieures, éventuellement par d'autres entreprises, respectent une architecture homogène. Selon ces règles architecturales, la carte-mère de l'ordinateur reçoit un composant distinct du processeur[10] qui contient un programme de démarrage, le *Basic Input Output System* (BIOS). Le circuit de mise sous tension est câblé de façon à lancer l'exécution de la première instruction du BIOS. Le rôle du BIOS consiste à initialiser les composants de la carte-mère, à identifier les dispositifs périphériques connectés à l'ordinateur (clavier, écran, souris, disque...), à les mettre en relation avec le processeur. Le BIOS avait été inventé en 1975 par Gary Kildall pour le système CP/M.

L'utilisateur peut accéder au menu de configuration du BIOS pour sélectionner certaines options, par exemple l'ordre selon lequel scruter les périphériques de démarrage possibles pour voir s'ils contiennent un logiciel d'amorçage et un système d'exploitation. Puis le BIOS va charger à partir d'un emplacement convenu sur le périphérique de démarrage choisi (disque dur, clé USB, CD-ROM...) le logiciel d'amorçage (par exemple GRUB dans le cas d'un périphérique de démarrage comportant Linux et éventuellement d'autres systèmes). Le logiciel d'amorçage va permettre à l'utilisateur de choisir le système d'exploitation à lancer s'il y en a plusieurs sur le périphérique de démarrage, et il va le faire démarrer effectivement. Inutile de dire que tout détournement malveillant d'une étape de ce processus peut corrompre toutes les opérations ultérieures, parce qu'à ce stade du démarrage aucun dispositif de protection matériel ou logiciel n'est activé, et qu'ainsi le BIOS a accès sans restriction en mode privilégié à toute la mémoire et à tous les périphériques. Il est par exemple concevable qu'un BIOS corrompu par un attaquant lance une version corrompue du système d'exploitation.

---

10. Historiquement il s'agissait d'un élément de mémoire morte (*Read-Only Memory*, ROM), aujourd'hui il s'agit d'une mémoire flash analogue à celle des clés USB, qui peut être modifiée par logiciel, ce qui est pratique, mais introduit un facteur de risque. Le premier virus BIOS, nommé "Chernobyl" ou CIH selon les initiales de son auteur Chen Ing Hau, date du 26 avril 1999.

Depuis 2014 la plupart des ordinateurs sont livrés avec un programme de démarrage dit *Unified Extensible Firmware Interface* (UEFI), qui est essentiellement un BIOS écrit selon des principes plus modernes que ses prédécesseurs et doté de fonctions plus étendues, telles que la possibilité de disques de plus grande capacité avec un plus grand nombre de partitions. Un inconvénient majeur d'UEFI est la décision de Microsoft d'imposer aux vendeurs d'ordinateurs certifiés pour Windows 8 ou 10 l'obligation de livrer leur matériel configuré pour démarrer en mode dit *Secure Boot* contrôlé par une clé de chiffrement privée détenue par Microsoft et utilisée pour signer le noyau du système. Cette situation rend nettement plus difficile l'installation d'un système d'exploitation libre sur ces machines.

## Confiance et sécurité ?

Joanna Rutkowska nous avertit d'une confusion terminologique : le terme *"trusted"* (de confiance) apposé à un système informatique nous emplit d'un sentiment de sécurité, alors qu'au contraire la crainte devrait nous étreindre. Si celui qui met ce système entre nos mains nous dit qu'il est « de confiance » sans nous donner les moyens de le vérifier, donc en nous contraignant à une confiance *aveugle*, cela signifie que la défaillance de ce système peut détruire *absolument* sa sécurité et tout ce qui en dépend.

Il convient donc de se méfier de ce qui est *"trusted"*, c'est-à-dire de confiance obligée, et d'en réduire le périmètre au minimum. Ce périmètre se nomme *"trusted computing base"* (TCB), il faut en faire sortir le plus possible d'éléments techniques. Comme va nous le montrer Joanna Rutkowska, l'évolution récente de la technologie des processeurs Intel contribue au contraire à élargir démesurément le périmètre technique auquel nous devons faire confiance parce que nous ne disposons d'aucun moyen de savoir comment fonctionne ce qu'il renferme.

## Le BIOS à la source de toute confiance

Ainsi que nous l'avons signalé ci-dessus, sans confiance dans le BIOS on ne peut plus avoir confiance en rien dans l'ordinateur, son système d'exploitation (OS) et ses données. Joanna Rutkowska précise les raisons de cet état de fait :

- le BIOS est le premier programme à s'exécuter sur le processeur, ce qui lui permet de corrompre l'image de OS ou de l'hyperviseur chargée ultérieurement;

- le BIOS a accès en mode privilégié à l'ensemble du matériel, ce qui lui permet de programmer des actions malfaisantes (cf. au chapitre 15 consacré à la sécurité sous Windows la section sur les attaques DMA et *Evil Maid*, p. 470);
- le BIOS fournit le code qui s'exécute selon le *System Management Mode* (SMM); or le code SMM peut s'exécuter pendant toute la période d'activité du système, d'où un risque majeur induit par sa corruption éventuelle; Xeno Kovah et Corey Kallenberg ont prouvé la réalité de ce risque en écrivant le *rootkit* SMM LightEater [164] capable de voler des clés privées en mémoire vive pendant l'exécution du système Tails OS [270], pourtant spécialement conçu à partir d'un système Linux Debian pour la sécurité (ses communications réseau utilisent Tor, Edward Snowden l'utilise pour cette raison).

Le BIOS est donc un élément ultra-sensible de tout système informatique à base de processeur x86, or comme nous l'avons écrit plus haut il est modifiable assez facilement, l'article de Joanna Rutkowska indique plusieurs procédés pour ce faire, et il n'existe à l'heure actuelle aucun moyen de s'affranchir de cette dépendance vis-à-vis du BIOS, en d'autres termes de faire en sorte qu'il puisse être considéré comme non-fiable sans que ce soit grave.

Au-delà de cette analyse des pouvoirs du BIOS, Joanna Rutkowska commence à nous faire prendre conscience de la présence d'une quantité considérable de logiciels actifs pendant toute la vie du système et hors de tout contrôle du système d'exploitation. Il serait donc vital que ce logiciel soit vérifiable et sûr. Nous allons voir qu'il n'en est rien.

## Système d'exploitation souterrain

### Multiples sous-systèmes en microcode

Pour corriger certaines failles de sécurité telles que celles mentionnées ci-dessus ou au chapitre 15 consacré à la sécurité Windows, les ingénieurs d'Intel ont multiplié les dispositifs : *Trusted Platform Module* (TPM), *Trusted Execution Technology* (TXT), exécution du code SMM *(System Management Mode)* sous contrôle d'un hyperviseur, *Active Management Technology* (AMT), *Boot Guard*, *Secure Boot* pour UEFI, et pour couronner l'édifice *Intel Management Engine* (ME). Il s'agit en fait de systèmes implantés dans le microcode du processeur, c'est-à-dire hors de portée de l'utilisateur, même muni de tous les privilèges sur son système. L'article de notre auteure en fait une analyse approfondie.

Ce qui est à noter, c'est que des systèmes comme AMT et ME sont actifs en permanence, *y compris lorsque l'ordinateur est arrêté* ! C'est dire à quel niveau de contrôle arrivent ces techniques, dont la puissance est telle qu'il est à souhaiter qu'elles ne puissent pas être détournées par des malfaisants.

## Intel Management Engine (ME)

Nous ne traiterons pas ici de tous ces dispositifs, pour lesquels nous renvoyons à l'article, et nous n'évoquerons que ME (*Intel Management Engine*), parce que c'est le dernier en date et qu'il englobe en quelque sorte tous les autres. ME est un petit ordinateur incorporé à *tous* les processeurs Intel contemporains. Il est impossible de l'enlever ou de le désactiver, et d'ailleurs, à supposer que l'on trouve un moyen de l'inhiber, le processeur deviendrait pratiquement inutilisable parce que beaucoup de ses fonctions dépendent de ME.

Plus qu'un simple microcontrôleur, ME est une infrastructure d'accueil complète pour toutes sortes de sous-systèmes, et de fait AMT est désormais implanté sur ME, ainsi que *Boot Guard*, PTT (*Platform Trust Technology*, la version pour ME de TPM), et d'autres à venir. ME procure bien sûr un hyperviseur qui permet par exemple l'exécution de code SMM en bac à sable (pour une récapitulation de tous ces sigles on pourra se reporter au document *Intel Hardware-based Security Technologies for Intelligent Retail Devices* [140]).

## ME partout et pour tout ?

Joanna Rutkowska souligne les effets pervers de cette prise de contrôle par ME de tous les aspects du fonctionnement du système.

D'abord, imposer à tous les utilisateurs de processeurs Intel une technologie fermée et opaque en prétendant qu'elle offrirait un niveau de sécurité inégalable, sans discussion possible, est une attitude arrogante et peu convaincante sur le fond.

Ensuite, si cette idée s'impose, et il semble que l'on n'ait guère le choix (AMD développe des technologies comparables sous le nom *Platform Security Processor*, PSP), cela conduira à ce qu'elle appelle la « zombification » des systèmes d'exploitation tels que Windows, Linux, OS-X, etc., réduits au rôle d'interfaces avec l'utilisateur pour balader des fenêtres, réagir aux déplacements de souris et jouer de la musique, cependant que les véritables traitements de données seront effectués derrière les portes closes (par des clés de chiffrement détenues par Intel) de ME, sans que l'utilisateur sache quels sont les algorithmes utilisés, et avec quel niveau de sécurité.

Comment savoir, par exemple, si Intel n'a pas décidé de confier le séquestre de ses clés de chiffrement à un tiers de confiance, par exemple une agence de sécurité gouvernementale américaine ? ME pourra-t-il filtrer et analyser nos messages électroniques, nos communications par Skype, nos recherches sur le Web ? Le générateur de nombres pseudo-aléatoires de ME comporte-t-il des faiblesses, voulues ou non ? Répondre à de telles questions est déjà difficile aujourd'hui, mais Joanna Rutkowska attire notre attention sur le fait qu'avec ME la rétro-ingénierie nécessaire à leur compréhension et à leur analyse sera d'une difficulté accrue d'un ordre de grandeur.

### Et si ME était corrompu ?

C'est la question qu'il faut toujours se poser à propos d'un système tout-puissant : tant que ses actions sont bénéfiques tout va bien [11], mais s'il est détourné vers des actions maléfiques, intentionnellement ou par suite d'une attaque réussie, alors l'empire du mal risque d'être absolu.

Or, pour qui voudrait entreprendre une action maléfique, ME est l'infrastructure idéale, nous dit Joanna Rutkowska : un *rootkit* implanté dans ME aurait le contrôle total des traitements effectués par le système et des données traitées (y compris les clés privées en transit par la mémoire), et il serait pratiquement indétectable. Que ce *rootkit* soit implanté par la mafia ou par la NSA ne change rien au problème.

## Idées pour un système plus sûr

La démarche de Joanna Rutkowska lui permet d'élaborer les idées qui mènent à un système plus sûr, par exemple :

- utilisation intensive des techniques d'isolation des différents artefacts fonctionnels les uns par rapport aux autres : virtualisation et confinement en bac à sable *(sandboxing)* en particulier ;

---

11. Sous réserve d'un accord unanime pour déterminer ce qui est bénéfique et ce qui ne l'est pas, et l'on sait que ce n'est vrai que dans l'imagination des dictateurs totalitaires, c'est même la définition du totalitarisme.

- exécuter en mode non-privilégié tout ce qui peut l'être, et son article démontre que c'est possible pour presque tout ce qui a trait aux périphériques, ce qui annulerait les menaces de type *Evil Maid* et DMA par exemple (cf. p. 470).

Joanna Rutkowska ne s'est pas contentée de proférer des idées, qu'elle réunit sous le vocable compartimentation, elle les a mises en pratique en organisant le laboratoire *The Invisible Things* qui a créé le système d'exploitation Qubes OS [238] fondé sur ces principes. On remarquera que cette idée de décomposer les systèmes en sous-systèmes le plus possible indépendants les uns des autres et dotés de privilèges réglés au minimum rejoint le courant des micro-noyaux, une technologie un peu oubliée mais dont les qualités de modularité, de flexibilité et d'aptitude au calcul réparti devraient permettre le retour au premier plan.

Elle constate avec dépit que de façon générale les industriels et les éditeurs de systèmes d'exploitation ne suivent pas ces principes et continuent à produire des systèmes monolithiques et donc vulnérables.

Il n'en reste pas moins que même en supposant toutes ces idées mises en œuvre, la question du démarrage reste entière, parce qu'elle est entre les mains des industriels qui conçoivent et fabriquent processeurs et cartes-mères. La multiplication par Intel de technologies concurrentes ou complémentaires ne fait que compliquer la question : *Trusted Platform Module* (TPM), *Trusted Execution Technology* (TXT), exécution du code SMM *(System Management Mode)* sous contrôle d'un hyperviseur, *Boot Guard*, *Secure Boot* pour UEFI, et pour couronner l'édifice *Intel Management Engine* (ME), qui est incorporé de façon irréversible à *tous* les processeurs Intel contemporains et qui est un véritable système d'exploitation implanté en microcode et qui vit sous le système d'exploitation que l'utilisateur croit avoir choisi.

Avec *Intel Management Engine* le vrai système d'exploitation est dans les entrailles du processeur, et Windows, Linux ou OS-X ne sont plus que des systèmes de gestion de fenêtres, d'affichage de vidéo et de diffusion de musique. Ce qui est grave dans tout cela, c'est que non seulement l'utilisateur (et même le fabricant d'ordinateur) est privé de toute liberté de choix de son système, mais qu'en outre le système imposé n'offre pas et ne peut pas offrir les garanties de sécurité auxquelles il prétend.

Pour des observations du même ordre sur l'architecture AMD on pourra consulter l'article de Chris Williams pour *The Register* [296].

# 8

# Identité et authentification dans un monde numérique ouvert

*Ce chapitre a été écrit par Alexandre Anzala-Yamajako et Laurent Bloch.*

La question de l'identité est intrinsèquement liée à celle de la sécurité. En effet, avant d'autoriser quelqu'un à effectuer une opération sensible il faut savoir qui a le droit de faire quoi ; or, pour répondre à cette question, il faut pouvoir désigner qui et quoi avec exactitude et précision.

Avant d'entrer dans le vif du sujet, rappelons la distinction entre la notion d'*identification* et celle d'*authentification*. On peut, en utilisant l'exemple familier du départ en vacances, aider le lecteur à donner corps à ces concepts. Lors du contrôle à l'entrée d'un avion, le personnel au sol *identifie* en vérifiant la correspondance entre une personne et la pièce d'identité qu'elle présente puis *authentifie* en vérifiant par la carte d'embarquement que cette personne a le droit de monter à bord. On a clairement dans cet exemple l'étape de désignation du « qui » puis celle de la détermination de l'autorisation de cette personne à effectuer une action (en l'occurence se rendre dans l'avion).

Le lecteur attentif se souviendra que le chapitre 4 p. 101 consacré à la cryptographie a décrit le *chiffrement asymétrique* ainsi que la *signature*. Ces fonctions permettent à deux personnes de communiquer de manière confidentielle et authentifiée à condition de disposer d'un canal authentifié et intègre permettant de distribuer des clés publiques. La question de la réalisation de ce canal avait été laissée en suspend puisqu'elle dépassait largement le cadre uniquement mathématique et imposait la mise en place de procédures organisationelles. En plus de la problématique de l'identification nous évoquerons dans ce chapitre plusieurs solutions à la création de ce canal de distribution des clés publiques dont notamment l'option aujourd'hui la plus répandue : l'infrastructure de gestion de clés (IGC, en anglais PKI).

# Qu'est-ce que l'identité dans un monde numérique ?

Cette section consacrée aux identifiants numériques doit beaucoup à la communication de Sophie Le Pallec [171] consacrée à ce sujet au congrès JRES.

Les notions d'identification, d'authentification et d'habilitation, utilisées tout au long de ce chapitre, ont été définies p. 48.

## Problématique de l'identification

La question des identifiants est au cœur de la problématique de traitement des données, pour la raison évidente qu'une donnée ne présente d'intérêt que si l'on est capable de la distinguer des autres informations, et de distinguer l'entité ou les entités auxquelles elle se rapporte des autres entités présentes dans l'univers étudié, ce qui définit le processus d'identification. Un identifiant est constitué d'un ou plusieurs attributs qui permettent de distinguer une entité d'autres entités, c'est-à-dire de connaître son identité, parce que comme le dit Sophie Le Pallec « les entités sont des choses qui existent et qui peuvent être distinguées les unes des autres ».

Cette position de la question des identifiants au centre de la problématique informatique lui confère *ipso facto* un rôle tout aussi essentiel pour la sécurité des systèmes d'information, puisqu'il devient alors crucial de pouvoir être sûr d'une identité, de pouvoir vérifier l'authenticité d'un identifiant qui sert à alléguer cette identité.

Sophie Le Pallec pense (et elle n'est pas la seule) que de plus en plus d'objets de la vie courante ou de l'activité économique seront dans un proche avenir dotés d'identifiants numériques, utilisables par des procédés informatiques et accessibles par l'Internet : « [...] nous nous avançons vers une ère où les plus petits objets qui nous entourent seront porteurs d'information et capables d'échanger cette information avec leur environnement. Il apparaît également comme acquis que l'infrastructure globale en charge de véhiculer cette information sera celle de l'Internet [...] »

## Trois types d'usage des identifiants

Sophie Le Pallec distingue trois types d'usage des identifiants :

1. L'identifiant d'*immatriculation* est associé physiquement à l'entité identifiée, il procure un accès visuel à l'identité, que ce soit directement (nom de rue sur une plaque, code postal sur une enveloppe, numéro ISBN sur un livre, numéro d'immatriculation sur la plaque minéralogique d'une voiture) ou indirectement (numéro de sécurité sociale dans la puce d'une Carte Vitale, numéro IMEI – *International Mobile Equipment Identity* – d'un téléphone mobile, code-barre EAN*UCC – *European Article Numbering - Uniform Code Council* – du paquet d'un produit alimentaire dans un rayon de supermarché).

2. L'identifiant d'*indexation* sert à caractériser de façon unique un enregistrement dans une base de données, il est une clé d'accès à l'information contenue dans cet enregistrement.

3. L'identifiant de *connexion* permet de repérer sans ambiguïté le chemin d'accès à une entité connectée au réseau : il importe en effet que la localisation d'une telle identité soit identifiée de manière unique, afin que la transmission et le routage de l'information se fassent sans équivoque vers le bon récepteur. Sophie Le Pallec en distingue deux variétés :

    • les identifiants de *connexion directe*, tels les numéros de téléphone du plan de numérotation international E.164, ou les adresses IP dans l'Internet ; il existe pour un réseau donné un seul espace d'identifiants de connexion directe ; de tels identifiants ne peuvent pas être considérés comme permanents, parce que si l'entité qu'ils repèrent se déplace dans le réseau ou change d'opérateur de réseau, elle changera de numéro de téléphone ou d'adresse IP ;

- les identifiants de *connexion indirecte* sont des identifiants intermédiaires qui vont désigner un identifiant direct par le truchement d'un mécanisme de résolution ; ils sont généralement utilisés pour pallier le défaut de permanence des identifiants directs.

Notons enfin qu'un identifiant peut procurer :

- soit un accès direct à l'objet physique identifié : le numéro de téléphone permet d'atteindre le poste de l'abonné, l'adresse IP de l'ordinateur auquel elle est attribuée ;
- soit l'accès à une *information* sur l'objet identifié : le numéro INSEE, dit improprement numéro de sécurité sociale, donne accès à certaines données relatives à la personne identifiée ;
- il existe enfin des usages hybrides de certains identifiants : le numéro ISBN (*International Standard Book Number* cf. `http://www.isbninternational.org/`) d'un livre permet, dans une bibliothèque dont le système d'information donne la correspondance entre cote et ISBN, de retrouver sa notice dans un catalogue, mais aussi de le retrouver dans son rayon, ou de le commander chez un libraire.

## Vers un système universel d'identifiants

Des systèmes d'identifiants utilisés de façon générale (par opposition à des usages locaux, au sein d'une entreprise ou d'une région), ce qui suppose qu'un organisme d'enregistrement garantisse leur unicité, peuvent constituer des espaces d'identifiants à vocation universelle ; nous avons déjà cité le plan de numérotation téléphonique international E.164 de l'Union Internationale des Télécommunications (UIT), l'adressage IP dans l'Internet, ou les identifiants à usage logistique, comme le système commun créé par la fusion du système européen d'EAN International *(European Article Numbering)* et du système américain UCC *(Uniform Code Council)* pour former un espace unique d'identification des objets matériels tout au long de la chaîne d'approvisionnement, administré par le consortium GS1 (`http://www.gs1.org/`). Les activités de GS1, qui regroupe un million d'entreprises dans une centaine de pays, se manifestent jusque sur les rayons des supermarchés par le code-barre qui orne votre paquet de café ou votre bouteille d'eau minérale (le

Château-Margaux et la Romanée-Conti y échappent encore). Citons également le DOI (pour *Digital Object Identifier*, cf. `http://www.doi.org/`), issu du monde de la documentation.

En France, la Poste déploie une infrastructure d'identité numérique [1], avec le projet qu'elle soit utilisable pour les contacts des citoyens avec l'administration. L'enrôlement dans le système est assuré par le passage du facteur au domicile du candidat pour vérifier en face à face son identité. Saluons cette initiative, qui relève du service public bien compris.

La question se pose de la convergence de ces espaces d'identifiants : l'imbrication croissante des activités économiques et des échanges de données à l'échelle mondiale plaide pour l'unification. Dans une telle perspective, le plan d'adressage IP de l'Internet semble bien placé pour l'emporter : comme E.164 de l'UIT, il est incarné dans une infrastructure technique qui procure un accès direct à chaque entité identifiée, mais son architecture est nettement plus ouverte (chacun peut s'y agréger plus facilement), et surtout il dispose d'un double système identifiants de connexion directe (adresses IP) – identifiants de connexion indirecte (URI, pour *Uniform Resource Identifier*, cf. `http://fr.wikipedia.org/wiki/URI`). Les identifiants de connexion indirecte, ici les URI tels que `http://www.ietf.org/`, constituent l'espace de nommage de l'Internet (par opposition à l'espace d'adressage), dans le fonctionnement duquel ils jouent plusieurs rôles :

- Comme indiqué ci-dessus, ils pallient la non-permanence des adresses IP (à votre domicile, le plus souvent, votre fournisseur d'accès à l'Internet vous attribue une adresse IP différente à chaque nouvelle connexion et avec IPv6 cette variabilité des adresses IP se généralisera).
- Le système de résolution des identifiants de connexion indirecte (URI) en identifiants de connexion directe (adresses IP), le DNS *(Domain Name System)*, bénéficie d'un déploiement universel et d'une avance technique certaine sur ses concurrents éventuels, parmi lesquels un des mieux placés, la norme LDAP (pour *Lightweight Directory Access Protocol*) d'annuaire électronique, appartient en fait au même univers technique.
- Enfin, ils fournissent une identification facile à mémoriser, ce qui est important, notamment d'un point de vue commercial.

---

1. `https://www.idn.laposte.fr/`

> **Des mécanismes d'abstraction du cerveau**
>
> Ici nous ne résistons pas à la tentation de citer plus longuement Sophie Le Pallec : « Une abstraction opérée naturellement par le cerveau permet de passer, sans prise de conscience forte, de la fonction de l'identifiant d'immatriculation à celle d'identifiant d'indexation ou d'identifiant de connexion, lorsqu'un même identifiant, ou des identifiants sémantiquement proches, assurent ces trois fonctions. Ce mécanisme d'abstraction, qui est une des bases du langage, autorise la dualité fonctionnelle des identifiants […], ainsi nous trouvons tout à fait normal que l'identifiant "soleil", appliqué à nommer l'astre en question, puisse être associé simultanément à l'information sur l'astre, qu'elle soit accessible *via* une base de données ou un moteur de recherche en tapant comme mot clé "soleil". De même, nous trouvons naturel qu'un site web avec l'adresse www.soleil.com fasse dans son contenu référence à l'astre solaire. Alfred Korzybski, spécialiste de la sémantique, associe au mot "identification" l'expression "confusion des ordres d'abstraction". Il s'agit pour lui de nommer une perturbation sémantique ("identification") que l'on retrouve à la base des troubles mentaux et de décrire un processus sous-jacent, systématique, à cette perturbation ("confusion des ordres d'abstractions"). Il est intéressant de conserver à l'esprit que cette confusion peut être utilisée à dessein de manière tout à fait saine, mais pas forcément toujours très consciente, dans les processus d'identification complexes que nous pouvons mettre en œuvre. »

## Distinguer adresses de localisation et d'identification ?

Dans le fonctionnement actuel de l'Internet, l'adresse IP est utilisée simultanément pour localiser un équipement et pour l'identifier. Cette confusion ne va pas sans inconvénients, parce qu'à ces deux fonctions correspondent des impératifs différents. L'adresse de localisation d'un équipement dépend fortement du FAI auquel il est raccordé, et ce FAI a tout intérêt à gérer des blocs d'adresses contigües qu'il pourra agréger pour construire des tables de routage plus compactes. À l'inverse, le propriétaire de l'équipement peut souhaiter avoir une adresse stable, qui ne change pas en cas de changement de FAI ou de déménagement. Cette divergence d'intérêts a donné naissance à divers projets de dissociation de ces fonctions, dont la RFC 6115 [2] donne une présentation synthétique, résumée ici en français [3].

Cette RFC émane du RRG *(Routing Research Group)* de l'ITRF *(Internet Research Task Force)*, qui s'est réuni de 2007 à 2010 avec la mission de proposer une nouvelle architecture de routage pour l'Internet. La tâche était énorme et n'a pu être menée à terme, mais beaucoup d'idées prometteuses ont émergé. Un des points de

---

2. `http://www.ietf.org/rfc/rfc6115.txt`
3. `http://www.bortzmeyer.org/6115.html`

consensus fut que la séparation de l'identificateur et du localisateur était à la fois faisable et souhaitable.

Le projet de solution qui semble en cette année 2016 susciter la plus grande activité est intitulé *Locator/ID Separation Protocol* (LISP) et fait l'objet notamment des RFC 6830 et 7215, présentées en français comme à l'habitude par Stéphane Bortzmeyer[4].

On n'aura garde d'oublier que dès 1973 Louis Pouzin avait recommandé dans son rapport au groupe de travail *International Packet Network Working Group* (INWG) intitulé *Interconnection of Packet Switching Networks* [214], sans être entendu, la séparation des fonctions d'identification et de localisation pour les protocoles de ce qui allait devenir l'Internet. On pourra à ce propos lire le très instructif article d'Alex McKenzie[5] [182].

## La politique des identifiants

L'hégémonie de l'adressage IP pose la question du contrôle politique de son administration. Historiquement, celle-ci était dévolue à l'IANA *(Internet Assigned Numbers Authority)*, qui centralise  et contrôle les conventions relatives à l'identification des objets du réseau, et notamment veille à l'unicité des adresses, mais depuis 1998 l'IANA est une activité de l'*Internet Corporation for Assigned Names and Numbers* (ICANN) qui supervise ainsi l'attribution des noms de domaines et des adresses.

L'ICANN est une société à but non lucratif de l'État de Californie, créée en 1998 et placée sous la tutelle du *Department of Commerce* américain. Elle est à ce jour l'institution centrale de la gouvernance de l'Internet.

À l'origine strictement américano-américaine, l'ICANN a senti le vent tourner, et au moins depuis 2011 son règlement intérieur stipule que tous les continents doivent être représentés au sein de son conseil d'administration. Son président actuel est Fadi Chehadé, capable d'exposer avec brio et sobriété, sur ces questions de gouvernance, la position de l'ICANN, qui consiste, sous le nom de *Multistakeholder Model*, à suffisamment diluer le processus de décision pour qu'en fin de compte tout continue comme avant. Mais Fadi Chehadé a renoncé à son mandat en 2016,

---

4. http://www.bortzmeyer.org/6830.html et http://www.bortzmeyer.org/7215.html

5. http://alexmckenzie.weebly.com/inwg-and-the-conception-of-the-internet-an-eyewitness-account.html

ce qui traduit à tout le moins des remous au sein des instances de gouvernance, sans doute du fait du refus américain de rien lâcher dans ce domaine.

L'ICANN alloue l'espace des adresses du protocole Internet (IP), attribue les identificateurs de protocole, gère le système de noms de domaines de premier niveau pour les codes génériques (gTLD, pour *generic Top Level Domain*, tels `.com` ou `.edu`) et les codes nationaux (ccTLD, pour *country code Top Level Domain*, tels `.fr` ou `.be`), et fait assurer par des sociétés extérieures (en cette année 2016 Verisign) l'organisation et le fonctionnement du système de serveurs racines ; pour chacune de ces transactions, l'ICANN prélève une redevance, ce qui assure son financement. Afin d'accroître ses revenus l'ICANN a lancé une politique de nouveaux noms de *Top Level Domains*. Il s'agit du lancement d'une enchère pour vendre très cher (185 000 dollars de frais de dépôt de dossier, puis 25 000 dollars de redevance annuelle) le droit de créer des noms de domaines plus ou moins controuvés et pas forcément indispensables comme `.paris`, `.alsace` ou `.vin`. Cette opération peut être envisagée comme la perception d'une rente engendrée par une rareté créée artificiellement, et en outre à l'heure où ces lignes sont écrites (mars 2016) c'est un fiasco commercial. À ce jour la consultation du site web de l'ICANN suggère que l'organisation traverse une période de confusion, sans doute aggravée par l'échec du lancement de ces nouveaux gTLD.

À sa création en 1988, l'IANA était une *organisation* dirigée par Jon Postel dans le cadre d'un contrat entre l'université de Californie du Sud et le ministère américain de la Défense (DoD) et destinée à coordonner l'attribution des adresses et des noms de domaines. En janvier 1998, Jon Postel modifia l'organisation du serveur principal de la racine du DNS en l'installant sur un serveur de l'IANA, ce qui était de nature à atténuer le contrôle gouvernemental sur le processus d'attribution des noms de domaines. Dans les jours qui suivirent Jon Postel fut désavoué par les autorités qui entreprirent une réforme de l'IANA qui aboutit à la création de l'ICANN et à la mise à l'écart de Jon Postel. Jon Postel mourut d'une crise cardiaque le 16 octobre 1998. Pour la version officielle de ces événements nous pourrons nous reporter au texte du *Security and Stability Advisory Committee* de l'ICANN [135].

Dans la perspective d'une généralisation de l'adressage IP, on mesure que cette institution, de fait (et en droit !) largement contrôlée par le gouvernement des États-Unis, disposera d'un pouvoir d'autant plus exorbitant que l'on ne voit pas très bien, dans l'organisation de l'Internet telle qu'elle existe aujourd'hui, ce qui pourrait le contrebalancer. Des débats sur la gouvernance de l'Internet s'organisent ici ou là, mais on peut douter de leur efficacité : les États-Unis n'abandonneront pas volontairement une position stratégique aussi décisive.

## Distinguer noms et identifiants dans le DNS ?

Michael J. O'Donnell, du département d'informatique de l'université de Chicago [202], défend, non sans arguments, le point de vue suivant : dès lors que les noms de domaines ont une signification pour les êtres humains qui les lisent, les écrivent et s'en souviennent, ils sont inéluctablement susceptibles de devenir des enjeux politiques ou commerciaux.

Si la lutte pour un de ces enjeux que sont les noms de domaines aboutit à ce que le titulaire d'un nom en soit dépossédé, avec les règles actuelles d'administration du DNS ses visiteurs perdent tout moyen d'atteindre son site ou son adresse électronique. Pour éviter cela, O'Donnell propose la création d'une couche intermédiaire entre les noms et les adresses IP : les *handles (poignées)*, qui ne seraient en fait rien d'autre que des identifiants sans signification en langage humain, par exemple des séquences de chiffres. Ces identifiants seraient dotés des propriétés suivantes : gratuité, unicité, permanence, pérennité. Ces propriétés distinguent les identifiants proposés par O'Donnell des adresses IP, qui changent dès que le site ou le service se déplace géographiquement, change de fournisseur d'accès : avec IPv6 les adresses seront encore plus volatiles.

Pour faire fonctionner ce système de poignées, il suffirait de les enregistrer dans un domaine particulier, réservé à cet effet, de l'actuel DNS : ainsi tous les logiciels et toutes les infrastructures nécessaires sont déjà en place, ce qui limite de façon drastique les investissements nécessaires à la mise en œuvre du projet. Et, comme les identifiants n'ont aucun contenu sémantique, ils ne devraient donner prise à aucune lutte pour leur possession.

Comme on le voit, la question des identifiants suscite des débats animés et pléthore de projets de solutions, ce qui tend à montrer que la situation actuelle de l'adressage et du nommage dans l'Internet n'est pas satisfaisante et devrait évoluer.

# Organiser un système d'identité numérique en pratique

> **Objectif SSO**
>
> L'utilisation de certificats électroniques archivés dans des annuaires aurait pour avantage, outre de faire obstacle plus efficacement à la fraude informatique, de permettre aux utilisateurs du système d'information de posséder un système d'identification électronique unique *(Single Sign On)* au lieu d'avoir à connaître des dizaines de mots de passe et codes secrets – pour leur carte bancaire, leur téléphone mobile, leurs courriers électroniques privé et professionnel, la consultation en ligne de leurs comptes bancaires, les différents systèmes informatiques auxquels elles accèdent dans leur vie professionnelle et privée.
>
> Comme la suite de ce chapitre va malheureusement le montrer, atteindre cet objectif suppose de surmonter de nombreux obstacles techniques, organisationnels et sociologiques, mais ses dernières pages suggèrent que des solutions praticables sont en vue : autorité de certification racine libre, automatisée et transparente *(Let's Encrypt*, p. 319), autorités de certification ouvertes et sûres (p. 322), certificats électroniques et clés privées enregistrés dans des cryptosystèmes USB bon marché et faciles à déployer (p. 325). À la fin du chapitre le lecteur devrait être au fait de ces dispositifs essentiels à la sécurité des données, mise au devant de la scène par les révélations d'Edward Snowden.

La prolifération des systèmes d'identification et d'authentification est une conséquence non désirée de la pénétration de l'informatique dans tous les domaines de l'activité humaine.

Un des auteurs de ces lignes a eu un jour à lancer et à réaliser un projet d'annuaire électronique dans un grand organisme de recherche scientifique. Il apparut assez vite que ce type de projet était notablement plus complexe qu'il n'y paraît lorsqu'on n'a pas essayé.

Constituer l'annuaire papier, donc statique, d'une population donnée consiste à effectuer à un instant donné un recensement exhaustif des individus de cette population et de leurs caractéristiques qui doivent figurer dans l'annuaire, telles qu'adresse, numéro de téléphone, etc.

Pour constituer un annuaire électronique qui présente des avantages significatifs par rapport à un annuaire papier, il faut créer une base de données qui contienne les données déjà évoquées ci-dessus, et surtout mettre en place des processus d'alimentation et de mise à jour de cette base avec pour objectifs les qualités suivantes : pertinence, actualité, fiabilité, exhaustivité, disponibilité. Concevoir ces processus d'alimentation de l'annuaire demande d'avoir identifié les sources adéquates de données.

La réponse naïve à cette question, qui fut donnée par quelques aspirants prestataires, va de soi : « Eh bien, vous prenez votre fichier de personnel, une extraction, et voilà ! » C'était simplement oublier qu'un organisme de recherche réunit bien d'autres individus que ses propres personnels, lesquels ne représentent qu'une petite moitié des quelques milliers de personnes actives dans l'institution. Pour écarter d'autres idées simplistes, qu'il suffise de dire que lesdits personnels sont dispersés sur quelques dizaines de sites dotés chacun de ses propres règles de gestion administrative et technique. Il fallait chercher autre chose.

Une enquête auprès de collègues expérimentés m'apprit qu'il existait environ 130 fichiers de personnel dans l'entreprise, exhaustifs ou partiels. De quoi faire dresser les cheveux sur la tête d'un concepteur de système d'information ! Il est plus que probable que l'existence de bases de données de bonne qualité facilement accessibles serait de nature à faire disparaître beaucoup de ces fichiers d'intérêt local, constitués pour résoudre des problèmes ponctuels, et parfois de piètre qualité. Mais sans faire passer le nombre de fichiers de personnel de 130 à 1 !

Une visite aux détenteurs de quelques-uns des 130 fichiers a révélé un certain nombre de fichiers redondants, morts ou indigents, mais aussi des fichiers bien vivants qui avaient de bonnes raisons de continuer à mener une existence distincte. Parmi les bonnes raisons, la plupart ont trait à des exigences temporelles quant à la disponibilité des données. Ainsi, lorsqu'un nouveau salarié prend ses fonctions le premier jour du mois, le degré d'urgence de son inscription dans les fichiers du personnel est déterminé par l'objectif de lui verser sa rémunération, c'est-à-dire que cette inscription doit avoir lieu au plus tard entre le 15 et le 20 du mois. Mais pour qu'il puisse effectivement commencer à travailler, il faut lui ouvrir un compte de messagerie électronique bien avant cette date, et, pour ce faire, l'enregistrer dans les bases de données correspondantes. Il serait également souhaitable qu'il soit dans l'annuaire téléphonique. Bref, les auteurs et les utilisateurs de ces fichiers ont des impératifs différents, sans même aborder la délicate question de la confidentialité des données et du secret professionnel. Les supprimer au profit d'une base de données unique n'irait sûrement pas sans poser de difficiles problèmes.

Nos dernières illusions s'envolèrent lorsque nous décidâmes de quitter le havre de la direction générale pour visiter des sites opérationnels en province ou en région parisienne. Les personnes chargées d'alimenter les bases en données recueillies sur le terrain nous expliquèrent avec ménagement mais franchise les procédures suivies. Les fichiers dont le contenu avait une incidence financière ou en termes de personnel étaient mis à jour sérieusement, mais uniquement pour les données qui avaient une telle incidence. D'autres fichiers à usage purement bureaucratique (ou perçus comme tels), et dont les procédures de mise à jour étaient de surcroît particulièrement pénibles, étaient beaucoup moins bien traités – en général, on se contentait de renvoyer la version de l'année précédente et personne ne s'apercevait de rien.

Bref, nous avions rêvé d'un système d'information où il nous aurait suffi de voleter de base de données en base de données pour y butiner les données utiles à notre projet : il se révélait que nous avions à construire les données dont nous avions besoin, et que la réutilisation de données existantes n'était pas un avantage mais bien plutôt une contrainte, imposée par le souci de cohérence mais assortie d'un coût élevé induit par leur mauvaise qualité et, paradoxalement, par leur incohérence.

La situation décrite ci-dessus ne correspond pas à un cas particulièrement défavorable : au contraire, tous les univers de données réels sont peu ou prou conformes à cette description. Les données sont bonnes si elles ont une bonne raison de l'être, et elles sont bonnes à l'usage pour lequel elles ont été construites. Si l'on veut en faire autre chose, il faut les réélaborer entièrement.

## Risques liés aux systèmes d'identification

Le fonctionnement des espaces d'identifiants universels évoqués ci-dessus en référence à l'article de Sophie Le Pallec [171] est crucial dans le monde contemporain : une interruption de plusieurs heures des services rendus par l'Internet aurait des conséquences économiques et organisationnelles considérables.

L'*Internet Corporation for Assigned Names and Numbers* (ICANN), nous l'avons signalé ci-dessus, a notamment pour mission de gérer le système de noms de domaines de premier niveau pour les codes génériques (gTLD, tels `.com` ou `.edu`) et les codes nationaux (ccTLD, tels `.fr` ou `.be`), et d'assurer l'organisation et le fonctionnement du système de serveurs racine : si ce système de serveurs racine est indisponible, l'Internet est arrêté. On imagine qu'une attaque réussie contre ce système serait pour les pirates qui l'auraient entreprise un « succès » de première grandeur.

Une telle attaque contre les serveurs racine ne serait pas une chose facile : aujourd'hui, ces serveurs sont au nombre de 13, répartis à la surface de la planète, et chacun de ces serveurs est lui-même répliqué sur de nombreuses machines dispersées géographiquement [6]. Ces serveurs n'utilisent pas tous les mêmes logiciels ni les mêmes méthodes de travail, ce qui réduit le risque de leur dysfonctionnement simultané. En outre, comme ces machines sont souvent attaquées, leurs administrateurs sont bien entraînés et ils sont au fait des dernières techniques malfaisantes.

En revanche, une attaque couronnée de succès aurait des effets très néfastes sur le fonctionnement global du Web et il en résulterait sûrement des dommages économiques conséquents.

# De l'identification au canal de confiance

À ce stade de l'exposé, nous avons défini ce qu'est l'identité, nous disposons également de deux types de cryptosystèmes, l'un symétrique à secret partagé, l'autre asymétrique avec clés publiques et clés privées, le second permettant l'échange du secret partagé nécessaire au premier, décrits et expliqués au chapitre 4 p. 101 :

- les algorithmes symétriques permettent d'assurer la confidentialité des données (par les algorithmes de chiffrement) ainsi que l'intégrité et l'authentification des données (par les algorithmes de calcul de motifs d'intégrité cryptographique) et ceci à très haut débit, à condition que les partenaires de la communication disposent d'une clé partagée ;
- les algorithmes asymétriques permettent d'assurer la confidentialité du transport de la clé symétrique (par le chiffrement) ainsi que son intégrité et son authentification (par la signature) à condition que les partenaires aient pu distribuer leurs clés publiques de manière intègre et authentifiée.

Ce que la cryptographie ne peut fournir à elle seule, c'est l'établissement du canal de confiance : comment lier fortement une identité à une clé publique ? En pratique, lorsque je reçois une clé publique, comment m'assurer qu'elle ne m'a pas été fournie par un usurpateur ?

Au travers de cette section nous verrons plusieurs modèles d'établissement de ce canal de confiance que nous tenterons de décrire aussi bien dans leurs avantages que dans leur limitations.

Afin de simplifier l'exposition nous réintroduisons nos amis Alice et Bob dans le scénario suivant : Bob souhaite communiquer avec Alice et demande donc sa clé

---

6. http://www.root-servers.org/

publique. Il reçoit ensuite une clé publique qui semble provenir d'Alice. Si un tiers est nécessaire nous appellerons ce dernier Oscar, tandis que conformément à la tradition Ève sera l'attaquante.

## « Trust on First Use » (TOFU) et « Secure Shell » (SSH)

Le modèle *Trust on First Use* (TOFU) ou « Confiance au premier usage » repose sur le principe suivant : lors de la première connexion entre Bob et Alice, Bob *suppose* que la clé publique qui lui est présentée est une copie intègre de la clé publique d'Alice et enregistre l'association d'Alice à cette clé publique.

Toutes les connexions de Bob à Alice après cette phase d'introduction sont vérifiées en testant l'égalité entre la clé publique enregistrée pour Alice et celle présentée.

Cette méthode a l'avantage de la simplicité extrême puisqu'elle ne nécessite aucune mise en place d'infrastructure lourde. Cependant ce manque d'infrastructure peut également mener à des vulnérabilités :

- Si Ève, l'attaquante, parvient lors de la première connexion à présenter une fausse clé à Bob, ce dernier n'a aucun moyen de le détecter. Ève pourra donc mener une attaque par interposition sur toutes les communications futures entre Bob et Alice sans avoir à mettre en place de moyens conséquents ;
- Si Alice change de paire de clés asymétriques, Bob ne saura plus valider et ils se retrouveront donc dans la situation initiale ;
- Si Alice perd la possession exclusive de sa clé privée (par perte ou vol) ce modèle ne prévoit pas de procédure pour prévenir Bob qui au mieux a la possibilité de supprimer manuellement l'association entre Alice et sa clé publique.

Le protocole SSH, qui permet l'obtention d'un *shell* sur une machine distante de manière sécurisée[7], est probablement l'exemple le plus populaire d'une application du modèle TOFU. La particularité ici est qu'il ajoute une étape de validation visuelle de la clé publique. En effet lors de sa première connexion à la machine d'Alice d'IP `a.b.c.d` par la commande `ssh a.b.c.d`, Bob recevra ce message :

```
The authenticity of host 'Alice (a.b.c.d)' can't be established.
RSA key fingerprint is 63:2a:b3:92:a6:88:ca:c0:ff:c2:1b:d1:5a:11:fc:5e.
Are you sure you want to continue connecting (yes/no)?
```

---

7. Contrairement à son ancêtre `rlogin`.

Ce message signifie qu'Alice a présenté une clé publique RSA à Bob dont l'empreinte par la fonction de hachage SHA-256 est `63:2a:b3:92:a6:88:ca:c0:ff:c2:1b:d1:5a:11:fc:5e`. Ce dernier n'a jamais rencontré Alice, et SSH lui demande donc de confirmer qu'il souhaite enregistrer l'association `Alice <-> 63:2a:b3:92:a6:88:ca:c0:ff:c2:1b:d1:5a:11:fc:5e`[8].

L'avantage de cette étape supplémentaire de confirmation est qu'elle permet à Bob de valider la clé d'Alice par un moyen tiers comme par exemple en lui téléphonant et en lui demandant de lui lire l'empreinte de sa clé publique.

Les connexions futures de Bob à Alice se feront sans l'apparition de ce message : il obtiendra directement accès à la ligne de commande sur la machine distante par une connexion sécurisée.

## « Web of Trust » et « Pretty Good Privacy » (PGP)

### Principe

L'objectif du modèle *Web of Trust*, ou « Toile de Confiance » en français, est de faire explicitement reposer sur l'utilisateur final la responsabilité de faire confiance ou non à l'association d'une clé publique et d'une identité et ceci de manière distribuée, c'est-à-dire sans reposer sur une autorité centrale. Ce système est bien adapté à de petits ensembles de gens qui se connaissent dans le monde réel.

Ce modèle a été imaginé par Philip Zimmerman pour permettre la distribution de clé publiques pour son programme de chiffrement PGP.

Pour le bon fonctionnement d'une toile de confiance chaque membre de la toile doit :

- désigner les individus en qui il a une confiance *totale* et obtenir leurs clés publiques ;
- désigner les individus en qui il a une confiance *partielle* et obtenir leurs clés publiques ;
- signer l'association clé publique-identité des individus auxquels il accorde sa confiance.

Si Bob décide de faire confiance à l'association d'une clé publique et de l'identité d'Alice il signera en utilisant sa clé privée cette association. Cette signature est

---

8. En pratique cette association est enregistrée dans le fichier `/.ssh/known_hosts`.

ensuite transmise par Alice en même temps que sa clé publique et son identité. Elle est une preuve publiquement vérifiable que Bob a confiance en cette association.

Si Oscar reçoit l'association clé publique-identité d'Alice, il la considère valide si une des conditions suivantes est satisfaite :

- il l'a lui-même signée ;
- elle est signée par $x$ individus en qui Oscar a une confiance totale ;
- elle est signée par $y$ individus en qui Oscar a une confiance partielle.

Si une de ces conditions est remplie alors Oscar considère la clé publique présentée comme valide et associée à l'identité d'Alice. Il peut, dans un second temps, agrandir la toile de confiance dont il fait partie et signer lui-même l'association de la clé publique qu'il a reçue et l'identité d'Alice.

Par défaut $x = 1$ et $y = 3$ mais ce système reste très flexible car il permet à l'utilisateur de fixer lui-même ces valeurs. On remarque d'ailleurs que la situation où tous les participants utilisent $x = y = 0$ est très similaire au modèle TOFU vu précédemment.

L'extension d'une toile de confiance peut être réalisé par l'organisation de *Key Signing Parties*. Ces événements sont des réunions dont les participants se rencontrent face à face et présentent une pièce d'identité, ce qui permet de garantir l'intégrité des clés publiques présentées ; à l'issue de la réunion chaque participant a élargi sa toile de confiance.

Ce système d'établissement de canal de confiance a deux caractéristiques principales : il est très résilient car il ne repose sur aucune entité centralisée, et il laisse la liberté à l'utilisateur de désigner explicitement qui sont les individus de confiance et comment la confiance se transmet.

### Limitations du modèle de confiance décentralisé

En pratique cette dernière caractéristique devient malheureusement une limitation. La liberté de choix n'est une bonne chose que pour les utilisateurs déjà familiers des principes de la sécurité et du fonctionnement de la cryptographie asymétrique. Le commun des mortels ne saura probablement pas comment réagir face à un individu qu'il est impossible de lier à sa toile de confiance. Dans cette situation, l'expérience prouve que la communication aura lieu mais sur un canal non protégé.

Une autre limitation pratique provient de la façon dont est construite la toile de confiance. Imaginons le graphe associé à la toile de confiance mondiale dans lequel les sommets représentent les individus et les arêtes représentent une relation de confiance. Nous observerons un ensemble de parties très denses mais mal reliées lorsqu'on les considère deux à deux. L'ensemble des experts en PGP est probablement très bien connecté, ainsi que pourrait l'être l'ensemble des journalistes cherchant à communiquer de manière sécurisée avec leurs sources mais il peut se révéler difficile voire impossible de trouver une chaîne de confiance reliant un expert en PGP américain et un journaliste indien. En outre, relier tous les sommets deux à deux engendrerait un nombre d'arêtes hors d'atteinte, sans même parler du temps qu'il faudrait pour les établir.

Cela explique pourquoi PGP ne peut répondre à lui tout seul au problème de l'établissement d'un canal de confiance à l'échelle d'une entreprise, ni *a fortiori* à celle de l'Internet. Dès que le nombre de personnes concernées dépasse l'effectif d'un groupe d'amis, il faut penser à des solutions plus administrées pour engendrer une *transitivité de la confiance* sans reposer sur les efforts des utilisateurs.

## Péripéties de l'histoire de PGP

Malgré ses limitations, PGP et le *Web of Trust* connaissent un succès certain qui n'est pas étranger à leur histoire.

Le système PGP défraya la chronique judiciaire en 1993 lorsque son auteur Philip Zimmerman fut soumis à une enquête approfondie du FBI pour exportation illégale d'armes de guerre, en l'occurrence pour avoir placé son logiciel en accès libre sur l'Internet. Les autorités policières américaines (et françaises) ont tendance à penser que le chiffrement robuste est un obstacle à leurs investigations parce qu'il leur interdirait de déchiffrer les messages échangés par des criminels ou des ennemis. Aujourd'hui tous les dispositifs cryptographiques les plus puissants sont accessibles facilement par l'Internet et ainsi disponibles sans obstacles pour lesdits criminels et espions. Une législation restrictive n'entraverait par conséquent que les honnêtes citoyens soucieux de respecter la loi parce que c'est la loi, et non parce qu'il est difficile de faire autrement. Une telle législation n'aurait donc pour effet que de mettre les honnêtes gens à la merci des criminels, ce qui ne semble pas l'effet recherché, en principe du moins.

Sachant que de telles législations sont en déclin, même en France, pays qui a fermement tenu l'arrière-garde jusqu'en 1998, voyons le contenu de PGP. En fait, il n'apporte aucune révolution, il est plutôt un assemblage ingénieux et pratique des techniques évoquées au chapitre 4 p. 118.

### Chiffrement hybride pour communication sécurisée

Pour pallier la lenteur des calculs nécessaires aux algorithmes asymétriques, Zimmerman eut l'idée de recourir au classique chiffrement symétrique et résolut le problème du partage de la clé en utilisant le cryptosystème RSA pour communiquer une clé de session qui servira à chiffrer la suite des communications. En l'occurrence Zimmerman choisira IDEA, un cousin de DES à clés de 128 bits, créé à Zurich par James L. Massey et Xuejia Lai, et réputé très robuste.

Notons que l'écrasante majorité des systèmes de communication sécurisée modernes tels que SSL/TLS, IPsec, SSH... fonctionnent sur le principe du chiffrement hybride.

Cette utilisation combinée des méthodes de chiffrement symétrique (DES en l'occurrence) et asymétrique sera la vraie révolution pratique, qui suscitera la colère de la NSA et de ses homologues dans d'autres pays dont la France. Avant que cette possibilité n'existe, les utilisateurs de cryptosystèmes se mettaient laborieusement d'accord sur une clé, puis ils l'utilisaient pendant longtemps. La NSA disposait sans doute des moyens de casser le chiffrement DES, ce qui lui ouvrait des mois de lecture paisible de messages réputés secrets. Avec la combinaison de DES et RSA, les utilisateurs changent de clé à chaque échange de messages, ce qui complique beaucoup la tâche des « services ».

PGP sera la cible principale de l'ire des services gouvernementaux, non parce qu'il serait un cryptosystème révolutionnaire, mais parce qu'il constitue une trousse à outils facile d'emploi pour l'usage quotidien, avec les outils de chiffrement symétrique et asymétrique, la gestion de clés publiques par le *Web of Trust*, l'incorporation automatique de ces outils au logiciel de courrier électronique de l'utilisateur. Zimmerman a aussi réalisé un excellent travail d'optimisation des algorithmes afin qu'un simple PC bas de gamme du siècle dernier puisse effectuer les calculs cryptographiques à une vitesse raisonnable. Bref, on installe PGP (ou maintenant sa version libre GnuPG) sur son ordinateur personnel et ensuite tous les messages sont chiffrés et déchiffrés sans que l'on ait à s'en préoccuper. Les services semblaient mal supporter cette situation.

On trouvera sur le site `Lea-Linux.org` une bonne introduction pratique en français à GnuPG [44].

# Infrastructure de gestion de clés (IGC)

*Cette section consacrée aux infrastructures de gestion de clés est de la plume d'Alexandre Anzala-Yamajako.*

L'Infrastructure de gestion de clés (IGC), *Public Key Infrastructure* (PKI) en anglais, est la méthode de distribution de clés publiques la plus populaire aujourd'hui, notamment parce c'est sur elle que repose le protocole SSL/TLS qui protège aujourd'hui l'immense majorité des communications sécurisées sur Internet. L'idée est d'inclure les clés publiques dans des certificats électroniques (à la norme X509 à ce jour) signés par un tiers de confiance (l'autorité de certification, AC, en anglais CA), ce qui évite l'échange de clés entre les participants deux à deux. Il s'agit donc d'un système centralisé organisé autour de l'autorité de certification, par opposition aux systèmes pair à pair tels que PGP examiné ci-dessus. Il est ensuite possible de construire une hiérarchie d'autorités de certification.

Ainsi en s'appuyant sur le concept d'IGC nous consultons nos messageries électroniques, nous faisons des achats sur Internet, nous échangeons des données de manière sécurisée.

Le rôle d'une IGC est de gérer le cycle de vie des *certificats électroniques* dont la fonction est avant tout d'associer l'identité d'une entité (un site web, une personne…) à une clé publique.

Dans ce modèle la distribution de clés publiques se fait par l'intermédiaire d'un *tiers de confiance* centralisé.

## Les entités constitutives de l'IGC

Une IGC définit les rôles suivants :

- Les *utilisateurs* sont des entités qui disposent d'un certificat électronique pour leur usage personnel. Le site web du commerçant en ligne Amazon (www.amazon.com) est à ce titre un utilisateur de l'IGC puisqu'il souhaite s'authentifier auprès de ses visiteurs afin de les assurer qu'ils ne réalisent pas leurs achats sur un site frauduleux.
- L'*autorité d'enregistrement* est l'entité en charge de procéder aux vérifications préalables à la création d'un certificat électronique pour un utilisateur.

- L'*autorité de certification* est l'entité en charge de gérer les certificats. Une de ses principales tâches est de créer les certificats. Ceux-ci peuvent être des certificats d'autorité de certification de niveau inférieur (qui ont donc la capacité de créer à leur tour des certificats) et on parle alors d'autorités de certification *intermédiaires* ou des certificats utilisateur. Notons que les certificats d'autorité de certification sont créés par une autorité de certification de niveau supérieur. Lorsqu'on atteint le sommet de la hiérarchie, c'est-à-dire que l'autorité de certification a créé son propre certificat (dit *auto-signé*), on parle alors d'autorité de certification *racine*. Une autre tâche importante de l'autorité de certification est de connaître l'état des certificats qu'elle a émis. En effet les certificats peuvent être *révoqués* et il est de la responsabilité de l'autorité de certification de communiquer cette information aux personnes à qui seront présentés des certificats (éventuellement révoqués).

## Cycle de vie d'un certificat utilisateur

La génération d'un certificat utilisateur se déroule en plusieurs étapes, prenons l'exemple d'Alice Dupont qui travaille dans l'entreprise IGC-exemple SARL et souhaite obtenir un certificat pour authentifier une clé publique dont la clé privée correpondante servira à déchiffrer les courriers électroniques qui lui sont adressés :

1. Alice génère une paire de clés pour un algorithme de chiffrement asymétrique. Elle garde l'usage exclusif de sa clé privée de déchiffrement.
2. Elle adjoint à cette clé publique des informations sur son identité : son nom, le service dans lequel elle travaille, son adresse de messagerie électronique, l'usage qui sera fait de sa clé publique (en l'occurence chiffrement), puis transmet l'ensemble de ces données à l'autorité d'enregistrement. Alice communique avec l'autorité d'enregistrement par l'intermédiaire d'une *entité d'enrôlement*, qui peut être une page web, ou une personne physique, comme la secrétaire du laboratoire.
3. En demandant éventuellement des compléments d'information à Alice (un document d'identité, une preuve de possession de la clé privée associée à la clé publique présentée), l'autorité d'enregistrement valide que la personne demandant un certificat pour l'identité « Alice Dupont » est effectivement Alice Dupont puis transmet cette demande validée à l'autorité de certification.

4. L'autorité de certification utilise sa clé privée pour signer l'ensemble des données transmises par l'autorité d'enregistrement et c'est cela qui constitue le certificat d'Alice Dupont. Ce dernier lui est transmis.
5. Lorque Bob souhaite chiffrer un message électronique à destination d'Alice, cette dernière peut présenter son certificat comme preuve de l'association de sa clé publique à son identité.
6. Un jour, le certificat d'Alice arrivera à expiration (cette date est incluse dans le certificat) et deviendra inutilisable. Elle pourra alors faire une demande de renouvellement de certificat.

Une phase optionelle de la vie d'un certificat peut se produire entre l'émission du certificat par l'autorité de certification et l'expiration de ce dernier : la révocation.

Les causes de la révocation peuvent être diverses mais elles sont toujours le fait d'un événement imprévisible au moment de l'émission d'un certificat :

- Alice change d'identité (adresse de messagerie électronique, changement d'état civil, mutation interne à la société...) ;
- Alice quitte l'organisation ;
- Alice a perdu sa clé privée ou n'est plus sûre d'en avoir la possession exclusive (compromission) ;
- des progrès de la cryptanalyse ont rendu l'algorithme de signature utilisé par l'autorité de certification trop faible pour continuer à assurer un niveau de sécurité suffisant ;
- des progrès de la cryptanalyse ont rendu l'algorithme de chiffrement utilisé par Alice trop faible pour continuer à assurer un niveau de sécurité suffisant ;
- etc.

L'autorité de certification maintient donc une liste appelée *liste de révocation* ou *Certificate Revocation List* (*CRL*) en anglais qui recense les certificats qui ont été émis puis révoqués par cette autorité de certification. Les listes de révocations sont censées être téléchargées régulièrement auprès des autorités de certification par les entités (navigateur web, client de messagerie sécurisée...) souhaitant valider des certificats. Alternativement l'autorité peut également mettre en œuvre le protocole *OCSP* pour *Online Certificate Status Protocol* qui permet de demander en ligne à l'autorité de certification l'état d'un certificat qu'elle a émis (le fonctionnement de ce protocole est assez hypothétique).

# Provisionnement des certificats d'autorité de certification racine

Le fonctionnement de l'IGC repose sur la confiance implicite qu'un utilisateur a dans un ensemble de certificats d'autorités de certification racines. En effet ces certificats sont auto-signés (pour prouver la possession de la clé privée correspondante) mais comme n'importe qui peut créer une paire de clés de signature puis auto-signer un certificat il faut préciser comment est déterminé l'ensemble des tiers de confiance.

Lorsqu'on installe un système d'exploitation les certificats de certaines autorités de certification de confiance sont préinstallés. On peut examiner ces certificats sous Windows en utilisant la commande `certmgr.msc`. Linux ne dispose pas d'un magasin de certificats système centralisé et laisse à chaque programme la responsabilité d'en créer un pour son usage. On trouve, par exemple, les certificats dédiés à SSL/TLS dans le dossier `/etc/ssl/certs`. Ces certificats ont de multiples usages. Ils sont utilisés pour authentifier la source des mises à jour des logiciels du système ou encore pour authentifier les programmes exécutés sur la machine car l'assurance qu'ils proviennent d'un éditeur reconnu permet de diminuer le risque d'infection par un virus informatique.

De la même manière les navigateurs web comme Chrome, Firefox, Safari, Opera et Microsoft Edge sont préchargés avec des certificats de confiance qui permettent d'authentifier une grande partie des sites Internet. Pour simplifier, tout programme susceptible de communiquer avec l'extérieur comme un client de messagerie électronique, un client de vidéoconférence ou un antivirus peut embarquer un certificat racine.

C'est une des raisons qui fait qu'il est dangereux d'installer des systèmes d'exploitation ou des progammes, en particulier des navigateurs, dont la provenance est douteuse.

Les autorités de certification racines sont globalement de deux types :

- limitées à un périmètre restreint (université, entreprise, administration…) et dans ce cas gérées par l'entité qui gère ce périmètre ;
- à rayonnement mondial et on se tourne alors vers des acteurs commerciaux comme Symantec, GlobalSign, Comodo ou DigiCert dont le métier est de vendre des certificats. Ces certificats sont rattachés à des autorités de certification racine déjà embarquées dans les navigateurs ou les magasins de

certificats système. Ce marché est considérable, mais ce n'est pas toujours au profit de l'utilisateur final.

Si l'on rencontre un certificat que l'on ne connaît pas (par exemple auto-signé par une AC locale) ou qui est invalide, d'une manière générale les navigateurs web sont programmés pour nous prévenir puis permettre d'ignorer l'échec de la vérification tout en nous prévenant des risques auxquels on s'expose.

## La « politique de certification »

La politique de certification est l'ensemble des règles et procédures qui permettent aux différentes entités présentées plus haut d'interagir pour assurer la sécurité des certificats émis. On y définit entre autres :

- quelles sont les entités impliquées ;
- quelles sont les personnes physiques responsables de l'IGC et de son fonctionnement ;
- les conventions de nommage des utilisateurs ;
- la procédure de validation de l'identité d'un demandeur de certificat auprès de l'autorité d'enregistrement ;
- la procédure de re-validation de l'identité du demandeur lors du renouvellement d'un certificat ;
- la procédure de délivrance des certificats (par une clé USB, par messagerie électronique…) ;
- le fonctionnement des listes de révocations (point de distribution, rafraîchissement…) ;
- l'ensemble des mesures de sécurité (physiques, organisationelles et techniques) visant à protéger l'accès à la clé privée de signature de l'autorité de certification ;
- les procédures d'audit, d'archivage et de gestion des sinistres ;
- le profil des certificats émis (durée de validité, types d'usage de clés autorisés, la norme suivie…) ;
- etc.

Comme on le voit la politique de certification est un document public, imposant et fondamental pour comprendre le fonctionnement d'une IGC particulière. C'est l'engagement contractuel que prend l'autorité de certification envers les entités à qui elle délivre des certificats.

# La norme X.509

La norme X.509 version 3, publiée dans la RFC 5280 [70] et mise à jour par la RFC 6818 [302], décrit le format des certificats électroniques, des listes de révocation ainsi que l'algorithme de validation d'une chaîne de certification.

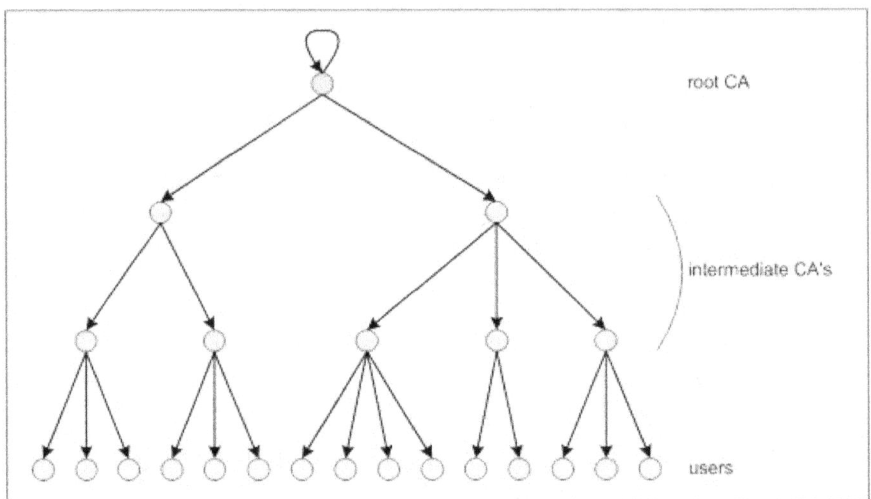


**Figure 8.1 –** Hiérarchie de certification

La chaîne de certification est une liste de certificats qui débute par un certificat d'autorité de certification racine (donc auto-signé) et qui se termine par un certificat utilisateur. On observe figure 8.1 la hierarchie qui mène d'une autorité de certification racine à l'ensemble des certificats utilisateurs qui dépendent d'elle.

Nous allons décrire ces éléments en prenant l'exemple de la chaîne de certification d'Alice Dupont qui est composée du certificat de l'autorité de certification racine de la société IGC-Exemple SARL et du certificat d'Alice Dupont.

Voici d'abord le certificat d'Alice Dupont :

```
    Version: 3 (0x2)
    Serial Number: 1 (0x1)
Signature Algorithm: sha256WithRSAEncryption
    Issuer: C=FR, ST=IDF, L=Paris, O=IGC-Exemple,
            OU=Autorite de certification racine,
            CN=IGC exemple AC racine
    Validity
```

```
        Not Before: Mar 15 07:22:57 2016 GMT
        Not After : Mar 15 07:22:57 2018 GMT
    Subject: C=FR, ST=IDF, O=IGC-Exemple SARL,
            OU=Vente,
            CN=Alice Dupont/emailAddress=alice.dupont@igc-exemple.fr
    Subject Public Key Info:
        Public Key Algorithm: rsaEncryption
            Public-Key: (1024 bit)
                <On trouve ici la valeur de la clé publique d'Alice Dupont>
    X509v3 extensions:
        X509v3 Basic Constraints: critical
            CA:FALSE
        X509v3 Key Usage:
            Data Encipherment
        X509v3 Extended Key Usage:
            E-mail Protection
Signature: sha256WithRSAEncryption
    <On trouve ici la valeur de la signature de l'autori->
    <té de certification racine de la société IGC-Exemple>
    <SARL qui porte sur l'ensemble des champs ci-dessus  >
```

Comme on le voit ci-dessus le certificat d'Alice Dupont suit la norme X.509 et contient les éléments suivants :

- `Version` : la version de la norme x.509 utilisée, habituellement 3.
- `Serial Number` : le numéro de série du certificat donné par l'autorité de certification qui a créé le certificat. C'est ce dernier qui permet de le désigner sur les listes de révocation.
- `Signature Algorithm` : l'algorithme de signature utilisé par l'autorité de certification qui a créé (et donc signé) ce certificat. Ici il s'agit de l'algorithme de signature RSA avec SHA-256 comme fonction de condensation.
- `Issuer` : l'identité de l'autorité de certification qui a créé ce certificat. L'identité est fournie sous la forme d'un *nom distingué* (DN) qui comporte typiquement les champs suivants :
    - `CN` : le *nom courant*, qui est le nom par lequel on désigne l'entité (un prénom et un nom, une adresse de messagerie électronique, un nom de domaine au sens du DNS, une adresse IP ou un nom d'entité) ;
    - `O` : l'organisation dont fait partie l'entité, ici Alice Dupont est employée de la société IGC-Exemple SARL ;
    - `OU` : le département dont dépend l'entité, ici Alice Dupont dépend du département Vente ;

- - C : le pays dans lequel se trouve l'entité.
- Validity : la période de validité du certificat, ici le certificat d'Alice Dupont est valide 2 ans :
  - - Not Before : date avant laquelle le certificat n'est pas encore valide ;
  - - Not After : date après laquelle le certificat n'est plus valide.
- Subject : l'identité du possesseur du certificat, il est aussi donné sous la forme d'un nom distingué.
- Subject Public Key Info : des informations sur la clé publique du possesseur du certificat :
  - - Public Key Algorithm : l'algorithme associé à la clé publique présente dans le certificat, ici comme l'objectif d'Alice Dupont est d'utiliser ce certificat pour chiffrer des messages électroniques l'algorithme utilisé est l'algorithme de chiffrement RSA ;
  - - Public-Key : la valeur de la clé publique contenue dans le certificat.
- X509v3 Basic Constraints : ce champ est à FALSE si le certificat est un certificat utilisateur ce qui est le cas ici et à TRUE lorsque c'est un certificat d'autorité de certification qui a donc le droit de signer des certificats de niveau inférieur.
- X509v3 Key Usage : l'usage technique qui sera fait du certificat, ici chiffrement de données.
- X509v3 Extended Key Usage : l'usage applicatif qui sera fait du certificat, ici chiffrement de messages électroniques.
- Signature : la valeur de la signature sur ce certificat.

Voici maintenant le certificat de l'AC racine de l'IGC de la société :

```
Version: 3 (0x2)
Serial Number: 16585709738851984000 (0xe62c4721f4026280)
Signature Algorithm: sha256WithRSAEncryption
    Issuer: C=FR, ST=IDF, L=Paris, O=IGC-Exemple,
            OU=Autorite de certification racine,
            CN=IGC exemple AC racine
    Validity
        Not Before: Mar 14 17:48:19 2016 GMT
        Not After : Mar 12 17:48:19 2026 GMT
    Subject: C=FR, ST=IDF, L=Paris, O=IGC-Exemple,
            OU=Autorite de certification racine,
            CN=IGC exemple AC racine
    Subject Public Key Info:
        Public Key Algorithm: rsaEncryption
            Public-Key: (2048 bit)
```

```
            <On trouve ici la valeur de la clé publique de l'autorité>
            <de certification racine de la société IGC-Exemple SARL>
    X509v3 extensions:
        X509v3 Basic Constraints:
            CA:TRUE
Signature: sha256WithRSAEncryption
        <On trouve ici la valeur de la signature de l'autori->
        <té de certification racine de la société IGC-Exemple>
        <SARL qui porte sur l'ensemble des champs ci-dessus  >
```

Le certificat de l'autorité de certification racine « IGC exemple AC racine » reproduit ci-dessus comporte les même champs que celui d'Alice Dupont. La valeur de certains champs mérite de s'y arrêter un instant.

Comme on se trouve en présence d'une autorité de certification racine qui par définition émet son propre certificat les champs `Issuer` et `Subject` sont égaux.

La durée de validité du certificat est de dix ans ce qui est significativement supérieur aux deux ans de validité du certificat d'Alice. Le remplacement d'un certificat utilisateur est aisé tandis que celui d'une autorité de certification brise toutes les chaînes de certification qui passent par elle. Il est donc naturel que la période de validité des certificats d'autorité de certification augmente avec le niveau de celles-ci avec une durée la plus longue pour l'autorité de certification racine. Une autre justification pour cette période de validité étendue est que contrairement aux utilisateurs qui sont sujets à beaucoup de changements (changement d'état civil, mutations interne, départ, changement de nom de domaine ou d'adresse IP) les autorités de certification sont beaucoup plus stables dans le temps.

La taille de la clé publique est de 2 048 bits pour l'autorité de certification racine alors qu'elle n'est que de 1 024 bits pour le certificat d'Alice Dupont. Il y a à cela trois raisons principales :

- les certificats d'autorité de certification permettent de créer d'autres certificats et sont donc une cible de choix pour un attaquant ;
- ils sont valides plus longtemps que les certificats utilisateur ce qui laisse à l'attaquant une fenêtre d'attaque plus grande ;
- ils sont utilisés uniquement pour la création de certificats et presque toujours sur une machine dédiée ce qui limite très fortement la pénalité en temps de calcul imposée par l'augmentation de la taille de clé par rapport aux certificats utilisateur qui peuvent être utilisés très intensivement (c'est le cas des

certificats associés aux domaines `google.com`, `facebook.com`, `youtube.com` ou encore `baidu.com`).

Finalement on remarque que le champ `X509v3 Basic Constraints` est à `TRUE` puisqu'il s'agit d'un certificat d'autorité de certification.

Un aspect fondamental de l'IGC est le fait que les autorités de certification n'ont connaissance que des certificats qu'elles créent ; en particulier une autorité de certification intermédiaire n'a pas connaissance des certificats utilisateur signés par une autorité de certification de niveau inférieur.

Lorsqu'on souhaite utiliser la clé publique présente dans un certificat utilisateur nous devons valider ce certificat. La procédure de validation attend en entrée :

- une chaîne de certification numérotée de 0 à $n$ où :
  - le certificat 0 est un certificat auto-signé auquel on fait implicitement confiance car il apparaît dans les différents magasins de certificats locaux (navigateur Internet, système d'exploitation…),
  - le certificat $n$ est le certificat utilisateur que l'on souhaite vérifier ;
- la date et l'heure courante.

Puis pour chaque certificat de 0 à $n$ on effectue les vérifications suivantes :

1. la date et l'heure courante sont dans la période de validité du certificat courant ;
2. le certificat courant n'est pas marqué comme révoqué (en vérifiant directement les listes de révocation ou en utilisant le protocole OCSP) ;
3. le champ `Issuer` du certificat courant est identique au champ `Subject` du certificat précédent ;
4. si le certificat courant n'est pas le certificat utilisateur :
   - le champ `X509v3 Basic Constraints` vaut `TRUE`,
   - les champs `X509v3 Key Usage` et `X509v3 Extended Key Usage` permettent la signature de certificats ;
5. si le certificat courant est le certificat utilisateur :
   - le champ `X509v3 Basic Constraints` vaut `FALSE`,
   - les champs `X509v3 Key Usage` et `X509v3 Extended Key Usage` permettent l'utilisation finale qui sera faite du certificat (dans le cas d'Alice Dupont, il s'agit de chiffrement de données) ;
6. on peut vérifier la signature présente dans le champ `Signature` du certificat courant en utilisant la clé publique présente dans le champ `Subject Public-Key` du certificat précédent.

Si toutes ces vérifications réussissent alors on déclare le certificat utilisateur « valide » et on l'utilise d'une manière cohérente avec les champs X509v3 Key Usage et X509v3 Extended Key Usage du certificat utilisateur.

---

**S/MIME et PGP : deux standards pour une messagerie sécurisée**

La mise en œuvre du chiffrement et de la signature électronique lors d'échanges de courriers électroniques se fait en utilisant des standards de mise en forme spécifiques. Aux nombreux formats privés d'applications particulières, s'ajoutent deux formats ouverts et plus répandus :

- S/MIME (aujourd'hui en version 3.2, spécifiée par la RFC 5751) décrit le mode opératoire et d'encodage des courriers électroniques signés ou chiffrés avec utilisation de certificats X.509 et des clés privées associées ;
- PGP, historiquement plus ancien, utilise des principes similaires pour définir la manière dont il faut encoder un message afin d'y adjoindre la signature électronique et la manière de représenter un message chiffré.

S/MIME semble s'imposer comme la méthode la plus répandue : il est disponible avec de nombreux outils de messagerie du marché et peut être utilisé dès que l'utilisateur dispose d'un certificat personnel. La mise en œuvre de PGP pourra, elle, nécessiter l'installation d'un programme complémentaire, opération également fort simple. Le choix de l'un ou de l'autre standard relève moins de choix techniques que de questions de goût et de commodité d'usage avec tel ou tel logiciel de messagerie. Il est cependant admis qu'aujourd'hui PGP touche plutôt un public averti.

Le principe et les bases de fonctionnement des deux technologies sont similaires. Le message à signer ou à chiffrer (ou les deux) va être remis en forme dans un format spécifique avant d'être envoyé par le protocole SMTP aux destinataires. Il faut comprendre qu'avec de tels systèmes un message ayant plusieurs destinataires n'est ni signé ni chiffré plusieurs fois. La signature est calculée une seule fois sur le message chiffré quel que soit le nombre de destinataires du message. Le standard permet de mettre plusieurs blocs de signatures dans un message, lorsque celui-ci est signé par plusieurs personnes, situation assez rare et qui n'est pas forcément prise en charge par les logiciels de messagerie les plus courants. Le chiffrement s'effectue également en plusieurs phases :

- en premier lieu, le message est chiffré avec un algorithme symétrique et une clé secrète créée pour l'occasion ;
- c'est cette clé secrète qui servira à créer un bloc de chiffrement pour chaque destinataire ;
- la clé de l'algorithme symétrique est protégée par un algorithme de chiffrement asymétrique en utilisant la clé publique de chaque destinataire, il y a donc autant de blocs « clé symétrique protégée » que de destinataires du message.

Pour émettre un message chiffré, il faut donc que l'expéditeur dispose de l'ensemble des clés publiques (PGP) ou certificats X.509 (S/MIME) de ses correspondants. Pour ne pas dupliquer le chiffrement du message il convient également que tous les destinataires sachent utiliser le même mode de chiffrement symétrique (par exemple l'AES en mode compteur).

# Risques et limites associés à l'IGC

**Comodo, mars 2011**

Comodo est une autorité de certification américaine majeure qui sous-traite la fonction d'autorité d'enregistrement à des partenaires répartis dans le monde. Ce sont ces derniers qui vérifient l'identité des demandeurs de certificats. Ils utilisent ensuite leur accès privilégié à la plate-forme de signature de Comodo pour faire créer le certificat requis.

GlobalTrust.it, une de ces autorités d'enregistrement, a été la cible d'une attaque informatique qui a permis de s'introduire dans son sytème d'information. En tirant parti de la faiblesse de la protection du compte administrateur `gtadmin` (le mot de passe était `globaltrust`...) l'attaquant a pu créer des certificats frauduleux pour les domaines mail.google.com, mail.yahoo.com et hotmail.com qui ont permis de mener à bien des attaques par interposition sur ces sites de messagerie électronique.

L'attaque avait pour origine l'Iran, mais malgré la revendication sur Internet d'un hacker anonyme se présentant comme iranien, pro-gouvernemental et agissant seul il est impossible de savoir avec certitude que c'est la réalité.

Comodo a réagi promptement, a révoqué les certificats frauduleux et a immédiatement communiqué sur l'incident.

On invite le lecteur intéressé à se référer à l'article sur le sujet du magazine *Wired*[9].

L'aptitude du modèle IGC à établir la confiance sans intervention directe des utilisateurs a permis son développement et son déploiement à l'échelle mondiale, contrairement aux modèles présentés plus tôt. Cependant il serait faux de croire que ce modèle constitue une solution complètement satisfaisante.

En effet, plusieurs incidents graves ont montré qu'il était possible pour un attaquant de forcer un utilisateur à utiliser un certificat frauduleux. À cela s'ajoutent les difficultés techniques, financières et organisationelles liées à la gestion et l'utilisation de certificats qui freinent considérablement l'adoption du modèle IGC. Ces difficultés expliquent en partie la perte de confiance des utilisateurs dans la sécurité d'Internet et la part (encore aujourd'hui majoritaire) du trafic Internet non chiffré.

---

9. `http://www.wired.com/2011/03/comodo_hack/`

---

**DigiNotar, juin à octobre 2011**

DigiNotar était une autorité de certification hollandaise qui en plus d'émettre des certificats liés à son autorité de certification racine « DigiNotar Root CA » était également chargé d'émettre les certificats liés à l'IGC gouvernementale « PKIgovernment ».

Le 10 juillet 2011 un hacker s'introduisit dans le système d'information de DigiNotar et créa des certificats frauduleux pour les domaines `*.android.com`, `login.live.com`, `*.microsoft.com`, `*.mozilla.org`, `*.skype.com`, `*.torproject.org`, `twitter.com`, `login.yahoo.com`, `*.google.com` ainsi que plusieurs certificats d'autorité de certification racine. Au total, au moins 531 certificats frauduleux ont été émis.

DigiNotar détecta l'intrusion le 19 juillet et publia le lendemain un communiqué de presse signé par son directeur d'exploitation disant « [...] Les certificats émis par DigiNotar font partie des plus sûrs du marché [...] ».

Le 27 août un internaute iranien craignant une attaque du gouvernement iranien posta sur les forums de Google un certificat frauduleux émis par DigiNotar pour l'ensemble des domaines `*.google.com`[10][11]. Ce problème majeur a pu être confirmé depuis plusieurs fournisseurs d'accès Internet iraniens.

Dans un communiqué de presse daté du 31 août DigiNotar admet la création d'une douzaine mais que des problèmes dans leur système de gestion des certificats ne leur permettait pas de garantir que les certificats frauduleux avaient tous été individuellement révoqués.

L'aveu d'impuissance de DigiNotar poussa les grands acteurs du secteur à agir, et entre septembre et octobre Mozilla, Apple, Microsoft Opera et Google supprimèrent le certificat racine de DigiNotar de la liste des autorité racine de confiance ce qui rendit *tous* les certificats émis par DigiNotar inopérants.

L'impact de cette attaque a été masssif à plusieurs titres. D'abord une partie des internautes néerlandais a été impactée puisque certains services gouvernementaux en ligne sont subitement devenus inaccessibles. Ensuite parce qu'il existe des preuves que certains certificats ont été utilisés pour une attaque par interposition visant environ 300 000 utilisateurs de Gmail dont l'immense majorité était originaire d'Iran.

Cette attaque a été revendiquée par le même hacker que celui qui était responsable de l'attaque contre Comodo quelques mois plus tôt (décrite dans l'encadré 312) mais ceci semble peu probable au vu des moyens mis en œuvre pour la réalisation d'une attaque d'une telle ampleur. De plus, les documents révélés depuis par Edward Snowden laissent penser que la NSA aurait pu être responsable de cette attaque.

On invite le lecteur intéressé à se référer à l'article sur le sujet de Wikipédia[12].

---

Un des obstacles les plus régulièrement cités comme frein à l'obtention d'un certificat X.509 est le coût. En effet, si on prend l'exemple d'Internet, il faut pour être reconnu par les navigateurs les plus populaires obtenir un certificat créé par

---

10. `https://productforums.google.com/forum/?hl=en#!category-topic/gmail/share-and-discuss-with-others/3J3r2JqFNTw`

11. `http://pastebin.com/ff7Yg663`

12. `https://en.wikipedia.org/wiki/DigiNotar`

un des acteurs mondiaux du marché de la certification comme le sont Digicert, GoDaddy, Symantec ou Comodo. Pour cela il vous en coûtera entre 100 et 2 000 dollars américains. La durée de validité des certificats étant limitée ce prix devient un coût récurrent (habituellement annuel) et il faut le multiplier par le nombre de domaines Internet à protéger.

Le problème ne s'arrête pas à la protection des pages Internet mais se pose aussi pour les entreprises qui vendent des programmes informatiques. Aujourd'hui l'installation d'un programme informatique de source inconnue provoque l'apparition d'un message d'erreur très peu rassurant à propos des risques encourus. Les entreprises cherchant à vendre leurs programmes se doivent donc de signer celles-ci avec un certificat de signature de code lié à une autorité reconnue par le système d'exploitation. Ce type de certificat leur sera facturé entre 500 et 1 000 dollars américains par an.

---

**Trustwave, février 2012**

Le 4 février 2012 Trustwave admit avoir créé un certificat d'autorité de certification intermédiaire pour une entreprise qui souhaitait inspecter le trafic SSL/TLS transitant sur son réseau afin d'empêcher l'exfiltration d'information en dehors de son système d'information.

L'objectif était de réaliser l'équivalent d'attaques par interposition pour analyser le trafic une fois déchiffré comme le font de nombreux « proxy SSL/TLS » en entreprise. Le problème posé par Trustwave est que le certificat fourni permettait en théorie d'usurper n'importe quel site Internet et ce même en dehors du réseau de l'entreprise concernée.

Une fois l'affaire révélée Trustwave s'est engagé à ne plus vendre de certificats d'autorité intermédiaire dans ce but. Mozilla a un temps menacé de retirer le certificat Trustwave de la liste des certificats racine embarqués avec Firefox mais n'a jamais mis sa menace à exécution.

Notons que le nom de l'entreprise concernée n'a pas été révélé.

On invite le lecteur intéressé à se référer au communiqué de Trustwave[13].

---

Un autre obstacle au déploiement est la complexité du cycle de vie des certificats à la fois pour les administrateurs et pour les utilisateurs du SI.

Obtenir, utiliser, révoquer et renouveler des certificats peut rapidement devenir une tâche écrasante pour quelqu'un qui n'est familier ni du fonctionnement de la cryptographie à clé publique ni de la lecture de politiques de certification. On observe ce phénomène particulièrement bien lorsqu'une erreur de certificat empêche

---

13. `https://www.trustwave.com/Resources/SpiderLabs-Blog/Clarifying-The-Trustwave-CA-Policy-Update/`

l'affichage d'une page Internet sur laquelle on souhaitait se rendre : beaucoup se contentent d'ignorer l'erreur malgré les alertes du navigateur.

Lorsqu'il s'agit de certificats personnels (comme celui d'Alice Dupont) les utilisateurs ont du mal à l'utiliser correctement : perte de certificats, publication intempestive de clés privées. La génération du certificat et le stockage de la clé privée par un cryptosystème matériel embarqué dans une clé USB semble de nature à résoudre le problème ci-dessus, mais la plupart de ces systèmes nécessitent le déploiement de pilotes *(drivers)* qui n'existent que pour certaines versions de système d'exploitation et qui ne fonctionnent correctement qu'avec certaines versions de logiciels, ce qui finit par paralyser complètement toute évolution du système d'information.

---

**ANSSI, décembre 2013**

Par des alertes de leur navigateur Chrome, Google s'est aperçu de l'existence de certificats frauduleux émis par une autorité de certification intermédiaire liée à l'IGC de l'ANSSI, l'agence française de la sécurité des systèmes d'information. Après enquête les certificats émis étaient utilisés pour de l'interception sur un réseau pour lequel l'entreprise avait obtenu l'accord des utilisateurs. Néammoins cette utilisation violait les conditions de l'ANSSI qui a donc obtenu la révocation de ce certificat.

Suite à cet évenement les certificats liés à l'IGC de l'ANSSI ne sont plus valides que pour les TLD français (.fr, .gp, .gf...) dans le navigateur Chrome.

On invite le lecteur intéressé à se référer au communiqué de Google [14].

---

Du point de vue de la sécurité, qui est pourtant l'objectif initial de l'IGC, il faut faire preuve d'un optimisme à toute épreuve pour conclure à un bilan positif.

La grande vulnérabilité du système vient du fait que toute chaîne de certification se terminant par un certificat racine de confiance sera traité comme valide. Or il existe un très grand nombre d'autorités de certification racine. Le magasin de certificats de Windows contient une centaine de certificats d'autorité implicitement de confiance, le navigateur en compte lui plus de 170, certains bien sûr apparaissent dans les deux.

Malheureusement si une seule parmi ces 170 entités se révèle être malveillante, incompétente ou tout simplement étourdie nous devenons alors vulnérables et le seul moyen d'assurer sa sécurité est d'inspecter nous-mêmes les chaînes de certification présentées.

---

14. `https://security.googleblog.com/2013/12/further-improving-digital-certificate.html`

En réalité le problème est encore plus complexe : un certificat d'autorité de certification intermédiaire signé par une de ces 170 entités de confiance peut signer des certificats à loisir en ayant l'assurance qu'ils seront reconnus comme valides. Nos tiers de confiance ne se limitent pas aux entités cachées derrière ces cent soixante-dix certificats, mais aussi à tous leurs clients à qui ils fournissent des certificats d'autorité de certification intermédiaire.

---

**Türktrust, août 2011 - janvier 2013**

En août 2011 Türktrust, une autorité de certification turque émit un certificat d'autorité intermédiaire pour le département des transports de la ville d'Ankara. Ce certificat a été utilisé pour générer automatiquement des certificats utilisateur afin de mener des attaques par interposition sur leur réseau interne à des fins d'analyse et d'inspection des flux chiffrés.

Par des alertes de leur navigateur Chrome, Google s'est aperçu de l'existence de certificats frauduleux le 24 décembre et a prévenu Türktrust le lendemain.

L'autorité leur a répondu qu'il agissait d'une erreur : le département des transports aurait dû recevoir un certificat utilisateur à la place du certificat d'autorité intermédiaire qu'ils ont obtenu. Pire le service d'inspection de flux chiffré se serait déclenché automatiquement en présence d'un certificat d'autorité intermédiaire [15].

D'autres sources, moins naïves, prétendent que tout ceci a été fait sciemment à des fins d'espionnage des employés de la ville d'Ankara [16].

On invite le lecteur intéressé à se référer au communiqué de Google [17].

---

On peut s'interroger sur les conséquences pratiques pour la sécurité de cette distribution de la confiance parmi une myriade d'acteurs. On peut citer deux conséquences de la délivrance d'un certificat frauduleux par une autorité de certification indélicate :

- l'usurpation : pour une application de paiement en ligne le certificat frauduleux permet à un attaquant de recevoir les informations bancaires de tous les utilisateurs qui croient être connectés à l'application légitime ;
- l'interposition : pour une application de vidéoconférence le certificat frauduleux permet à un attaquant de s'introduire dans le canal sécurisé liant Alice à Bob en créant un canal entre Alice et lui, puis un autre entre lui et Bob. L'at-

---

15. `http://arstechnica.com/security/2013/01/turkish-government-agency-spoofed-google-certificate-accidentally/`

16. `http://www.reuters.com/article/us-turkey-web-interception-idUSBRE90301120130104`

17. `https://security.googleblog.com/2013/01/enhancing-digital-certificate-security.html`

taquant est alors en mesure d'écouter toute la conversation tandis qu'Alice et Bob croient s'être authentifiés mutuellement.

On en profite pour faire remarquer que depuis les révélations d'Edward Snowden il semble assez peu probable que les services ne disposent pas de capacités de génération de certificats considérés comme valides. L'inconvénient de ces méthodes pour ces agences est qu'elles laissent des traces : un certificat frauduleux ne résistera pas à l'inspection directe d'un expert.

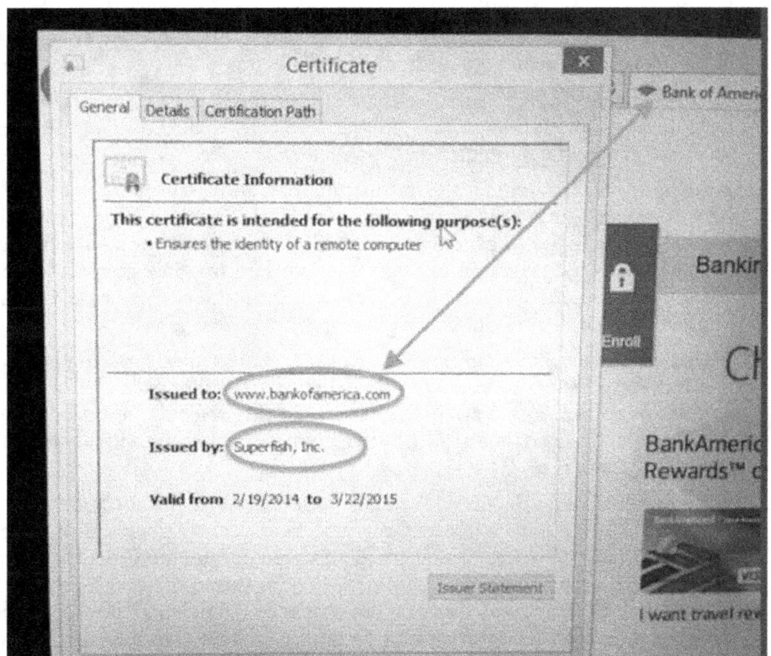

**Figure 8.2 –**
Une attaque par interposition sur un site bancaire

Les récits des encadrés des pages 312, 313, 314, 316, 315, 318 achèveront de convaincre le lecteur de la quantité de problèmes à résoudre.

Notons que lorsqu'elles vendent des certificats les autorités de certification commerciales font état de *garanties* (pouvant aller jusqu'au million de dollars américains !) aux termes flous et que malgré les nombreuses anecdotes précédemment citées l'auteur de ces lignes ne connaît pas de précédent de paiement de ces garanties.

Lenovo, Février 2015

Le scandale Superfish/Lenovo est d'un genre tout à fait différent puisqu'il n'implique aucune autorité de certification commerciale. Les acteurs de ce scandale sont les entreprises :

- Lenovo qui manufacture et vend des ordinateurs personnels (et désormais des serveurs) ;
- Superfish qui vend des moyens de distribuer du contenu publicitaire ;
- Komodia qui vend des outils d'interception de trafic.

Le produit Redirector de Komodia permet l'interception de trafic SSL/TLS en installant un certificat d'autorité racine auto-signé sur la machine cible.

Pour des raisons obscures Lenovo a souhaité pré-installer dans certains de ses ordinateurs le logiciel Superfish Visual Search qui permet d'ajouter de la publicité ciblée aux pages Internet visitées. Cependant cette idée avait une limitation majeure : Superfish Visual Search n'a pas accès aux pages Internet qui utilisent SSL/TLS.

Qu'à cela ne tienne ! En installant le certificat auto-signé de Komodia dans la liste de confiance du système d'exploitation puis en utilisant le logiciel Redirector pour intercepter le trafic il était de nouveau possible d'intégrer de la publicité à la volée.

Nous pouvons observer le résultat de ces manipulations d'apprentis sorciers sur la figure 8.2 où nous observons que la connexion « sécurisée » vers le site d'une banque est validée par le certificat Superfish auto-signé et généré par Komodia. Prenons un moment pour mesurer l'impact de cette décision : les programmes développés par Lenovo, Superfish et Komodo leur permettent d'observer absolument toute l'information qui transite par nos connexions sécurisées dans le but de nous délivrer des publicités plus à même de nous plaire.

Malheureusement l'histoire ne s'arrête pas là. Robert Graham, un chercheur en sécurité, décrit avec force détails comment en six heures de travail et pour approximativement 70 dollars américains de matériel il a réussi à extraire la clé privée du certificat Superfish et à l'utiliser pour intercepter le trafic SSL/TLS de n'importe quel utilisateurs de PC Lenovo embarquant le certificat SuperFish [18] [19].

Sans rentrer dans les détails de l'attaque il est clair que deux choix auraient pu limiter l'impact de celle-ci. D'une part si le certificat Superfish avait été généré directement sur les PCs il y aurait eu autant de paires de clés publiques/privées que de PC Lenovo. L'obtention d'une clé privée particulière n'aurait pas eu d'impact sur les autres PC infectés et n'aurait nécessité aucun changement de fonctionnement de l'injecteur de publicité. D'autre part l'accès à la clé privée est usuellement protégé par un mot de passe, le choix d'un mot de passe complexe aurait eu pour mérite de ralentir l'attaquant.

Bien entendu ce ne sont pas les choix qui ont été faits et non seulement le certificat auto-signé est le même sur tous les ordinateurs Lenovo vendus mais le mot de passe d'accès à la clé privée de ce dernier est `komodia`

On invite le lecteur intéressé à l'article de PCWorld [20].

---

18. `http://blog.erratasec.com/2015/02/extracting-superfish-certificate.html#.Vui8tXpSLOV`

19. `http://blog.erratasec.com/2015/02/exploiting-superfish-certificate.html#.VuixAHpSLOU`

20. `http://www.pcworld.com/article/2886357/lenovo-preinstalls-man-in-the-middle-adware-that-hijacks-https-traffic-on-new-pcs.html`

# L'avenir de la création de canaux de confiance

En ce début d'année 2016 il faut avoir conscience de ce que tous les systèmes d'identification et d'authentification en usage sont fondamentalement naufragés ou en passe de l'être :

- Aucun mot de passe suffisamment simple pour être utilisable par un être humain normal ne peut résister plus de quelques heures à une attaque par force brute au moyen d'un ordinateur moderne de modèle courant.
- Un système tel que PGP, décrit ci-dessus p. 297, convient bien pour un petit groupe de personnes qui se connaissent, mais n'est pas extensible à une organisation de grande taille et de structure complexe.
- Les infrastructures de gestion de clés (IGC, PKI), décrites ci-dessus, proposent de résoudre ce problème par une hiérarchie de tiers de confiance. L'idée est judicieuse, mais sa mise en œuvre a rencontré les obstacles que l'on a cités.

Il est donc important de proposer des solutions alternatives, dont voici quelques exemples.

## Let's Encrypt

Figure 8.3 –
Let's Encrypt, une initiative
innovante pour le futur de l'IGC

L'idée de base de l'initiative *Let's Encrypt* est que la gestion des certificats est à la fois trop complexe, trop coûteuse et n'apporte pas un gain suffisant en sécurité. Pour remédier à ces problèmes l'*Internet Security Research Group* (ISRG) propose de lancer une autorité de certification racine libre, automatisée et transparente et dont les principes sont :

- la gratuité des certificats pour tout possesseur d'un nom de domaine ;

- l'automatisation des procédures d'obtention, de configuration et de renouvellement des certificats ;
- la sécurité basée sur les bonnes pratiques connues pour la gestion d'autorité de certification ;
- la transparence en rendant publics tous les certificats émis ou révoqués ;
- l'ouverture en rendant publics les protocoles d'émission et de renouvellement des certificats ;
- la coopération afin d'éviter d'être sous le contrôle d'une seule organisation.

On retrouve parmi leur sponsors Mozilla, Akamai, Cisco, *Electronic Frontier Foundation*, OVH, Chrome et Free (qui permet une installation automatisée depuis sa Freebox).

Le détail du fonctionnement du protocole dépasse le cadre de cet ouvrage et peut être trouvé sur le site Internet de *Let's Encrypt* (`https://letsencrypt.org/`) mais nous pouvons rapidement décrire le processus ingénieux mis en place pour automatiser la délivrance de certificats.

**Figure 8.4 –**
Preuve de contrôle
de domaine et de possession
de clé

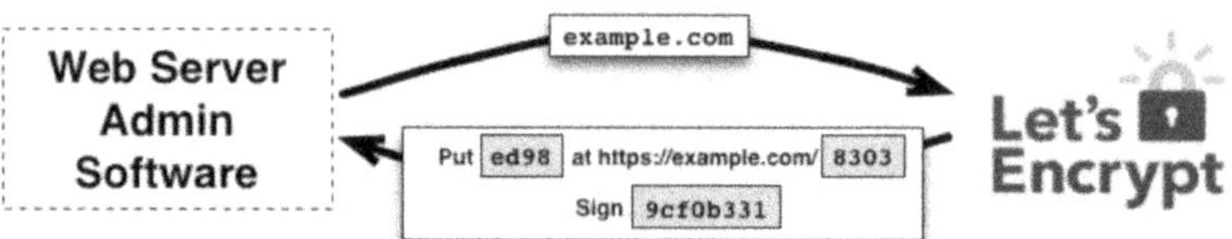


*Let's Encrypt* propose un programme qui doit être lancé par ses futurs utilisateurs sur le serveur qui contrôle le domaine à certifier. La première action de ce programme est de générer une paire de clés de signature. L'autorité de certification *Let's Encrypt* demande au programme de fournir simultanément une preuve de contrôle du domaine et une signature sur un défi, comme illustré figure 8.4.

Le programme prouve le contrôle du domaine en plaçant le texte demandé au bon endroit de manière publiquement vérifiable et envoie à l'autorité le défi signé ainsi que la clé publique permettant de vérifier la signature, comme illustré figure 8.5. À l'issue de cette étape l'autorité *Let's Encrypt* enregistre localement l'association de la clé publique du programme et le domaine contrôlé.

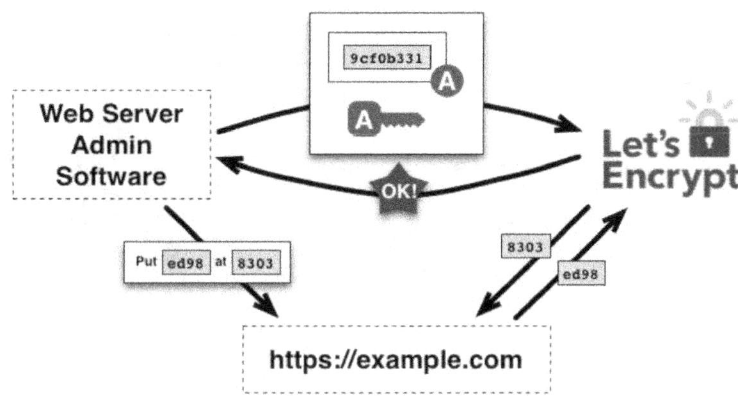


**Figure 8.5 –**
Preuve de contrôle
de domaine et de possession
de clé

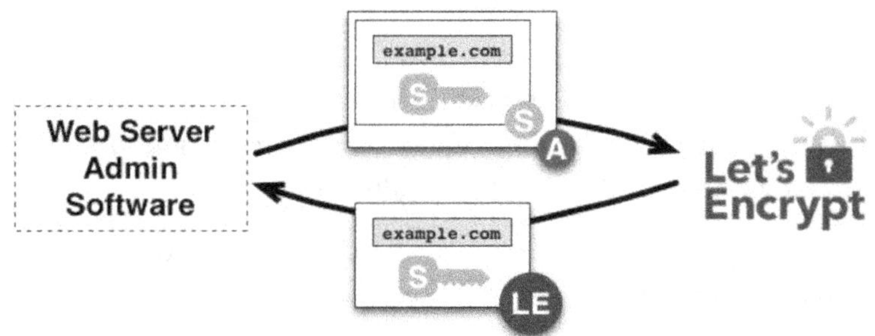


**Figure 8.6 –**
Délivrance de certificat
automatisée

L'émission d'un certificat *Let's Encrypt* pour le domaine se déclenche alors automatiquement. Elle consiste en une demande de certificat[21] signée à la fois par la clé privée correspondant à la clé publique présente dans le certificat et par la clé privée du programme. Si les deux vérifications réussissent l'autorité de certification émet un certificat qu'elle sait être cryptographiquement lié à la clé du programme et à la possession du domaine, comme illustré figure 8.6.

La révocation d'un certificat *Let's Encrypt* pour le domaine fonctionne de manière similaire à l'émission : le programme signe un ordre de révocation accolé au certifi-

---

21. CSR

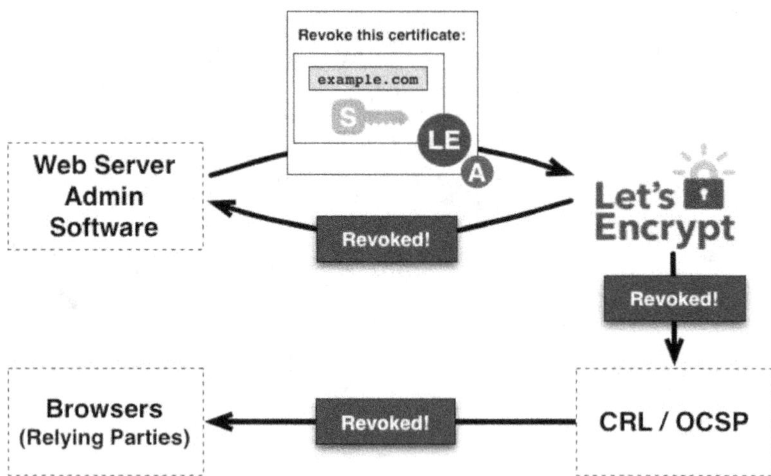



**Figure 8.7 –**
Révocation automatisée
de certificat

cat à révoquer puis, une fois la vérification de la signature du programme effectuée, l'autorité *Let's Encrypt* révoque le certificat en l'ajoutant aux listes de révocations et au mécanisme OCSP, comme illustré figure 8.7.

Le 8 mars 2016 *Let's Encrypt* a célébré l'émission d'un million de certificats pour deux millions quatre cent mille domaines après seize mois d'activité [22].

## Certificate Transparency

*Certificate Transparency* (https://www.certificate-transparency.org) est à l'origine un projet de Google qui vise à améliorer la transparence du modèle IGC actuel. Sa mise en oeuvre est décrite dans la RFC 6962 [170].

Ce projet définit trois nouveaux rôles dans l'environnement de l'IGC que l'on peut observer figure 8.10 :

- des *Serveurs de logs* ;
- des *Auditeurs* ;
- des *Moniteurs*.

---

22. https://letsencrypt.org/2016/03/08/our-millionth-cert.html

**Figure 8.8 –**
*Certificate Transparency,*
l'évolution du modèle

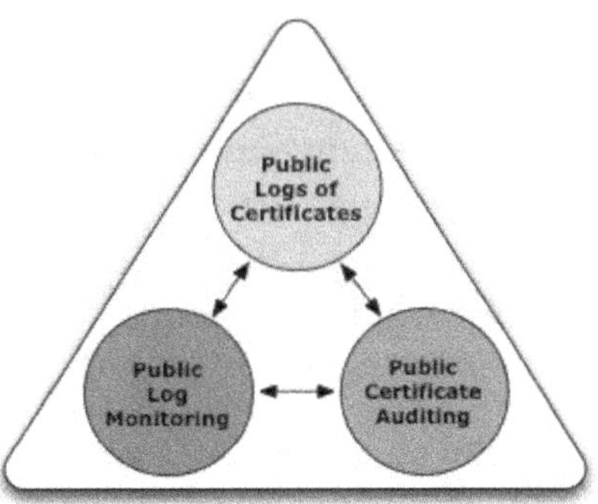



**Figure 8.9 –**
Les nouveaux acteurs

Le rôle des serveurs de logs est d'enregistrer tous les certificats créés (soumis par les autorités de certification) dans une structure de données qui garantit cryptographiquement que seul l'ajout est possible. Ainsi il est impossible de supprimer, de modifier ou de rétroactivement insérer un certificat dans un serveur de log. Grâce à ces outils il est très efficace de prouver que :

- tous les certificats ont bien été ajoutés au serveur de log ;
- un certificat en particulier a été ajouté au serveur de log.

Ces preuves ont en plus l'avantage d'être publiquement vérifiables.

Le rôle des moniteurs est de contacter les serveurs de logs et de rechercher des certificats suspicieux. Un certificat peut être considéré comme suspicieux s'il a été créé en contradiction avec la politique de certification de l'autorité émettrice, s'il dispose

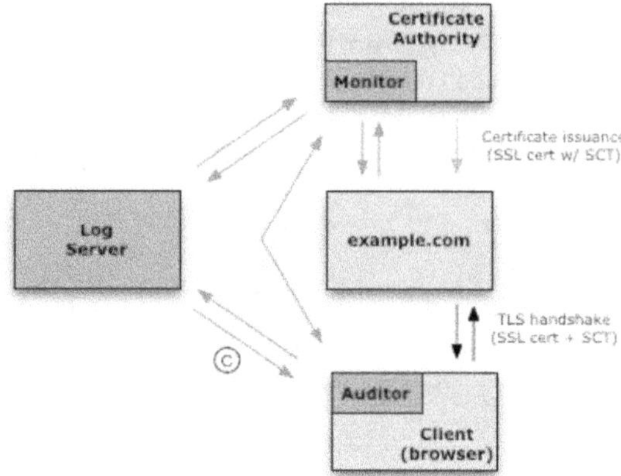



**Figure 8.10 –**
L'écosystème de *Certificate Transparency*

d'extensions étranges ou encore s'il permet de créer d'autres certificats (certificat d'autorité de certification). Ils vérifient également l'ajout des nouveaux certificats au serveur de logs. Notamment les possesseurs de certificats peuvent demander à un moniteur une preuve que personne n'a tenté d'ajouter un certificat pour leurs domaines au serveur de log.

Le rôle des auditeurs est de vérifier l'intégrité globale du serveur de logs. En particulier les utilisateurs de certificat peuvent demander périodiquement à un auditeur de valider l'ensemble des certificats présentés lors de l'établissement d'un canal sécurisé SSL/TLS. Cette validation permet d'assurer que tous ces certificats sont bien présents dans le serveur de logs.

Dans cet écosystème la probabilité pour un utilisateur de détecter le mauvais usage d'un certificat est plus grande : si un serveur présente à un client un certificat avec une preuve valide, alors ce dernier sait que ce certificat a été publié dans un serveur de logs et que le possesseur du domaine en question a eu le temps de faire appel à un moniteur pour détecter tout mauvais usage.

Un point intéressant à relever est que l'on ajoute pas ici un énième tiers de confiance en la personne du serveur de log : s'il n'ajoute pas les certificats promptement le serveur de logs sera détecté par les moniteurs et s'il tente de modifier la structure du log ce sont les auditeurs qui détecteront la supercherie.

Un frein important à l'adoption de Certificate Transparency est le fait que de nombreuses autorités de certification commerciales souhaitent garder la liste de leurs clients et des certificats qu'ils ont émis pour eux et confidentielle.

Il est néammoins indéniable que le déploiement de Certificate Transparency aurait pu empêcher une partie des échecs relatés dans les encadrés des pages 312, 313, 314, 316, 315 et 318.

## FIDO Alliance : un espoir pour l'authentification ?

*FIDO ("Fast IDentity Online") Alliance* est un consortium industriel créé en février 2013 pour chercher des solutions à ces problèmes. Y participent plus de deux cents entreprises, parmi lesquelles Alibaba Group, ARM, Bank of America, Google, Intel, ING, Lenovo, MasterCard, Microsoft, NTT DoCoMo, NXP Semiconductors, Oberthur Technologies, PayPal, Qualcomm, RSA, Samsung, Synaptics et Visa[23].

Les dispositifs mis au point par FIDO Alliance concernent uniquement l'identification et l'authentification. Ils fonctionnent selon les principes de la cryptographie asymétrique.

Les dispositifs conçus par FIDO Alliance sont des jetons *(token)* d'authentification USB, des *Trusted Platform Modules* (TPM, cf. p. 416), des cartes à puce et des dispositifs *Near Field Communication* NFC pour les cartes de paiement sans contact.

Le grand avantage des jetons *(tokens)* d'authentification USB de FIDO Alliance sur ceux que nous avons évoqués ci-dessus, c'est qu'ils ne nécessitent pas le déploiement de pilotes spécifiques : ils sont conformes à la spécification HID *(Human Interface Device)* destinée aux claviers et souris USB, et fonctionnent sans autre formalité sur tout connecteur USB[24]. Le processus d'authentification est déclenché soit par pression sur un bouton de l'appareil, soit par la saisie d'un code PIN.

La simplicité d'usage de ces dispositifs, par opposition au déploiement laborieux de leurs prédécesseurs, laisse espérer qu'il s'agisse là d'une issue à l'impasse actuelle des systèmes d'identification et d'authentification.

---

23. Pour la liste complète, cf. `https://fidoalliance.org/membership/members/`
24. Cf. `http://www.rennes.supelec.fr/ren/fi/elec/docs/usb/hid.html`

# Troisième partie

# Politiques de sécurité du système d'information

9

# Une charte des utilisateurs

Ce chapitre est consacré à un exemple de charte qu'un organisme de recherche doit faire signer aux utilisateurs de son système d'information. Un tel document doit être approuvé par les organismes de concertation entre le personnel et la direction de l'établissement, c'est-à-dire en droit français le Comité d'entreprise pour les organismes de droit privé et le Comité technique paritaire central pour les organismes publics, puis il doit être promulgué par la direction au plus haut niveau. Une fois ces formalités accomplies, la charte devient partie intégrante du règlement intérieur de l'entreprise et peut donc être opposée aux membres du personnel qui la transgressent, y compris devant les instances disciplinaires et juridiques. En outre, un membre du personnel qui enfreindrait une loi pénale signalée par la charte ne pourrait pas arguer de sa bonne foi devant un tribunal, ni rejeter la responsabilité de ses actes délictueux sur son employeur.

Une telle charte est destinée à faire l'objet d'une large publicité et notamment à paraître sur le site web de l'organisme.

# Préambule de la charte

Cette charte de l'utilisateur des ressources informatiques et des services Internet de l'INSIGU [1], désigné ci-dessous par « l'institut », est avant tout un code de bonne conduite. Il a pour objet de préciser la responsabilité des utilisateurs en accord avec la législation afin d'instaurer un usage convenable des ressources informatiques et des services Internet, dans le respect des dispositions légales et réglementaires en vigueur, avec des règles minimales de courtoisie et de respect d'autrui.

Pour tout renseignement complémentaire, les utilisateurs peuvent s'adresser, selon le cas, au responsable de leur unité, équipe, département ou service, au responsable régional informatique de la direction régionale dont ils dépendent, ou au Responsable de la sécurité des systèmes d'information de l'institut.

# Définitions

On désignera sous le terme « entité » les structures créées par l'INSIGU pour l'accomplissement de ses missions, telles que les unités de recherche, les équipes, ainsi que les départements et services administratifs.

On désignera de façon générale sous le terme « ressources informatiques », les moyens informatiques de calcul ou de gestion locaux ainsi que ceux auxquels il est possible d'accéder à distance, directement ou en cascade à partir du réseau administré par une entité de l'institut.

On désignera par « services Internet » la mise à disposition par des serveurs locaux ou distants de moyens d'échanges et d'informations diverses : Web, messagerie, forum, etc.

On désignera sous le terme « utilisateur » les personnes ayant accès aux ressources informatiques et services Internet d'une entité de l'institut.

---

1. L'Institut national des sciences informatiques et géographiques de l'univers (INSIGU) est un organisme de recherche fictif, pour les besoins de notre exemple.

# Accès aux ressources et aux services

L'utilisation des ressources informatiques et l'usage des services Internet ainsi que du réseau pour y accéder sont autorisés dans le cadre exclusif de l'activité professionnelle des utilisateurs conformément à la législation en vigueur.

L'activité professionnelle est celle prévue par les statuts du réseau MIRANDA pour la recherche scientifique, auquel est lié l'INSIGU, à savoir : les activités de recherche, d'enseignement, de développement technique, de transfert de technologies, de diffusion d'informations scientifiques, techniques et culturelles, d'expérimentation de nouveaux services présentant un caractère d'innovation technique, mais également toute activité administrative et de gestion découlant de ces activités ou les accompagnant.

L'utilisation des ressources informatiques partagées de l'entité et la connexion d'un équipement sur le réseau sont en outre soumises à autorisation. Ces autorisations, délivrées par le directeur de l'entité, sont strictement personnelles et ne peuvent en aucun cas être cédées, même temporairement, à un tiers. Ces autorisations peuvent être retirées à tout moment. Toute autorisation prend fin lors de la cessation, même provisoire, de l'activité professionnelle qui l'a justifiée.

L'entité pourra en outre prévoir des restrictions d'accès spécifiques à son organisation : chiffrement d'accès ou d'authentification, filtrage d'accès sécurisé, etc.

# Règles d'utilisation, de sécurité et de bon usage

Tout utilisateur est responsable de son usage des ressources informatiques et du réseau auxquels il a accès. Il a aussi la charge, à son niveau, de contribuer à la sécurité générale et aussi à celle de son entité.

L'utilisation de ces ressources doit être rationnelle et honnête afin d'en éviter la saturation ou le détournement à des fins personnelles.

En particulier :

- il doit appliquer les recommandations de sécurité de l'entité à laquelle il appartient ;
- il doit assurer la protection de ses informations et il est responsable des droits qu'il donne éventuellement à d'autres utilisateurs, il lui appartient de proté-

ger ses données en utilisant les différents moyens de sauvegarde individuels ou mis à sa disposition ;

- il doit signaler toute tentative de violation de son compte et, de façon générale, toute anomalie qu'il peut constater ;
- il doit suivre les règles en vigueur au sein de l'entité pour toute installation de logiciel ;
- il choisit des mots de passe sûrs, gardés secrets et il ne doit en aucun cas les communiquer à des tiers ;
- il s'engage à ne pas mettre à la disposition d'utilisateurs non autorisés un accès aux systèmes ou aux réseaux, à travers des matériels dont il a l'usage ;
- il ne doit pas utiliser ou essayer d'utiliser des comptes autres que le sien, ni tenter de masquer sa véritable identité ;
- il ne doit pas tenter, directement ou indirectement, de lire, modifier, copier ou détruire des données autres que celles qui lui appartiennent en propre ; en particulier, il ne doit pas modifier le ou les fichiers contenant des informations comptables ou d'identification ;
- il ne doit pas quitter son poste de travail ni ceux en libre-service en laissant des ressources ou services accessibles et il doit se déconnecter, sauf avis contraire de l'administrateur du réseau.

# Confidentialité

L'accès par les utilisateurs aux informations et documents conservés sur les systèmes informatiques doit être limité à ceux qui leur sont propres, et ceux qui sont publics ou partagés. En particulier, il est interdit de prendre connaissance d'informations détenues par d'autres utilisateurs, quand bien même ceux-ci ne les auraient pas explicitement protégées. Cette règle s'applique également aux conversations privées de type courrier électronique dont l'utilisateur n'est destinataire ni directement ni en copie. Si, dans l'accomplissement de son travail, l'utilisateur est amené à constituer des fichiers relevant de la loi Informatique et Libertés, il devra auparavant en avoir fait la demande à la CNIL en concertation avec le Directeur de l'entité, le correspondant informatique et libertés de l'INSIGU et le service juridique de l'institut et en avoir reçu l'autorisation. Il est rappelé que cette autorisation n'est valable que pour le traitement défini dans la demande et non pour le fichier lui-même.

# Respect de la législation

Il est strictement interdit d'effectuer des copies de logiciels commerciaux pour quelque usage que ce soit, hormis une copie de sauvegarde dans les conditions prévues par le Code de la propriété intellectuelle. Ces dernières ne peuvent être effectuées que par la personne habilitée à cette fin par le responsable de l'entité.

Par ailleurs l'utilisateur ne doit pas installer de logiciels à caractère ludique, ni contourner les restrictions d'utilisation d'un logiciel.

Il est rappelé que les logiciels commerciaux disponibles pour les utilisateurs de l'INSIGU sont l'objet de licences par lesquelles des droits d'usage sont concédés à l'institut. Ces licences font l'objet de contrats conclus par l'institut. Il est de la responsabilité des personnels de respecter les termes de ces licences et de ces contrats ; y manquer serait un délit et, en outre, une faute professionnelle.

De même, l'installation sur un système informatique mis en œuvre par l'institut d'un logiciel dont le droit d'usage est acquis à titre privé par un membre du personnel n'est pas autorisée.

L'usage de logiciels commerciaux est régi par des contrats et protégé par des lois qui entraînent une responsabilité personnelle de leur utilisateur, que la responsabilité propre de l'institut en tant que personne morale ne saurait exonérer.

# Préservation de l'intégrité des systèmes informatiques

L'utilisateur s'engage à ne pas apporter volontairement de perturbations au bon fonctionnement des systèmes informatiques et des réseaux (internes ou externes à l'institut), que ce soit par des manipulations anormales du matériel, ou par l'introduction de logiciels parasites connus sous le nom générique de virus, chevaux de Troie, bombes logiques...

Tout travail de recherche ou autre risquant de conduire à la violation de la règle définie au paragraphe précédent ne pourra être accompli qu'avec l'autorisation du responsable de l'entité et dans le strict respect des règles qui auront alors été définies.

Il est de la responsabilité de l'utilisateur de s'assurer de l'installation sur l'ordinateur qu'il utilise régulièrement de logiciels de protection contre les logiciels parasites évoqués ci-dessus. Le département du système d'information organise la distribution des logiciels de protection appropriés.

# Usage des services Internet (Web, messagerie, forum...)

L'utilisateur doit faire usage des services Internet dans le cadre exclusif de ses activités professionnelles et dans le respect de principes généraux et des règles propres aux divers sites qui les proposent, ainsi que dans le respect de la législation en vigueur.

En particulier, il doit respecter les règles suivantes.

## Règles de bon usage

- Il ne doit pas se connecter ou essayer de se connecter sur un serveur autrement que par les dispositions prévues par ce serveur ou sans y être autorisé par les responsables habilités.
- Il ne doit pas se livrer à des actions mettant sciemment en péril la sécurité ou le bon fonctionnement des serveurs auxquels il accède.
- Il ne doit pas usurper l'identité d'une autre personne et il ne doit pas intercepter de communications entre tiers.
- Il ne doit pas utiliser ces services pour proposer ou rendre accessibles aux tiers des données et informations confidentielles ou contraires à la législation en vigueur.
- Il ne doit pas déposer des documents sur un serveur sauf si celui-ci le permet, ou sans y être autorisé par les responsables habilités.
- Il doit faire preuve de la plus grande correction à l'égard de ses interlocuteurs dans les échanges électroniques par courrier, forums de discussionsetc.
- Il n'émettra pas d'opinions personnelles étrangères à son activité professionnelle susceptible de porter préjudice à l'institut ou à ses agents.
- Il doit respecter les lois et notamment celles relatives aux publications à caractère injurieux, raciste, pornographique ou diffamatoire.

# Publication sur l'Internet

La mise à la disposition du public d'un serveur web appartenant au domaine `insigu.fr`, ou affichant le logo de l'institut ou manifestant de toute autre façon son appartenance à l'institut engage la responsabilité de l'institut et expose son image. L'ouverture d'un tel site est donc soumise à l'autorisation du département de l'information scientifique et de la communication. La publication de documents sur un site autorisé se fera ensuite sous la responsabilité des responsables d'entité, sous le contrôle *a posteriori* du département de l'information scientifique et de la communication, et selon les principes énoncés par la charte de bonne utilisation du réseau Internet dans les laboratoires de l'institut, disponible sur le serveur `http://www.insigu.fr`.

# Responsabilité légale

La publication d'informations et de documents sur un support public tel que le Web entraîne une responsabilité personnelle de leur auteur devant la loi, que la responsabilité de l'institut en tant que personne morale ne saurait exonérer.

# Dispositifs de filtrage de trafic

L'institut met en œuvre des dispositifs de contrôle du trafic provenant de l'Internet. Il s'agit notamment d'un système obligatoire de mandataires (proxy) effectuant un contrôle antivirus sur les documents chargés ainsi que d'un système de filtrage d'URL destiné à interdire l'accès à certains sites ou certains types de documents.

Toute l'activité de navigation, les accès autorisés ou interdits sont enregistrés et conservés par l'institut pour une durée d'un an, conformément à la législation.

La mise en œuvre de cette solution est faite dans le respect de la législation et a donné lieu à une information préalable des instances représentatives du personnel et du comité d'entreprise.

# Surveillance et contrôle de l'utilisation des ressources

Pour des nécessités de maintenance et de gestion technique, l'utilisation des ressources matérielles ou logicielles ainsi que les échanges *via* le réseau peuvent être analysés et contrôlés dans le respect de la législation applicable et notamment de la loi sur l'informatique et les libertés.

La mise en œuvre de ces mesures est faite dans le respect de la législation et a donné lieu à une information préalable des instances représentatives du personnel et du comité d'entreprise.

# Rappel des principales lois françaises

Il est rappelé que toute personne présente sur le sol français doit respecter la législation française, notamment dans le domaine de la sécurité informatique :

- la loi du 6 janvier 1978 dite « Informatique et Libertés » (cf. le site web de la CNIL `http://www.cnil.fr/`) ;
- la législation relative à la fraude informatique (article 323-1 à 323-7 du Code pénal, cf. `http://www.legifrance.gouv.fr/`) ;
- la législation relative à la propriété intellectuelle (cf. `http://www.legifrance.gouv.fr/`) ;
- la loi du 4 août 1994 relative à l'emploi de la langue française (cf. `http://www.culture.gouv.fr/culture/dglf/`) ;
- la législation applicable en matière de cryptologie (cf. `http://www.ssi.gouv.fr/fr/reglementation-ssi/cryptologie/`).

# Application

La présente charte s'applique à l'ensemble des agents de l'institut tous statuts confondus, et plus généralement à l'ensemble des personnes utilisant, de façon permanente ou temporaire, les moyens informatiques de l'entité ainsi que ceux auxquels il est possible d'accéder à distance directement ou en cascade à partir du réseau administré par l'entité.

Elle sera annexée, à titre d'information, aux contrats de travail conclus avec les agents contractuels et vacataires qui auront accès au système informatique de leur entité.

Elle sera en outre signée par toutes personnes accueillies à l'INSIGU et ayant accès audit système.

# 10

# Une charte de l'administrateur système et réseau

La multiplication de questions de plus en plus complexes liées à la sécurité des systèmes et des réseaux, l'imbrication de plus en plus intime des aspects techniques et juridiques de ces questions et le risque accru de conséquences judiciaires en cas d'erreur incitent à la rédaction, au sein de chaque entreprise ou organisation, d'une *charte de l'administrateur de système et de réseau* qui rappelle les devoirs, les pouvoirs et les droits des ingénieurs et des techniciens qui administrent la sécurité des réseaux, des ordinateurs et en fin de compte du système d'information. Le présent chapitre énonce les principes qui peuvent conduire la rédaction d'un tel document, puis en propose un exemple pour une entreprise fictive.

# Complexité en expansion et multiplication des risques

L'activité de l'administrateur de système et de réseau le confronte à un certain nombre de paradoxes : par exemple, il doit configurer son système d'acheminement de messagerie électronique (*Mail Transfer Agent*, MTA, ou passerelle de messagerie) de façon à tenir un journal de tous les messages émis et reçus par le point d'accès à l'Internet dont il est responsable, c'est une obligation légale. Mais s'il oublie de détruire ces journaux à l'issue d'un délai maximal d'un an, il enfreint une autre obligation légale qui résulte des directives de la CNIL.

Cette activité d'administration de la passerelle de messagerie de l'entreprise lui permet de détecter les usages contraires à la loi qui pourraient en être faits par des employés indélicats, dont les exemples les plus courants sont, non limitativement :

- envoi de messages ou abonnement à des listes de diffusion susceptibles de tomber sous le coup des lois qui répriment le racisme et la xénophobie, la pédophilie ou le trafic d'êtres humains ;
- communication à des tiers d'informations couvertes par le secret professionnel, qui constituent le patrimoine intellectuel de l'entreprise, et dont la divulgation à des concurrents est de nature à causer un préjudice certain ;
- infraction à la législation sur la propriété littéraire et artistique, lorsque les serveurs de l'entreprise sont utilisés pour télécharger ou, pire, redistribuer des œuvres musicales ou cinématographiques couvertes par des droits d'auteur ;
- délit de presse, par l'ouverture de sites web ou de forums au contenu susceptible d'être attaqué au titre des lois sur la diffamation, le plagiat, etc.

La constatation de telles infractions oblige l'administrateur à y mettre fin, mais dans les cas où les manifestations de ces actes ne sont pas publiques (cas du courrier électronique), s'il en fait état dans un rapport à la direction de l'entreprise, il s'expose à être condamné par un tribunal en vertu de la loi qui protège le secret de la correspondance. En effet, si la jurisprudence (arrêt du 17 décembre 2001 de la cour d'appel de Paris, « ESPCI », École Supérieure de Physique et Chimie industrielle) reconnaît que l'administrateur détient la possibilité technique de lire les contenus des messages, celui-ci n'est en revanche pas autorisé à les divulguer, même à ses supérieurs hiérarchiques.

« Ainsi la délicate mission de l'administrateur sera de mettre fin au comportement frauduleux ou préjudiciable sans en informer son supérieur hiérarchique qui dispose pourtant de l'autorité et du pouvoir de décision », note Laurence Freyt-Caffin [111].

De façon plus générale, l'administrateur de système et de réseau a accès à toutes les données de l'entreprise et des utilisateurs qui stationnent ou circulent sur les machines et les réseaux dont il a la responsabilité : ce pouvoir le soumet en permanence à la tentation d'en abuser, même si ce n'est que pour simplifier sa tâche, ou rendre service aux utilisateurs, ou pour assurer le bon fonctionnement des infrastructures en question.

De façon nettement plus embarrassante, il peut recevoir de sa hiérarchie des injonctions contraires aux lois : il est alors placé devant le dilemme d'avoir à désobéir à ces injonctions, ce qui peut mettre en péril sa situation professionnelle, ou d'enfreindre la loi, ce qui risque de le mener devant un juge.

# Règles de conduite

L'administrateur de systèmes et de réseaux dispose de pouvoirs importants : il importe de circonscrire avec soin l'usage qu'il peut en faire afin d'éviter les abus, notamment par l'atteinte à la confidentialité des échanges et des données.

## Secret professionnel

Le devoir de secret professionnel s'impose aux administrateurs ayant accès aux données personnelles des utilisateurs dans le cadre de leurs fonctions [1].

1. Arrêt de la chambre sociale de la Cour de cassation en date du 2 octobre 2001 : « Attendu que le salarié a droit, même au temps et au lieu de travail, au respect de l'intimité de sa vie privée ; que celle-ci implique en particulier le secret des correspondances ; que l'employeur ne peut dès lors sans violation de cette liberté fondamentale prendre connaissance des messages personnels émis par le salarié et reçus par lui grâce à un outil informatique mis à sa disposition pour son travail et ceci même au cas où l'employeur aurait interdit une utilisation non professionnelle de l'ordinateur. »

---

1. On consultera avec profit le livre que Fabrice Mattatia a consacré au traitement des données personnelles[180].

2. Code du travail, article L432-2-1 : « Le comité d'entreprise est informé, préalablement à leur utilisation, sur les méthodes ou techniques d'aide au recrutement des candidats à un emploi ainsi que sur toute modification de celles-ci. Il est aussi informé, préalablement à leur introduction dans l'entreprise, sur les traitements automatisés de gestion du personnel et sur toute modification de ceux-ci. Le comité d'entreprise est informé et consulté, préalablement à la décision de mise en œuvre dans l'entreprise, sur les moyens ou les techniques permettant un contrôle de l'activité des salariés. »

## Mots de passe

J'emprunte ici à Patrick Chambet les idées qu'il a exprimées sur la liste de diffusion de l'Ossir[2] :

« Non ! Les administrateurs ne doivent jamais connaître les mots de passe des utilisateurs.

— Pourquoi l'administrateur n'a-t-il pas besoin de connaître les mots de passe ?

— Un administrateur est, par définition, celui qui possède des privilèges élevés. En particulier, il peut effectuer toutes les tâches nécessaires en l'absence des utilisateurs, comme par exemple la prise de possession de fichiers, la modification des permissions d'accès à des ressources, etc. Pour cela, il n'a pas besoin et ne doit pas [commettre d'usurpation de personnalité] (se loguer avec le *login* et le mot de passe de l'utilisateur).

S'il doit tout de même se résoudre à cela, l'utilisateur légitime devrait être présent (ce point devrait être débattu par les juristes de la liste, car le règlement intérieur de l'entreprise, la charte informatique, la politique de sécurité et les lois, décrets et jurisprudence entrent en jeu).

Il arrive que l'administrateur fasse tourner un *craqueur* de mots de passe pour vérifier la robustesse des mots de passe des utilisateurs. Mais dans ce cas, dès qu'un mot de passe est craqué, il doit demander immédiatement à l'utilisateur de le changer pour un mot de passe de robustesse au moins équivalente. Il ne le connaît donc plus.

— Pourquoi l'administrateur ne doit-il pas connaître les mots de passe ?

---

2. http://www.ossir.org

— Tout d'abord pour dégager sa responsabilité en cas d'activité délictueuse effectuée à l'aide d'un compte utilisateur particulier : l'utilisateur en question ne pourra plus dire que ce n'est pas lui, mais l'administrateur qui a envoyé tel [message électronique].

Ensuite, pour le respect de la confidentialité des ressources utilisateurs (classifiées ou non), même si, par définition, un administrateur pourra toujours, à l'aide d'une action volontaire et avec une intention évidente (plaidable devant un juge si l'administrateur n'a pas reçu d'ordre explicite), accéder aux ressources en question.

D'un côté l'administrateur est protégé, de l'autre il devient plus facilement condamnable. »

Les injonctions hiérarchiques à violer le secret des mots de passe sont fréquentes, souvent pour des raisons en apparence excellentes : accéder aux données cruciales détenues par un utilisateur en vacances et inaccessible en est l'exemple typique. Il peut être très difficile de résister à une telle demande, et l'utilisateur à son retour peut détecter l'intrusion en consultant les journaux du système. Certes l'administrateur peut détruire ou modifier les éléments de journalisation relatifs à son action, mais cette altération même des journaux peut être détectée, quoique plus difficilement, et en cas de comparution devant un tribunal il aura ainsi considérablement aggravé sa faute. Si pour une raison ou pour une autre les relations entre le possesseur des données et son employeur ou l'administrateur sont conflictuelles, on voit toutes les conséquences fâcheuses que peut entraîner cet enchaînement de circonstances. Il convient donc d'éviter absolument de commettre de telles actions.

# Proposition de charte

La présente charte de l'administrateur de système et de réseau de l'INSIGU[3], ci-dessous désigné « l'institut », est destinée à déterminer les devoirs, les pouvoirs et les droits des ingénieurs et des techniciens qui administrent la sécurité des réseaux, des ordinateurs et du système d'information de l'institut.

Cette charte est promulguée en référence à la charte de l'utilisateur des ressources informatiques et des services Internet de l'institut (cf. chapitre 9 p. 329), qu'elle complète et dont elle est inséparable.

---

3. L'Institut national des sciences informatiques et géographiques de l'univers (INSIGU) est un organisme de recherche fictif, pour les besoins de notre exemple.

# Définitions

Les *entités* de l'INSIGU, ses *ressources informatiques*, ses *services Internet* et les *utilisateurs* du système d'information qu'ils constituent sont définis ici comme dans la charte de l'utilisateur des ressources informatiques et des services Internet de l'institut (cf. chapitre 9 p. 330).

L'*administrateur* d'un système ou d'un réseau de l'INSIGU est toute personne, employée ou non par l'institut, à laquelle a été confiée explicitement et par écrit, sous la forme d'une lettre de mission, d'un profil de poste annexé au contrat de travail ou d'un contrat de prestations de service, la responsabilité d'un système informatique, d'un réseau ou d'un sous-réseau administrés par une entité de l'institut, ou de plusieurs de ces éléments. Une personne à qui a été conférée une telle responsabilité sera désignée dans la suite de ce document par le terme *administrateur*. L'ensemble des éléments sur lesquels s'exerce cette responsabilité constitue le *périmètre d'activité* de l'administrateur.

Le *Comité de coordination* de sécurité du système d'information (SSI) est constitué de responsables chargés d'émettre des règles et des recommandations dans le domaine SSI, de prendre les mesures appropriées pour qu'elles soient mises en vigueur, et d'organiser les activités de formation, d'information et de sensibilisation de nature à améliorer les conditions de leur application ; il est en outre chargé de suivre la juridiction et notamment les arrêtés et jurisprudences. Les membres de ce Comité de coordination sont le Responsable de sécurité des systèmes d'information (RSSI) de l'institut, le responsable de la sécurité opérationnelle au sein du département du système d'information (DSI) de l'institut, le correspondant informatique et libertés de l'institut et d'autres personnes désignées par le directeur général de l'institut ou son représentant autorisé, notamment un représentant du département des affaires juridiques.

Les devoirs, les pouvoirs et les droits de l'administrateur, définis dans la présente charte, constituent ensemble les *responsabilités SSI* de l'administrateur.

Les consignes du Comité de coordination SSI s'imposent aux administrateurs de systèmes et de réseaux pour l'exercice de leurs responsabilités SSI dans leur périmètre d'activité.

# Responsabilités du Comité de coordination SSI

## Surveillance et audit

Le Comité de coordination SSI organise la surveillance et l'audit de toutes les activités des systèmes et de tous les trafics réseau sur les infrastructures administrées par l'INSIGU.

Pour ce faire, le Comité de coordination SSI est habilité à donner des consignes de surveillance, de recueil d'information et d'audit aux administrateurs concernés.

## Contrôle d'accès

Le Comité de coordination SSI définit des règles de contrôle d'accès aux systèmes et aux réseaux conformes à la présente charte et à la charte de l'utilisateur des ressources informatiques et des services Internet de l'institut.

## Vérification

Le Comité de coordination SSI et les administrateurs concernés sont habilités à entreprendre toute action appropriée pour vérifier la bonne application des règles de contrôle d'accès aux systèmes et aux réseaux définies à l'article précédent, ainsi que pour détecter leurs vulnérabilités.

# Responsabilités de l'administrateur de système et de réseau

## Enregistrement des incidents de sécurité

L'administrateur conserve une trace écrite des incidents de sécurité survenus dans son périmètre d'activité. Cette trace doit comporter les indications de date et d'heure des événements considérés, et une description de ces événements.

## Notification des incidents de sécurité

Les administrateurs de système et de réseau sont tenus de déclarer tout incident de sécurité au RSSI et au responsable de la sécurité opérationnelle. Les directives du RSSI et du responsable de la sécurité opérationnelle pour des actions relatives aux incidents sont mises en application sans délais.

## Journalisation et archivage

L'administrateur active sur les systèmes dont il a la responsabilité les journaux nécessaires à l'identification et à la reconstitution des séquences d'événements qui pourraient constituer un incident de sécurité, ou qui pourraient faire l'objet d'une commission rogatoire émise par les autorités judiciaires. Il archive les données ainsi recueillies dans des conditions propres à en assurer l'intégrité, la disponibilité, l'authenticité et la confidentialité.

Il mène cette activité de journalisation et d'archivage dans des conditions qui garantissent le respect des lois et des règlements relatifs aux libertés publiques et privées, au secret des correspondances, au droit d'accès à l'information, et il veille notamment à détruire tous les journaux qui comportent des données nominatives à l'expiration d'un délai qui ne peut excéder un an, ou le délai légal à la date considérée.

Parmi les textes législatifs et réglementaires qui s'appliquent à cette activité, il convient d'accorder une attention particulière à la norme simplifiée n° 46 de la Commission nationale informatique et libertés, « destinée à simplifier l'obligation de déclaration des traitements mis en œuvre par les organismes publics et privés pour la gestion de leurs personnels »[4].

## Examen des journaux

L'administrateur examine régulièrement les journaux mentionnés à l'article ci-dessus.

## Dérogations aux règles SSI

Les règles SSI mentionnées dans la présente charte, dans la charte de l'utilisateur des ressources informatiques et des services Internet de l'INSIGU, ou édictées par le RSSI de l'institut, par le responsable de la sécurité opérationnelle au sein du DSI de l'institut ou par le Comité de coordination SSI s'imposent à tous les utilisateurs des systèmes d'information de l'institut, qu'ils soient on non des employés de l'institut. Les administrateurs de systèmes et de réseaux de l'institut ont pour mission de les mettre en œuvre et de les faire respecter dans leur périmètre d'activité.

Les responsables d'entités qui voudraient passer outre ces règles SSI, ou entreprendre des actions qui dérogeraient à ces règles, doivent :

---

4. http://www.cnil.fr/en-savoir-plus/deliberations/deliberation/delib/169/

- remettre à l'administrateur responsable des infrastructures concernées un document écrit et signé par lequel ils assument explicitement la responsabilité de cette dérogation, des risques qui en découlent, et de leurs conséquences ;
- obtenir du directeur général de l'INSIGU ou de son représentant désigné une décharge écrite pour le RSSI, le DSI et affiliés.

Les utilisateurs qui ne seraient pas responsables d'entités et qui voudraient bénéficier de telles dérogations doivent obtenir qu'elles soient endossées par leur responsable d'entité, dans les conditions indiquées à l'alinéa précédent.

## Identification des utilisateurs et contrôles d'accès

Dans leur périmètre d'activité, les administrateurs responsables sont seuls habilités à mettre en place et à administrer les systèmes d'identification et d'authentification des utilisateurs, conformes aux directives du Comité de coordination SSI. Il en va de même pour les dispositifs de contrôle d'accès aux systèmes, aux réseaux et aux données.

Sauf exception formulée par un document écrit signé d'un responsable d'entité, seuls l'administrateur local et ses collaborateurs immédiats possèdent les droits d'administrateur sur les postes de travail des utilisateurs des SI de l'institut.

## Audits périodiques

Les administrateurs procèdent deux fois par an à un audit des comptes des utilisateurs et des droits d'accès associés, pour vérifier leur validité et leur exactitude.

# Mise en œuvre et litiges

## Rapport des violations des règles SSI

Pour toute violation des règles SSI qu'il est amené à constater, l'administrateur établit un rapport écrit destiné au Comité de coordination SSI et à ses responsables hiérarchiques.

## Veille SSI

Les administrateurs exercent régulièrement une activité de veille scientifique et technologique dans le domaine SSI. Ils sont abonnés aux listes de diffusion qui publient les découvertes de vulnérabilités. Ils participent notamment aux activités de formation, d'information et de sensibilisation entreprises par le Comité de coordination SSI.

## Attitude à l'égard des violations de la loi

Lorsque l'administrateur constate des violations de la loi dans son périmètre d'activité, il en fait rapport au Comité de coordination SSI et à ses responsables hiérarchiques, qui prendront les mesures adéquates afin de coordonner leurs actions avec les autorités judiciaires.

## Attitude à l'égard des violations des règles SSI

La direction de l'INSIGU, ou son représentant qualifié, peut révoquer le compte et les droits d'accès au réseau et aux données d'un utilisateur qui aurait violé les règles SSI mentionnées dans la charte de l'utilisateur des ressources informatiques et des services Internet de l'institut.

# 11

# Une politique de sécurité des systèmes d'information

## Préambule : les enjeux de la PSSI

La conscience des enjeux de la sécurité des systèmes d'information pénètre lentement les organismes de recherche, comme le reste de la société. À l'INSIGU plus précisément, les chercheurs sont de plus en plus nombreux à apprécier la valeur du patrimoine scientifique et technique dont ils sont détenteurs et l'étendue des risques auxquels il est exposé. Par l'entremise des virus et du courrier électronique non sollicité *(spam)*, chacun peut faire l'expérience directe des nuisances engendrées par la criminalité informatique en réseau, et mesurer par là que les agressions contre les infrastructures et les outils mis en œuvre pour la recherche peuvent être aussi dommageables que les attaques directes contre le patrimoine scientifique.

La nécessité d'une véritable Politique de sécurité des systèmes d'information (PSSI) se fait sentir, afin de mieux cerner le périmètre à protéger, d'identifier la nature des risques, de désigner les menaces et de promouvoir les mesures de protection adaptées au niveau de sécurité qui aura été jugé opportun, dans chaque cas particulier et pour tout objectif de sécurité.

Une telle politique devra être insérée dans un cadre plus large, la protection de l'INSIGU dans son ensemble, envisagée sous l'angle d'une volonté de l'établissement soutenue sur le long terme.

# Contexte et objectifs

## Le contexte de l'INSIGU

L'INSIGU, ci-dessous désigné « l'institut », est un établissement de recherche constitué de 120 unités de recherche, réparties sur plus de 11 sites, et où travaillent 4 000 chercheurs. Sur certains de ces sites, les locaux sont sous la responsabilité administrative de l'INSIGU, ainsi que l'accès au réseau local et à l'Internet; sur d'autres sites la responsabilité des locaux et du réseau incombe à des partenaires de l'institut.

De fait la situation des différentes entités de l'INSIGU (unités de recherche, laboratoires, formations administratives) en regard de la Sécurité des systèmes d'information (SSI) dépend fortement de leur implantation, ce qui empêche de formuler un jugement synthétique sur les tendances SSI. Il est possible de dégager trois types de situations, selon la place dans l'organisation, qui correspondent à trois périmètres SSI décrits à la section suivante.

Depuis la création des premières universités à la fin du XII[e] siècle, le monde de la science est caractérisé par le libre échange des informations et des résultats des travaux, et l'Internet a donné à cette tradition un essor accru par ses capacités de communication immédiate et universelle.

Une politique de sécurité qui ne respecterait pas cette tradition serait vouée à l'échec. Le travail des spécialistes de la sécurité comporte donc un effort pour convaincre du bien-fondé d'une telle politique des chercheurs qui n'y sont pas spontanément enclins, même s'ils en comprennent de mieux en mieux l'utilité.

# Périmètres de sécurité

## Périmètres des formations de recherche

À l'inverse de la situation qui prévaut au sein des entités administratives, le système d'information des laboratoires de recherche est extrêmement varié et décentralisé, aucune instance centrale n'est en mesure de le décrire en détail, et encore moins de le contrôler. Il importe de préciser que, loin de constituer un dysfonctionnement, cet état de fait correspond à la politique de l'établissement, qui est de laisser aux formations de recherche une totale liberté dans leur démarche scientifique, dont l'usage de l'informatique est partie intégrante ; cette politique n'est d'ailleurs que l'application particulière à l'INSIGU d'une pratique générale dans le monde de la recherche internationale.

Il est néanmoins possible de distinguer la situation des formations installées sur un site où les locaux et l'infrastructure d'accès au réseau sont sous la responsabilité de l'institut, de celle des formations hébergées par d'autres organismes.

### Périmètre des formations de recherche sur site INSIGU

Les formations de recherche installées sur un site où les locaux et l'infrastructure d'accès au réseau sont sous la responsabilité de l'INSIGU bénéficient des services associés à ces infrastructures. En effet, le DSI de l'institut assure l'administration et le maintien en condition de sécurité des réseaux installés dans ces locaux.

Ainsi, sur de tels sites, ce que font les formations de recherche en termes d'informatique scientifique est sous leur responsabilité totale et exclusive, mais les règles d'accès au réseau et l'ouverture des comptes de messagerie électronique sont sous la responsabilité des équipes locales du DSI, ce qui permet l'application et la mise en œuvre de mesures de sécurité décidées et coordonnées de façon centrale.

En outre, il y a sur le site une équipe technique du DSI, qui, outre la mise en place des mesures de sécurité sur le réseau, accomplit une mission de conseil technique et d'assistance aux utilisateurs.

Il est donc possible d'affirmer que, pour les formations de recherche installées sur un site où les locaux et l'infrastructure d'accès au réseau sont sous la responsabilité de l'INSIGU, les conditions préalables fondamentales de la sécurité des systèmes d'information sont réunies.

### *Périmètre des formations de recherche hors site INSIGU*

Pour les formations de recherche installées sur un site où les locaux et l'infrastructure d'accès au réseau sont sous la responsabilité d'un organisme tiers, les conditions de sécurité dépendent bien sûr de l'organisme en question, de sa politique de sécurité et des conventions qui auront été passées entre lui et l'institut. En outre, les conditions de sécurité des systèmes d'information sur de tels sites sont non seulement éminemment variables, mais de plus mal connues.

Afin d'améliorer la situation des formations de recherche hors site INSIGU, il est recommandé que lors de leur création soit établie avec l'organisme hôte une *convention d'hébergement*, qui stipulerait notamment les conditions d'installation et d'usage des réseaux de site. De telles conventions pourraient également être conclues pour des formations déjà existantes.

### Périmètre des entités à caractère administratif

Les entités à caractère administratif de l'INSIGU sont les départements et services du siège, qui regroupent environ 250 agents répartis sur 5 sites.

Le système d'information administratif, mis en place pour les besoins de ces entités à caractère administratif, est conçu, déployé et mis en œuvre sous la responsabilité du Département du système d'information (DSI). Les postes de travail des personnels de ces entités sont installés et administrés par les personnels techniques du DSI. Les applications administratives centrales sont développées, déployées et maintenues par les équipes du DSI. Il est donc légitime de considérer que cette partie du système d'information de l'institut est l'objet d'un contrôle central, et que sa situation du point de vue de la sécurité est connaissable.

## Lignes directrices pour la sécurité

La PSSI vise à assurer la protection des droits de l'INSIGU et le respect par l'institut de la réglementation en matière de confidentialité, de protection des personnes et de propriété intellectuelle et industrielle.

### Critères de sécurité

La teneur des critères de sécurité à envisager peut être décrite de la façon suivante :

1. **Disponibilité** : désigne le fait que les données considérées sont accessibles au moment voulu par les utilisateurs autorisés ;
2. **Intégrité** : les données ne sont pas corrompues ni modifiées de façon non autorisée ;
3. **Authenticité** : les données disponibles sont bien celles que l'établissement souhaite divulguer, et seulement elles ;
4. **Confidentialité** : les données ne sont disponibles que pour ceux auxquels elles sont destinées ;
5. **Non répudiation** : les données publiées de façon authentique sont certifiées, et leur auteur ne peut pas nier les avoir publiées, il en assume la responsabilité.

Chaque donnée publiée doit être évaluée à l'aune de ces critères. Ainsi, le rapport d'activité scientifique d'une unité de recherche pourra être évalué ainsi :

| Rapport d'activité scientifique d'une unité de recherche | |
|---|---|
| Disponibilité : | rétablissement dans l'heure |
| Intégrité : | exigence forte |
| Authenticité : | exigence forte |
| Confidentialité : | document public |
| Non répudiation : | exigence forte |
| (Par exigence forte on entend que la non-satisfaction du critère n'est pas tolérée.) | |

cependant que le dossier personnel d'évaluation d'un chercheur obéira à des critères différents :

| Dossier personnel d'évaluation d'un chercheur | |
|---|---|
| Disponibilité : | exigence maximum en période de commission, modérée autrement. |
| Intégrité : | exigence maximum |
| Authenticité : | exigence maximum |
| Confidentialité : | exigence maximum |
| Non répudiation : | exigence maximum |
| (Par exigence maximum on entend que toutes mesures raisonnables doivent être prises pour que ce critère soit satisfait.) | |

## Protection de l'infrastructure des systèmes d'information

Les serveurs et autres équipements collectifs, les réseaux, les bases de données, les applications et les postes de travail constituent l'infrastructure sans laquelle les systèmes d'information de l'institut ne peuvent exister. La disponibilité et l'intégrité de cette infrastructure doivent être protégées.

## Protection des données

Sont considérées comme sensibles et doivent faire l'objet de mesures renforcées de protection les données relevant notamment des catégories suivantes :

- données scientifiques non encore publiées, liées à des demandes de brevets, à d'autres formes de valorisation de la recherche ou à des savoir-faire à protéger ;
- données nominatives scientifiques ;
- données nominatives administratives ;
- documents contractuels ;
- données financières et comptables ;
- informations politiques ou stratégiques internes ou ministérielles.

Procurer à ces données le niveau de protection qui convient demande leur recensement. *Il convient tout particulièrement que soit tenu à jour un inventaire des bases de données soumises à autorisation préalable de la CNIL pour identifier et éventuellement sécuriser les serveurs qui les abritent.*

## Protection juridique

Les responsables de la sécurité des systèmes d'information (définis en page 356, section « Organisation et mise en œuvre ») veillent à l'application des dispositions légales et réglementaires en vigueur en matière de confidentialité, de protection des personnes et de la protection de la propriété intellectuelle et industrielle afin de préserver les intérêts de l'INSIGU et prévenir de tout recours dirigé contre l'institut.

La protection juridique de l'INSIGU suppose la diffusion, à destination des responsables d'entités et des utilisateurs des systèmes d'information, d'une information pertinente sur leurs droits et obligations.

# Menaces, risques, vulnérabilités

Les menaces contre le système d'information entrent dans une des catégories suivantes : atteinte à la disponibilité des systèmes et des données, destruction de données, corruption ou falsification de données, vol ou espionnage de données, usage illicite d'un système ou d'un réseau, usage d'un système compromis pour attaquer d'autres cibles.

Les menaces engendrent des risques : perte de confidentialité de données sensibles, indisponibilité des infrastructures et des données, dommages pour le patrimoine intellectuel et la notoriété, coûts humains et financiers. Les risques peuvent se réaliser si les systèmes menacés présentent des vulnérabilités.

Il est possible de préciser la notion de risque en la décrivant comme le produit d'un préjudice par une probabilité d'occurrence :

$$\text{risque} = \text{préjudice} \times \text{probabilité d'occurrence}$$

Cette formule exprime qu'un événement dont la probabilité est assez élevée, par exemple la défaillance d'un disque dur, mais dont il est possible de prévenir le préjudice qu'il peut causer, par des sauvegardes régulières, représente un risque acceptable. Il va de soi que, dans ce cas, le risque ne devient acceptable que si les mesures de prévention contre le préjudice sont effectives et efficaces : cela irait sans dire, si l'oubli de cette condition n'était très fréquent.

Afin de faciliter l'évaluation des risques, la méthode proposée ici sera mise en œuvre de la façon suivante. Pour chaque élément significatif du système d'information :

- une valeur numérique conventionnelle de 0 à 4 sera attribuée au niveau de préjudice associé à sa disparition ou à sa détérioration ;
- une valeur numérique conventionnelle de 0 à 4 sera attribuée au niveau de probabilité d'occurrence d'un tel événement (on évitera la référence au concept mathématique de probabilité, trop précis).

Ce système de notation, purement *ad hoc* et dépourvu de toute prétention scientifique, permettra de mieux évaluer les risques et les priorités de sécurité. Ce sont les responsables opérationnels des éléments en question du système d'information qui attribueront les notes de préjudice et de probabilité d'occurrence, en concertation avec les responsables SSI dont les fonctions sont décrites au chapitre 11 (section « Chaîne fonctionnelle SSI », p. 357).

Si la question de la sécurité des systèmes d'information a été radicalement boulever-sée par l'évolution rapide de l'Internet, elle ne saurait s'y réduire ; il s'agit d'un vaste problème dont les aspects techniques ne sont qu'une partie. Les aspects juridiques, sociaux, ergonomiques, psychologiques et organisationnels sont aussi importants, sans oublier les aspects immobiliers.

# Organisation et mise en œuvre

## Organisation de la sécurité des systèmes d'information (SSI)

### Responsabilités générales

Au sein de l'institut, la définition de la PSSI relève du directeur général sur propo-sitions du Comité de coordination de la sécurité des systèmes d'information.

La responsabilité générale de la sécurité des systèmes d'information relève du di-recteur général, en tant qu'Autorité qualifiée pour la sécurité des systèmes d'infor-mation (AQSSI) de l'INSIGU.

Il est assisté dans cette fonction par le responsable de sécurité et de défense (RSD) et par le responsable de la sécurité des systèmes d'information (RSSI).

Le RSSI est placé à la tête de la Mission de sécurité des systèmes d'information (MSSI), qui l'assiste.

Au sein du DSI, rattaché au pôle Infrastructures, le responsable de la sécurité opé-rationnelle au sein du Département du système d'information (RSODSI) est lui aussi assisté d'une équipe d'ingénieurs.

### Comité de coordination de la sécurité des systèmes d'information

Un *Comité de coordination de la sécurité des systèmes d'information* (CCSSI) est formé ; il est chargé des missions suivantes :

- apprécier la sécurité des systèmes d'information de l'INSIGU ;
- émettre des propositions et des recommandations dans le domaine SSI ;
- évaluer l'impact des mesures mises en œuvre en application de ces proposi-tions et de ces recommandations ;
- proposer les activités de formation, d'information et de sensibilisation de nature à améliorer les conditions de leur application.

Les membres de ce Comité de coordination sont :

- le directeur général de l'institut ou son représentant ;
- le secrétaire général de l'institut ou son représentant ;
- le responsable de sécurité et de défense de l'institut ;
- le directeur du Département du système d'information (DSI) de l'institut ou son représentant ;
- le responsable de la sécurité des systèmes d'information (RSSI) de l'institut ;
- le responsable de la sécurité opérationnelle au sein du Département du système d'information (DSI) de l'institut ;
- le correspondant informatique et libertés de l'institut ;
- deux directeurs de formation de recherche de l'INSIGU, désignés par le directeur général de l'INSIGU ;
- le directeur du Département des affaires juridiques, ou son représentant.

## Chaîne fonctionnelle SSI

Le dispositif constitué du Comité de coordination de la sécurité du système d'information (CCSSI), du responsable de sécurité et de défense (FSD), du responsable de la sécurité des systèmes d'information (RSSI), du directeur du Département du système d'information (DSI), du responsable de la sécurité opérationnelle au sein du Département du système d'information (RSODSI), des responsables informatiques régionaux (RRI), des responsables informatiques de sites (RIS) et des correspondants informatiques d'entité constitue la chaîne fonctionnelle SSI, le long de laquelle circulent les informations SSI à destination des entités ou qui en émanent.

## Responsabilités organiques

Au sein de chaque entité de l'institut (Département, unité de recherche, Administration déléguée régionale, Service), le directeur ou le chef hiérarchique de l'entité est responsable du respect des règles de sécurité pour l'utilisation des systèmes d'information de l'entité.

Pour exercer cette fonction, il dispose du soutien de la chaîne organisationnelle de sécurité des systèmes d'information de l'établissement, et notamment du Comité de coordination de la sécurité des systèmes d'information.

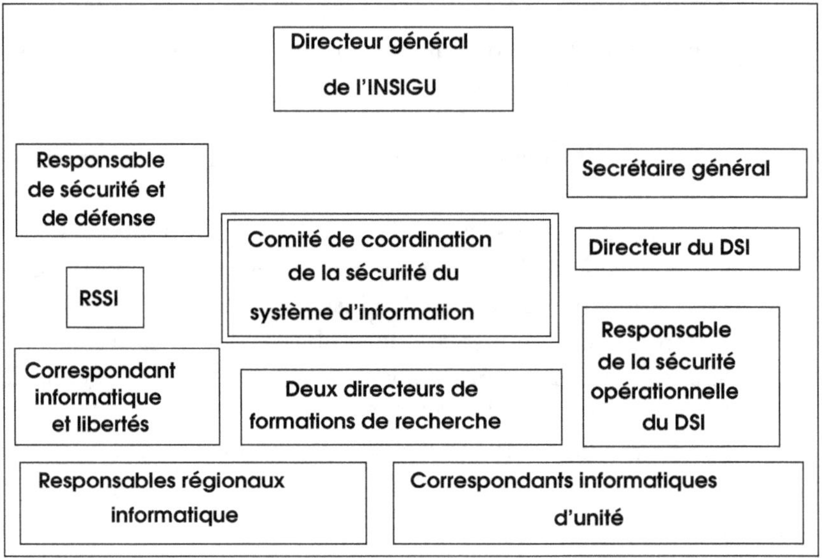


**Figure 11.1 –** Le Comité de coordination SSI

Une bonne pratique d'exercice de la fonction de sécurité des systèmes d'information consiste à désigner pour chaque entité un *correspondant informatique* d'entité, en contact régulier avec les responsables techniques locaux.

## Organisation opérationnelle

### *Articulation avec l'organisation fonctionnelle*

L'organisation *opérationnelle* de la sécurité des systèmes d'information de l'institut est du ressort du directeur du Département du système d'information (DSI), en concertation avec le Responsable de la sécurité des systèmes d'information (RSSI), responsable *fonctionnel*.

Pour mener à bien cette mission opérationnelle, le directeur du DSI s'appuie, au sein de son département, d'une part sur le responsable de la sécurité opérationnelle (RSODSI), qui relève du pôle infrastructures, d'autre part, sur les responsables informatiques régionaux (RRI) et responsables informatiques de sites (RIS) regroupés au sein de la coordination du système d'information en région (COSIR), qui constituent le relais du DSI sur les sites où sont installées les unités de recherche.

### *Correspondants informatiques d'unité*

Au sein des unités de recherche, le niveau de sécurité des systèmes d'information doit être adapté aux risques et aux exigences qui auront été identifiés, en fonction de la situation locale, par le directeur d'unité, le RRI et le RIS. Le CCSSI pourra être associé, en tant que de besoin, à la réflexion sur la définition du niveau de sécurité.

Un élément essentiel du dispositif SSI au sein des unités est le *correspondant informatique d'unité*, en contact avec les responsables des infrastructures et du réseau (RRI ou RIS). Chaque unité doit avoir un correspondant informatique de référence, soit en son sein, ce qui est préférable, soit sur le même site au sein d'une entité voisine.

La nature du contact entre le correspondant informatique et le RRI ou RIS local pourra être adaptée à la situation locale, mais elle comportera nécessairement les éléments suivants :

- remontée des informations relatives aux incidents de sécurité ;
- remontée des informations relatives aux incidents techniques ;
- diffusion des mises à jour de sécurité pour les logiciels et notamment les antivirus ;
- diffusion des alertes et des informations de sécurité.

### *Audits et liaisons*

Le RSSI et le RSODSI travaillent en étroite collaboration, le premier assurant la maîtrise d'ouvrage et le second la maîtrise d'œuvre des audits, des vérifications et des interventions sur le terrain.

Le RSSI assure la liaison entre ce dispositif et le responsable de sécurité des systèmes d'information du ministère, par l'intermédiaire duquel parviennent les consignes ministérielles et gouvernementales ainsi que les alertes nationales.

## Coordination avec les autres organismes

### Principe général

Les unités de recherche de l'INSIGU sont, par construction, des unités mixtes, qui ont des relations d'appartenance ou d'association avec de nombreux organismes, tels que CHU, universités, hôpitaux, CNRS, Institut Pasteur, Institut Curie et autres. Les locaux utilisés par les unités peuvent être gérés et administrés par l'institut, mais aussi par ces autres organismes ; il en va de même pour les infrastructures de réseau. De ce fait, la politique de sécurité des systèmes d'information (SSI) doit s'adapter aux conditions locales de cohabitation avec d'autres organismes, et doit tenir compte de leurs propres politiques SSI.

Les documents contractuels qui président à la création d'une unité de recherche devront comporter des clauses pour stipuler le partage des responsabilités entre organismes en matière de SSI. Ils désigneront notamment la PSSI de référence pour l'unité, et prévoiront la nomination d'un correspondant informatique d'unité.

### En cas d'incident

L'information relative aux incidents doit parvenir aux responsables SSI de l'organisme de référence, mais aussi aux autres partenaires. Il appartiendra au directeur d'unité d'organiser la concertation entre organismes, notamment pour ce qui a trait aux éventuelles suites judiciaires à donner aux incidents.

### Coordination recherche

Une coordination nationale pour les questions SSI existe entre les organismes de recherche. Des contacts réguliers ont lieu, il convient notamment de souligner le rôle névralgique du CERT *(Computer Emergency Response Team)* Recherche, qui diffuse les bulletins d'alerte et effectue un travail de filtrage et d'analyse du trafic sur le réseau. Une part notable des incidents sur nos propres réseaux sont détectés par le CERT Recherche. Il convient néanmoins de souligner que l'activité du CERT Recherche ne décharge en rien l'institut des responsabilités qui lui incombent en matière de sécurité du système d'information.

## Principes de mise en œuvre de la PSSI

La politique de sécurité des systèmes d'information (PSSI) de l'institut énonce des principes d'ordre organisationnel et technique, qu'il appartient à chaque responsable local de mettre en œuvre de la façon la plus appropriée à son échelon.

## Organisation, responsabilités

### *Responsabilités des différents acteurs*

Tout acteur du système d'information de l'institut, que ce soit à titre d'autorité hiérarchique ou à titre d'expert, doit être informé des responsabilités qui lui reviennent en matière de SSI et doit les accepter de manière formelle.

Dans l'exercice de ces activités, ils sont liés à leur devoir de réserve, voire à des obligations de secret professionnel. Ils peuvent si nécessaire faire l'objet d'une habilitation *confidentiel défense* ou *secret défense*.

## Chartes

L'usage des systèmes d'information de l'INSIGU est régi par la charte de l'utilisateur des ressources informatiques et des services Internet de l'institut.

Les pratiques professionnelles des agents qui ont la responsabilité d'administrer et de mettre en œuvre les systèmes et les réseaux qui constituent l'infrastructure technique des systèmes d'information de l'institut sont régies par la charte de l'administrateur de système et de réseau de l'institut (cf. chapitre 10).

## Accès aux ressources informatiques

La mise à disposition d'un utilisateur de ressources informatiques telles que poste de travail, compte de messagerie, accès au réseau ou à une application, doit faire l'objet d'une procédure formelle qui comportera notamment :

- signature par l'utilisateur de la charte de l'utilisateur des ressources informatiques et des services Internet de l'institut ;
- signature par le directeur de l'entité.

## Surveillance des systèmes et des réseaux

La sécurité des systèmes d'information exige une surveillance systématique des systèmes et du trafic sur le réseau.

Cette surveillance sera exercée par des agents dûment accrédités, selon des pratiques définies par la charte de l'administrateur de système et de réseau de l'institut, et bien sûr en conformité avec les lois et les recommandations de la Commission nationale informatique et libertés (CNIL).

L'accréditation des administrateurs de système et de réseau sera effectuée par le directeur du DSI, après avis du RSSI.

## Formation, sensibilisation

La formation, la sensibilisation et l'information des différents acteurs du système d'information sont cruciales pour la sécurité. Le RSSI et le RSODSI, sous l'égide du Comité de coordination de la sécurité du système d'information, organisent des actions en ce sens.

## Certificats électroniques

L'institut a mis en place et déployé une infrastructure de gestion de clés (IGC) qui, couplée avec un annuaire LDAP, permet de délivrer des certificats électroniques à la norme X509.

Ces certificats peuvent servir à l'authentification des utilisateurs du système d'information pour contrôler l'accès à certaines applications ou à certaines données, notamment des publications en ligne.

L'utilisation de ces certificats électroniques pour des applications de signature électronique est possible.

## Veille scientifique, technique et juridique

Le RSSI et le RSODSI sont chargés d'animer la veille scientifique et technique indispensable au maintien des compétences et de l'efficacité des équipes. Ils prennent l'attache du Département des affaires juridiques pour tout ce qui concerne la veille juridique.

## Documentation SSI

La MSSI gère le site web où sont disponibles les différents documents SSI émis à l'institut.

# Protection des données

## Disponibilité, confidentialité et intégrité des données

Le traitement et le stockage des données, l'accès aux applications et aux services en ligne et les échanges de données entre systèmes d'information doivent être effectués selon des méthodes propres à en prévenir la perte, la corruption ou la divulgation non désirée.

Des procédures de sauvegarde régulière doivent être mises en place et vérifiées régulièrement par des exercices de restauration.

## Protection des données sensibles

Le stockage et la transmission de données *classifiées de défense* sont interdits, sauf avec autorisation explicite et circonstanciée du FSD de l'institut.

Les données non classifiées mais sensibles doivent être identifiées, leur niveau de sensibilité doit être caractérisé. Ce niveau de sensibilité sera réexaminé régulièrement. Il doit être noté que l'accumulation de données apparemment anodines peut constituer une information sensible.

Les données sensibles, telles que définies p. 354 (section « Protection des données »), devront faire l'objet d'une protection du point de vue du contrôle d'accès, du traitement, du stockage ou de l'échange pour en assurer la confidentialité.

- L'accès à une donnée sensible ne doit être possible qu'après authentification et contrôle de l'autorisation. Une donnée sensible ne doit pas faire l'objet d'un partage non contrôlé.
- Toute information sensible circulant sur un réseau externe doit être chiffrée.
- Tout support contenant des données sensibles transporté à l'extérieur (disquette, clé USB, cédérom, bande magnétique, etc., cela inclut aussi les ordinateurs portables) doit faire l'objet de mesures de protection contre le vol, ou les informations contenues doivent être chiffrées.
- Les informations sensibles ne doivent pas être stockées ou traitées sur des systèmes informatiques non maîtrisées (cybercafé par exemple).
- Le stockage chez un prestataire externe de données sensibles est interdit, sauf dispositions contractuelles de protection ou chiffrement des données.
- Pour le stockage et l'échange informatisé de données particulièrement sensibles on devra impérativement mettre en œuvre des moyens de chiffrement, selon les dispositions définies au niveau national (cf. ci-après).

## Données à caractère personnel

Les traitements de données susceptibles de contenir des informations à caractère personnel nécessitent le respect préalable des formalités prévues par la loi n° 78-17, modifiée, du 6 janvier 1978 relative à l'informatique, aux fichiers et aux libertés. Toute personne souhaitant mettre en œuvre un traitement automatisé de données doit prendre l'attache, préalable à la mise en œuvre dudit traitement, du correspondant INSIGU à la protection des données à caractère personnel chargé d'assurer, d'une manière indépendante, le respect des obligations prévues par la loi n° 78-17 modifiée.

Les correspondants informatiques des entités, sous l'autorité du directeur de leur entité, contribuent à l'information et la sensibilisation des responsables de traitement. Ils incitent à la correction d'éventuelles anomalies et en cas de difficulté font part des éventuels incidents à leur hiérarchie et au RRI de l'ADR.

Les données à caractère personnel constituent des données sensibles et comme telles doivent faire l'objet de protection.

## Chiffrement

Le chiffrement constitue un moyen privilégié de protection des données. Il est d'emploi obligatoire pour le stockage et l'échange de données particulièrement sensibles.

Les systèmes de chiffrement utilisés doivent faire l'objet d'un agrément par le CCSSI.

Tout chiffrement implique la mise en œuvre de procédures permettant de restituer en toutes circonstances les données en clair en cas de perte du secret permettant de les déchiffrer. Cela peut se faire par séquestre de clés, procédure de recouvrement, voire maintien d'une copie en clair.

Le respect de ces dispositions et la mise en œuvre effective du chiffrement sont réalisés au vu de recommandations internes et avec l'appui et le conseil du CCSSI de l'institut.

## Réparation, cession, mise au rebut

Avant tout envoi en réparation, cession ou mise au rebut d'un matériel, il convient de s'assurer que toutes les données ont bien été effacées par un procédé efficace et selon les recommandations techniques nationales.

Si cela s'avère impossible, à cause d'une panne par exemple, les supports concernés devront être démontés et détruits.

# Sécurité du système d'information

## Administration des postes de travail

L'administration des postes de travail est placée sous la responsabilité des administrateurs systèmes et réseaux de l'entité.

L'administration des postes par les utilisateurs eux-mêmes doit demeurer l'exception et être justifiée par écrit auprès du directeur de l'entité et du RRI du site.

## Sécurisation des postes de travail et des moyens nomades

Les utilisateurs veillent à la sécurisation de leur poste de travail et des moyens nomades mis à leur disposition. L'accès doit être protégé par mot de passe. Les mots de passe constituent des données personnelles et confidentielles, ils doivent être suffisamment robustes, et ne doivent pas être divulgués ni laissés sans protection.

L'exploitation des moyens informatiques hors de leur zone de sécurité (micro-ordinateurs, portables, imprimantes déportées...) et donc plus vulnérables aux vols nécessite des mesures spécifiques adaptées (protection contre le vol, chiffrement...) de la part de l'utilisateur.

La sortie et l'utilisation à l'extérieur de l'entité de tout équipement informatique doivent avoir été autorisées. L'attribution à un personnel de l'institut d'un ordinateur portable ne devrait pas se faire sans la signature d'un document qui informe l'utilisateur des précautions particulières nécessaires avec ce type de matériel.

La connexion par des moyens nomades de l'institut au système d'information d'un tiers doit respecter les règles de sécurité de ce tiers, et, à l'inverse, les moyens nomades appartenant à des tiers doivent, pour accéder à un réseau de l'institut, se plier aux règles de sécurité qui y sont en vigueur.

## Contrôle d'accès

L'accès au système d'information exige une identification et une authentification préalables. L'utilisation de comptes partagés ou anonymes est interdite. Des mécanismes permettant de limiter les services, les données, les privilèges auxquels a accès l'utilisateur en fonction de son rôle dans l'organisation doivent être mis en œuvre.

Les accès aux serveurs et au réseau doivent être journalisés.

L'attribution et la modification des accès et privilèges d'un service doivent être validées par le propriétaire du service. Pour les services sensibles, un inventaire régulièrement mis à jour en sera dressé. Il importe de bien distinguer les différents rôles et de n'attribuer que les privilèges nécessaires.

## Sécurité des applications

La sécurité doit être prise en compte à toutes les étapes d'un projet, interne ou externe, lié au système d'information de l'entité. Pour cela, un dossier de sécurité doit accompagner chaque projet et préciser les enjeux, les méthodes, les mesures préconisées, les jalonnements et les tableaux de bord éventuels.

En particulier les applications informatiques de gestion doivent être sécurisées, en cohérence avec la sensibilité des informations traitées et échangées.

Les cahiers des charges rédigés en vue d'appels d'offres pour des systèmes informatiques doivent inclure des clauses qui stipulent les mesures de sécurité appropriées à l'application envisagée.

Les grands projets d'application de gestion doivent comporter une étude de sécurité approuvée par le CCSSI après avis du RSSI et du RSODSI.

## Maintenance et télé-action internes

Lorsqu'elles utilisent un logiciel leur permettant d'intervenir à distance sur l'ordinateur d'un utilisateur, les personnes chargées de l'administration ou du support doivent en avertir cet utilisateur.

La garantie d'une relation de confiance mutuelle repose sur le fait que l'utilisateur puisse conserver la maîtrise de son environnement.

## Infogérance et télémaintenance externes

L'infogérance correspond au fait que des sociétés extérieures, chargées de gérer une partie de l'informatique du laboratoire, ont accès au SI depuis l'extérieur ou l'intérieur.

Il est alors important de mesurer les risques afin de définir précisément les droits d'accès appropriés pour ces sociétés. Les prestataires de service doivent respecter les conditions de sécurité (répondre aux mêmes normes) exposées ci-dessus pour la maintenance, auxquelles un contrôle renforcé sur les ressources mises à disposition doit être ajouté. Un contrat doit clairement préciser les responsabilités et l'imputabilité en cas d'incident.

L'externalisation de la gestion d'exploitation d'un composant critique pour le SI de l'entité est à proscrire, sauf dispositions de garantie spécifiques et validées au niveau national (CCSSI, RSSI, RSODSI).

Une entité utilisant la télémaintenance devra renforcer la surveillance de ces accès qui nécessitent souvent des privilèges élevés. Les contrats avec les sociétés de services devront contenir, le cas échéant, des engagements de responsabilité.

## Clauses dans les contrats

Les marchés publics relatifs à des prestations informatiques (intégration de logiciels, infogérance, maintenance...) doivent comporter des clauses de confidentialité voire d'agrément et d'habilitation de personnes.

D'une façon générale, l'accès au système d'information par des personnels ne relevant pas de l'INSIGU doit être conforme à la politique générale d'accès aux moyens informatiques. Les conditions de ces accès doivent être définies par contrat.

## Réseau

Le SI doit être protégé vis-à-vis de l'extérieur à l'aide de filtres d'accès appliqués sur les équipements en tête de son réseau.

Une attention particulière doit être portée aux équipements nomades et PDA pour éviter, notamment, de servir de passerelle vis-à-vis de l'extérieur, de contaminer l'intérieur par des logiciels malveillants. D'une manière générale, leur connexion au SI ne doit pas modifier ou remettre en cause la sécurité du SI.

L'utilisation de réseaux de télécommunication externes au laboratoire met en relation des utilisateurs qui n'ont, *a priori*, pas les mêmes exigences de sécurité. Il est donc nécessaire de définir des modalités d'utilisation sécurisée pour les accès depuis l'extérieur comme : les liaisons *via* ADSL. Il convient de définir les différents canaux de communication utilisés et de formaliser pour chacun d'entre eux les règles d'utilisation par des contrats, des engagements d'utilisateurs, des tiers ou équipes délocalisées (exemple : serveur de messagerie, sauvegardes opérées par un service externe au laboratoire).

Dans toute la mesure du possible le réseau interne doit être cloisonné afin d'isoler les différents services et usages et de limiter l'impact d'incidents. En particulier, il est vivement souhaitable d'isoler dans une zone semi-ouverte les services visibles de l'extérieur. De même l'accès au réseau sans fil doit être contrôlé et le réseau doit faire l'objet d'un chiffrement adapté.

Toute connexion d'un matériel au réseau doit être approuvée par le RRI ou le RIS du site. Le développement de techniques telles que les connexions 3G avec un téléphone font qu'il est difficile d'interdire leur usage, notamment aux visiteurs extérieurs, mais il faut dans toute la mesure du possible empêcher que des connexions par modem, ADSL, GPRS, UMTS, 4G, etc., soient utilisées de façon à établir une passerelle incontrôlable entre le réseau de l'INSIGU et des réseaux extérieurs. Fournir aux visiteurs un service d'accès à l'Internet peut leur éviter la tentation de recourir à des méthodes incontrôlables et dangereuses.

Il est également devenu difficile d'interdire le recours à des infrastructures extérieures de stockage de données, « en nuage », par exemple le *Cloud Simple Storage Service* (S3) d'Amazon utilisé par le système Dropbox, très populaire parmi les chercheurs. Techniquement il est toujours possible de bloquer le port 17500, généralement utilisé par Dropbox, mais il peut aussi utiliser le port 443, et de toute façon cela risque d'être socialement inacceptable. Il faut par contre attirer l'attention sur les risques juridiques encourus si l'on utilise ce service pour des données sensibles, notamment relatives à des tiers (cf. p. 159 et p. 222). Il convient aussi d'attirer l'attention des candidats à l'utilisation d'un tel service sur le fait que son exploitant aura tout loisir de consulter les données, circonstance qui est mentionnée explicitement dans les conditions d'utilisation du service, et que le chiffrement n'est pas toujours disponible, ou d'une qualité non garantie. On pourra mettre en place un service local administré par la DSI pour répondre à ce type de besoin.

Une attention particulière sera accordée à la mise en service de serveurs sur les réseaux de l'INSIGU : aucun serveur, qu'il soit à usage interne ou qu'il présente des données visibles de l'Internet, ne pourra être exploité sur un réseau de l'institut sans que le service ait reçu l'avis favorable du RRI.

## Connexion de matériels personnels

L'utilisation de leurs matériels personnels par les utilisateurs de l'INSIGU, phénomène désigné par l'acronyme BYOD *(Bring Your Own Device)* ou AVPA (Amenez votre propre appareil), introduit de nouveaux risques, mais cette évolution est inévitable. Pour une introduction à ses aspects juridiques, on consultera avec profit l'article de Tris Acatrinei-Aldea dans la revue *MISC*, « Le BYOD et le droit : le couple mal assorti » [5].

Le BYOD (AVPA) introduit dans l'entreprise des appareils qui ne sont pas sa propriété, qu'elle n'a pas choisis et sur la configuration desquels elle n'a pas vraiment de moyen de contrôle. D'ailleurs en général personne ne sait exactement comment fonctionnent ces appareils, surtout pas leurs utilisateurs, et il sera utile de se reporter au chapitre de ce livre consacré à Android et iOS (cf. 16 p. 507).

Comment concilier cette situation avec la sécurité du système d'information ? En effet, on peut imaginer qu'une simple tablette soit connectée en Wi-Fi à un VLAN ultra-confidentiel (les documents de brevets non encore déposés) et en 3G à un réseau social, et qu'ainsi soit établi un circuit de fuite des données. Il faut également savoir qu'en l'absence de précautions appropriées, l'entreprise risque de se voir imputer la responsabilité d'agissements délictueux de ses employés sur le réseau.

Les précautions à prendre face à ces risques ne sont ni purement techniques, ni purement organisationnelles, mais elles doivent combiner les deux :

- Sur le plan organisationnel, il est important que des règles soient fixées, écrites et liées d'une façon ou d'une autre au contrat de travail des employés. Ainsi, la charte informatique (cf. p. 329), dûment portée à la connaissance des personnels et signée par eux, précisera les niveaux de protection accordés aux différents types de données, les comportements licites et illicites sur les réseaux internes et extérieurs, les obligations et les droits de chacun. Lors de la rédaction de ces règles il faudra garder à l'esprit que des règles trop contraignantes seront perçues comme des obstacles à une activité normale, et de ce fait seront contournées, mais que des règles laxistes mettraient l'entreprise en péril tant sur le terrain juridique que du point de vue de son activité même.
- Sur le plan technique, la solution qui semble la plus prometteuse réside dans les systèmes de *Network Access Control* (NAC), décrits par exemple dans un article de Matthieu Bouthors [48]. Ces systèmes, qui existent tant sous la forme de logiciels libres qu'à l'intérieur de matériels configurés par des industriels, sont destinés à appliquer une politique de sécurité formalisée par des exigences imposées aux matériels qui se présentent pour accéder au réseau de l'entreprise. Ainsi, les administrateurs du réseau pourront établir la liste des systèmes d'exploitation autorisés, vérifier la présence d'un logiciel antivirus, l'application des mises à jour de sécurité, l'enregistrement de l'uti-

lisateur dans l'annuaire de l'entreprise, son authentification par le protocole 802.1x (cf. p. 259 pour une explication de la norme 802.1x), etc.

La principale difficulté de mise en œuvre d'un système NAC réside dans la rédaction des exigences à vérifier par le système. Pour citer Matthieu Bouthors, « il faudra ensuite traiter les différents cas découlant des questions suivantes :

- l'équipement est-il authentifié *via* 802.1x ?
- l'équipement est-il managé par la DSI ou est-il un BYOD (AVPA) ?
- quel est l'état de "santé" de l'équipement ? »

Selon les réponses, l'équipement pourra être admis dans un VLAN confidentiel, ou dans un VLAN réservé aux invités avec peu de droits d'accès au SI, ou dans une zone de quarantaine pour équipements infectés.

### Maintien du niveau de sécurité

Le maintien du niveau de sécurité (en particulier vérification d'absence de risque lors de l'installation de nouveaux matériels ou logiciels, ou de connexion de matériels mobiles...) doit faire l'objet de dispositions techniques sous la responsabilité du CCSSI.

Ces dispositions doivent intégrer le maintien au cours du temps de l'état de sécurité des différents matériels : application des correctifs, mises à jour des antivirus, pare-feu, etc.

Elles doivent préciser les conditions de surveillance du fonctionnement du SI de manière à s'assurer de son état de sécurité : analyse des journaux, vérification des vulnérabilités, suivi des avis de sécurité.

## Mesure du niveau effectif de sécurité

### Contrôle de gestion

La sécurité des systèmes d'information de l'institut fait l'objet de documents de cadrage, d'organisation et de planification. Le contrôle de gestion de la SSI s'opère sous la responsabilité du RSSI, après validation et sous le contrôle de l'Autorité qualifiée pour la sécurité des systèmes d'information (AQSSI), en l'occurrence le Directeur général de l'institut.

## Audits

Le niveau de sécurité des systèmes d'information et la conformité de mise en œuvre des recommandations sur le terrain peuvent donner lieu à des audits externes, à des missions d'inspection (au sens de visite et échanges approfondis) réalisées par le RSSI ou sous sa responsabilité et à des auto-diagnostics.

## Journalisation, tableaux de bord

Le SI doit comprendre des dispositifs ou procédures de journalisation centralisée et protégée de l'utilisation des services. L'objectif est de permettre de détecter des intrusions ou des utilisations frauduleuses, de tenter d'identifier les causes et les origines, d'éviter des contaminations d'autres sites par rebond et de remettre en place le système.

La durée de conservation (et donc de sauvegarde) des fichiers de trace à des fins de preuve est précisée dans le document relatif à la gestion des traces.

Il importe de définir, et de faire connaître aux utilisateurs, les règles d'exploitation des fichiers de traces (contenu, durée de conservation, utilisation) dans le respect des contraintes législatives et réglementaires concernant notamment le traitement des informations à caractère personnel.

Les fichiers de traces seront systématiquement analysés afin de repérer d'éventuels problèmes ou de produire des statistiques et tableaux de bord.

## Posture de sécurité

En matière de sécurité des systèmes d'information, le niveau normal des recommandations faites dans le cadre de la politique interne de SSI correspond aux dispositions jaunes et orange du plan Vigipirate.

Ces recommandations sont rappelées régulièrement par le RSSI *via* les délégations régionales de l'INSIGU.

Les dispositions internes de sécurisation doivent permettre une réactivité suffisante en cas de passage au niveau rouge de mesures propres à la SSI.

Le plan d'intervention gouvernemental PIRANET fait l'objet annuellement d'exercices destinés à tester la réactivité de la chaîne d'intervention et la faisabilité des mesures préconisées.

## Mises en garde

L'utilisation de certains matériels ou logiciels peut s'avérer préjudiciable à la sécurité des systèmes d'information. Ces produits font l'objet de « mises en garde » de la part du CCSSI, visant soit des recommandations d'utilisation, soit une interdiction pure et simple.

## Gestion d'incidents

Chaque acteur du SI, utilisateur ou administrateur, doit être sensibilisé à l'importance de signaler tout incident réel ou suspecté.

Une procédure de gestion des incidents est diffusée et mise en ligne permettant aux administrateurs systèmes et réseaux, responsables SSI et directeurs d'unité de réagir à bon escient et de transmettre l'information.

Le signalement des incidents à la chaîne fonctionnelle SSI est systématique.

L'information des autorités hiérarchiques et de la délégation régionale est impérative lorsque l'incident peut mettre en cause l'entité dans son fonctionnement, sa sécurité, sa discipline interne, son image de marque.

L'opportunité d'une information directe du FSD doit être appréciée au regard de la gravité de l'incident ou caractère sensible de l'entité concernée. Cette information doit être systématique si l'incident est susceptible d'implications juridiques (dépôt de plainte par exemple).

Dans le cas d'unités mixtes, il convient d'informer les autres organismes et le cas échéant de se concerter avec eux.

Les vols d'ordinateurs ou de supports de données doivent être considérés comme des incidents de SSI et traités selon le même principe.

## Gestion de crise

Le plan de gestion de crise de l'INSIGU intègre les risques liés à l'informatique ainsi que les risques susceptibles d'avoir une incidence sur la sécurité des systèmes d'information. Le RSSI est membre de la cellule de gestion de crise de l'institut.

Le CCSSI prévoit le dispositif organisationnel propre aux crises de nature informatique. Les applications nationales du DSI font l'objet d'un dispositif particulier.

Il doit être informé dès le déclenchement de toute crise ayant une incidence sur la sécurité des systèmes d'information. Il veille à la bonne information des autres structures concernées dont la cellule nationale de gestion de crise de l'institut.

## Plan de continuité

Chaque entité doit définir un plan de continuité et les procédures correspondantes. Ce plan doit permettre, dans un premier temps, de maintenir en mode dégradé les activités critiques, puis de récupérer et de restaurer toutes les fonctionnalités du système d'information. Une attention particulière est accordée au plan de continuité des applications nationales du DSI.

Quatrième partie

# Avenir de la sécurité du système d'information

# 12

# Nouveaux protocoles, nouvelles menaces

Depuis quelques années, des protocoles qui ne sont peut-être plus nouveaux d'un point de vue chronologique, mais qui méritent encore ce qualificatif par l'innovation qu'ils ont incarnée par rapport aux protocoles traditionnels de l'Internet, fondés sur le modèle client-serveur, posent aux administrateurs de réseaux de nouvelles questions, notamment dans le domaine de la sécurité. Le présent chapitre, après un rappel du modèle traditionnel, présente les deux principales familles de ces protocoles novateurs : les systèmes pair à pair *(peer to peer)* et la téléphonie par Internet.

## Le modèle client-serveur

Dans le modèle traditionnel, un utilisateur de l'Internet agit au moyen d'un ordinateur équipé d'un logiciel appelé *client* qui s'adresse, à distance, à un logiciel *serveur*.

Ainsi, le logiciel avec lequel vous écrivez votre courrier électronique est un client de messagerie, ou selon le jargon technique un *Mail User Agent* (MUA, UA), ou encore, pour le désigner par le protocole employé pour expédier le courrier, un *client SMTP (Simple Mail Transport Protocol)*. Ce client va établir une communication avec un *serveur SMTP*, encore appelé *Mail Transfer Agent* (MTA) ou passerelle de messagerie, avec lequel il va d'abord échanger quelques données de service afin que l'un et l'autre identifient leur interlocuteur et la nature des échanges à venir, puis le client va envoyer au serveur des messages que celui-ci se chargera de faire parvenir à leurs destinataires, éventuellement par l'intermédiaire d'autres MTA, dits *relais*. Notons que votre logiciel de courrier, qui est un client SMTP pour envoyer des messages, est pour les recevoir un client *Post Office Protocol* (POP) ou *Internet Message Access Protocol* (IMAP) ; en effet, en règle générale, ce ne sont pas les mêmes protocoles qui servent à émettre et à recevoir des messages de courrier électronique.

De la même façon, le logiciel navigateur avec lequel vous explorez le Web, que ce soit Internet Explorer, Safari, Opera ou Firefox, est un *client web* qui s'adresse à un *serveur web* (souvent animé par le logiciel Apache) pour lui demander de lui envoyer les pages que vous désirez consulter. Les communications auront lieu selon le protocole *HyperText Transport Protocol* (Http).

À chacun des protocoles que nous avons évoqués est attribué, par convention, un numéro de port[1], et le serveur du protocole écoute les connexions entrantes en provenance du réseau qui comportent ce numéro comme port de destination ; c'est ainsi que les serveurs détectent les connexions qui leur sont destinées : port 25 pour SMTP (courrier électronique), 80 pour Http (Web, 443 pour la version Https protégée par chiffrement), 110 pour POP3 (relève du courrier électronique, port 995 pour la version chiffrée, recommandée), 143 pour IMAP (accès aux boîtes à lettres électroniques, 993 pour la version chiffrée), 137, 138, 139 et 445 pour CIFS (partage de fichiers pour Windows) et les services associés, etc. Cette notion de numéro de port permet à plusieurs services d'être actifs à la même adresse réseau.

Au bon vieux temps où les protocoles fonctionnaient tous ainsi, la sécurité du réseau était un jeu d'enfant (enfin presque). Un simple routeur muni de listes de contrôles d'accès (ACL) pouvait faire office de pare-feu : si le réseau comporte un serveur web public, j'autorise les connexions entrantes sur le port 80 à destination de son adresse IP, et je les interdis pour toutes les autres adresses. Si j'ai une passerelle de messagerie (MTA), j'autorise le trafic SMTP sortant à partir de son adresse, et uniquement à partir de celle-là, notamment parce que beaucoup de virus modernes comportent un petit agent SMTP pour envoyer des informations

---

1. Pour la définition du *port*, voir l'encadré p. 221.

à leur maître (ou du courriel non sollicité à des millions d'internautes !) Je n'autorise *a priori* aucune connexion entrante, le seul trafic entrant sera constitué de connexions initialisées à partir de l'intérieur du réseau, sauf pour les serveurs publics dûment répertoriés et placés en DMZ (voir le chapitre 6, page 191). Cela s'appelle le filtrage par port, et les gens qui s'y adonnaient soigneusement étaient il y a encore quelques années relativement à l'abri des mauvaises surprises, ils pouvaient se dire que leur réseau était raisonnablement bien protégé.

Il faut continuer à faire soigneusement du filtrage par port, mais cela ne suffit plus du tout : le monde a changé pour devenir plus cruel !

# Versatilité des protocoles : encapsulation HTTP

## Tous en HTTP !

Le premier coup de hache dans le modèle du filtrage par port est venu de l'universalité du protocole HTTP sur le port 80 : comme à peu près tous les réseaux comportent un serveur web et laissent de ce fait circuler librement les connexions à destination du port 80, des développeurs de protocoles astucieux encapsulent leurs paquets de données dans des paquets HTTP, ce qui leur permet de franchir les pare-feu sans encombre avant d'être « décapsulés » pour accomplir leur mission. Il est aussi assez courant de recourir au même procédé avec la version chiffrée du protocole, HTTPS (port 443), ce qui ajoute une difficulté : les paquets encapsulés sont chiffrés et il est donc impossible de les analyser, même pour un pare-feu qui ferait de l'« inspection en profondeur ». Un pare-feu qui se fie aux numéros de port n'y voit... que du feu !

HTTPS n'est rien d'autre que HTTP encapsulé dans la couche de chiffrement TLS *(Transport Layer Security)*. En général le serveur est authentifié par un certificat X.509, l'internaute peut s'authentifier par l'intermédiaire d'un serveur RADIUS [2], ou par un des autres procédés proposés par les logiciels serveur.

---

2. Pour une brève description du protocole RADIUS, cf. l'encadré p. 258.

## Vertus de HTTPS

L'encapsulation de tout et de n'importe quoi dans un protocole omniprésent tel que HTTP/HTTPS crée des difficultés au responsable de sécurité, mais peut aussi lui procurer des solutions à quelques problèmes.

En fait HTTPS a permis un regain d'essor de l'Internet, en facilitant considérablement la mise en place de plates-formes de commerce électronique : au départ technologie de pointe réservée à de grandes institutions financières, le paiement en ligne est aujourd'hui accessible aux PME pour un prix abordable et dans de bonnes conditions de sécurité.

HTTPS est également un candidat prometteur pour le remplacement des applications client-serveur : la substitution est séduisante, parce que, avec les solutions client-serveur traditionnelles, le logiciel client doit être déployé sur tous les postes de travail, alors que le navigateur nécessaire à HTTPS est déjà déployé partout. Des langages comme PHP et JavaScript ont rendu le développement facile ; si vraiment le projet est très volumineux ou complexe, on peut utiliser Java.

# Protocoles pair à pair (peer to peer)

## Définition et usage du pair à pair

Le second coup de hache est venu des protocoles *peer to peer* (souvent abrégé en P2P), ce que Wikipédia propose de traduire en français par *pair à pair* et décrit ainsi [3] :

« P2P désigne un modèle de réseau informatique dont les éléments (les nœuds) ne jouent pas exclusivement le rôle de client ou de serveur mais fonctionnent des deux façons, en étant à la fois clients et serveurs des autres nœuds de ces réseaux, contrairement aux systèmes de type client-serveur, au sens habituel du terme. [...]

Les réseaux P2P permettent de communiquer et de partager facilement de l'information – des fichiers le plus souvent, mais également des calculs, du contenu multimédia en continu *(streaming)*, etc. sur Internet. Les technologies P2P se sont

---

3. Selon la définition de 2009, meilleure à notre avis que la plus récente :
`http://fr.wikipedia.org/wiki/Pair_à_pair`

d'ailleurs montrées si efficaces que le P2P est considéré par certains comme l'étape ultime "de la liberté et de la démocratie" sur Internet. Sans aller jusque-là, on considère souvent que le P2P porte (et est porté par) une philosophie de partage et un profond esprit communautaire. »

Pour une présentation de ces protocoles on pourra consulter la communication de Franck Cappello aux journées JRES [56].

Ces protocoles pair à pair sont utilisés par les internautes équipés d'une connexion à haut débit pour échanger des fichiers aux contenus musicaux ou cinématographiques, au titre de ce que le droit français nomme la *copie privée*, et le droit américain *fair use*. La contestation de cet usage par les titulaires des droits d'auteur devant les tribunaux a provoqué son déclin relatif au profit du téléchargement direct depuis des sites, eux-mêmes attaqués en justice, tels que *MegaUpLoad* lancé par Kim Dotcom[4].

Les industries du disque et du cinéma n'étaient pas préparées à cette extension de la copie privée, à laquelle elles ont réagi principalement par le recours à la loi. Les premiers protocoles P2P, tel Napster (1999), comportaient un serveur central qui recueillait et distribuait les adresses des participants, ce qui a permis aux industriels d'engager contre le propriétaire de ce serveur des actions en justice, et d'obtenir sa fermeture en 2001. Napster est devenu ensuite un site de téléchargement légal de musique, en accord avec les ayant-droit.

Après cette expérience, les protocoles pair à pair, tels FastTrack (KaZaA), Skype, eDonkey ou BitTorrent, ne comporteront plus de serveur central, ce qui obligera les entreprises qui souhaiteraient poursuivre leurs utilisateurs à les identifier un par un.

Ces vicissitudes judiciaires ont obscurci la question du pair à pair, qui est une technologie puissante et novatrice, porteuse de nombreux usages légitimes et précieux.

## Problèmes à résoudre par le pair à pair

Les nœuds des systèmes pair à pair, quasiment par définition, sont des ordinateurs situés à la périphérie de l'Internet, et qui sont le plus souvent soit des machines personnelles dans un domicile privé, soit des postes de travail individuels au sein d'une entreprise qui n'a pas vraiment prévu qu'ils soient utilisés pour du pair à pair,

---

4. fr.wikipedia.org/wiki/Kim_Dotcom

voire qui essaie de l'interdire. Les conséquences techniques de cette situation sont les suivantes :

- les ordinateurs concernés sont souvent éteints ;
- ils n'ont souvent pas d'adresse IP permanente...
- ... voire pas d'adresse routable (adresses dites « NAT *(Network Address Translation)* », cf. p. 244).

Il faudra, malgré ce contexte d'amateurisme, que tous les nœuds puissent être à la fois clients et serveurs, qu'ils puissent communiquer directement deux à deux, et que chacun en fonction de ses capacités contribue au fonctionnement général de l'infrastructure. Il faut qu'un nœud qui rejoint le réseau puisse *découvrir* ceux qui offrent les ressources qui l'intéressent, selon le schéma de la figure 12.1.

**Figure 12.1 –**
Un poste client tente de rejoindre
une communauté de pairs.

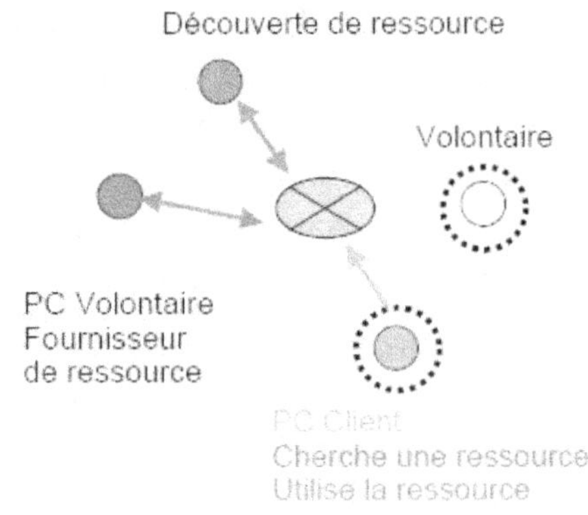


Pour surmonter les difficultés énumérées plus haut et atteindre ces objectifs, un système pair à pair comporte quatre composants fondamentaux :

1. Une passerelle, qui publie l'adresse IP d'autres nœuds et permet à l'utilisateur (ou à son logiciel) de choisir une communauté au sein de laquelle il va échanger des données, comme représenté par la figure 12.2.
2. Un protocole réseau pour l'établissement des connexions et l'exécution des opérations de transport de données ; un élément crucial de ce protocole sera bien sûr son aptitude au franchissement de pare-feu, comme indiqué par la

**Figure 12.2 –**
Une passerelle *(gateway)* va permettre au nouvel arrivant de découvrir l'adresse IP d'un membre déjà connecté.

*source : Franck Cappello*

figure 12.3 ; en effet la communication pair à pair serait impossible dans le respect des règles de filtrage qu'imposent la plupart des réseaux, notamment en entreprise.

**Figure 12.3 –**
Ici deux nœuds confinés par des pare-feu *(firewall)* essaient néanmoins de construire une voie de communication entre eux, mais le procédé retenu est rudimentaire et peu efficace.

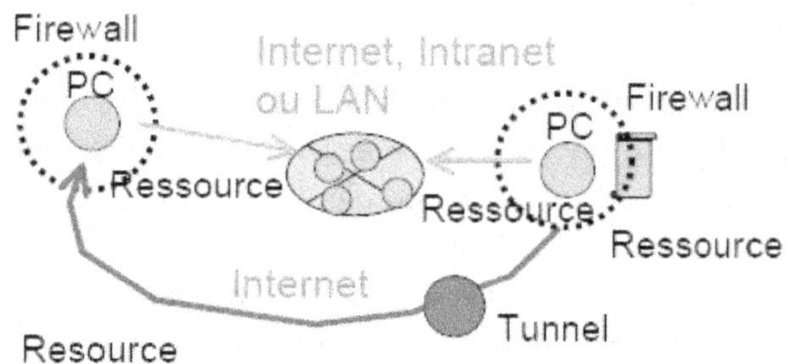


*source : Franck Cappello*

3. Un système de publication de services et d'annonces de ressources, qui permet à chacun de contribuer à l'œuvre commune.
4. Un système, symétrique du précédent, de recherche de ressources, qui permet de trouver ce que l'on cherche, tel morceau de musique ou tel film, ou le chemin d'accès à tel téléphone réseau.

# Le pair à pair et la sécurité

Filtrer tel ou tel protocole pair à pair est un objectif que peut se fixer un administrateur de réseau, ou qui peut lui être fixé par son employeur ou son client. En effet certains de ces protocoles peuvent être utilisés à des fins qui enfreignent les législations relatives à la propriété industrielle ou au droit d'auteur, et ils peuvent aussi contrevenir aux règles de sécurité d'un organisme.

Dans l'Internet traditionnel, un tel objectif pouvait être atteint par le procédé du filtrage de port, que nous avons mentionné aux pages 225 et 377. Avec les protocoles pair à pair, mais aussi avec d'autres protocoles, comme H323 ou SIP, destinés à acheminer la voix et la vidéo sur IP, le filtrage par port est impossible parce qu'ils font des ports un usage dynamique, c'est-à-dire qu'ils utilisent des numéros de ports variables et qu'éventuellement ils en changent en cours de session.

# Exemples : Skype

KaZaA était un système P2P d'échange de fichiers, aujourd'hui démodé. Skype, lancé par la même équipe, est un système de téléphonie par Internet. Les deux ont eu un succès considérable, basé sur un même modèle : la plupart des usages sont gratuits, sans être d'ailleurs libres, puisque le code source du logiciel n'est pas public. Les protocoles sont secrets, et surtout furtifs. Ils fonctionnent en l'absence de tout serveur central (enfin presque, en ce qui concerne Skype), ce qui leur évite les désagréments subis en son temps par le créateur de Napster. Ainsi, même si certains internautes en font un usage contraire aux lois, les auteurs ne peuvent être poursuivis.

Le succès public de ces deux systèmes a été considérable. Nous examinerons plus en détail Skype, le plus récent et le seul encore en activité après son rachat par Microsoft.

## Description de Skype

Skype est un système pair à pair de communication vocale sur IP lancé en août 2003 par la société luxembourgeoise Skype Technologies S.A., fondée par Janus Friis et Niklas Zennstrom, les créateurs de KaZaA. eBay a racheté Skype en septembre 2005, puis l'a revendu en 2010 ; Microsoft a racheté Skype en mai 2011 pour plus de 8,5 milliards de dollars. À cette date Skype est le numéro un mondial de la

VoIP avec ses 663 millions d'inscrits dont 124 millions d'actifs tous les mois et 8,1 millions d'utilisateurs payants.

Comme pour KaZaA, les clients Skype cherchent sur le réseau d'autres clients Skype avec lesquels ils vont entrer en communication, et à partir de là ils rejoignent un réseau virtuel au moyen duquel ils vont tenter de localiser les correspondants avec lesquels ils souhaitent établir une communication. À la différence de KaZaA, qui était financé essentiellement par la publicité, le système Skype tire ses revenus de la facturation d'un service payant, celui des passerelles qui permettent à ses utilisateurs d'entrer en communication avec un abonné du réseau téléphonique ordinaire ; les méthodes d'accès à ces passerelles s'appellent *SkypeIn* et *SkypeOut*.

Skype est disponible pour les systèmes Windows, OS X, Android, iOS (iPhone, iPad) et Linux, ainsi que sur certains téléviseurs ou lecteurs DVD. Il permet l'établissement d'une communication gratuite et directe entre deux ordinateurs équipés du logiciel Skype, d'un micro et d'un haut-parleur, *via* l'Internet. Skype comporte également un système de messagerie instantanée qui permet l'échange de messages écrits et de fichiers. Les passerelles payantes permettent d'atteindre un abonné au téléphone ordinaire.

Skype permet aussi l'organisation de téléconférences et, depuis la version 2.0 de janvier 2006, de visioconférences, à condition que les participants soient équipés de webcams. De l'avis des utilisateurs, il semble que la qualité du son et de l'image soit excellente, meilleure que celle des concurrents. Les communications qui circulent sur le réseau sont chiffrées, ce qui assure une bonne confidentialité.

Comme le souligne Simson L. Garfinkel [113], le succès de Skype est dû notamment au fait qu'il est bien plus facile à installer et à utiliser que les systèmes concurrents. Il procure aussi une qualité sonore et visuelle supérieure à celle de ses concurrents. De surcroît, Skype, comme KaZaA, est conçu de façon à pouvoir franchir sans encombre les pare-feu et les dispositifs de traduction d'adresses (NAT). L'efficacité des méthodes de franchissement de Skype n'est pas sans laisser craindre à certains employeurs qu'elles soient utilisées par leurs employés pour des usages privés, et les administrateurs de ces réseaux, ainsi que les responsables de sécurité, ne laissent pas d'être agacés par ce logiciel conçu spécialement pour faire échec aux mesures de sécurité et de filtrage qu'ils s'efforcent de mettre en place. On craint également que des nœuds espions puissent être introduits dans le réseau Skype.

Le protocole utilisé par Skype n'est pas publié, non plus que le code source du logiciel. Néanmoins ce dernier a pu être analysé par Fabrice Desclaux [82] et Philippe Biondi [29]. La tâche n'est pas facile : le programme exécutable est chiffré sur

le disque dur, et n'est déchiffré qu'une fois chargé en mémoire vive. En plusieurs
dizaines d'emplacements le programme vérifie l'intégrité de son propre texte, de
façon à éviter qu'un candidat à la rétro-ingénierie[5] du protocole ou du code ne
réussisse à l'instrumenter.

### Skype est-il vraiment pair à pair ?

Une fois la communication établie entre deux postes, le fonctionnement de Skype
obéit bien aux principes « pair à pair ». Néanmoins plusieurs aspects du système
s'écartent de ces principes.

L'utilisateur de Skype s'identifie auprès du serveur central `ui.skype.com`, situé
semble-t-il aux Pays-Bas, qui effectue l'authentification des utilisateurs et des logiciels Skype. L'authentification repose sur une signature par bi-clé RSA.

Le réseau Skype comporte des « supernœuds »; tout nœud Skype peut devenir
supernœud, à l'insu de son utilisateur, s'il dispose d'une adresse IP publique et
qu'il n'est pas situé derrière un pare-feu. Les supernœuds peuvent ainsi servir de
relais et de mandataires aux nœuds moins bien lotis, qui les découvrent par des
procédés non publiés. Skype n'offre aucun dispositif qui permettrait à un utilisateur
d'interdire à sa station de devenir supernœud.

Les méthodes SkypeIn et SkypeOut pour téléphoner à des abonnés de réseaux
ordinaires reposent sur des serveurs Skype répartis dans différents pays.

### Sécurité de Skype et d'autres protocoles

Simson L. Garfinkel [113], Salman A. Baset et Henning Schulzrinne [20] se sont
livrés à une analyse détaillée du système, et notamment des protocoles et des dispositifs de sécurité qu'il utilise. Garfinkel signale un certain nombre de moyens qui
pourraient permettre à un attaquant de compromettre le système sur le poste de
travail d'un utilisateur, de retrouver l'historique des messages instantanés échangés, de compromettre des couples nom d'utilisateur-mot de passe. Ces failles sont
plutôt moins nombreuses et moins graves que celles d'autres systèmes analogues
dont le fonctionnement suppose souvent l'abolition de toute mesure de sécurité
sérieuse : nous pensons à l'utilisation naïve de systèmes de visioconférence basés

---

5. La rétro-ingénierie *(reverse engineering)* consiste à analyser le comportement d'un système,
dont on ne possède pas les spécifications, pour en déduire les règles de fonctionnement, afin éventuellement de le reproduire. Cette pratique peut être mise en œuvre pour percer des secrets indutriels
et en réaliser des répliques.

**Figure 12.4 –**
Principe de fonctionnement
de Skype (source : Salman
A. Baset et Henning
Schulzrinne)

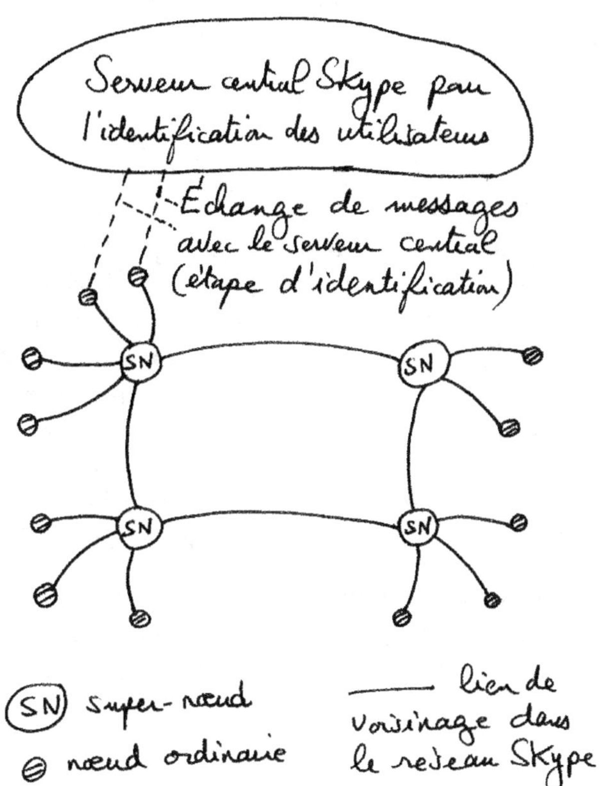


sur le protocole H323, dont l'utilisation à peu près sûre requiert les précautions
suivantes :

1. mise en place d'un mandataire, par exemple *Gatekeeper* ;
2. utilisation de postes de travail dépourvus de toutes données sensibles, sur un
   sous-réseau réservé à cet usage.

En fait, la nature même des usages de ces protocoles les expose à des compro-
missions, qui sont du même ordre que celles qui affectent le réseau téléphonique
ordinaire, même si les techniques d'attaque sont différentes : les délais d'établissement et d'exécution de la communication la rendent difficilement furtive. Les
précautions à prendre peuvent difficilement recourir à un chiffrement supplémen-

taire sur le poste client. À l'intérieur d'une entreprise, l'usage au sein d'un VPN correctement configuré peut être une solution.

### Filtrer Skype ?

Filtrer les protocoles de Skype au moyen d'un pare-feu classique s'avère une entreprise compliquée. En effet Skype est conçu pour éviter ce filtrage : les numéros de port sont variables, les transactions mettent en jeu différentes stations. Néanmoins, il existe des moyens de filtrer assez efficacement Skype ou KaZaA (le problème à résoudre est similaire). Les méthodes employées sont heuristiques et reposent sur l'analyse comportementale du protocole. Il faut observer pendant un certain laps de temps le déroulement des échanges (ce qui suppose leur journalisation) ; l'analyse de ces observations permet la détection d'une « signature » des transactions Skype, notamment par l'identification de séquences et de temporisations caractéristiques. Une implémentation d'une telle méthode existe sur la base du logiciel libre *IP Tables / Netfilter*, qui permet de réaliser un pare-feu (cf. p. 227).

Nous reviendrons sur ces questions du filtrage des protocoles poste-à-poste au chapitre suivant, à la page 419, lorsque nous verrons les mesures de prohibition et de rétorsion contre les échanges pair à pair envisagés par les éditeurs de films et de disques.

## Franchir les pare-feu : vers une norme ?

Comme nous l'avons noté ci-dessus, le franchissement des pare-feu et des dispositifs de traduction d'adresses est un des problèmes à résoudre pour faire du pair à pair au grand large. Pour remédier à la situation présente, où chaque protocole utilise sa propre méthode plus ou moins efficace et plus ou moins heuristique, est apparu en 2003 à l'IETF *(Internet Engineering Task Force)* le projet de RFC 3489 : STUN *(Simple Traversal of UDP Trough NAT)*. Ce projet a ensuite évolué, pour devenir en 2008 le RFC 5389[6], rebaptisé *Session Traversal Utilities for NAT* [231] (STUN).

L'idée est la suivante : comme de toute façon les candidats au franchissement arriveront à leurs fins, autant leur permettre de le faire dans un minimum de conformité avec l'orthodoxie protocolaire. Yves Drothier, du *Journal du Net*, décrit la chose ainsi :

---

6. http://www.ietf.org/rfc/rfc5389.txt

« L'intérêt de STUN est de reconnaître les dispositifs de sécurité placés entre le routeur NAT (les routeurs NAT agissent comme des pare-feu, faisant le lien entre les adresses privées et les adresses publiques lors de communication IP) et le réseau public afin d'établir les communications malgré le filtrage.

STUN identifie les différents dispositifs de sécurité NAT en émettant un message de l'infrastructure cliente vers le serveur STUN situé en aval du routeur NAT. Ce message explore ainsi quels sont les ports et les adresses IP utilisés par les dispositifs de sécurité NAT pour router le message. Ce sont ces données qui seront utilisées par la suite lors d'appels entrants ou sortants pour établir la communication. »

Comme STUN ne résout pas tous les problèmes, un autre protocole, *Traversal Using Relay NAT* (TURN[7]), a été mis au point notamment pour les configurations avec traduction d'adresse symétrique *(symmetric NAT)*. Un routeur NAT symétrique établit un chemin en fonction de l'adresse IP de l'émetteur et de son port d'accès mais aussi en fonction de ces mêmes informations chez le destinataire. Le chemin ainsi créé échappe au serveur STUN puisqu'il peut changer en fonction du destinataire appelé.

Le protocole TURN est spécifié par le RFC 5766 pour IPv4 et 6156 pour IPv6.

# Téléphonie IP : quelques remarques

La téléphonie sur IP *(Internet Protocol)* et sa sécurité constituent un sujet qui mériterait un livre entier, nous n'aurons donc pas la prétention de le traiter ici, mais nous livrons au lecteur quelques remarques de mise en garde qui doivent beaucoup à des exposés d'Hervé Schauer[8], de Nicolas Fischbach[9] et de Loïc Pasquiet[10] auxquels le lecteur pourra se reporter pour de plus amples développements.

La première chose à signaler au sujet de la téléphonie sur IP, c'est qu'elle est aujourd'hui inévitable : si l'on consulte les fournisseurs de matériel téléphonique pour un projet qui dépasse la dizaine de postes, toutes les réponses seront en téléphonie sur IP. Il est donc pratiquement impossible d'acheter autre chose, la téléphonie traditionnelle a vécu, bientôt elle ne sera plus maintenue.

---

7. http://en.wikipedia.org/wiki/Traversal_Using_Relays_around_NAT

8. http://www.hsc.fr/ressources/presentations/tenor06-voip-sec/

9. http://www.ossir.org/jssi/jssi2006/supports/1B.pdf

10. http://www.ossir.org/jssi/jssi2006/supports/2A.pdf

## Une grande variété de protocoles peu sûrs

La transmission de la voix sur IP recouvre en fait une grande variété de protocoles :

- H323 est un protocole (en voie de disparition pour la téléphonie) adapté d'ISDN et normalisé par l'Union internationale des télécommunications. Ce protocole, par sa conception, n'offre pas de bonnes garanties de sécurité : les risques encourus sont l'écoute des communications, l'usurpation d'identité et le déni de service.
- SIP est un protocole de signalisation normalisé par l'IETF (RFC 3261); il doit être associé pour le transport de la voix à un autre protocole, qui peut être RTP, RTCP ou RTSP. Les risques encourus sont les mêmes qu'avec H323.
- SCCP est un protocole de la maison *Cisco*; les risques sont toujours les mêmes, ainsi d'ailleurs que pour les protocoles privés des autres fournisseurs (Alcatel, Avaya...).
- MGCP *(Multimedia Gateway Control Protocol)* est normalisé par l'IETF (RFC 3435) et offre de meilleures garanties de sécurité que les précédents. Ce protocole est déployé par les opérateurs sur leurs réseaux ADSL.
- Signalons aussi plusieurs méthodes d'encapsulation de GSM dans IP, par lesquelles les opérateurs tentent de lutter contre Skype.

Ainsi, aucun de ces protocoles n'offre intrinsèquement de bonnes garanties de sécurité, même si Hervé Schauer crédite MGCP d'une plus grande sûreté due notamment à l'absence de toute fonction « intelligente » dans le poste téléphonique. Ce qui ne veut pas dire que l'on ne peut pas les utiliser en prenant des précautions supplémentaires.

## Précautions pour la téléphonie IP

Les précautions à prendre pour la téléphonie IP sont somme toute classiques :

- cloisonnement des réseaux, spécialisation des VLAN;
- filtrage des adresses MAC et du trafic IP;
- authentification et chiffrement, etc.

À quoi s'ajoute la mise en service des fonctions de sécurité sur les terminaux téléphoniques. Ces fonctions de sécurité sont notamment destinées à empêcher l'usurpation d'identité et l'écoute des communications. Il est à noter que pour disposer de ces fonctions indispensables il faut renouveler entièrement le parc de terminaux téléphoniques, et ne pas se contenter des matériels « premier prix ».

Il faut avoir en tête les points suivants :

1. Le réseau téléphonique classique est un élément crucial de la sécurité des personnes et des biens : il permet de donner l'alerte en cas d'accident de personne, d'incendie, d'acte criminel; il doit donc fonctionner 7 jours sur 7, 24 heures sur 24. Adopter la téléphonie sur IP impose que le réseau informatique soit soumis aux mêmes exigences, or actuellement ce n'est pas le cas. Il faudra donc augmenter la capacité des équipements actifs, puis les doubler, et prévoir du personnel en astreinte la nuit et les jours fériés. Sans oublier les installations destinées à secourir l'alimentation électrique de ces équipements. Les conséquences financières et organisationnelles ne sont pas négligeables.

2. Des services informatiques comme le DNS ou DHCP deviennent critiques.

3. Dans de nombreux cas, les entreprises qui ont adopté la téléphonie sur IP ont été amenées à renouveler entièrement ou en grande partie leur parc de terminaux, en sachant que les terminaux les moins chers ne donnent généralement pas satisfaction, notamment parce qu'ils sont dépourvus des fonctions de sécurité.

4. La perspective de faire des économies grâce au partage du câblage est souvent illusoire : les systèmes d'authentification de type 802.1x exigent une prise par équipement, le service qui gère les terminaux a également besoin d'identifier les prises sur lesquelles ils sont branchés, la commodité d'usage des terminaux impose souvent une alimentation électrique par la prise réseau; tout cela conduit en général à l'installation d'un câblage particulier pour la téléphonie sur IP.

5. Faire fonctionner un système de téléphonie IP demande des compétences en réseaux informatiques : le personnel des services généraux en est dépourvu et sera incapable de mettre en œuvre les fonctions de sécurité. L'acquisition de compétences élémentaires en réseau est possible, par exemple en cours du soir au CNAM, en deux ans, en partant d'un niveau baccalauréat scientifique.

# Sécurité réseau avec IPv6

## IPv6 améliore-t-il la sécurité du réseau ?

Il a été beaucoup écrit et glosé à propos des vertus supposées de la version 6 du protocole IP *(Internet Protocol)* pour la sécurité, IPv6 (cf. p. 196 pour ce qui est des différences entre IPv4 et IPv6). Elles seraient imputables notamment à la possibilité qu'offrirait IPv6 de ne plus avoir recours à la traduction d'adresse pour pallier la pénurie d'adresses IPv4 (cf. p. 244 pour un exposé de la traduction d'adresse NAT), et au fait que la présence du protocole de sécurité IPsec (cf. p. 204) serait imposée par la spécification du protocole. L'amélioration de la sécurité par ces caractéristiques d'IPv6 semble contestable aux yeux de certains auteurs. Pour en avoir le cœur net, nous suivrons l'exposé [120, 121] que Fernando Gont a présenté aux conférences Hack.lu [11] à Luxembourg en 2011 et Hackito Ergo Sum [12] à Paris en 2012.

L'exposé de Fernando Gont commence par une liste d'assertions qu'il est judicieux d'examiner à propos de la sécurité du protocole IPv6 :

- vous ne le savez peut-être pas, mais vous avez *déjà* déployé IPv6 ;
- nous avons beaucoup moins d'expérience avec IPv6 qu'avec IPv4 ;
- les implémentations d'IPv6 sont moins mûres que celles d'IPv4 ;
- l'adaptation à IPv6 des systèmes de sécurité tels que coupe-feu, systèmes de détection d'intrusion, etc., est moins développée que pour IPv4 ;
- la période de transition durant laquelle les deux protocoles coexisteront augmentera la complexité du réseau :
  - deux protocoles réseau,
  - recours accru à la traduction d'adresses (NAT),
  - recours accru aux tunnels (IPv6 dans IPv4 par exemple),
  - utilisation de technologies inédites pour assurer la coexistence ;
- il y a pénurie d'ingénieurs formés à IPv6 (et aux technologies de la coexistence).

---

11. `http://www.si6networks.com/presentations/hacklu2011/`
`fgont-hacklu2011-ip-security.pdf`

12. `http://2012.hackitoergosum.org/blog/wp-content/uploads/2012/04/`
`HES-2012-fgont-recent-advances-in-ipv6-security.pdf`

# Principales différences entre les deux protocoles

**Adressage :** les adresses sont sur 32 bits en IPv4, sur 128 bits en IPv6.

**Résolution d'adresse :** lorsqu'un ordinateur (ou un routeur) doit faire parvenir un paquet de données à un autre poste du même réseau local dont il connaît l'adresse IP (couche 3, réseau, cf. p. 194 pour la description de la hiérarchie des adresses), il doit obtenir son adresse MAC (couche 2). Avec IPv4 cela se fait selon le protocole ARP *(Address Resolution Protocol)* décrit p. 201. Avec IPv6 cela se fait par le mécanisme ND *(Network Discovery)*, assez analogue à ARP, basé sur le protocole ICMPv6, avec des messages transportés selon IPv6, ce qui permet des données plus riches, mais n'apporte aucune amélioration de la sécurité par rapport à ARP : l'émetteur diffuse à la cantonnade l'adresse IP de son correspondant, et accepte l'adresse MAC fournie par qui veut bien lui répondre.

**Auto-configuration :** en IPv4, l'auto-configuration des stations *(hosts)* est une faculté ajoutée après coup, au moyen du protocole DHCP *(Dynamic Host Configuration Protocol)* ; elle est d'origine en IPv6, soit de façon analogue à DHCP avec DHCPv6, soit par un nouveau procédé, SLAAC *(Stateless Address Auto-Configuration)*. SLAAC repose sur des annonces émises par le routeur qui dessert le réseau local et qui comportent des informations utiles à l'auto-configuration, telles que le préfixe IPv6 (adresse du réseau) et les itinéraires accessibles. Mais il n'en résulte aucune amélioration de la sécurité : comme avec DHCP, les annonces sont émises en mode diffusion *(broadcast)* et peuvent donc être émises comme utilisées par un malveillant connecté au réseau local (voir plus loin).

**Support IPsec :** facultatif en IPv4 ; avec IPv6, le support est obligatoire, mais l'activation et l'usage facultatifs.

**Fragmentation :** en IPv4 elle peut être effectuée par les stations et par les routeurs, alors qu'en IPv6 seules les stations peuvent fragmenter, jamais les routeurs.

Ce survol rapide ne révèle aucune raison de penser qu'IPv6 apporte une amélioration substantielle de la sécurité par rapport à IPv4. Fernando Gont nous suggère même que ce serait légèrement pire.

# Mythes de la sécurité IPv6

**Mythe n° 1 :** « La taille gigantesque de l'espace d'adresses empêche les attaques par balayage exhaustif. » Oui, il y a un nombre considérable d'adresses possibles, mais en pratique elles obéissent à des schémas systématiques qui réduisent le nombre des valeurs possibles, au moins pour l'instant (cf. ci-après, p. 395).

**Mythe n° 2 :** « IPv6 va permettre d'affecter une adresse publique à chaque appareil connecté au réseau, et ainsi de revenir aux connexions de bout en bout *(end to end)* du bon vieux temps. » À supposer que les utilisateurs souhaitent effectivement que leur machine à café dispose d'une adresse publique sur le réseau, il n'est rien moins que sûr que ce soit une propriété désirable, surtout du point de vue de la sécurité !

**Mythe n° 3 :** « ARP était un protocole peu sûr, il disparaît avec IPv6, la sécurité est améliorée. » Oui, mais les attaques contre ARP (usurpation d'adresse) peuvent aisément être adaptées au mécanisme *Neighbor Discovery* d'IPv6, qui fait la même chose qu'ARP par un procédé analogue, diffusion à la cantonnade de l'adresse IP recherchée et réponse au premier qui répond, peut-être un usurpateur.

**Mythe n° 4 :** « Le protocole DHCP de configuration automatique de l'accès d'un poste au réseau était peu sûr, il disparaît avec IPv6, la sécurité est améliorée. » DHCP *(Dynamic Host Configuration Protocol)* est le protocole qui, à partir de la « box » d'un abonné à Internet, lui attribue une adresse, un résolveur DNS et une adresse de passerelle vers le réseau sans qu'il ait à s'en préoccuper. On voit bien que si un malfaiteur réussit à falsifier ces informations en les remplaçant par l'adresse d'une passerelle vers un réseau qu'il contrôle, ou d'un serveur DNS menteur, la victime risque de gros ennuis (déni de service, cf. p. 68, attaque par interposition *(Man in the middle)*, cf. p. 60). DHCP, pour des raisons analogues à celles qui affectent ARP (diffusion à la cantonnade, et pas de vérification de la véracité des réponses), est vulnérable à de telles attaques. Avec IPv6, à la place de DHCP, on a... DHCPv6, vulnérable de la même façon, ou SLAAC *(Stateless Address Auto-Configuration)*.

SLAAC prévoit qu'un routeur sur le réseau local diffuse des informations utiles à la configuration des postes *(Router Advertisements)*, telles que préfixes pour la construction automatique des adresses IPv6, informations de routage, paramètres de configuration. Par contrefaçon des *Router Advertisements*, un attaquant peut, comme avec DHCP, provoquer des dénis de service, ou placer des attaques par interposition. Les contremesures proposées sont :

- utilisation de SEND *(Secure Neighbor Discovery)*, dont le déploiement est lourd et complexe parce qu'il nécessite la mise en œuvre d'une infrastructure de gestion de clés (PKI) ;

- d'autres méthodes, comme la journalisation *(monitoring)* des opérations de découverte de voisins ou le déploiement de *RA-Guard (Router Advertisement Guard)*, sont faciles à contourner ;
- la restriction des accès au réseau local, par exemple par filtrage des adresse MAC, est lourde, et parfois impossible, à mettre en œuvre.

Bref, la situation n'est pas meilleure qu'avec IPv4, et peut-être même légèrement pire, conclut Fernando Gont sur ce point.

**Mythe n° 5 :** « IPv6 est plus sûr qu'IPv4, parce que la sécurité fait partie de sa conception initiale, alors que pour IPv4 il s'agit d'un ajout après-coup. » Ce mythe repose sur le fait que le support d'IPsec est obligatoire en IPv6 et facultatif en IPv4. Mais si le support est obligatoire, l'usage est facultatif ! De plus, les obstacles au déploiement d'IPsec qui existent en IPv4 subsistent en IPv6, à tel point que l'IETF envisage de renoncer à l'obligation du support d'IPsec dans IPv6, ce qui devrait porter un coup fatal à ce mythe.

## Nouvelles failles, travaux en cours

Fernando Gont sera encore notre guide pour examiner quelques failles inédites introduites par IPv6 et les travaux en cours [121] à l'IETF pour les corriger.

### Utilisation des adresses MAC pour l'auto-configuration

La version initiale de SLAAC *(Stateless Address Auto-Configuration)*, le dispositif d'auto-configuration le plus fréquemment utilisé en IPv6, comporte l'utilisation de l'adresse MAC de l'interface réseau [13] pour constituer les derniers octets de l'adresse IPv6.

Cela semblait une bonne idée pour l'auto-configuration : cela s'est avéré une mauvaise idée pour la sécurité. L'adresse MAC est longue de six octets (format EUI-48) ; l'IEEE a également défini un format similaire à 64 bits appelé EUI-64, utilisé dans les adresses IPv6, et représenté par la figure 12.6.

En fait, nous explique Fernando Gont, de ces 64 bits, les 40 premiers sont facilement connus, ou peuvent être devinés. Les 24 premiers constituent l'identifiant du fabricant de l'interface, attribué par l'IEEE, les 16 suivants ont un contenu fixe.

---

13. Pour une explication de l'adresse MAC, se reporter à la section sur le modèle ISO p. 194.

Figure 12.5 –
Adresse IPv6
(source :
Fernando Gont)

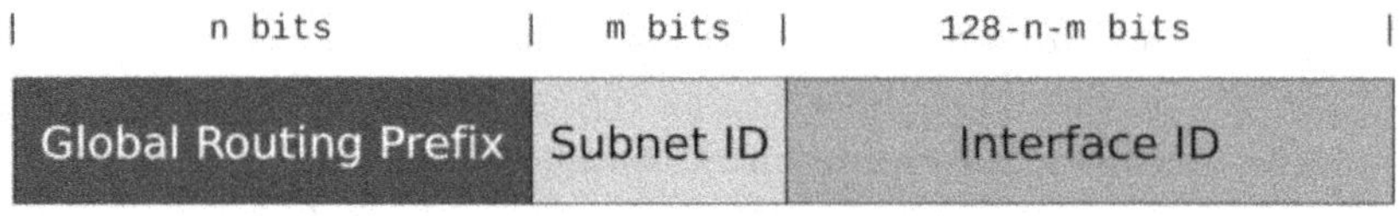


Figure 12.6 –
64 derniers bits de
l'adresse IPv6,
avec adresse MAC
au format EUI-64
(source : Fernando
Gont)

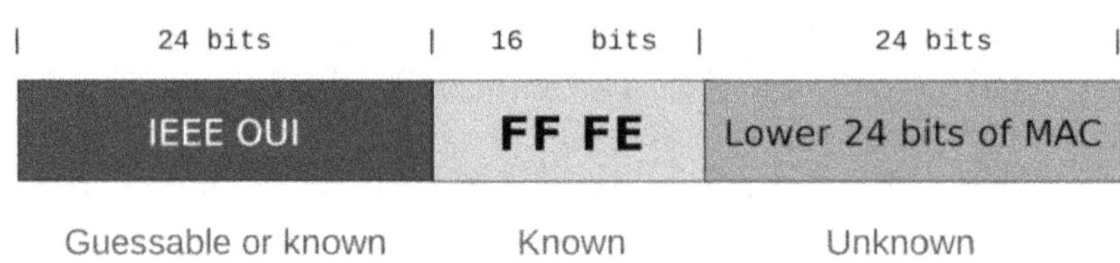


Seuls les 24 derniers bits sont propres à une interface particulière, et de ce fait le balayage de l'espace d'adresses d'un réseau par un attaquant ne comporte que $2^{24}$ adresses à examiner au lieu de $2^{64}$, ce qui devient faisable.

De surcroît, ce suffixe de 64 bits est constant pour chaque interface, il permet donc d'identifier de façon unique un ordinateur portable, par exemple, et de suivre facilement ses déplacements : Fernando Gont emploie l'expression « super-cookie » ! C'est un moyen de filature qu'IPv4 n'offre pas.

Le RFC 4941 propose de résoudre ces problèmes en conservant la méthode exposée ci-dessus (utilisation des adresses MAC) pour les serveurs, et en la remplaçant par des identifiants temporaires arbitraires pour les machines ordinaires. Cela résout partiellement le problème de « filature de portable », et pas du tout celui du balayage des adresses d'un réseau. En outre, c'est difficile à gérer.

Microsoft s'inspire du RFC 4941 et utilise des identifiants arbitraires, aléatoires, mais invariables : cela résout le problème du balayage, mais pas celui de la filature !

À la réunion 83 de l'IETF[14] qui s'est tenue à Paris du 25 au 30 mars 2012, Fernando Gont a proposé une solution[15], qui consiste à établir l'identifiant de la machine qui demande une adresse à partir d'un condensat (empreinte, *hash*) calculé en fonction du préfixe du réseau d'accueil, de l'adresse MAC de l'interface utilisée, d'un identifiant du réseau (par exemple le SSID s'il s'agit d'un réseau Wi-Fi) et d'une clé secrète.

Une adresse calculée ainsi aurait les qualités suivantes : stabilité pour un sous-réseau donné, variabilité lors d'un changement de réseau. Ainsi seraient rendus impossibles tant le balayage de réseau par force brute que la filature d'ordinateur portable.

## Fragmentation, découverte de voisins

Toujours lors de l'excellente conférence Hackito Ergo Sum, Fernando Gont a abordé d'autres sujets pour lesquels nous renvoyons le lecteur au texte de sa présentation, entre autres :

- le mécanisme de fragmentation et de réassemblage de paquets est une source de failles de sécurité lorsque les identifiants des fragments sont prévisibles, ce qui est le cas sur certains systèmes ;
- le processus de découverte des voisins n'est pas à l'abri d'attaques analogues à celles menées au moyen de faux serveurs DHCP en IPv4 (cf. p. 393, mythe n° 4).

## Scénarios de transition et sécurité

Fernando Gont se penche ensuite sur les scénarios envisageables pour la transition d'IPv4 à IPv6 et sur leurs implications pour les questions de sécurité.

La stratégie de migration la plus généralement adoptée repose sur la coexistence des deux protocoles par des dispositifs de double pile protocolaire *(dual stack)*, de tunnels (encapsulation d'IPv6 dans IPv4, ou l'inverse) et de traduction d'adresses (NAT64 par exemple).

---

14. `http://www.ietf.org/meeting/83/index.html`
15. `http://tools.ietf.org/html/draft-gont-6man-stable-privacy-addresses-00`

Tous ces dispositifs accroissent la complexité du réseau, et de ce fait le nombre de ses vulnérabilités potentielles. Le déploiement de tunnels introduit dans le routage une opacité qui pourrait être mise à profit pour des détournements de trafic. L'encapsulation de paquets, inhérente à la méthode des tunnels, rend plus difficile l'inspection du contenu des paquets.

Du fait de la généralisation des doubles piles protocolaires dans la plupart des systèmes à usage général, même si vous croyez déployer un réseau « IPv4 pur », en fait vous déployez un peu IPv6, *nolens volens*. Un attaquant pourrait s'intéresser à votre réseau IPv6, et comme vous n'avez pas vraiment conscience de son existence, il est sans doute mal protégé. Ainsi, tel FAI grand public français offre une adresse IPv6 à tous ses clients, qui peuvent l'activer très facilement, mais le pare-feu qui protège la *box* ne prend en compte qu'IPv4 (en janvier 2012).

Donc, même si vous n'envisagez pas d'utiliser IPv6, vous devez prendre en considération ses implications pour la sécurité de votre réseau.

## Tâches pour les années à venir

Fernando Gont termine en fixant à la communauté des réseaux et de la sécurité quelques tâches pour les années à venir :

- IPv6 n'a pas encore été vraiment soumis à l'épreuve du feu, il n'existe qu'un petit nombre d'outils d'attaque disponibles publiquement et il reste sûrement un grand nombre de vulnérabilités à découvrir et à corriger ;
- IPv6 n'est pas encore vraiment pris en compte par les systèmes de sécurité, tels que pare-feu ou systèmes de détection et de prévention d'intrusion ;
- surtout, les ingénieurs réseau ne sont pas formés à IPv6, or la formation est une nécessité avant le déploiement.

# 13

# Tendances des pratiques de sécurisation des SI

La fin de l'été 2005 a vu la publication de deux articles (*The Six Dumbest Ideas in Computer Security*[1] de Marcus J. Ranum et *The Next 50 Years of Computer Security : An Interview with Alan Cox* d'Edd Dumbill[2]) qui ont fait date dans le domaine de la sécurité informatique : en effet ils réservent un sort cruel à quelques idées reçues et à quelques intuitions largement partagées.

Huit ans plus tard Bruce Schneier, à la lumière des évolutions spectaculaires des questions de sécurité informatique et plus généralement du cyberespace, écrit en avril 2014 un plaidoyer contre l'instauration dans l'Internet d'un État de surveillance[3] [246].

---

1. http://www.ranum.com/security/computer_security/editorials/dumb/
2. http://www.oreillynet.com/pub/a/network/2005/09/12/alan-cox.html
3. http://us.cnn.com/2013/03/16/opinion/schneier-internet-surveillance

En novembre 2014 il publie un nouvel article intitulé *The Future of Incident Response* [248], qui remet en cause un certain nombre de politiques de sécurité admises jusqu'ici, et qui sera analysé au chapitre 14 p. 431.

Le présent chapitre, à la faveur d'une analyse de ces articles, aborde plusieurs questions fondamentales : les systèmes de détection ou de prévention d'intrusion, la fin de la défense périmétrique, la vigilance humaine face aux robots, ainsi que la protection du droit d'auteur, des brevets *et* de la liberté intellectuelle dans un monde numérique.

## Les six idées les plus stupides en sécurité, selon Ranum

Marcus J. Ranum m'a autorisé à faire ici de larges emprunts à son article, qu'il en soit remercié. S'il fallait résumer en une idée générale les thèses qu'il défend et qu'il illustre, ce serait que, si l'on veut construire un système informatique (au sens large) sûr, il faut que la sécurité soit incorporée à sa conception dès l'origine : il est coûteux et inefficace de vouloir « ajouter de la sécurité » *a posteriori* à un système conçu sans idée de sécurité au départ. Le corollaire de cette idée, c'est qu'il est possible de concevoir un tel système, que les méthodes existent pour ce faire, et M. J. Ranum en donne quelques exemples. Nous avons d'ailleurs eu l'occasion à la page 144 de décrire un système conçu selon ces principes dès 1964, Multics.

Marcus J. Ranum est un pionnier de la sécurité des systèmes d'information ; inventeur de la notion de pare-feu *(firewall)*, il en a également signé la première réalisation à la fin des années 1980 ; il a aussi joué un rôle précurseur dans le développement des systèmes de détection d'intrusion. Nous allons présenter et discuter ses six propositions [4]. Mais nous pouvons, avant de commencer, être déjà d'accord avec lui pour dire que si votre politique de sécurité est indigente et si les règles que vous fixez sont insuffisantes ou incohérentes, aucun pare-feu de grand luxe ne protégera votre site, eût-il coûté 100 000 euros.

---

4. http://www.ranum.com/security/computer_security/editorials/dumb/

## Idée stupide n° 1 : par défaut, tout est autorisé

Cette idée ne demande pas un long examen pour être classée en première place dans la liste des stupidités. Il est assez clair que les conditions actuelles sur les réseaux exigent que par défaut tout soit interdit, et que ne soient autorisées que les actions effectivement et positivement identifiées comme légitimes. Mais cette idée stupide, si facile à réfuter en apparence, est incroyablement résiliente et envahissante.

C'est bien sûr dans la rédaction des règles de pare-feu que cette idée stupide numéro 1 se manifeste en priorité : on laisse passer par défaut tous les types de trafic et on bloque ceux que l'on estime dangereux ; une variante consiste à bloquer pas mal de choses mais à aligner une longue liste de dérogations qui, outre le fait qu'elles vont détériorer les performances de l'accès au réseau, vont anéantir la sécurité, parce que ces dérogations seront autant de portes assez faciles à ouvrir, par exemple par usurpation d'adresse IP, l'enfance de l'art pour un pirate amateur.

Nous serons d'accord avec M. Ranum pour dire que la véritable bonne idée, c'est « par défaut, tout est interdit ».

## Idée stupide n° 2 : prétendre dresser la liste des menaces

Cette idée stupide numéro 2, en fait assez voisine de sa sœur la numéro 1, pourrait aussi s'incarner dans une configuration de pare-feu établie en fonction de la liste des menaces recensées. Elle est stupide car en 2015 la liste des menaces est très longue, et surtout elle s'accroît chaque jour : les recenser pour mettre son pare-feu à jour s'apparente au remplissage du tonneau des Danaïdes. Les listes auxquelles je suis abonné publient une dizaine de nouvelles *vulnérabilités* par semaine, et on estime entre 200 et 700 par mois le nombre de nouvelles *menaces*.

Le délai qui s'écoule entre la découverte d'une vulnérabilité et son exploitation par un logiciel menaçant est passé en quelques années de quelques mois à une quinzaine de jours dans certains cas. C'est-à-dire que le logiciel nuisible peut apparaître avant la correction de la vulnérabilité, et que même si ce n'est pas le cas il peut suffire d'un retard de quelques heures dans l'application de la correction pour être exposé sans défense à la menace. Et n'oublions pas que les pirates, présents dans tous les fuseaux horaires, agissent durant nos nuits et nos jours fériés. Bref, en 2015 il est effectivement stupide d'espérer assurer la sécurité de son SI en se prémunissant contre des menaces qui seraient connues d'avance.

Il faut au contraire dresser la liste de tous les logiciels *utiles*, d'usage légitime dans le SI de l'entreprise, et interdire tous les autres en vertu de la règle précédente.

Ainsi, considérons un projet de sécurité informatique destiné à évaluer et à améliorer la disponibilité d'un système d'information. Si le responsable du projet s'inspire de la méthode EBIOS élaborée en France par l'Agence nationale de la sécurité des systèmes d'information (ANSSI), il dressera une liste des risques, associera chacun de ces risques à des vulnérabilités, et envisagera les contre-mesures qu'il peut élaborer pour s'en prémunir, selon une formule pleine de bon sens et d'utilité [5] :

$$\text{risque} = \frac{\text{menace} \times \text{vulnérabilité} \times \text{sensibilité}}{\text{contre-mesure}}$$

Cette conceptualisation paraît intéressante, la formule multiplicative permet de classer les risques selon un ordre de priorité en fonction de leur intensité concrète pour l'entreprise, par opposition à une intensité technique perçue par l'ingénieur de sécurité, mais elle peut engendrer la tentation de dresser une liste de risques ou une liste de vulnérabilités que l'on placera dans la colonne de gauche d'un tableau, afin d'en remplir la colonne de droite avec les contre-mesures appropriées.

Pourquoi cette démarche est-elle maladroite ? Parce que les risques et les menaces sont nombreux et souvent inconnus, alors que le répertoire des contre-mesures possibles est beaucoup plus réduit ; souvent, cela peut se résumer à cinq ou six grands thèmes : plan de sauvegarde des données, amélioration du stockage, aménagement d'un site de secours avec duplication des données à distance, administration correcte des serveurs (fermeture des services inutiles, séparation des privilèges, application des correctifs de sécurité, surveillance des journaux), sécurisation du réseau (pare-feu, authentification forte, fermeture des services inutiles), sécurisation physique des locaux. Il est donc plus simple et plus efficace de partir de la table inverse de la précédente : mettre les contre-mesures dans la colonne de gauche, et énumérer dans la colonne de droite les risques éliminés par elles, ce qui évitera de payer un consultant pendant des mois pour élaborer la liste des centaines de risques plus ou moins réels que l'on peut envisager.

---

5. Nous avons donné à la page 11 une autre formule pour le risque, qui complète utilement celle qui va suivre.

# Idée stupide n° 3 : tester par intrusion, puis corriger

La mise en pratique de cette idée stupide numéro 3 consiste à détecter les failles du système à protéger en perpétrant une intrusion, en d'autres termes, à attaquer son système de protection, pare-feu, antivirus ou autre, puis à obturer les brèches que l'on aura détectées. Cette idée stupide est mise en œuvre par de nombreux cabinets spécialisés, qui proposent des *tests d'intrusion* à leurs clients, lesquels, lorsqu'ils sont incompétents, sont friands de ce genre d'exercice.

M. J. Ranum observe que, si la sécurité par test d'intrusion et correction était une bonne méthode, les failles d'Internet Explorer seraient corrigées depuis longtemps. Il observe également que certains logiciels, comme Postfix ou Qmail, sont quasiment exempts de failles depuis leur naissance, et ce parce qu'ils ont été conçus dès l'origine pour ne pas en comporter, c'est-à-dire que leur réalisation s'est appuyée sur des méthodes à l'épreuve des failles.

M. J. Ranum en vient là à son idée centrale : la seule façon d'obtenir un système sûr, c'est qu'il le soit dès la conception, et c'est possible. Nous pourrions qualifier ce principe de *méthodes de sécurité a priori*, par opposition aux *méthodes de sécurité a posteriori*, qui consistent à construire des systèmes non sûrs, puis à essayer de les réparer en détectant les failles *a posteriori*. Par analogie, nous pourrions dire que la méthode en usage dans la Marine nationale et connue par la devise « Peinture sur rouille [6] égale propreté » ne donne pas en matière de sécurité des résultats satisfaisants.

M. J. Ranum conclut sur ce point en indiquant que si votre système est régulièrement vulnérable au « bug de la semaine », c'est que vous êtes dans la configuration évoquée ici, et que tout pirate qui inventera une attaque nouvelle réussira chez vous.

# Idée stupide n° 4 : les pirates sont sympas

« La meilleure façon de se débarrasser des cafards dans la cuisine, c'est de jeter les miettes de pain sous la cuisinière, c'est bien connu », nous dit ironiquement M. J. Ranum, avant de citer Donn Parker :

---

6. Cette locution proverbiale m'était venue sous une forme légèrement différente, mais Christian Queinnec m'a permis de la rectifier.

« L'informatique en réseau a affranchi les criminels de la contrainte historique de proximité avec leur crime. L'anonymat et l'exemption de la confrontation personnelle avec la victime ont diminué la difficulté émotionnelle à commettre un crime, parce que la victime n'est qu'un ordinateur inanimé, pas une personne ou une entreprise réelles. Les gens timides peuvent se mettre au crime. La prolifération de systèmes identiques, de moyens d'y accéder et l'automatisation des transactions commerciales permettent et favorisent l'économie du crime automatisé, la réalisation d'outils criminels de grande puissance et l'apparition de scénarios très rentables. »

La criminalité informatique est un problème social, pas une question de technologie, nous dit M. J. Ranum. La diffusion de l'informatique a donné un champ d'action élargi à certaines personnes dépourvues de maturité et mal socialisées, auxquelles les médias accordent une publicité assez déplacée en les présentant comme de brillants informaticiens dont les grandes entreprises en mal de sécurité se disputeraient les services à coup de super-salaires et de stock-options. Le fait que les pirates soient de plus en plus souvent des criminels organisés qui détournent des sommes importantes finira par avoir raison de cette idée idiote. La majorité des autres pirates sont des adolescents attardés et incompétents, qui se contentent de propager des logiciels malfaisants tout faits qu'ils n'ont eu que la peine de télécharger sur le Net.

Corollaire tout aussi idiot de cette idiotie n° 4, l'idée que les responsables de sécurité du SI devraient s'initier aux techniques de piratage : outre qu'un tel apprentissage serait pratiquement à recommencer chaque semaine, il absorberait en pure perte une énergie qui, pendant ce temps, ne serait pas consacrée à l'édification de systèmes et de réseaux sûrs *par construction*.

## Idée stupide n° 5 : compter sur l'éducation des utilisateurs

Ceci semble un paradoxe : on ne reçoit jamais trop d'éducation ! Il s'agit ici de l'application de l'idée stupide n° 3 aux êtres humains : attendre que les utilisateurs aient été victimes d'un incident de sécurité et d'attaques réussies, et ensuite seulement les corriger (éduquer). En fait tout semble indiquer qu'une proportion importante d'utilisateurs seront toujours prêts, quoi qu'il advienne, à cliquer sur un lien qui promet une image pornographique ou de l'argent facile ; la nature humaine est ainsi faite, on ne la corrigera pas. Il faut donc arriver à la conclusion suivante :

*Si votre politique de sécurité repose sur l'éducation des utilisateurs, alors elle est vouée à l'échec.*

D'ailleurs, l'idée que l'on puisse corriger chez l'homme la propension à commettre les actes évoqués ici est une idée encore plus détestable que l'insécurité des systèmes d'information. Mieux vaut donc configurer le système de sorte que :

1. les choses dangereuses ne parviennent pas aux utilisateurs ;
2. lorsque certaines choses dangereuses passent à travers les mailles du filet (il y en aura), les conséquences en sont limitées, détectées puis contrôlées.

Cela étant dit, il faut, bien sûr et dans la mesure du possible, faire l'éducation des utilisateurs.

## Idée stupide n° 6 : l'action vaut mieux que l'inaction

M. J. Ranum vise ici, plutôt que l'action, l'activisme. Il est clair que le responsable de site qui veut toujours adopter avant tout le monde les plus récentes technologies s'expose davantage à des incidents de sécurité que l'administrateur prudent qui attend deux ans la stabilisation du système et les retours d'expérience avant de l'implanter. En outre, pendant ce délai le coût induit par le déploiement aura probablement diminué.

On peut aussi citer l'aphorisme suivant : « Il est souvent plus facile de ne pas faire quelque chose d'idiot que de faire quelque chose d'intelligent » (attribué abusivement à l'*Art de la guerre* de Sun Tzu).

## Quelques idioties de seconde classe

M. J. Ranum énumère pour finir quelques assertions et pratiques stupides de moindre ampleur :

- « Nous ne sommes pas une cible intéressante » : or, tout le monde est visé, les vers et les virus ne sont pas capables d'identifier les cibles qui en valent la peine ;
- « en déployant < *mettre ici le nom de votre système ou pare-feu préféré* > nous serons protégés » : non, le système ou le pare-feu qui protège, c'est celui pour lequel il y a sur le site un ingénieur (oui, un ingénieur, les gens qui savent faire cela sont des ingénieurs) compétent, qui le connaît bien et qui consacre beaucoup de son temps à s'en occuper ;
- « pas besoin de pare-feu, notre système est sûr » : non, même avec un système sûr, sans pare-feu, toute application réseau est une cible facile ;

- « pas besoin de sécuriser le système, nous avons un bon pare-feu » : non, le trafic légitime qui franchit le pare-feu comporte des risques ;
- « démarrons la production tout de suite, nous sécuriserons plus tard » : non, ce ne sera jamais fait, et si cela doit l'être, cela prendra beaucoup plus de temps et de travail que de l'avoir fait au départ ;
- « nous ne pouvons pas prévoir les problèmes occasionnels » : si, vous pouvez ; prendriez-vous l'avion si les compagnies aériennes raisonnaient ainsi ?

# Les cinquante prochaines années, selon Alan Cox

Alan Cox est un des principaux développeurs du noyau Linux, qu'il a notamment contribué à doter de la capacité de préemption. Il est intéressant de relever ce qu'il considère comme des facteurs de progrès de la sécurité des systèmes informatiques, en partant de son jugement sur la situation actuelle d'insécurité, qu'il estime insoutenable :

1. l'essor des systèmes de vérification de code (cf. p. 154), et surtout de leur utilisation ;
2. l'amélioration des méthodes de développement, avec des langages dotés d'un système de gestion automatique de la mémoire, en général un glaneur de cellules *(garbage collector)*, comme Java ou Scheme, ce qui règle la majeure partie des problèmes d'allocation mémoire, principale source de failles comme l'on sait (voir p. 147) ;
3. une gestion plus fine et plus restrictive de l'attribution des privilèges aux utilisateurs ;
4. les techniques de *défense en profondeur* (cf. p. 16) se répandent : ainsi, le choix d'adresses aléatoires (ou plutôt imprévisibles) pour l'implantation des objets en mémoire, le verrouillage par le matériel ou par le logiciel de certaines régions de mémoire rendues non exécutables, l'usage de systèmes sécurisés comme *SELinux* (une version blindée de Linux), etc.

# Détection d'intrusion, inspection en profondeur

C'est ici encore à Marcus J. Ranum [7] que nous ferons appel pour discuter la question de l'*inspection en profondeur* ; dans l'article que nous évoquons ici et dont nous retraçons les grandes lignes, il entreprend de démontrer la supériorité du mandataire applicatif sur les différents systèmes de détection et de prévention des attaques. Cet article se situe dans la droite ligne de celui que nous avons présenté au début de ce chapitre [8], en cela il défend les principes des *méthodes de sécurité a priori*, ou par construction, par opposition aux *méthodes de sécurité a posteriori*, ou curatives.

## Pare-feu à états

Nous avons vu, à la section consacrée aux pare-feu (p. 227), que les techniques traditionnelles de filtrage n'étaient plus suffisamment efficaces pour bloquer les attaques modernes perfectionnées, et que les pare-feu modernes utilisaient de plus en plus les techniques de suivi de connexion, qui consistent à garder en mémoire une séquence de paquets de façon à en faire l'analyse longitudinale, ce qui permet de détecter certaines malfaisances subtiles, notamment par la défragmentation de datagrammes IP et le réassemblage de segments TCP. Les pare-feu qui utilisent cette méthode, inaugurée en 1993 par la firme *Checkpoint*, sont appelés *stateful firewalls*, ou pare-feu à états.

## Détection et prévention d'intrusion

La vague suivante de produits de sécurité fut celle des systèmes de détection et de prévention d'intrusion, dont le modèle libre est le logiciel *Snort*. Ces logiciels utilisent une base de données de signatures de vers et d'autres logiciels malfaisants, un peu à la manière d'un antivirus, et se sont révélés relativement efficaces contre la grande épidémie de vers des années 2001 à 2004, mais leur vogue décline au fur et à mesure que leur efficacité diminue. La base de signatures de *Snort* contient les descriptions de plus de 3 000 attaques. Le principe de fonctionnement et les usages de ces systèmes de protection seront analysés plus en détail p. 579.

---

7. http://www.ranum.com/security/computer_security/editorials/deepinspect/
8. http://www.ranum.com/security/computer_security/editorials/dumb/

## Inspection en profondeur

Une autre voie, illustrée par certains fournisseurs (Checkpoint, Netscreen), est le pare-feu à inspection en profondeur de paquets. Il s'agit en fait d'un pare-feu à états auquel on aurait greffé la base de signatures d'un système de prévention d'intrusions, et en outre quelques procédures de détection d'anomalies protocolaires.

## Critique des méthodes de détection

Dans son article cité en référence, Marcus J. Ranum cite en exemple de procédure d'inspection en profondeur l'analyse du protocole SMTP par le logiciel NFR : ce logiciel examine la séquence complète de commandes SMTP du début à la fin de l'envoi de message, et émet une alerte en cas d'occurrence d'une commande `Mail From:` émise par le logiciel client avant la commande `RCPT To:` correspondante. Une telle analyse est très efficace, parce qu'un logiciel de messagerie de bonne foi n'utilisera *jamais* une telle séquence, et qu'il ne peut s'agir que d'une anomalie, d'une tentative de piraterie. Mais, dans cet exercice, un pare-feu à base de mandataire applicatif sera supérieur à un système de détection d'anomalies protocolaires, parce que par définition le mandataire *exécute* le protocole, et que de ce fait aucune anomalie ne peut lui échapper. Alors que le système de détection en est réduit à *supputer* ce que le protocole exécute, le mandataire *est* une implantation plus sûre du protocole que le serveur lui-même.

Comme un mandataire applicatif exécute les séquences protocolaires pour lesquelles il a été programmé dès sa conception, il n'accomplit, par construction, que des actions autorisées, il réalise le principe « par défaut, tout est interdit ».

Le logiciel de détection d'attaques examine sa base de données de signatures d'attaques, et s'il ne trouve aucune signature qui corresponde à la séquence examinée, il considère qu'elle est légitime, ce qui réalise le principe « par défaut, tout est permis ».

Face à des profils d'attaques de plus en plus nombreux, de plus en plus divers et de plus en plus complexes, nous pensons que dans la course aux armements entre attaquants et systèmes de détection, les attaquants submergeront tôt ou tard les défenseurs, et nous nous rangerons à l'avis de Marcus J. Ranum : l'avenir est au mandataire applicatif.

# Répartition de charge et mandataire applicatif

Les sites web importants dont le fonctionnement est vital pour l'entreprise sont habituellement répartis sur plusieurs serveurs, de préférence dans des centres de calcul *(datacenters)* géographiquement distincts, c'est une précaution essentielle. Une entreprise dont l'activité est mondiale aura de surcroît intérêt à recopier son site sur des serveurs répartis au plus près de ses clients actuels ou espérés, sur les différents continents. Cette répartition pose d'intéressants problèmes de synchronisation et de sauvegarde des données, ainsi que d'aiguillage des requêtes des internautes vers le serveur le mieux à même de répondre vite et bien. Et bien sûr en cas de panne d'un serveur il faut rediriger le trafic vers un serveur survivant judicieusement choisi. L'ensemble des techniques qui permettent de répartir le trafic des requêtes entre différents serveurs se nomme *répartition de charge (load balancing)*.

Willy Tarreau a consacré un article de la revue *MISC* [272] au logiciel HAProxy, introduit en 2001 et depuis régulièrement perfectionné, qui procure les fonctions d'équilibrage de charge et de mandataire applicatif pour les flux HTTP et TCP ; il est disponible sous licence GPL v2, ou sous licence commerciale, ou incorporé à des boîtiers *(appliances)* qu'il est possible d'installer directement dans un réseau.

Willy Tarreau expose pour commencer les problèmes soulevés par la répartition de charge. Un algorithme naïf, par exemple choix du serveur au hasard, ou à tour de rôle *(round robin)*, risque d'accroître l'indisponibilité apparente du système au fur et à mesure que l'on ajouterait des serveurs, parce que la probabilité de tomber sur un serveur en panne augmenterait. Un bon système de répartition doit donc comporter une fonction de détection des pannes de serveurs.

Les sites web marchands à fort trafic sont visés par de très nombreuses attaques qui viennent s'ajouter au risque normal de défaillance technique d'un élément de l'infrastructure : un système de répartition de charge doit donc non seulement aiguiller chaque requête vers le serveur le plus à même de répondre rapidement, mais aussi s'assurer qu'il est en bon état de marche, tant du point de vue du matériel que de celui du logiciel, ce qui suppose d'aller plus loin que le simple *ping*, d'émettre quelques interrogations de la base de données et de vérifier la validité des réponses obtenues.

Dans une configuration telle que celles évoquées ci-dessus, le répartiteur de charge joue le rôle de passerelle d'accès au réseau ; sa panne éventuelle est donc un risque catastrophique. Éviter le risque peut se faire par la redondance, en installant plusieurs répartiteurs. Willy Tarreau nous explique que la mise en œuvre de la réplication des répartiteurs est beaucoup plus simple que ne le serait celle des serveurs, parce qu'un répartiteur ne conserve en principe aucune donnée de contexte. Il est possible, pour mettre en place une telle redondance, de s'appuyer sur le protocole *Virtual Router Redundancy Protocol*[9] (protocole de redondance de routeur virtuel, VRRP), dont le but est d'augmenter la disponibilité de la passerelle par défaut des hôtes d'un même réseau. Le principe est de définir la passerelle par défaut pour les hôtes du réseau par une adresse IP virtuelle qui fait référence à un groupe de routeurs.

Dans le cas de sites répartis à la surface du globe, le système de répartition doit aussi déterminer la position géographique de l'émetteur de la requête pour le diriger vers un serveur proche. Pour ce faire, existent principalement deux méthodes : par l'identification du résolveur DNS qui a émis la demande de résolution, ou par la localisation de l'adresse IP du client. La première méthode est plus rapide, la seconde plus précise, Willy Tarreau conseille une combinaison des deux, parce que dans le cas de gros FAI à couverture internationale la localisation par le DNS est trop imprécise.

Notre auteur souligne que la combinaison des méthodes de répartition de charge et de la redondance des passerelles contribue non seulement à l'optimisation des temps de réponse des serveurs répartis, mais aussi à la robustesse de l'ensemble, dans la mesure où un équipement en panne peut grâce à ces techniques être automatiquement et rapidement suppléé par un autre élément de l'infrastructure. Le système de répartition joue ainsi un rôle important pour l'élaboration des plans de reprise d'activité après incident (PRA) et des plans de continuité d'activité (PCA).

La fonction de mandataire de HAProxy assure l'isolation protocolaire, et donc la protection, du serveur web de la façon suivante : il est installé en coupure sur l'accès réseau au serveur, en d'autres termes il établit deux connexions TCP indépendantes, l'une vers le serveur, l'autre vers le client. Ainsi, écrit Willy Tarreau, « les attaques protocolaires employant par exemple des paquets malformés ou de l'usurpation d'adresse IP *(IP spoofing)* ne seront jamais relayées aux serveurs. Cela veut dire également que les serveurs peuvent être hébergés sur un réseau privé non accessible d'Internet, ce qui limite très fortement les risques d'intrusions, de vol de données, de récupération de codes malfaisants à l'extérieur, ou de rebonds pour attaquer d'autres sites, vu que le seul trafic qui passe est celui pour lequel des règles précises ont été configurées sur le répartiteur de charge. »

---

9. https://fr.wikipedia.org/wiki/Virtual_Router_Redundancy_Protocol

HAProxy peut également être utilisé pour assurer la disponibilité d'un service en nuage *(cloud)*, notamment avec le système de déploiement d'infrastructures en nuage (IaaS) OpenStack [204]. Le guide cité en référence explique la configuration d'un tel dispositif.

# Menaces et confidentialité persistantes

## Programmes malfaisants furtifs et persistants (APT)

Les programmes malfaisants furtifs et persistants (APT, *Advanced Persistent Threat*) sont les vecteurs des attaques en vogue en cette année 2016. Au lieu de bombarder la planète d'agressions à large spectre, il s'agit d'infiltrer discrètement un logiciel malfaisant dans un système particulier, par exemple un cheval de Troie, et de faire en sorte qu'il puisse y rester de façon durable sans être remarqué et y accomplir sa mission d'espionnage ou de sabotage.

Les exemples les plus fameux (mais pas les seuls!) de ces programmes malfaisants furtifs et persistants ont pour auteurs ou pour cibles des acteurs étatiques, ainsi le ver Stuxnet, généralement attribué à une collaboration américano-israélienne contre les installations nucléaires iraniennes (cf. p. 553), et son successeur hypothétique *Flame* consacré à l'espionnage de systèmes Windows.

## Confidentialité persistante (forward secrecy)

À l'instar des menaces, la confidentialité s'oriente vers la persistance *(forward secrecy)*.

Un rapport technique du MIT [2] intitulé *Keys Under Doormats : Mandating insecurity by requiring government access to all data and communications* et signé de 15 experts reconnus (Steven M. Bellovin, Whitfield Diffie, Bruce Schneier, Susan Landau et Ronald L. Rivest pour ne citer qu'eux) explique que la technique de chiffrement qui repose sur une clé de session partagée pour une longue période (chiffrement symétrique) que les acteurs de la communication s'échangent en la chiffrant avec une clé publique (chiffrement asymétrique, cf. p. 56) tend à être abandonnée, parce que si la clé privée associée à la clé publique est compromise, alors non seulement toutes les communications qui auront lieu jusqu'à la découverte de la compromission seront accessibles à l'attaquant, mais aussi toutes les communications passées seront ainsi compromises rétrospectivement.

Pour conjurer ce risque, la tendance actuelle parmi les organisations qui prennent la sécurité au sérieux consiste à négocier une nouvelle clé de session pour chaque transaction, et à réserver l'usage des clés à longue durée de vie aux fins d'authentification. Ainsi les données rendues accessibles par une compromission de clé de session seront beaucoup moins nombreuses, et le vol de clé plus difficile parce que celle-ci sera détruite aussitôt après la transaction.

# À qui obéit votre ordinateur ?

En ce début de siècle obsédé par des menaces contre la sécurité et l'ordre public se manifestent des tendances au renforcement du contrôle social, qui, dans le domaine qui nous intéresse ici, se traduisent par de vastes projets de surveillance des usages des ordinateurs et des réseaux, et d'interdiction de ceux de ces usages qui ne reçoivent pas l'assentiment des puissances à l'œuvre dans l'industrie des médias, par exemple pour ce qui touche à la diffusion et à l'échange de musique et de films par l'Internet. Ces tendances répressives constituent un danger parce que, comme toutes les mesures excessives et abusives, elles se retournent contre leur objectif initial : elles se révèlent nuisibles à la disponibilité et à la liberté d'usage légitime des systèmes d'information, tout en concentrant un pouvoir excessif dans les mains d'un petit nombre d'entreprises privées.

## Conflit de civilisation pour les échanges de données numériques

L'ubiquité de l'informatique et de l'Internet jusque dans les habitudes domestiques et culturelles a engendré de nouveaux comportements dans la vie privée des citoyens, au nombre desquels la publication de sites web privés tels que les blogs, l'échange de conversations et de documents de toute sorte par le réseau, qu'il s'agisse de textes, d'images ou de sons, ainsi que de nouvelles formes de créativité, puisque tel qui était mauvais dessinateur au fusain et au canson peut se révéler brillant graphiste électronique, et tel autre qui souffrait du symptôme de la page blanche avec un stylo frise la graphomanie avec un clavier et un écran. Ces nouvelles pratiques culturelles sont souvent associées à l'usage de logiciels libres, ou fécondées par eux. Elles ont considérablement élargi le champ de la liberté d'expression, et apparaissent comme une évolution majeure de la civilisation et de la culture.

Cette véritable révolution culturelle rencontre l'hostilité des industriels du divertissement ; rappelons ici quelles sont les grandes puissances de cette industrie : le marché mondial de l'édition numérique (CD et DVD) est contrôlé par quatre géants, les « majors » : EMI, Sony, TimeWarner et Universal. Ces industriels du divertissement, au lieu de s'adapter à ces évolutions en imaginant de nouvelles formes de commerce, comme Amazon a bien su le faire, ont préféré s'engager dans un combat conservateur (perdu d'avance) pour préserver leurs rentes, assises sur des technologies vieillissantes vendues à des tarifs surévalués, et faire interdire les nouvelles pratiques culturelles évoquées ci-dessus. À cette fin ils se sont engagés dans un combat juridico-technique planétaire pour faire adopter par les États des législations prohibitionnistes à l'encontre des nouvelles pratiques de création et d'échange, qui reposent sur les ordinateurs et le réseau.

Le combat juridique se double d'un combat technique. En fait, l'offensive des majors avance sur deux fronts :

- créer des dispositifs techniques destinés à empêcher ou à surveiller les pratiques jugées indésirables par les majors ; nous avons eu l'occasion de décrire un de ces procédés à la p. 71 ; dans cette entreprise ils reçoivent le soutien de certains industriels de l'informatique ;
- faire adopter par les États des législations qui interdisent le contournement de ces dispositifs techniques, et qui permettraient de punir les pratiques désapprouvées par les majors.

Cette combinaison de dispositions techniques et légales devrait être verrouillée, si les rêves des majors se réalisent, par l'adoption en Europe d'une législation sur la brevetabilité du logiciel, inspirée de celle qui a cours aux États-Unis, et qui pourrait empêcher la création de logiciels libres, notamment dans ce domaine de la création et de la diffusion d'œuvres de l'esprit. Dans ce combat des brevets logiciels, les majors ont reçu le renfort de Siemens, Nokia, Philips et Alcatel. Autant dire que les forces hostiles aux nouvelles pratiques culturelles disposent de moyens économiques et de pouvoirs d'influence considérables.

# Dispositifs techniques de prohibition des échanges

## Gestion des droits numériques (DRM)

Nous avons déjà évoqué à la p. 71 le protocole de gestion des droits numériques DRM, en l'occurrence pour en signaler une réalisation fautive et frauduleuse. DRM vise à protéger des données numériques enregistrées sur CD ou DVD, ou diffusées par le réseau, au moyen d'un système de chiffrement et de signature. Le fichier numérique qui contient, par exemple, le film, ou la musique, est chiffré et compressé. Il ne pourra être lu qu'au moyen d'un logiciel spécial, qui sera éventuellement fourni avec le fichier et installé sur le même support. Pour lire le fichier, c'est-à-dire voir le film ou écouter la musique, l'acheteur devra fournir une clé secrète qui lui aura été remise au moment du paiement. Le logiciel DRM pourra également, au gré du vendeur, limiter le nombre de copies possibles du fichier, ou le nombre de lectures, ou la date-limite de lecture.

Un des multiples inconvénients du protocole DRM, c'est qu'il limite l'usage légitime des données qu'il protège : si le logiciel de lecture ne fonctionne que sur tel ou tel modèle de lecteur de DVD ou avec tel ou tel système d'exploitation, les propriétaires de systèmes différents ne pourront pas utiliser le DVD en question, quand bien même ils l'auront payé, et la loi sur les brevets logiciels leur interdira de créer un logiciel libre destiné à résoudre ce problème. La situation décrite ici n'est pas du tout un cas d'école, elle s'est effectivement produite : ainsi le Norvégien Jon Johansen a été poursuivi en 2000 par les tribunaux de son pays, à la demande de l'Association américaine pour le contrôle de la copie de DVD (DVD-CAA), pour le simple fait d'avoir tenté de lire ses propres DVD, et d'avoir écrit pour ce faire le logiciel DeCSS pour le décodage des DVD sous Linux ; il a finalement été acquitté en 2003. Et on ne compte plus les acheteurs dépités de ne pas pouvoir lire leur DVD tout neuf sur leur lecteur tout neuf, grâce à DRM.

## Intégration des DRM dans HTML 5 ?

En 2015 le *World Wide Web Consortium* (W3C), organe créé en octobre 1994 à l'initiative de Tim Berners-Lee pour promouvoir la compatibilité des technologies du *World Wide Web*, a terminé la mise au point de la version 5 du protocole *HyperText Markup Language* (HTML), dont beaucoup d'éléments, tels que publiés dans le document provisoire du 22 janvier 2008, sont déjà disponibles dans les versions récentes des navigateurs et des logiciels de publication sur le Web.

La question est posée (et non tranchée) de l'introduction des dispositifs de DRM dans cette nouvelle version de la norme. Cette suggestion a donné lieu à une déclaration favorable de Tim Berners-Lee [10], désapprouvée par Cory Doctorow, actif dans l'organisation *Creative Commons* et militant de l'*Electronic Frontier Foundation* dans un article du blog du *Guardian* [11] [86].

Les arguments de Doctorow contre l'introduction des DRM dans la norme sont les suivants :

- De toutes les façons, les expériences déjà réalisées des dispositifs de DRM, par exemple pour interdire la lecture des DVD dans des régions autres que celle où ils ont été achetés, ont montré que cela ne marchait pas : ces dispositifs, s'ils étaient source de frustrations et de dépossession pour les acheteurs naïfs et de bonne foi, étaient techniquement inefficaces contre des utilisateurs compétents et résolus à accéder aux données.
- Le W3C a établi son système de normes sur le principe qu'elles seraient ouvertes, disponibles gratuitement et libres de brevets. Mais, par définition, les systèmes de DRM exigent des dispositifs fermés, secrets et couverts par des brevets qui permettent aux détenteurs des droits d'exiger des fabricants de lecteurs, matériels ou logiciels, le respect de spécifications confidentielles et le paiement de redevances.
- En effet, par définition, un dispositif de DRM sert à « protéger » des données contre un « attaquant » qui n'est autre que leur acquéreur légitime. Si le dispositif de « protection » est public, il sera facilement contourné. Il doit donc rester secret.
- Comme les dispositifs de DRM sont secrets et couverts par des brevets, ils font peser une menace juridique sur les auteurs de systèmes de lecture, et si la norme HTML incorpore de tels dispositifs, cette menace s'étendra jusqu'aux navigateurs web.
- Il résulte de ce qui précède que l'introduction des DRM dans la norme HTML permettrait pratiquement d'interdire les logiciels libres dans tout le domaine de la navigation web, ce qui serait contraire à tous les principes du W3C, et inacceptable.
- En outre, les expériences passées montrent que si les DRM sont impuissants à empêcher la copie non autorisée, ils réussissent parfaitement à empêcher l'innovation, par leur corset d'interdictions et d'obligations qui pèsent sur

---

10. http://boingboing.net/2013/03/10/tim-berners-lee-the-web-needs.html

11. http://www.guardian.co.uk/technology/blog/2013/mar/12/tim-berners-lee-drm-cory-doctorow

les créateurs. Il en va de même d'ailleurs pour les systèmes apparentés de restrictions, comme le *Digital Millennium Copyright Act* américain de 1998 (DMCA). On peut citer comme exemple de telles stérilisations le fait que la technologie DVD n'a connu pratiquement aucune innovation en vingt ans, alors que l'absence de telles contraintes sur les CD a permis l'invention des *iPods* et d'*iTunes*, ainsi que la disparition des mini-disques de Sony, techniquement attrayants mais dépourvus d'intérêt du fait de restrictions juridiques léonines, interdisant notamment tout raccordement à un ordinateur.

### Trusted Computing Group (TCG)

*Trusted Computing Group* (nommé jusqu'en 2003 *Trusted Computing Platform Alliance*) est une association d'entreprises d'informatique (HP, IBM, Intel, Microsoft...) qui se donne pour objectif la sécurité des équipements et des réseaux informatiques, et qui développe pour cela des dispositifs matériels et logiciels qu'elle souhaite incorporer au cœur des ordinateurs et des systèmes d'exploitation de demain. Il faut noter que les dispositifs envisagés par TCG sont destinés à être implantés dans des couches basses du matériel et du logiciel, de telle sorte que l'utilisateur ne pourra pas intervenir pour modifier leur comportement.

Le principe des dispositifs TCG consiste à attribuer une signature à chaque élément de système informatique (logiciel, document), et à déléguer à un tiers de confiance la possibilité de vérifier si l'objet considéré peut être légitimement utilisé sur le système informatique local.

Tout élément non signé ou dont la signature n'est pas agréée par le tiers de confiance sera rejeté. On imagine les applications d'un tel dispositif à la lutte contre les virus. Mais aussi, si par exemple le « tiers de confiance » est le fournisseur du système (et qui pourra l'empêcher de s'arroger cette prérogative ?), il lui sera possible de vérifier que les applications utilisées sont bien conformes au contrat de licence concédé à l'utilisateur. Un des problèmes soulevés par cette technique est que l'utilisateur final perd ainsi toute maîtrise de ce qui peut ou ne peut pas être fait avec son propre ordinateur. C'est par ce procédé, notamment, qu'Apple s'assure que son système d'exploitation Mac OS X ne peut être exécuté que sur les ordinateurs à processeur Intel de sa fabrication. Mais on pourrait imaginer que cette méthode soit utilisée pour empêcher l'usage de certains logiciels libres.

Les spécifications émises par TCG formulent la définition du *Trusted Platform Module* (TPM), destiné à procurer des *primitives de sécurité* dans un environnement sûr. Par « primitives » on entend : signature électronique, génération de nombres pseudo-aléatoires, protection de la mémoire, accès à un état garanti de l'information contenue par le TPM. L'intégrité et l'authenticité de ces primitives et de leur exécution sont assurées par des dispositifs matériels. Le TPM doit être un composant discret, identifiable de façon distincte sur la carte-mère de l'ordinateur, mis en œuvre au moyen d'un pilote activé par le BIOS. Ces dispositions assurent l'indépendance du fonctionnement du TPM à l'égard de ce qui se passe dans le système accessible à l'utilisateur. Par exemple, l'utilisation du TPM peut garantir qu'un dispositif de DRM n'aura pas été modifié ou contourné par un utilisateur, opération triviale avec les dispositifs de DRM actuels, implantés purement en logiciel.

## Next-generation secure computing base (NGSCB)

*Next-generation secure computing base* est le nom d'un projet Microsoft antérieurement baptisé Palladium. NGSCB devait être utilisé par Microsoft pour implanter une architecture de confiance dans son système le plus récent à l'époque, *Vista*, mais cette installation est différée *sine die*, sans doute à cause des réticences suscitées par les aspects *Big Brother* prêtés au système. Microsoft n'a rien communiqué sur ce projet depuis 2004, et aucune réalisation n'en est apparue dans Windows 7.

Avec NGSCB, qui fonctionne à l'aide d'un processeur cryptographique, le système d'exploitation travaillerait dans un environnement de sécurité. Les principes en sont d'incorporer la cryptographie au système d'exploitation pour garantir l'intégrité des échanges entre processus, entre les processus et la mémoire, entre les processus et les disques, et entre les processus et les dispositifs d'entrée-sortie (clavier, souris, écran...).

Ce mode de fonctionnement permettrait de vérifier que des fichiers créés par une application ne peuvent être lus ou modifiés que par cette même application ou par une autre application autorisée, de protéger le système contre l'exécution de codes non autorisés tels que les virus et tout programme non autorisé par l'utilisateur ou l'administrateur, et de mener à bien l'édification de systèmes informatiques vraiment distribués dont chaque composant puisse faire confiance aux autres parties du système (logicielles ou matérielles) même si celles-ci font partie d'un système distant.

Les détracteurs du projet ne manquent pas d'observer qu'avec NGSCB Microsoft aurait les moyens d'exercer un contrôle total sur les ordinateurs de ses clients, et notamment d'y persécuter les logiciels libres qu'il estimerait contraires à ses intérêts. Un tel dispositif serait aussi de nature à accroître l'efficacité des systèmes de DRM... et à aggraver les abus qui en découlent, signalés ci-dessus.

Les développements de cette politique de contrôle des usages ont été évoqués par la revue *Microprocessor Report*[166] : les industriels ont envisagé de lancer une offre de diffusion vidéo haute définition à la demande par l'Internet, qui aurait été encadrée par des mesures techniques de protection drastique, en l'occurrence les plates-formes matérielles *Viiv* d'Intel ou *Live!* d'AMD, le procédé de chiffrement HDCP *(High Bandwidth Digital Content Protection)* et le dispositif de connexion HDMI *(High Definition Multimedia Interface)*. Tout cela signifie qu'il aurait fallu, pour accéder à cette offre, faire l'emplette d'un nouvel ordinateur et d'un nouveau système d'exploitation, et que les systèmes libres tels que Linux ou OpenBSD en auraient probablement été exclus. Tous ces projets liberticides semblent tombés à l'eau, au moins provisoirement.

## Informatique de confiance ou informatique déloyale ?

Richard M. Stallman a écrit en 2002 un article[12] de critique de ces projets qui prétendent nous mener vers une informatique « de confiance », où il la qualifie, au contraire, d'*informatique déloyale*. La déloyauté réside dans les possibilités que NGSCB offre au « tiers de confiance » pour agir sur les données stockées par l'ordinateur, à l'insu de l'utilisateur légitime et sans que celui-ci ne puisse rien faire pour l'empêcher. R. M. Stallman donne des exemples d'actions déloyales rendues possibles par de telles techniques :

« Rendre impossible le partage des fichiers vidéos et musicaux est une mauvaise chose, mais cela pourrait être pire. Il existe des projets pour généraliser ce dispositif aux messages électroniques et aux documents – ayant pour résultat un e-mail qui disparaîtrait au bout de deux semaines, ou des documents qui pourront seulement être lus sur les ordinateurs d'une société mais pas sur ceux d'une autre. [...]

Les logiciels de traitement de texte tels que Word de Microsoft pourraient employer « l'informatique déloyale » quand ils enregistrent vos documents, pour s'assurer qu'aucun autre traitement de texte concurrent ne puisse les lire. [...]

Les programmes qui utilisent « l'informatique déloyale » téléchargeront régulièrement de nouvelles règles par Internet, et imposeront ces règles automatiquement à votre travail. »

---

12. `http://www.gnu.org/philosophy/can-you-trust.fr.html`

Nous trouvons sur le site de l'Adullact [13] un texte d'analyse des licences logicielles, qui corrobore les craintes que l'on peut avoir à l'égard des mesures techniques de protection associées à la gestion des droits numériques :

« L'intégration de la gestion des droits numériques (DRM) dans Windows implique que la société Microsoft peut à tout moment révoquer votre droit d'accès aux contenus sécurisés si elle considère votre logiciel compatible-DRM compromis. Une liste de logiciels révoqués est automatiquement installée sur votre ordinateur à chaque téléchargement de contenus sécurisés. Une mise à jour de votre logiciel compatible-DRM est alors nécessaire pour continuer à accéder à vos fichiers sécurisés. Cette révocation n'empêche cependant pas l'accès à des contenus non protégés par les DRM. »

De tels projets constituent effectivement une menace contre la liberté d'expression, et contre les libertés publiques en général. Les entreprises qui les fomentent exploitent abusivement pour leur promotion la psychose de sécurité consécutive au 11 septembre 2001. La puissance de ces entreprises semble considérable, mais nous pensons qu'elles seront néanmoins impuissantes à endiguer les nouvelles pratiques culturelles, parce que celles-ci sont déjà le fait de plusieurs dizaines de millions d'internautes de par le monde, qu'il s'agisse de la publication et de l'échange sur Internet ou du recours aux logiciels libres.

En préparant l'édition 2016 de ce livre, les auteurs constatent le recul ou l'effacement de ces projets liberticides, et espèrent qu'il ne s'agira pas d'une simple éclipse, mais d'une véritable extinction.

## Mesures de rétorsion contre les échanges de données

### Le rapport Kahn-Brugidou

Le gouvernement français a demandé à Antoine Brugidou, d'*Accenture*, et à Gilles Kahn, alors président d'Inria, un rapport (remis en mars 2005 et disponible en ligne) sur les échanges de fichiers musicaux par Internet et sur les moyens éventuels de les contrôler ou de les bloquer par des dispositifs techniques [14]. Ce rapport est destiné notamment à répondre aux préoccupations des syndicats français des en-

---

13. `http://www.adullact.org/archives/285-un-cadre-de-reflexion-pour-comprendre-l-impact-du-choix-des-licences-copyleft-telle-que-la-gpl-par-opposition-aux-licences-non-copyleft`

14. `http://www.culture.gouv.fr/culture/actualites/rapports/filtrage/charte.pdf`

treprises de l'édition phonographique et cinématographique, qui ne pensent qu'à interdire, détecter, bloquer et punir les échanges en question.

La réponse donnée par le rapport est que les mesures techniques de contrôle et d'interdiction dont rêvent les éditeurs seront difficiles à mettre en œuvre, très coûteuses, et d'une efficacité limitée dans le temps. En effet les systèmes de filtrage de flux sur l'Internet, pour être réellement efficaces, devraient être installés au cœur des réseaux des fournisseurs d'accès à l'Internet (FAI); or les FAI ne manifestent aucun enthousiasme à l'idée d'encombrer leurs infrastructures avec ces matériels onéreux, qui vont ralentir le débit de leurs réseaux, et dont l'objectif est d'empêcher leurs clients de se livrer aux activités pour lesquelles justement ils ont souscrit un abonnement à haut débit. Si le ministère de la Culture soutient les syndicats d'éditeurs, le ministère de l'Industrie soutient les FAI.

Plus récemment, le 14 avril 2011, un avocat général auprès de la Cour européenne de justice de Luxembourg, Pedro Cruz Villalon, a émis un avis selon lequel un tribunal national ne peut pas contraindre un FAI à filtrer toutes les communications pour bloquer celles qui violeraient les droits d'auteur; une telle mesure de blocage ne serait admissible que si elle reposait « sur une base légale nationale, accessible, claire et prévisible »[15]. La guerre entre filtreurs et téléchargeurs ne semble pas près de s'éteindre, que ce soit dans les *datacenters* ou devant les tribunaux.

---

**Téléchargement illégal et marché à deux versants**

La diffusion de musique et de films sur Internet sans accord des détenteurs de droits d'auteur est, comme la télévision hertzienne, un *marché à deux versants* : le téléspectateur qui regarde TF1 croit qu'il reçoit un spectacle gratuit, mais comme le PDG de la chaîne Patrick Le Lay l'a énoncé avec une franchise et une clarté dignes d'éloges, ses vrais clients sont ceux qui paient, en l'occurrence les annonceurs publicitaires.

Quel rapport avec le téléchargement « gratuit » de musique sur Internet? C'est exactement la même chose : l'internaute croit accéder à un bien culturel gratuit, mais il paie, assez cher, un abonnement haut débit au réseau, sans oublier un ordinateur, des supports de stockage, un écran grand format et des enceintes acoustiques.

La seule différence, mais elle est de poids, entre le téléchargement « gratuit » de musique sur Internet et la télévision hertzienne, est la suivante : dans le cas de la télévision, TF1 subventionne le téléspectateur avec de l'argent gagné honnêtement par un contrat de régie publicitaire avec des annonceurs. Dans le cas du téléchargement pirate, le fournisseur d'accès à l'Internet subventionne l'internaute par des « cadeaux » volés à leurs légitimes propriétaires.

---

15. `http://curia.europa.eu/jcms/upload/docs/application/pdf/2011-04/cp110037fr.pdf`

Les principes de fonctionnement des dispositifs de filtrage ne sont pas déterministes, mais heuristiques : en effet rien ne permet de distinguer de façon sûre un échange pair à pair « suspect » d'un autre type de trafic, comme nous l'avons vu à la p. 380. Le filtrage des adresses IP, des numéros de ports ou d'autres données de protocole est totalement inefficace contre ce type de trafic. Les systèmes de détection doivent donc reconnaître la « signature » d'un échange, puis ouvrir les paquets pour en investiguer le contenu et mettre en évidence le « délit ». Chaque fois que le protocole (non public) du système pair à pair sera modifié, les systèmes de détection seront mis en échec.

Les sociétés *Allot*, *Vedicis*, *Cisco* (gamme *P_Cube*), *Audible Magic* (boîtier *Copy-Sense*) et *Advestigo* proposent des solutions de filtrage de contenus et de filtrage de protocole basées sur la reconnaissance de signature. La collaboration entre ces sociétés et les éditeurs d'œuvres susceptibles d'être piratées facilite la constitution de bases de données de signatures, qui augmentent le taux de réussite des interceptions.

Il y a aussi des systèmes de filtrage sur le poste client, qui supposent la collaboration de l'utilisateur, par exemple dans le cas de parents qui souhaitent empêcher leurs enfants de s'adonner au téléchargement ; cet état de fait pourrait changer avec des dispositifs tels que TCG (cf. p. 416) et NGSCB (cf. p. 417), susceptibles d'être utilisés pour surveiller un ordinateur sans le consentement de son propriétaire légitime, mais nous voulons croire que des situations aussi iniques ne pourront pas voir le jour.

MM. Brugidou et Kahn envisagent dans leur rapport plusieurs scénarios de déploiement d'outils de filtrage sur les infrastructures des FAI. Ces équipements, pour jouer leur rôle, devront être installés en coupure, ce qui signifie qu'ils devront être adaptés au débit des infrastructures, soit à la date du rapport généralement 1 gigabit/s, mais bientôt 10 Gb/s, c'est-à-dire qu'ils seront coûteux. Ainsi, le rapport envisage une solution suggérée par un syndicat professionnel et adaptée au réseau de France Télécom : elle consisterait à implanter un boîtier *Allot* à 1 Gb/s en coupure derrière chaque BAS *(Broadband Access Server)* du réseau ADSL de l'opérateur, soit à l'époque de l'étude 143 boîtiers. Le prix de chaque boîtier est de plusieurs dizaines de milliers d'euros. Les fournisseurs d'accès à l'Internet n'ont guère d'attrait pour ce type d'investissement, qui pénaliserait surtout leurs clients en termes de performances du réseau et de liberté d'usage de leurs ordinateurs, et ce pour une efficacité très discutable.

> **Vocabulaire : BAS et DSLAM**
>
> Les accès ADSL *(Asymmetric Digital Subscriber Line)* d'un opérateur sont raccordés à un DSLAM *(DSL Access Multiplexer)*. Un DSLAM sera en général installé dans un central (nommé désormais *Nœud de Raccordement d'Abonné,* ou NRA) et desservira une zone de 4 ou 5 km de rayon. Un BAS *(Broadband Access Server)* concentrera le trafic d'une dizaine de DSLAM.

La voie du blocage des échanges de fichiers sur le réseau semble donc peu prometteuse pour les industriels du divertissement : on comprend qu'ils soient tentés de se rabattre sur l'implantation de la gestion numérique des droits au cœur de l'ordinateur, avec des technologies telles que les TPM (cf. p. 416) et NGSCB (cf. p. 417). Ces dernières solutions pourraient être techniquement efficaces, mais elles seraient inacceptables pour les utilisateurs, qui y verraient un empiètement intolérable sur leur liberté d'utiliser comme bon leur semble les objets et les supports numériques qu'ils ont achetés.

## La loi DADVSI

Nonobstant les difficultés évoquées par le rapport Kahn-Brugidou et les réserves qu'il émettait à l'égard des mesures techniques de contrôle et d'interdiction, le gouvernement français s'est engagé dans cette voie. Si la loi *Droit d'auteur et droits voisins dans la société de l'information* (DADVSI), votée le 30 juin 2006, était en principe une transposition d'une directive européenne, dans le fait elle était plus restrictive que la directive, sous l'influence des industries culturelles désireuses, sur le front juridique, de faire adopter des lois et des règlements destinés à empêcher le contournement des mesures techniques, comme aux États-Unis le *Digital Millennium Copyright Act.*

Afin d'améliorer et d'élargir la répression du téléchargement illégal d'œuvres protégées, la loi DADVSI envisageait une dépénalisation partielle de ce type de délit et des mesures de « riposte graduée », non pénales, telles que la suspension temporaire de l'accès à l'Internet pour les contrevenants.

La détection et l'identification des contrevenants, ainsi que l'application des sanctions non pénales, seraient à la charge des fournisseurs d'accès (FAI), mis ainsi en demeure de surveiller et de punir leurs clients.

Si cette loi a suscité sans surprise les protestations et les objections des internautes et des FAI, elle a également soulevé des réserves sérieuses de la part du Conseil constitutionnel et de la Commission Nationale Informatique et Libertés (CNIL).

En effet, l'accès à l'Internet est partie constitutive de l'accès à l'information, considéré comme un droit fondamental par la Cour européenne de justice. Sa privation ne peut résulter que d'une décision judiciaire. Les mesures de surveillance exhaustives exigées des FAI sont, par leur disproportion avec l'objectif, contraires à la loi Informatique et Libertés.

En outre, l'application de la loi DADVSI restreindrait sévèrement toute une série d'usages légaux des œuvres obtenues sous forme numérique, notamment le droit à la copie privée sous toutes ses formes.

## La loi Hadopi

Devant les difficultés de mise en œuvre de la loi DADVSI, le ministre français de la Culture et de la Communication Christine Albanel a confié le 5 septembre 2007 à Denis Olivennes, PDG de la FNAC, une mission de réflexion sur le sujet.

Cette réflexion a débouché sur la loi « Création et Internet », votée en septembre 2009 [16], qui crée une Haute Autorité pour la diffusion des œuvres et la protection des droits sur Internet (Hadopi), chargée de mettre en place les mesures réglementaires et techniques propres à faire respecter la loi DADVSI. L'introduction dans la loi de la création d'une Haute Autorité administrative fait qu'elle est souvent nommée, improprement, « loi Hadopi ».

Le projet de loi Hadopi, comme la loi DADVSI, avait suscité de nombreuses objections : celles des associations d'utilisateurs et de FAI, mais aussi de la CNIL et de l'Autorité de régulation des communications électroniques et des postes (AR-CEP). En effet, le projet de loi comportait quelques dispositions surprenantes :

- Possibilité de suspension d'un droit fondamental (accès à l'information) sans décision judiciaire.
- Création d'un délit pour le « fait, pour la personne titulaire d'un accès à des services de communication au public en ligne [un accès à Internet, NDA], de ne pas veiller, de manière répétée, à ce que cet accès ne fasse pas l'objet d'une utilisation à des fins de reproduction, de représentation, de mise à disposition ou de communication au public d'œuvres ou d'objets protégés par un droit d'auteur ou par un droit voisin sans l'autorisation des titulaires de droits lorsqu'elle est requise. » Il s'agirait donc d'établir une responsabilité par le fait d'autrui, inédite en droit français.

---

16. Il a fallu s'y reprendre à deux fois, parce que certains articles de la loi, votée initialement en juin 2009, furent rejetés par le Conseil constitutionnel. La loi a été promulguée le 31 décembre 2009.

- L'ARCEP objecte que les opérateurs et les FAI sont tenus « d'assurer de manière permanente et continue l'exploitation des services de communications, et de garantir un accès ininterrompu aux services d'urgence. À défaut, le FAI s'exposerait à des sanctions administratives et pénales. » Cet impératif entre en conflit avec le projet Hadopi. En effet les opérateurs qui offrent, par un même dispositif technique, l'accès à l'Internet, au téléphone et à la télévision, devraient pouvoir suspendre le premier tout en maintenant les deux autres, ce qui pose à tout le moins quelques problèmes techniques dont la solution demandera du temps et des investissements.
- Comme la loi DADVSI, le projet Hadopi rendait impossibles des usages légitimes de l'Internet : les FAI ou leurs clients, pour être sûrs de ne pas tomber sous le coup de la loi, devraient filtrer tous les flux pair à pair (P2P), or certains de ces flux correspondent à des usages tout à fait légaux.

Il devrait se révéler difficile d'obtenir devant les tribunaux une condamnation en vertu de la loi Hadopi. En effet les moyens d'établissement du délit, qui doivent être juridiquement inattaquables, n'existent pas encore. La Haute Autorité, pour l'instant, se borne à envoyer des lettres d'avertissement.

En fait, la loi a surtout des conséquences pour les entreprises, universités et autres collectivités qui seront responsables des téléchargements illégaux de leurs salariés, étudiants, clients, etc.

Si un salarié, étudiant ou client télécharge illégalement, la collectivité concernée pourra voir sa responsabilité engagée en tant que complice d'un acte de contrefaçon par assistance (article L 335-7 du Code de la propriété intellectuelle) puisqu'elle fournit l'accès Internet permettant le fait répréhensible. En tant que titulaire de l'adresse IP, elle doit veiller à ce que la connexion Internet de l'entreprise ne soit pas utilisée pour enfreindre les règles inhérentes au droit d'auteur (article L 336-3 du Code de la propriété intellectuelle), sinon elle sera coupable de négligence caractérisée, ce qui devient un motif de condamnation.

Les critiques portées contre la loi Hadopi n'ont sans doute pas été entendues, parce la loi de programmation militaire de 2013 (cf. p. 577) et la loi relative au renseignement de 2015 (cf. p. 574) reprennent des dispositions analogues.

## Accords pragmatiques entre parties

Alors que l'acharnement législatif dont témoignent les lois DADVSI et Hadopi semble voué à l'échec, les parties intéressées arrivent à des accords pratiques qui leur donnent satisfaction.

Ainsi le 25 octobre 2008 Martin Rogard, directeur France de Dailymotion, était reçu par France Culture à l'occasion de l'émission *Masse critique*. Dailymotion est un site de partage de vidéos en ligne : c'est le type même d'activité qui risque de tomber souvent sous le coup des lois DADVSI et Hadopi.

Interrogé à ce sujet, M. Rogard a expliqué que son entreprise avait conclu des accords avec les principaux éditeurs d'œuvres diffusées sous forme numérique : les fichiers qui contiennent les œuvres sont identifiés par une signature numérique, Dailymotion reçoit la liste des identifiants et détruit les fichiers ainsi marqués que des internautes ignorants de la loi auraient pu déposer sur le site.

## Une vision politique constructive : Michel Rocard

Au nombre des rares hommes politiques français qui semblent avoir pris conscience des enjeux proposés par l'informatisation de la société et l'ubiquité de l'Internet il convient de mentionner Michel Rocard, qui s'était déjà illustré en 2005 en combattant au Parlement européen le projet de directive qui aurait proclamé la brevetabilité du logiciel. Rappelons que ce combat avait été victorieux.

Lors de la campagne présidentielle française de 2007 une candidate avait demandé à Michel Rocard un rapport[17] remis le 5 avril sous le titre *Vers une société de la connaissance ouverte* [230].

Nous n'en citerons qu'un paragraphe, qui montre que M. Rocard se place aux antipodes de la position frileuse et conservatrice des industries culturelles et du législateur français :

« Comme toute grande transformation, Internet et le numérique bousculent les positions acquises. Ils apparaissent comme un désordre avant de montrer la richesse de ce qu'ils produisent. La transition est difficile, et il est justifié de veiller à ce qu'elle ne soit pas destructrice de qualités précieuses. Mais il ne faut pas s'y tromper : le monde ne restera pas en place. Si on voulait maintenir l'ancienne rareté des expressions, des œuvres et des connaissances, on n'y parviendrait qu'en créant tant de contrôles que c'est l'ouverture même de nos sociétés qui serait mise en danger. »

---

17. `http://www.starinux.org/rapport-libre-rocard.pdf`

# Signature électronique et sécurité des échanges

*Cette section reprend en partie un article de Nat Makarévitch et Laurent Bloch publié en ligne [a]*

---

[a.] `http://www.laurentbloch.org/MySpip3/La-signature-electronique-universelle`.

Les problèmes traités, maladroitement, par la loi DADVSI et par le projet Hadopi pourraient trouver une solution plus appropriée, dont l'accord mentionné ci-dessus entre Dailymotion et les éditeurs d'œuvres audiovisuelles offre un exemple.

En effet, il est difficile de se satisfaire d'une situation où les droits des auteurs sont purement et simplement ignorés. Mais les moyens techniques et judiciaires envisagés par le législateur pour corriger cette situation, nous l'avons vu, ont le triple inconvénient de faire obstacle à l'exercice par les citoyens de bonne foi de libertés fondamentales, d'être faciles à contourner par les fraudeurs, et de retarder sur l'état de la technique informatique.

Une solution existe : la signature électronique, ou numérique. La signature numérique est un procédé qui garantit l'authenticité d'un document, donc l'identité de son auteur, ainsi que son intégrité, donc le fait que le document n'a pas été modifié. Techniquement elle se présente comme une suite de chiffres dont la combinaison avec le document signé est suffisamment complexe pour qu'il soit impossible de falsifier l'une ou l'autre de façon indétectable.

La signature numérique est réalisée au moyen d'un certificat électronique, équivalent numérique de la carte d'identité (pour la description de ce qu'est un certificat électronique, cf. p. 306). L'usage de ces techniques est-il compliqué ? Non : la Direction générale des Finances publiques en administre brillamment la preuve depuis la mise en place, en 2002, d'une version en ligne de la déclaration des revenus qui, en 2010, a été utilisée par plus de dix millions de foyers (en 2016 la déclaration des revenus en ligne s'effectue sans certificat). Les certificats correspondants sont émis par l'administration, mais il existe des autorités de certification privées et commerciales, ainsi que d'autres, associatives et gratuites : chacun peut s'affilier selon ses usages ou ses affinités.

Comment la signature numérique pourrait-elle résoudre les problèmes liés au spam et au droit d'auteur ? Elle permettrait à l'internaute d'accepter le courrier d'origine identifiable et de rejeter le spam.

Et pour l'échange de fichiers ? L'acheteur d'un morceau de musique sur le réseau signerait le fichier acheté, l'éditeur contre-signerait le fichier musical ainsi complété. Toute copie du fichier révélerait à l'éditeur l'identité de l'acheteur. Ainsi, l'acheteur pourrait l'envoyer à un ami, ce qui entre dans le cadre de la copie privée légitime, mais pas l'offrir au téléchargement public, ce qui enfreindrait le droit d'auteur.

Est-il scandaleux d'identifier les internautes ? Après tout, les voitures sur les routes sont immatriculées sans que personne n'en soit choqué. L'identification ne serait pas obligatoire, simplement il serait loisible à chacun d'accorder à un internaute identifié une confiance plus grande qu'à un anonyme.

## Gestion des droits numériques et politique publique

Dans un article des *Communications of the ACM* (CACM) de juillet 2005[18], Edward W. Felten, professeur d'informatique et de politique publique à l'université de Princeton, où il dirige en outre le *Center for Information Technology Policy*, a proposé aux instigateurs et aux auteurs de politiques publiques pour la gestion des droits numériques six principes qui lui semblent s'imposer :

- **Pluralité et concurrence** : une politique publique des droits numériques devrait permettre la pluralité des systèmes de gestion de droits, et promouvoir l'interopérabilité entre ces systèmes.
- **Équilibre du droit d'auteur** : les législations relatives au droit d'auteur ont, traditionnellement, cherché un équilibre entre la rémunération de l'auteur et le droit d'accès du public ; la gestion des droits numériques et les législations qui s'y appliquent devraient respecter cet équilibre, non le remettre en cause.
- **Protection du consommateur** : les systèmes de gestion des droits numériques ne devraient pas restreindre les droits des consommateurs, et les politiques publiques qui s'y appliquent devraient les protéger.
- **Protection de la vie privée** : les politiques publiques relatives à la gestion des droits numériques devront veiller à la protection de la vie privée, en empêchant que les systèmes de gestion de ces droits ne deviennent des moyens d'espionner les utilisateurs en recueillant des données sur leurs comportements et leurs pratiques culturelles ou autres.
- **Recherche et débat public** : la politique publique devra favoriser la recherche et le débat public sur les questions relatives aux droits numériques, et faire

---

18. `http://www.csl.sri.com/users/neumann/insiderisks05.html`

> obstacle aux dérives récentes, qui ont vu certaines entreprises tenter d'utiliser les législations sur la propriété intellectuelle pour assigner en justice des auteurs d'articles scientifiques ou de logiciels de recherche.
>
> · **Délimitation du champ d'application** : les politiques publiques devront voir leur champ d'application délimité précisément au domaine où elles seront utiles, et éviter les formulations susceptibles d'être détournées par des avocats trop habiles à l'encontre d'usages légitimes des droits numériques.

Ces principes équilibrés devraient pouvoir recueillir l'assentiment de tous les interlocuteurs de bonne foi dans le débat. Si la gestion des droits numériques devait devenir soit, pour l'industrie culturelle, un moyen de tondre plus efficacement un consommateur sans défense, soit, pour une mouvance libertaire extrémiste, un moyen de profiter des œuvres d'art sans rémunérer les artistes, elle serait de toutes les façons condamnée à l'échec ; nous croyons que ces deux voies extrêmes n'ont aucun avenir.

## L'Internet instaure-t-il une société de surveillance ?

En mars 2013 Bruce Schneier a donné à CNN un article intitulé *The Internet is a surveillance state*[19] [246], qui commence par trois anecdotes significatives :

- des militaires chinois impliqués dans des cyberattaques contre des installations américaines purent être identifiés parce qu'ils avaient utilisé leurs comptes *Facebook* depuis les infrastructures qui avaient servi aux attaques ;
- Hector Monsegur, un des leaders du mouvement hacktiviste LulzSac, fut identifié et arrêté par le FBI malgré son utilisation de bonnes pratiques d'anonymisation : il avait été imprudent une unique fois, qui avait suffi à ceux qui le traquaient ;
- Paula Broadwell, qui avait une liaison avec le général David Petraeus, et qui elle aussi protégeait ses communications électroniques en utilisant les accès réseau des hôtels où elle descendait, fut identifiée par le FBI au moyen d'une corrélation exhaustive entre les dates de ses messages et celles de ses réservations d'hôtel.

Ces trois anecdotes révèlent que les réseaux sociaux comme *Facebook* et des entreprises telles que les hôtels n'hésitent pas à livrer toutes leurs données aux autorités de police, qui ont les moyens de les exploiter de façon à reconstituer le détail de

---

19. http://us.cnn.com/2013/03/16/opinion/schneier-internet-surveillance

nos déplacements. Et à cela s'ajoutent les possibilités de géolocalisation des téléphones mobiles. Autant dire que nous pouvons être traqués d'une façon dont les pires dictateurs du siècle dernier n'ont jamais rêvé.

*Facebook*, par exemple, corrèle notre comportement sur le Web avec nos habitudes d'achat en ligne. Un journaliste a observé ceux qui le surveillaient : sur une période de 36 h, 105 sociétés avaient suivi toutes ses navigations.

Les gouvernements et les grandes entreprises partagent le même intérêt pour cet état de fait, qui nuit surtout aux libertés publiques et aux particuliers. Seule une action législative déclenchée par un mouvement citoyen pourrait s'y opposer.

# 14

# Attaques cyber et gestion de crise

Les attaques cyber se succèdent à une vitesse effrénée, toutes les organisations doivent aujourd'hui se préparer pour bien réagir au cas où elles seraient ciblées. Dans ce chapitre la vision de Bruce Schneier, expert reconnu depuis plus de 20 ans, sera détaillée à la fois sur les enjeux humains de la gestion de la crise et sur la méthode « observer, orienter, décider, agir » (OODA) de réaction à une attaque, élaborée par l'armée de l'air américaine. Dans une deuxième section, les retours d'expérience de terrain de Gérôme Billois, expert en sécurité informatique et animateur du CERT-Solucom[1], sur les menaces cyber actuelles et sur les pratiques de gestion de crise seront exposés.

---

1. http://www.solucom.fr/savoir-faire/risk-management-et-securite-de-linformation/cert-solucom/

# Bruce Schneier et la réaction aux incidents

## Protection, détection, réaction

Bruce Schneier est depuis plus de vingt ans un acteur et un observateur majeur du monde de la sécurité informatique[2]. Il est l'auteur aussi bien d'algorithmes et de programmes de chiffrement que d'ouvrages scientifiques et pédagogiques [242]. En novembre 2014 il a publié sur son blog un article où il tire les conséquences des évolutions récentes du monde des attaques et de la sécurité, *The Future of Incident Response* [248].

La sécurité, nous rappelle-t-il, procède d'une combinaison de protection, de détection et de réaction. Les années 1990 virent l'émergence de la protection, avec une floraison d'entreprises et de produits destinés à protéger entreprises et particuliers. La mode de la décennie 2000 fut à la détection des attaques. En cette année 2016 c'est la réaction aux incidents *(Incident Response)* qui tient le devant de la scène (ce qui ne signifie pas, loin de là, qu'il faille renoncer à la protection et à la détection !).

Quels sont les motifs de cet engouement récent ? Bruce Schneier en discerne trois :

- nous (entreprises et particuliers) avons totalement perdu le contrôle de notre environnement informatique : nos données et nos traitements sont dans le *Cloud*, c'est-à-dire on ne sait pas où, les employés accèdent au système d'information (SI) de leur entreprise avec leurs propres appareils informatiques dont nul ne sait comment ils fonctionnent (surtout pas leurs propriétaires), ce malgré les escarmouches d'arrière-garde de la hiérarchie, et ces phénomènes ne feront que s'accentuer ;
- les attaques dans le cyberespace sont de plus en plus perfectionnées et furtives, par exemple avec les programmes malfaisants furtifs et persistants (APT, *Advanced Persistent Threat*, envisagés ci-dessous) ; il y a longtemps qu'elles ne sont plus principalement ludiques, et si la simple extorsion de fonds est toujours présente il faut désormais lui ajouter les tentatives ciblées de déstabilisation d'entreprises et d'États-nations ;
- les entreprises et les administrations, aujourd'hui comme hier, n'investissent pas suffisamment dans la protection et dans la détection, et la réaction aux incidents (qui surviennent de ce fait) doit prendre le relais.

---

2. `https://www.schneier.com/`

# Amplification du facteur humain

D'un point de vue organisationnel il faut envisager la sécurité non pas comme un produit mais comme une activité, afin de ne pas entretenir l'illusion que l'achat de tel ou tel dispositif matériel ou logiciel pourrait tenir lieu de politique de sécurité. Mais d'un point de vue opérationnel la sécurité résulte d'une combinaison d'activités, de mesures organisationnelles, de logiciels et de matériels.

Si l'on considère les choses de ce point de vue on peut estimer la part d'activité humaine qui entre dans la composition des trois âges de la sécurité, protection, détection et réaction :

- pendant les années 1990, âge de la prédominance des outils techniques de protection, un expert du domaine pouvait déclarer qu'il fallait dans la mesure du possible tenir les humains à l'écart des systèmes de sécurité, et ce n'était pas entièrement faux, sous réserve que les dispositifs constitutifs du système en question soient bien conçus et régulièrement mis à jour, et en tenant compte des particularités irréductibles de chaque système d'information à protéger, du fait par exemple d'environnements économiques, législatifs, réglementaires et commerciaux différents ;
- l'âge de la détection (décennie 2000) a vu croître la part d'activité humaine dans les systèmes de sécurité, parce que la détection demande de l'expérience, de l'intuition, une capacité à rapprocher un grand nombre d'informations hétéroclites et à en tirer des conclusions ;
- cette nécessité d'augmenter la part de l'intervention humaine dans les systèmes de sécurité est encore accentuée à l'époque, contemporaine, de la réaction aux incidents : on est là sur un terrain où l'on a admis une fois pour toutes que certaines attaques réussiront, qu'il faudra agir *a posteriori*, au cœur du SI de l'entreprise, ce qui suppose une connaissance fine de ce système et de ses acteurs ; des dispositifs techniques peuvent certes aider, mais pas se substituer à des ingénieurs qui connaissent à la fois leur métier et leur entreprise (ce qui écarte l'idée d'une externalisation totale de la fonction de sécurité).

En bref, et pour emprunter à Bruce Schneier lui-même le conseil qu'il donnait lors du Forum international de Cybersécurité à Lille en 2015 [3], les entreprises sou-

---

3. `https://www.forum-fic.com/2015/la-reponse-a-incident-avenir-de-la-securite`
`-incident-response-the-futur-of-security-bruce-schneier/`

cieuses de leur sécurité informatique et sur Internet doivent acheter moins de produits sur étagère et recruter plus d'ingénieurs compétents spécialistes du domaine.

## Observer, orienter, décider, agir

Aux âges précédents (protection, détection) il était difficile d'apprécier la qualité des systèmes de sécurité proposés sur le marché parce qu'ils se présentaient comme des boîtes noires au fonctionnement peu compréhensible. À l'âge de la réaction, nous dit Bruce Schneier, il n'en va plus ainsi parce que l'action humaine est au cœur du dispositif de sécurité, que les logiciels et matériels doivent aider.

Pour décrire cette activité, Bruce Schneier emprunte à un spécialiste de stratégie aérienne l'idée de boucle OODA : observer, orienter, décider, agir.

- Observer : savoir en temps réel ce qui se passe sur le réseau. Cela repose sur de bons systèmes de détection, tels qu'outils de détection d'intrusion (IDS), analyse des journaux *(logs)*, jusqu'aux caméras de surveillance et autres dispositifs de surveillance physique. La qualité de tels systèmes se mesure à leur aptitude à condenser cette masse énorme de données pour en présenter une synthèse intelligible par un humain.
- Orienter : comprendre, dans le contexte de la situation en cours, ce que signifient les faits observés. S'agit-il vraiment d'une attaque ou simplement de la mise en service désordonnée d'un nouveau logiciel par les équipes de l'informatique de gestion ?
- Décider : savoir quoi faire à l'instant, ce qui implique de savoir qui doit prendre la décision, et d'être en mesure de lui donner les informations propres à éclairer sa démarche.
- Agir : effectuer rapidement les modifications de configuration des systèmes et du réseau qui s'imposent, ce qui exige, premièrement, d'avoir un accès permanent et complet aux systèmes de commande des infrastructures, deuxièmement, de s'entraîner régulièrement par des exercices d'alerte à effectuer ces manœuvres.

Naguère un des auteurs de ce livre eut un employeur qui organisait des exercices de sécurité informatique : à une date plus ou moins imprévue nous recevions par exemple de l'autorité centrale la nouvelle (fictive) que tel logiciel bureautique très répandu dans les laboratoires était infecté par un virus très destructeur et qu'il fallait de toute urgence le désinstaller et appliquer le correctif donné par l'éditeur. *A priori* cela semblait une perte de temps pénible, mais à l'usage ces exercices apparurent utiles et même précieux parce qu'ils permettaient de vérifier la continuité et l'efficience des circuits d'information, qui sont absolument essentiels en cas d'attaque réelle.

## Tests de pénétration

Les attaques contre les systèmes sont de plus en plus variées et imaginatives. Les stratégies de défense doivent s'adapter, la prévention systématique devient de plus en plus difficile (même si toujours nécessaire). Suivre les préconisations de Bruce Schneier en faveur de la réaction aux incidents remet au premier plan la technique du *test de pénétration*, qui consiste à placer une équipe d'experts de confiance en situation d'attaquants du système étudié et à observer les failles qu'ils vont détecter.

Il y a quelques années cette technique était critiquée parce que jugée trop empirique par rapport à une démarche plus systématique, mais l'élargissement du paysage de la menace a eu raison de ces critiques et aujourd'hui le test de pénétration est une des activités principales des cabinets de conseil et d'audit en sécurité informatique.

Ce qu'observent les ingénieurs en pénétration de systèmes *(pentesters)* est le plus souvent assez effrayant. Sur la plupart des sites de leurs clients ils arrivent à prendre le contrôle total du système en une journée, sur les sites les mieux protégés en une semaine.

Le 24 novembre 2014 Sony Pictures a été victime d'un vol[4] massif de données de toutes sortes, notamment des films non encore diffusés, des numéros de cartes de crédit, des mots de passe de dirigeants. Hormis le volume considérable de données dérobées (11 téraoctets) et le blocage temporaire de la plupart des rouages administratifs de la compagnie, la plupart des experts s'accordent à dire qu'un tel exploit serait possible chez la plupart de leurs clients (avant la mise en œuvre de leurs recommandations, bien entendu).

---

4. `http://www.lemonde.fr/pixels/article/2014/12/03/piratage-de-sony-le-vol-des-films-n-etait-qu-un-debut_4532949_4408996.html`

# Menaces et attaques cyber

*La suite de ce chapitre est de la plume de Gérôme Billois, expert en sécurité informatique au sein du cabinet Wavestone (précédemment nommé Solucom).*

Les attaques et les incidents se multiplient à une allure grandissante. Face à cette situation il est parfois difficile de s'y retrouver et de distinguer les différentes méthodologies et motivations des attaquants. Ceci est pourtant nécessaire pour bien répondre à ces attaques mais aussi anticiper leurs effets.

Le paragraphe suivant vise à classifier les différents types d'attaques, les motivations de ceux qui les réalisent puis à aborder les principes de réponse aux incidents.

## Diffuses, opportunistes, ciblées : savoir distinguer les attaques

Il est possible de distinguer trois grands types de menaces, les menaces diffuses, les opportunistes et les ciblées. C'est la première question à se poser lorsqu'on est face à une attaque : suis-je réellement la cible et est-ce que l'on me vise moi en particulier ? Cela change fortement la manière dont la réponse aux incidents va être menée.

### Attaques diffuses

Les **attaques diffuses** ne ciblent pas une organisation en particulier. Elles sont lancées à large échelle, souvent en ciblant une grande partie de l'Internet et le grand public. Les attaquants souhaitent maximiser les effets de l'attaque.

Les virus sont un exemple des plus courants de ce type de menaces. La plupart des entreprises et des particuliers ont souffert, au début des années 2000, de codes malfaisants saturant les réseaux (Blaster, Nimda, Sasser… jusqu'en 2008 avec Conficker). L'hameçonnage *(phishing)* ou encore le spam sont également des menaces diffuses. Ces attaques sont souvent simples à éviter et à traiter, elles sont maîtrisées par les mécanismes de sécurité classiques s'ils sont bien mis en place.

Cependant ces dernières années, une catégorie de menaces diffuses s'est rapidement répandue, il s'agit des *ransomwares* tels que Cryptolocker. Ces codes malfaisants se diffusent *via* des campagnes de faux emails avec une pièce jointe ou contenant un lien contrefait. Si l'utilisateur clique sur cet élément, un code malfaisant est alors installé sur la machine et provoque le blocage de la machine et/ou le chiffrement des données. Elles sont ainsi rendues inaccessibles, sauf à payer une rançon à l'attaquant. Parfois ces attaques usurpent également l'identité d'entités des forces de l'ordre pour donner plus de crédit à la demande de paiement.

## Attaques opportunistes

Les **attaques opportunistes** visent des cibles « faciles » sur Internet. Les attaquants cherchent de manière régulière et automatique des failles dans les systèmes exposés, comme par exemple des sites Web non sécurisés. Ces actions sont réalisées soit pour capturer de l'information facilement monnayable (données des clients, données de cartes bancaires…), soit pour promouvoir un message idéologique (*via* des dénis de service distribué ou la modification en grand nombre de sites Web visibles…).

Souvent ces attaques ne relèvent pas d'un haut niveau de technicité et leurs auteurs ne cherchent pas à nuire à tout prix aux organisations touchées. La mise en place et le maintien de dispositifs de sécurité classiques permet d'éviter une grande partie de ces attaques. Les personnes malveillantes cherchant un gain rapide, elles changeront de cible en cas de difficultés à réussir l'attaque.

## Attaques ciblées

Les **attaques ciblées** visent de manière précise une organisation particulière. Les attaquants prennent le temps nécessaire pour analyser leurs cibles techniquement et organisationnelles, identifier les vulnérabilités, les exploiter puis s'installer et rester dans la durée au cœur du système d'information.

Suivant le niveau de protection de leur cible, ils sont en mesure d'utiliser des moyens avancés, ils investissent parfois dans l'achat de vulnérabilités encore inconnues de la communauté sécurité et des éditeurs *(0-days)* et développent des outils d'attaque perfectionnés.

Les attaques ciblées sont souvent réalisées au moyen de programmes malfaisants furtifs et persistants déjà mentionnés ci-dessus p. 411.

Ce type de menace apparaît de façon croissante depuis 2011. Il est souvent décrit dans le monde anglo-saxon *via* l'acronyme APT pour *Advanced Persistent Threat*, qui désigne une menace pouvant être avancée et persistante.

Ces attaques ont généralement trois finalités qui se combinent parfois :

- *Voler des données et espionner* : c'est la finalité la plus souvent rencontrée. Les attaquants profitent des droits obtenus dans le système d'information pour y prélever des informations. Les attaquants ciblent des fonctions métier spécifiques, des serveurs de fichiers, des postes de travail sensibles, ou encore les boîtes de messagerie. Ils essaient alors de se faire le plus discrets possible et exfiltrent discrètement au fil de l'eau les informations. L'assureur américain Anthem est un exemple parmi beaucoup d'autres victimes de ce type d'attaque[5].
- *Détruire les systèmes, rendre les données inaccessibles* : les attaquants prennent le contrôle du SI et déploient un code malfaisant qui effacera les données des postes de travail (*malware* de type *Wiper*). Sony Pictures fut une victime emblématique de ce type d'attaque encore peu répandue mais avec des impacts très forts.[6] Un autre type d'attaque concerne les maliciels *(malwares)* de type *ransomware* qui chiffrent les données de l'organisation et exige une rançon pour obtenir les clés de déchiffrement.
- *Réaliser des fraudes métier* : il s'agit pour les attaquants d'accéder au cœur du système d'information et de réaliser des opérations telles que la désactivation des protections anti-fraude, des virements, des modifications de destinataires de paiements... Pour ce faire, ils usurpent souvent l'identité de plusieurs collaborateurs, métier ou techniques, ce qui leur permet d'avoir assez de droits pour réaliser leurs opérations. Les attaques ayant visé des banques du Moyen-Orient en 2013 illustrent bien ce cas. Les attaquants ont réussi à pirater des applications pour relever les plafonds de retrait autorisés sur des cartes bancaires. Ils ont ensuite synchronisé une opération à l'échelle internationale pour retirer de l'argent en clonant ces cartes dans plusieurs pays dans le monde[7].

---

5. http://www.theverge.com/2015/2/4/7983049/anthem-medical-insurance-hack-tens-millions-customer-records-stolen

6. http://arstechnica.com/security/2014/12/inside-the-wiper-malware-that-brought-sony-pictures-to-its-knees/

7. http://www.nytimes.com/2013/05/10/nyregion/eight-charged-in-45-million-global-cyber-bank-thefts.html

# Identifier les motivations des attaquants

L'image d'Épinal du pirate informatique isolé, réalisant des attaques par défi technique et/ou pour se faire une réputation, a bien vécu. Aujourd'hui, les motivations idéologiques et lucratives sont à l'origine de la plupart des attaques. Comprendre ces motivations permet aussi de mieux réagir en cas d'incidents et d'anticiper potentiellement les actions à venir.

## Idéologie ou hacktivisme

La motivation idéologique, également nommée « hacktivisime », consiste à réaliser des cyberattaques afin de défendre et diffuser des idées ou des convictions. Plusieurs exemples de groupes hacktivistes sont connus comme les Anonymous[8] ou LulzSec[9]. Souvent spontanées, les attaques des hacktivistes peuvent pourtant entraîner des impacts importants.

Ils cherchent généralement à interrompre des services en les surchargeant de demandes ou en les faisant dysfonctionner ; à diffuser des messages partisans en prenant le contrôle d'un site Internet ou de comptes de réseaux sociaux ; ou encore à divulguer les données d'une entreprise pour nuire à son image ou dénoncer ses activités.

Les objectifs idéologiques des hacktivistes peuvent varier grandement : par conséquent, toutes les organisations, des États aux petites entreprises, peuvent être la cible d'une attaque. Ainsi dans le cadre de l'Opération France (OpFrance), lancée suite aux événements ayant touché *Charlie Hebdo* le 7 janvier 2015, un large spectre de sites Internet locaux (mairies, sociétés de transports...) ont été attaqués pour relayer des messages idéologiques[10].

## Financières

Les attaques réalisées pour des motivations financières visent à voler des données pour les revendre, à détourner des flux financiers ou encore à commettre des fraudes. Il s'agit aujourd'hui de la principale motivation des attaquants.

---

8. https://fr.wikipedia.org/wiki/Anonymous_(collectif)

9. https://fr.wikipedia.org/wiki/LulzSec

10. http://www.lemonde.fr/pixels/article/2015/01/11/serie-de-piratages-de-sites-par-pro-et-anti-charlie_4553678_4408996.html

Début 2015, la révélation d'une alliance entre des traders et des pirates ukrainiens pour obtenir des informations financières sous embargo et ainsi réaliser des transactions frauduleuses est un bon exemple de cette motivation [11].

Les informations concernées par la revente sont nombreuses. Un véritable marché noir existe dans lequel les données d'une carte bancaire se vendent entre 3 et 50 dollars. Les prix varient en fonction de la nationalité de la carte, son niveau (Gold, Premier...) et sa période de validité. Un enregistrement client (nom, prénom, adresse postale, adresse mail...) se vend quant à lui entre 0,5 et 2 dollars. Les informations relatives à la santé ou à l'identification de personnes (RIB, historique d'achats sur des sites de vente en ligne...) sont également disponibles sur ces marchés. Ils sont accessibles sur Internet *via* des réseaux d'anonymisation et utilisent souvent des monnaies comme le Bitcoin pour le paiement [12]. Mais toute donnée permettant ensuite de commettre des fraudes plus avancées ou concernant des secrets industriels ou des informations stratégiques est aussi monnayable.

### Politiques, géostratégiques

Les motivations politiques et géostratégiques sont souvent liées aux agissements d'États ou de groupes qui les soutiennent dans le domaine cyber. Ces acteurs utilisent leur capacité d'attaque d'une part pour espionner (vols de données sensibles, d'informations sur des personnes clés...), et d'autre part pour déstabiliser, au sens large, des organisations et des pays concurrents (révélation d'informations confidentielles, saturation de systèmes d'information, destruction logique, voire physique, de systèmes...).

Les États disposent de moyens sans commune mesure pour réaliser ces opérations comme l'ont montré les révélations d'Edward Snowden sur la NSA. Les méthodes d'attaque utilisées vont de l'injection de trafic sur les réseaux opérateurs et de l'interception de matériel avant livraison afin de les piéger [13] à l'introduction de fai-

---

11. `http://abonnes.lemonde.fr/economie-mondiale/article/2015/08/11/`
`des-traders-allies-a-des-hackers-ukrainiens-poursuivis-par-la-justice-americaine_`
`4721336_1656941.html`

12. `http://www.pandasecurity.com/mediacenter/src/uploads/2014/07/`
`The-Cyber-Crime-Black-Market.pdf`
`http://www.rand.org/content/dam/rand/pubs/research_reports/RR600/RR610/RAND_RR610.pdf`

13. `http://www.theguardian.com/books/2014/may/12/glenn-greenwald-nsa-tampers-us-`
`internet-routers-snowden`

blesses de manière délibérée dans des mécanismes de protection afin d'en réduire l'efficacité [14].

## Obtention de capacités d'attaques

Certaines organisations sont attaquées non pas pour elles-mêmes mais pour les moyens qu'elles vont donner à l'attaquant pour atteindre son but ultime. Ces piratages peuvent viser de simples sous-traitants ayant accès au SI de la cible (comme dans le cas de l'attaque ayant touché Target aux États-Unis [15]), des opérateurs télécoms susceptibles d'acheminer le trafic réseau de la cible (l'affaire Belgacom est emblématique [16]) ou encore les fournisseurs de logiciels et plus particulièrement de solutions de sécurité protégeant la cible (l'attaque sur le fournisseur de solutions d'authentification RSA reste dans les mémoires [17]).

## Défis techniques

Même si cette motivation est de moins en moins prégnante, elle reste une possibilité en cas d'attaque. Il s'agit ainsi bien souvent de défis pour confronter ses compétences à une cible choisie. D'une certaine manière, les programmes rémunérés de recherche de failles *("bug bounty")* ou les conférences de sécurité permettant d'annoncer la révélation de telle ou telle faille (par exemple le concours Pwn2Own) offrent aujourd'hui une visibilité qui permet de répondre légalement à cette aspiration.

# Organisation des attaquants

L'organisation des cyberattaquants est une composante clé pour pouvoir organiser sa défense de manière optimum. Il existe presque autant d'organisations que d'attaques possibles mais plusieurs grandes familles se distinguent :

- **Les individus isolés** : ils ont souvent acquis leurs compétences d'attaque de manière autodidacte et réalisent leurs méfaits soit seuls soit dans des organisations très souples, difficiles à cerner, avec des groupes allant de deux à

---

14. http://www.reuters.com/article/2014/03/31/us-usa-security-nsa-rsa-idUSBREA2U0TY20140331

15. http://krebsonsecurity.com/2014/02/target-hackers-broke-in-via-hvac-company/

16. http://www.net-security.org/secworld.php?id=17544

17. http://www.nytimes.com/2011/05/28/business/28hack.html

plusieurs dizaines de personnes. Leur fonctionnement est généralement très décentralisé et souvent peu structuré. Ainsi, il arrive que des actions soient menées de manière complètement contradictoires. Ils s'appuient généralement sur des outils élémentaires et facilement accessibles. Ils agissent principalement sur la base des motivations idéologiques ou financières servant leurs propres intérêts.

- **Les groupes et organisations criminels** : il s'agit de véritables entreprises criminelles, qui se caractérisent par un recrutement organisé, la mise en commun d'outils et une structuration forte à plusieurs niveaux. Ces organisations sont souvent financées et dirigées par des organismes criminels traditionnels (comme les mafias) qui trouvent dans le cyberespace un nouveau levier. Ces groupes, souvent de plusieurs dizaines de personnes, peuvent disposer d'une expertise de bon niveau, soit *via* des acquisitions d'outils, soit *via* le recrutement de personnes compétentes attirées par des gains faciles.

- **Les groupes étatiques ou financés par des États** : les États se dotent depuis plusieurs années de capacités dans le monde cyber. Ce nouvel espace est intégré à l'ensemble des doctrines militaires. Au-delà des aspects de défense, ces stratégies disposent également d'un volet offensif pour accompagner des opérations militaires, dans un objectif de renseignement ou encore pour déstabiliser leur cible. La plupart du temps ces groupes disposent de moyens importants, soit en propre, soit par des achats de services et/ou de compétences en externe. Ils sont très organisés et répondent à une logique de fonctionnement militaire ou de renseignement. Ces entités peuvent regrouper plusieurs centaines, voire plusieurs milliers de personnes avec des niveaux d'expertise élevés, à la fois dans la capacité d'attaque mais aussi dans le masquage de leurs actions.

- Les fournisseurs d'outils ou de services d'attaques : certaines structures se spécialisent dans la conception, la maintenance et la mise à disposition d'outils d'attaques numériques ou de plates-formes d'hébergement. Ces outils sont ensuite revendus pour être utilisés par les organisations criminelles ou les États réalisant les attaques[18]. Le terme *crime as a service* ou *hack as a service* est utilisé pour montrer le degré de professionnalisme pouvant être atteint par ces outils ou services d'attaques. Une société italienne de ce type, *Hacking Team*, a été récemment piratée par un groupe qui a publié sur le Web l'ensemble des données volées[19], ce qui a révélé la liste de ses clients,

---

18. http://www.theregister.co.uk/2015/05/20/omani_intel_docs/
19. http://cafeine.tv/interceptions-boites-noires-algorithmes-sept2015

les produits et services proposés, les tarifs, etc. *Hacking Team* a déposé son bilan.

# Principes de gestion de crise cyber

Un élément déterminant de la gestion d'une crise cyber est la capacité à réagir rapidement et efficacement pour limiter les impacts de la crise.

En préalable, il est nécessaire de s'organiser face à la gestion des incidents de sécurité (cf. chapitre 1 p. 16) et ainsi de pouvoir distinguer un simple incident d'une vraie situation de crise. La gestion de crise n'est déclenchée qu'en cas de débordement de l'organisation, quand les processus de traitement habituel des événements sont, ou vont être très prochainement, dépassés.

## Dispositif de gestion de crise global

La gestion de crise vise à mettre en place un ensemble de mesures organisationnelles et techniques spécifiques pour permettre aux collaborateurs mobilisés d'augmenter leur efficacité face à la crise et de connaître les bons réflexes à avoir dans des situations potentiellement inconnues. In fine, ce dispositif vise à limiter les impacts d'une crise et à la résoudre le plus rapidement possible.

La gestion de crise s'appuie généralement sur une cellule de crise décisionnelle qui est constituée des représentants du plus haut niveau de management de l'organisation (par exemple Comité exécutif ou Comité de direction). Le pilotage par la Direction est nécessaire pour :

- mobiliser en urgence les ressources adéquates et fixer les priorités ;
- permettre le fonctionnement en dehors des processus habituels ;
- valider les mesures qui peuvent avoir des effets sur les processus métier.

La cellule de crise décisionnelle est appuyée par une ou plusieurs cellules de crise opérationnelles. Celles-ci vont réaliser les actions et informer la cellule décisionnelle de l'évolution des événements. Il peut s'agir par exemple d'une cellule « RH » qui va assurer la communication interne et le lien avec les collaborateurs, d'une cellule opérationnelle « communication » qui va préparer les différentes communications et gérer les interactions avec les médias, ou encore d'une cellule « juridique » qui va effectuer les dépôts de plaintes et notifier les différents acteurs externes.

Les dispositifs de crise doivent être documentés et régulièrement testés pour les aspects humains (identification des ressources clés, mécanismes de prises de décision, rotations des équipes…), logistiques (salles dédiées, annuaire de crise, téléphone d'astreinte, prise en charge de la restauration…) et technique (compétences et outillages d'investigation et de défense…).

Ces dispositifs existent aujourd'hui dans la majorité des grandes organisations mais sont encore peu répandus par ailleurs. Ils sont cependant quasiment un pré-requis pour gérer correctement une crise cyber.

### Mobilisation et structuration d'une cellule opérationnelle cyber

Dans le cas d'une crise cyber, une cellule opérationnelle dédiée devra être mise en place. Elle peut s'inscrire dans les cellules opérationnelles SI habituelles ou être une cellule à part entière. Les retours d'expérience sur la place et la pratique accumulée ces dernières années montrent que trois équipes devront être formées dans la cellule :

- **Une équipe d'investigation** : son objectif est d'identifier, en analysant les éléments techniques internes et externes à sa disposition, la date initiale de l'attaque, les vulnérabilités utilisées, les conséquences de l'attaque (documents volés, systèmes corrompus…). Elle tentera d'identifier la source de l'attaque et la portée de la compromission du système d'information. Elle est composée de spécialistes de l'investigation numérique. Ces experts sont souvent issus de sociétés disposant de CERT *(Computer Emergency Response Team)*, spécialistes de la réponse en urgence face à des crises cyber. Des experts techniques de l'organisation attaquée sont également intégrés à l'équipe et sont nécessaires à la bonne compréhension du contexte.
- **Une équipe de défense** : elle préparera l'ensemble des actions techniques qui permettront de repousser l'attaquant et de corriger les failles utilisées pour attaquer. Souvent, son travail se poursuivra au-delà de la phase aiguë de la crise pour corriger et consolider en profondeur et dans la durée le système qui a subi l'attaque. Elle est aussi composée d'experts internes ayant la connaissance des outils et des systèmes de l'organisation et d'experts externes connaissant les méthodes utilisées par les attaquants pour se prémunir d'éventuels attaques par rebond ou de « surinfection ».
- **Une équipe de pilotage** : elle fera lien entre les équipes d'investigation et de défense, mais aussi avec la cellule de crise décisionnelle. L'équipe de pilotage donnera un sens « métier » aux informations techniques et apportera les éléments clés pour préparer une réponse à l'attaque sur l'ensemble de

ses dimensions. Elle transmettra les informations pertinentes à la communication interne ou externe et pourra également valider les communications afin de s'assurer de la validité technique des données et de l'innocuité de la révélation de ceux-ci. Elle sera également en lien avec les acteurs externes opérationnels, par exemple les forces de l'ordre ou les services de l'État selon le contexte.

Ces équipes travaillent main dans la main : l'investigation fournit les éléments à la défense qui propose ensuite des plans que l'investigation valide. Le pilotage suit les différents plans d'actions, communique avec l'ensemble des autres acteurs concernés et oriente les travaux. Il doit également essayer d'anticiper au maximum les prochaines étapes de la crise en identifiant les scénarios d'évolution les plus probables par rapport à des cas d'attaque existants.

Ces équipes peuvent avoir une taille très variable. Une attaque simple, telle que la modification de pages d'un site Web avec des messages idéologiques, mobilisera de deux à trois personnes. Une attaque plus complexe, entraînant par exemple la perte de contrôle de nombreux systèmes et en particulier de l'infrastructure de gestion du SI, peut mobiliser plusieurs dizaines de personnes en interne et en externe pendant plusieurs semaines. Sa résolution complète prendra plus de trois mois et les coûts liés peuvent atteindre les dizaines de millions d'euros.

## Outillage de gestion de crise cyber

L'équipe de gestion de crise doit disposer d'un certains nombres d'outils pour gérer efficacement la crise, il s'agit en particulier :

- d'un système de gestion de crise sécurisé (messagerie, échange de fichiers, poste de travail…) indépendant du système d'information attaqué et administré différemment pour être en mesure d'agir en cas de compromission large ou de destruction du système habituel ;
- de comptes d'investigation dans les systèmes techniques (qui peuvent être pré-créés et désactivés lorsqu'ils sont inutilisés) pour ne pas avoir à attendre l'identification des responsables de ces systèmes pour démarrer les investigations techniques ;
- des outils d'analyse de logiciels suspects (mécanisme de confinement en bac à sable *(sandboxing)* permettant le lancement de logiciel dans un environnement sans risque et fortement surveillé…) ;

- du matériel d'investigation numérique en adéquation avec les besoins de collecte et d'analyse légale, par exemple des solutions de recopie « bit à bit » de disques durs ;
- de mettre en œuvre un outil de collecte des journaux qui centralise en un point unique les traces issues des différents systèmes et permette leur interrogation ;
- de se doter de **capacités d'acquisition, de partage et de recherche d'indicateurs de compromission** (traces techniques d'une attaque, telle que les adresses IP utilisées, les signatures des *malwares*…) à large échelle pour pouvoir rapidement évaluer l'ampleur d'une attaque et échanger ces informations avec des pairs dans une approche de *threat intelligence*.

Aujourd'hui, nous constatons que la plupart des organisations ne disposent pas de ces outils pourtant nécessaire, en particulier en ce qui concerne la centralisation des journaux. Il est vrai qu'il existe peu de solutions « clés en main » sur le marché et que chacun est obligé de construire des solutions ad-hoc pour répondre à ces besoins. Les structures de réponses à incidents les plus avancées ont justement mis à disposition une partie de leur outillage de réponse aux incidents tel que le CERT-Société Générale [20], le CERT-Solucom [21], le CERT-Sekoia [22], le CERT-SE [23] ou encore l'ENISA *via* des partenaires [24].

De nombreux travaux de recherche sont en cours aujourd'hui pour définir les méthodologies d'investigation et de réponse aux incidents, parmi les plus avancées il est possible de citer la méthode *Diamond* sponsorisée par le ministère de la Défense américain [25] qui permet de tracer les actions réalisées par l'attaquant dans le temps. C'est un point essentiel dans la gestion de crise à grande échelle où de multiples personnes travaillent simultanément sur les investigations. La méthodologie *Kill Chain* développée par des chercheurs de Lockheed Martin est également intéressante à analyser [26].

---

20. `https://github.com/certsocietegenerale`
21. `https://github.com/CERT-Solucom/`
22. `https://github.com/SekoiaLab/`
23. `https://github.com/cert-se/`
24. `https://bitbucket.org/ahshare/ihap/wiki/Home`
25. `http://www.dtic.mil/dtic/tr/fulltext/u2/a586960.pdf`
26. `http://www.lockheedmartin.com/content/dam/lockheed/data/corporate/documents/`
`LM-White-Paper-Intel-Driven-Defense.pdf`

# Les étapes d'une gestion de crise cyber

Comme toute crise, les crises cyber suivent des phases d'alerte/qualification, de mobilisation/traitement puis de clôture. Cette section précise les particularités d'un contexte lié à une cyberattaque.

## Alerte et qualification

Un premier incident, interne ou signalé par l'externe, permet de déclencher l'alerte. Il doit être qualifié par les équipes sécurité de manière à identifier sa gravité et à lever d'éventuels doutes. Celle-ci est basée à la fois sur la sensibilité des systèmes ou des données touchés, sur le niveau technique de la menace (diffuse, opportuniste, ciblée… avec des logiciels malfaisants standards ou « cousus main ») et sur le risque de propagation de l'incident au-delà du périmètre initial.

Si les premières analyses démontrent la présence de signes avant-coureurs d'une attaque perfectionnée et que le niveau de sensibilité est fort, il est nécessaire de déclencher le processus de gestion de crise en utilisant les processus préalablement définis.

## Mobilisation et traitement

### Effectuer les investigations

La première **équipe à mobiliser est celle en charge de l'investigation**. Cette équipe déploie les moyens techniques nécessaires aux investigations. Elle doit respecter le principe de discrétion absolue dans les actions d'investigation pour éviter de signaler à l'attaquant qu'il a été découvert.

Les actions mettent habituellement plusieurs jours à porter leurs fruits, parfois plusieurs semaines dans le cas de systèmes de taille importante. Des zones de flou peuvent perdurer à long terme vu la capacité des attaquants à masquer leurs traces. À noter, il est souvent nécessaire de laisser l'attaquant évoluer librement pendant quelques jours afin de comprendre son mode de fonctionnement et d'être ainsi en mesure d'appréhender correctement ses objectifs, son niveau technique et ses outils.

Les services d'un huissier sont souvent nécessaires pour attester des différentes traces et actions techniques, afin d'être en mesure d'assurer un traitement juridique éventuel dans le futur.

L'équipe d'investigation formalise progressivement un **rapport d'investigation** qui détaille la compréhension de l'attaque et sa finalité. Ce rapport permet de synthétiser les informations sur l'attaquant, les vecteurs de compromission et de propagation, les périmètres impactés… Il peut être utilisé comme base pour les actions juridiques comme le dépôt de plainte ou la notification des autorités.

### Construire le plan de défense

L'équipe de défense est ensuite mobilisée. Sa première action sera d'identifier la « zone d'arrêt d'urgence » en listant les actifs critiques ne devant absolument pas être compromis et nécessitant le déclenchement immédiat et inconditionnel d'actions pour repousser l'attaquant, même si leur effet est partiel et perfectible (« procédure bouton rouge »).

Ensuite l'équipe est chargée de formaliser le **plan de défense**. Ce dernier rassemble l'ensemble des contre-mesures à mettre en place pour éradiquer l'attaque sur les périmètres touchés en une fois afin d'éviter un retour rapide.

Ce plan est constitué de **mesures organisationnelles ou techniques** positionnées dans le temps. Il peut s'agir d'éléments tels que la coupure de liens réseaux ou de l'accès Internet, l'isolation de certaines entités métier, le déploiement de correctifs de sécurité ou de nouveaux logiciels, le changement de mots de passe, l'installation de nouveaux équipements de protection…

Le plan de défense est dynamique et évolue en fonction des informations issues de l'investigation. Il doit *a minima* préciser les actions à mener à court terme, moyen terme et idéalement long terme. Il doit également identifier les acteurs qui devront mener ces actions, les impacts de leur mise en œuvre et enfin suivre la chronologie d'exécution et l'état d'avancement de ces actions lors du déclenchement.

La construction du plan de défense peut prendre de quelques heures à plusieurs jours, suivant la taille des systèmes touchés, le nombre de métiers concernés et la fiabilité des informations issues des investigations. L'équipe du plan de défense communique les éléments les plus critiques à l'équipe de pilotage qui réalise les arbitrages sur les impacts et les coûts avec la cellule décisionnelle.

### Déclenchement du plan et surveillance

La décision de « déclencher » le plan de défense est certainement la plus complexe à prendre dans une gestion de crise cyber. En effet, le déclencher signifie ralentir voire suspendre certains services, complexifier les investigations mais aussi se dévoiler vis-à-vis de l'attaquant. Cette décision est prise au niveau de la cellule décisionnelle.

Hors urgence (accès dans la « zone d'arrêt d'urgence »), le plan est déclenché quand l'équipe d'investigation estime avoir une visibilité quasi complète sur l'attaque et que le plan de défense est jugé suffisamment efficace et réalisable. Le déploiement du plan de défense doit être suivi de près pour s'assurer de son bon déroulement et de son efficacité concrète. Une surveillance accrue doit être réalisée par l'équipe d'investigation.

Le déclenchement du plan de défense peut également entraîner le déploiement des plans de communication interne ou externe du fait de la visibilité et de la portée des actions.

En fonction des retours des actions de surveillance accrue, trois scénarios sont envisageables :

- La menace est éradiquée : l'attaquant ne dispose plus d'aucune entrée sur le SI. La situation est sous contrôle.
- La menace réapparaît : l'attaquant accède au SI selon un autre mode opératoire qui n'avait pas été observé ni découvert durant les investigations. Il faut alors reprendre le processus investigation/défense en ayant conscience que l'attaquant se sait découvert.
- La menace évolue : l'attaquant déclenche des actions nouvelles, pouvant aller jusqu'à des tentatives de destruction en masse du SI (effacement des serveurs, des données…) par vengeance ou pour dissimuler les traces de ses méfaits. Ces actions, même si elles sont peu probables, doivent être anticipées dans le plan de défense, en particulier, en se laissant la possibilité d'une coupure intégrale du SI en cas de début de destruction.

Si le plan de défense a été exécuté avec succès, il est nécessaire de débuter le retour à la normale. En coordination avec les métiers, la réouverture étape par étape des services interrompus ou dégradés durant la crise doit être organisée. Cette réouverture ne doit se faire que si les services ont été mis en condition de sécurité préalablement pour éviter une résurgence de l'attaque.

## Clôture de la crise

Une fois le plan de défense exécuté, les systèmes remis en fonctionnement, et s'il n'y a pas de résurgence de l'attaque, il peut être envisagé de dissoudre la cellule de crise. Cette action ne doit pas être réalisée dans l'urgence.

En effet, il est très fréquent de voir que certaines actions d'investigation ne donnent des résultats qu'au bout de plusieurs jours, voire semaines, et qu'elles peuvent amener des découvertes nécessitant de remobiliser les cellules fraîchement démantelées.

D'autre part, l'attaquant une fois découvert ou expulsé se met en sommeil volontairement pour mieux revenir après. Les actions de surveillance devront persister dans la durée pour identifier un éventuel retour.

Suivant le degré de reconstruction nécessaire des SI touchés, un projet particulier de réparation, intégrant dès le départ la sécurité, doit être démarré pour piloter les actions nécessaires.

Une phase de débriefing global sera aussi requise afin de tirer tous les enseignements de cette crise.

# 15

# Sécurité
# des systèmes Windows

*Ce chapitre consacré à la sécurité des systèmes Windows a été écrit par Ary Kokos et Arnaud Soullié.*

## Introduction

Les systèmes Windows font partie des points critiques d'un système d'information (SI), non seulement de par leur quasi-ubiquité allant des postes de travail des utilisateurs aux serveurs, en passant par des systèmes industriels, mais également de par le risque de rebond sur le reste du SI en cas de compromission du *domaine* Windows.

En effet en cas de rebond sur l'ensemble des systèmes Windows, un attaquant aura de très fortes chances de compromettre la totalité des systèmes administrés depuis un poste Windows, comme des serveurs Unix, des équipements réseau, des systèmes cryptographiques (infrastructure de gestion de clés par exemple), la flotte mobile *via* le serveur de gestion (*Mobile Device Management*, MDM), etc.

## Ligne Maginot et Blitzkrieg

L'un des principaux pièges, lors de la définition de la stratégie et des mesures de sécurité, est de se concentrer sur le durcissement individuel des serveurs et sur la configuration des GPO (*Group Policies Object*), politiques de configuration de groupe, incluant les paramètres de sécurité). Si cette approche historique, comme en témoignent les nombreux guides, fait partie des mesures à mettre en place, elle n'est pas pour autant suffisante. Au cours des 15 dernières années elles se sont révélées insuffisantes envers des attaquants. Ce problème peut être apparenté à une ligne Maginot virtuelle : un durcissement avancé de tous les systèmes individuels et une configuration fine des GPO consomme énormément de ressources, alors que la sécurité du *domaine* dans son ensemble est ignorée, et que si l'attaquant choisit de passer par un autre chemin, ces mesures ne seront pas d'une grande aide.

L'analogie avec la ligne Maginot ne s'arrête pas là, le *domaine* Windows étant souvent de loin à la fois le point le plus faible mais également celui qui une fois compromis permet une conquête rapide du SI, beaucoup d'attaquants vont chercher à le « prendre » en premier avec une approche pouvant être qualifiée de Blitzkrieg (guerre éclair). La plupart du temps celui-ci est compromis avec succès en moins d'une semaine, alors qu'une prise entière du SI partie par partie pourrait prendre beaucoup plus longtemps.

## Une situation historique en voie d'amélioration

Cette situation est due à un mélange de manque d'informations sur les techniques d'attaque, de défauts de conception historiques (que Microsoft améliore régulièrement, mais les besoins de rétrocompatibilité vont maintenir pendant des années encore ces vecteurs d'attaque) et d'erreurs communes d'administration.

Ainsi suite à de nombreuses affaires d'attaques ciblées, où le déplacement latéral des attaquants et l'élévation de privilège était très souvent basés sur une attaque au niveau du domaine Windows, Microsoft et différents acteurs ont commencé à communiquer sur les contre-mesures.

Il a cependant fallu attendre 2014 pour voir apparaître un guide sur la mitigation de certaines méthodes de vol et rejeu d'authentifiants comme l'attaque par rejeu de condensats cryptographiques sur le protocole *NT Lan Manager* (NTLM) *(Pass the Hash)* [189] ou un guide de durcissement *Active Directory* (AD) par l'ANSSI visant spécifiquement à contrer une « prise » (compromission) du domaine [7] (guide dont les auteurs recommandent vivement la lecture, ce document étant l'un des plus intéressants actuellement disponible).

## Approche et organisation du chapitre

Ainsi le présent chapitre ne vise pas à fournir un guide de durcissement complet pour Windows, sujet auquel un livre entier pourrait être consacré, mais à fournir les éléments clés de compréhension dans une approche pragmatique, tout en indiquant les références pour la configuration détaillée.

Ce chapitre est divisé en trois parties :

**Rappels des concepts fondamentaux :** dans un premier temps les concepts fondamentaux d'un environnement Windows, tel que les *domaines, forêts* ou encore les mécanismes d'authentification seront introduits.

**Savoir attaquer pour savoir défendre :** comprendre les méthodes d'attaques d'un environnement Windows est primordial afin de le sécuriser efficacement et d'éviter de tomber dans le piège de la ligne Maginot virtuelle.

**Sécurisation :** comment mettre en place les mesures de sécurisation adéquates.

D'autre part les concepts les plus ardus comme les Politique de Groupe (GPO) ou les relations de confiance sont abordés en deux fois : une première présentation dans la partie de rappel des fondamentaux afin de donner les clés de compréhension au lecteur, puis une seconde fois de façon plus détaillée dans la partie sécurisation.

Avant de mettre en application les mesures techniques, il convient de mener une étude amont afin d'identifier la cible de sécurité (« contre qui et quoi » doit-on se défendre et avec quels moyens), une analyse de risques et définir une stratégie, selon l'approche présentée dans la première partie du présent ouvrage.

# Composition d'un environnement Windows classique

Un environnement Windows est composé de clients et de serveurs, dont certains ont un rôle spécifique comme l'authentification ou la gestion des mises à jour.

Parmi les différents composants, les principaux sont :

**Poste de travail :** il s'agit d'un poste de travail utilisé directement par un utilisateur, il fonctionne par exemple sous Windows XP (qui n'est plus supporté par Microsoft), Vista, 7, 8 ou 10.

**Serveur :** il s'agit d'un serveur mettant à disposition des ressources pour l'utilisateur, il fonctionne par exemple sous Windows Server 2003 (qui n'est plus supporté par Microsoft), 2008, 2012 ou 2016.

**Contrôleur de domaine :** également appelé *Domain Controller* ou *DC*, est un serveur assurant le rôle d'annuaire (utilisateurs, machines, politiques de configuration, etc.) et d'authentification au sein d'un *domaine* ou d'une *forêt* comme détaillé ci-dessous en section 15 p. 462. Sous Windows Server 2000 et 2003 ce service d'annuaire est appelé *Active Directory*, à partir de 2008 il est appelé *Active Directory Domain Services*. Les points suivants sont à noter concernant le DC :

- **Authentification et droits d'accès :** Le DC contient une copie des condensats cryptographiques des mots de passe des utilisateurs (pour l'authentification), joue le rôle de *Key Distribution Center* pour Kerberos (un protocole d'authentification commun sous Windows) et contient les utilisateurs et les groupes, permettant de définir les droits de ces derniers.

- **RODC :** un *Read Only Domain Controller* est une version modifiée d'un DC permettant d'effectuer certaines opérations de durcissement (partie de l'annuaire en lecture seule, réplication sélective de certains attributs, etc). Une analyse du RODC figure dans la partie sécurisation du présent chapitre, p. 500.

- **Synchronisation et *Global Catalogue Server* :** lorsque plusieurs contrôleurs de domaine (DC) sont présents au sein d'un même domaine ou d'une forêt, une synchronisation est effectuée. Outre l'aspect performances, cette propriété peut être utilisée dans le cadre d'un plan de continuité d'activité. Dans une forêt, l'un des DC contient une copie des données de tous les autres DC (en lecture écriture pour son domaine et en lecture seule pour les autres domaines), afin de pouvoir répondre à toutes les interrogations sans que l'émetteur de la question soit renvoyé de serveur en serveur jusqu'à trouver la bonne information pour un domaine donné. Cette copie est appelée le *Global Catalog* et est constituée automatiquement par les mécanismes de réplication [87].

- **5 rôles FSMO** : afin de garantir la cohérence des données, en particulier lors d'opérations de modification, cinq rôles de serveur référent principal sont définis, les *Forest Wide Operation Master Roles*, soit *schema master, domain naming master, relative identifier (RID) master, primary domain controller (PDC) emulator,* et *infrastructure master*. Une description détaillée des rôles est disponible sur le site de Microsoft [292].
- **WAAD** : *Windows Azure Active Directory* est un AD *as a Service* hébergé dans le Cloud Microsoft, il peut être soit utilisé pour l'externalisation du service soit dans des situations où un référentiel doit être présent dans le Cloud comme dans le cas d'Office 365.

**WSUS** : *Windows Server Updates Services* est un service permettant de gérer les mises à jour des autres systèmes Windows.

**SCOM** : *System Center Operations Manager* est un outil de supervision.

**SCCM** : *System Center Configuration Manager* est outil de gestion de parc, permettant par exemple de gérer le cycle de vie d'applicatifs tiers.

# Protocoles d'authentification, stockage des mots de passe

## Mode d'authentification

Un utilisateur sous Windows peut s'authentifier selon deux procédés principaux :

- en mode dit « intégré » : soit par login et mot de passe, soit en utilisant une carte à puce ;
- ou *via* un système d'authentification tiers (par exemple un générateur de mots de passe à usage unique, ou des systèmes de carte à puce non intégrés à Windows).

Ces systèmes d'authentification tiers fonctionnent selon un des procédés ci-dessous :

- par un rejeu « masqué » du mot de passe ;

- par un mécanisme basé sur le protocole Kerberos (voir la section suivante pour une présentation de ce protocole) ;
- avec authentification directe dans le cas d'une carte à puce s'authentifiant sous Windows ;
- par un mécanisme de substitution (pour traduire l'anglais *impersonification*) permettant à un service de demander un *ticket* à la place d'un utilisateur [192].

Ces notions sont abordées plus en détail ci-après.

Parmi les différents protocoles utilisés pour l'authentification, les deux principaux sont NTLM et Kerberos. En pratique la négociation de l'un ou de l'autre en fonction du contexte est faite par un le mécanisme appelé SPNEGO [227].

## NT Lan Manager (NTLM)

NTLM est l'un des mécanismes historiques, basé sur un dialogue défi-réponse : suite à la réception d'une donnée (le défi), le client utilise un secret partagé pour générer une réponse prouvant son identité.

Au fil des vulnérabilités découvertes, le protocole a été amendé. En prenant une description macroscopique du protocole [201], il apparaît entre autres que le secret côté utilisateur n'est pas le mot de passe, mais le *hash* (ou condensat) NT.

Ainsi un attaquant n'a pas besoin de tenter de forcer le mot de passe mais peut réutiliser directement le condensat récupéré sur un système compromis (celui-ci étant conservé dans une base locale au niveau du système). Ainsi utiliser un mot de passe de 25 caractères n'apportera que peu de protection par rapport à ce type d'attaque, appelée *Pass The Hash*.

Malgré ses nombreuses failles, ce protocole présent par défaut reste largement utilisé, à la fois pour des raisons de rétrocompatibilité et de facilité de déploiement mais également car il existe peu d'alternatives robustes et faciles à mettre en œuvre.

## Protocoles d'authentification : Kerberos

Kerberos est un protocole d'authentification qui utilise des *tickets* plutôt que des mots de passe, ce qui limite le risque d'interception et de rejeu.

Il permet également à un client d'accéder à un serveur sans qu'il n'y ait de secret partagé directement avec celui-ci et sans que ce dernier n'ait connaissance du mot de passe utilisateur, en se basant sur un mécanisme de transfert de confiance.

Initialement développé par le MIT, Kerberos a été adapté par Microsoft et est à l'heure actuelle l'un des mécanismes standard d'authentification sous Windows. Il est plus robuste mais plus complexe que NTLM.

## Principes et composants

La logique de Kerberos est basée d'une part sur des tickets permettant d'accéder à des ressources et d'autre part sur des secrets partagés entre les différents acteurs afin de valider les tickets émis entre eux.

Les principaux composants de Kerberos sont :

- Le KDC *Key Distribution Center*, le service en charge de l'authentification et de l'émission des tickets d'accès, composé de :
  - AS : l'*Authentification server* authentifie l'utilisateur.
  - TGS : le *Ticket Granting Service* émet des TGT (*Ticket Granting Ticket*), sorte de super ticket permettant à l'utilisateur de demander par la suite des *service tickets* pour accéder à une ressource en particulier. Les *service tickets* sont également émis par le TGS.
- Le serveur cible : celui-ci attend que l'utilisateur lui présente un *service ticket* pour accéder à la ressource voulue.

Kerberos étant une technologie complexe, une analogie avec un parc d'attraction peut être faite afin d'illustrer son mode de fonctionnement.

Supposons qu'un utilisateur veuille accéder à une sélection de manèges dans un parc d'attraction, qu'il ait effectué sa réservation par Internet et que la vérification d'identité soit basée sur la carte nationale d'identité.

À l'entrée du parc, il présente sa pièce d'identité à l'accueil (qui joue ici le rôle d'*Authentification Server*) qui lui remet un bracelet avec une puce RFID. Ce bracelet qui joue ici le rôle du *Ticket Granting Ticket* ne lui permet pas d'accéder directement aux attractions, mais en le plaquant sur une borne spécifique dans le parc (jouant ici le rôle de *Ticket Granting Server*) il peut afficher un choix d'attractions autorisées et imprimer des billets d'accès individuels (*Service Ticket).*

Une fois son ticket d'attraction imprimé, il le présente au guichet de l'attraction souhaitée pour pouvoir entrer.

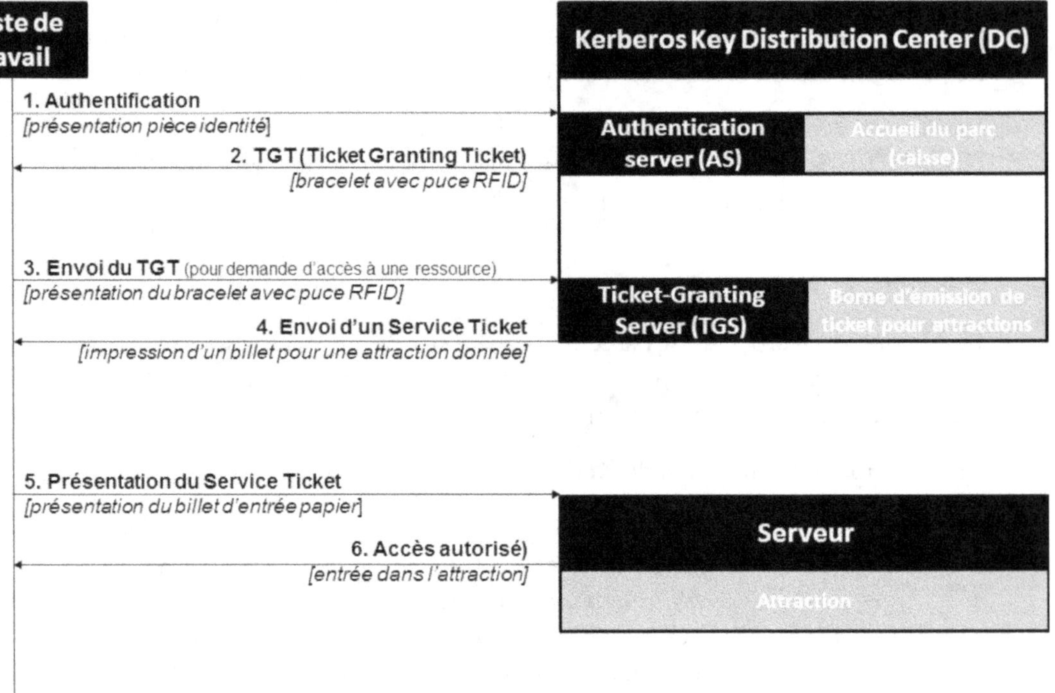


## Kerberos dans le cas de Windows

Dans le cas de Windows, les secrets sont basés sur des clés partagées (dérivées de mots de passe), l'utilisateur est identifié par un UPN (*User Principal Name*, par exemple jdupont@MONDOMAIN) et les services sont identifiés par des *Service Principal Names* (SPN), sous forme :

```
classe_de_service/serveur:port/nom_de_service
```

L'AS (serveur d'authentification) et le TGS (serveur d'émission de tickets) sont regroupés sur un même serveur appelé le KDC *(Key Distribution Center)* opérant sur un contrôleur de domaine.

Lorsqu'un utilisateur souhaite se connecter :

- Le client contacte l'AS pour obtenir un TGT :
  - L'authentification est assurée par un condensat *(hash)* du mot de passe, servant de secret partagé (dans le cas d'une carte à puce, le KDC ren-

voie le TGT chiffré avec la clé publique de l'utilisateur, des mots de passe sont néanmoins conservés pour certains usages [90]).

- Le client envoie un *timestamp* (marqueur de temps) chiffré avec la clé commune à l'AS.
- L'AS renvoie au client une clé de chiffrement temporaire et le TGT contenant des informations sur l'utilisateur et ses droits. Ce TGT est chiffré avec une clé connue uniquement par le KDC et est sans état (une fois émis le serveur ne garde pas trace de l'état des autorisations et se fie au contenu s'il peut le déchiffrer).
- Note : le vol de la clé de chiffrement du compte *krbtgt* (présent au niveau contrôleur de domaine) donne accès au secret utilisé pour chiffrer les TGT, permettant de reforger un TGT valide (le KDC ne gardant pas de trace des états) avec des droits arbitraires (cette méthode est appelée *golden ticket*, et sera exposée plus en détail dans la partie attaque).

• Le client envoi le TGT au TGS :
- Le TGS décode le TGT, si le déchiffrement s'est bien passé, il considère les valeurs qu'il contient comme fiables et émet un *Service Ticket* au client.
- Ce *Service Ticket* est constitué d'une partie serveur (chiffrée avec une clé spécifique partagée entre le KDC et le serveur, contenant entre autres des informations sur l'utilisateur et une clé de session pour la communication avec le client) et une partie client contenant une clé de session pour la communication client-serveur (elle-même chiffrée avec la clé Client-KDC ; cette même clé est présente dans la partie serveur du *service ticket* pour l'usage par le serveur cible).

• Le client envoie le *service ticket* au serveur :
- Celui-ci déchiffre la partie serveur du *service ticket* avec la clé à long terme établie avec le KDC et autorise les accès en fonction de son contenu.

Une explication détaillée du fonctionnement peut être consultée dans un article très complet d'Aurélien Bordes [46] ou dans les actes d'une conférence à la Black Hat 2014 par Skip Duckwall et Benjamin Delpy [90].

Les auteurs du présent ouvrage tiennent à souligner que les travaux de recherche de Benjamin Delpy, la mise à disposition d'un outil rendant possibles de nombreuses attaques (Mimikatz) et ses conférences sur le sujet ont été l'un des principaux moteurs de l'exposition de vulnérabilités liées aux mécanismes d'authentification de Windows et été très certainement l'un des facteurs ayant poussé Microsoft à corriger progressivement certaines failles. Les travaux d'Aurélien Bordes sur de nombreux aspects de sécurité Windows font partie des éléments de référence et font autorité sur le sujet.

L'implémentation de Kerberos sous Windows présente de nombreuses vulnérabilités, permettant en particulier de voler et réutiliser certains tickets. Ces attaques sont décrites dans la deuxième section du présent chapitre.

## Stockage de mots de passe

Les condensats des mots de passe utilisateurs sont stockés dans la base SAM (*Security Account Manager*, dans **%SystemRoot%/system32/config/SAM**) sur les postes de travail et serveurs ou dans NTDS.dit dans le cas d'un AD.

Windows ne stocke pas les condensats sous une forme classique avec une fonction cryptographique de condensation (*hash*) considérée comme cryptographiquement sûre avec un diversifiant (une valeur aléatoire pour chaque mot de passe injectée dans la fonction de calcul de *hash*, aussi appelée sel ou graine, cf. le chapitre 4, consacré à la cryptographie, du présent ouvrage), mais utilise deux algorithmes conçus en interne, LM (pour *LAN Manager*) et NT, décrits ci-dessous.

### Condensat LM

*LAN Manager* est le mode historique de stockage de mots de passe. Le mot de passe utilisateur est limité à 14 caractères, l'espace de clés réduit par le passage des minuscules en majuscules, puis ces parties légèrement modifiées sont utilisées pour générer des clés DES qui elles-mêmes serviront à chiffrer une valeur fixe.

Cette implémentation est particulièrement vulnérable, dans la mesure où d'une part l'espace de clés à parcourir, très limité (14 caractères dont l'implémentation pratique limite la longueur à l'équivalent de deux mots de passe de 7 caractères maximum, passage en majuscules), permet une tentative d'attaque par force brute *(bruteforce)*, d'autre part l'absence de diversifiant permet la mise en place d'attaques par compromis temps-mémoire. En effet en l'absence de diversifiant, un mot de passe générant toujours le même condensat, il est plus intéressant de précalculer de grandes tables de résultats, puis d'effectuer une recherche de valeur. Ce genre d'attaque peut être mené avec des logiciels comme *Ophcrack* [205]. LM n'est plus activé par défaut à partir de Windows Vista.

## Condensat NT

Dans le cas du condensat *(hash)* NT, la limite des 14 caractères est abolie (elle passe à 127 caractères), le mot de passe est traité, toujours sans diversifiant, avec une fonction de hash MD4 [89].

L'absence de diversifiant permet des attaques par compromis temps-mémoire. L'usage de mots de passe de 12 ou 14 caractères n'est pas toujours suffisant pour éviter une telle attaque, en particulier si ces mots de passe sont statistiquement probables.

Alain Schneider a mis en œuvre une approche par *Rainbow Tables* probabilistes (SSTIC 2011 [220]), qui à partir de bases de mots de passe ayant fuité (comme *RockYou*) a évalué la probabilité de transition de certaines lettres et groupes. Cette méthode permet en quelques heures de casser des mots de passe statistiquement probables comme `SanderS@11`, `atOM67!!!!`, `BR@vo1119`, ou encore `Yo101Mama101`. Un mot de passe de 10 caractères avec majuscules, minuscules et caractères spéciaux ou un mot de passe de 12 caractères n'est pas nécessairement suffisant. En pratique, des mots de passe de plus de 14 caractères sont recommandés (afin d'éviter la génération de condensat LM en cas d'erreur de configuration ou si des systèmes historiques sont encore présents), ainsi que l'utilisation de mots de passe générés aléatoirement (si possible pour les utilisateurs, impérativement par les administrateurs).

## MSCACHE

En prévision du cas où un système Windows ne serait pas en mesure de contacter le contrôleur de domaine, par exemple dans le cas d'un employé en déplacement avec un ordinateur portable, Windows stocke en local un cache afin de pouvoir vérifier les authentifiants de l'utilisateur.

Une fonction de condensation (MD4 sous Windows XP/2003 pour `mscachev1` puis PBKDF2 à partir de Vista/2008 pour `mscachev2`) incluant le nom de l'utilisateur comme pseudo-diversifiant est utilisée pour générer le condensat.

Cette approche rend plus compliqué l'usage de *Rainbow Tables*[1] qui doivent être générées pour certains noms d'utilisateur standard tel qu'Administrateur [213, 80].

---

1. Les *Rainbow Tables* sont des tables de mots de passe pré-calculés, considérées aujourd'hui comme périmées et remplacées par des procédés voisins et améliorés.

## Utilisateurs, groupes, unités organisationnelles, domaines et forêts

### Domaine

L'environnement *Active Directory* repose sur l'emploi d'*objets*. Ces objets peuvent représenter un utilisateur, un groupe d'utilisateurs ou encore une machine. Chacun de ces objets dispose d'un certain nombre d'attributs. Le schéma *Active Directory* définit les types d'objets ainsi que leurs attributs. Il permet aux administrateurs de le modifier pour étendre les possibilités offertes ; cette opération peut néanmoins se révéler délicate.

### Utilisateurs et SID

Chaque utilisateur, ainsi que chaque groupe d'utilisateurs et même chaque machine, est représenté par un identifiant de sécurité unique, nommé SID (*Security IDentifier*). Cet identifiant permet d'apporter des modifications à des objets tout en conservant leur identité (exemple : changer le nom d'un utilisateur tout en conservant le même identifiant unique).

### Groupes

Les groupes permettent de gérer les utilisateurs. Il est commun dans une entreprise d'observer la création de groupes correspondant à des entités métier ou support : ressources humaines, finance, support informatique, etc.

### Unités organisationnelles

Les unités organisationnelles (OU pour *Organizational Unit*) sont des entités pouvant regrouper des utilisateurs ainsi que des ressources matérielles. Là encore, elles sont utilisées afin de simplifier la gestion.

La différence entre groupe et OU est principalement :

- il est possible d'appliquer des stratégies de groupe sur une OU mais pas sur un groupe ;
- il est possible d'appliquer un contrôle d'accès sur la base d'un groupe mais pas d'une OU.

La différence entre groupes et unités organisationnelles n'étant pas forcément claire, on constate fréquemment la création de *shadow groups*, qui assurent une correspondance entre groupes et unités organisationnelles.

## Forêts et arbres

Un domaine peut faire partie d'un environnement *Active Directory* plus large ; on parle alors de forêt (*forest*) ou d'arbre (*tree*) [291].

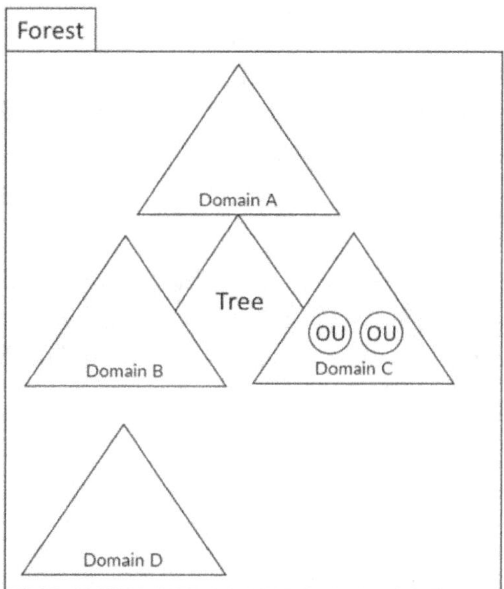


Le regroupement de plusieurs domaines au sein d'une forêt peut s'expliquer par plusieurs raisons. On pense notamment aux rachats d'entités par une société, qui souhaite assurer l'homogénéité de son niveau de sécurité et le partage des ressources communes tout en garantissant aux différentes entités une certaine autonomie dans la gestion. On constate aussi parfois l'emploi de différents domaines dans une même forêt pour séparer les environnements de production des environnements non-productifs. Notons toutefois que c'est bien la forêt qui est l'ultime barrière de sécurité [262], et qu'en cas de compromission d'un domaine de pré-production, des rebonds vers le domaine de production au sein de la même forêt sont envisageables.

La forêt AD constitue ainsi le périmètre au sein duquel l'ensemble des objets partagent un schéma AD et une configuration commune.

## Relations d'approbation inter-domaine et inter-forêt

Afin de permettre les échanges entre les utilisateurs de différents domaines et forêts *Active Directory*, il est possible de définir des relations de confiance (ou d'approbation, *trust relationship*) entre ceux-ci.

Ces relations peuvent être de plusieurs types :

- unidirectionelle : les utilisateurs du domaine A accèdent aux ressources du domaine B ;
- bidirectionnelle : les utilisateurs du domaine A accèdent aux ressources du domaine B et les utilisateurs du domaine B accèdent aux ressources du domaine A ;
- transitives : les utilisateurs du domaine A accèdent aux ressources du domaine B et comme les utilisateurs du domaine C accèdent aux ressources du domaine A alors les utilisateurs du domaine C accèdent aux ressources du domaine B.

Il est de plus possible de créer des relations d'approbation entre des domaines et/ou forêts externes (cas d'un accès à des ressources internes par un prestataire par exemple). Les détails relatifs à la sécurité de ces relations sont détaillés dans la section consacrée à la sécurisation et aux relations de confiance, p. 490.

## Stratégies de groupe (GPO)

Afin de gérer les propriétés et la configuration de l'ensemble des utilisateurs et des machines d'un domaine *Active Directory*, il est possible d'employer des stratégies de groupe (abrégées GPO pour *Group Policy Objects*), qui vont agir comme des politiques de sécurité. Ces politiques peuvent s'appliquer soit à un utilisateur (par exemple, cas du montage automatique d'un partage réseau) soit à une machine (définition des utilisateurs autorisés à se connecter à cette machine).

Les GPO sont l'une des grandes forces d'un environnement AD, notamment du point de vue de la sécurité puisqu'elles permettent de déployer aisément des politiques de sécurité pour l'ensemble des utilisateurs et machines concernés.

Ces politiques au niveau AD s'additionnent aux politiques de sécurité qu'il est possible de définir localement sur chaque machine. La politique effective est alors la résultante des politiques locales et distantes, et est nommée « Jeu de stratégie résultant » (abrégé RSOP pour *Resultant Set Of Policies*). Ces politiques sont appliquées dans l'ordre suivant (ordre de précédence) :

- politiques locales ;
- politiques de site ;
- politiques de domaine ;
- politiques appliquées à l'unité organisationnelle.

Les politiques distantes surchargent donc les politiques locales, et les politiques ciblant un périmètre plus restreint surchargent celles définies globalement.

Notons qu'il est également possible d'empêcher une politique d'être surchargée *(no override)*, permettant ainsi de s'assurer qu'un administrateur d'une unité organisationnelle ne pourra pas remettre en cause certaines des politiques de sécurité appliquées au niveau global.

On peut concrétiser cette description par un exemple. Soient :

- A une politique locale ;
- B une politique au niveau du domaine ;
- C une politique au niveau d'une OU ;

qui chacune définissent une valeur différente pour un même attribut.

Alors la stratégie résultante appliquera le paramètre défini par la politique C, sauf dans le cas où la stratégie B est marquée *no override*, cas dans lequel la valeur définie par la stratégie B sera appliquée.

*Notons cependant qu'un utilisateur disposant de privilèges de type administrateur sur une machine peut désactiver ou outrepasser les stratégies de groupe, de même qu'un attaquant ayant obtenu ce même niveau de privilèges.*

## Permissions sur les fichiers

Comme sur de nombreux systèmes d'exploitation, l'accès aux fichiers dans un environnement Windows est contrôlé par des listes de contrôle d'accès discrétionnaires (DACL pour *Discretionary Access Control List*). Ces listes permettent de définir, de manière granulaire, quelles actions sur les fichiers peuvent être réalisées, et par quels utilisateurs.

Les DACL Windows sont définies au niveau du système de fichier NTFS, présent depuis Windows NT 3.1 (1993).

Ce contrôle d'accès peut être défini pour chacune des actions suivantes :

- parcours d'un dossier ;
- liste d'un dossier ;
- lecture des métadonnées ;
- ajout de fichier ;
- ajout de répertoire ;

- ajout de données à un fichier existant ;
- modification des droits ;
- suppression ;
- lecture ;
- appropriation ;
- exécution.

Lors de l'accès à un fichier, les listes de contrôle d'accès sont examinées dans l'ordre. Ainsi :

- si une ACL autorise explicitement l'accès, l'utilisateur pourra effectuer l'action sur le fichier ;
- si une ACL refuse explicitement l'accès, ou si aucune ACL correspondant à l'utilisateur n'existe, alors l'action sur le fichier sera refusée.

L'ordre de définition des ACL est donc primordial, puisque de l'interversion de deux ACL peut résulter un comportement différent pour une même demande. Il est impératif de démarrer par les règles les plus précises et de terminer par les règles plus générales.

## Partages réseau

Il est possible de partager entre plusieurs utilisateurs l'accès à certaines ressources d'un poste de travail ou plus fréquemment d'un serveur : on parle alors de partage de fichiers. Dans un environnement Windows, ces partages peuvent être de deux sortes : utilisateur ou administratif.

Les permissions d'accès appliquées aux partages utilisateur diffèrent des permissions NTFS précédemment évoquées, qui ne s'appliquent qu'aux utilisateurs locaux. C'est la résultante des deux types de permissions qui définira le droit d'accès, en fonction de la plus restrictive. Ainsi, même si la permission « Accès total » est donnée sur un partage à tous les utilisateurs, si les permissions NTFS ne leur accordent aucun droit, ils ne pourront effectuer aucune action.

Les partages administratifs permettent quant à eux généralement l'accès à l'ensemble des ressources d'une machine, par la mise à disposition de l'ensemble des disques durs, ainsi que certains partages techniques. Ils sont automatiquement créés, et ne peuvent pas être aisément supprimés (ils peuvent tout au plus être désactivés ou rendus inaccessibles par la configuration du pare-feu local). Ces partages ne sont accessibles qu'aux utilisateurs dotés des privilèges d'administration de la machine ou du domaine. Ils sont reconnaissables au symbole « $ » qui est suffixé au nom du partage (exemple le plus courant : « C$ » désignant usuellement le partage de la première partition du disque de la machine concernée).

# Savoir attaquer pour savoir défendre

## Du besoin de savoir attaquer pour savoir défendre

Si savoir attaquer un système pour être en mesure de le défendre est une maxime applicable à tout système d'information, celle-ci est particulièrement importante dans le cadre de la sécurité Windows. Contrairement à d'autres sujets, comme par exemple la sécurité réseau, le rapport asymétrique entre les moyens d'attaque et de défense est ici particulièrement à l'avantage de l'approche offensive.

D'autre part les méthodes d'attaque réellement utilisées sont encore relativement peu connues en dehors de quelques milieux fermés et commencent seulement depuis peu à être documentées.

Certains des auteurs ont pu constater à de nombreuses reprises des dépenses colossales sur des mesures « classiques » de durcissement Windows, qui se sont révélées être totalement inefficaces de par le manque de connaissance des méthodes d'attaque. Dans un de ces cas, une multinationale avait dépensé des centaines de jours homme pour la définition fine de GPO (politiques de configuration Windows), une segmentation réseau forte, la mise en place d'authentification par carte à puce et la création de plusieurs forêts. En pratique le domaine a pu être compromis en moins d'une journée, en exploitant des failles de conception inhérente à Windows et des erreurs communes d'administration. En effet le mot de passe d'administration local des serveurs était le même sur tous les systèmes, ce qui a permis sa réutilisation par *Pass The Hash* pour rebondir sur un poste où des authentifiants d'administrateurs de domaines étaient présents.

Dans la partie suivante, les méthodes les plus communes seront présentées. Celles-ci sont applicables entre autres dans des cas où :

- l'attaquant dispose d'un accès physique au bâtiment : entrée non autorisée dans le bâtiment, visiteurs seuls en salle de réunion, implant matériel, prestataire, stagiaire ou employé malveillant, etc.

- l'attaquant dispose d'un accès logique, soit directement au réseau, soit en ayant compromis un poste utilisateur ou un serveur préalablement (par hameçonnage *(phishing)*, implant matériel, utilisation de vulnérabilités, etc.).

## Attaque avec accès physique

En cas d'accès physique à une machine (poste de travail ou serveur) l'attaquant peut essayer d'obtenir une copie des données, mais également d'élever ses privilèges et de récupérer les authentifiants afin de disposer d'un système sous sa maîtrise et connecté au réseau d'entreprise.

### Principales approches en cas d'accès physique à un système

Encore aujourd'hui la majorité des postes en entreprise ne font pas l'objet de mesures de protection, ne serait-ce qu'en cas de perte ou de vol. En général, celles-ci sont de trois natures :

- *Restriction d'accès au niveau BIOS* : le système minimal d'abstraction entre le matériel et le système d'exploitation (ici Windows) peut être configuré pour ne pas permettre le démarrage sur un media externe (comme un CD ou une clé USB). Ce contrôle d'accès, le plus souvent basé sur un mot de passe, dépend de la carte mère.
- *Restriction d'accès au niveau disque dur* : il est possible de définir pour un disque dur un mot de passe qui doit être entré à chaque démarrage afin de pouvoir accéder aux données. Ce contrôle d'accès concerne un disque dur particulier.
- *Chiffrement disque* : contrairement au cas précédent où un contrôle d'accès est présent pour empêcher l'accès à la donnée en clair, ici la mesure vise à chiffrer l'information afin de la rendre inintelligible par un tiers ne disposant pas de la bonne clé. Le chiffrement en lui-même pouvant être opéré de façon logicielle ou matérielle.

En pratique, mis à part dans le cas de postes de VIP ou de contraintes légales dans certains secteurs (santé, banque, gouvernemental, etc.), seule une minorité de postes de travail font l'objet de ce type de protection et quasiment aucun serveur (puisque cela pourrait demander, selon le mode de configuration, la présence d'un opérateur pour entrer un ou plusieurs mots de passe à chaque démarrage). Et encore ces mesures, lorsqu'elles sont présentes, ne sont-elles pas toujours correctement appliquées.

## Attaques en l'absence de protection

En l'absence de chiffrement disque ou de protection au niveau du BIOS, il suffit à l'attaquant de démarrer sur un système d'exploitation alternatif (un *live CD* Linux ou un clé USB telle qu'une distribution Kali Linux par exemple) pour accéder aux données, de copier la base locale des mots de passe (par exemple la base SAM) et d'effectuer une élévation de privilèges afin d'obtenir des droits d'administrateur sur le poste (par exemple en remplaçant l'utilitaire `magnify.exe` qui peut être lancé avant d'être authentifié par un `cmd.exe` qui ouvre un accès en ligne de commande en tant qu'administrateur de la machine. Cette technique est extrêmement simple et de nombreux tutoriels sont disponibles avec une simple recherche Google [216]).

## En cas de présence d'un mot de passe BIOS

En cas de présence d'un mot de passe BIOS, il est possible :

- soit de chercher une porte dérobée pour le modèle (la plupart des constructeurs offrent une fonctionnalité de déblocage basée sur des mots de passe génériques ou sur un générateur [30, 31, 50]);
- soit de reflasher le BIOS;
- ou tout simplement de retirer le disque dur et de le lire sur un autre système.

Si la mise en place d'une protection BIOS fait partie des bonnes pratiques, et limite certains risques, elle ne peut être considérée en elle-même comme une mesure suffisante.

Note : de nombreux systèmes affichent un code d'erreur à transmettre au support, celui-ci est souvent une forme réversible du mot de passe. L'inversion étant souvent facile, il est recommandé que ce mot de passe soit unique et spécifique au BIOS et ne soit pas réutilisé pour verrouiller le disque dur *(ATA security)* ou comme clé de chiffrement.

## En cas de présence d'un mot de passe disque

Il est possible soit de rechercher des comptes type « porte dérobée » soit de confier le disque à une entreprise spécialisée qui sera en mesure de récupérer les données en démontant le disque et en réalisant une lecture des « plateaux » *via* un équipement adéquat. Les données ainsi obtenues sont directement exploitables dans la mesure où aucune mesure de chiffrement n'est en place.

De même que pour le mot de passe BIOS, si cette mesure représente une bonne pratique, elle n'est pas suffisante en elle-même.

### En cas de présence d'un mécanisme de chiffrement disque

Le chiffrement de disque est une mesure globalement efficace lorsqu'elle est bien implémentée. En effet, même si l'attaquant parvient à disposer d'un accès aux données, celles-ci ne sont ni intelligibles ni modifiables sans connaître la clé de chiffrement, du moins sur un système correctement configuré.

L'une des erreurs d'implémentation les plus courantes est l'utilisation d'un mot de passe faible ou la présence d'un mot de passe de récupération.

### D'autres attaques existent comme :

- **Attaque DMA :**
  - Si le poste est allumé, il est possible d'outrepasser le verrouillage du système d'exploitation ou de récupérer les clés de chiffrement directement en mémoire dès lors qu'un port (connecteur) d'accès physique *Direct Memory Access* (FireWire, Thunderbolt, ExpressCard, PC Card par exemple) est présent. En pratique un accès direct à la mémoire vive est possible, outrepassant les mécanismes au niveau OS. Ce type d'attaque est facilement réalisable avec des outils comme *Inception* [57].
  - L'auteur d'*Inception* indique que si certaines mesures ont été mises en place (à partir de OSX 10.7.2+ ou Windows 8.1+) afin de limiter la possibilité d'attaque si un utilisateur n'est pas connecté, cette méthode reste néanmoins efficace dans 70 % des cas. Au cours d'audits et de tests d'intrusion, les auteurs ont pu constater un taux de réussite plus proche des 90 % (les 10 % restants plus souvent dus à l'absence de port disponible pour une attaque DMA sur certains périphériques qu'à la mise en place d'une protection effective).
  - Il est à noter que l'une des erreurs les plus communes dans la configuration de Bitlocker est le mode TPM seul (l'utilisateur n'a pas à entrer de mot de passe pour déchiffrer le disque). Si ce mode peut sembler pratique avec des discours comme « le disque est chiffré sans induire de perte d'ergonomie pour l'utilisateur », il reste vulnérable à une attaque DMA. En effet il suffit de démarrer le poste puis d'outrepasser le contrôle d'accès système.

- **Evil Maid** :
  - L'attaquant va profiter d'un accès physique au système pour mettre en place un *Bootloader* modifié afin de voler le mot de passe de l'utilisateur [102].
  - Si l'usage d'une procédure de boot vérifiée (comme par exemple avec Bitlocker correctement configuré et un TPM) limite le risque de modification du *Bootloader*, il ne protège pas contre d'autres attaques physiques, en particulier un implant matériel. En situation hostile, la perte de contrôle physique induit une forte probabilité de piégeage du poste.
- **ColdBoot** :
  - Cette attaque se base sur la durée de l'opération d'effacement des données en mémoire vive (RAM), qui n'est pas instantanée mais prend quelques instants et peut être étendue en cas de refroidissement de la mémoire [130]. Sur un système démarré mais verrouillé (les clés de chiffrement sont donc présentes en mémoire), l'attaquant arrête brutalement l'alimentation et soit redémarre sur un système alternatif soit après avoir refroidi la RAM la met dans un poste compatible, puis récupère les clés de chiffrement.

Rappelons qu'il existe de nombreuses autres méthodes pour piéger un poste (attaque au niveau *Active Management Technology* (AMT) d'Intel, une technologie de gestion de système opérant au niveau de la carte mère, y compris sur système arrêté), clé USB piégée, implants matériels, etc), sans oublier les problèmes de processus. Lors d'un audit, un chiffrement Bitlocker a pu être outrepassé en appelant simplement le support de l'entreprise et en prétextant avoir oublié le mot de passe. Après que l'attaquant ait prétendu être en déplacement et de ne pouvoir rapporter le poste, le technicien a communiqué la clé de récupération.

## Attaque sur les flux réseau

À l'instar d'autres environnements, les systèmes Windows peuvent être victimes d'attaques sur les flux réseau. Pour cela, un attaquant doit pouvoir intercepter les flux entre deux machines cibles. Les techniques d'attaque possibles sont nombreuses, telles qu'ARP *spoofing* (cf. p. 201) et DHCP *spoofing* (cf. p. 250), qui sont deux formes d'usurpation d'adresse réseau utilisables pour capter des flux de données ; il s'agit là de deux variétés d'attaque par interposition *(Man in the middle)*. Une description plus complète des attaques est disponible dans une conférence de Duckwall à la Black Hat 2012 [89] ou sur le site de l'OWASP [203]. Retenons cependant que ces attaques peuvent être passives (écoute du trafic depuis un composant réseau) ou actives (détournement volontaire du trafic vers un élément maîtrisé). L'outil *Responder* [263] est très efficace pour mener ce type d'attaque.

La quasi-totalité des phases d'authentification en réseau sont chiffrées dès lors que sont utilisés les protocoles NTLM ou Kerberos ; même en accédant au trafic réseau, un attaquant ne peut pas intercepter d'éléments d'authentification. Cependant, ce n'est pas le cas des communications. Ainsi, dans le cas d'un transfert de fichier par le réseau, un attaquant sera en mesure de récupérer le fichier échangé mais pas directement le mot de passe de l'utilisateur.

En revanche, dans le cas d'une attaque active, l'attaquant peut manœuvrer pour obliger l'utilisateur et sa machine à utiliser des mécanismes d'authentification plus faibles : il peut alors récupérer des challenges cryptographiques qu'il lui faudra résoudre, et dans le pire des cas des éléments d'authentification en clair. Pour se prémunir de ce type d'attaque, il convient de paramétrer les mécanismes d'authentification correctement. Dans le cas du protocole SMB, on recommandera l'utilisation exclusive du protocole SMBv2 et l'activation des mécanismes de signature.

## Déplacement latéral et élévation

Contrairement aux idées reçues, les attaquants ne s'attaquent que rarement de manière frontale aux systèmes les plus critiques d'une entreprise. En effet, ces cibles font souvent l'objet d'une attention particulière des administrateurs et équipes de sécurité ; les patches de sécurité sont ainsi souvent appliqués, et il est rare de pouvoir exploiter une faille de sécurité directement sur un contrôleur de domaine, un serveur Exchange, ou un serveur particulièrement sensible.

La technique la plus fréquemment employée est de compromettre une première cible, puis de proche en proche, d'en compromettre d'autres jusqu'à obtenir des privilèges de type « Administrateur du domaine » ou « Administrateur d'entreprise » (la plupart du temps en récupérant des authentifiants ou tickets présents en mémoire), ce qui permet alors d'accéder à l'ensemble des ressources d'un domaine ou d'une forêt. Nous appellerons cette démarche « approche par collecte et réutilisation ».

L'objectif est donc, pour l'attaquant, de collecter un maximum d'informations sur la cible, de manière à pouvoir se connecter à d'autres ressources, et répéter la démarche jusqu'à l'obtention de privilèges élevés.

## Condensats cryptographiques

### Cassage

Une fois un accès de type administrateur obtenu sur une première machine, l'attaquant peut récupérer les condensats cryptographiques correspondant aux mots de passe des utilisateurs locaux (stockés en format `mscachev2`, cf. p. 461). Il peut pour cela utiliser des commandes système natives telles « `regedit` » ou « `ntdsutil` » [176] qui permettent d'exporter une partie de la ruche *(hive)*[2] de registre afin de ne déployer aucun binaire pouvant lever une alerte antivirale.

Ces condensats, au format LM ou NT, vont ensuite pouvoir être « cassés », c'est-à-dire que l'on pourra retrouver le mot de passe à partir du condensat. Pour cela, de nombreuses attaques existent, et sont facilitées par le niveau de robustesse faible des condensats LM et NT (cf. 15 p. 460).

### Pass the Hash

Le cassage de condensats n'est pas le seul moyen de les utiliser. Afin d'assurer des fonctionnalités de SSO, ainsi qu'à des fins de rétro-compatibilité, les mécanismes d'authentification de Windows permettent, dans de nombreux cas, de s'authentifier non pas avec un mot de passe, mais directement avec le condensat associé. Bien évidemment, cela remet en cause tout l'intérêt de stocker le mot de passe sous forme de condensat !

On peut donc directement utiliser les condensats récupérés pour se connecter à d'autres machines, récupérer d'autres condensats et ainsi de suite.

Cette technique, appellée *Pass the Hash*, est documentée depuis 1997 [15]. Cet usage des condensats est trop lié au fonctionnement de Windows pour que Microsoft puisse le supprimer complètement. Microsoft a cependant pris récemment des mesures visant à rendre plus difficile son exploitation, notamment pour les comptes d'administration locaux.

---

2. Les paramètres du système Windows et de certains autres logiciels sont conservés dans une base de données nommée *base de registre*. La base de registre est enregistrée dans plusieurs fichiers appelés ruches *(hives)*.

## Contenu du processus LSASS

La fonction du processus LSASS (*Local Security Authority Subsystem Service*) est de gérer l'authentification des utilisateurs. Il manipule de fait des informations sensibles comme les mots de passe, condensats, etc.

Les données sensibles manipulées par LSASS ne sont pas stockées en clair dans la mémoire vive, mais cela n'empêche pas leur récupération. Il est possible, en disposant de privilèges élevés, d'accéder au contenu de la mémoire du processus ainsi qu'aux clés de déchiffrement.

C'est notamment l'outil Mimikatz, développé par le Français Benjamin Delpy, qui a permis de démontrer la possibilité de voler des informations manipulées par LSASS. Parmi ces informations se trouvent les condensats des mots de passe, mais également les mots de passe en clair, ainsi que les tickets Kerberos. De plus, le vol du contenu de LSASS, contrairement aux condensats locaux, permet d'obtenir des éléments d'authentification de tous les utilisateurs connectés à la machine, y compris les utilisateurs du domaine. Un utilisateur ayant des droits d'administration locaux va ainsi pouvoir récupérer le mot de passe d'un administrateur de domaine, si celui-ci est connecté sur la machine !

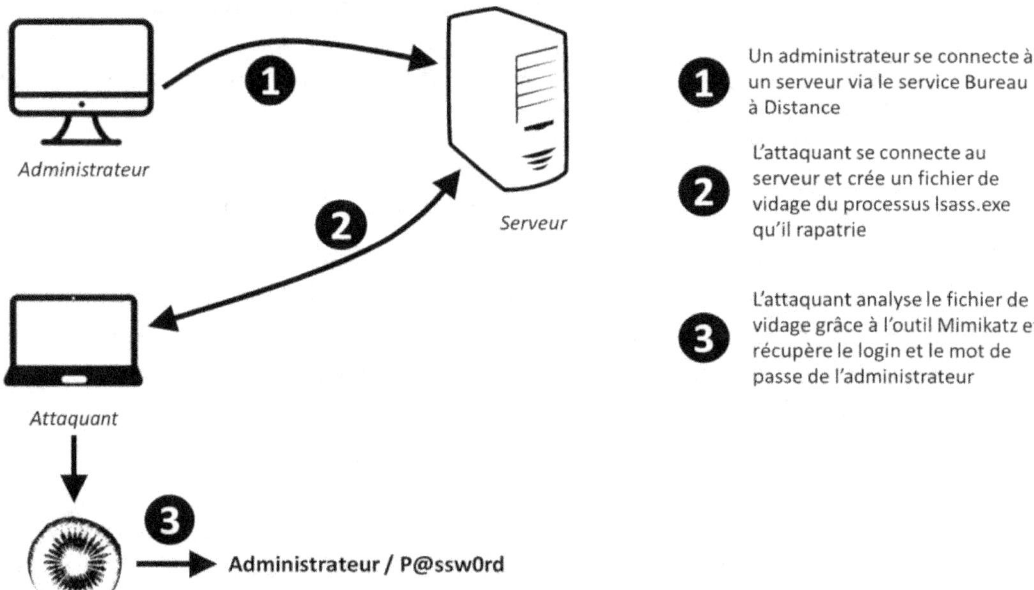


Là encore, le récent travail de Microsoft a permis de limiter le nombre d'informations stockées dans LSASS ainsi que leur durée de rétention.

## Mots de passe tiers

Les mots de passe et condensats Windows ne sont pas les seuls éléments à pouvoir être récupérés sur un poste de travail ou un serveur compromis. De nombreuses applications vont stocker des mots de passe, d'une manière plus ou moins robuste. Là encore, un attaquant doté des privilèges d'administration pourra dans la plupart des cas obtenir ces mots de passe. On pourra notamment citer les mots de passe enregistrés dans les navigateurs (qui peuvent donner accès à des ressources sensibles comme les intranets), ou encore les logiciels d'administration (type VNC, Telnet...)

Le Graal étant bien évidemment le fichier « passwords.txt », négligemment stocké sur le bureau d'un administrateur...et contenant l'ensemble des mots de passe sensibles de l'organisation.

Notons que l'étape de récupération de mots de passe tiers peut être automatisée avec des outils tel que LaZagne [303].

# Post exploitation

### Pivot

Une fois le domaine Windows compromis, l'attaquant va chercher à rebondir sur tous les systèmes liés : systèmes Unix (par exemple si des mots de passe sont réutilisés ou s'ils sont administrés depuis des postes Windows compromis), infrastructure de gestion de clés, système de téléphonie, systèmes industriels ou encore flotte mobile *via* le service de MDM *(Mobile Device Management)*, etc.

### Persistance

L'attaquant va souvent également chercher à mettre en place des mécanismes de persistance afin d'assurer son maintien dans le système d'information.

Ce mécanisme peut aller de mesures très simples comme la création ou la récupération de comptes, à la mise en place de portes dérobées au niveau du BIOS, du disque dur ou d'une carte réseau, ceux-ci n'étant pas toujours analysés par les équipes d'autopsie informatique *(forensics)*.

Tout élément du réseau, du smartphone à l'imprimante, en passant par la téléphonie sur IP et le système de gestion de la température du bâtiment peut être concerné. Dans certains cas la persistance peut être assurée uniquement par la réinfection continue (avec une charge uniquement présente en mémoire). Un exemple d'attaque intéressant est DUQU 2 ayant visé Kaspersky et dont le rapport technique est disponible sur *Securlist* [273].

En parallèle l'attaquant va supprimer le plus possible de traces et tenter de ne pas être détecté. Selon les cas il peut également définir de fausses pistes, soit un intermédiaire dans l'attribution de l'attaque, soit donner l'impression que l'attaque principale a été circonscrite alors qu'en réalité deux niveaux d'attaque sont présents.

### Réalisation de l'objectif : vol de données, déni de service, etc.

Une explication détaillée des objectifs des attaquants ainsi que mode d'opération est détaillé dans le chapitre 14 « Attaques cyber et gestion de crise » en section 14 p. 436. Cette section présente brièvement les objectifs potentiels d'un attaquant :

- **Déni de service** pour empêcher le fonctionnement ou détruire les données, comme dans le cas de *Codespace* où après le non-paiement de la rançon, les attaquants ont effacé toutes les données [194]. Les dénis de service peuvent être aussi bien directs (effacement massif de toutes les données des serveurs) qu'en plusieurs étapes (par exemple au travers d'un chiffrement progressif des anciennes données en veillant à dépasser les dates de rotation des sauvegardes, introduction d'erreurs aléatoires, overclocking de matériel, etc).
- **Fraude** par l'utilisation de systèmes métier « légitimes » ou en passant par les couches techniques compromises (bases de données, systèmes d'exploitation).
- **Vol ciblé de données** : le vol de données peut être effectué soit directement sur les serveurs, soit sur les postes de travail des utilisateurs (en particuliers ceux ayant un accès légitime afin de passer en dessous du seuil de détection).
- Ou encore **divulgation d'informations** au public (Stratfor, Hacking Team par exemple).

La dernière étape, l'exfiltration, peut être massive et peu discrète (plusieurs gigas de données comme dans le cas du hack de Sony [260]), ou beaucoup plus fine par des canaux cachés (stéganographie, variation de taille d'une enveloppe chiffrée); les travaux d'Éric Filiol à ce sujet sont particulièrement intéressants [110].

# Sécurisation

La sécurisation d'un environnement Windows est une tâche ardue ; cela signifie souvent gérer un parc de plusieurs centaines voire milliers de machines, utilisées par des métiers différents, dans des situations différentes, et aussi compter avec l'existant et l'historique de ces systèmes. Il est important de noter que le durcissement d'un tel environnement n'est pas uniquement un projet technique, mais inclut également des aspects organisationnels.

L'objet de cette section n'est pas de fournir une checklist de configuration, mais d'exposer les concepts clés et principes de sécurisation. Des guides de sécurisation détaillés sont fournis par la DISA (*Defense Information Systems Agency* américaine) [253], de même que par l'ANSSI.

## Durcissement d'un système Windows

### Durcissement du BIOS / UEFI & Intel AMT

Le durcissement BIOS / UEFI étant propre à chaque constructeur voire à chaque modèle, il est important d'analyser en détail les options de configuration accessibles au cas par cas. Une analyse du SANS [137] permet d'établir les différents points de contrôles propres à chaque cas. On pourra aussi consulter, dans le présent ouvrage, au chapitre 7, la section consacrée aux faiblesses de sécurité de l'architecture x86 en général et du BIOS en particulier, p. 276.

De façon générale, les points de contrôle suivants sont, entre autres, à vérifier :

- verrouillage des modifications des options du BIOS/UEFI avec un mot de passe ;
- postes de travail : définir un mot de passe de mise sous tension et un mot de passe *ATA Security* ;
- définir un ordre de démarrage avec démarrage sur le premier disque et bloquer le démarrage PXE (démarrage réseau) ou sur supports externes ;
- restriction des options et des ports, en particulier permettant des accès DMA non strictement nécessaires (FireWire, Thunderbolt, ExpressCard, PC Card) ;
- désactivation d'Intel AMT (un système de gestion *out of band*, implanté sur la carte mère, actif même machine arrêtée) ;
- restreindre les possibilités de mise à jour du BIOS (en particulier depuis le système d'exploitation).

Si les systèmes sont munis de modules embarqués de gestion *"out of band"* tels que HP iLO, Dell iDRAC (pour les serveurs) ou encore Intel AMT (pour les postes de travail), ils doivent être durcis, au travers une étude spécifique. La documentation de sécurité des constructeurs (par exemple [136] dans le cas d'iLO) est souvent une bonne base de départ. Sur des systèmes particulièrement sensibles, ces dispositifs doivent être désactivés dans la mesure où il s'agit de boîtes noires ayant un certain historique en terme de vulnérabilités [191].

## Chiffrement disque

### Outils de chiffrement

Il existe deux outils principaux de chiffrement disque propres à Windows. EFS *(Encrypted Filesystem)* est la fonction historique, assez peu utilisée de nos jours, supplantée par Bitlocker, un système de chiffrement disque intégral dont la conception est l'œuvre de Niels Ferguson, un cryptographe hollandais de renom.

Outre Bitlocker, existent de nombreux autres programmes comme Truecrypt (qui n'est plus maintenu et pour lequel James Forshaw a identifié des vulnérabilités dans les pilotes Windows), Veracrypt/Ciphershed/Diskcryptor (implémentation non auditée par des tiers de confiance), ou des produits commerciaux tels que PGPDisk, Pointsec, Winmagic, Security Box ou encore Cryhod. Le chiffrement peut aussi être effectué au niveau matériel, comme pour les disques supportant le standard OPAL du Trusted Computer Group.

### Bitlocker et portes dérobées cryptographiques

Dès lors que le sujet de Bitlocker est abordé, se pose la question de la présence d'une porte dérobée cryptographique permettant au renseignement américain d'accéder aux données.

En pratique, du moment où l'éventuelle porte dérobée est asymétrique (seul son concepteur peut l'exploiter, par exemple en possédant une clé privée RSA) et bien conçue, le sujet importe peu en pratique. D'une part si l'on craint une porte dérobée dans Bitlocker, le fait même d'utiliser Windows est un sujet de préoccupation de loin plus important, ce d'autant plus qu'il fonctionne en général sur un assemblage de matériel avec un processeur américain [40] (cf. aussi p. 276), des chipsets taï-wanais et le tout assemblé en Chine. D'autre part si les menaces redoutées peuvent émaner d'une agence de renseignement telle que la NSA *(National Security Agency)* il est illusoire d'espérer se protéger avec uniquement un logiciel, parce qu'elle peut mettre en place des portes dérobées dans tous les composants du système [160] (aussi bien au niveau matériel que logiciel) ou mener une attaque ciblée comme exposé par les nombreux documents révélés par Edward Snowden.

Le fait que la CIA ait exploré des attaques sur les TPM dans le cas de postes chiffrés avec Bitlocker ne veut pas dire que cette agence ne possède pas un autre mode d'accès [250]. Ainsi l'approche la plus prudente et réaliste est de considérer que Bitlocker est potentiellement *backdooré*[3].

Si les menaces redoutées incluent une attaque gouvernementale, outre des moyens techniques basés sur des solutions certifiées par d'autres gouvernements, de nombreuses mesures adaptées à des systèmes sensibles doivent être appliquées, le tout avec l'appui d'un service de sécurité efficace. Et encore ainsi le système peut être compromis, comme l'ont fois montré entre autres les documents de Snowden.

D'un point de vue pratique, en dehors d'un périmètre sensible où des produits certifiés par une agence de sécurité d'un pays doivent être utilisés, Bitlocker est une solution parmi d'autres, qui d'après le site l'OTAN serait suffisant pour un niveau NATO RESTRICTED [33], au même titre que Cryhod ou McAfee EndPointEncryption.

## Bitlocker : principes et options de configuration

Bitlocker peut être utilisé aussi bien pour le chiffrement d'un disque système que d'un support externe tel qu'une clé USB. Le chiffrement est effectué sur l'ensemble du disque.

Bitlocker combiné à un TPM (*Trusted Platform Module*, que l'on pourrait grossièrement décrire comme étant une carte à puce soudée à la carte mère) permet également de vérifier l'intégrité de certains composants du système et d'éviter par exemple la modification du bootloader.

---

3. Les auteurs ne sont en mesure ni d'infirmer ni de confirmer la présence d'une porte dérobée, mais en l'absence de cette information, il n'est possible que de partir d'une hypothèse pour la construction du modèle de sécurité. Il est également à noter que la suppression dans Windows 8 d'*Elephant Diffuser* [232] conçu par Ferguson pour compliquer un certain nombre d'attaques pose des questions ; Bruce Schneier, considéré comme l'une des références mondiales dans le domaine de la cryptographie, ne voit aucune raison valable d'un point de vue sécurité pour le faire [250]. D'autre part de nombreuses informations n'ont pas été communiquées par Microsoft, comme le détail du mécanisme de génération des clés [232].

Les données sont chiffrées en AES CBC pour le disque (avec des clés de 128 ou 256 bits) en en AES CCM pour les métadonnées (pour contrôler l'intégrité et chiffrer).

Plusieurs modes de fonctionnement sont possibles :

- **Mot de passe seul :** ce mode est utilisé soit avec un mot de passe soit avec une clé de recouvrement. Le mot de passe entré par l'utilisateur permet de déchiffrer le secteur contenant la clé effective de chiffrement. Le niveau de protection est très dépendant de la taille et de la complexité du mot de passe saisi par l'utilisateur. D'autre part en l'absence de TPM l'intégrité au démarrage n'est pas vérifiée.
- **TPM seul :** aucun mot de passe n'est demandé à l'utilisateur, la clé de chiffrement est directement injectée par le TPM, empêchant l'accès aux données sur un autre ordinateur. Cette approche est vulnérable aux attaques par DMA (voir partie attaque) ou des attaques directement au niveau du TPM. En pratique ce mode ne devrait pas être utilisé pour chiffrer un disque dans le but d'empêcher l'accès aux données par un tiers.
- **TPM+PIN :** Avant Windows 7 le code PIN permettait de déverrouiller le TPM qui injectait la bonne clé. À partir de Windows 7, le PIN (qui peut être un mot de passe alphanumérique) est réutilisé avec la clé fournie par le TPM afin de déchiffrer le disque. Cette approche permet de réduire l'impact en cas d'attaque réussie sur le TPM à condition que le code PIN soit complexe. Ce mode est recommandé lorsqu'applicable.
- **Certificat :** une carte à puce peut être utilisée à partir de Windows 7 pour une partition non système [281].
- D'autres méthodes basées sur une clé USB peuvent être mises en place, mais ne présentent pas un gain de sécurité significatif.

Par défaut le mode TPM + PIN est recommandé pour les postes de travail, cela rendra une attaque plus compliquée (voir [72] sur le site de Microsoft pour plus d'informations à ce sujet).

Une description détaillée du fonctionnement de Bitlocker a été faite par Aurélien Bordes [45].

Il est également important de rappeler que Bitlocker est un outil de chiffrement disque, qui par conception protège un système éteint s'il est volé ou perdu. Il ne protège pas un système allumé (attaque DMA, ColdBoot, attaque réseau, émissions électromagnétiques) ou un piégeage (Keylogger ou autre implant).

## Mode de récupération

En cas d'oubli du mot de passe, une clé de récupération peut être utilisée. Les informations nécessaires à la récupération peuvent être stockées dans l'AD ou avec un certificat en utilisant le *Data Recovey Agent* [133]. Cette seconde méthode est à utiliser si possible.

Il est à noter que l'activation du mode FIPS sous une version de Windows antérieure à 8.1/2012R2 bloque la capacité de sauvegarder les clés de récupération dans l'AD [179].

# Contrôle d'accès réseau

Le durcissement au niveau réseau passe par les éléments suivants :

## Pare-feu intégré Windows

Les systèmes Windows disposent, depuis Windows 7, d'un pare-feu intégré disposant de fonctions avancées. Il dispose ainsi, de base, de trois profils qui permettent d'adapter le niveau de protection à l'environnement : entreprise, domicile et réseau public.

On peut configurer finement, pour chacun de ces profils, quels sont les flux autorisés ou non, sur la base des IP source ou destination, des ports source ou destination, par le type de service, ou bien encore en fonction du logiciel local souhaitant communiquer avec le réseau.

On peut recommander, dans une très grande majorité des cas, de mettre en œuvre un filtrage interdisant tout flux en provenance de l'extérieur, et autoriser finement des exceptions. La mise en œuvre de ces mesures est détaillée dans les STIG de la DISA [253]. Cf. le chapitre 6 consacré à la sécurité du réseau.

## Échanges SMB

Le protocole SMB, aussi appelé CIFS dans le monde Windows, est utilisé par défaut pour le partage de fichiers sur un réseau interne. C'est celui qui sera utilisé lors de la connexion à un partage réseau, lors de la récupération des GPO sur le contrôleur de domaine, etc.

Ce protocole authentifie les utilisateurs *via* les protocoles NTLM ou Kerberos, décrits p. 456. Ainsi, un attaquant en mesure d'intercepter les flux réseau (position dite du « singe intercepteur ») ne sera pas en mesure de récupérer directement des authentifiants de l'utilisateur. En revanche, une fois la phase d'authentification effectuée, l'ensemble des données échangées le sont en clair.

Afin d'assurer la sécurité des échanges, il est recommandé de n'autoriser que la version 2 du protocole SMB, et d'imposer la signature des échanges pour éviter les attaques par interception.

### Chiffrement des échanges réseau

Afin de se prémunir d'une écoute réseau, il est possible d'utiliser le firewall intégré à Windows pour forcer l'utilisation d'un tunnel chiffré avant d'établir une connexion avec le serveur cible. Cela permet notamment d'assurer la confidentialité des documents échangés sur les partages réseau ou lors de leur impression (deux actions utilisant le protocole SMB). Cette protection peut être étendue pour l'ensemble des flux réseau.

Le chiffrement est bien sûr de rigueur pour l'usage d'un tel protocole sur un réseau public.

## Contrôle d'accès système

### Limitations des droits

Microsoft a introduit avec Windows Vista une technique de limitation des droits des utilisateurs, nommée UAC pour *User Access Control*. L'objectif est de s'assurer que seuls les logiciels de confiance peuvent s'exécuter avec des privilèges élevés. Cette fonctionnalité se caractérise par l'apparition d'une fenêtre surgissante lors du lancement d'un logiciel ou d'une opération spécifique. En fonction des réglages, un simple clic d'acceptation ou une réauthentfication permettent de valider l'action. Bien qu'apportant une sécurité supplémentaire, l'intérêt de l'UAC est controversé, et de nombreuses techniques de contournement sont connues depuis la mise en place de cette protection [297] et sont utilisées par des malwares [1].

### Niveaux d'intégrité

Microsoft a introduit dès Windows Vista un mécanisme de sécurité additionnel nommé MIC pour *Mandatory Integrity Control*. Ce mécanisme permet d'isoler les processus en fonction de leur niveau d'intégrité (IL : *Integrity Level*). On peut ainsi limiter les actions d'un processus, qui ne pourra pas injecter une bibliothèque dans un processus de niveau d'intégrité plus élevé.

## Restrictions logicielles

Afin de limiter les possibilités d'exploitation de vulnérabilités sur un poste de travail ou serveur Windows, il est possible de mettre en œuvre certains mécanismes de contrôle d'accès système, qui vont limiter les interactions avec certains composants. Ces techniques sont notamment utiles sur des systèmes qui ne sont plus supportés, ou mal maîtrisés ; c'est notamment le cas dans les SI industriels, où la durée de vie des équipements implique souvent l'utilisation de systèmes non supportés par les éditeurs. La survie *post mortem* de Windows XP dans toutes sortes d'automates, tels que les distributeurs automatiques de billets de banque, est un exemple de ce type de situation.

Microsoft propose son propre système de contrôle d'accès au système, Applocker. Ce logiciel additionnel est fourni gratuitement et permet de filtrer les codes actifs selon une liste de règles.

Ces codes actifs peuvent être :

- des fichiers exécutables (.exe, .com) ;
- des scripts (.ps1, .bat, .cmd, .vbs, .js) ;
- des installeurs Windows (.msi, .msp) ;
- des bibliothèques (.dll, .ocx).

Il est ainsi possible d'autoriser ou d'interdire ces exécutables en fonction :

- du signataire du code et de certaines propriétés de logiciel (nom, version, etc) ;
- de son chemin d'exécution (par exemple, n'autoriser que les fichiers présents dans un répertoire précis) ;
- du condensat cryptographique du fichier.

Comme pour des règles de filtrage réseau, il est recommandé d'opter pour un fonctionnement en liste blanche [223]. Il convient également de préciser que la mise en œuvre d'une politique de ce type n'est envisageable que sur des environnements évoluant peu du fait de la charge de travail nécessaire pour créer et maintenir à jour les autorisations, et que des règles permissives seront rapidement contournées.

Il importe de noter qu'en cas d'absence de filtrage des DLL (ce qui est souvent la cas pour des raisons de performances), il est trivial d'outrepasser Applocker (*via* Mimikatz).

Notons également que de nombreux éditeurs de logiciels antivirus proposent des solutions de contrôle d'application : Symantec Critical System Protection, Trend Micro Safe Lock, McAfee SolidCore…

## Traçabilité

La traçabilité est assurée par la configuration des options d'audit (voir références à la section GPO p. 464) ; les informations utiles sont accessibles pour partie sur les contrôleurs de domaine et pour le reste localement sur les machines concernées.

L'exploitation effective et la non-altération de ces journaux *(logs)* demande que leur production soit effectivement paramétrée, leur centralisation assurée (par exemple au moyen de l'outil de Microsoft SCOM) et une corrélation des données effectuée (par exemple avec des solutions *open source* comme OSSIM, ou commerciales comme Splunk, Arcight ou autre SIEM *"Security information and event management"*).

## Mise à jour

Les mises à jour de Windows et des logiciels (tel que Flash, Java, Adobe, etc) doivent être effectuées de façon centralisée, avec un système de déploiement et de contrôle :

- **Windows** : la méthode la plus simple est d'utiliser un serveur WSUS (*Windows Server Update Services*) et activer l'option SSL [251]. WSUS dispose également d'options pour la gestion de mise à jour de réseaux déconnectés d'Internet [254]
- **Logiciels tiers** (Flash, Java, Adobe, etc.) : ils peuvent être aussi gérés par WSUS (mais la mise en place n'est pas complètement transparente), ou par des programmes spécifiques comme *System Center Configuration Manager* ou autres outils spécialisés. Les mises à jour du BIOS et des systèmes de gestion *out of band* (comme iLO ou iDRAC) doivent également être inclus dans le cycle.

## Durcissement des GPO

De nombreux paramètres de sécurité sont configurables par GPO *(Group Policy Objects)*, ou Stratégie de groupe (cf. p. 464). Une GPO est un ensemble de paramètres de configuration qui peuvent être appliqués sur un périmètre donné (utilisateurs ou machines).

Compte tenu du très grand nombre de paramètres configurables et de la bonne qualité de la documentation accessible publiquement, seuls les principaux concepts ainsi que quelques stratégies clés seront exposés ici. Les détails d'implémentation sont disponibles dans les STIG de la *Defense Information Systems Agency* [253], sur le site du CIS [226]. Une version allégée (sous forme de checklist) est disponible sur le site de l'université du Texas [299].

Des GPO pouvant être appliquées à différents niveaux, en local ou au niveau AD, il est important de comprendre la notion de RSOP (*Resultant Set Of Policies*) qui va donner la cumulation des GPO applicables en prenant en compte leurs priorités. En effet, la priorité d'application est la suivante (la dernière appliquée ayant préséance) : Stratégies locales, Stratégie au niveau du site AD, Stratégies au niveau du domaine, Stratégie au niveau d'une OU (cf. p. 464).

## Focus : authentification

Il est important de restreindre la taille du cache des identifiants de domaine à 0 ou 1 pour un serveur et 1 ou 2 pour un poste de travail (afin de limiter le nombre d'authentifiants présents en mémoire).

L'option est à configurer par la clé de registre :

```
HKEY_LOCAL_MACHINE\SOFTWARE\Microsoft\Windows NT\CurrentVersion\Winlogon
```

et la valeur est à déterminer en fonction des cas. Une valeur à 0 implique un accès systématique au contrôleur de domaine (DC), ce qui réduit la présence d'authentifiants en mémoire, mais peut poser problème en cas d'incident réseau (il faudra alors passer par les comptes locaux).

## Focus : durée de validité des mots de passe

Beaucoup de guides et de politiques de sécurité recommandent de changer régulièrement les mots de passe, avec souvent une durée de 60 ou 90 jours. Si cette valeur est adaptée à des environnements de haute sécurité avec des utilisateurs particulièrement sensibilisés ou soumis à des contraintes réglementaires, elle s'avère le plus souvent contreproductive dans un environnement standard.

Une telle valeur, si elle limite la durée d'exploitation du mot de passe et représente un bon compromis d'un point de vue pratique, a le principal défaut de faire fi de la nature humaine.

Les mots de passe solides sont difficiles à retenir, si le changement est trop fréquent les utilisateurs vont soit choisir des mots de passe faciles à retenir soit les écrire. Le GCHQ britannique (l'agence britannique en charge de la sécurité de l'information) recommande également cette approche [206].

Bruce Schneier a longuement écrit à ce sujet [245, 247, 244] et exploré les différentes durées selon les cas d'usage.

À titre d'exemple dans un cas rencontré par l'un des auteurs, où le changement était mensuel, une grande partie des employés avaient convergé vers le même mot de passe sous forme Mois/année suivi d'un point d'exclamation ou d'un + pour « le rendre sécurisé ».

Ainsi si le mot de passe était changé régulièrement, la qualité d'un mot de passe comme « Septembre2015 ! », bien que respectant une politique de complexité (majuscules, minuscules, chiffres et caractère spécial) et d'une bonne longueur (14 caractères) est fortement discutable. Il est toujours important d'identifier les effets de bord liés au facteur humain lors de la définition d'une politique.

Dans le cas d'un compte standard Windows, un mot de passe complexe valable 6 mois représente un compromis suffisant entre changement et biais exposés précédemment.

Dans le cas des comptes sensibles, la solution ne doit pas s'axer sur la période de renouvellement mais sur la mise en place d'une solution multifacteurs d'authentification (compter uniquement sur un élément que l'on connaît pour l'accès à un système sensible est une approche risquée), accompagnée d'un gestionnaire de mots de passe ou d'un SSO (la multiplication des mots de passe tendant à induire une réutilisation ou des mots de passe séquentiels).

À partir du niveau fonctionnel de Windows 2012, il est également possible de définir des politiques pour certains groupes d'utilisateurs, comme par exemple les administrateurs [266].

## Focus : longueur des mots de passe

Une longueur de mot de passe avec un minimum de 8 à 12 caractères pour les utilisateurs et de 14 ou si possible 22 pour les administrateurs (une longueur de 22 limitera l'impact de l'usage de suites telle que « azertyuiop » dans les mots de passe) est recommandée.

## Focus : carte à puce

L'utilisation de cartes à puce permet également de rendre plus robuste l'authentification des utilisateurs. Cependant, ce sont toujours les protocoles NTLM ou Kerberos qui seront utilisés, et permettra les attaques citées auparavant. Néanmoins, l'emploi d'une carte à puce permet *a minima* de s'assurer qu'aucun mot de passe faible ne sera employé par les administrateurs.

## Focus : stratégie de verrouillage (blocage du compte en cas d'essai infructueux)

Une stratégie de verrouillage de compte avec une durée de 5 minutes pour le délai de verrouillage, une réinitialisation après 5 minutes et un seuil de verrouillage à 5 essais présente un compromis entre facilité d'usage et limitation du risque d'attaque par force brute d'un mot de passe (un mécanisme de détection d'activité malveillante devant venir compléter cette mesure).

## Focus : verrouillage de session (demande de mot de passe après inactivité)

Une valeur de 5 minutes pour le verrouillage en cas d'inactivité avec entrée du mot de passe pour le déverrouiller, présente un compromis adéquat.

### Connexion du bureau à distance

Le protocole de connexion à distance natif sous Windows, RDP (*Remote Desktop Protocol*) est l'un des plus utilisés pour l'administration Windows ou encore dans certaines solutions de *Desktop as a Service*.

Les mécanismes historiques de sécurité appelés *Standard RDP Security*, en particulier de chiffrement et d'authentification intégrés sont vulnérables (chiffrement historique RDP vulnérable à une interception active, réalisable facilement avec des outils comme Cain [190]) et de nombreuses failles dont plusieurs exécutions de code ont touché l'implémentation RDP de Windows.

Des améliorations ont été apportées avec *Enhanced RDP Security*, en particulier :

- Une encapsulation des flux dans SSL/TLS permettant un meilleur chiffrement des communications ainsi que l'authentification du serveur (si le service est correctement configuré).
- L'utilisation de CredSSP pour l'authentification (à partir de Windows Vista/2008) proposant un mécanisme appelé NLA *(Network Level Authentication)* dont le fonctionnement évite plusieurs écueils rencontrés par le passé. En particulier, l'utilisateur doit présenter ses authentifiants avant la création de la session Windows afin de limiter la surface exposée (une fois la session TLS établie, une authentification *via* NTLMSSP ou Kerberos a lieu). Il est à noter qu'à l'heure de la rédaction du présent ouvrage, il n'est pas possible de faire une authentification cliente par certificat au niveau TLS (il est cependant possible d'utiliser une carte à puce pour authentifier l'utilisateur sur le poste, puis de continuer l'authentification en Kerberos vers le serveur).

De nombreux documents détaillent les mesures de durcissement RDP à mettre en œuvre, citons en particulier :

- une étude de l'ANSSI à ce sujet (qui, outre les recommandations, détaille de façon très complète le mode de fonctionnement, l'historique de RDP et certaines particularités techniques) [47] dont les auteurs recommandent vivement la lecture ;
- un guide de mise en place par l'université de Berkeley [252] ;
- un guide du SANS [298] et bien sûr la documentation de Microsoft [67].

Parmi les principales mesures, il est important de retenir les suivantes :

- activer l'option *Network Layer Authentication* afin d'imposer l'usage de CredSSP ;
- configurer le *Security Layer* en SSL (TLS 1.0) et mise en place d'un certificat serveur (depuis 2008 TLS est utilisé par défaut, mais avec un certificat auto-signé) ;
- limiter les utilisateurs autorisés à se connecter (*via* la *policy Allow log on through Remote Desktop Services > Settings*) ;
- définir une politique de déconnexion automatique.

Pour des systèmes plus sensibles, il est possible de :

- n'exposer le serveur RDP qu'au travers d'un tunnel VPN (IPSEC transparent sous Windows, tunnel SSH, OpenVPN, etc) ;
- utiliser un serveur de rebond pour limiter l'exposition et faciliter la détection.

Enfin dans certains cas il est possible de se passer de RDP, en utilisant par exemple des RPC ou WinRM.

D'autre part, la liste d'utilisateurs dans « Configuration de l'ordinateur > Paramètres Windows > Paramètres de sécurité > Stratégies locales > Attribution des droits utilisateurs » doit être définie pour n'autoriser qu'une liste spécifique, par exemple un groupe dont les membres seront gérés par *Active Directory* (AD).

NB : la problématique des traces laissées en mémoire par les sessions interactives sont abordées au début du présent chapitre.

## Mécanismes de mitigation de vulnérabilités logicielles

D'autres mécanismes de mitigation destinés à rendre plus difficile l'exploitation de failles logicielles sont également présents dans Windows, entre autres :

- DEP : *Data Execution Prevention* est un mécanisme qui permet de définir des zones mémoire comme exécutables ou non exécutables et complique la réalisation de certaines attaques, par exemple une attaque par débordement de zone mémoire *(Buffer overflow)*, cf. au chapitre 5 p. 147 ;
- ASLR : l'*Address Space Layout Randomization* est un mécanisme qui, en organisant de façon aléatoire l'espace mémoire, complique l'exploitation de vulnérabilités en rendant plus difficile la prédiction de certaines adresses ;
- SEHOP : *Structured Exception Handling Overwrite Protection* est un mécanisme qui implémente des vérifications et en particulier sur le chaînage de certaines structures en mémoire, ce qui complique certaines formes d'attaque (la chaîne d'exceptions est contrôlée afin de vérifier que l'exception finale est bien légitime).

Si bien sûr aucun de ces mécanismes n'est inviolable, ils font partie d'une stratégie de défense en profondeur afin d'augmenter le coût d'une attaque.

La configuration d'une partie de ces paramètres peut être effectuée par EMET (*Enhanced Mitigation Experience Toolkit*) un outil fourni par Microsoft afin de complexifier l'exploitation de vulnérabilités. Les options d'EMET ne se limitent pas seulement aux trois points sus-cités.

En effet les options de journalisation sont également intéressantes pour identifier certaines failles (en particulier des certificats suspects). Pour une première introduction sur EMET, une explication vidéo de Guillaume Ross de Rapid 7 est recommandée [233]. Des références vers des explications plus détaillées sur les mécanismes DEP, ASLR, SEHOP et sur le fonctionnement d'EMET peuvent être consultées dans la partie bibliographie [98, 96, 97].

## Durcissement du domaine

Après un rappel sur le fonctionnement des relations de confiance *(trust)*, plusieurs mesures de durcissement du domaine seront exposées.

### Relations de confiance

Une relation de confiance peut être établie entre des domaines, des forêts ou vers un royaume *(realm)* Kerberos pour permettre à des utilisateurs d'une zone A d'accéder à des ressources d'une zone B sans se réauthentifier sur la zone B.

Par exemple supposons qu'une entreprise ait défini deux domaines, un pour elle-même et un pour sa filiale. Une relation de confiance permettra à un utilisateur de la maison mère d'accéder de façon transparente à une ressource de la filiale alors qu'il n'est pas présent dans la base du DC de ladite filiale. L'utilisateur s'étant authentifié auprès du DC de la maison mère, la filiale jugeant celui-ci de confiance, autorisera l'accès.

Lorsqu'il est indiqué que le domaine A a une relation de confiance avec le domaine B (domaine de confiance), cela signifie que le domaine B est considéré comme de confiance et peut accéder aux ressources du domaine A (la direction de la confiance et de l'accès sont inverses).

### Type de relations

Cette section reprend et explore plus en profondeur la première présentation faite au début de ce chapitre.

Nous avons vu p. 463 qu'une relation de confiance pouvait être unidirectionnelle ou bidirectionnelle, transitive ou non transitive. D'autres types de confiance sont également définis :

- **External** : non transitif, uni ou bidirectionnel, pour donner accès à une ressource dans un domaine NT 4 ou dans un domaine d'une autre forêt (en l'absence de confiance entre les forêts).
- **Realm** : transitif ou non transitif, uni ou bidirectionnel utilisé pour former une relation de confiance avec un *realm* Kerberos (non Windows).

- **Forest** : transitif, uni ou bidirectionnel, utilisé pour partager des ressources entre des forêts.
- **Shortcut** : transitif, uni ou bidirectionnel, utilisé pour des raisons de performance afin de diminuer le temps de login.

Les différents cas d'usage de chaque type de relation de confiance sont décrits sur le site de Microsoft [178], avec des illustrations graphiques des différents cas [280].

## Mise en œuvre des relations de confiance

De façon simplifiée, les relations de confiance sont créées [132] :

- **automatiquement** : entre les domaines d'une forêt ; une relation de confiance bidirectionnelle et transitive est ajoutée à chaque fois qu'un domaine est ajouté ou créé ;
- **manuellement** : lorsqu'il est nécessaire de donner un accès croisé aux ressources (par exemple dans la phase transitoire entre deux entreprises ayant fusionné) ou unidirectionnel (par exemple pour une zone d'administration, ou pour une filiale souhaitant donner un accès à sa maison mère, mais pas l'inverse).

Globalement les relations de confiance doivent être considérées comme un outil d'aide à l'administration pouvant être utilisé pour renforcer le niveau de cloisonnement à l'intérieur d'une même zone de confiance. Mais son usage doit être évité entre deux zones de confiance différentes, comme des entreprises différentes ou pour des domaines exposés sur Internet (des solutions alternatives sont décrites ci-après). En effet il existe un risque important de rebond en cas d'erreur de configuration (une relation bidirectionnelle permettrait par exemple à un administrateur de l'autre entreprise de disposer de droits administrateur de domaine) et d'autre part l'exposition des ports entre les deux contrôleurs de domaine (DC) est trop importante (exposition en particulier des ports 445 pour le partage de fichiers). Ainsi en cas de vulnérabilité sur l'un des protocoles exposés, une attaque directe de DC à DC pourrait être effectuée.

Dans le cas d'une même entreprise et d'une même zone de confiance, par exemple pour une zone d'administration, une relation de confiance unidirectionnelle non transitive avec authentification sélective (seules les authentifications explicitement autorisées sont acceptées) et restriction des ressources cibles peut être envisagée. Cependant en pratique cette mesure se révèle peu efficace car les usages au jour le jour sont souvent sources de rebond (réutilisation de mots de passe, compte de backup présent dans les deux forêts, etc).

## Fonctionnement dans le cas de Kerberos et de NTLM

Si l'authentification est effectuée par Kerberos, le KDC (*Key Distribution Center*) fonctionnant sur le contrôleur de domaine de la zone A agit en tant qu'intermédiaire de confiance entre le client de la zone A et la ressource dans la zone B pour lui permettre d'obtenir le ticket d'accès à la ressource. Le processus est détaillé sur le site de Microsoft [6].

Dans le cas d'une authentification NTLM, le *challenge response* est effectué avec le serveur de ressource de la zone B, la réponse est envoyée au DC B qui est elle-même renvoyée au DC A pour vérification.

D'autres protocoles d'authentification (Digest, Schannel, etc) peuvent également être utilisés [6].

## Zone et pratiques d'administration

Afin de limiter les possibilités de rebond, d'améliorer la détection et de mitiger des vulnérabilités de conception inhérentes au mode de fonctionnement de Windows, une zone d'administration peut être mise en place. Pour une description détaillée des mesures, le lecteur est invité à se référer à deux guides de l'ANSSI très complets à ce sujet [224, 7]. Une présentation des principaux concepts est également disponible sur le site de l'OSSIR[4] [75].

Comme présenté dans la partie attaque, les rebonds et élévations de privilèges se basent particulièrement sur la réutilisation de mots de passe ou le vol d'authentifiants de comptes à privilèges en mémoire. Il est donc primordial de segmenter le plus possible la portée de ces comptes ainsi que leur usage afin de réduire l'exploitation de ce vecteur d'attaque.

La suite de cette section décrit les principales mesures de protection de la zone d'administration.

## Filtrage et cloisonnement réseau

Les serveurs et postes de travail doivent être isolés dans des zones du réseau avec un filtrage fort ; les interfaces d'administration ne doivent être exposées que sur un réseau d'administration spécifique (réseau dédié avec filtrage, réseau virtuel basé

---

4. Cette présentation a été réalisée par deux des auteurs du présent ouvrage.

sur l'usage de VPN ou à défaut filtrage par adresse IP, en dernier recours). Ceci afin de limiter la capacité d'un attaquant à utiliser des authentifiants volés.

Par exemple sur un poste de travail une interface RDP ou SMB n'a aucune raison d'être exposée à l'ensemble du SI. La limite principale reste la nécessité pour les systèmes Windows d'un domaine de communiquer avec leur contrôleur de domaine (DC) : si un attaquant parvient à récupérer sur un système un compte administrateur de domaine, il peut rebondir sur le DC puis de là, sur l'ensemble des systèmes du domaine.

## Utilisation de postes dédiés d'administration

Ces postes doivent être dédiés à l'administration et ne jamais avoir accès à l'Internet (pour ne pas les exposer à des attaques par hameçonnage (phishing) ou à des sites web piégés, par exemple par la méthode du *waterholing* où un site légitime est compromis pour diffuser du code malfaisant).

Un compte à privilèges élevés (comme un administrateur de domaine ou similaire) ne doit être utilisé que sur ces postes. Dans la mesure du possible ces postes doivent être disposés dans une salle avec un contrôle d'accès physique fort et sous surveillance.

Ils doivent faire l'objet d'un durcissement, au minimum :

- Restrictions sur le poste : suppression des droits administrateur local, restriction des applications autorisées (avec Applocker sous Windows, SELinux ou similaire sous Linux), blocage des ports USB, chiffrement du disque (par exemple avec Bitlocker en mode TPM + PIN), verrouillage du BIOS, désactivation des interfaces DMA, etc.
- Restreindre l'accès à l'Internet du poste ; outre l'utilisation d'un réseau physique dédié (avec si possible authentification lors de l'accès au réseau par certificat stocké sur une carte à puce ou un TPM *via* 802.1x), des règles de filtrage local peuvent être définies par exemple pour n'autoriser que le lancement d'un tunnel VPN vers un concentrateur puis de n'autoriser qu'un flux spécifique d'administration vers les serveurs de rebond.
- Type de poste : un poste dédié sous Windows ou Linux (ou tout autre système d'exploitation) peut être utilisé. Une autre possibilité est d'utiliser un poste à plusieurs niveaux de sécurité (CLIP [63], Qubes OS [238], etc) afin de disposer d'un accès aux deux environnements depuis la même machine.

## Segmenter les usages de comptes d'administration

- **Comptes administrateur locaux** : les mots de passe des administrateurs locaux et de tous les comptes disposant de ces droits (sauvegarde, déploiement de logiciel, etc) doivent être uniques, spécifiques au système et générés aléatoirement. Il est recommandé d'utiliser pour ce faire soit une approche manuelle soit un outil automatisé de qualité. Il n'est pas recommandé de réinventer un mécanisme « maison » de gestion car ce type d'approche finit souvent par ouvrir une importante brèche de sécurité suite à des erreurs d'implémentation.
- **Comptes disposant de droits d'administration élevés au niveau du domaine** : les comptes dotés de droits très élevés comme un administrateur de domaine, d'entreprise ou similaire ne doivent être utilisés que pour se connecter sur les contrôleurs de domaine. Ils ne doivent jamais être utilisés pour se connecter sur des serveurs afin d'effectuer des tâches d'administration quotidiennes. Ces comptes doivent être nominatifs.
- **Comptes de domaine pour l'administration individuel de serveur** : ces comptes doivent être segmentés pour n'être valables que sur des zones particulières. Par exemple un administrateur responsable d'un serveur de partage de fichiers et d'un serveur web devra disposer de deux comptes de domaine avec des droits limités et plus élevés que sur les zones respectives. Ainsi si le compte du serveur web est compromis, il ne pourra pas être utilisé pour rebondir sur le serveur de fichiers. Ces comptes doivent être nominatifs. Cette ségrégation peut être poussée jusqu'à l'utilisation de comptes d'administration locaux uniquement. Ces comptes devant être uniques, le rebond vers d'autres systèmes n'est pas possible. La traçabilité et la gestion des comptes (liste, suppression, etc.) doit alors être assurée par le bastion d'administration décrit ci-dessous p. 495.

## Tracer les accès et détecter les comportements malveillants

Les accès doivent être tracés, à la fois dans les journaux *(logs)* système mais aussi si possible par l'enregistrement des actions (historique des commandes ou enregistrement vidéo).

Une logique d'administration *quatre-yeux* (deux administrateurs présents) pour les opérations sensibles comme l'usage d'un compte d'administration de domaine peut également être mise en place.

Une étude doit être menée afin de définir les comportements normaux et les comportements potentiellement malveillants. Par exemple si un bastion d'administration est utilisé, toute connexion d'un administrateur ne provenant pas de ce dernier doit être considérée comme anormale. Un autre exemple est l'usage d'un compte *domain* admin pour se connecter sur un autre serveur qu'un contrôleur de domaine ou encore des connexions répétées à de nombreux systèmes en peu de temps avec le même compte.

## Mettre en place un serveur « bastion d'administration »

L'usage d'un serveur de rebond centralisé permet d'améliorer la traçabilité et la détection tout en simplifiant les règles de filtrage réseau. Si possible, il est recommandé de mettre en place un mécanisme d'authentification forte pour l'accès au bastion.

Des produits spécialisés comme Wallix, CyberArk ou Ballabit offrent en outre des fonctions d'enregistrement vidéo ou de gestion des mots de passe (allant jusqu'au changement automatique et provisioning) afin de faciliter la gestion de la segmentation des comptes (si celle-ci n'est pas automatisée, dès lors que le périmètre devient important, une forte probabilité de mauvais usage est présente à cause du manque d'ergonomie).

Bien sûr l'usage d'un bastion induit un point de fragilité (SPOF, *Single Point of Failure*), mais il permet de réduire significativement les autres risques reposant sur des méthodes d'attaque ayant une plus forte probabilité d'occurrence.

## Limiter les sessions interactives

En utilisant par exemple WinRM ou des RPC il est possible de restreindre les empreintes d'authentifiants présentes en mémoire. Ces points sont abordés en détail dans les guides de l'ANSSI [224, 7].

## Cas spécifiques des systèmes frontalement exposés sur Internet

### Une banale histoire d'audit : prise du domaine depuis Internet et outre-passement du cloisonnement réseau

Lors d'un test d'intrusion, l'un des auteurs a pu identifier une interface d'administration *Tomcat* mal sécurisée protégée par un mot de passe trivial. Après avoir chargé un *webshell* et commencé à explorer le contenu du disque ainsi que les comptes présents en mémoire, il se rend rapidement compte que s'il n'y a rien d'intéressant sur le premier serveur web Windows, il dispose en revanche d'un compte AD pour se connecter à la base de données MS SQL Server située dans un autre VLAN de la DMZ. Ce compte dispose de droits d'administrateur local sur le serveur de base de données, il lui permet de récupérer les comptes en mémoire, l'un de ceux-ci dispose de droits administrateur de domaine (les administrateurs de l'entreprise en question faisant toutes les opérations avec ce type de comptes). Il peut dès lors se connecter au contrôleur de domaine et rebondir sur l'ensemble du SI.

Cette histoire illustre un risque très souvent présent et qu'il est nécessaire de contrer par une compartimentation effective (un peu à l'image d'un sous-marin ou des cloisons étanches des bateaux).

### De la nécessité de compartimenter

Compte tenu de la facilité de rebondir au sein d'un domaine ou d'une forêt Windows, la compartimentation de systèmes frontalement exposés sur Internet est primordiale.

Rappelons qu'en cas de compromission d'un serveur membre d'un *domaine*, situation qui doit être posée comme axiome de base (vu le nombre de vulnérabilités possibles : faille applicative, absence de mise à jour, attaque ciblée, etc.), la logique même des flux réseau liés à Windows permet d'outrepasser toutes les mesures de filtrage réseau.

En effet un serveur devra être en mesure de contacter le contrôleur de domaine (DC), en particulier sur le port 445 (partage de fichiers selon le protocole SMB) et pour peu que l'attaquant ait récupéré un compte privilégié, il pourra se connecter sur le DC. Ce dernier étant en mesure de contacter tous les autres systèmes (exécution de code *via* GPO, exécution de code directe par exemple par *psexec* ou *WMI*, etc) *by design* tous les mécanismes de filtrage réseau sont outrepassés.

Outre la compartimentation réseau classique, sujet abordé dans le chapitre 6 consacré à la sécurité du réseau, nous nous intéresserons ici particulièrement à l'isolation au niveau Windows.

### Approches de compartimentation

La meilleure approche consiste bien évidement à isoler complètement les serveurs du domaine exposés frontalement, par exemple en les configurant en mode *workstation* (hors domaine).

Si cette mesure est de loin la plus efficace, il n'est pas toujours possible de la mettre en œuvre, soit parce que l'applicatif demande impérativement que les serveurs soient placés dans un domaine soit car il est nécessaire d'accéder à certains attributs (le plus souvent le mot de passe afin de disposer d'une authentification unifiée Single Sign On). Ainsi les approches suivantes sont, entre autres, possibles :

- **Approche 1 : Isolation complète au niveau domaine** : le système exposé sur Internet est complètement isolé : il dispose de son propre référentiel d'identité et n'a pas de lien avec le domaine d'entreprise. Il peut s'agir de serveurs en mode *workstation* ou d'un domaine dédié et isolé.
- **Approche 2 : Isolation au niveau domaine avec échange et synchronisation contrôlée d'attributs** : le système est isolé en mode *workstation* avec un domaine dédié, mais certains attributs peuvent être synchronisés de façon sélective (par exemple une liste d'utilisateurs ou de groupes) ou certains échanges peuvent avoir lieu (par exemple une vérification de mot de passe basée sur un Radius mis en proxy plutôt que sur un trust inter-domaine).
- **Approche 3 : Interconnexion par trust avec filtrage** : le système est soit intégré au domaine, mais une forme de filtrage est appliquée (par exemple avec un *Read Only Domain Controller* - RODC) soit différents domaines ou forêts sont utilisés avec des relations de trust contrôlées.

## Approche 1 : Isolation complète au niveau domaine

Ce cas est le plus simple, le système est complètement isolé et dispose de son propre référentiel. Cette approche, lorsqu'applicable, présente le meilleur niveau de réduction de risques.

## Approche 2 : Isolation au niveau domaine avec échange et synchronisation contrôlée d'attributs

La synchronisation peut être généralement divisée en deux catégories : référentiel d'identités et données.

En ce qui concerne le référentiel d'identités, l'objectif est de s'affranchir du mécanisme intégré de Windows pour ce type de situation (relation de confiance) et de mettre en place un système contrôlé de fédération d'identité. La fonction qui nous intéresse ici étant l'authentification unique (*Single Sign On*, SSO). Idéalement le système d'authentification utilisé ne devrait pas exposer dans la zone de confiance basse (exposée sur Internet) des éléments réutilisables dans la zone haute (comme un mot de passe). Parmi les solutions de fédération d'identités les plus communes sous Windows pour ce type de situation, il est possible de citer :

- **Un mécanisme de fédération intégré (SAML, OAuth, OpenID, etc)** : Le principe est ici de mettre en place un mécanisme tiers d'authentification et de contrôle d'accès qui, une fois l'utilisateur authentifié, lui remet un jeton valable dans une partie du système mais non réutilisable dans d'autres. Ce type de mécanisme est particulièrement efficace, évite la réutilisation d'authentifiants (le mot de passe utilisateur n'est par exemple pas entré dans le système de confiance bas, mais dans un système séparé) mais peut être complexe à mettre en place.
- **Un mécanisme de relais d'authentification** : Le principe est ici de mettre en place un mécanisme de relais d'authentification afin de ne pas exposer directement la zone de confiance. Par exemple dans le cas d'une authentification par mot de passe, un relais basé sur un serveur Radius peut être utilisé. Si cette approche est facile à mettre en place, elle expose à l'intérieur de la zone de confiance basse des authentifiants susceptibles d'être réutilisés par un attaquant dans la zone de confiance haute. Bien que limitant le risque de rebond, la réutilisation d'authentifiants présente un risque significatif ; il est recommandé de limiter l'usage de cette approche aux seules situations où aucune autre solution n'est applicable.
- **Un mécanisme de synchronisation sélective d'attributs** : Le principe est ici de mettre en place un mécanisme pour synchroniser certains attributs afin de disposer des avantages d'une identité fédérée tout en excluant d'autres jugés sensibles. On peut par exemple imaginer un mécanisme (script, utilisation de *Microsoft ForeFront Identity Management*) pour synchroniser les attributs tels que les noms, prénoms, login et numéro de téléphone de certains employés mais pas leur mot de passe. On dispose ainsi d'un système de gestion d'identité unifié, avec plusieurs mécanismes selon les environnements.

D'un point de vue pratique, outre les systèmes intégrés de gestion d'identité, parmi les mécanismes d'authentification couramment utilisés, il est possible de citer, entre autres :

- **Exemple 1 : un mécanisme basé sur une Infrastructure de gestion de clés :**
  - L'authentification et l'identification sont effectuées grâce à des certificats émis par une infrastructure de gestion de clés (IGC, *Public Key Infrastructure*, PKI). Le principe est que le domaine isolé n'a besoin que du certificat et de la clé publique d'une autorité racine ainsi que d'un accès à la liste de révocation. La relation de confiance est limitée à

la copie manuelle d'un fichier. Ainsi l'utilisateur peut utiliser son certificat personnel obtenu dans le domaine principal pour se connecter de façon transparente sur un autre périmètre tout en limitant fortement le risque de rebond. Autre avantage, les jetons d'identité (*tokens*) communiqués après l'authentification initiale ne sont pas réutilisables dans d'autres zones de confiance et il n'est pas nécessaire de synchroniser de mots de passe.

– Dans le cas d'un domaine, il sera nécessaire d'effectuer une transition de protocole vers Kerberos. Pour rappel la délégation non-contrainte [8] ou contrainte *Kerberos* peut présenter de nombreux risques et il est nécessaire de mener une étude détaillée avant sa mise en œuvre.

– La même logique peut être utilisée avec un autre mécanisme d'authentification comme un système de *One Time Password* (OTP).

· **Exemple 2 : un mécanisme basé sur une synchronisation sélective d'attributs entre domaines :**

– Les données d'identité d'un groupe d'utilisateurs spécifique (nom, prénom, mail, groupes, droits d'accès, etc.), mais pas les empreintes des mots de passe, sont copiées de façon sélectives par un script ou un outil tel que Microsoft *ForeFront IDentity Management*.

– Ainsi l'unité de l'identité est préservée au travers des différentes zones de confiance et la gestion est centralisée, mais le risque de rebond est réduit de par la limitation de l'interface exposée (le principe étant de n'utiliser sur chaque zone que des comptes disposant de droits très limités et aux seuls attributs nécessaires) et par la séparation des systèmes d'authentification propres à chaque zone (mots de passe différents, ou autre mécanisme d'authentification).

– L'authentification dans la zone de confiance basse peut soit être réalisée par un système propre d'authentification (mots de passe spécifiques à cette zone) soit par un mécanisme fédéré mais basé sur un système de jetons *(tokens)* valables uniquement dans une zone spécifique.

## Approche 3 : interconnexion par relation de confiance avec filtrage

Parfois l'approche par isolation ou synchronisation sélective d'attributs n'est pas applicable, et il est nécessaire de connecter la zone frontalement exposée à la zone principale, soit :

· directement, avec mitigation partielle en usant d'un *Read Only Domain Controller* (cf. section suivante) ;

- soit en mettant en place une forêt dédiée avec une relation de confiance unidirectionnelle et sélective.

Même s'il est possible de durcir une telle configuration, de nombreux retours d'expérience sur le terrain ont montré que cette approche était peu efficace et ne limitait que très partiellement le risque de rebond. Si ce n'est pour des aspects techniques (voir partie confiance ci-dessus), cette approche ne limite pas le risque d'erreur humaine, qui est de loin le plus courant. Les auteurs ont pu constater à de nombreuses reprises qu'après quelques mois de vie, des comptes sont réutilisés entre les zones (erreur humaine, comptes de service) où des mots de passe identiques sont utilisés. Si ces approches peuvent être utilisées dans le cas d'une segmentation interne entre des zones de confiance équivalentes ou pour certains cas spécifiques (performances, amélioration de la segmentation des comptes d'administration) ces mesures sont insuffisantes dans le cas d'une zone exposée sur Internet.

## Focus RODC - (Read Only Domain Controller)

Les *Read Only Domain Controllers* sont parfois présentés à tort comme une solution de nature à résoudre les problèmes liés à la compromission d'un DC, en particulier lorsque celui-ci doit être installé dans une zone considérée comme non sûre.

Si un RODC présente un intérêt pour l'amélioration des performances et pour la limitation de déplacement latéral, c'est le cas uniquement s'il est correctement configuré et utilisé. En pratique, si l'on exclut le cas des performances, l'usage d'un RODC n'a d'impact significatif que si l'entreprise ou l'entité l'utilisant dispose d'un niveau de maturité suffisant. Au contraire son usage dans une optique « sécurité par les produits » ne limitera pas les risques et selon les cas peut les augmenter.

Au sujet de l'approche produit contre processus, le lecteur peut se référer à un excellent article de Bruce Schneier (d'où est issu la fameuse citation « *Security is a process, not a product* ») [243].

Le RODC présente en particulier l'avantage, *s'il est correctement configuré*, de limiter le risque de déplacement latéral et d'escalade de privilèges :

- le fait de disposer d'un compte `krbtgt` dédié limite le risque de réutilisation des clés associées à ce compte [158];
- la base AD DC en lecture seule pour limiter le risque de modification directe des données est intéressante en particulier lorsque couplée à la réplication sélective d'attributs (seuls les attributs nécessaires sont répliqués; ce à condi-

tion que le DC source soit au moins sous Windows 2008) en particulier des limitations sur les mots de passe copiés [207] ;
- la séparation des rôles d'administrateurs, limitée à ce RODC, etc. (une liste des fonctionnalités est disponible sur le site de Microsoft [9].

Cependant dans une configuration par défaut, l'apport est très limité : même si toute la base de mots de passe n'est pas copiée en local mais que les administrateurs utilisent des comptes à très hauts privilèges type administrateurs de domaine, il suffit à l'attaquant de rebondir sur le DC principal. De même le grand nombre de ports à ouvrir entre le DC et le RODC laisse une surface d'attaque importante.

En ce qui concerne la sécurité physique, le guide sur la sécurité Active Directory de l'ANSSI [7] résumé assez bien le point :

« La fonctionnalité permettant la mise en cache des informations d'identification des utilisateurs sur un RODC doit être utilisée uniquement pour mettre en cache les informations de connexion des comptes utilisateurs sans privilège du site. Si la sécurité physique du RODC n'est pas garantie, les informations de connexion des comptes avec privilèges ou des comptes d'utilisateurs n'appartenant pas au site ne doivent pas y être stockées afin de limiter les risques de compromission de l'annuaire. »

Ainsi si un RODC peut être utilisé comme un élément d'amélioration du niveau de sécurité d'un domaine Windows, il n'est qu'un élément d'optimisation et ne représente pas une solution miracle.

Le lecteur intéressé par le fonctionnement du mécanisme d'authentification dans le cas d'un RODC peut se référer à un article de Ned Pyle de Microsoft [279]. D'autres éléments de bonne configuration d'un RODC sont exposés sur Technet [83] et dans une note du CERTA [54].

## Note concernant le SID Filtering

Une option appelée *SID Filtering* (activée par défaut à partir de Windows Server 2003) permet de mitiger une attaque où un utilisateur doté de privilèges élevés dans un autre domaine de confiance ajouterait des SID *(Security IDentifier)* à son ticket afin de copier les droits d'un utilisateur d'un autre domaine. En pratique l'efficacité de cette mesure est limitée dans la mesure où il est possible de mener une attaque au niveau Kerberos afin de contourner cette mesure, en abusant le mécanisme de confiance [187, 186].

# Durcissement de l'écosystème

La sécurisation d'un environnement Windows passe également par l'écosystème associé, dont le niveau de sécurité ne doit pas remettre en question l'ensemble des efforts mis dans la sécurisation du domaine Windows.

## Antivirus

La mise en œuvre d'une protection antivirale, bien que facilement contournable [55], apparaît encore aujourd'hui indispensable. La détection basée sur les signatures est généralement complétée par des fonctionnalités annexes telles que la détection comportementale (heuristique), ainsi qu'une détection d'intrusion (HIDS pour *Host Intrusion Detection System*).

La question de l'installation d'un antivirus sur les contrôleurs de domaine fait débat. En effet, la stratégie de sécurisation consiste à limiter au maximum les logiciels s'exécutant sur ces serveurs ; cependant, la présence d'un antivirus permettra d'éviter une mauvaise manipulation à un administrateur, qui pourrait copier un fichier infecté sur le contrôleur de domaine.

Dans un environnement bien maîtrisé, où les connexions au contrôleur de domaine sont rares, on pourra remplacer la solution antivirale par la mise en œuvre d'Applocker.

## Prise en main à distance

La prise en main à distance des serveurs est généralement réalisée au moyen de l'outil Bureau à distance, intégré à Windows. Cependant, cet outil n'est pas adapté à la prise en main à distance des postes de travail, car il ne permet pas à l'administrateur de voir ce que l'utilisateur fait sur sa session. Des solutions tierces sont donc généralement déployées pour répondre à ce besoin (voir la section bastion p. 495 pour un point sur les recommandations). Il est important de s'assurer du niveau de sécurité de ces solutions avant de les déployer de manière généralisée sur l'ensemble des postes de travail. Signalons également un point d'attention : il est souhaitable que l'utilisateur dont l'ordinateur est pris en main à distance par un administrateur en soit informé visuellement et accepte explicitement cette prise en main, afin d'éviter toute dérive.

### Sauvegarde, supervision et autres services d'exploitation

Les logiciels de sauvegarde disposent généralement des droits « opérateurs de sauvegarde », qui permettent de lire et d'écrire l'intégralité des fichiers des serveurs et postes de travail. Les actions réalisées par le compte de service utilisé doivent donc être particulièrement surveillées.

De même, les outils de supervision du réseau et des systèmes nécessitent fréquemment l'installation d'un agent sur les systèmes surveillés. Dans le cas des serveurs, il est fréquent que ces agents s'exécutent sous un compte disposant de privilèges élevés, afin de pouvoir obtenir des informations confidentielles sur le système. Il est donc impératif d'évaluer le niveau de sécurité et l'impact de leur déploiement à l'échelle d'un SI.

# Évolutions de la sécurité sur les versions plus récentes

## Améliorations apportées par Windows 8.1 et Windows Server 2012

Des mécanismes de protection supplémentaires destinés à rendre plus difficiles les attaques par vol d'authentifiants en mémoire ont été mis en place par Microsoft dès Windows 8.1 et Windows Server 2012. Ces mesures sont présentées par Benjamin Delpy dans sa présentation à la conférence St Hack [81]. Les principales mesures sont décrites ci-dessous.

### Limitation de la mise en cache des éléments d'authentification

Microsoft a effectué un travail intéressant de réduction de la quantité de mots de passe et de condensats mis en cache par défaut. Ainsi, sur un poste de travail Windows 8.1, dans le cas général on ne sera pas en mesure de récupérer en clair le mot de passe de l'utilisateur courant. Ces fonctionnalités ont par ailleurs été rendues disponibles pour les systèmes Windows 7 et Windows Server 2008 sous la forme de correctifs de sécurité.

## Mode d'administration restreint

Afin d'empêcher le couple login-mot de passe d'un administrateur de se retrouver en mémoire sur le serveur cible lors de l'utilisation du Bureau à distance, Windows n'envoie plus ces éléments lors de l'authentification. Seul un condensat NTLM ou un ticket Kerberos peuvent être utilisés. La conséquence néfaste est la possibilité d'utiliser un condensat pour s'authentifier *via* le Bureau à distance, ce qui était précédemment impossible. On peut donc s'interroger sur l'intérêt de cette mesure.

## Protection LSA

Afin d'extraire les secrets stockés en mémoire par Windows, il est nécessaire de pouvoir accéder au contenu de la mémoire du processus `lsass.exe`. Microsoft propose désormais d'interdire l'accès à cette mémoire, même avec des droits d'administration, en faisant de `lsass` un processus protégé, ce qui neutralise la méthode historique liée à l'injection de DLL. Cependant, un accès de type administrateur permet d'ajouter un pilote, qui pourra disposer des droits nécessaires à l'accès à cette mémoire. L'outil Mimikatz a d'ailleurs rapidement implémenté cette fonctionnalité.

## Groupe de sécurité « Utilisateurs protégés »

Afin de renforcer la sécurité des comptes à privilèges élevés, Microsoft propose d'inclure ces comptes dans un groupe spécifique. L'appartenance à ce groupe va restreindre les modalités d'authentification à celles apparaissant les plus robustes. Ainsi, seule une authentification Kerberos sera possible, dans une configuration durcie (utilisation d'AES uniquement, réduction de la durée de vue des tickets TGT). Enfin, ces comptes ne pourront pas être usurpés au moyen d'une délégation Kerberos, qu'elle soit contrainte ou non.

## Politique d'authentification et silos

Avec l'arrivée de Windows Server 2012R2, il est possible de définir des politiques de groupe au niveau de l'ensemble d'une forêt. Des politiques d'authentification sont par ailleurs introduites, afin de mieux contrôler l'authentification des accès à des ressources sensibles avec des comptes sensibles. On peut ainsi limiter l'accès à certains serveurs à un ensemble de comptes, qui ne peuvent se connecter que depuis un sous-ensemble de machines (par exemple, des postes de travail dédiés à l'administration). On obtient ainsi une meilleure maîtrise de l'utilisation des comptes sensibles et on s'assure que les éléments d'authentification ne sont pas disséminés au sein de l'ensemble du SI. La mise en œuvre efficace de ces silos nécessite évidemment une bonne gestion et segmentation des comptes d'administration.

Bien que ces mesures apparaissent comme une élévation du niveau de sécurité, il convient de préciser que la restriction des mots de passe en clair et des condensats en mémoire importe peu dans la réalité d'une attaque, l'ensemble des attaques sur les tickets Kerberos restant possibles (rejeu, *Golden Ticket*...).

## Nouveauté de Windows 10 et Windows Server 2016

Microsoft a pris une approche différente pour améliorer le niveau de sécurité dans Windows 10 et Windows Server 2016, celle du cloisonnement.

Pour empêcher les attaquants de récupérer des éléments d'authentification, le parti pris a été de les stocker dans un espace inaccessible, même aux administrateurs, même au noyau. Pour cela, Microsoft se base sur sa technologie de virtualisation Hyper-V. L'ensemble du système d'exploitation sera exécuté dans une machine virtuelle, nommée HLOS pour *High Level Operating System*, tandis que les données d'authentification seront gérées par l'IUM pour *Isolated User Mode*.

Ces deux machines virtuelles communiqueront par une nouvelle API pour les phases d'authentification, mais les secrets ne seront jamais stockés sur la machine HLOS et ne transiteront par celle-ci que chiffrés [188].

En complément, Microsoft propose un nouveau système d'authentification nommé Passeport. Il s'agit d'un système d'authentification multi-facteurs basé sur la cryptographie asymétrique, ce qui constitue une avancée importante vis-à-vis des mécanismes actuels basés uniquement sur le condensat du mot de passe utilisateur comme clé symétrique. De plus, cette technologie est compatible avec le standard FIDO *(Fast IDentity Online)* [106]. Ce standard a été publié par la *FIDO Alliance*, un consortium de promotion de l'authentification multi-facteurs et son interopérabilité.

Les techniques traditionnelles d'attaque par collecte et réutilisation ne seront en théorie plus opérationnelles sur un domaine *Active Directory* au niveau fonctionnel 2016, avec des postes de travail sous Windows 10; sous réserve bien sûr des aléas de l'implémentation. Notons qu'au moment de l'écriture de cet ouvrage, aucune étude technique du niveau de sécurité de ces dispositifs n'est disponible.

# 16

# Sécurité des systèmes mobiles

## Sécurité et sûreté pour Android

*Cette section sur Android a été rédigée par Thomas Debize.*

## Introduction

### Préambule

En matière de nouveaux usages, les téléphones intelligents, communément désignés par le terme anglais *smartphone*, et plus généralement les terminaux mobiles tels que les tablettes ont fait une entrée remarquée dans notre quotidien avant d'être propulsés dans la sphère professionnelle. Avec eux, de nouveaux défis et risques ont émergé, aussi bien organisationnels que techniques : par exemple, la question de l'acceptation d'une approche type BYOD (en français AVPA comme « Amenez votre propre appareil », cf. p. 368), où l'enjeu est de réunir environnement personnel et environnement professionnel sur un même terminal, s'est très largement posée au début des années 2010 au sein des Directions des Systèmes d'Information.

Sur le plan technique, une des principales questions a été et est toujours de déterminer quelle plate-forme mobile présente un niveau de sécurité suffisant pour être autorisée à se connecter aux ressources de l'entreprise sans constituer de risque majeur pour lesdites ressources. En effet, les plates-formes n'ont pas la même histoire, le même fonctionnement ni les mêmes fondations techniques et il faut bien avouer qu'il peut être difficile de s'y retrouver parmi le nombre croissant de technologies disponibles entre Android pour Google, BlackBerry pour RIM, Firefox OS pour Mozilla, iOS pour Apple, Ubuntu Touch pour Ubuntu, Windows Phone pour Windows (liste non exhaustive).

Cette section a ainsi pour objectif de présenter de manière claire et précise les principaux éléments de sécurisation d'une plate-forme mobile populaire : Android. Après avoir énoncé les concepts techniques de base pour ce système mobile et son historique, un focus sera réalisé sur les différents besoins et méthodes de sécurisation pour les organisations. Sur ce dernier point, il est à noter que même si cette section se concentre sur une technologie précise, de nombreux éléments évoqués sont génériques et sont ainsi applicables aux autres technologies.

### Android, une plate-forme populaire

Parmi les plates-formes mobiles existantes, Android est depuis quelques années une solution très populaire. Selon les chiffres d'une étude du cabinet IDC datée de mai 2015, 78 % des smartphones seraient équipés de ce système [1], statistique à laquelle il convient d'ajouter le fait qu'une tablette sur deux est aussi équipée de ce même système [2].

Cette popularité s'explique par le modèle relativement ouvert de cette solution, du code source de son cœur jusqu'au modèle économique, où Google ne demande pas *a priori* de contrepartie financière pour une utilisation par les constructeurs de terminaux : néanmoins, ceux-ci doivent s'acquitter d'une licence pour avoir le droit d'installer les applications de l'écosystème Google à savoir Gmail, Google Maps, etc. : ce sont les *Google Mobile Services* (GMS). Cette distinction entre Android et les GMS est importante et nous y reviendrons par la suite. Les constructeurs qui choisissent cette solution sont souvent positionnés sur le segment entrée-moyenne

---

1. http://www.idc.com/prodserv/smartphone-os-market-share.jsp
2. http://www.idc.com/getdoc.jsp?containerId=prUS25267314

gamme, là où le nombre de clients est le plus important, contribuant ainsi à sa popularité.

Cette popularité comporte également son lot d'inconvénients dans la mesure où les créateurs de contenus malfaisants sont naturellement attirés vers tout ce qui pourrait constituer une source de revenus. Ainsi de nombreuses applications malfaisantes, ou *malwares*, ont envahi *Play Store*, la principale plate-forme de téléchargement d'applications de Google de manière croissante au fil des années. S'il est impossible de donner des chiffres précis sur la quantité exacte de tels contenus, de nombreuses vagues de suppressions massives d'applications ont eu lieu par le passé, à chaque fois de l'ordre de la centaine, ce qui montre la réalité de la menace.

# Concepts fondamentaux

## Architecture logicielle

De manière macroscopique, Android repose sur un noyau Linux spécialement modifié pour interagir avec :

- des actions physiques entre un utilisateur et un terminal, notamment *via* un écran souvent tactile ;
- des applications, chacune exécutée au sein d'une machine virtuelle ;
- du matériel assurant les communications radio (Wi-Fi, Bluetooth, GSM, 4G).

Un composant central appelé *Binder* est quant à lui chargé du traitement des communications inter-processus (IPC) et plus généralement des traitements de bas niveau entre l'espace applicatif et l'espace noyau.

Les schémas des figures 16.1 et 16.2 donnent une vision plus précise de la pile logicielle.

L'idée ici n'est pas de détailler chaque composant, le lecteur curieux pourra trouver des explications plus complètes dans la documentation officielle d'Android[3].

---

3. http://source.android.com/devices/

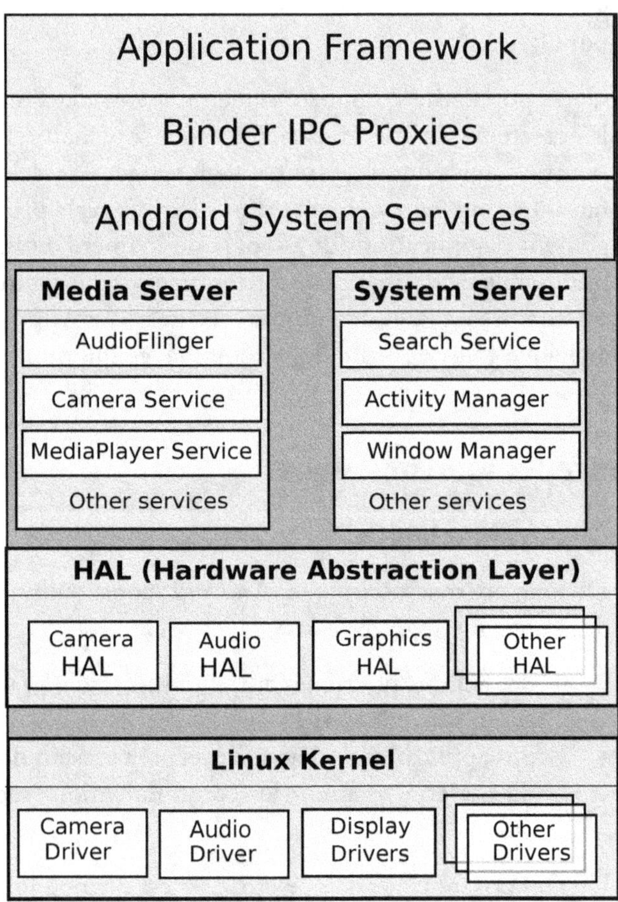

**Figure 16.1 –**
Composants d'architecture
de la plate-forme Android (1)



## Environnement de développement et d'exécution des applications

Les applications Android sont développées en utilisant le langage Java, le kit de développement officiel (SDK) Android fournit les principales primitives. Ce code source Java est ensuite compilé en code intermédiaire *Smali* lui-même exécuté au sein d'une machine virtuelle. Historiquement était utilisée la machine virtuelle *Dalvik*, assez proche de la machine virtuelle Java. Afin de réduire le surcoût de performance inhérent aux machines virtuelles, dû à la traduction et à l'exécution de code intermédiaire, un nouvel environnement d'exécution, *Android Runtime* (abrégé ART) est utilisé depuis la version 5.0. Ce nouvel environnement permet,

**Figure 16.2 –**
Composants d'architecture
de la plate-forme Android (2)

| Android Framework | | |
| --- | --- | --- |
| **Applications** | Alarm Browser Calculator Calendar Camera Clock Contacts Dialer Mail Home IM MediaPlayer PhotoAlbum SMS/MMS - Voice Dial | |
| **Android Framework** | Content Providers - Managers (Activity, Location, Package, Notification, Resource, Telephony, Window) - View System | |
| **Native Libraries** | | **Android Runtime** |
| Audio Manager, Freetype, Libc, Media Framework, OpenGL/ES, SQLite, SSL, Surface Manager, WebKit | | Core Libraries Dalvik VM & ART |
| **HAL** | Audio, BlueTooth, Camera, DRM, External Storage, Graphics, Input, Media, Sensors, TV | |
| **Linux Kernel** | Drivers (Audio, Binder (IPC), BlueTooth Camera, Display, Keypad, Shared Memory, USB, WiFi), Power Mngnt | |

entre autres, la compilation, lors de l'installation d'une application, du code intermédiaire vers du code natif (langage machine de la plate-forme matérielle).

Pour obtenir de meilleures performances, il est également possible de développer directement des modules natifs avec les langages C ou C++ grâce au kit de développement natif (NDK).

### Conséquences des choix de l'environnement de développement en matière de sécurité des applications

Une conséquence directe des choix de conception de la plate-forme Android est la facilité du *reverse-engineering* (rétro-ingénierie) pour les applications ou les *middlewares*.

Les propriétés du langage Java utilisé pour le développement des applications font qu'il est aisé de reconstituer le fichier source originel à partir du code intermédiaire compilé, dans la mesure où celui-ci présente une forme assez intelligible, bien loin d'un code assembleur souvent sibyllin. De nombreux outils sont disponibles pour permettre cette reconstitution depuis le code, nous pouvons citer entre autres *jd-gui* [4], *jad* [5] ou encore *enjarify* de Google [6].

Cette caractéristique permet notamment aux chercheurs d'identifier des failles structurantes, qui n'auraient pas forcément pu être identifiées lors d'une phase de rétro-ingénierie classique ; ou à l'inverse d'attester de la robustesse d'un composant, à l'image du travail de la société MWR face à un middleware de la déclinaison d'Android dédiée aux technologies « mettables » (*"wearables"* en anglais, bracelets, montres, etc.) fondées sur la plate-forme *Android Wear* [7].

## Android est-il véritablement open-source ?

Tordons maintenant le cou à ce qui est communément admis à propos du caractère *open-source* d'Android et qui contribuerait fortement à sa sécurité : non, Android n'est pas « intégralement » open-source. Même si la grande majorité du système l'est à travers le projet *Android Open Source Project* (AOSP) [8], de nombreux composants de l'écosystème, cruciaux pour le fonctionnement d'un terminal, ne le sont pas et peuvent contenir des vulnérabilités aux impacts importants, moins aisément identifiables que pour un code ouvert.

À commencer par le dispositif *baseband* qui assure les communications radio au plus bas niveau, qui dispose de son propre système d'exploitation temps réel (RTOS). Les protocoles régissant les communications téléphoniques mobiles ont été normalisés dans les années 1980 et implémentés durant les années 1990, période où la sécurité applicative ne fut apparemment pas la première des priorités. Les réutilisations successives sans refonte ni rafraîchissement de ces implémentations, basées sur un système d'exploitation ne disposant pas des mitigations anti-exploitation modernes comme l'ASLR ou encore le bit NX (cf. chapitre 15 p. 451) offrent un cocktail intéressant. À titre d'exemple, un chercheur en sécu-

---

4. http://jd.benow.ca/

5. http://varaneckas.com/jad/

6. https://github.com/google/enjarify

7. https://labs.mwrinfosecurity.com/blog/2015/05/22/android-wear-security-analysis/

8. https://source.android.com/

rité a découvert et documenté en 2012[9] des failles permettant une exécution de code arbitraire sur le système de gestion des communications *baseband,* avec pour impact la possibilité d'activer à distance n'importe quelle fonctionnalité disponible *via* les commandes Hayes AT (langage de commande de bas niveau pour les modems). L'auteur avait notamment illustré son étude par l'activation à distance de la fonctionnalité d'auto-décrochage, lui permettant ainsi d'entendre et d'espionner sa victime.

Ensuite, le chargeur d'amorçage (*bootloader*) et les pilotes *(drivers)* propriétaire liés aux composants physiques tels que le processeur ou la mémoire peuvent également contenir des vulnérabilités, ou de manière plus intentionnelle des *rootkits.* À titre d'exemple, un scandale a éclaté en 2011 lorsqu'un chercheur a découvert la trace d'un *rootkit* nommé CarrierIQ[10] inclus par les opérateurs mobiles, avec le concours des constructeurs, avec pour objectif initial de renvoyer des métriques de diagnostic technique sur l'usage d'un terminal (couverture radio, autonomie de la batterie, version des applications, rapports de bogues etc.) directement aux opérateurs. Problème, le chercheur a démontré que cet outil enregistrait aussi des informations sensibles telles que les frappes clavier, comme tout outil de *keylogging* (enregistrement de frappe).

Enfin, l'aspect *non-totalement-open-source* d'Android peut aussi se remarquer jusqu'au niveau applicatif. Sans caricaturer, il est possible d'affirmer qu'il existe en réalité deux mondes Android : le monde sans les services Google et le monde avec les services Google, avec leur lot d'atteintes supposées à la vie privée de leurs utilisateurs. Si dans le premier cas, la grande majorité des applications disponibles sont open-source, par exemple *via* le projet CyanogenMod, les services Google eux sont propriétaire et ainsi ne sont pas librement auditables. L'installation de ces services est un prérequis pour atteindre et utiliser la plate-forme de téléchargement (*market*) Google Play Store. Cet espace de centralisation n'est pas le seul et de nombreux autres *markets* alternatifs sont accessibles : l'App-shop d'Amazon, Samsung Galaxy Apps pour le constructeur du même nom ou encore F-Droid, qui restreint son catalogue uniquement aux applications open-source.

---

9. https://www.usenix.org/system/files/conference/woot12/woot12-final24.pdf
10. http://androidsecuritytest.com/features/logs-and-services/loggers/carrieriq/

# Modèle de sécurité

Comme évoqué, Android est un système dont la sécurité a évolué au fil du temps mais le modèle de sécurité d'Android lui n'a pas réellement changé et repose principalement sur 5 briques [11] :

- une sécurité du système d'exploitation sous-jacent par l'utilisation d'un noyau Linux ;
- une isolation des processus grâce à un mécanisme de type confinement dans un « bac à sable » (*sandboxing*) basé sur le modèle des groupes et utilisateurs de Linux ;
- des moyens de communication inter-processus *(IPC)* sécurisés ;
- un mécanisme de signature des applications ;
- un modèle de permissions accordées par l'utilisateur pour chaque application.

## Sécurité du système d'exploitation

Android est basé sur un noyau Linux et bénéficie ainsi des mécanismes de sécurité intrinsèques disponibles tels que la conception modulaire du noyau permettant l'ajout ou la suppression d'extensions, le contrôle d'accès discrétionnaire *(Discretionary Access Control)* régissant les actions selon les droits d'un utilisateur ou encore l'isolation de processus.

La première des mesures de sécurité en place consiste à protéger le système lui-même en restreignant les accès à la partition système. En effet, la partition `/system` contient les ressources vitales pour le système d'exploitation et est par conséquent montée en lecture seule pour empêcher toute modification par une application malfaisante.

## Isolation de processus

L'isolation de processus est assurée par l'utilisation d'un identifiant Unix unique (*User Identifier* ou UID) pour chaque application. Cet identifiant est créé lors de l'installation de l'application. Chaque exécution de cette application a lieu dans le contexte lié à cet identifiant.

---

11. `https://source.android.com/devices/tech/security/overview/index.html`

Il y a cependant des exceptions à cette règle. En effet, il existe des identifiants utilisateur partagés qui peuvent être utilisés dans certains cas : pour les applications préinstallées sur un terminal ou celles signées par le même développeur. Dans ces deux cas la conséquence est que pour un identifiant utilisateur, la somme des permissions va correspondre à la somme de celles des applications installées ; ainsi chaque application va bénéficier de l'ensemble des permissions accordées pour cet identifiant[12].

Ce mécanisme d'isolation des processus est renforcé, uniquement pour les composants système depuis la version 4.4, et généralisé désormais pour tout l'environnement depuis la version 5.0, par l'utilisation de la technologie *SELinux* qui applique un modèle de contrôle d'accès obligatoire (*Mandatory Access Control*) et dont le principe est de requérir explicitement l'autorisation pour réaliser une action, même si les droits de l'initiateur sont conformes d'après le modèle d'accès discrétionnaire. S'il fallait résumer, avec SELinux l'utilisateur *root* ne peut plus effectuer toutes les actions qu'il souhaite. Celles-ci doivent être préalablement déclarées.

## Les communications inter-processus

Les moyens de communication inter-processus (IPC) accessibles par les applications sont : *Intents*, *Services*, *Content-providers*, *Broadcast Receivers* et *Activities*.

Brièvement, un *Intent* est un message envoyé entre applications, un *Service* est un processus en tâche de fond, un *Content-provider* met à disposition des informations pour d'autres applications (ou ses propres composants), un *Broadcast Receiver* est un processus chargé de traiter les messages de type *broadcast* (diffusion) émanant du système ou d'autres applications et une *Activity* est un tâche d'exécution, provoquant des modifications (visuelles ou non) pour une application.

## La signature des applications

Pour être installée, toute application doit être signée par son développeur afin d'assurer l'authenticité des applications diffusées par les centres de téléchargement. Le certificat utilisé peut être signé par une Autorité de Certification (AC), ou simplement auto-signé.

---

12. `http://nelenkov.blogspot.fr/2013/05/code-signing-in-androids-security-model.html`

À noter qu'il est nécessaire pour le développeur, dans le cadre d'une mise à jour de son application, de signer la nouvelle version avec le même certificat pour pouvoir remplacer l'ancienne version. Enfin, les applications signées avec le même certificat et utilisant un UID partagé s'exécutent dans le même contexte utilisateur et ont ainsi un accès complet aux données de chaque application.

### Le modèle de permissions

En ce qui concerne les permissions, elles sont déclarées par toute application dans un fichier nommé `AndroidManifest.xml` et permettent d'autoriser l'accès à des ressources partagées et de spécifier les IPC accessibles.

Pour installer une application, un utilisateur doit nécessairement accepter toutes les permissions demandées. S'il décide de cliquer sur « Annuler », l'application ne peut pas être installée. Historiquement et jusqu'à récemment, l'utilisateur ne pouvait pas autoriser certaines permissions et en refuser d'autres, ceci constituait le maillon faible principal de la sécurité de cette plate-forme : la version 6.0 d'Android, nommée *Marshmallow* et publiée en octobre 2015, a introduit un contrôle plus granulaire des permissions [77].

Bien qu'il ait été démontré que ce mécanisme de permissions, même s'il repose sur la compréhension par l'utilisateur de ce qui lui est demandé, est intrinsèquement sécurisé et que la logique employée est valide [13], il est possible de l'abuser dans le contexte d'applications « stock », c'est-à-dire livrées avec le *firmware* (micrologiciel) usine (différent entre constructeurs pour une même version d'Android). Dans ce cas, les abus sont de deux types :

- implicites par héritage de permissions dans le cas d'identifiant utilisateur partagé ;
- explicites pour une application qui accéderait à certaines permissions par le biais d'IPC non sécurisées.

Plus globalement, les permissions exigées par les applications sont souvent abusives et conduisent par exemple une application de type « Réveil » à exiger une connectivité Internet, un accès à la carte de stockage externe ou encore un accès à la liste des contacts. Sans intérêt malveillant, ces abus sont principalement le fait de :

---

13. `http://ieeexplore.ieee.org/xpl/articleDetails.jsp?arnumber=5279458`

- l'incompréhension du modèle de permissions ou simplement le fruit de la paresse des développeurs ;
- l'utilisation de bibliothèques tierces exigeant, sans forcément les utiliser, ces permissions.

Ironiquement, il est à remarquer que les applications malfaisantes les plus sophistiquées sont celles qui exigent un nombre minimum de permissions, sinon aucune (ce qui peut toutefois paraître suspect du point de vue de l'utilisateur).

Suite à cette présentation du modèle de sécurité de la plate-forme, un point est certain : chacune de ces briques a présenté, à un moment ou un autre, des vulnérabilités. Non pas nécessairement dans sa conception, mais bien à travers les différentes itérations de son implémentation. Une liste des vulnérabilités référencées par un identifiant de CVE *(Common Vulnerabilities and Exposures)* peut être consultée sur le site *cvedetails*[14].

# La sécurité pour l'utilisateur

Deux fonctionnalités de sécurité, cette fois-ci à la main de l'utilisateur, viennent compléter les mécanismes intrinsèques : le contrôle d'accès physique au terminal, plus communément appelé « verrouillage du terminal », ainsi que le chiffrement de disque.

## Contrôle d'accès physique au terminal

Tout mécanisme de sécurité logique est inefficace sans sécurité physique. Le verrouillage automatique d'un terminal après une période d'inactivité est une mesure primordiale afin que les données ou le système lui-même ne soient pas compromis par un attaquant à portée de main du terminal. Android offre la possibilité à ses utilisateurs de déverrouiller leur terminal selon quatre méthodes :

- En faisant glisser un curseur de gauche à droite. Cette méthode ne constitue aucunement une mesure de sécurité, protégeant tout au plus l'utilisateur contre une saisie involontaire de touches lorsque le terminal est glissé dans une poche.

---

14. http://www.cvedetails.com/product/19997/Google-Android.html?vendor_id=1224

- En dessinant un schéma parmi une grille de neuf points. Cette méthode est notamment vulnérable à la découverte du schéma par un attaquant si les traces de doigt apparaissent sur l'écran.
- En saisissant un mot de passe (alphanumérique) ou un code PIN (numérique). Le premier choix est probablement le meilleur d'un point de vue sécurité mais c'est bien souvent le second qui est sélectionné, principalement pour des raisons d'ergonomie de saisie.

Néanmoins, il n'est actuellement pas possible pour les utilisateurs de définir une limite quant au nombre de tentatives infructueuses de déverrouillage, au-delà de laquelle les données seraient effacées, sans définir un profil d'administration (cf. la section « Besoins de sécurisation » p. 524).

## Chiffrement intégral du disque

De manière similaire au verrouillage, le chiffrement intégral de disque répond à une menace d'accès physique aux données d'un terminal par une acquisition logique du disque dur afin de consulter en clair les données stockées.

Le chiffrement du disque par défaut a été introduit par la version 5.0 *Lollipop*, mais cette fonctionnalité de sécurité est présente depuis Android 3.0 *Honeycomb*. Après de multiples améliorations, l'implémentation actuelle peut être synthétisée ainsi [15] :

- Au premier démarrage, une clé maître (*masterkey*) et un sel (dit aussi diversifiant, cf. p. 109) de 128 bits chacun sont générés aléatoirement.
- Un condensat *(hash)* est créé à partir du mot de passe par défaut `default_password` et du sel.
- Ce condensat est signé avec une clé stockée au sein d'un composant cryptographique matériel, si disponible sur le terminal, constituant un environnement d'exécution de confiance (*Trusted Execution Environment*, TEE) [16], similaire à un *Hardware Security Module* (HSM). L'ARM TrustZone [17] est un exemple de TEE.
- Un nouveau condensat est créé à partir de cette signature et du sel initial et représente la clé de chiffrement (16 premiers octets du condensat) et le vec-

---

15. `http://nelenkov.blogspot.fr/2014/10/revisiting-android-disk-encryption.html`
16. `https://www.sstic.org/media/SSTIC2013/SSTIC-actes/conf_invit1_j3_2013/`
`SSTIC2013-Slides-conf_invit1_j3_2013-sibert.pdf`
17. `http://www.arm.com/products/processors/technologies/trustzone/`

teur d'initialisation (16 derniers octets du condensat) utilisés pour chiffrer la clé maître.
- La clé maître est chiffrée *via* l'algorithme AES selon le mode CBC.
- La clé maître chiffrée, le sel et la clé du TEE chiffrée sont stockés dans les métadonnées d'une partition système afin que le *bootloader* puisse y accéder et demander le mot de passe de l'utilisateur lors du démarrage du terminal.

Il est à noter que la définition ou le changement du mot de passe par l'utilisateur n'entraîne pas le rechiffrement entier du disque, action qui est coûteuse en temps, mais conduit simplement au rechiffrement de la clé maître.

Concrètement, cette implémentation liée à la version 5.0 apporte deux avantages vis-à-vis des anciennes versions. Tout d'abord, le chiffrement est lié au matériel du terminal *via* le TEE, dont la robustesse est basée sur l'inviolabilité des secrets (les clés stockées) assurée par le matériel. Les attaques hors-ligne, où l'attaquant peut tenter la force brute contre le mot de passe sur un environnement tiers plus puissant (les GPU offrent une puissance de calcul importante) ne sont plus possibles. Un attaquant doit ainsi forcer le mot de passe directement sur le terminal cible, qui possède par nature des ressources limitées. Ensuite, la fonction de dérivation de clé utilisée pour produire chaque condensat n'est plus PBKDF2 mais `scrypt`, cette dernière étant encore plus consommatrice de temps et donc encore plus coûteuse pour un attaquant. Ainsi, un mot de passe ou PIN faible sera moins simple à casser : pour les versions précédentes, il suffisait de quelques minutes pour casser une clé de chiffrement à 4 chiffres [18].

## Historique et écosystème

### Un peu d'histoire...

La première version d'Android date de septembre 2008. Depuis, la publication de versions majeures suit un rythme quasi annuel. La version 6.0 dénommée *Marshmallow* a été publiée en octobre 2015.

Entre la première version et celle actuelle, de nombreuses améliorations en matière de sécurité ont été réalisées. Si nous devions retenir les plus importantes :

---

18. `http://forensicswiki.org/wiki/How_To_Decrypt_Android_Full_Disk_Encryption`
`http://nelenkov.blogspot.fr/2014/10/revisiting-android-disk-encryption.html`

- Android 2.2 *Froyo* (mai 2010) : introduction d'API *(Application Programming Interface)* permettant la gestion de flotte *via* des outils de type *Mobile Device Management* (MDM).
- Android 2.3 *Gingerbread* (décembre 2010) : mise en œuvre de la protection *Bit NX*, empêchant l'exécution de pages mémoire qui ne sont pas censées contenir du code exécutable.
- Android 4.0 *Ice Cream Sandwich* (octobre 2011) :
  - Mise en œuvre de la protection *Address Space Layout Randomization* (ASLR), permettant de rendre aléatoire, pour chaque exécution, les adresses d'allocation mémoire des modules exécutables. Protection dont il a été prouvé que l'implémentation n'était pas entièrement efficace à ce moment-là [19].
  - Introduction de l'API de stockage, globale au terminal, de clés privées et certificats *KeyChain*.
- Android 4.1 *Jelly Bean* (juillet 2012) : renforcement de la protection ASLR.
- Android 4.2 (octobre 2012) :
  - Support natif de l'épinglement de certificat *(certificate pinning)* pour les connexions utilisant TLS.
  - Amélioration de certaines fonctions cryptographiques par l'utilisation d'Openssl.
- Android 4.3 (juillet 2013) :
  - Introduction de l'API AndroidKeyStore permettant le stockage, unique par application, de clés privées et de certificats.
  - Suppression de tout binaire exécuté avec les droits root *via* les fonctions setuid/setguid, afin de limiter l'exploitation d'une éventuelle faille au sein de tels programmes.
- Android 4.4 *Kitkat* (novembre 2013) :
  - Généralisation de SELinux en mode obligatoire pour les composants système.
  - Introduction du support du tunnelling VPN par utilisateur.
- Android 5.0 *Lollipop* (novembre 2014) :
  - Généralisation de SELinux en mode obligatoire pour tous les composants, systèmes et applicatifs.
  - Chiffrement par défaut du système de fichier.

---

19. `https://blog.duosecurity.com/2012/02/a-look-at-aslr-in-android-ice-cream-sandwich-4-0/`

– Amélioration du stockage du condensat *(hash)* du mot de passe utilisateur, *via* l'utilisation de la fonction *scrypt*.

## Un écosystème fragmenté

Du point de vue de la sécurité et du fait du caractère ouvert de ce système, où chaque intermédiaire (constructeurs, opérateurs, distributeurs) peut modifier à souhait la version du système livrée sur un terminal, l'écosystème Android souffre d'une fragmentation importante dans la mesure où les acteurs ne suivent pas les mêmes cycles de développement et ne font pas les mêmes choix quant au support des versions dont ils ont la responsabilité. Il est ainsi possible d'affirmer que peu d'utilisateurs disposent de la version la plus à jour d'Android. À titre d'exemple, une analyse des versions des terminaux ayant téléchargé au moins une application depuis le Play Store sur une période d'une semaine début septembre 2015 montre que seuls 20 % des terminaux disposent de la version majeure la plus à jour [20] :

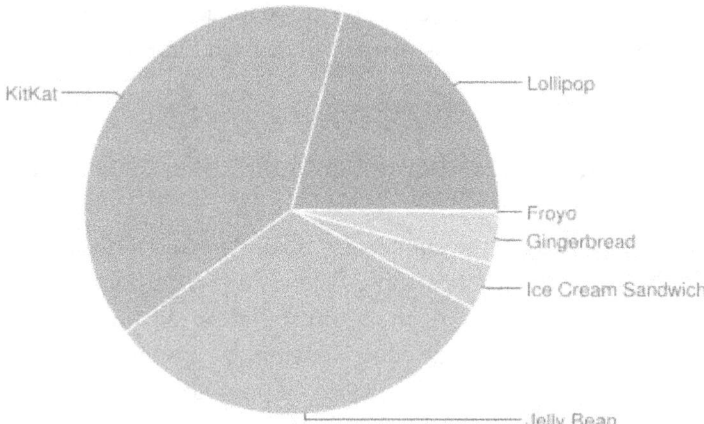


Conséquence directe de cette observation : à un instant donné, peu d'utilisateurs sont protégés contre toutes les vulnérabilités connues. Pire, même s'ils le souhaitent, les autres utilisateurs ne peuvent en général pas migrer vers la dernière version, très souvent car un des intermédiaires de la chaîne (constructeur, opérateur ou distributeur) brise la chaîne des mises à jour pour des versions plus ou moins anciennes.

---

20. `https://developer.android.com/about/dashboards/index.html`

Cela pose évidemment un problème important pour des failles récemment découvertes qui impacteraient d'anciennes versions plus supportées. Prenons par exemple le cas de la vulnérabilité référencée CVE-2014-6041 [21] qui permet à un attaquant, en insérant un lien avec un format spécifique au sein d'une page web consultée avec le navigateur natif Android, de contourner la *Same-Origin Policy* (cf. p. 84). L'impact est que l'attaquant peut ainsi consulter arbitrairement les données (cookies, contenu des pages etc.) d'autres sites, ce qui conduit à une fuite d'information critique : cette vulnérabilité découverte en septembre 2014 affecte toutes les versions d'Android jusqu'en 4.3 soit deux versions antérieures à la plus récente à ce moment là. Un patch a miraculeusement été produit par le projet AOSP pour les versions entre Android 4.1 et Android 4.3 : l'histoire ne raconte néanmoins pas combien d'utilisateurs ont concrètement pu l'appliquer, à supposer acquis le choix des intermédiaires de le rendre disponible.

Enfin, cette fragmentation a un autre effet : des fonctionnalités de sécurité structurantes peuvent exister uniquement pour certaines marques de terminaux. C'est par exemple le cas avec Samsung, qui a développé un client mail spécifique supportant le protocole S/MIME… tandis que le client natif AOSP ne le supporte toujours pas.

### Des plates-formes de téléchargement multiples, avec de multiples niveaux de sécurité

Contrairement à l'écosystème concurrent iOS, Android n'impose pas une méthode unique de diffusion des applications. Il n'existe pas de boutique unique, les développeurs peuvent publier les paquets d'installation où bon leur semble. Il existe néanmoins des plates-formes de centralisation, la plus célèbre et importante en volume est le Google Play Store, ou encore l'App-Shop d'Amazon où il est possible de trouver tout type d'application : payantes, gratuites, open-source, propriétaires etc. À l'opposé de celles-ci existe F-Droid, diffusant uniquement des applications dont le contenu est libre et open-source.

Vient ensuite la question de la confiance qu'il est possible d'accorder à ces boutiques en matière de sécurité. Il n'existe malheureusement pas de mesure de sécurité commune à toutes, chacune ayant pour propre responsabilité d'assurer la sécurité des applications diffusées. Et sur ce point, il faut avouer qu'un grand écart existe : entre F-Droid, qui fait le choix délibéré de ne pas auditer les contenus diffusés, et

---

21. `https://community.rapid7.com/community/metasploit/blog/2014/09/15/`
`major-android-bug-is-a-privacy-disaster-cve-2014-6041`

Google qui a brièvement évoqué certains mécanismes de sécurité, c'est souvent un silence radio sur ce sujet pour les autres.

Pour le Play Store, Google a mis en œuvre un service nommé *Bouncer*, chargé d'analyser automatiquement de manière statique et dynamique les applications soumises sur la plate-forme. À l'instar des solutions de lutte antivirale, seules les applications malfaisantes mettant en œuvre des techniques d'attaque grossières sont identifiées et c'est l'éternel jeu asymétrique du chat et de la souris qui prend place. Peu d'informations ont été publiées à propos du fonctionnement interne du Bouncer, bien que des chercheurs aient pu trouver par le passé des vulnérabilités permettant de compromettre le Bouncer lui-même en pouvant lui faire exécuter des commandes arbitraires [22].

### Rooting d'un terminal versus sécurité

Un certain nombre d'utilisateurs expérimentés font le choix de « rooter » leur téléphone, ce qui signifie qu'ils obtiennent les privilèges maximum sur le système Android *via* l'utilisateur Unix root. Historiquement, l'action de rooter un terminal était réalisée pour accéder à des fonctions triviales mais non encore implémentées nativement comme par exemple… prise de captures d'écrans !

Globalement, même si l'intention de rooter est justifiée, les risques associés sont grands dans la mesure où toute application faisant appel, de manière malveillante ou non, aux privilèges de cet utilisateur les obtiendra systématiquement, ouvrant ainsi la porte à une compromission globale du terminal.

### Un acteur au centre de la sécurité

En conclusion de cette section et afin d'apporter un contre-exemple à cet écosystème fragmenté qui serait partagé entre de nombreux acteurs, évoquons le fait qu'un acteur spécifique semble tirer son épingle du jeu en se positionnant littéralement au centre : Google. En effet, il est intéressant de noter que quasiment tout terminal Android vendu au grand public dispose des services Google, et qu'il faut nécessairement posséder un compte Google pour pouvoir utiliser le terminal. Un point d'attention doit ainsi être apporté à la configuration des services Google, qui ont tendance à synchroniser tous les usages et contenus vers le Cloud.

---

22. `https://jon.oberheide.org/blog/2012/06/21/dissecting-the-android-bouncer/`

# Besoins de sécurisation de cette plate-forme

Les terminaux mobiles ont des besoins de sécurité spécifiques liés directement à leur caractère nomade, qui augmente la probabilité de perte ou de vol. Les risques induits sont également différents selon le type de propriétaire du terminal. Par exemple, un particulier va plutôt souhaiter limiter la fuite de ses informations personnelles et la réutilisation frauduleuse de son abonnement tandis qu'une entreprise va souhaiter en plus parer à une intrusion au sein de son SI.

Cette section a ainsi pour objectif de présenter les fonctions de sécurité et les différentes stratégies de sécurisation possibles selon le contexte envisagé : grand public, intégration de terminaux non maîtrisés au SI d'une entreprise et enfin intégration de terminaux maîtrisés par une entreprise au sein de son SI.

Avant toute chose, l'auteur souhaite prévenir que des noms de produits et marques seront cités : ceux-ci reflètent le marché et sont associés à des technologies, passées et présentes, et qu'il n'est absolument pas de son souhait d'en faire une quelconque publicité.

## Fonctions de sécurité élémentaires et outil de gestion de flotte

Les plates-formes mobiles actuelles telles qu'Android comportent des options de sécurité élémentaires répondant à plusieurs besoins :

- le contrôle d'accès physique au terminal par la mise en place d'un schéma, PIN ou mot de passe de déverrouillage du terminal ainsi qu'un PIN pour la carte SIM ;
- le chiffrement intégral du disque, dont la clé est dérivée du mot de passe de déverrouillage défini ;
- la localisation, l'effacement et/ou le verrouillage à distance en cas de perte ou vol ;
- le déploiement de secrets d'authentification par l'installation de certificats X.509 ;
- la limitation des usages du terminal par la mise en liste noire ou blanche d'applications, l'interdiction du mode modem pour un partage de la connectivité Internet 3G/4G, l'interdiction de la connectivité Internet à l'étranger, etc. ;
- la limitation des interfaces de communication disponibles par la désactivation du Wi-Fi, Bluetooth, NFC ou du quota de transmission données ;

- la configuration de la connectivité au SI de l'entreprise par le paramétrage d'un point d'accès au réseau de téléphonie mobile (*Access Point Name*, APN) privé, d'un proxy et d'un réseau Wi-Fi d'entreprise, etc.

Ces options sont accessibles à des applications tierces par des API liées au système. Leur paramétrage et administration est possible par des outils de gestion de flotte ou encore *Mobile Device Management* (MDM). Dans un contexte d'entreprise, il est désormais courant d'observer le déploiement d'un *Enterprise Mobility Management* (EMM).

L'objectif premier de ces outils n'est pas d'assurer la sécurité des terminaux mais bien de pouvoir de les gérer en masse par des profils ou politiques standard, eux-mêmes définis en accord avec la Politique générale de sécurité du système d'information (cf. chapitre 11 p. 349). De plus et afin d'être de suite très clair, ces outils ne savent pas faire plus de choses que ce qui est exposé par la plate-forme mobile. Leur valeur ajoutée n'est pas d'intégrer toutes les API disponibles, cela doit être un prérequis, mais plutôt de proposer une console de gestion ergonomique pour les exploitants de la DSI.

Il est impossible d'énoncer de manière irrévocable quelle est la meilleure solution de gestion de flotte, pour la simple et bonne raison que ce marché est très volatile et les noms qui seraient évoqués ici seraient déjà obsolètes. Néanmoins le comparatif mentionné en note, bien que destiné à Apple iOS, est applicable à Android et régulièrement maintenu à jour[23].

## Pour le grand public

Le grand public peut assurer la sécurité de son terminal en spécifiant manuellement les paramètres où en créant un fichier de profil. Google a également récemment mis à disposition une solution de MDM "*Android Device Manager*"[24].

## En entreprise, pour les terminaux non maîtrisés

Dans le cas de l'usage de terminaux non maîtrisés, souvent rencontré sous l'acronyme BYOD ("*Bring Your Own Device*", en français AVPA comme « Amenez votre propre appareil »), un point d'attention est à relever dans la mesure où les terminaux sont personnels et que de ce fait les restrictions prévues par le profil MDM

---

23. http://www.enterpriseios.com/wiki/Comparison_MDM_Providers
24. https://www.google.com/android/devicemanager

ne peuvent être trop intrusives. Elles doivent viser les données et usages professionnels. La déclinaison d'une politique de sécurité en matière de BYOD s'est historiquement cantonnée à imposer un mot de passe robuste et à déployer une solution de conteneurisation du contexte professionnel. En effet, un des défis pour ce cas d'usage est de dissocier données personnelles et données professionnelles. Pour ce faire, une entreprise choisira généralement une solution professionnelle, hébergée au sein de son SI ou non. Des solutions de conteneurisation, parfois appelées « silo », tel GoodTechnology (racheté mi-2015 par Blackberry) se déclinent concrètement en une application mobile spécifique « tout-en-un » qui rassemble client mail, carnet d'adresses et agenda et pour laquelle une simple désinstallation à distance suffit à supprimer toute donnée professionnelle d'un terminal personnel.

### En entreprise, pour les terminaux maîtrisés

Dans le cas de terminaux maîtrisés par une entreprise, le spectre des mesures applicables est généralement plus large et celles-ci sont intrinsèquement liées au métier. Prenons un cas classique où un terminal mobile est fourni à des techniciens de maintenance : l'environnement de travail se limite à quelques applications métier et un client mail. Des profils de sécurisation plus restrictifs peuvent être appliqués, par exemple pour empêcher l'installation d'applications tierces, la navigation sur Internet ou l'activation du partage de connexion.

Dans un mode de déploiement COPE *(Corporate Owned, Personal Enabled)*, les terminaux sont certes maîtrisés par l'entreprise mais les usages personnels sont pris en compte. Les solutions types « silos » peuvent être déployées afin de ne pas bloquer trop fortement les usages grand public.

Un autre type de sécurisation de terminal existe : la conteneurisation de système *via* un TEE (cf. la section sur le chiffrement intégral p. 518). Samsung KNOX[25] fait partie de cette famille de solutions en apportant des améliorations de sécurité toutes basées sur l'ajout de vérifications d'intégrité à plusieurs niveaux, au boot, lors d'un appel noyau et à l'exécution, par un composant cryptographique matériel, l'ARM TrustZone. Certains de ces ajouts ont d'ailleurs été intégrés au sein de l'AOSP pour la version 5.0 d'Android tels que la généralisation de SELinux et la prise en compte d'un TEE pour le chiffrement intégral.

---

25. http://www.samsung.com/ca/business-images/resource/white-paper/2014/03/Samsung_KNOX_tech_whitepaper_Final_140220-0.pdf

Dans le domaine militaire, la société *General Dynamics* était déjà allée un peu plus loin en 2013 en virtualisant deux instances d'Android sur un même terminal *via* un micro-noyau spécifique [26].

Au contraire de la solution de General Dynamics, celle de Samsung est accessible aux entreprises mais force est de constater qu'elle n'a pas rencontré le succès escompté, au moins sur le marché français.

Enfin sur l'aspect de la sécurité des communications (n'oublions pas qu'Android est historiquement un système équipant des téléphones), de nombreuses applications mobiles tierces promettent un chiffrement des flux. L'organisation non gouvernementale *Electronic Frontier Foundation* tient à jour un tableau comparatif des solutions accessibles au grand public basé sur différent critères allant de la robustesse cryptographique (qualité du chiffrement, confidentialité persistante des messages *"Perfect Forward Secrecy"*) à la transparence du projet en passant par la réalisation régulière d'audits de code indépendants.

## Conclusion sur Android

Android est une plate-forme qui a rapidement gagné une popularité importante au vu de sa création relativement récente, grâce à une implication sans faille de nombreux acteurs y voyant chacun un vecteur d'accroissement d'influence, d'un point de vue économique ou d'une manière plus ancrée en matière d'usages. Le niveau de sécurité intrinsèque a également suivi cette courbe de popularité, pour aujourd'hui pouvoir assurément être qualifié de robuste. Ce niveau est néanmoins régulièrement affaibli par les différents intermédiaires de la chaîne de distribution et de vente, par les vulnérabilités présentes au sein des surcouches et composants tiers qui leur sont spécifiques ainsi que par leurs politiques de support des mises à jour, souvent très limitées dans le temps. Sans être prophète, il est possible d'affirmer que les efforts de sécurisation ne vont pas s'arrêter de suite, à l'aube d'une ère où cette solution va de plus en plus envahir notre quotidien à travers de multiples déclinaisons : Android Auto comme système central *d'infotainement* au sein des voitures, Android Wear pour les technologies mettables, Android TV pour le multimédia domestique, et enfin le projet Google Brillo pour les objets connectés.

---

26. `http://electrospaces.blogspot.fr/2013/05/general-dynamics-secures-high-end.html`

# Sécurité et sûreté pour iOS

*Cette section sur iOS a été rédigée par Ary Kokos et Laurent Bloch.*

iOS est le système d'exploitation de plusieurs types d'appareils fournis par Apple : iPod Touch, iPhone, iPad et Apple TV. Il est avec Android l'un des deux géants du marché des smartphones dont il occupe une part significative : 16 % contre 81 % pour Android.

Les lignes qui suivent sont largement inspirées d'un excellent manuel édité par la Direction des Signaux du ministère australien de la Défense à l'attention de ses administrateurs systèmes et réseau [16], qui présente de façon très complète les différentes mesures de sécurisation. Les informations présentes dans ce document peuvent être complétées par le guide de sécurité d'Apple [146] ainsi que par les recommandations de la *Defense Information Security Agency* américaine [13] et par les conseils de sécurisation du *Cooperative Cyber Defence Centre of Excellence* de l'OTAN [78].

## Hypothèses pour la sûreté des mobiles

### Modèle de sécurité

Assurer la sûreté d'usage d'appareils mobiles tels que smartphones ou tablettes exige la prise en considération de conditions d'utilisation qui diffèrent de celles des ordinateurs classiques :

- l'appareil n'est pas connecté au réseau en permanence ;
- tous les signaux électro-magnétiques émis par l'appareil sont potentiellement observables ;
- toutes ses communications (voix, SMS/MMS, géolocalisation) sont acheminées sur des canaux sans garantie de sûreté ;
- les infrastructures des opérateurs ne sont pas fiables dans tous les pays ;
- les appareils mobiles peuvent être perdus ou volés ;
- certaines applications fournies par des tiers peuvent être malfaisantes.

Ainsi il est nécessaire d'adapter le modèle de sécurité et les mesures de durcissement en fonction de ces circonstances.

## Écosystème et débridage

Contrairement à un ordinateur sous Windows ou Linux où l'utilisateur dispose souvent de droits administrateur et peut réaliser un grand nombre d'opérations sans restrictions, un certains nombre de contraintes sont présentes sur iOS. L'utilisateur ne dispose en particulier pas des droits root et ne peut installer que des applications signées par Apple (installées *via* Apple Store ou iTunes par exemple) ou par une entreprise (les *In-House Apps*, qui doivent être installées soit par Apple Configurator ou iTunes, ou distribuées *Over The Air* par un MDM [serveur de gestion de flotte] ou un site.).

Afin de contourner ces restrictions, l'utilisateur peut choisir de débrider *(jailbreaker)* son système. Il dispose alors de droits root et peut réaliser n'importe quelle opération. Ce faisant il perd cependant un ensemble de propriétés de sécurité, en particulier sur le contrôle de l'exécution de programmes. Il n'est globalement pas recommandé de procéder à un débridage *(jailbreak)* compte tenu de l'affaiblissement du niveau de sécurité que cela induit.

# Sécurité hors-ligne

La sécurité d'un appareil déconnecté du réseau dépend des dispositifs de sécurité présents à bord et de leurs réglages, en particulier du chiffrement en place, de la qualité du mot de passe ou de fonctions d'effacement.

### Chiffrement du terminal

Dès lors qu'un code PIN ou un mot de passe est défini, un chiffrement matériel est effectué. Contrairement à un chiffrement logiciel, les opérations de chiffrement-déchiffrement et le stockage des clés sensibles sont effectués au sein d'un dispositif matériel spécifique, appelé *Secure Enclave*, qui est une forme de HSM *(Hardware Security Module)*. Ce chiffrement est disponible à partir de l'iPhone 3GS, sur tous les modèles d'iPad et sur l'iPod touch (3e génération et ultérieure).

L'un des principaux intérêts de cette approche est de rendre le système résistant à des attaques dites « hors-ligne » *(offline)*. En effet, sur un système Android (ne supportant pas de HSM) ou sur un système comme *Truecrypt*, la clé de chiffrement principale est stockée [27] sous forme chiffrée (chiffrée avec la clé utilisateur) sur le media de stockage, de sorte que si un attaquant a accès au terminal, il peut récupérer une copie du disque et la clé chiffrée afin de mener une attaque depuis ses locaux (hors ligne) en s'appuyant sur du matériel performant. Ainsi un code PIN à 4 chiffres sur un Android 4.0 ne résiste pas plus de 10 minutes à une tentative d'attaque par force brute sur un ordinateur portable standard (cf. section Android p. 507 pour plus de détails).

En revanche sur un système matériel l'opération de déchiffrement s'effectue au sein de la *Secure Enclave*, ce qui suppose que celle-ci soit physiquement en possession de l'attaquant. Outre l'amélioration de l'aspect détection, la vitesse de la tentative est ainsi limitée [28] et ne dépend plus du matériel de l'attaquant mais de la configuration de la *Secure Enclave*, ce qui rend le système beaucoup plus résistant.

De base, l'ensemble des données sont chiffrées avec la *File System Key*, mais certains éléments jugés plus sensibles font l'objet d'une protection supplémentaire (voir p. 9 du guide Apple pour plus de détails [146]).

### Effacement du terminal

Lorsqu'un effacement sécurisé est demandé (soit à distance, soit manuellement), la clé de chiffrement principale est effacée. Ainsi même si un effacement entier du disque n'a pas été réalisé, les données présentes ne sont pas exploitables puisque chiffrées avec une clé non disponible. Le principal avantage de cette approche est de permettre un effacement rapide des données (dans la limite bien sûr de la qualité d'implémentation du système cryptographique). Une description détaillée des procédés d'effacement sécurisé est donnée p. 175 du présent ouvrage.

Bien qu'un effacement automatique après 10 échecs ou sur un ordre d'effacement émis à distance par MDM puisse être exécuté, un attaquant décidé peut utiliser une cage de Faraday portative afin d'empêcher la commande de parvenir tout en ayant recours à des méthodes invasives pour déchiffrer le contenu. Dans ce cas la seule protection reste la bonne configuration du chiffrement. Ainsi l'effacement sécurisé et le chiffrement sont deux mesures complémentaires.

---

27. L'approche est ici volontairement simplifiée, une explication plus détaillée pour Android est disponible en ligne [95].

28. Par la puissance de calcul de l'appareil, généralement plutôt faible.

## Code de verrouillage et Touch ID

Il est recommandé de définir un code de verrouillage d'au moins 6 chiffres, même si 8 caractères alphanumériques sont recommandés pour un plus haut niveau de sécurité.

Un lecteur d'empreinte digitale, appelé *Touch ID* par Apple, est présent à partir de l'iPhone 5s, de l'iPad Air 2 et de l'iPad Mini 3. Il permet de déverrouiller le terminal par simple contact du doigt. Bien qu'il soit possible d'outrepasser ce mécanisme [14] sans grande compétence technique, son usage peut se révéler intéressant selon le contexte, malgré les objections fondamentales que soulèvent les méthodes de sécurité biométriques, exposées p. 62 (la première qualité d'un dispositif d'authentification est de pouvoir être révoqué, or il est pénible de devoir révoquer un doigt ou un œil). Faut-il contraindre l'utilisateur à définir un mot de passe de verrouillage particulièrement solide (pour rendre le téléphone très résistant à une tentative de déchiffrement) ou est-il préférable d'éviter qu'il n'utilise un mot de passe trop trivial ? La question est à trancher au cas par cas en prenant également en compte le fait qu'il est facile de lire le mot de passe d'un utilisateur par-dessus son épaule ou de le filmer lorsqu'il l'entre.

En l'absence de MDM, il est recommandé d'activer les options *Find My iPhone* et *Activation Lock*, ce qui permettra en cas de perte ou de vol de procéder à un verrouillage ou un effacement à distance.

## Capacités et profils

### Principe

Outres les fonctionnalités de base accessibles dans les paramètres du terminal, un grand nombre d'options peuvent être définies au travers de profils gérés par un MDM ou par l'utilitaire de configuration iPhone/iPad (*Apple Configurator*, disponible uniquement sur Mac).

Il est ainsi possible, entre autres [29], de :

- définir une politique de qualité de mot de passe ;
- mettre en place des restrictions pour l'utilisation de certaines applications ;

---

29. Une description plus détaillée est disponible en page 23 du guide de l'ASD australienne [145].

- configurer les VPN, réseaux mobiles et certificats pour le chiffrement de mails ;
- paramétrer les options ordinaires (non de sécurité) telles que boîte mail, proxy, etc.

La méthode la plus courante pour contrôler une flotte d'entreprise est l'usage d'un MDM, qui permettra de gérer, auditer et gérer l'ensemble des terminaux à distance. Le déploiement initial peut être réalisé conjointement avec *Apple Configurator* et un profil MDM pré-défini.

Dans le cas de systèmes sensibles dépourvus d'accès à l'Internet (par exemple des iPad en Wi-Fi uniquement à l'intérieur des locaux de l'entreprise ou des systèmes non connectés) la configuration initiale peut être effectuée par *Apple Configurator*.

## Valeurs recommandées

Une description détaillée des options recommandées est disponible dans le STIG iOS de la *Defense Information Security Agency* américaine [13], dans le guide de l'OTAN [78] ou dans les recommandations de l'agence australienne de sécurité [145]. Seuls les paramètres les plus importants seront brièvement discutés ci-dessous.

Dans un premier temps il convient de définir une position sur un certain nombre de politiques de sécurité, qui vont influer sur le modèle de sécurisation :

- **Autorisation du BYOD** (*Bring Your Own Device*, Amenez votre propre appareil, AVPA) : dès lors que le terminal n'est plus intégralement sous contrôle de l'entreprise, la stratégie de sécurité va s'axer sur une limitation du risque en imposant des politiques acceptables (chiffrement du terminal, code PIN, lien avec un MDM pour effacement à distance en cas de perte ou de vol, etc.) et sur la création de silos pour isoler les données d'entreprise des données personnelles. Sans un contôle complet du terminal, l'utilisateur peut installer n'importe quelle application, potentiellement corrompue, en ouvrant ainsi une porte d'entrée sur le SI.
- **Autorisation des sauvegardes personnelles** : il est recommandé si possible d'interdire la réalisation de sauvegardes personnelles (utilisation du mode supervisé avec restriction d'appairage [30]) afin d'empêcher en particulier que

---

30. `https://documentation.meraki.com/SM/Device_Enrollment/Bulk_enrollment_of_iOS_devices_in_Systems_Manager_using_Apple_Configurator_v1.5_or_later`

des sauvegardes contenant des données d'entreprise puissent se retrouver sur des systèmes non maîtrisés.

- **Utilisation d'iCloud** : Selon les cas celle-ci peut être autorisée ou non. Dans le cas de terminaux sensibles il est recommandé de ne pas activer cette fonctionnalité afin de limiter le risque de fuite de données.
- **Utilisation d'un MDM** : il est recommandé dans la mesure du possible d'utiliser un MDM afin de disposer d'une gestion centralisée des terminaux. Si une solution complète de gestion de flotte ne peut être mise en place, l'usage des fonctions de MDM de *Microsoft Exchange ActiveSync* par exemple peuvent satisfaire les besoins les plus importants comme l'effacement à distance ou la politique de mot de passe.
- **VPN** : le choix pour le paramétrage du VPN est entre un mode tout le temps actif, un mode *"on demand"* (dont le fonctionnement est présenté dans le chapitre 6 consacré à la sécurité du réseau) ou un VPN par application ; c'est à considérer en fonction du contexte.
- **Utilisation d'un navigateur sécurisé ou d'un mandataire applicatif** *(proxy)* : en fonction du contexte, il est possible soit d'autoriser l'utilisateur à sortir directement sur Internet, soit de le rediriger systématiquement vers un mandataire *(proxy)*, ou encore d'utiliser une application dédiée de navigation web plus robuste que le navigateur intégré à iOS.
- **Autorisation d'*Airdrop*** : *Airdrop* est une fonctionnalité de partage simplifié de fichier. Comme elle peut faire l'objet d'abus, soit comme point d'entrée pour attaquer un terminal, soit comme moyen d'exfiltrer des données, il est recommandé de désactiver cette option.
- **Autorisation de Bluetooth et NFC** : l'activation de ces fonctionnalités est à définir après une analyse de risque spécifique au contexte.
- **Signature des profils de configuration** : il est recommandé de signer les profils de configuration.

En ce qui concerne le paramétrage, il est important de porter une attention particulière aux points suivants (la structure suit ici celle d'*Apple Configurator* et est à adapter dans le cas d'une configuration par MDM) :

- *General*
    - *Security* : cette option permet de contrôler si le profil de sécurité peut être retiré ou non. Elle est à définir en fonction des cas d'usage.
    - *Automatically remove profile* : cette fonction permet de retirer un profil automatiquement après une durée définie ou à une date donnée. Elle

peut être utile par exemple dans le cas d'un prestataire avec une durée fixe d'intervention.

- *Passcode*
  - Il est recommandé d'imposer une longueur minimale de 6 à 8 caractères, avec une politique de qualité de mot de passe dépendante de l'usage ou non de Touch ID. La durée maximale de vie peut être définie à 6 mois (on trouvera une argumentation complète sur le choix de cette valeur au chapitre 15 consacré à Windows, dans la partie relative aux mots de passe), l'historique de mot de passe à 10, le verrouillage automatique à 5 minutes et le nombre maximal d'essais de mot de passe entre 8 et 10.

- **Restrictions**

  Cette partie présente les restrictions possibles pour l'usage de fonctionnalités allant de la caméra à Siri en passant par la possibilité d'installer des applications. Globalement, les paramètres peuvent être organisés en deux catégories :
  - Ceux dont la restriction est à évaluer au cas par cas : Camera, Face-Time, Capture d'écran, etc.
  - Ceux pour lesquels une valeur particulère est recommandée :
    * *Airdrop* : désactivé si possible afin de limiter le risque de fuite de donnés.
    * *iMessages* : activé ; même si les données transitent par les serveurs d'Apple et sont donc potentiellement interceptées par un service de renseignement, le gain de sécurité vis-à-vis d'une écoute locale est considérable. Dans le cas de communications sensibles, il est recommandé d'utiliser une application dédiée (voir section suivante).
    * *Siri* : l'utilisation de *Siri* ne doit pas être autorisée lorsque le terminal est verrouillé.
    * Ajout et retrait d'application : dans le cas d'un terminal sensible, l'utilisateur ne doit pas être autorisé à ajouter ou retirer des applications.
    * Fonctions *iCloud* : la valeur est à définir au cas par cas, mais il est globalement recommandé de désactiver ces options sur un terminal sensible.
    * Imposer le chiffrement des sauvegardes : cette option doit être activée afin de limiter le risque de fuite de données.
    * *Limited Ad tracking* : fonction à activer pour des considérations de vie privée.

* *Allow users to accept untrusted TLS certificates* : cette option doit être désactivée afin de limiter le risque d'interception.
* *Allow automatic updates to certificate trust settings* : option à activer par défaut sauf si une gestion manuelle des certificats racine est à préférer afin de disposer d'un contrôle fin des autorités.
* *Allow documents from managed apps in unmanaged apps* : désactivé afin de limiter le risque de de données.
* *Allow documents from unmanaged apps in managed apps* : à désactiver dans la mesure du possible afin de limiter la surface d'attaque des applications manipulant des données sensibles.
* *Send diagnostic and usage data to Apple* : désactivé afin de limiter le risque de fuite de données.
* *Allow Touch ID to unlock device* : à définir au cas par cas (voir partie Touch ID pour une explication plus détaillée).
* *Show Notification Center in lock screen* : à désactiver afin de limiter le risque de fuite de données.
  – La restriction d'applications (Youtube, iTunes, etc.) et de contenus est à définir en fonction des contraintes de l'entreprise.

- **Wi-Fi**
  – Les recommandations pour la bonne configuration du Wi-Fi sont abordés au chapitre 6 consacré au réseau du présent ouvrage. Le principal point à retenir pour la mise en place d'un Wi-Fi d'entreprise est l'usage de WPA-2/AES avec une PSK (à n'envisager qu'en l'absence d'autres solutions) ou si possible une authentification par certificat électronique avec EAP-TLS.

- *Proxy and Web Content Filtering*
  – L'usage d'un proxy web est à définir au cas par cas par l'entreprise. En fonction de l'usage, il peut être intéressant d'autoriser un outrepassement limité du proxy d'entreprise dans le cas d'accès à des Wi-Fi d'hôtel ou autres points d'accès type Hot Spot.

- **VPN**
  – Un VPN SSL ou IPSEC peut être utilisé en fonction des cas (cf. le chapitre 6). Une description plus détaillée des paramètres est présente dans le guide de l'ASD [145].

- *AirPrint and Airplay Mirroring*
  – Ces options de gestion d'impression et de recopie vidéo de l'écran sur un périphérique compatible (comme une Apple TV) sont à définir au cas par cas.

> • *Mail and Exchange Activesync*
>   - Il est important que la communication s'effectue sur un canal TLS ;
>     si possible utiliser une couche de surchiffrement applicative avec du
>     chiffrement S/MIME (cf. le chapitre 4 consacré à la cryptographie
>     pour une explication détaillée).

## Sécurité en réseau

### Sécurité de la téléphonie et des SMS

Les protocoles de base de téléphonie offrent une sécurité très faible et peuvent être facilement interceptés [162], il est donc nécessaire de chiffrer les communications sensibles avec un logiciel maîtrisé. Dans le cas d'un iPhone, des logiciels comme *Signal* [217] *(open source)* ou *Silent Circle* [143] peuvent être utilisés soit pour chiffrer les communications téléphoniques soit pour envoyer des messages chiffrés.

À défaut d'une application dédiée de cryptophonie, une alternative peut être l'utilisation d'un client VoIP classique opérant sur un VPN géré par l'entreprise.

### Sécurité des communications IP

La sécurité des communications IP peut reposer soit sur un VPN soit sur un chiffrement au niveau applicatif (et donc dépendant de chaque application).

Il est à noter qu'Apple propose une option de « VPN à la demande » où seules les communications vers un nom de domaine spécifique, par exemple, seront chiffrées en passant par le VPN [144]. Outre l'économie importante de batterie selon les cas d'usage, cette option permet de pallier un défaut de chiffrement applicatif (application ne supportant pas TLS par exemple).

## Focus

Dans cette section, des focus sur des cas particuliers d'usage, des technologies ou des menaces seront présentés.

## Cas de terminaux fournis par les employés ou de réassignation

Quand le terminal n'est pas neuf, par exemple dans le cas d'une réassignation de matériel, ou si celui-ci est fourni par l'employé, il est recommandé de procéder ainsi :

- Dans le cas d'une réassignation, le terminal doit être effacé de façon sécurisée, puis une restauration constructeur par le mode DFU doit être effectuée. Ceci n'effacera pas un *malware* persistant ou une porte dérobée matérielle, mais permet une remise à zéro de code malfaisant, en particulier suite à un débridage *(jailbreak)*.
- Dans le cas d'un terminal fourni par un employé, à condition que la procédure soit acceptée par ce dernier, il est recommandé de faire une sauvegarde des données, une remise à zéro constructeur en mode DFU, puis une restauration des données.

Dans le cas de VIP ou de terminaux sensibles, il est recommandé de n'avoir recours qu'à des systèmes neufs ou qui sont restés dans un environnement maîtrisé.

## Cas d'un terminal sensible « VIP »

Dans le cas d'un terminal particulièrement sensible, outre la restriction maximale des options (tout élément non strictement nécessaire devant être désactivé, tel que décrit en section 16 p. 531), toutes les communications doivent passer au travers d'un tunnel VPN, afin d'éviter en particulier une injection de code malfaisant dans les flux de navigation web sur le réseau Wi-Fi local ou sur celui de l'opérateur.

La configuration de l'appareil doit être gérée par MDM et l'appairage avec d'autres systèmes interdit, afin de limiter la surface d'attaque. De même tous les accès au Web doivent passer par le mandataire applicatif *(proxy)* d'entreprise.

Enfin il convient de sensibiliser l'utilisateur à l'usage d'une solution de cryptophonie logicielle pour ses communications téléphoniques et ses envois de messages texte.

## Cas d'un terminal haute sécurité

Dans le cas d'un terminal utilisé dans un contexte très sensible, comme par exemple lors de la négociation d'un contrat important à l'étranger ou dans le cas d'une équipe responsable d'une fusion-acquisition, il est possible de restreindre encore plus les mesures retenues pour un terminal sensible en n'autorisant le lancement que d'une application de communication sécurisée (le client natif et le navigateur web sont donc à restreindre). Le terminal ne servira que et uniquement à l'échange de données sensibles sur un périmètre restreint.

Une brève présentation des mesure à mettre en place afin de limiter le risque d'écoute lors d'une réunion sont décrites dans un article de blog d'un des auteurs [162].

# 17

# Cybersécurité : dimension géostratégique et politique



Il n'est pas excessif d'écrire qu'aujourd'hui l'économie mondiale s'est réorganisée autour de l'Internet, qui en constitue désormais l'axe sur lequel circule un trafic de données dont le volume excède de loin celui de tous les autres modes de communication. Une entreprise qui en serait absente serait condamnée, tant il achemine les informations commerciales et financières les plus cruciales. Il est l'outil de travail quotidien de centaines de millions de personnes, sans oublier son rôle politique, culturel et relationnel. La capacité d'un pays et de ses ressortissants à intervenir sur l'Internet et, dans le meilleur des cas, à participer à son fonctionnement, est devenue aussi vitale que l'était au XIX$^e$ siècle le contrôle des routes maritimes et des voies de chemin de fer. L'Internet est, de ce fait, devenu un terrain privilégié de luttes d'influence et de tentatives d'hégémonie ou de sabotage ; il serait naïf de le croire à l'abri des politiques de puissance. Réfléchir à la sécurité des systèmes informatiques sans l'envisager sous l'angle géostratégique serait une preuve de myopie, à tout le moins.

## Les acteurs et leur terrain

L'Internet n'est pas un réseau unique mais, comme son nom l'indique, un réseau de réseaux. Chacun de ces réseaux est la propriété d'un opérateur (ou fournisseur d'accès à Internet, FAI, en anglais ISP, *Internet Service Provider*) différent, qui l'administre à sa façon. Par exemple, en France, cinq opérateurs principaux possèdent chacun un réseau, dit « infrastructure physique », à l'échelon national : Orange, SFR, Free, Numéricable et Bouygues.

Un réseau administré de façon unique par un opérateur est un système autonome ou AS *(Autonomous System)*. Si l'on compare l'Internet à un continent (que l'on peut nommer *cyberespace*, cf. p. 2 pour une définition), les AS en sont les pays, séparés par des frontières et dotés chacun d'une législation. Un grand opérateur peut posséder plusieurs AS, à l'instar d'un État fédéral. L'Internet est constitué de plus de 50 000 AS [60] dont les plus importants comptent des dizaines de millions d'adresses IP [1].

Pour faire circuler des données entre deux nœuds de l'Internet, il faut calculer un itinéraire (en anglais, *route*) entre eux, ce calcul étant appelé routage. Si ces nœuds ne sont pas situés sur le même réseau local, l'itinéraire passe par d'autres nœuds, constitués d'ordinateurs spécialisés appelés routeurs. Un routeur est un ordinateur

---

1. On trouvera aussi des données intéressantes à ce sujet sur les sites de *Dyn Research* (ex-Renesys) (`http://research.dyn.com/`), de FRNOG (`http://ranx.frnog.org/`) et sur un document de l'université du Michigan (`http://www.nanog.org/meetings/nanog47/presentations/Monday/Labovitz_ObserveReport_N47_Mon.pdf/`).

connecté à deux ou plusieurs réseaux. Il possède plusieurs adresses IP et il est capable de faire passer des données d'un réseau à un autre, en fonction de règles inscrites dans des tables de routage.

À l'intérieur d'un système autonome (AS), les routeurs appartiennent à l'opérateur ou à ses clients et sont administrés selon les règles qu'il a fixées. Pour que l'Internet existe et fonctionne, il faut des normes techniques et des procédures communes mais également des connexions physiques entre AS d'opérateurs différents. Un opérateur place au « passage de frontière » des routeurs reliés à ceux des opérateurs avec lesquels il veut établir une liaison. Les règles qui régissent le transit par un tel poste frontalier (en jargon *Internet Exchange Point,* IXP) sont fixées par des accords entre les opérateurs [2]. Le protocole utilisé pour ces échanges d'information de routage s'appelle *Border gateway protocol* (BGP). Ces accords sont basés sur la réciprocité et nécessitent un certain équilibre des volumes de paquets échangés. S'ils ne donnent pas lieu à facturation tant que l'équilibre est respecté, il existe toutefois des indemnités versées dès que la symétrie des échanges est trop fortement perturbée, donc dès que l'un « profite » du réseau de l'autre. De tels accords, le plus souvent secrets, ne sont donc possibles qu'entre opérateurs de taille comparable, des pairs *(peers)*.

De ce fait, il existe entre réseaux deux types d'accords d'interconnexion : les réseaux d'importance comparable concluent des *accords d'appairage (peering)* aux termes desquels ils échangent directement des flux de données sans contrepartie financière, cependant que les plus petits réseaux achètent par des *accords de transit* avec de plus grands leur accès au reste de l'Internet, que l'on appelle leur *connectivité* (cf. [69]).

Les réseaux d'importance mondiale n'ont que des accords d'appairage et n'achètent leur connectivité à personne, ils constituent ce que l'on appelle le *tier 1* [3]. Il découle de ceci une conséquence parfois oubliée : la rupture accidentelle ou criminelle de la connectivité entre deux réseaux du *tier 1* entraîne de fait une partition de l'Internet mondial, puisque par définition ces deux réseaux n'ont aucune autre voie de communication entre eux.

Un concept proche du *tier 1* est celui de *Default-Free Zone* (DFZ), c'est-à-dire l'ensemble des routeurs qui n'ont pas de route par défaut, ce qui signifie qu'ils définissent eux-mêmes leur connectivité sans la recevoir d'un réseau qui les englo-

---

2. Les principaux IXP sur le sol français sont Equinix, France-IX, SFINX (Renater) et Paris NAP (Bouygues Télécom).

3. `http://en.wikipedia.org/wiki/Tier_1_network`

berait[4]. Ils doivent donc avoir une entrée dans leur table de routage pour chaque réseau indépendant, soit quelques 560 000 routes qui se ramènent à 300 000 après agrégation des plages d'adresses redondantes [60].

# Organisation de l'Internet

Toutes ces questions, en apparence techniques, ont des implications lourdes de conséquences en termes politiques. L'Internet, qui n'a pas à proprement parler de personnalité juridique, est régi par des organes de décision informels qui fonctionnent par cooptation et consensus et dont voici une brève description :

- L'*Internet Architecture Board* (IAB) est le comité qui supervise le développement technique et l'ingénierie de l'Internet (`www.iab.org`).
- L'*Internet Society* (ISOC) est un organisme de discussion qui regroupe 80 organisations et 28 000 adhérents individuels, et qui détient une influence importante dans certains débats (`www.isoc.org`).
- L'*Internet Engineering Task Force* (IETF) est un forum technique créé en 1986, supervisé par l'IAB qui élabore et valide les normes techniques de l'Internet. L'IETF fonctionne sur la base du volontariat, les industriels du secteur des réseaux y délèguent des ingénieurs pour consolider leur influence et faire prévaloir leurs choix techniques. Entre 1 000 et 2 000 personnes assistent aux réunions plénières, mais l'essentiel du travail est accompli *via* le réseau (`www.ietf.org`).
- L'*Internet Corporation for Assigned Names and Numbers* (ICANN) est une organisation à but non lucratif, créée en 1998 pour prendre en charge un certain nombre de tâches de gestion de l'Internet, notamment les missions stratégiques que sont la réglementation et l'attribution des adresses et des noms (`www.icann.org`). L'ICANN est formellement sous le contrôle du *Department of Commerce* américain, ce qui a été confirmé officiellement en juillet 2008.
- Une mention particulière doit être réservée à l'*Internet Assigned Numbers Authority* (IANA), qui est depuis 1998 une fonction confiée à l'ICANN pour centraliser et contrôler les conventions relatives à l'identification des objets du réseau et notamment pour veiller à l'unicité des adresses, mais qui à sa création en 1988 était une organisation autonome (cf. p. 289 pour les circonstances politiquement significatives de cette transformation).

---

4. `http://fr.wikipedia.org/wiki/Default-free_zone`

Tous ces organes étaient à leur origine spécifiquement américains et peu soucieux de l'existence d'autres pays. Cette situation a progressivement évolué au fur et à mesure que l'Internet se répandait hors des États-Unis, principalement en Europe, dans les universités et les centres de recherche. C'est ainsi que le Français Christian Huitema fut le premier président non américain de l'IAB d'avril 1993 à juillet 1995. Dans la mesure où les États-Unis sont les principaux contributeurs techniques et financiers aux infrastructures qui sous-tendent le fonctionnement de l'Internet, leur poids reste toutefois largement dominant, notamment par le canal de l'ICANN qui est l'organe au rôle politique le plus significatif et donc le plus contestable.

# Le contexte économique

## Du monopole au pluralisme

La régulation des télécommunications et, par voie de conséquence, celle de l'Internet font l'objet de controverses qui remontent au moins aux années 1950 aux États-Unis, et aux années 1980 en Europe. Longtemps, le secteur des télécommunications fut considéré comme un monopole naturel qui justifiait l'établissement d'un monopole de droit. Un monopole naturel apparaît dans une industrie lorsque les coûts fixes y sont très importants au regard des coûts variables ou, pour reprendre la formulation de Michel Volle[5], lorsque la fonction de coût d'une entreprise typique de ce secteur est à rendement croissant. La gestion d'un monopole naturel ne peut se faire que sous le contrôle d'une autorité publique de régulation, afin d'éviter que l'entrepreneur monopoliste ne profite de sa position pour imposer des prix élevés et des quantités restreintes.

Jusqu'aux années 1980, les télécommunications étaient régies par un monopole d'État dans la plupart des pays européens, tandis qu'aux États-Unis il s'agissait d'un monopole concédé à une entreprise privée, *American Telephone & Telegraph Company* (AT&T), à l'époque la plus grande société mondiale. Quant à la coordination technique et administrative nécessaire à l'acheminement des communications internationales, elle était confiée à l'Union internationale des télécommunications (UIT).

Le fait de savoir si un secteur économique est un monopole naturel ou non dépend de l'état de la technique et du volume du marché, qui évoluent dans le temps.

---

5. http://michelvolle.blogspot.com/2009/10/quest-ce-quun-monopole-naturel.html

Alors que les coûts fixes induits par une infrastructure de réseau restent élevés, l'augmentation prodigieuse de la consommation de services de communication et l'apparition de nouvelles techniques de transmission ont rendu possibles certaines formes de concurrence entre opérateurs de télécommunications.

Au nom des lois antitrust et de la dérégulation, AT&T fut démantelée en 1984 avant que l'Europe ne suive le mouvement. Ainsi, en France, le marché des télécommunications a été ouvert à la concurrence en 1998 et l'opérateur Bouygues est venu ébranler le confortable duopole SFR-France-Télécom, comme Free le fera plus tard pour l'Internet.

Jusque tout récemment, l'UIT s'est donc bornée à être un club d'opérateurs historiques en position de monopole, lesquels n'ont pris conscience que tardivement de l'existence de l'Internet. Pendant ce temps, les instances de l'Internet ont élaboré en dehors du cadre de l'UIT leur propre corpus de normes et de procédures, les *Requests for comments* (RFC). Les télécommunications ont ensuite basculé vers les technologies Internet ou sans fil et tous les auto-commutateurs d'entreprise disponibles sur le marché sont désormais basés sur la technologie IP.

## Internet et téléphonie classique : deux conceptions

Les réseaux téléphoniques ont été construits autour d'équipements centraux, les auto-commutateurs, qui concentraient toutes les fonctions du réseau, alors que les équipements terminaux (les postes téléphoniques) étaient passifs. C'était à partir des équipements centraux que pouvaient être déployés de nouveaux services, et surtout que pouvait être contrôlée la tarification, élément clé de la stratégie des opérateurs. Avec une telle architecture, l'abonné n'avait aucune marge de manœuvre, l'opérateur décidait de ce qui était possible sur son réseau, et à quel prix.

Très différemment, l'Internet a été conçu pour relier entre eux des ordinateurs capables d'effectuer des opérations complexes, ce qui permet que les fonctions dévolues au réseau restent les plus simples possibles, réduites à l'acheminement des données avec le minimum de traitement : récupération de certaines erreurs de transmission, calcul de routage. Ce principe, selon lequel l'intelligence est aux extrémités *(end to end)*, a permis qu'une architecture conçue initialement pour relier quelques dizaines d'ordinateurs ait pu évoluer pour en interconnecter 3 milliards 30 ans plus tard.

Le principe d'intelligence aux extrémités propre à l'Internet a une autre conséquence : l'exploitant du terminal, c'est-à-dire quiconque possède un ordinateur et un abonnement ADSL *(Asymmetric Digital Subscriber Line)* dispose d'une grande latitude pour fournir ou utiliser des services en réseau. C'est le cas des réseaux « pair à pair » – traduction de l'anglais *peer to peer*, souvent abrégé « P2P » – utilisés parfois pour des échanges de données peu respectueux des droits d'auteur attachés aux œuvres, mais qui représentent une part importante du trafic de l'Internet [6], et qui sont une technologie d'avenir. Ainsi, des réseaux pair à pair ont été constitués en enrôlant des milliers d'ordinateurs personnels d'internautes pour mener à bien des calculs scientifiques qui sinon auraient nécessité des super-calculateurs très onéreux. La même technique est utilisée pour administrer d'immenses bases de données réparties. Le système de téléphonie par Internet nommé Skype repose sur la technique pair à pair.

La *neutralité du réseau* est un autre principe de l'Internet, selon lequel un opérateur doit acheminer tous les types de trafic de façon uniforme, sans en privilégier aucun. *A contrario*, certains opérateurs et certains industriels du divertissement sont tentés par un modèle économique inspiré de la télévision traditionnelle, où quelques gros serveurs diffuseraient des œuvres à des spectateurs passifs, cependant que les échanges entre personnes privées ou les réseaux pair à pair seraient réduits à la portion congrue, voire éliminés.

## Neutralité du réseau

La neutralité du réseau est, en 2015, le sujet de débats abondants, jusque dans les instances gouvernementales de différents pays. En France, l'Autorité de régulation des communications électroniques et des postes (ARCEP) a lancé une consultation sur le sujet en 2009. Aux États-Unis la *Federal Communications Commission* (FCC) s'en préoccupe depuis 2002. En bref, la neutralité du réseau consiste en ceci que les opérateurs ne doivent pas être autorisés à établir de discrimination ou de préférence d'aucune sorte sur les données qu'ils acheminent.

Dans un article récent [119] des *Communications of the ACM* (CACM), José Luis Gómez-Barroso et Claudio Feijóo s'interrogent sur trois points généralement omis par les débats officiels :

---

6. Sur l'état du trafic de l'Internet et son évolution, on consultera avec profit un document établi par Cisco, le numéro un de l'industrie des matériels de télécommunication : `http://www.cisco.com/en/US/solutions/collateral/ns341/ns525/ns537/ns705/ns827/white_paper_c11-481360_ns827_Networking_Solutions_White_Paper.html`

- Comme il a déjà été souligné ici, l'Internet est un système « de bout en bout » *(end to end)*, où l'intelligence est aux extrémités, dans les ordinateurs connectés, ce qui veut dire que la neutralité du réseau devrait en toute logique envisager la neutralité des ordinateurs. Assurer la neutralité des ordinateurs, c'est développer et promouvoir des systèmes ouverts, des normes et des formats de données publics. Et quand on écrit aujourd'hui neutralité des ordinateurs, cela comprend bien sûr les téléphones, les tablettes et les congélateurs en réseau.

- Les organismes officiels qui examinent la question de la neutralité du réseau entendent généralement par là les réseaux ADSL et câble, champ étendu par consensus tacite aux réseaux Wi-Fi et Wimax, mais ils omettent les réseaux des opérateurs de téléphonie mobile. Or, s'il y a des réseaux où le principe de neutralité est allègrement violé, ce sont bien ceux-là : généralement, la voix sur IP et les applications pair à pair y sont bloquées, on comprend bien pourquoi, mais il est dès lors difficile de parler de neutralité du réseau.

- Des exploitants de moteurs de recherche, de portails, de réseaux sociaux et de systèmes d'agrégation sont parmi les plus chauds défenseurs de la neutralité du réseau... tant qu'elle ne s'applique pas à leur propre activité, dont tout le modèle économique consiste à privilégier sur leurs sites les données des clients payants, et à exploiter les données personnelles que les visiteurs leur donnent spontanément, démarche qui met l'exploitant à l'abri de l'accusation de détournement d'informations privées.

Pour envisager la neutralité du réseau dans son ensemble, il ne faut pas se limiter au débit des liens, mais il convient d'envisager les protocoles, comme le fait Olivier Auber[7]. Les protocoles les plus généralement utilisés aujourd'hui dans l'Internet sont des protocoles *unicast*, qui établissent des relations 1 à 1 entre stations. L'établissement de relations $n$ à $n$ nécessitent en fait, avec ces protocoles, l'établissement de multiples relations 1 à 1, ce qui devient très lourd dès lors que $n$ n'est plus petit. Comme le dit Olivier Auber[8] :

« L'Internet tel que nous le connaissons jusqu'à présent, met essentiellement en œuvre des protocoles asymétriques dits *"Unicast"*, qui font qu'il est nécessaire, dès lors que l'on veut réaliser une interaction "tous-tous", de mettre en place un nœud d'interconnexion particulier qui se charge de "l'aiguillage". Selon le principe de la

---

7. http://www.youtube.com/watch?v=wmD2WOQI8qU

8. http://blog.fdn.fr/?post/2013/01/10/L-accompagnement-de-la-révolution-numérique:-une-chance-pour-la-France

"loi de puissance", c'est évidemment le plus "gros nœud" qui l'emporte car il permet de mettre en relation le plus de monde possible.

Dans ce jeu basé sur un protocole asymétrique, *"the winner takes all"* à tous les coups (Google, Facebook, Twitter, etc. chacun dans leur genre) au point qu'au bout d'un moment, plus personne n'a envie de jouer.

Or, il existe aussi des protocoles symétriques sur l'Internet (*Multicast, overlay,* etc.), qui permettraient de mettre en relation tous avec tous sans l'intermédiaire d'aucun centre particulier si ce n'est l'Internet lui-même dans sa globalité. Malheureusement, ces protocoles réseau ne sont pas (ou peu) rendus accessibles au public par les FAI, opérateurs et autres CDN *(Content Delivery Networks)* qui les gardent pour eux jusqu'à présent. »

On peut ajouter à la liste des protocoles symétriques les protocoles pair à pair, qui sont carrément considérés par l'industrie du divertissement comme des outils de piratage, alors qu'ils sont une des voies de développement de l'Internet et de ses usages (cf. p. 380 pour une analyse des protocoles pair à pair).

Les auteurs ne prétendent pas que toutes ces déviations par rapport à ce que serait une neutralité parfaite du réseau sont illégitimes. Il est clair que dans un monde du réseau où convergent par la force des choses des acteurs issus d'univers ultra-régulés, comme les opérateurs historiques de télécommunications, et des acteurs d'univers non régulés, comme les exploitants de moteurs de recherche ou les FAI, des problèmes et des conflits vont surgir. Simplement, si on veut les résoudre, il faut au moins les examiner.

# L'hégémonie américaine en question

## Un point stratégique : les noms de domaines (DNS)

Chaque ordinateur connecté à l'Internet possède un numéro IP qui permet de l'atteindre depuis n'importe quel endroit dans le monde. Comme pour le téléphone, il existe un annuaire qui permet de trouver le numéro quand on connaît le nom du site. Cet annuaire de l'Internet repose sur le « système de nom de domaine » (*Domain Name System,* DNS) qui est réparti sur des milliers d'ordinateurs de par le monde et mis à jour de façon permanente [9]. Chaque visite d'un site déclenche une

---

9. Cf. p. 235 pour une description technique plus précise du DNS, ainsi que p. 289.

consultation du DNS, puisque c'est par son nom que le site est connu des humains, souvent par le biais d'une URL (lien web). Ce nom de domaine constitue désormais un actif de l'entreprise et non des moindres.

La plupart des services de l'Internet s'appuient sur le DNS qui est organisé selon une structure hiérarchique arborescente : à la racine de l'arbre sont enregistrées les adresses des serveurs des domaines de plus haut niveau *(Top Level Domains)* qui peuvent être nationaux (`.fr` pour la France, `.cn` pour la Chine, `.dz` pour l'Algérie, etc.) ou génériques (`.com` pour les entreprises, `.edu` pour les universités américaines, `.org` pour les ONG ou les *think tanks*). À partir de ces domaines de plus haut niveau, on trouve le numéro IP du serveur du domaine recherché. Toute recherche d'un numéro IP commençant à la racine du DNS, les serveurs qui contiennent les données de la racine jouent donc un rôle crucial dans le fonctionnement de l'Internet. Cependant, la philosophie générale d'intelligence aux extrémités est respectée, l'annuaire n'est pas alimenté par une administration centrale, mais selon une logique de bas en haut : chaque site est responsable de l'information qui le caractérise, cette information étant ensuite diffusée de façon à ce que chacun puisse y accéder.

Le contrôle de la racine du DNS confère un pouvoir sur l'Internet, par exemple pour l'attribution des noms de domaines, tels que « laurentbloch.org », sans lequel aucun lien web explicite, tel que `http://www.laurentbloch.org/`, n'est utilisable. Le gouvernement américain, qui contrôle l'ICANN, ne se prive pas d'utiliser à son profit cet avantage. Toute panne du DNS peut avoir des conséquences graves. Le 12 octobre 2009, le domaine `.se`, c'est-à-dire celui de la Suède, a disparu de l'Internet pendant une heure à la suite d'une erreur technique, et les communications à l'intérieur du pays ont été suspendues [10]. Le 19 mai 2009, une panne comparable, conséquence indirecte d'un acte de malveillance, a affecté toutes les communications Internet en Chine [11]. Un pirate en mesure de saboter ou de falsifier le DNS pourrait causer de grands dommages au fonctionnement de l'Internet. À ce jour, les tentatives d'attaques de grande envergure ont toutes échoué, mais de nombreuses falsifications ciblées à petite échelle, par exemple pour détourner du trafic vers un site pirate, ont réussi.

---

10. `http://www.bortzmeyer.org/panne-de-point-se.html`
11. `http://www.bortzmeyer.org/panne-dns-chine.html`

# L'opposition stérile des Européens

Le statut de l'ICANN et, par là, le contrôle américain sur l'Internet ont suscité de vives critiques notamment exprimées au sommet mondial de la société de l'information réuni à Tunis en novembre 2005[12]. Ce sommet, dont la première session a eu lieu à Genève en décembre 2003, était organisé par l'UIT, au sein de laquelle le poids des grands opérateurs européens contrebalance celui des Américains. Il a été suivi, du 30 octobre au 2 novembre 2006 à Athènes, par le Forum sur la gouvernance de l'Internet *(Internet Governance Forum),* chargé de faire progresser dans les faits les résolutions formulées à Tunis, qui portaient sur l'accroissement des possibilités d'accès à l'Internet dans les pays en développement et la garantie de la neutralité du réseau. Le forum a tenu depuis des réunions régulières, du 14 au 17 septembre 2010 à Vilnius (Lituanie) notamment.

Si les revendications du sommet de Tunis n'ont pas été suivies d'effet, l'ICANN a néanmoins admis l'idée que la gestion de l'Internet devrait s'internationaliser. Le département américain du Commerce a toutefois, en juillet 2008, réitéré son refus d'abandonner la gestion de la racine du DNS. Malgré l'internationalisation – toute relative – des instances de l'Internet, les points stratégiques restent sous le contrôle des États-Unis : attribution de la gestion des plages de numéros IP et des noms de domaines du plus haut niveau (TLD), gestion de la racine du DNS, délégation de la distribution des numéros et des noms.

En fait, les opérateurs et les industriels européens qui occupent le premier plan à la tribune de l'UIT ont pris en marche le train de l'Internet et ne sont pas aujourd'hui en position d'imposer leurs vues.

## Le sommet de Dubaï

L'UIT a organisé à Dubaï en décembre 2012 une réunion où étaient représentés 193 États, avec pour objectif affiché la modernisation du Traité international sur les télécommunications, dont la dernière révision remontait à 1988.

Au cours de cette réunion un groupe d'États emmené par la Russie et la Chine ont contesté le pouvoir des États-Unis sur l'organisation de l'Internet et préconisé le transfert des prérogatives de l'ICANN à l'UIT. Les États-Unis se sont prononcés pour le *statu-quo*, théoriquement pluraliste, favorable aux entreprises privées, et qui donne en fait un pouvoir considérable aux plus gros opérateurs de l'Internet.

---

12. `http://www.itu.int/wsis/index-fr.html`

La plupart des pays occidentaux se sont ralliés à la position américaine pour éviter que l'Internet ne tombe sous la régulation de l'UIT, où siègent des États peu démocratiques qui pourraient imposer des restrictions à la liberté d'expression sur le réseau et un contrôle étatique rigoureux.

La proposition finalement la plus intéressante de ce sommet fut formulée par un groupe d'États africains, qui ont proposé que soit proclamé le principe de l'égalité des droits des différents États pour l'accès à l'Internet. En effet, actuellement, les pays d'Afrique sont pénalisés parce que leurs connexions à l'Internet sont rares et entre les mains d'entreprises non africaines en situation d'oligopoles, qui imposent des tarifs élevés. Cette proposition n'a pas été adoptée, mais l'idée semble destinée à faire son chemin.

## La réaction de la Chine

Ce ne sont pas les Européens qui ont remis en cause la domination américaine, mais les Chinois, et ce avec des moyens considérables. Depuis le 1er mars 2006, la Chine applique une réforme de son système de gestion des DNS. L'objectif officiel déclaré est de permettre aux Chinois d'accéder à l'Internet en composant les adresses en idéogrammes, une solution confortable pour les internautes de l'Empire du Milieu. Tout laisse à penser que la Chine a décidé de lancer un nouveau suffixe national, pour s'affranchir définitivement de la gestion des noms de domaines Internet par l'ICANN, et plus avant de l'emprise du gouvernement américain. Ce schisme est accompagné par un passage massif à la version IPv6 de l'Internet, ceci dans le délai record de 6 mois.

Cette opération de grande ampleur a dû mobiliser des moyens humains, intellectuels et matériels considérables. Elle en dit long sur les nouvelles ambitions de la Chine en termes d'organisation et de contrôle de l'Internet [259].

## Un système de noms de domaines à deux étages

Désormais, la Chine est donc munie d'un DNS à deux étages. Un premier niveau accepte les noms de domaines en idéogrammes, mais les tronque pour ne donner accès qu'aux sites installés sur le territoire chinois [259] : « ainsi, pour les noms se terminant en .com.cn, .net.cn, le suffixe .cn n'apparaît plus à la fin dans la fenêtre du navigateur. Le résultat est que tout internaute chinois utilisant les idéogrammes est cantonné sur ce sous-réseau, déconnecté de la Toile, et directement contrôlé par

Pékin. En tapant son adresse, l'internaute chinois arrive en réalité sur une version chinoise du site en question, préalablement aspiré, vérifié et remis en ligne par les autorités. » Quant à la navigation sur les sites étrangers relevant du DNS en caractères latins – plus précisément LDH *(letters, digits, hyphen)–*, il sera possible de la restreindre et de la surveiller plus facilement puisqu'elle ne concernera qu'une minorité.

Ce système de censure fonctionne aussi en sens inverse : un site chinois qui souhaite être accessible de l'étranger doit en obtenir l'autorisation afin que son nom soit publié dans le DNS en caractères latins et visible de l'extérieur, « chaque page marquée d'un lien menant au site du ministère de l'Intérieur où l'on peut télécharger un certificat ». L'ensemble du dispositif répond au joli nom de Bouclier doré.

Que les Chinois utilisent leur écriture habituelle pour désigner les sites web qu'ils visitent apparaît plutôt normal. En revanche, le fait de rendre inaccessibles aux internautes chinois les sites étrangers qui pourraient publier des informations subversives est un objectif moins avouable du régime. Le passage à IPv6, réalisé à l'occasion, permet de s'affranchir de la pénurie d'adresses due à la version précédente du protocole et, par là même, d'échapper au malthusianisme de l'ICANN qui entretient artificiellement la pénurie des noms de domaines pour en tirer une rente substantielle. Rappelons en effet que des centaines de millions de noms de domaines enregistrés et des milliards d'adresses IP apportent annuellement chacun quelques cents ou dollars à l'ICANN (cf. p. 289, section « La politique des identifiants »).

Comme le DNS chinois n'utilise plus les serveurs racine supervisés par l'ICANN, ses administrateurs font ce qu'ils veulent sans avoir à demander l'aval des Américains [259] : « La nouvelle structure de DNS a également permis au gouvernement de créer autant d'extensions qu'il le souhaitait. Ce furent d'abord les suffixes `.cn`, `.com` et `.net`, puis trois grands noms de domaines destinés au réseau national : le `.ac` (ou `.edu`) pour les universités, le `.gov` et le `.mil`, respectivement pour le gouvernement et l'armée. Il y a également eu la mise en place de 34 noms de domaines pour chacune des provinces de l'ancien Empire, constitués des premières consonnes de la province (`.bj` pour Beijing, `.sh` pour Shanghai, etc.). L'extension `.cn` est devenue totalement incontournable et fait partie du top 5 des extensions les plus demandées dans le monde. »

Comparable, dans l'espace virtuel de l'Internet, aux guerres commerciales et coloniales des XVIIᵉ et XVIIIᵉ siècles, cet événement largement passé inaperçu devrait à terme avoir une portée considérable. Nul doute que la technologie chinoise, qui associe les avantages pratiques de la censure et de la surveillance aux parfums enivrants de l'indépendance, devrait faire des émules auprès de la Russie, de l'Iran et d'autres pays réfractaires à l'hégémonie américaine.

# Quelles armes pour la guerre sur Internet ?

## Premières tentatives

Alors que l'Internet joue un rôle déterminant en matière politique, économique et culturelle dans le monde contemporain, des conflits autour de son contrôle et de sa gestion semblent inévitables. Certes, les attaques déjà évoquées contre le DNS apparaissent difficiles à mettre en œuvre, notamment du fait de la dispersion géographique des serveurs de la racine et de l'organisation décentralisée de l'ensemble du système. Les attaques contre la racine (par exemple les 21 octobre 2002 ou 25 janvier 2003, qui n'ont réussi qu'à bloquer momentanément une partie des serveurs) ont toutes échoué à ce jour.

---

**Cyberstratégie**

Dès lors que l'on parle de conflits dans le cyberespace, voire de cyberguerre, il doit y avoir une cyberstratégie. Nous en emprunterons la définition à l'Institut français d'analyse stratégique (IFAS) : « La cyberstratégie englobe l'ensemble des pratiques civiles et militaires, publiques et privées, intérieures et extérieures visant à aménager et à utiliser le cyberespace afin de répondre aux objectifs fixés par l'autorité politique pour assurer la prospérité et la sécurité de la communauté des citoyens, en conformité avec les impératifs de souveraineté et d'autonomie de décision nationales, dans le respect des libertés matérielles (économie) et spirituelles (idéologie). »

---

De manière similaire, la société Pakistan Telecom a tenté en février 2008, à la demande du gouvernement pakistanais, de détourner le système de routage global pour interdire YouTube aux internautes locaux. Le procédé utilisé ne portait pas sur le DNS, mais sur le routage, et reposait sur un détournement d'adresses IP[13] : « N'importe quel routeur BGP de l'Internet peut tout à coup se mettre à dire "Envoyez tous les paquets IP à destination de 208.65.153.0/24 – l'adresse de YouTube – vers moi". » Les « apprentis sorciers » sont finalement parvenus à rendre inaccessible YouTube depuis une bonne partie de la planète pendant plusieurs heures, et

---

13. `http://www.bortzmeyer.org/pakistan-pirate-youtube.html`

à priver aussi le Pakistan de téléphone et de réseau. Depuis, ils semblent avoir fait des progrès et leurs actions sont plus efficaces.

L'arme la plus fréquente à ce jour sur l'Internet est l'attaque par déni de service distribué (*distributed denial of service*, abrégé DDoS), dont on trouvera une description p. 62.

Les logiciels destinés à réaliser de telles attaques sont disponibles sur l'Internet. Leur ergonomie est excellente et il n'est nul besoin d'être un expert en informatique pour les utiliser. Il est aussi possible de louer un *botnet*, éventuellement par tranches, avec une excellente assistance téléphonique en anglais assurée par un vendeur souvent situé dans la partie orientale de l'ensemble eurasien.

---

**États-majors de cyberguerre**

L'un après l'autre, les pays développés se dotent de commandements spécialisés pour la cyberguerre. Depuis mai 2010, c'est le cas du *US Cyber Command* américain. La Corée du Sud a créé le sien en janvier 2010 afin de résister aux attaques en provenance de Corée du Nord et de Chine. Le Royaume-Uni et la Suisse y réfléchissent, ainsi qu'Israël et la Chine, et à un autre niveau l'OTAN. En France, le décret du 11 février 2011[14] a élargi le domaine de compétence de l'Agence nationale de la sécurité des systèmes d'information (ANSSI) et jeté les bases de la stratégie française en matière de défense et de sécurité des systèmes d'information. On observera que la création de ces centres de commandement ne permet pas toujours de distinguer ce qui est défensif de ce qui pourrait devenir offensif, ni même ce qui est militaire de ce qui est civil.

---

## Stuxnet, Flame

Le ver *Stuxnet*, qui s'attaque aux systèmes Windows, a été identifié en juin 2010 par la société biélorusse VirusBlokAda. Il est plus particulièrement destiné à modifier le comportement des systèmes de commande des installations industrielles, et notamment des automates programmables de la marque Siemens.

La lecture du bulletin signalétique détaillé émis par l'éditeur d'antivirus Symantec [268] nous apprend que Stuxnet a contaminé des dizaines de milliers de systèmes, surtout situés en Iran, mais aussi en Allemagne, en Inde et en Indonésie. Son mode de propagation favori est par clé USB.

---

14. `http://www.ssi.gouv.fr/site_article318.html`

Le même document révèle que le virus Stuxnet obéit à une conception révolutionnaire, d'une complexité jamais vue : il utilise quatre failles *zero-day* [15] d'un coup, ce qui est un luxe particulièrement dispendieux. Il utilise deux certificats *légitimes* émis au nom de sociétés bien connues (JMicron et Realtek) pour échapper aux antivirus, et se camoufle dans le système infecté au moyen d'un *rootkit* [16]. Les spécialistes estiment que ce ver a demandé un travail de six mois à un an à une équipe de 6 à 10 ingénieurs.

Une fois installé sur un système de contrôle de processus industriel, Stuxnet est capable de modifier le comportement des machines que ce système pilote, et c'est bien par ce procédé qu'il a atteint une célébrité planétaire.

En effet, Stuxnet est soupçonné d'avoir été utilisé pour perturber le fonctionnement des centrifugeuses des installations nucléaires iraniennes de Natanz ; les déclarations des autorités iraniennes à propos d'un arrêt de certaines activités de centrifugation et d'enrichissement d'uranium de mars à septembre 2010 à cause d'un sabotage informatique sembleraient corroborer ces soupçons, mais elles doivent être prises avec précaution parce que plusieurs versions contradictoires en ont été données. Les services secrets israéliens et américains figurent au rang des suspects d'un éventuel sabotage. Le général israélien Gabi Ashkenazi aurait reconnu être le père du ver Stuxnet.

On pourra lire avec intérêt l'analyse de Daniel Ventre pour la revue *MISC* [284]. Le même auteur a également consacré une étude aux capacités des deux Corées en termes de cyberguerre [283]. On consultera aussi l'article de James P. Farwell et Rafal Rohozinski [103] « *Stuxnet and the Future of Cyber War* ».

Stuxnet a eu un successeur : *Flame*, logiciel malfaisant découvert en mai 2012 et destiné au cyberespionnage des ordinateurs sous Windows. Sa ressemblance avec Stuxnet et son usage pour espionner des pays du Moyen-Orient (l'Iran par exemple) l'ont fait attribuer aux services secrets américains et israéliens, sans toutefois qu'aucune preuve ne soit avancée.

---

15. Cf. chapitre 1, p. 25, pour l'explication de la notion de faille *zero-day*.
16. Cf. chapitre 3, p. 71, pour la définition du *rootkit* et un exemple célèbre.

## Hacking Team : la main dans le sac

*Hacking Team* est (était ?) une entreprise italienne de sécurité informatique spécialisée dans les logiciels d'espionnage et de surveillance « offensifs ». Son offre comporte notamment des programmes de déchiffrement de courriers électroniques et de documents chiffrés ainsi que de communications par Skype ou sur VoIP, des programmes de capture d'écran, de capture de frappes au clavier *(keylogger)*, d'activation furtive de webcam, de dépôt de *rootkit* dans un BIOS UEFI (cf. à ce sujet la section consacrée à l'insécurité du BIOS, p. 276), etc.

Le 5 juillet 2015 ses installations informatiques ont été compromises et les assaillants ont publié sur le Web 400 gigaoctets de données, parmi lesquelles des logiciels mais aussi des courriers confidentiels, des offres commerciales, des factures, etc.

Une analyste de l'*Electronic Frontier Foundation* a rendu compte de l'inventaire de ces données, ce qui a révélé les collaborations entre *Hacking Team* et plusieurs gouvernements fort peu démocratiques (Russie, Arabie Saoudite, Éthiopie, Soudan, Bahreïn...) qui utilisaient ses services pour espionner et traquer leurs opposants, des exilés ou tout simplement des journalistes trop peu obéissants. On trouve aussi dans la liste des États de bien meilleure réputation. Il semble que les autorités françaises n'aient pas négligé de faire appel à ces sympathiques prestataires.

L'auteur de l'opération contre *Hacking Team* a publié sous le pseudonyme de Phineas Fisher un compte-rendu détaillé passionnant des méthodes employées [17] et des résultats obtenus.

# Épisodes conflictuels

## Estonie et Géorgie

Les procédés évoqués à la section précédente ont été utilisés contre l'Estonie et la Géorgie.

L'attaque par déni de service de 2007 contre l'Estonie a été revendiquée en 2009 par Konstantin Goloskokov, activiste de l'organisation de jeunesse nationaliste proche du pouvoir russe *Nachi* (« Les Nôtres »). Elle a concerné 130 sites web estoniens,

---

17. `http://pastebin.com/raw/0SNSvyjJ`

gouvernementaux ou privés. Il s'agissait essentiellement d'une manœuvre d'intimidation après la décision estonienne de déplacer un monument soviétique commémoratif de la Seconde Guerre mondiale. L'implication du gouvernement russe n'est pas prouvée. Les dommages ont été estimés à plusieurs dizaines de millions d'euros.

En prélude à la guerre russo-géorgienne de l'été 2008, des sites géorgiens gouvernementaux et privés ont été attaqués de façon continue, à la manière d'une préparation d'artillerie dans une guerre du siècle dernier, piratés et rendus inutilisables. De nombreux observateurs ont émis l'idée que ces attaques étaient trop perfectionnées, massives et bien coordonnées pour être le fait d'internautes indépendants, mais là non plus l'implication du gouvernement russe n'est pas prouvée.

Ross Stapleton-Gray et William Woodcock ont publié dans les *Communications of the ACM* [265] de mars 2011 un article intitulé « *National Internet Defense – Small States on the Skirmish Line* » qui tire les leçons contrastées de ces événements. L'Estonie a mieux résisté à l'attaque que la Géorgie, et a rétabli plus vite ses communications, parce que ses connexions à l'Internet global étaient multiples et de meilleure qualité que celles de la Géorgie, dont la plupart des liens internationaux passaient par le territoire russe. L'Estonie avait un *Internet Exchange Point* (IXP) sur son territoire, à la différence de la Géorgie. Cela étant dit, l'Estonie était plus dépendante de l'Internet pour son économie et son administration que ne l'était la Géorgie, qui par ailleurs, et à la différence de l'Estonie, était confrontée à une « vraie » guerre sur le terrain physique.

Les auteurs terminent leur article par une liste de recommandations à l'adresse des petits pays, auxquels il est conseillé de réaliser quelques investissements dans leur infrastructure d'accès à l'Internet, afin d'assurer leur indépendance de ce côté-là :

- favoriser la création d'une infrastructure physique robuste, au moyen de la réglementation, de la politique publique et de l'investissement public ;
- assurer la diversité des connexions internationales ;
- susciter la création sur le territoire national d'au moins un *Internet Exchange Point* (IXP) ;
- assurer la résolution de noms du DNS sur le territoire national par l'installation d'au moins une copie d'un serveur racine ;
- encourager le développement d'une communauté de professionnels du réseau et de sa sécurité, et stimuler ses collaborations locales et internationales.

Le Centre d'excellence OTAN à Tallinn en Estonie a publié un excellent ouvrage sous la plume de Eneken Tikk, Kadri Kaska et Liis Vihul, *International Cyber Incidents : Legal Considerations* [277].

## WikiLeaks

Le problème numéro 1 que doivent résoudre tous ceux qui travaillent dans le domaine de la sécurité informatique, et au premier chef les Responsables de la sécurité des systèmes d'information (RSSI), est le faible niveau de conscience et de mobilisation des utilisateurs et des responsables à cet égard. Le RSSI est perçu comme un perturbateur, dont les recommandations et les exigences vont accroître, parfois dans des proportions considérables, les coûts et les délais de tous les projets dans lesquels il aura réussi à mettre son nez. Comme l'a écrit l'un d'entre eux, c'est « celui qui mange tout seul à la cantine ». L'auteur de ces lignes a occupé cette fonction pendant 7 années, au long desquelles il a vérifié qu'il était fui par ceux qui craignaient d'avoir à tenir compte de ses avis.

Dans ce contexte, WikiLeaks a de toute évidence fourni une contribution majeure à l'amélioration de la situation ! Le spectacle des dépêches confidentielles du corps diplomatique américain étalées sur le Web (même s'il ne s'agissait pas, après tout, d'informations ultra-secrètes) a suscité une prise de conscience qu'aucun travail pédagogique n'aurait accompli. Certes, la plupart des informations publiées par WikiLeaks ne sont pas obtenues par des procédés informatiques : ce sont le plus souvent des détenteurs légitimes qui en ont organisé l'évasion. Les moyens qui permettent l'acheminement de ces données de telle sorte que l'origine en soit brouillée reposent bien sur des infrastructures informatiques établies à cet effet, mais qui existent depuis des années au vu et au su de chacun, comme le service d'anonymisation Tor[18].

Le souci primordial des administrateurs de WikiLeaks, on le comprend aisément, est de protéger leurs sources ; ils ont cette préoccupation en commun avec les journalistes d'investigation. Bien que par définition les mesures prises pour assurer cette protection ne soient pas publiques, elles reposent sur la multiplication de serveurs dispersés géographiquement et non administrés par une seule entité, le chiffrement, l'acheminement des données par des itinéraires non publiés selon les

---

18. Le projet Tor associe un logiciel libre et un réseau informatique de *tunnels virtuels* pour permettre à tout un chacun une communication confidentielle et anonyme :
`http://www.torproject.org`

normes habituelles. Pour citer la page d'accueil du projet Tor : « Tor vous protège en faisant transiter vos communications au sein d'un réseau distribué de relais hébergés par des volontaires partout dans le monde : il empêche quiconque observant votre connexion Internet de savoir quels sites vous visitez, et il empêche le site que vous visitez de savoir où vous vous trouvez. Tor fonctionne avec bon nombre d'applications existantes, y compris les navigateurs web, les clients de messagerie instantanée, les connexions à distance, et autres applications basées sur le protocole TCP. » [218]

Daniel Berg-Domscheit, qui fut un temps collaborateur de WikiLeaks et qui a relaté cette expérience dans un livre [25], indique un procédé astucieux et très facile pour communiquer discrètement : le partage d'un compte Webmail chez un opérateur quelconque, dont tous les participants à la conspiration possèdent le mot de passe. Les messages sont écrits, placés dans le dossier « Brouillon » et jamais envoyés, la boîte aux lettres du compte n'est jamais relevée, ainsi il n'y a aucun trafic, aucune circulation de données, juste des connexions à un compte Yahoo! ou Gmail quelconque.

Les rebondissements judiciaires consécutifs aux publications de WikiLeaks et aux actions en justice contre son fondateur ont révélé que les institutions les plus sérieuses en apparence pouvaient être vulnérables du point de vue de la sécurité de leur système d'information. Le groupe d'activistes Anonymous a soutenu et défendu WikiLeaks : lorsque PayPal et Mastercard ont bloqué les comptes de WikiLeaks, les membres d'Anonymous [19] ont paralysé leurs sites par des attaques en déni de service distribué. Ils ont de même attaqué les sites des gouvernements tunisien et égyptien lorsque les dirigeants de ces pays, dans le cadre de leurs actions pour couper court au soulèvement de leurs peuples, ont voulu réduire WikiLeaks au silence sur leurs territoires.

Finalement, le travail de WikiLeaks est un peu le même que celui du *Canard enchaîné*; l'apport de la dimension informatique, c'est la possibilité de divulguer instantanément un énorme volume de données à la planète entière.

Le livre de Daniel Berg-Domscheit [25], un collaborateur congédié et déçu par Julian Assange, le fondateur de WikiLeaks, donne à la page 327 une récapitulation chronologique des activités du site : premières publications fin 2006, mise en ligne du manuel de la prison de Guantánamo fin 2007, en 2008, publication de documents secrets de l'Église de Scientologie, d'une liste de membres du *British*

---

19. http://fr.wikipedia.org/wiki/Anonymous_(collectif)

*National Party* (nationaliste, xénophobe, raciste) et du rapport de l'ONG Oscar sur les escadrons de la mort de la police du Kenya ; en 2009, publication de 6 700 rapports de recherche commandés par le Congrès américain, du rapport d'un soldat sur une bavure de l'armée américaine dans la province afghane de Kunduz ; en 2010, nouvelles publications sur des opérations et des bavures en Afghanistan et en Irak, arrestation du soldat Bradley Manning, accusé d'être à l'origine de certaines fuites. Depuis, Bradley Manning est incarcéré sans jugement dans des conditions qui ne respectent pas les droits de l'Homme. La bande vidéo sur l'Irak, mise en ligne sous le titre *Collateral Murder*, « montrait, vus depuis le viseur du canon d'un hélicoptère militaire, des soldats américains en train de tirer sur des civils irakiens. Deux journalistes de l'agence Reuters avaient aussi été tués ce jour-là... Des soldats qui tiraient sur les civils sortis d'un minibus qui passait par là pour porter secours aux deux journalistes et aux autres victimes. Leurs commentaires cyniques ont provoqué l'indignation du monde entier. » [25] (Cf. pages 193-194.) Cette publication a marqué une date pour la notoriété de WikiLeaks, et c'est parce qu'il est soupçonné d'être à l'origine de la fuite que Bradley Manning est emprisonné.

Les spécialistes des relations internationales ne manquent pas de souligner que la généralisation de publications de documents confidentiels tels que ceux mis en ligne par WikiLeaks serait de nature à modifier considérablement les conditions d'exercice de la diplomatie et, plus généralement, de la négociation politique. De par la nature d'une négociation, chaque négociateur est amené à proposer à la partie adverse des concessions et des compromis, à certains desquels aucune suite ne sera donnée, mais dont la divulgation prématurée serait de nature à faire échouer toute la transaction, et dont même la publication ultérieure pourrait être très embarrassante pour les parties concernées. On peut citer ainsi les négociations qui ont eu lieu durant les années 1980 entre les juntes militaires au pouvoir dans certains pays d'Amérique du Sud (Brésil, Uruguay, Chili, Argentine) et les partis politiques qui leur ont succédé, ou celles qui ont permis la transition démocratique dans les pays du Pacte de Varsovie après la chute du mur de Berlin : elles ont abouti parce qu'elles ont pu rester secrètes.

Dès lors qu'un diplomate se saurait exposé, à tout moment, à l'étalage sur le Web de tout ce qu'il aurait pu dire lors d'une négociation de cette nature, il est hors de doute que son comportement sera différent, plus prudent à tout le moins.

En tout cas, la violence des réactions et de la répression déclenchées par WikiLeaks démontre que le phénomène n'a rien d'anodin. Cela dit, l'expérience tend à prouver que la divulgation des turpitudes des pouvoirs au nom de la transparence peut servir la démocratie, mais tout aussi bien les pires totalitarismes : tout dépend en fait de l'usage que veulent en faire les citoyens et les sociétés.

## Tunisie, Égypte : Internet pour la liberté ?

Lors des soulèvements révolutionnaires du « Printemps arabe »[20] de 2010-2011 qui ont abouti au renversement de dictatures en Tunisie et en Égypte, les réseaux sociaux en ligne tels que Facebook et Twitter ont joué un rôle que les premiers commentaires ont sans doute surestimé, mais qui ne saurait néanmoins être négligé. Les Tunisiens et les Égyptiens n'avaient sans doute guère besoin de l'Internet pour savoir à quoi s'en tenir sur les dirigeants de leurs pays, mais ces réseaux ont permis, comme en Iran lors des manifestations consécutives aux élections truquées de 2009, des échanges d'informations instantanés et discrets entre les manifestants pour déclencher des rassemblements, etc. Surtout, ils ont créé un sentiment d'appartenance à une collectivité dotée de valeurs, de soucis et de buts communs, ou en d'autres termes ce que logiciens et économistes ont nommé, dans la théorie des jeux, du *savoir commun (Mutual Knowledge)*. Là encore, l'Internet fut un facteur d'ouverture au monde et de libération des esprits.

# Peut-on éteindre l'Internet ?

Ces événements donnèrent lieu à une expérience inédite : l'extinction de l'Internet, tentée d'abord à une échelle partielle par les services de sécurité tunisiens[21], puis de façon plus radicale en Égypte[22].

Pour toutes les raisons évoquées ci-dessus (et quelques autres), l'Internet énerve parfois les détenteurs du pouvoir (ou d'un pouvoir), qui sont alors tentés de s'en débarrasser. Le gouvernement des États-Unis rêve ainsi de l'*Internet kill switch*[23], un gros bouton rouge qui permettrait au président, « en cas de crise internationale

---

20. Le calendrier suggère plutôt « Hiver arabe », mais printemps convient mieux au côté « renaissance » de l'événement, et rappelle le « Printemps des peuples » européen de 1848, qui, lui aussi, avait d'abord été vaincu, mais n'en annonçait pas moins un éveil démocratique.

21. `http://www.bortzmeyer.org/eteindre-internet.html`

22. `http://www.bortzmeyer.org/egypte-coupure.html`

23. `http://news.techworld.com/security/3228198/obama-internet-kill-switch-plan-approved-by-us-senate-panel/`

grave ou de cyberattaque », de couper l'Internet. De façon plus insidieuse, des acteurs moins puissants, comme l'industrie du divertissement, ou le gouvernement français lorsqu'il se laisse influencer par elle, tentent toutes sortes de mesures pour censurer ou filtrer l'Internet, comme la loi Hadopi et la loi Loppsi.

Comme nous allons le montrer, et pour citer Pierre Col[24], « l'Internet est à la fois globalement robuste et localement vulnérable. »

## Par attaque à la racine du DNS ?

La première idée qui pourrait venir à l'esprit d'un candidat à l'extinction de l'Internet serait sans doute de s'en prendre à la racine du DNS : les explications du chapitre 6 p. 191, et plus particulièrement de l'encadré p. 238, ainsi que ci-dessus p. 547 montrent que la difficulté d'une telle entreprise, si l'on voulait une interruption planétaire d'une durée supérieure à quelques dizaines de minutes, serait pratiquement insurmontable, parce qu'il faudrait neutraliser (ou gruger) des centaines de serveurs dispersés à la surface de la terre, qui s'appuient sur des technologies diverses et variées. Et au fur et à mesure que DNSSEC, protocole destiné à sécuriser les données envoyées par le DNS, sera déployé, les possibilités de corrompre les serveurs DNS, en leur insinuant des informations fallacieuses, se réduiront considérablement. Une telle attaque ne serait d'ailleurs qu'imparfaitement efficace car l'accès par les numéros IP resterait possible et parce que la mise en place d'un autre DNS est relativement facile.

## Par attaque sur le routage ?

Une attaque sur le routage serait plus prometteuse : les expériences réussies de Pakistan Telecom[25] montrent que des choses sont possibles, notamment parce que le protocole BGP (qui sert à transmettre les informations de routage entre *Autonomous Systems*, cf. chapitre 17 p. 540) est traditionnellement dépourvu de toute sécurité. Mais dans tous les exemples documentés de telles attaques, le dysfonctionnement n'a été que partiel et le caractère décentralisé de l'Internet a per-

---

24. http://www.zdnet.fr/blogs/infra-net/comment-1-egypte-a-pu-etre-deconnectee-d-internet-39757863.htm

25. http://www.bortzmeyer.org/pakistan-pirate-youtube.html

mis un rétablissement rapide du fonctionnement de la plupart des réseaux, ce qui confirme la véracité de l'aphorisme de Pierre Col cité ci-dessus.

Comment les dictateurs tunisien et égyptien ont-ils procédé ? Dans les deux cas il s'agissait, d'une part, de régimes politiques dotés d'une police toute-puissante et, d'autre part, de pays avec un nombre restreint de FAI. Le cas de l'Égypte, par exemple, a été particulièrement simple : un ministre ou un fonctionnaire de grade suffisamment élevé a décroché son téléphone et a ordonné aux quatre FAI du pays de couper les communications, ce qu'ils ont fait en interrompant le routage par la suppression des annonces de routes BGP. L'idée qu'ils puissent ne pas obtempérer n'était même pas envisageable. La censure tunisienne a été dans un premier temps brutale : six mois de coupure franche de l'Internet, suivis d'une période d'accès sélectif contrôlé par le système de filtrage surnommé Ammar404 par les opposants, qui n'a pris fin qu'avec le renversement du régime.

Il est clair que si le président des États-Unis voulait s'attaquer à l'Internet, comme certains parlementaires lui conseillent de s'en donner les moyens, il pourrait faire plus de dégâts : ainsi, beaucoup de communications entre pays tiers, ou même entre deux FAI d'un même pays tiers, transitent par les États-Unis, soit parce que l'infrastructure est ainsi faite pour des raisons techniques ou géographiques, soit pour des raisons tarifaires. Dès lors, en appuyant sur le gros bouton rouge d'extinction de l'Internet, il ne parviendrait peut-être pas à couper toutes les communications internes aux États-Unis, mais il en couperait beaucoup à l'extérieur.

## Vulnérabilité à l'extinction, capacité d'éteindre

Kavé Salamatian, professeur d'informatique à l'université de Savoie et consultant de grands groupes internationaux dans le domaine des réseaux, développe depuis plusieurs années une activité de recherche consacrée à la géographie et à la mesure de l'Internet [26]. Dans un article intitulé *Internet et la réinvention de la géographie* [239] il analyse la question de l'extinction de l'Internet pour un pays. Une telle extinction peut être effectuée par le gouvernement même du pays, pour empêcher ses propres citoyens d'utiliser le réseau, ou par un État hostile désireux d'isoler le pays :

- Cas n° 1 : extinction par le gouvernement même du pays concerné. Le cas a pu être observé pour l'Égypte et la Tunisie lors des soulèvements qui ont eu

---

26. `http://kave.salamatian.org/wordpress/?p=10`

lieu en 2010-2011 contre les gouvernements de ces pays (cf. p. 560). Dans ces deux pays les réseaux sociaux tels que Twitter et Facebook étaient utilisés intensivement par les opposants, et les gouvernements souhaitaient y mettre fin. En Tunisie, nous dit Kavé Salamatian, le réseau était construit de façon à être contrôlable d'un point unique, ce qui a permis aux autorités de le déconnecter totalement. Le gouvernement égyptien a eu une approche plus nuancée, en coupant le réseau aux particuliers mais en le maintenant pour les grandes entreprises. Dans les deux cas il s'est avéré que la coupure du réseau paralysait totalement le pays en quelques jours, et les autorités ont dû le rétablir. Kavé Salamatian en conclut que « la compréhension de la politique Internet d'un État ne peut être faite sans une connaissance de sa cybergéographie, et qu'un pays qui n'a pas de connaissance de sa cybergéographie n'a, en fait, aucune politique pour son cyberespace. »

- Cas n° 2 : examinons maintenant le cas de la coupure de l'Internet dans un pays à l'initiative d'un pays ennemi. Kavé Salamatian propose[27] « une métrique de "centralité" du réseau d'un pays, qui mesure sur une échelle de 0 à 1 la difficulté de trouver un chemin alternatif sur le réseau pour aller d'un point à un autre tout en évitant l'État en question... Un pays ayant une centralité importante peut facilement déconnecter d'autres pays d'Internet en n'agissant que sur son propre réseau et un pays ayant une faible centralité peut être facilement déconnecté du réseau. Ainsi les États-Unis ont une centralité de $0, 74$, alors que celle de la France est de $0, 14$, la centralité de la Chine est de $0, 07$ et celle du Pakistan de $0, 0002$. » (Cf. aussi l'article de Josh Karlin, Stephanie Forrest et Jennifer Rexford, *Nation-State Routing : Censorship, Wiretapping, and BGP* [157].)

# La cybersécurité en 2016

## Recommandations au législateur

En janvier 2011, le *Center for Strategic & International Studies* à Washington, un *think tank* dévolu principalement aux questions de défense et de politique étrangère, a publié un rapport intitulé *Cybersecurity Two Years Later* [169], qui émet des recommandations adressées au gouvernement américain, qui pourraient tout aussi

---

27. http://kave.salamatian.org/wordpress/?p=6

bien s'adresser au gouvernement français. Ces recommandations sont centrées autour de « dix domaines clés où des progrès doivent être accomplis » :

1. Une organisation et un leadership cohérents pour des efforts dans le domaine de la cybersécurité, et la reconnaissance de la cybersécurité comme priorité nationale.
2. Une autorité clairement identifiée à même d'imposer une amélioration de la cybersécurité des infrastructures critiques et de développer des collaborations innovantes avec le secteur privé.
3. Une politique étrangère qui utilise tous les leviers de la puissance américaine pour créer des normes, de nouvelles approches pour la gouvernance et des suites aux actions malveillantes dans le cyberespace. Cette nouvelle politique devra comporter une vision pour l'avenir de l'Internet mondial.
4. Une aptitude accrue à utiliser les services de renseignements et les capacités militaires aux fins de défense contre les menaces étrangères de pointe.
5. Une attention renforcée pour la protection de la vie privée et des libertés civiles, avec des règles claires et des procédures adaptées aux technologies numériques.
6. Améliorer l'authentification des identités pour l'accès aux infrastructures critiques.
7. Accroître les effectifs d'experts en cybersécurité, tant en quantité qu'en niveau de compétence [101].
8. Modifier la politique d'achats publics afin d'inciter le marché à fournir des produits et des services plus sûrs.
9. Réviser la politique et le cadre légal de façon à guider les actions du gouvernement en matière de cybersécurité.
10. Développer la recherche et le développement sur les problèmes difficiles liés à la cybersécurité, un processus d'identification de ces problèmes, et leur allouer des crédits de façon coordonnée.

Dans le cas de la France, on observe effectivement que le contexte législatif, avec un accroissement des contraintes réglementaires imposées aux entreprises dans des domaines tels que les jeux en ligne, la protection des données personnelles contenues dans les cartes bancaires ou la traçabilité des approvisionnements alimentaires, a contraint les opérateurs des secteurs concernés à mettre en place des systèmes de management de la sécurité des systèmes d'information [28].

---

28. Hervé Schauer, interview vidéo *Le marché de la sécurité* [241]

# Cyberoffensive, cyberdissuasion

À ce jour, sur le terrain des conflits dans le cyberespace, l'offensive obtient des succès dont il est difficile de mesurer le bénéfice, puisqu'ils ne sont pas revendiqués par leurs auteurs, cependant que la défense réussit surtout grâce à la résilience intrinsèque de l'Internet. On pourra, à propos de la résilience du réseau, lire le rapport consacré à la situation française[29] par l'Agence nationale de la sécurité des systèmes d'information (ANSSI) et l'Association française pour le nommage Internet en coopération (AFNIC) [69].

Si l'accord est à peu près unanime autour de l'idée qu'une offensive qui aurait lieu exclusivement dans le cyberespace ne saurait, du moins aujourd'hui, obtenir un résultat stratégique décisif tel que l'anéantissement des capacités militaires de l'adversaire, de nombreuses questions restent ouvertes :

- si la nécessité de capacités défensives est une évidence, un État démocratique doit-il développer des capacités offensives dans le cyberespace ? La création de capacités défensives dignes de ce nom est-elle possible en l'absence de compétences offensives ?
- si l'attribution à son auteur d'un acte d'agression cyber se heurte à des difficultés nombreuses et sévères, jusqu'à quel point peuvent-elles être surmontées, en d'autres termes, quel taux de succès peut-on espérer pour l'attribution ?
- en étroite corrélation avec le point précédent : quelles sont les voies possibles pour développer une stratégie de cyberdissuasion ?
- question classique de stratégie, à poser désormais dans le contexte cyber : l'avantage est-il à la défensive ou à l'offensive ?
- la riposte à une agression cyber doit-elle rester dans le cyberespace, ou se déployer par des moyens plus classiques ? Si l'on accepte la seconde alternative, comment déterminer les seuils de déclenchement des différents niveaux de riposte ?

Les États-Unis ont répondu formellement à la dernière question en affirmant qu'ils n'hésiteraient pas à répondre par des moyens conventionnels à une attaque majeure dans le cyberespace, mais la formulation de cette position reste trop générale pour que d'éventuels assaillants puissent en déduire les risques qu'ils prendraient.

Les moyens de cyber-attaque disponibles aujourd'hui ressemblent à s'y méprendre à ceux qu'utilisent les cyber-délinquants : un pays démocratique doit-il en utiliser

---

29. `http://www.ssi.gouv.fr/IMG/pdf/rapport-obs-20120620.pdf`

et en développer ? Une analogie peut aider à réfléchir à cette question : le premier bombardement aérien fut effectué en 1911 par un aviateur italien lors de la guerre avec la Turquie pour la domination de la Lybie, ce qui inaugura l'ère de la guerre aérienne. Eût-il été judicieux alors pour un pays européen de décider de ne pas avoir d'aviation militaire, et de se concentrer uniquement sur le développement de l'artillerie anti-aérienne ? Une armée dépourvue de toute expérience aéronautique eût-elle été en mesure de créer une artillerie anti-aérienne efficace ?

De fait, la plupart des pays ont commencé, plus ou moins confidentiellement, à développer des capacités offensives dans le cyberespace. On pourra consulter par exemple le rapport[30] rédigé par Robert Belk et Matthew Noyes [22] pour l'*Office of Naval Research*.

Yves Eudes a publié dans le *Monde* du 19 février 2013[31] un article [100] qui fait le point sur ce qu'il appelle les *Hackers d'État*. Selon son enquête les instances étatiques de cyber-défense font parfois appel à des officines privées qui commercialisent des failles et des vulnérabilités. Ainsi la société Vupen, créée à Montpellier en 2004 et basée à Annapolis (Maryland) depuis 2014, est spécialisée dans la recherche de vulnérabilités qu'elle ne révèle pas aux éditeurs des logiciels vulnérables, mais qu'elle vend à des clients dont elle ne divulgue pas l'identité, et dont il n'est pas exclu qu'ils soient souvent des services publics de sécurité. L'acceptabilité de cette façon de procéder est contestée sur le plan éthique par les tenants de la position traditionnelle, selon laquelle une vulnérabilité découverte doit être en priorité révélée à l'auteur de l'artefact vulnérable. Mais il est pour le moins vraisemblable que de nombreux acteurs de la cybersécurité agissent comme Vupen, de façon plus discrète et depuis fort longtemps.

## Arrangement de Wassenaar

L'arrangement de Wassenaar [290] sur le contrôle des exportations d'armes conventionnelles et de biens et technologies à double usage est un régime multilatéral de contrôle des exportations mis en place par une quarantaine d'États afin de coordonner leurs politiques en matière d'exportations d'armements conventionnels et de biens et technologies à double usage.

---

30. `http://belfercenter.ksg.harvard.edu/files/cybersecurity-pae-belk-noyes.pdf`

31. `http://www.lemonde.fr/technologies/article/2013/02/19/hackers-d-etat_1834943_651865.html`

Il a été établi le 12 mai 1996 à Wassenaar, aux Pays-Bas, et succède au *Coordinating Committee for Multilateral Export Controls* (dixit Wikipédia).

Le texte de cet arrangement ne suscitait guère d'intérêt jusqu'au 20 mai 2015, date à laquelle le Bureau de l'industrie et de la sécurité (BIS) du Département américain du commerce émit une proposition [138] destinée à en élargir le champ d'application aux logiciels, spécialement ceux utilisés par les chercheurs en sécurité et par les ingénieurs en pénétration de systèmes. La proposition du BIS, si elle était adoptée, obligerait les sociétés américaines désireuses d'exporter de tels logiciels à solliciter une licence d'exportation. Elle obligerait également un chercheur en sécurité américain qui découvrirait une faille dans le système d'une société européenne à demander une autorisation pour alerter cette société.

L'amendement proposé par le BIS est motivé par le souci d'empêcher la vente de logiciels potentiellement offensifs ou intrusifs à des entités étatiques ou privées susceptibles de les utiliser pour des activités qui violeraient les droits humains, comme cela s'était produit lors des activités de la société italienne *Hacking Team* (cf. ci-dessus p. 555). Incidemment, *Hacking Team* avait vendu ses logiciels de surveillance au FBI et aux agences gouvernementales d'autres pays occidentaux honorablement connus comme membres de l'OTAN.

Les organisations de défense des droits humains dans le cyberespace telles que l'*Electronic Frontier Foundation* (EFF) ou en France la Quadrature du Net et la Ligue des droits de l'homme s'inquiètent du caractère trop vague de l'amendement proposé qui, sans poser d'obstacles infranchissables à la vente de logiciels dangereux à des acteurs peu respectueux des droits humains, pourrait au contraire gêner considérablement la recherche légitime de failles de sécurité dans les systèmes informatiques utilisés par les entreprises et les particuliers. Google a également manifesté son inquiétude quant au caractère assez vague du texte du BIS, qui bien sûr suscite les réticences des entreprises qui commercialisent des logiciels de sécurité.

# Gouvernance de l'Internet

## L'ICANN peut-elle devenir indépendante ?

Nous avons évoqué le rôle et la position de l'ICANN au chapitre 8 p. 289 : cette organisation étroitement contrôlée par les autorités américaines joue un rôle crucial dans le fonctionnement et l'administration de l'Internet. Cette position de pouvoir n'est pas une nécessité, et d'autres formes d'organisation techniques, administratives et politiques sont tout à fait envisageables. À l'heure où ces lignes sont écrites, l'ICANN est l'objet de tensions multiples et contradictoires.

Le lien de subordination entre l'administration américaine et l'ICANN est suffisamment flou pour que l'observateur hâtif n'en perçoive pas la solidité. Outre de vertueuses proclamations d'indépendance et d'internationalisme, l'ICANN a constitué un *Strategy Panel*, présidé par Vinton Cerf, dont le rapport [58] (fort bien documenté) est destiné à renforcer et à légitimer la position de l'ICANN sur le front de la gouvernance. Pour ce qui est de la légitimité, il est certain que le poids de Vinton Cerf n'est pas négligeable : avec Louis Pouzin et Robert Kahn, il peut être considéré comme un des trois inventeurs de l'Internet et de son protocole IP, décorés en 2013 à ce titre par la Reine Elizabeth (en même temps que Tim Berners-Lee et Marc Andreesen, inventeurs du Web). Le rapport est plein de références émouvantes à l'époque héroïque de l'Internet, aux exploits de ses pionniers et à son atmosphère enivrante de liberté, si bien que le lecteur naïf peut imaginer que nous vivons encore sous ce climat. Or n'oublions pas que Vinton Cerf est aussi *Chief Internet Evangelist* de Google, un opérateur géant de l'Internet, qui possède sur notre for intérieur un savoir d'une exhaustivité que George Orwell n'avait pas imaginée, qui échappe aux fiscalités et aux réglementations nationales avec une habileté que la maffia lui envie, et pour qui le maintien d'un *statu quo* contrôlé par les États-Unis est partie intégrante de son modèle d'affaires. Bref, un brillant exercice de noyage de poisson dans des eaux plus lucratives que l'on ne voudrait nous faire accroire.

## La gouvernance de l'Internet est question de stratégie

Depuis que l'économie mondiale s'est réorganisée autour de l'Internet, le cyberespace est devenu un espace potentiel de conflits, au même titre que les espaces maritime, aérien et extra-atmosphérique. L'accès libre aux espaces publics mondiaux est un problème stratégique de notre temps, ainsi que leur contrôle. Établir la sécurité des communications dans le cyberespace est aussi important que le maintien de la liberté de naviguer autour des détroits de Malacca, d'Ormuz et de Bab el Mandeb, ou par le canal de Suez. C'est de cela qu'il est question avec la gouvernance de l'Internet (sans oublier pour autant les questions de liberté d'expression, de protection des données personnelles et de sécurité des transactions).

Les questions de souveraineté sont aussi cruciales : les monnaies virtuelles en fournissent un exemple emblématique, puisqu'aussi bien la monnaie est l'attribut régalien par excellence. Or les monnaies virtuelles, dont Bitcoin n'est que la plus célèbre, remettent complètement en question cette prérogative des États, tout en fournissant des vecteurs efficaces à divers trafics, à la fraude et à l'évasion fiscale. Les monnaies virtuelles d'aujourd'hui sont bien imparfaites, ce qui limite leur usage, mais il est certain qu'elles pourront progresser.

Toutes les tentatives pour plier l'Internet au respect des frontières nationales, que ce soit par des moyens techniques, réglementaires, ou par une combinaison des deux, sont vouées à l'échec. Les autorités chinoises ont consacré des moyens considérables à une telle tentative, et ont d'ailleurs obtenu des résultats très encourageants, pour finalement constater que le coût de cette fermeture, en termes de perte de parts de marché dans le cyberespace, était rédhibitoire. Même la Corée du Nord a quelques blogueurs.

Il faut donc accepter l'idée que la gouvernance de l'Internet ne pourra être déterminée que selon les termes d'une négociation internationale, qui devra déboucher sur la création d'une nouvelle institution internationale : adopter l'ICANN sous sa forme actuelle serait accepter un protectorat américain, quant à l'UIT, pour emprunter une métaphore à Kavé Salamatian, elle est déjà morte, mais la propagation des influx nerveux le long de sa moelle épinière vers ce qui lui tient lieu de cerveau est tellement lente qu'elle ne le sait pas encore.

Dans le même ordre d'idées, lors d'une réunion préparatoire de l'instance française du Forum, Mohsen Souissi (de l'Afnic, le registre des noms de domaines pour le domaine .fr) faisait remarquer : « un réseau n'est pas résilient, il le devient, par l'effet de décisions et d'actions conscientes. La résilience globale, socle de la confiance dans le cyberespace, ne peut être le fruit que de la coopération entre acteurs. La simple combinaison des logiques économiques propres de chaque acteur ne peut pas produire la résilience et la qualité souhaitées. »

# Les révélations d'Edward Snowden

## Vers une société de surveillance ?

C'est le 6 juin 2013 à Hong Kong qu'a éclaté un des plus grands scandales de l'histoire de l'Internet, dont les répercussions excèdent largement le domaine de l'informatique et des réseaux : un administrateur système employé par le cabinet de conseil Booz Allen et Hamilton pour un travail sous contrat avec la *National Security Agency* (NSA), Edward Snowden, donnait aux journalistes Glenn Greenwald et Laura Poitras une série d'interviews à paraître dans le *Guardian* et le *Washing-*

*ton Post.* Ces interviews révélaient l'existence d'un gigantesque dispositif d'écoute des communications sur Internet par la NSA, en collaboration avec des services analogues d'autres pays, au premier rang desquels le *Government Communications Headquarters* (GCHQ) britannique.

Ce dispositif comprenait notamment les programmes de surveillance *PRISM*, *XKeyscore*, *Boundless Informant* et *Bullrun* du gouvernement américain, ainsi que les programmes de surveillance *Tempora*, *Muscular* et *Optic Nerve* du gouvernement britannique.

Les révélations d'Edward Snowden donneront lieu en 2014 à la publication par Glenn Greenwald du livre *Nulle part où se cacher* [124] *(No Place to Hide)* et à la réalisation par Laura Poitras du film *Citizenfour.*

## Les faits révélés excèdent les hypothèses antérieures

Voilà ce qui est nouveau dans le domaine des faits :

- l'ampleur du dispositif PRISM-Muscular n'était pas soupçonnée : même les professionnels n'avaient pas envisagé l'archivage (pour une courte période de temps) de toutes les données échangées, et l'archivage à plus long terme de toutes les métadonnées relatives aux communications ;
- les interceptions Muscular, directement sur les fibres optiques transocéaniques, des données échangées en clair sur les réseaux privés de gros opérateurs tels que Google et Yahoo!, auraient fait figure de science-fiction si elles n'avaient pas été explicitées par le Washington Post du 30 octobre 2013 ;
- un élément particulièrement spectaculaire de ces révélations, même s'il n'a peut-être pas les plus grandes conséquences effectives, concerne la modification de la configuration du sous-marin nucléaire d'attaque USS Jimmy Carter, pour lequel l'adjonction d'un caisson destiné à la relève des câbles aurait ajouté au coût initial de deux milliards de dollars un surcoût d'un milliard [32] ; mais les Américains n'ont peut-être pas exploré les solutions plus économiques qu'ils avaient pourtant mises en œuvre lors de leurs ac-

---

32. `http://blogs.reuters.com/great-debate/2013/07/18/`
`the-navys-underwater-eavesdropper/`

tivités d'espionnage des communications de la flotte soviétique dans la mer d'Okhotsk [33] pendant les années 1970 ;

- ces interceptions directes sur le réseau sont d'autant plus choquantes que, par ailleurs, au titre du programme PRISM, la NSA a obtenu un accès ouvert en permanence sans formalités aux serveurs de Google, Yahoo!, Microsoft, Apple, Dropbox, Youtube, Facebook et AOL, ce qu'en termes techniques on nomme une interface de programmation *(Application Program Interface)* ou API ; d'ailleurs, les entreprises dont les réseaux ont été, à leur insu, l'objet des interceptions Muscular, ont manifesté un vif mécontentement à l'encontre de la NSA et du GCHQ. Certains experts ont estimé que ces révélations pourraient causer aux opérateurs incriminés une perte annuelle de 35 milliards de dollars à l'horizon 2016.

Retenons que la NSA (et le GCHQ) ont mené de front deux approches de l'espionnage du réseau : le projet PRISM en coopération avec les grands opérateurs américains, et le projet Muscular, non-coopératif. Un des intérêts principaux de Muscular est de se déployer hors du territoire américain, ce qui permet de contourner la législation FISA *(Foreign Intelligence Surveillance Act) Amendments Act* de 2008 qui limite l'écoute des communications des citoyens américains (il n'y a aucune restriction pour l'écoute des ressortissants étrangers).

Même les spécialistes de cyberdéfense les plus blasés ont pu être étonnés par les révélations d'Edward Snowden sur le cyberespionnage de la NSA. Les moyens mis en œuvre sont bien dans la tradition militaire américaine : ils misent plus sur la quantité que sur la subtilité. C'est une force, mais face à des adversaires retors, résolus et persévérants la réussite n'est pas garantie (rappelons-nous le Viêt Nam). En fait, des parades existent face à cette collecte massive de données, ainsi que des possibilités de désinformation. Et l'exploitation de renseignements obtenus de la sorte peut se révéler problématique.


## Évaporation de la confiance

Mais ce qui résulte des faits évoqués ci-dessus dans le domaine des opinions et des institutions est sans doute plus important :

---

33. `http://www.theatlantic.com/international/archive/2013/07/`
`the-creepy-long-standing-practice-of-undersea-cable-tapping/277855/`

- un article du blog de Bruce Schneier (excellent comme d'habitude) intitulé *A Fraying of the Public/Private Surveillance Partnership* signale que la coopération entre la NSA et les grands opérateurs de l'Internet énumérés ci-dessus, qui fonctionnait très bien tant qu'elle était secrète, y compris aux yeux des entreprises pour certains aspects mentionnés ci-dessus, semble partir en quenouille depuis qu'elle s'étale sur la place publique ;
- ces grandes entreprises américaines perçoivent que ces révélations risquent de détourner leur clientèle internationale vers des opérateurs d'autres pays, européens ou asiatiques ;
- en effet, le *Patriot Act* du 26 octobre 2001 ne laisse aucun doute sur le fait qu'une entreprise, quelle que soit sa nationalité, qui exerce son activité sur le territoire des États-Unis, est tenue de répondre positivement aux demandes d'accès aux données de ses clients qui lui seraient adressées par la NSA (ou une autre agence fédérale de sécurité) ;
- ainsi, de grands opérateurs tels que BT ou Orange, bien que britannique ou français, sont soumis au *Patriot Act* du fait de leur présence commerciale et technique aux États-Unis, au contraire par exemple d'OVH, dont les activités nord-américaines sont basées au Canada ;
- il est à noter que le *Patriot Act* réduit à néant les garanties de protection des données personnelles obtenues par la Commission européenne au titre d'un accord avec le Département du Commerce des États-Unis ratifié le 26 juillet 2000, qui a instauré un cadre juridique dénommé *Safe Harbor* (Sphère de sécurité).

Le 27 novembre 2013, l'Assemblée générale de l'ONU a adopté une résolution introduite par la France et intitulée *Le droit à la vie privée à l'ère du numérique*.

Notons que le même jour la Commission européenne a adopté un texte dans lequel il est clairement indiqué qu'elle continuera à travailler étroitement avec les services de renseignement américains pour des échanges de données personnelles, ce qui semble paradoxal. On pourra consulter à ce propos la réaction de la députée européenne Françoise Castex. Contrairement aux vœux du Parlement européen, la Commission refuse notamment de réexaminer l'accord SWIFT, aux termes duquel sont transmises aux États-Unis de nombreuses données sur les transactions bancaires, officiellement pour permettre de repérer les flux financiers qui alimentent le terrorisme international. Et bien qu'elle reconnaisse que le cadre juridique *Safe Harbor* soit désormais, comme nous l'avons souligné ci-dessus, vide de toute substance, elle ne le remet pas en cause.

# La défense s'organise

Les internautes et de nombreux élus et acteurs de la société civile dans de nombreux pays se sont élevés contre les agissements révélés par Edward Snowden. Citons des organisations comme, en France, la Quadrature du Net et aux États-Unis l'*Electronic Frontier Foundation*.

L'IETF a publié la RFC 7624 intitulée *Confidentiality in the Face of Pervasive Surveillance : A Threat Model and Problem Statement* sous les signatures (prestigieuses) de R. Barnes, B. Schneier, C. Jennings, T. Hardie, B. Trammell, C. Huitema et D. Borkmann. Vous pourrez en lire l'analyse sur le blog de Stéphane Bortzmeyer.

# Espionnage économique

Si la protection des données personnelles est remise en question, celle des données des entreprises ne l'est pas moins. De nombreux incidents attestent que les services de renseignement américains, au premier rang desquels la NSA, recherchent et obtiennent des informations économiques relatives à des entreprises ou à des administrations étrangères, et en font bénéficier leurs concurrents américains. On trouvera des exemples d'utilisation à ces fins des interceptions *Echelon* dans un article de Claude Delesse [34] (négociations ALENA, GATT, concurrence entre Boeing et Airbus pour la vente d'avions à l'Arabie Saoudite en 1994, concurrence entre *Raytheon Corporation* et Thomson CSF en 1994 pour un système de surveillance de la forêt amazonienne). Cette activité dans le domaine économique est institutionnalisée au sein de l'*Office of Executive Support* du Département du Commerce américain.

L'espionnage économique des communications téléphoniques au moyen du système *Echelon* s'est bien sûr prolongé avec PRISM, amplifié grâce aux possibilités techniques supérieures des systèmes informatiques. Même si aucun fait précis n'est encore apparu sur la place publique, les différents acteurs ont commencé à adapter leurs pratiques à cette menace. La *Cloud Security Alliance* a mené une enquête auprès de ses membres européens, qui montre que 10 % d'entre eux renonceraient à des projets de contrats avec des opérateurs américains d'informatique en nuage *(Cloud Computing)* à la suite des révélations de Snowden. James Staten, analyste de Forrester Research, écrit que le chiffre (évoqué ci-dessus) de 35 milliards de

---

34. http://www.diplomatie.gouv.fr/fr/IMG/pdf/AFRI%2052.pdf

dollars de pertes annuelles pour les fournisseurs du Cloud est une estimation trop faible, et il prédit un manque à gagner de 180 milliards de dollars.

Ces événements et leurs rebondissements pourraient conduire à une remise en question du projet (en cours de négociation) de traité de coopération économique entre l'Union et les États-Unis, le *Transatlantic Trade and Investment Partnership*.

## Politique française

### Loi relative au renseignement

À l'heure où les révélations d'Edward Snowden déclenchaient aux États-Unis un débat politique à l'issue duquel le Sénat et la Chambre des Représentants retiraient à la NSA certains de ses moyens d'action en resserrant les contrôles auxquels elle est soumise et en annulant certains de ses programmes jugés contraires à la Constitution, les autorités françaises prenaient une orientation différente en soumettant aux députés, qui l'ont voté le 5 mai 2015, un projet de loi relative au renseignement destiné à rendre légales toute une série d'opérations de surveillance et de blocage de communications sur Internet.

Le Conseil constitutionnel a validé le 23 juillet 2015 l'essentiel du texte de la loi sur le renseignement tel qu'adopté définitivement le 24 juin par les députés et les sénateurs. Ce texte permet aux services de sécurité et de renseignement de l'État, dans certaines circonstances, de procéder à des interceptions de communications et à des fermetures de sites en l'absence de décision d'un magistrat. La loi comporte la mise en place d'une *Commission nationale de contrôle des techniques de renseignement* (CNCTR) destinée à superviser, mais pas toujours, les opérations effectuées dans ce cadre. La CNCTR remplace la *Commission nationale de contrôle des interceptions de sécurité* (CNCIS).

Le Conseil constitutionnel a validé la procédure d'urgence absolue prévue par la loi, qui donne aux services concernés la possibilité d'agir sans consultation de la CNCTR, mais avec l'autorisation du Premier ministre ou de l'un de ses collaborateurs directs. Il a en revanche censuré la procédure dite d'urgence opérationnelle, qui aurait permis de telles actions sans consultation ni de la CNCTR ni du cabinet du Premier ministre. Les dispositions relatives à la surveillance des communications internationales ont été également rejetées pour leur trop grande imprécision.

De façon générale, ce texte apparaît critiquable justement par son imprécision. Il autorise des mesures exceptionnelles de surveillance, contraires au respect de la vie privée et du secret de la correspondance, pour des motifs aussi vagues que la protection des « intérêts majeurs de la politique étrangère », ainsi que la « prévention des atteintes à la forme républicaine des institutions » et de « la criminalité et de la délinquance organisées ».

## Obstacles techniques

Si les principales interrogations suscitées par cette loi concernent le droit, les institutions démocratiques, la liberté d'expression et la protection de la vie privée, ses aspects techniques ne vont pas non plus sans poser quelques problèmes. Ainsi la loi évoque la possibilité d'imposer aux fournisseurs d'accès à l'Internet (FAI) la mise en place d'équipements (des « boîtes noires ») destinés à filtrer, surveiller et éventuellement bloquer, selon des algorithmes à préciser, certains flux de données sur leurs réseaux. De telles installations, pour supporter les débits actuels des réseaux concernés, coûteraient très cher sans que l'on sache qui devrait supporter la dépense, mais surtout la disponibilité des algorithmes en question est loin d'être assurée.

On consultera avec profit sur ce sujet le texte de la communication d'Ary Kokos [163] au Forum sur la Gouvernance de l'Internet 2015, où il identifie les différentes approches possibles et les difficultés qu'elles soulèvent :

- l'approche « tout copier et analyser *a posteriori* », qui engendre :
    - le stockage de volumes de données qui excèdent les possibilités techniques actuelles,
    - l'approche par « sélecteurs » avec une analyse en temps réel, mais sur quels critères ?
    - accès à des données « en nuage », potentiellement soumises à des législations de pays étrangers, éventuellement non identifiés,
    - accès à des données chiffrées,
    - et surtout, difficulté de l'analyse de tels volumes, parce que contrairement à ce que semble croire le législateur les algorithmes qui permettraient à coup sûr d'obtenir le résultat voulu ne sont pas disponibles, il n'existe que des heuristiques, encore du domaine de la recherche académique.

## Risque moral

Ces difficultés techniques se doublent d'un aléa moral souligné par Kavé Salamatian : dès lors que les services de renseignement se verraient dotés de tous les moyens d'investigation, y compris ceux qui seraient contestables de par la constitution et le droit international, ils seraient en position de se voir imputer tout ou partie de la responsabilité de tout acte terroriste réussi. Une telle situation ne semble pas souhaitable. Comme le dit encore Kavé Salamatian, la donnée de renseignement est une drogue pour l'agent de renseignement.

# Protection des opérateurs d'importance vitale

La révélation en 2010 du programme *Stuxnet* (évoqué ci-dessus p. 553) et des effets potentiellement dévastateurs d'une attaque par de tels logiciels sur les systèmes de pilotage d'infrastructures industrielles, par exemple les réseaux de distribution d'eau ou d'électricité, a incité la plupart des pays à engager des réflexions sur la protection de telles installations, dont la mise hors-service pourrait avoir des conséquences catastrophiques pour les populations.

## Le pilotage par l'ANSSI en France

En France la réflexion et l'action sur ce sujet ont été placées sous la responsabilité de l'ANSSI par la loi de programmation militaire de 2013 examinée à la section suivante. L'ANSSI a annoncé le 21 janvier 2014 avoir établi une liste (classifiée) de 218 opérateurs d'importance vitale (OIV) répartis en douze secteurs :

- secteurs étatiques : activités civiles de l'État, activités militaires de l'État, activités judiciaires ;
- secteurs de la protection des citoyens : santé, gestion de l'eau, alimentation ;
- secteurs de la vie économique et sociale de la nation : énergie, communication, électronique, audiovisuel et information (les quatre représentent un secteur), transports, finances, industrie.

# Loi de programmation militaire

La Loi de programmation militaire [35] (LPM) 2014-2019 comporte un important volet relatif à la cyberdéfense, notamment dans son chapitre IV *Dispositions relatives à la protection des infrastructures vitales contre la cybermenace*, dans la ligne du Livre blanc de 2013. Le rapport qui figure en annexe du texte de la loi aborde également les questions de cyberdéfense.

L'article 22 de ce chapitre IV de la loi confère au Premier ministre le pouvoir de fixer les règles de sécurité et de protection des systèmes d'information des opérateurs de ces infrastructures d'importance vitale, et leur impose d'appliquer ces règles à leurs frais.

L'article 24 du chapitre IV de la loi dispose que le chapitre I[er] du titre II du livre III de la deuxième partie du code de la défense est complété par un article L. 2321-3 ainsi rédigé :

« Art. L. 2321-3. Pour les besoins de la sécurité des systèmes d'information de l'État et des opérateurs mentionnés aux articles L. 1332-1 et L. 1332-2, les agents de l'autorité nationale de sécurité des systèmes d'information, habilités par le Premier ministre et assermentés dans des conditions fixées par décret en Conseil d'État, peuvent obtenir des opérateurs de communications électroniques, en application du III de l'article L. 34-1 du Code des postes et des communications électroniques, l'identité, l'adresse postale et l'adresse électronique d'utilisateurs ou de détenteurs de systèmes d'information vulnérables, menacés ou attaqués, afin de les alerter sur la vulnérabilité ou la compromission de leur système.

II. - La première phrase du III de l'article L. 34-1 du Code des postes et des communications électroniques est ainsi modifiée :

1° Après la référence : "article L. 336-3 du code de la propriété intellectuelle", sont insérés les mots : "ou pour les besoins de la prévention des atteintes aux systèmes de traitement automatisé de données prévues et réprimées par les articles 323-1 à 323-3-1 du code pénal";

2° Après la référence : "article L. 331-12 du code de la propriété intellectuelle", sont insérés les mots : "ou de l'autorité nationale de sécurité des systèmes d'information mentionnée à l'article L. 2321-1 du code de la défense." »

---

35. `http://legifrance.gouv.fr/affichTexte.do?cidTexte=JORFTEXT000028338825&dateTexte=&categorieLien=id`

Cet article de la loi a suscité des critiques de certains acteurs de la société civile pour des raisons analogues à celles qui avaient fait critiquer la loi Hadopi (cf. p. 423) : des moyens d'action exagérés conférés à des autorités administratives ou de police en l'absence de tout contrôle judiciaire.

Nous examinerons ci-dessous cette question de la protection des infrastructures vitales à la lumière du programme gouvernemental américain Einstein, parce qu'il est plus ancien et mieux documenté que le programme français piloté par l'ANSSI, et aussi parce qu'il a fait l'objet d'une critique approfondie par un groupe d'experts de réputation internationale, critique qui peut s'appliquer aussi bien au projet français, et peut-être lui éviter quelques-unes des erreurs américaines.

## Le programme américain EINSTEIN

Le gouvernement des États-Unis, plus précisément la *National Cyber Security Division* du *Department of Homeland Security*, a lancé en 2004 un programme classifié, EINSTEIN, destiné à collecter, à corréler et à analyser en temps réel les données relatives aux intrusions dans les systèmes informatiques fédéraux civils. EINSTEIN a progressé en étapes, EINSTEIN 2 et EINSTEIN 3 ; cette dernière étape prévoit l'extension du dispositif aux « infrastructures critiques » exploitées par des entreprises privées, ce qui ne va pas sans susciter le scepticisme des auteurs de l'article *Can It Really Work ? Problems with Extending EINSTEIN 3 to Critical Infrastructure* [23] publié dans le volume 3 (janvier 2012) du *Harvard National Security Journal* par Steven M. Bellovin, Scott O. Bradner, Whitfield Diffie, Susan Landau et Jennifer Rexford [36]. On notera que les auteurs de cet article sont tous des sommités internationalement reconnues du domaine.

À compter de janvier 2008, la démarche EINSTEIN s'est inscrite dans un cadre plus vaste, la *Comprehensive National Cybersecurity Initiative* (CNCI), lancée à cette date par l'administration Bush. La CNCI vise, entre autres mesures, à regrouper les systèmes informatiques fédéraux dans un réseau cohérent doté de points d'accès spécifiques et restreints, les *Trusted Internet Connections* (TIC), exploités par des *Trusted Internet Connections Access Providers* (TICAP).

Il est prévu que le programme EINSTEIN contribue au programme TIC en équipant les TIC de systèmes de détection et de prévention des intrusions (IDS et IPS), afin de collecter les informations de session relatives à des trafics de données sus-

---

36. `http://harvardnsj.org/volume-3/`

pects et de les transmettre à US-CERT *(United States Computer Emergency Readiness Team)*. Les informations de session décrivent l'origine, la date et la destination du trafic considéré, ainsi que sa nature, mais pas son contenu. Avant EINSTEIN, il n'existait aucun dispositif de consolidation systématique des informations sur les cyberattaques contre les agences gouvernementales.

Si l'utilisation d'IDS et d'IPS n'est pas une nouveauté, en centraliser l'exploitation pour un périmètre aussi vaste que celui du gouvernement fédéral américain et de ses agences civiles comporte plusieurs défis techniques inédits.

EINSTEIN et ses évolutions EINSTEIN 2 et EINSTEIN 3 sont basés sur des systèmes de détection et de prévention des intrusions (IDS pour EINSTEIN 2, IPS pour EINSTEIN 3). EINSTEIN initial était facultatif, et n'a connu qu'un succès mitigé. EINSTEIN 2 a rendu le programme obligatoire pour toutes les agences.

## Principes de la détection d'intrusion

Les systèmes de détection et de prévention d'intrusions (IDS/IPS, déjà évoqués p. 407) recourent à deux familles de techniques :

- La constitution de bases de données de signatures d'attaques : quand une attaque a été repérée et analysée, il est possible en général d'identifier un certain nombre de données qui en constituent la signature. Ce peut être un texte caractéristique dans une adresse web, dans un message électronique ou dans le flux de données, ou une séquence singulière d'échanges sur le réseau. Ces signatures sont répertoriées dans des bases de données que les systèmes de détection utilisent pour repérer les attaques correspondantes. Cela ne fonctionne évidemment que pour les attaques déjà connues. En outre, les attaques les plus récentes sont conçues de sorte à tromper les systèmes de détection, en faisant varier leur forme.
- L'analyse statistique du trafic réseau, afin de caractériser le trafic « normal », et d'identifier par comparaison un trafic « anormal », par définition suspect. Cette démarche commence par une phase d'apprentissage, qui permet d'acquérir les caractéristiques du trafic « normal », en termes de volume, de nature, de variations dans le temps. Une fois cela fait, en tenant compte des approximations nécessaires, le système doit en principe pouvoir détecter un trafic « anormal », qui risque de correspondre soit à une attaque, soit au dysfonctionnement d'un élément du réseau.

Pour une mise en œuvre efficace des deux techniques mentionnées ici, il faut analyser la totalité du trafic réseau considéré, un échantillonage ne suffit pas. Dans le cas du programme EINSTEIN, l'ambition de faire des corrélations pour l'ensemble du périmètre des agences fédérales impose de consolider la totalité des données collectées par les TIC, ce qui représente une charge considérable tant en transfert de données qu'en stockage. Nos auteurs signalent que des attaques par déni de service avec des débits de 100 Gb/s ont été observées, et remarquent que la consolidation des données peut avoir des effets collatéraux indésirables, par exemple en affectant des serveurs non touchés par le déni de service, mais connectés au même TIC.

## EINSTEIN 3 : l'extension aux infrastructures critiques du secteur privé

C'est le dernier avatar du programme, EINSTEIN 3, qui fait l'objet de l'article analysé ici, dont les auteurs cités ci-dessus sont des experts reconnus de la sécurité informatique et des réseaux, et même pour certains d'entre eux des sommités mondiales. EINSTEIN 3 envisage d'étendre les mesures de protection prévues pour les agences fédérales à tous les opérateurs d'infrastructures critiques (réseaux informatiques et de télécommunication, distribution d'eau et d'électricité notamment), publics ou privés.

L'extension au secteur privé d'un programme tel qu'EINSTEIN pose plusieurs problèmes :

1. Le premier est celui de l'échelle des infrastructures considérées, qui est considérable. Scruter et analyser les activités d'un réseau utilisé par les 2 millions d'agents des administrations fédérales américaines et corréler de façon centralisée en temps réel toutes les informations issues de ces activités est déjà un objectif très ambitieux au regard des techniques disponibles aujourd'hui, en faire autant pour le système de contrôle et de supervision du réseau électrique qui dessert plus de cent millions de ménages et des millions d'entreprises est clairement hors de portée du projet tel qu'il est conçu. L'article de nos auteurs cite une étude réalisée par Lockheed Martin selon laquelle en 2015 le réseau électrique intelligent *(smart grid)* offrira 440 millions de points d'attaque potentiels, et donne des estimations chiffrées des infrastructures qu'ils estiment nécessaires pour atteindre les objectifs énoncés sur un tel périmètre.

2. Le second est celui de l'adaptation des technologies mises en œuvre au caractère critique des infrastructures considérées : en effet il ne faut pas que le fonctionnement des IDS/IPS ralentisse ou perturbe le fonctionnement des systèmes de contrôle des infrastructures, justement parce qu'elles sont

critiques ; or les IDS/IPS sont par nature des systèmes intrusifs et perturbateurs. Par ailleurs, l'application de l'architecture prévue pour EINSTEIN à l'ensemble des réseaux utilisés par les opérateurs des infrastructures considérées imposerait que leur accès à l'Internet passe par des TIC, ce qui ne serait pas forcément compatible, ni techniquement ni contractuellement, avec l'organisation de ces opérateurs, et il semble difficile que le gouvernement fédéral leur impose les technologies de réseau qu'ils devraient employer.

3. Le troisième est celui des questions juridiques et réglementaires soulevées par le programme. En effet les opérateurs des infrastructures critiques sont des entreprises privées, en concurrence entre elles, et de ce fait, par exemple, réticentes à l'idée qu'un programme comme EINSTEIN puisse collecter des informations qu'elles considèrent comme confidentielles, et en faire un usage qu'elles ne puissent pas contrôler. De surcroît, de par sa nature, l'exploitation d'un IPS ne peut pas se borner à l'analyse des données de session, mais doit également analyser le contenu des communications, ce qui reviendrait à établir une surveillance généralisée de réseaux mis en œuvre et utilisés par des acteurs très variés, ce qui semble difficile à accepter par au moins certains d'entre eux.

## Accès « de confiance » à l'Internet ?

Pour tout observateur un peu attentif des questions de cybersécurité, les notions même de *Trusted Internet Connection* (TIC) et de *Trusted Internet Connections Access Providers* (TICAP) sont douteuses. Elles postulent une limite claire entre une zone intérieure sûre et une zone extérieure potentiellement dangereuse, et la possibilité de contrôler les passages de l'une à l'autre : à l'heure où le moindre téléphone portable doté d'une connexion 3G et d'un accès Wi-Fi peut servir de passerelle pour enjamber la barrière, ce postulat semble peu prometteur. Sans parler du fait que le trafic chiffré peut servir de vecteur furtif à une cyberattaque, à moins que l'on impose le déchiffrement du trafic chiffré au passage d'un TIC, un peu comme il faut ouvrir ses valises pour la douane à un poste frontière, mais alors les TIC doivent stocker les clés de chiffrement, ce qui complique horriblement le problème, tout en faisant des TIC une cible de choix pour les assaillants.

En outre, la notion de TIC suppose qu'aucune cyberattaque ne peut venir de l'« intérieur », ce qui est démenti par l'expérience, peu réaliste lorsque la population de l'« intérieur » est constituée des deux millions de personnels des agences fédérales, et franchement erroné si cette population vient s'accroître des personnels des opérateurs privés, de leurs clients et de leurs fournisseurs, y compris à l'étranger.

En outre, *Trusted Internet Connection* signifie « connexion de confiance » : on peut à la rigueur comprendre ce qu'est la confiance du gouvernement américain dans les accès de ses agences à l'Internet, mais dans le contexte d'une extension à des opérateurs privés, il s'agit d'instaurer une confiance mutuelle entre une multitude d'acteurs, éventuellement concurrents, dont certains seront opérateurs de TICAP que leurs concurrents devront utiliser, et où ils devront laisser examiner leurs données en transit. On souhaite bien du plaisir au rédacteur de la politique de sécurité du TICAP, sauf évidemment s'il est payé à la ligne et à la minute de négociation, auquel cas il devrait accroître sensiblement sa prospérité.

## Questions de confidentialité

En fait, l'extension du programme EINSTEIN à des réseaux utilisés par des acteurs privés pour des activités commerciales ordinaires ne va pas sans soulever une kyrielle de questions de confidentialité, parce que tant les données échangées que les observations réalisées par les systèmes de protection et que les bases de données de signatures utilisées par le programme vont constituer un mélange inextricable de données privées de personnes privées, de données confidentielles d'entreprises privées et de données confidentielles d'administrations gouvernementales, ce qui ne manquera pas de susciter d'innombrables conflits d'intérêts, parce que les mesures de protection qui devront être appliquées à chacune de ces catégories de données seront différentes et incompatibles entre elles. Il suffit pour s'en convaincre de penser aux palabres entre les opérateurs de téléphonie français à propos du dégroupage et des bases de données d'abonnés, ce qui représente un problème minuscule en regard d'un programme comme EINSTEIN.

Pour ajouter à la complexité de la situation, la plupart des opérateurs privés utilisent déjà des IDS et des IPS : comment leur action se combinera-t-elle à celle des IDS/IPS d'EINSTEIN ? Qui administrera les plates-formes sur lesquelles seront stockées les bases de données, dont certaines appartiendront à des acteurs privés (éventuellement concurrents) et d'autres à des acteurs publics, chacun avec ses propres règles de confidentialité ?

En outre, s'il est peut-être légitime que le gouvernement surveille étroitement les échanges de données de ses propres agences, il n'en va pas de même pour des communications privées. Examiner en détail le contenu de communications privées sans mandat judiciaire et sans motif légitime d'enquête est une violation du secret des correspondances, qui peut s'apparenter aux écoutes illégales dont la vie politique et judiciaire française est régulièrement agitée.

## Qu'est-il possible de faire réellement ?

En fait le programme dans son ensemble est totalement irréaliste, et nos auteurs le comparent au plan de barrière virtuelle électronique le long de la frontière américano-mexicaine, défendu en son temps (2005) par le Gouverneur de l'Arizona Janet Napolitano, et annulé en 2011 par la Secrétaire à la Sécurité intérieure Janet Napolitano, après dépense d'1 milliard de dollars et constatation de l'échec du projet.

Selon certains observateurs il ne serait pas à exclure que l'escalade (verbale et financière) du programme EINSTEIN soit à replacer dans le contexte d'une rivalité entre *Department of Homeland Security* et *National Security Agency* (NSA) pour une position éminente dans le champ de la cybersécurité. Aux dernières nouvelles, le Sénat américain serait opposé à ce programme.

Nos auteurs se donnent ensuite la peine (vertueuse) de proposer quelques mesures vraiment utiles et réalistes qu'il serait judicieux de mettre en place pour améliorer réellement la sécurité des infrastructures critiques face aux dangers du cyberespace.

## Améliorer la sécurité des télécommunications gouvernementales

Au bon vieux temps du téléphone pré-informatique et du monopole naturel, le gouvernement américain pouvait faire raisonnablement confiance à AT&T pour acheminer ses communications : la sécurité physique était entre les mains d'un opérateur unique, prospère et tenu par des obligations de service public. L'interception des communications sans violation de la sécurité physique était très difficile. La signalisation hors-bande (c'est-à-dire la séparation entre les signaux d'établissement de la communication et la communication elle-même) rendait très difficile l'interception des communications et la prise de contrôle du réseau.

Aujourd'hui toutes ces assertions sont inversées. Une pléthore d'opérateurs sous-capitalisés et aux marges trop étroites vont au moins cher pour leurs infrastructures physiques. Le chiffrement pourrait améliorer la confidentialité des transmissions mais il n'est pas d'un usage général. La présence des informations de gestion du protocole de communication et des données dans les mêmes paquets IP facilite leur manipulation par des malveillants.

Appliquer aux fournisseurs d'accès à l'Internet de l'administration une combinaison d'exigences réglementaires raisonnables et de certifications de bonne ingénierie devrait améliorer la sécurité des infrastructures critiques au moins autant que les aspects irréalistes du programme EINSTEIN 3, concluent nos auteurs.

# Conclusion

Dans le domaine de la sécurité des systèmes d'information, mieux vaut prévenir que guérir. Prévenir est impératif, parce que guérir est impossible et ne servirait d'ailleurs à rien. Lorsqu'un accident ou un pirate a détruit les données de l'entreprise et que celle-ci n'a ni sauvegarde ni site de secours, elle est condamnée, tout simplement : les personnels ne savent plus quoi produire, ni pour quels clients, les comptables ne peuvent plus encaisser les factures ni payer personnels et débiteurs, ses commerciaux n'ont plus de fichier de prospection.

Oui, le responsable de sécurité doit être agnostique et pessimiste : il *sait* que son pare-feu sera franchi, que son antivirus ne sera pas à jour, que son système de détection d'intrusion ne le préviendra pas de l'attaque, que ses copies de sauvegarde seront corrompues, que son site de secours sera inondé ou détruit par un incendie, que son système redondant ne se déclenchera pas ; mais, éduqué dans la religion probabiliste, il *sait* que toutes ces catastrophes ne surviendront pas simultanément.

L'idée de *défense en profondeur* se distingue de la démarche agnostique probabiliste : si la garnison de mon pare-feu est finalement submergée par l'assaillant, elle en aura néanmoins réduit les effectifs avant de succomber, ce qui facilitera la mission des escadrons d'antivirus, et ainsi mon système redondant risquera moins d'être saboté par un ver qui pourrait l'empêcher de se déclencher. Si, au contraire, je mise tout sur mon pare-feu ou sur mon réseau privé virtuel et que derrière cette protection je commets des imprudences, je succombe au syndrome de la *ligne Maginot* : le jour où la défense est enfoncée ou contournée, tout est perdu. Or, une chose est sûre, la défense sera enfoncée. Un jour.

Une autre certitude : le risque ne vient pas seulement de l'extérieur. Les sources de danger prolifèrent aussi à l'intérieur du réseau, et d'ailleurs la frontière entre l'intérieur et l'extérieur tend non pas à disparaître, mais à devenir poreuse et floue, avec les systèmes mobiles en tout genre qui entrent et qui sortent, les tunnels vers d'autres réseaux, les nouveaux protocoles infiltrables et furtifs. Les protocoles de téléphonie par Internet, de visioconférence et autres systèmes multimédia sont *tous* des failles béantes de sécurité, et la situation sur ce front ne s'améliorera pas avant des années.

Nous voyons que les menaces sont protéiformes, les vulnérabilités foisonnantes et le tout en transformation constante : c'est dire que le responsable de sécurité ne choisit pas le terrain sur lequel il va devoir manœuvrer, il va lui falloir faire preuve d'adaptabilité et de pragmatisme. S'il ne veut pas se trouver condamné à réagir frénétiquement mais trop tard à des avalanches d'incidents mystérieux, il devra néanmoins établir un socle stable pour son activité, dont nous avons établi en principe qu'elle sera essentiellement préventive. Pour cela, il lui faudra principalement deux choses : une vraie compétence technique dans son domaine, suffisamment large et profonde pour embrasser réseaux et systèmes, et, au sein de son entreprise, le pouvoir d'édicter les règles dans son domaine, et de les faire respecter : interdire les protocoles dangereux, imposer la mise à jour automatique des antivirus, mettre son veto à tel ou tel passe-droit dans le pare-feu. Cela s'appelle une politique de sécurité.

Il serait vain d'espérer faire l'économie de cette compétence technique et de son instanciation dans une politique de sécurité en lui substituant des procédures. Il ne manque pas de méthodes qui laissent croire que que la sécurité des systèmes d'information pourrait être assurée par des routines administratives : nous avons signalé et expliqué leur vanité à la fin du premier chapitre de ce livre. Nous dirons que ces méthodes de sécurité sont procédurales ou, plus crûment, qu'elles sont bureaucratiques.

Nous avons donc le choix entre ces méthodes bureaucratiques et celles que nous appellerons méthodes de sécurité négative, parce qu'elles proposent de colmater les failles dès que celles-ci sont découvertes et d'interdire les malfaisances après qu'elles se sont manifestées : aucune de ces méthodes n'est satisfaisante, nous l'avons vu. Nous préconiserons plutôt celles qui visent ce que nous appellerons la *sécurité positive*, parce qu'elles posent *a priori* ce qui est sûr, et qu'elles établissent la sécurité dès la conception des systèmes, par la définition de ce qu'ils doivent faire et l'interdiction du reste selon une règle que nous énoncerons ainsi : « N'est permis que ce qui est explicitement autorisé, tout le reste est interdit. » Une règle aussi sévère ne saurait s'appliquer qu'aux systèmes sensibles de l'entreprise : pour le reste, il faut laisser un peu plus de latitude aux utilisateurs, mais uniquement dans les zones moins sensibles du système d'information et du réseau.

Par exemple, à l'heure où pratiquement toutes les applications informatiques sont fondées sur les techniques du Web, nous pensons, en suivant Marcus J. Ranum, qu'un outil de choix pour la sécurité positive est le *mandataire applicatif (reverse proxy)* : il s'agit d'un serveur web spécialisé, qui reçoit les messages du protocole HTTP, les filtre, rejette ce qui n'est pas autorisé et *réécrit* les requêtes avant de les transmettre au « vrai » serveur, ce qui élimine tout imprévu et pare aux déficiences du véritable serveur, et notamment à toute une famille d'attaques par injection de code. Cette méthode revient à écrire sa propre version du protocole, adaptée exactement à ce que l'on veut faire.

De façon générale, l'évolution de l'informatique, de ses usages, et par conséquent des systèmes d'information est déterminée par l'offre de technologie plus que par les demandes des utilisateurs, parce que celle-là évolue plus vite que celles-ci. Pour des raisons évidentes, voilà qui est encore plus vrai pour les questions de sécurité, parce que les utilisateurs ne « demandent » rien, et que l'« offre » est par définition destinée à surprendre ses « clients » par des attaques auxquelles ils ne s'attendent pas. La lutte contre cette « offre » un peu spéciale ne peut donc reposer sur les attentes du client, et la veille technologique « tous azimuts », si elle est nécessaire, ne saurait prétendre à l'efficacité totale. Ce qui renforce l'argument pour la sécurité positive.

Pour toutes les raisons qui viennent d'être énoncées, nous pouvons conclure en disant avec Bruce Schneier [242] que la sécurité du système d'information n'est pas et ne peut pas être contenue dans un dispositif ni dans un ensemble de dispositifs, qu'elle ne peut pas non plus être contenue dans les limites temporelles d'un *projet*, mais qu'elle est un *processus* ou, si l'on veut, une *activité*. Nous entendons par là que les ingénieurs de sécurité du SI doivent se consacrer à cette activité, pas forcément à plein temps, mais en permanence, sur plusieurs fronts : veille scientifique et technologique, surveillance des journaux d'événements, audit des infrastructures et des applications, sensibilisation et formation des utilisateurs, expérimentation de nouveaux outils et de nouveaux usages. La démarche de sécurité doit être active : la détection des failles et des attaques, et les réponses qui leur sont données, ne sont pas suffisantes, mais elles sont nécessaires, parce qu'avec l'ubiquité de l'Internet nous sommes entrés dans une ère où le régime de menaces est de basse intensité, mais où les menaces sont permanentes. Il faut savoir que parmi ces menaces certaines se réaliseront, qu'il faut s'y préparer et apprendre à leur survivre, ce qui suppose que l'on y ait pensé *avant*.

Si l'on peut risquer quelques hypothèses sur ce à quoi ressembleront l'informatique et l'Internet qui nous attendent dans les années qui viennent, nous pouvons dire que les questions de sécurité informatique y tiendront beaucoup plus de place, et que la gestion des identités numériques sera au cœur des réponses qui pourront être apportées à ces questions.

Nous ne saurions refermer ce livre sur une note angoissante de risques et de menaces : parmi les apports à la société de l'informatique en général, et plus particulièrement des techniques de sécurité étudiées dans ce livre, il faut compter la mise à la disposition du citoyen ordinaire de moyens réservés jusque-là aux services secrets des grandes puissances et aux grandes sociétés multinationales, tels que le chiffrement et la communication confidentielle à grande distance. Plus généralement, les possibilités de publier des informations et d'en recevoir ont connu un essor inimaginable il y a seulement une vingtaine d'années, par la combinaison des logiciels libres et de l'Internet, indissociables dès leur origine. Nul doute que ce soit une contribution significative à la liberté d'expression et, *in fine*, à la démocratie.

# Bibliographie

[1]  *A New UAC Bypass Method that Dridex Uses*. Mai 2015. URL : http://blog.
jpcert.or.jp/2015/02/a-new-uac-bypass-method-that-dridex-uses.html.

[2]  Harold ABELSON et al. *Keys Under Doormats : Mandating insecurity by requiring government access to all data and communications*. MIT-CSAIL-TR-
2015-026. Massachusetts Institute of Technology – Computer Science et
Artificial Intelligence Laboratory, juil. 2015. URL : http://www.crypto.com/
papers/Keys_Under_Doormats_FINAL.pdf.

[3]  Jean-François ABRAMATIC. « Croissance et évolution de l'Internet ». In :
*Université de tous les savoirs – Les Technologies*. T. 7. Paris : Odile Jacob,
2002.

[4]  Jean-Raymond ABRIAL. *The B Book - Assigning Programs to Meanings*.
Cambridge : Cambridge University Press, 1996.

[5]  Tris ACATRINEI. « Le BYOD et le droit : le couple mal assorti ». In : *MISC*
66 (mar. 2013).

[6]  *Accessing resources across forests*. Fév. 2006. URL : https://technet.microsoft.
com/en-us/library/cc772808(v=ws.10).aspx.

[7]  Active Directory, *note technique*. Sept. 2014. URL : http://www.ssi.gouv.fr/
uploads/IMG/pdf/NP_ActiveDirectory_NoteTech.pdf.

[8]  *Active Directory Security Risk #101 : Kerberos Unconstrained Delegation*.
Sept. 2015. URL : https://adsecurity.org/?p=1667.

[9]  *AD DS : Read-Only Domain Controllers*. Jan. 2011. URL : https://technet.
microsoft.com/en-us/library/cc732801(v=ws.10).aspx.

[10]  N.J. AL FARDAN et K.G PATERSON. « Lucky Thirteen : Breaking the TLS
and DTLS Recod Protocols ». In : *IEEE Symposium on Security and Privacy*. Mai 2013, p. 526–540.

[11]  Aurélien Francillon & AL. *Implementation and Implications of a Stealth Hard-Drive Backdoor*. Mar. 2014. URL : http://www.ossir.org/jssi/jssi2014/hdd_jssi_v4.pdf.

[12]  Nadhem J. ALFARDAN et al. « On the Security of RC4 in TLS ». In : *Proceedings of the 22th USENIX Security Symposium, Washington, DC, USA, August 14-16, 2013*. 2013, p. 305–320.

[13]  *Apple iOS 7 STIG*. Août 2014. URL : https://www.stigviewer.com/stig/apple_ios_7/.

[14]  *Apple's Touch ID still vulnerable to hack, security researcher finds*. Sept. 2014. URL : http://www.cnet.com/news/apples-touch-id-still-vulnerable-to-hack-security-researcher-finds/.

[15]  Paul ASHTON. *NT "Pass the Hash" with Modified SMB Client Vulnerability*. 2010. URL : http://www.securityfocus.com/bid/233/discuss.

[16]  *Australian Government Information Security Manual*. Australian Signals Directorate, 2014. URL : http://www.asd.gov.au/publications/Information_Security_Manual_2014_Controls.pdf.

[17]  Daniel AZUELOS. « Architecture des réseaux sans fil ». In : *Actes du congrès JRES*. JRES, 2005. URL : http://2005.jres.org/tutoriel/Reseaux_sans_fil.livre.pdf.

[18]  Romain BARDOU et al. « Efficient Padding Oracle Attacks on Cryptographic Hardware ». In : *Advances in Cryptology - CRYPTO 2012 - 32nd Annual Cryptology Conference, Santa Barbara, CA, USA, August 19-23, 2012. Proceedings*. 2012, p. 608–625.

[19]  Scott BARMAN. *Writing Information Security Policies*. Indianapolis, USA : New Riders, 2002.

[20]  Salman A. BASET et Henning SCHULZRINNE. « An Analysis of the Skype Peer to Peer Internet Telephony Protocol ». In : *arXiv.org* (sept. 2004). URL : http://arxiv.org/pdf/cs/0412017v1.pdf.

[21]  Georg T. BECKER et al. « Stealthy Dopant-Level Hardware Trojans : Extended Version ». In : *Journal of Cryptographic Engineering* (2014). URL : https://www.emsec.rub.de/media/crypto/veroeffentlichungen/2015/03/19/beckerStealthyExtended.pdf.

[22]  Robert BELK et Matthew NOYES. *On the Use of Offensive Cyber Capabilities – A Policy Analysis on Offensive US Cyber Policy*. Mar. 2012. URL : http://belfercenter.ksg.harvard.edu/files/cybersecurity-pae-belk-noyes.pdf.

[23]   Steven M. BELLOVIN et al. « Can It Really Work? Problems with Extending EINSTEIN 3 to Critical Infrastructure ». In : *Harvard National Security Journal* 3 (jan. 2012). URL : `http://harvardnsj.org/volume-3/`.

[24]   C. H. BENNETT et G. BRASSARD. « Quantum Cryptography : Public Key Distribution and Coin Tossing ». In : *Proceedings of the IEEE International Conference on Computers, Systems and Signal Processing*. IEEE Press, 1984, p. 175–179.

[25]   Daniel BERG-DOMSCHEIT. *Inside WikiLeaks*. 319 p. Paris : Grasset, 2011.

[26]   Daniel J. BERNSTEIN. « The Poly1305 AES Message Authentication Code ». In : *FSE*. Sous la dir. d'Henri GILBERT et Helena HANDSCHUH. T. 3557. Lecture Notes in Computer Science. Springer, juil. 2005, p. 32–49.

[27]   « Méthode B (numéro spécial) ». In : *Technique et science informatique* 22 (jan. 2003). Sous la dir. de Didier BERT, Henri HABRIAS et Véronique VIGUIÉ DONZEAU-GOUGE.

[28]   Karthikeyan BHARGAVAN et al. « Implementing TLS with Verified Cryptographic Security ». In : *2013 IEEE Symposium on Security and Privacy, SP 2013, Berkeley, CA, USA, May 19-22, 2013*. 2013, p. 445–459.

[29]   Philippe BIONDI et Fabrice DESCLAUX. *Silver Needle in the Skype*. Black-Hat Europe. 2-3 mars 2006. URL : `http://www.secdev.org/conf/skype_BHEU06.pdf`.

[30]   *BIOS Password Backdoors in Laptops*. Mai 2009. URL : `http://dogber1.blogspot.fr/2009/05/table-of-reverse-engineered-bios.html`.

[31]   *BIOS Passwords*. Sept. 2015. URL : `http://www.biosflash.com/e/bios-passwords.htm`.

[32]   Alex BIRYUKOV, Daniel DINU et Dmitry KHOVRATOVICH. « Fast and Tradeoff-Resilient Memory-Hard Functions for Cryptocurrencies and Password Hashing ». In : *IACR Cryptology ePrint Archive* 2015 (2015), p. 430. URL : `http://eprint.iacr.org/2015/430`.

[33]   *Bitlocker - Windows-7 Windows Server 2008-R2*. Avr. 2015. URL : `https://www.ia.nato.int/niapc/Product/Bitlocker---Windows-7--Windows-Server-2008--R2-_567`.

[34]   Daniel BLEICHENBACHER. « Chosen ciphertext attacks against protocols based on the RSA encryption standard PKCS 1 ». In : *Crypto 1998*. T. 1462. LNCS. 1998, p. 1–12.

[35]   Laurent BLOCH. *Les systèmes d'exploitation des ordinateurs – Histoire, fonctionnement, enjeux.* Texte intégral disponible ici. Paris : Vuibert, 2003. URL :
http://www.laurentbloch.org/MySpip3/Systeme-et-reseau-histoire-et.

[36]   Laurent BLOCH. *Systèmes d'information, obstacles et succès – La pensée aux prises avec l'informatique.* Texte intégral disponible en ligne ici. Paris : Vuibert, 2005. URL : http://www.laurentbloch.org/MySpip3/-Systemes-d-
information-.

[37]   Laurent BLOCH. « La régulation universelle de l'Internet, enjeu économique et culturel ». In : *Questions internationales* 39 (sept. 2009). URL :
questions-internationales/39/sommaire39.shtml.

[38]   Laurent BLOCH. « La maîtrise d'Internet : des enjeux politiques, économiques et culturels ». In : *Questions internationales* 47 (jan. 2011). Numéro spécial Internet. URL : http://www.ladocumentationfrancaise.fr/revues-
collections/questions-internationales/47/sommaire47.shtml.

[39]   Laurent BLOCH. *MirageOS : machines virtuelles compilées à la demande avec le système d'exploitation et l'application.* Jan. 2014. URL : www.laurentbloch.org/
MySpip3/spip.php?article277.

[40]   Laurent BLOCH. *Perspectives pour le sabotage de microprocesseurs.* Juin 2014.
URL : http://www.ossir.org/paris/supports/2014/2014-06-10/presentation-Ossir-
sabotage_lb.pdf.

[41]   Laurent BLOCH. *Révolution cyberindustrielle en France.* Paris : Economica, 2015. URL : http://www.laurentbloch.org/MySpip3/Revolution-cyberindustrielle-
en-307.

[42]   Dan BONEH. « Twenty Years of Attacks on the RSA Cryptosystem ». In : *NOTICES OF THE AMS* 46 (1999), p. 203–213.

[43]   Dan BONEH et Matthew K. FRANKLIN. « Identity-Based Encryption from the Weil Pairing ». In : *Proceedings of the 21st Annual International Cryptology Conference on Advances in Cryptology.* CRYPTO '01. Springer-Verlag, 2001, p. 213–229.

[44]   Frédéric BONNAUD. *Signer et chiffrer avec GnuPG.* Déc. 2012. URL : http:
//lea-linux.org/documentations/Reseau-secu-gpg-intro.

[45]   Aurélien BORDES. *BitLocker.* Juin 2011. URL : https://www.sstic.org/media/
SSTIC2011/SSTIC-actes/bitlocker/SSTIC2011-Article-bitlocker-bordes.pdf.

[46]   Aurélien BORDES. *Secrets d'authentification épisode II Kerberos contre-attaque.* Sept. 2015. URL : http://www.ssi.gouv.fr/uploads/IMG/pdf/Aurelien_
Bordes_-_Secrets_d_authentification_episode_II_Kerberos_contre-attaque.pdf.

[47] Aurélien BORDES, Arnaud ÉBALARD et Raphaël RIGO. *Sécurité de RDP*. Juin 2012. URL : `http://www.ssi.gouv.fr/uploads/IMG/pdf/Securite_de_RDP_article.pdf`.

[48] Matthieu BOUTHORS. « NAC, Firewall 3.0 ? » In : *MISC* 66 (mar. 2013).

[49] Isabelle BOYDENS. *Informatique, normes et temps*. Bruxelles : Bruylant, 1999.

[50] *Break Through the BIOS Password*. Sept. 2015. URL : `http://cryptome.org/isp-spy/bios-spy.pdf`.

[51] Peter BRIGHT. *Report : NSA paid RSA to make flawed crypto algorithm the default*. Déc. 2013. URL : `http://arstechnica.com/security/2013/12/report-nsa-paid-rsa-to-make-flawed-crypto-algorithm-the-default/`.

[52] Christophe BROCAS et Jean-Michel FARIN. « De la sécurité d'une architecture DNS d'entreprise ». In : *MISC* 23 (jan. 2006).

[53] Antoine BRUGIDOU et Gilles KAHN. « Étude des solutions de filtrage des échanges de musique sur Internet dans le domaine du *peer-to-peer* ». In : (9 mars 2005). URL : `http://www.culture.gouv.fr/culture/actualites/rapports/filtrage/charte.pdf`.

[54] *Bulletin d'actualité CERTFR-2015-ACT-036*. Sept. 2015. URL : `http://www.cert.ssi.gouv.fr/site/CERTFR-2015-ACT-036/CERTFR-2015-ACT-036.html`.

[55] *Bypassing AV with Veil Evasion*. Sept. 2015. URL : `https://blog.netspi.com/bypassing-av-with-veil-evasion/`.

[56] Franck CAPPELLO. « P2P : Développements récents et perspectives ». In : *6èmes journées réseau JRES*. 2005. URL : `http://2005.jres.org/slides/152.pdf`.

[57] CARMAA. *Inception*. Sept. 2015. URL : `https://github.com/carmaa/inception`.

[58] Vinton G. CERF. *Strategy Panel : ICANN's Role in the Internet Governance Ecosystem*. ICANN, 20 fév. 2014. URL : `http://www.icann.org/en/about/planning/strategic-engagement/governance-ecosystem/report-23feb14-en.pdf`.

[59] Vinton G. CERF. « Apps and the Web ». In : *Communications of the ACM (CACM)* 59.2 (fév. 2016). URL : `http://cacm.acm.org/magazines/2016/2/197413-apps-and-the-web/fulltext`.

[60] *CIDR REPORT*. CIDR Report. Juil. 2015. URL : `http://www.cidr-report.org/as2.0/`.

[61]  Bill Claycomb et Alex Nicoll. *Insider Threats Related to Cloud Computing*. août 2012. URL : `http://www.cert.org/blogs/insider_threat/2012/08/title_ insider_threats_related_to_cloud_computing--installment_3_insiders_who_ exploit_cloud_vulnerabi.html`.

[62]  Société ClearSy. *Atelier B*. Juin 2004. URL : `http://www.clearsy.com/nos- outils/atelier-b/`.

[63]  *CLIP - Une approche pragmatique pour la conception d'un OS sécurisé*. Sept. 2015. URL : `http://www.ssi.gouv.fr/actualite/clip-une-approche-pragmatique- pour-la-conception-dun-os-securise/`.

[64]  *Cloud Computing Security Requirements Guide*. Defense Information Systems Agency (DISA) - Department of Defense (DoD). Jan. 2015. URL : `http://iase.disa.mil/cloud_security/Documents/u-cloud_computing_srg_v1r1_ final.pdf`.

[65]  *Cloud Security Guidance*. Août 2014. URL : `https://www.gov.uk/government/ collections/cloud-security-guidance`.

[66]  CROCUS (COLLECTIF). *Systèmes d'exploitation des ordinateurs*. NDA : ce manuel, quoique assez ancien, conserve un intérêt certain par sa rigueur dans l'introduction des concepts et du vocabulaire, et en a acquis un nouveau, de caractère historique, par la description de systèmes aujourd'hui disparus. Paris : Dunod, 1975.

[67]  *Configure Security Settings for Remote Desktop Services Connections*. Sept. 2015. URL : `https://technet.microsoft.com/en-us/library/cc753488.aspx`.

[68]  Matta Consulting. *F5 BIG-IP remote root authentication bypass Vulnerability*. Fév. 2012. URL : `https://www.trustmatta.com/advisories/MATTA-2012- 002.txt`.

[69]  François Contat et al. *Résilience de l'Internet français 2011 : état des lieux*. Agence nationale de la sécurité des systèmes d'information (ANSSI) et Association française pour le nommage Internet en coopération (AFNIC). Juin 2012. URL : `http://www.ssi.gouv.fr/IMG/pdf/rapport-obs-20120620.pdf`.

[70]  D. Cooper et al. *RFC 5280 – Internet X.509 Public Key Infrastructure Certificate and Certificate Revocation List (CRL) Profile*. Internet Engineering Task Force, mai 2008.

[71] Thomas CORMEN et al. *Introduction à l'algorithmique*. NDA : une somme d'une complétude impressionnante ; si les exposés mathématiques des algorithmes sont d'une grande clarté, le passage à la programmation (en pseudo-code) est souvent difficile. Paris : Dunod (pour la traduction française), 2010.

[72] *Countermeasures : Protecting BitLocker-encrypted Devices from Attacks*. Avr. 2015. URL : http://www.microsoft.com/en-us/download/details.aspx?id=41671.

[73] CUNNINGHAM et CUNNINGHAM. « Cee Language and Buffer Overflows ». In : *Cunningham and Cunningham, Inc.* (Mar. 2010). URL : http://c2.com/cgi/wiki?CeeLanguageAndBufferOverflows.

[74] Joan DAEMEN et Vincent RIJMEN. *The Design of Rijndael*. Secaucus, NJ, USA : Springer-Verlag New York, Inc., 2002. ISBN : 3540425802.

[75] Florent DAQUET, Ary KOKOS et Arnaud SOULLIÉ. *Est-il possible de sécuriser un domaine Windows ?* Juin 2014. URL : http://www.ossir.org/jssi/jssi2014/JSSI_2014__Solucom_WinSec_vf.pdf.

[76] *Data Recovery - We Get it Back!* Kroll Ontrack. 2015. URL : http://www.ontrackdatarecovery.com/data-disaster-2008/.

[77] Thomas DEBIZE. *Les nouveautés sécurité d'Android 6 Marshmallow*. Nov. 2015. URL : http://www.securityinsider-solucom.fr/2015/11/les-nouveautes-securite-dandroid-6.html.

[78] *Defending mobile devices for high level officials and decision-makers*. Sept. 2015. URL : https://ccdcoe.org/multimedia/defending-mobile-devices-high-level-officials-and-decision-makers.html.

[79] Dr. M.A.C. DEKKER. *Critical Cloud Computing - A CIIP perspective on cloud computing services*. décembre 2012. URL : http://www.enisa.europa.eu/activities/Resilience-and-CIIP/cloud-computing/critical-cloud-computing.

[80] Benjamin DELPY. *MsCache v2, DCC2 et nombre d'itérations*. Mar. 2014. URL : http://blog.gentilkiwi.com/tag/mscache.

[81] Benjamin DELPY. *MimiKatz 2.0*. Sept. 2015. URL : http://fr.slideshare.net/gentilkiwi/mimikatz-sthack.

[82] Fabrice DESCLAUX. *Skype uncovered – Security study of Skype*. OSSIR – Groupe sécurité Windows. 7 novembre 2005. URL : http://www.ossir.org/windows/supports/2005/2005-11-07/EADS-CCR_Fabrice_Skype.pdf.

[83] *Designing RODCs in the Perimeter Network*. Avr. 2009. URL : https://technet.microsoft.com/fr-fr/library/dd728028(v=ws.10).aspx.

[84]  Whitfield Diffie et Martin E. Hellman. « New Directions in Cryptography ». In : *IEEE Transactions on Information Theory* vol. IT-22 (nov. 1976). URL : http://www.cs.tau.ac.il/~bchor/diffie-hellman.pdf.

[85]  Edsger Wybe Dijkstra. « The Structure of the THE-Multiprogramming System ». In : *Communications of the ACM (CACM)* 11.5 (Mai 1968). URL : http://www.cs.virginia.edu/~zaher/classes/CS656/p341-dijkstra.pdf.

[86]  Cory Doctorow. « What I wish Tim Berners-Lee understood about DRM ». In : *The Guardian* (mar. 2013). URL : http://www.guardian.co.uk/technology/blog/2013/mar/12/tim-berners-lee-drm-cory-doctorow.

[87]  *Domain Controller Roles*. Nov. 2014. URL : https://technet.microsoft.com/en-us/library/cc786438(WS.10).aspx.

[88]  Gilles Dubertret. *Initiation à la cryptographie*. Paris : Vuibert, 2002.

[89]  Skip Duckwall et Chris Campbell. *Still Passing the Hash*. Sept. 2012. URL : https://media.blackhat.com/bh-us-12/Briefings/Duckwall/BH_US_12_Duckwall_Campbell_Still_Passing_WP.pdf.

[90]  Skip Duckwall et Benjamin Delpy. *Abusing Microsoft Kerberos - Sorry You Guys Don't Get It*. Sept. 2015. URL : https://www.blackhat.com/docs/us-14/materials/us-14-Duckwall-Abusing-Microsoft-Kerberos-Sorry-You-Guys-Don't-Get-It-wp.pdf.

[91]  Albert Ducrocq et André Warusfel. *Les mathématiques – Plaisir et nécessité*. NDA : plaidoyer pour une discipline malmenée, au moyen de nombreux exemples historiques et modernes auxquels l'érudition des auteurs et leur talent de vulgarisateurs confèrent un rythme trépidant et passionnant. Paris : Vuibert, 2000.

[92]  Jean-Pierre Dupuy. *Pour un catastrophisme éclairé – Quand l'impossible est certain*. Paris : Éditions du Seuil, 2002.

[93]  Morris J. Dworkin. *SP 800-38D. Recommendation for Block Cipher Modes of Operation : Galois/Counter Mode (GCM) and GMAC*. Rapp. tech. Gaithersburg, MD, United States, 2007.

[94]  Kjeld Borch Egevang et Paul Francis. *RFC 1631 – The IP Network Address Translator (NAT)*. Mai 1994. URL : http://www.ietf.org/rfc/rfc1631.txt.

[95]  Nikolay Elenkov. *Revisiting Android Disk Encryption*. Oct. 2014. URL : http://nelenkov.blogspot.fr/2014/10/revisiting-android-disk-encryption.html.

[96]  *EMET 4.1 Uncovered*. Nov. 2013. URL : http://0xdabbad00.com/wp-content/uploads/2013/11/emet_4_1_uncovered.pdf.

[97] *EMET Configuration*. Sept. 2015. URL : http://web.stanford.edu/group/ security/securecomputing/EMET/configure.

[98] *EMET White Paper*. Sept. 2015. URL : http://www.gcyber.com/uploads/3/4/4/ 5/3445787/emet_whitepaper_gcyber.pdf.

[99] ENSTIMAC. « Sécurité de Perl ». In : *Site Perl de l'ENSTIMAC* (23 mars 2006). URL : http://perl.enstimac.fr/DocFr/perlsec.html.

[100] Yves EUDES. « Hackers d'État ». In : *Le Monde* (février 2013). URL : http: //www.lemonde.fr/technologies/article/2013/02/19/hackers-d-etat_1834943_ 651865.html.

[101] Karen EVANS et Franklin REEDER. *A Human Capital Crisis in Cybersecurity : Technical Proficiency Matters*. Center for Strategic & International Studies. Nov. 2010. URL : http://csis.org/publication/prepublication-a-human-capital- crisis-in-cybersecurity.

[102] *Evil Maid Goes After TrueCrypt*. Oct. 2009. URL : http://theinvisiblethings. blogspot.fr/2009/10/evil-maid-goes-after-truecrypt.html.

[103] James P. FARWELL et Rafal ROHOZINSKI. « Stuxnet and the Future of Cyber War ». In : *Survival* 53.1 (fév. 2011). URL : http://www.informaworld.com/ smpp/title~content=t713659919.

[104] Alexandre FERNANDEZ-TORO. *Management de la sécurité du système d'information : Implémentation ISO 27001*. Paris : Eyrolles, 2007.

[105] Richard P. FEYNMAN. *Personal observations on the reliability of the Shuttle*. NASA. 1986. URL : http://science.ksc.nasa.gov/shuttle/missions/51-l/docs/ rogers-commission/Appendix-F.txt.

[106] *Fido Alliance*. Sept. 2015. URL : https://fidoalliance.org/.

[107] Éric FILIOL. « Évaluation des logiciels antiviraux : quand le marketing s'oppose à la technique ». In : *MISC* 21 (oct. 2005). Dans un excellent numéro consacré aux *Limites de la sécurité*.

[108] Éric FILIOL. « Le danger des virus blindés ». In : *La lettre – Techniques de l'ingénieur – Sécurité des systèmes d'information* 6 (nov. 2005).

[109] Éric FILIOL. *Les virus informatiques : théorie, pratique et applications*. Collection IRIS. Paris : Springer Verlag, 2009.

[110] Éric FILIOL. *Dynamic Cryptographic Backdoors*. Mar. 2011. URL : https:// cansecwest.com/cswll/filiol_csw2011.pdf.

[111]  Laurence FREYT-CAFFIN. « L'administrateur réseau, un voltigeur sans filet ». In : *5e journées réseau JRES*. 2003. URL : http://2003.jres.org/actes/paper.130.pdf.

[112]  Sean GALLAGHER. *Photos of an NSA "upgrade" factory show Cisco router getting implant*. Mai 2014. URL : http://arstechnica.com/tech-policy/2014/05/photos-of-an-nsa-upgrade-factory-show-cisco-router-getting-implant/.

[113]  Simson L. GARFINKEL. « VoIP and Skype Security ». In : *Tactical Technology Collective* (mar. 2005). URL : http://www.tacticaltech.org/files/tacticaltech/Skype_Security.pdf.

[114]  Simson GARFINKEL et Abhi SHELAT. « MIT researchers uncover mountains of private data on discarded computers ». In : *Massachusetts Institute of Technology, News Office* (15 janvier 2003). URL : http://web.mit.edu/newsoffice/2003/diskdrives.html.

[115]  Jean-François GAYRAUD. *Le nouveau capitalisme criminel. Crises financières, narcobanques, trading de haute fréquence*. Odile Jacob, 2014. 368 p. ISBN : 9782738130723. URL : http://www.diploweb.com/Le-nouveau-capitalisme-criminel.html.

[116]  MBE GÉNÉRAL DE BRIGADE BAILEY. « Le combat dans la profondeur 1914-1941 : la naissance d'un style de guerre moderne ». In : *Les cahiers du Retex* 15 (mar. 2005). URL : http://en.calameo.com/read/000009779664e98a9899a.

[117]  Craig GENTRY. « Fully Homomorphic Encryption Using Ideal Lattices ». In : STOC'09 (2009), p. 169–178.

[118]  Solveig GODELUCK. *La géopolitique d'Internet*. 247 pages. Paris : La Découverte, 2002.

[119]  José Luis GÓMEZ-BARROSO et Claudio FEIJÓO. « Asymmetries and Shortages of the Network Neutrality Principle ». In : *CACM* 54.4 (Avril 2011), p. 36–37.

[120]  Fernando GONT. *Results of a Security Assessment of the Internet Protocol version 6 (IPv6)*. Hack.lu Conference. Sept. 2011. URL : http://www.si6networks.com/presentations/hacklu2011/fgont-hacklu2011-ip-security.pdf.

[121]  Fernando GONT. *Recent Advances in IPv6 Security*. Hackito Ergo Sum Conference. avril 2012. URL : http://2012.hackitoergosum.org/blog/wp-content/uploads/2012/04/HES-2012-fgont-recent-advances-in-ipv6-security.pdf.

[122]  Dan GOODIN. *Et tu, Fortinet? Hard-coded password raises new backdoor eavesdropping fears*. Jan. 2016. URL : http://arstechnica.com/security/2016/01/et-tu-fortinet-hard-coded-password-raises-new-backdoor-eavesdropping-fears/.

[123] Baptiste GOURDIN et Olivier ZHENG. « Cloisonnement JavaScript, HTML5 à la rescousse ». In : *MISC* 78 (mar. 2015), p. 40–46.

[124] Glenn GREENWALD. *Nulle part où se cacher. (No Place to Hide)*. Paris : Jean-Claude Lattès, mai 2014.

[125] Glenn GREENWALD et Ewen MACASKILL. *NSA Prism program taps in to user data of Apple, Google and others*. Juin 2013. URL : http://www.theguardian.com/world/2013/jun/06/us-tech-giants-nsa-data.

[126] *Guide de l'effaceur*. Mai 2004. URL : http://www.ssi.gouv.fr/archive/fr/documentation/Guide_effaceur_V1.12du040517.pdf.

[127] Peter GUTMANN. « Secure Deletion of Data from Magnetic and Solid-State Memory ». In : *Proceedings of the Sixth USENIX Security Symposium*. San Jose, CA., juil. 1996, p. 77–90. URL : http://www.cs.auckland.ac.nz/~pgut001/pubs/secure_del.html.

[128] Peter GUTMANN. « Data Remanence in Semiconductor Devices ». In : sous la dir. d'USENIX. 2001. URL : http://www.cypherpunks.to/~peter/usenix01.pdf.

[129] Katie HAFNER et Matthew LYON. *Where Wizards Stay Up Late – The Origins of the Internet*. Londres : Pocket Books, 1996.

[130] J. Alex HALDERMAN et al. *Lest We Remember : Cold Boot Attacks on Encryption Keys*. Juil. 2008. URL : https://citp.princeton.edu/research/memory/.

[131] Jeffrey HOFFSTEIN, Jill PIPHER et Joseph H. SILVERMAN. « NTRU : A Ring-Based Public Key Cryptosystem ». In : *Lecture Notes in Computer Science*. Springer-Verlag, 1998, p. 267–288.

[132] *How Domain and Forest Trusts Work*. Nov. 2014. URL : https://technet.microsoft.com/en-us/library/cc773178(v=ws.10).aspx.

[133] *How to use Bitlocker Data Recovery Agent to unlock Bitlocker Protected Drives*. Oct. 2010. URL : http://blogs.technet.com/b/askcore/archive/2010/10/11/how-to-use-bitlocker-data-recovery-agent-to-unlock-bitlocker-protected-drives.aspx.

[134] Gordon F. HUGHES, D.M. COMMINS et T. COUGHLIN. *Q and A on Secure Erase*. Université de Californie - San-Diego. URL : http://cmrr.ucsd.edu/people/Hughes/documents/QandAforwebsite10212008_000.doc.

[135] Security and Stability Advisory Committee (SSAC) ICANN. *Overview and History of the IANA Functions*. 15 août 2014. URL : https://www.icann.org/en/system/files/files/sac-067-en.pdf (visité le 16/08/2014).

[136]  *iLO Security Manual*. Sept. 2015. URL : http://h10032.www1.hp.com/ctg/
Manual/c00212796.pdf.

[137]  *Implementing PC Hardware Configuration BIOS Baseline*. Sept. 2015. URL :
http://www.sans.org/reading-room/whitepapers/basics/implementing-pc-hardware-
configuration-bios-baseline-34370.

[138]  Bureau of INDUSTRY et Department of Commerce SECURITY. *Wassenaar
Arrangement on Export Controls for Conventional Arms and Dual-Use Goods
and Technologies*. Mai 2015. URL : http://www.gpo.gov/fdsys/pkg/FR-2015-05-
20/pdf/2015-11642.pdf.

[139]  The National Technical Authority for INFORMATION ASSURANCE. *The Directory of Infosec Assured Products*. GCHQ – CESG, 2010. URL : https://
www.ia.nato.int/Documents/CC-Directory.pdf.

[140]  INTEL. *Intel Hardware-based Security Technologies for Intelligent Retail Devices*. Nov. 2015. URL : http://www.intel.com/content/dam/www/public/us/en/
documents/white-papers/security-technologies-4th-gen-core-retail-paper.pdf.

[141]  *Internet X.509 Public Key Infrastructure Certificate and CRL Profile*. 1999.

[142]  *Internet X.509 Public Key Infrastructure Certificate Policy and Certification
Practices Framework*. 2003.

[143]  *Introducing Blackphone 2 - Privacy Without Compromise*. Sept. 2015. URL :
https://www.silentcircle.com/.

[144]  *iOS 7 : à propos de l'option Toujours de la fonctionnalité VPN sur demande*.
Mar. 2015. URL : https://support.apple.com/fr-fr/HT203743.

[145]  *iOS Hardening Configuration Guide*. Sept. 2015. URL : http://www.asd.gov.
au/publications/iOS7_Hardening_Guide.pdf.

[146]  *iOS Security Guide*. Sept. 2015. URL : https://www.apple.com/business/docs/
iOS_Security_Guide.pdf.

[147]  ISO/IEC. *Information technology – Systems Security Engineering – Capabi-
lity Maturity Model (SSE-CMM)*. 21827. International Organization for
Standardization, 2002.

[148]  ISO/IEC. *Information Security Management Systems – Requirements*.
27001. 2005.

[149]  ISO/IEC. *Information technology. Code of practice for information security
management*. 17799. 2005.

[150] Tetsu IWATA et Kaoru KUROSAWA. « OMAC : One-Key CBC MAC ». In : *Fast Software Encryption, 10th International Workshop, FSE 2003, Lund, Sweden, February 24-26, 2003, Revised Papers*. T. 2887. Lecture Notes in Computer Science. Springer, 2003, p. 129–153. DOI : 10.1007/978-3-540-39887-5_11. URL : http://www.iacr.org/cryptodb/archive/2003/FSE/2938/2938.pdf.

[151] Wayne JANSEN et Timothy GRANCE. *Guidelines on Security and Privacy in Public Cloud Computing*. Déc. 2011. URL : http://csrc.nist.gov/publications/nistpubs/800-144/SP800-144.pdf.

[152] Saad KADHI. « Le nuage Dropbox vu de la terre ferme ». In : *MISC* 60 (mar. 2011).

[153] Saad KADHI. « À l'abord de Box ». In : *MISC* 64 (nov. 2012).

[154] B. KALISKI. *RFC 2898 - PKCS #5 : Password-Based Cryptography Specification Version 2.0*. Sept. 2000. URL : http://tools.ietf.org/html/rfc2898.

[155] B. KALISKI et J. JONSSON. *PKCS #1 : RSA Cryptography Specifications Version 2.1*. Internet Engineering Task Force, fév. 2003.

[156] Poul-Henning KAMP. « The Most Expensive One-byte Mistake ». In : *ACM Queue* 9.7 (juillet 2011). URL : http://queue.acm.org/detail.cfm?id=2010365.

[157] Josh KARLIN, Stephanie FORREST et Jennifer REXFORD. *Nation-State Routing : Censorship, Wiretapping, and BGP*. Arxiv. Mar. 2009. URL : http://arxiv.org/pdf/0903.3218.pdf.

[158] *Kerberos & KRBTGT : Active Directory's Domain Kerberos Service Account*. Nov. 2014. URL : http://adsecurity.org/?p=483.

[159] Richard KISSEL et al. *Guidelines for Media Sanitization*. National Institute of Standards et Technology (NIST), déc. 2014. URL : http://nvlpubs.nist.gov/nistpubs/SpecialPublications/NIST.SP.800-88r1.pdf.

[160] Ary KOKOS. *Backdoor 1.0*. Juin 2014. URL : http://www.ossir.org/paris/supports/2014/2014-06-10/Backdoor_1.0_ako.pdf.

[161] Ary KOKOS. *BYOI : Bring Your Own Illusion ou le mirage de la crypto dans le Cloud*. Solucom. Avr. 2015. URL : http://www.securityinsider-solucom.fr/2015/04/byoi-bring-your-own-illusion-ou-le.html.

[162] Ary KOKOS. *Comment limiter le risque d'écoutes lors d'une réunion ?* Sept. 2015. URL : http://www.securityinsider-solucom.fr/2015/09/comment-limiter-le-risque-decoutes-lors.html.

[163] Ary Kokos. *Interceptions, boîtes noires et algorithmes*. Forum de la Gouvernance Internet 2015. Juin 2015. URL : http://www.laurentbloch.org/MySpip3/spip.php?article316.

[164] Xeno Kovah et Corey Kallenberg. *How Many Million BIOSes Would you Like to Infect?* Juin 2015. URL : http://legbacore.com/Research_files/HowManyMillionBIOSesWouldYouLikeToInfect_Whitepaper_v1.pdf.

[165] H. Krawczyk, M. Bellare et R. Canetti. *HMAC : Keyed-Hashing for Message Authentication*. Internet Engineering Task Force, fév. 1997.

[166] Kevin Krewell. « A Look Ahead To 2006 ». In : *Microprocessor Article* vol. 20 n° 1 (janvier 2006). La revue en ligne du microprocesseur et de ses évolutions techniques et industrielles. Informée, compétente, beaucoup de détail technique exposé avec clarté. URL : http://www.linleygroup.com/mpr/.

[167] Benjamin A. Kuperman et al. « Detection and Prevention of Stack Buffer Overflow Attacks ». In : *Communications of the ACM (CACM)* 48.11 (nov. 2005).

[168] Augustin Landier et David Thesmar. « Action publique et intelligence collective ». In : *Commentaire* 33.131 (2010), p. 713–719.

[169] James R. Langevin et al. *Cybersecurity Two Years Later*. Center for Strategic & International Studies. Jan. 2011. URL : http://csis.org/publication/cybersecurity-two-years-later.

[170] B. Laurie, A. Langley et E. Kasper. *RFC 6962 – Certificate Transparency*. Internet Engineering Task Force, juin 2013.

[171] Sophie Le Pallec. « La convergence des identifiants numériques ». In : *Actes du congrès JRES*. JRES. 2005. URL : http://2005.jres.org/slides/70.pdf.

[172] Legalis.net. *Legalis.net*. Éditions des Parques. Août 2006. URL : http://www.legalis.net.

[173] Lawrence Lessig. *The future of ideas – The fate of the commons in a connected world*. 352 pages. New York : Random House, 2001.

[174] John Leyden. *Backdoor root login found in Barracuda gear - and Barracuda is OK with this*. Jan. 2013. URL : http://www.theregister.co.uk/2013/01/24/barracuda_backdoor/.

[175] Michael W. Lucas. *PGP & GPG - Assurer la confidentialité de ses e-mails et de ses fichiers*. Paris : Eyrolles (traduit par Daniel Garance), 2006.

[176] Sebastien Macke. *Dumping Windows Credentials*. Déc. 2013. URL : https://www.securusglobal.com/community/2013/12/20/dumping-windows-credentials/.

[177] Anil Madhavapeddy et David J. Scott. « Unikernels : The Rise of the Virtual Library Operating System ». In : *Communications of the ACM* 57.1 (jan. 2014), p. 61–69. URL : http://queue.acm.org/detail.cfm?id=2566628.

[178] *Managing Trusts.* Mar. 2012. URL : https://technet.microsoft.com/en-us/library/cc771568.aspx.

[179] Aaron Margosis. *Why We're Not Recommending FIPS Mode Anymore.* Avr. 2014. URL : http://blogs.technet.com/b/secguide/archive/2014/04/07/why-we-re-not-recommending-fips-mode-anymore.aspx.

[180] Fabrice Mattatia. *Traitement des données personnelles : le guide juridique.* Paris : Eyrolles, 2013.

[181] Robert J. McEliece. *A Public-Key Cryptosystem Based On Algebraic Coding Theory.* Rapp. tech. 44. Jet Propulsion Lab., CA, 1978, p. 114–116.

[182] Alexander McKenzie. « INWG and the Conception of the Internet : An Eyewitness Account ». In : *IEEE Annals of the History of Computing* 33.1 (jan. 2011), p. 66–71. URL : http://alexmckenzie.weebly.com/inwg-and-the-conception-of-the-internet-an-eyewitness-account.html.

[183] Alfred J. Menezes, Paul C. van Oorschot et Scott A. Vanstone. *Handbook of Applied Cryptography.* Une introduction complète au sujet, disponible en consultation sur le Web. Boca Raton, Floride, États-Unis : CRC Press, 2001. URL : http://www.cacr.math.uwaterloo.ca/hac/.

[184] Joseph Menn. *Exclusive : Secret contract tied NSA and security industry pioneer.* Déc. 2013. URL : http://www.reuters.com/article/us-usa-security-rsa-idUSBRE9BJ1C220131220.

[185] Ralph Charles Merkle. « Secrecy, Authentication, and Pulic Key Systems. » Thèse de doct. 1979.

[186] Sean Metcalf. *It's All About Trust – Forging Kerberos Trust Tickets to Spoof Access across Active Directory Trusts.* Sept. 2015. URL : http://adsecurity.org/?p=1588.

[187] Sean Metcalf. *Kerberos Golden Tickets are Now More Golden.* Sept. 2015. URL : https://adsecurity.org/?p=1640.

[188] Sean Metcalf. *Windows 10 Microsoft Passport (aka Microsoft Next Generation Credential) In Detail.* Mai 2015. URL : https://adsecurity.org/?p=1535.

[189] *Mitigating Pass-the-Hash (PtH) Attacks and Other Credential Theft, Version 1 and 2.* Sept. 2015. URL : http://www.microsoft.com/en-us/download/details.aspx?id=36036.

[190]  Massimiliano MONTORO. *Cain & Abel*. Sept. 2015. URL : `http://www.oxid.it/cain.html`.

[191]  HD MOORE. *A Penetration Testers Guide to IPMI*. Juil. 2013. URL : `https://community.rapid7.com/community/metasploit/blog/2013/07/02/a-penetration-testers-guide-to-ipmi`.

[192]  *[MS-SFU] : Kerberos Protocol Extensions : Service for User and Constrained Delegation Protocol*. Juin 2015. URL : `https://msdn.microsoft.com/fr-fr/library/cc246071.aspx`.

[193]  MULTICIANS. *Multics*. Multicians. 2006. URL : `http://www.multicians.org/`.

[194]  *Murder in the Amazon Cloud*. Juin 2014. URL : `http://www.infoworld.com/article/2608076/data-center/murder-in-the-amazon-cloud.html`.

[195]  *National Industrial Security Program – Operating Manual*. DoD 5220.22-M. US Department of Defense – Under Secretary of Defense, fév. 2006. URL : `http://www.dss.mil/documents/odaa/nispom2006-5220.pdf`.

[196]  NATIONAL INSTITUTE OF STANDARDS AND TECHNOLOGY. *FIPS PUB 180-1 : Secure Hash Standard*. Avr. 1995.

[197]  NATIONAL INSTITUTE OF STANDARDS AND TECHNOLOGY. *The Digital Signature Standard*. Juil. 2013.

[198]  NATIONAL INSTITUTE OF STANDARDS AND TECHNOLOGY. *FIPS PUB 202 : SHA-3 Standard : Permutation-Based Hash and Extendable-Output Functions*. Août 2015.

[199]  Jeff Larson NICOLE PERLROTH et Scott SHANE. *Secret Documents Reveal N.S.A. Campaign Against Encryption*. Sept. 2013. URL : `http://www.nytimes.com/interactive/2013/09/05/us/documents-reveal-nsa-campaign-against-encryption.html?_r=0`.

[200]  NSA. *NSA ANT Catalog*. Déc. 2013. URL : `http://cryptome.org/2013/12/nsa-catalog.zip`.

[201]  *NT LAN Manager*. Sept. 2015. URL : `https://en.wikipedia.org/wiki/NT_LAN_Manager`.

[202]  Michael J. O'DONNELL. « Separate Handles from Names on the Internet ». In : *Communications of the ACM* 48.12 (déc. 2005), p. 79–83.

[203]  Oren OFER. *NTLM Based Authentication in Web Applications : The Good, The Bad and the NHASTIE*. Jan. 2014. URL : `https://www.owasp.org/images/3/37/OWASP-IL-2014-01_nhastie-presentation.pdf`.

[204]  OpenStack. *OpenStack High Availability Guide*. Mar. 2016. URL : `http://docs.openstack.org/ha-guide/`.

[205]  *Ophcrack*. Sept. 2015. URL : `http://ophcrack.sourceforge.net/`.

[206]  *Password guidance - Simplifying your approach*. Sept. 2015. URL : `https://www.gov.uk/government/uploads/system/uploads/attachment_data/file/458857/Password_guidance_-_simplifying_your_approach.pdf`.

[207]  *Password Replication Policy*. Juil. 2010. URL : `https://technet.microsoft.com/en-us/library/cc730883(v=ws.10).aspx`.

[208]  Jacques Patarin. « Hidden Fields Equations (HFE) and Isomorphisms of Polynomials (IP) : Two New Families of Asymmetric Algorithms ». In : *Advances in Cryptology — EUROCRYPT '96*. T. 1070. Lecture Notes in Computer Science. Springer Berlin / Heidelberg, juil. 1996, p. 33–48.

[209]  *PC Inspector File Recovery*. 2015. URL : `http://www.pcinspector.de/?language=1`.

[210]  Colin Percival. *Stronger Key Derivation Via Sequential Memory-Hard Functions*. 2009.

[211]  *PhotoRec*. 2015. URL : `http://www.cgsecurity.org/wiki/PhotoRec_FR`.

[212]  Jacky Pierson et Robert Longeon. « La biométrie (suite) ». In : *Sécurité Informatique* (Avril 2004). Suite de l'article du bulletin de sécurité informatique du CNRS qui expose clairement les limites de la biométrie. URL : `http://www.sg.cnrs.fr/FSD/securite-systemes/revues-pdf/num48.pdf`.

[213]  *Pilfering Local Data*. Sept. 2015. URL : `http://www.irongeek.com/downloads/pilfering-local-data.pdf`.

[214]  Louis Pouzin. *Interconnection of Packet Switching Networks*. 42. International Packet Network Working Group (INWG), oct. 1973. URL : `http://www.xn--brwolff-5wa.de/public/pouzin-1973-catenet.html`.

[215]  W. Curtis Preston. *Using SANs and NAS*. Sebastopol, Calif. : O'Reilly, 2002.

[216]  *Principles to reset windows 7 password*. Nov. 2011. URL : `http://blog.password-buster.com/principles-to-reset-windows-7-password/`.

[217]  *Privacy that fits in your pocket*. Sept. 2015. URL : `https://whispersystems.org/`.

[218]  *Projet Tor*. Tor. Sept. 2015. URL : `http://www.torproject.org`.

[219]   Niels Provos et David Mazières. « A Future-adaptive Password Scheme ». In : *Proceedings of the Annual Conference on USENIX Annual Technical Conference*. ATEC '99. Monterey, California : USENIX Association, 1999, p. 32–32. URL : `http://dl.acm.org/citation.cfm?id=1268708.1268740`.

[220]   Rainbow Tables *probabilistes*. Juin 2011. URL : `https://www.sstic.org/media/SSTIC2011/SSTIC-actes/rainbow_tables_probabilistes/SSTIC2011-Article-rainbow_tables_probabilistes-schneider.pdf`.

[221]   Marcus J. Ranum. *The Six Dumbest Ideas in Computer Security*. Mar. 2009. URL : `http://www.ranum.com/security/computer_security/editorials/dumb/`.

[222]   Denis Réal et al. « La rétroconception de puces électroniques, le bras armé des attaques physiques ». In : *MISC*. Hors-série 7 (mai 2013).

[223]   *Recommandations pour la mise en œuvre d'une politique de restrictions logicielles sous Windows*. Sept. 2015. URL : `http://www.ssi.gouv.fr/guide/recommandations-pour-la-mise-en-oeuvre-dune-politique-de-restrictions-logicielles-sous-windows/`.

[224]   *Recommandations vis à vis de l'administration sécurisée*. Fév. 2015. URL : `http://www.ssi.gouv.fr/uploads/2015/02/2015-02-20_NP_SDE_DAT_NT_Archi_Admin.pdf`.

[225]   Yakov Rekhter et al. *RFC 1918 – Address Allocation for Private Internets*. Cette RFC remplace les 1597 et 1627 de 1994. Février 1996. URL : `http://www.ietf.org/rfc/rfc1918.txt`.

[226]   *Remediation Content*. Sept. 2015. URL : `https://benchmarks.cisecurity.org/downloads/remediation-content/`.

[227]   *RFC 4178*. Sept. 2015. URL : `https://www.ietf.org/rfc/rfc4178.txt`.

[228]   R. Rivest. *RFC 1321 – The MD5 Message-Digest Algorithm*. Internet Engineering Task Force, avr. 1992.

[229]   Ronald Rivest, Adi Shamir et Leonard Adleman. « A Method for Obtaining Digital Signatures and Public-Key Cryptosystems ». In : *CACM* 21.2 (fév. 1978). L'article fondateur, accessible en ligne ici. URL : `http://people.csail.mit.edu/rivest/Rsapaper.pdf`.

[230]   Michel Rocard. *Vers une société de la connaissance ouverte*. 5 avril 2007. URL : `http://technologieeducationculture.fr/Bibliotheque/RapportRocard.pdf`.

[231]   J. Rosenberg et al. *RFC 5389 – Session Traversal Utilities for NAT (STUN)*. Oct. 2008. URL : `http://www.ietf.org/rfc/rfc5389.txt`.

[232] Dan ROSENDORF. *Bitlocker : A little about the internals and what changed in Windows 8*. Mai 2013. URL : http://spi.unob.cz/presentations/23-May/07-Rosendorf%20The%C2%A0BitLocker%C2%A0Schema.pdf.

[233] Guillaume ROSS. *How to Deploy Microsoft EMET*. Sept. 2015. URL : https://www.rapid7.com/resources/videos/how-to-deploy-microsoft-emet.jsp.

[234] Nicolas RUFF. « Sécurité du navigateur Chrome ». In : *MISC* 78 (mar. 2015), p. 27–33.

[235] Mark E. RUSSINOVICH, David A. SOLOMON et Alex IONESCU. *Windows Internals*. 6th. Redmond : Microsoft Press, 2012.

[236] Joanna RUTKOWSKA. *Intel x86 considered harmful*. Oct. 2015. URL : http://blog.invisiblethings.org/papers/2015/x86_harmful.pdf.

[237] Joanna RUTKOWSKA. *State considered harmful – A proposal for a stateless laptop*. Déc. 2015. URL : http://blog.invisiblethings.org/2015/12/23/state_harmful.html.

[238] Joanna RUTKOWSKA, Marek MARCZYKOWSKI et Wojciech PORCZYK. *Qubes OS Project*. Sept. 2015. URL : https://www.qubes-os.org/.

[239] Kavé SALAMATIAN. « Internet et la réinvention de la géographie ». In : *Nouvelle Revue de Géopolitique* (jan. 2013). URL : http://kave.salamatian.org/wordpress/?p=6.

[240] Cliff SARAN. « BP turns its back on traditional IT security with Internet access to company systems ». In : *Computer Weekly* (sept. 2004).

[241] Hervé SCHAUER. *Le marché de la sécurité*. FIC 2013. Fév. 2013. URL : http://www.dailymotion.com/video/xx55nb_le-marche-de-la-securite_tech#.USTmLn2sNQI.

[242] Bruce SCHNEIER. *Secrets et mensonges – Sécurité numérique dans un monde en réseau*. Traduction de Gabriel Otman et Jean-Jacques Quisquater. New York (Paris) : John Wiley & Sons (Vuibert pour la traduction française), 2000 (2001).

[243] Bruce SCHNEIER. *Computer Security : Will We Ever Learn ?* Mai 2000. URL : https://www.schneier.com/crypto-gram/archives/2000/0515.html.

[244] Bruce SCHNEIER. *Password Advice*. Août 2009. URL : https://www.schneier.com/blog/archives/2009/08/password_advice.html.

[245] Bruce SCHNEIER. *Changing Password*. Nov. 2010. URL : https://www.schneier.com/blog/archives/2010/11/changing_passwo.html.

[246] Bruce SCHNEIER. *The Internet is a surveillance state*. Mar. 2013. URL : http://us.cnn.com/2013/03/16/opinion/schneier-internet-surveillance.

[247] Bruce SCHNEIER. *Choosing Secure Password*. Mar. 2014. URL : `https://www.schneier.com/blog/archives/2014/03/choosing_secure_1.html`.

[248] Bruce SCHNEIER. *The Future of Incident Response*. Nov. 2014. URL : `https://www.schneier.com/blog/archives/2014/11/the_future_of_i.html`.

[249] Bruce SCHNEIER. *Back Door in Juniper Firewalls*. Déc. 2015. URL : `https://www.schneier.com/blog/archives/2015/12/back_door_in_ju.html`.

[250] Bruce SCHNEIER. *Can the NSA Break Microsoft's BitLocker?* Mar. 2015. URL : `https://www.schneier.com/blog/archives/2015/03/can_the_nsa_bre_1.html`.

[251] *Secure Your WSUS Deployment*. Sept. 2015. URL : `https://technet.microsoft.com/en-us/library/cc708550(v=ws.10).aspx`.

[252] *Securing Remote Desktop for System Administrators*. Août 2015. URL : `https://security.berkeley.edu/content/securing-remote-desktop-system-administrators`.

[253] *Security Technical Implementation Guides (STIGs) - Windows*. Jan. 2015. URL : `http://iase.disa.mil/stigs/os/windows/Pages/index.aspx`.

[254] *Set Up a Disconnected Network (Import and Export the Updates)*. Sept. 2015. URL : `https://technet.microsoft.com/fr-fr/library/Dd939873(v=WS.10).aspx`.

[255] Peter W. SHOR. « Polynomial-Time Algorithms for Prime Factorization and Discrete Logarithms on a Quantum Computer ». In : *SIAM J. Comput.* 26.5 (oct. 1997), p. 1484–1509.

[256] Avi SILBERSCHATZ, Peter GALVIN et Greg GAGNE. *Principes appliqués des systèmes d'exploitation*. Paris : Vuibert (pour la traduction française), 2001.

[257] Laurent SIMON et Ross ANDERSON. *Security Analysis of Android Factory Resets*. Cambridge University. URL : `http://www.cl.cam.ac.uk/~rja14/Papers/fr_most15.pdf`.

[258] Simon SINGH. *The Code Book (Histoire des codes secrets)*. Un ouvrage de vulgarisation passionnant. Paris : J.-C. Lattès (pour la traduction française), 1999.

[259] SOCIÉTÉ EUROPÉENNE DE L'INTERNET. « Le nouveau DNS chinois ». In : *TIC & Développement* (nov. 2009). URL : `http://www.tic.ird.fr/spip7459.html?article324`.

[260] *Sony Hack : What We Know*. Déc. 2014. URL : `http://www.wired.com/2014/12/sony-hack-what-we-know/`.

[261]  SOPHOS. *Rapport 2014 sur les menaces à la sécurité*. 2015. URL : `https://www.sophos.com/fr-fr/threat-center/medialibrary/PDFs/other/sophos-security-threat-report-2014.pdf`.

[262]  *Specifying Security and Administrative Boundaries*. Déc. 2007. URL : `https://technet.microsoft.com/en-us/library/cc755979(v=ws.10).aspx`.

[263]  *Spider Labs*. Sept. 2015. URL : `https://github.com/SpiderLabs/Responder`.

[264]  Pyda SRISURESH et Kjeld Borch EGEVANG. *RFC 3022 – Traditional IP Network Address Translator (Traditional NAT)*. Jan. 2001. URL : `http://www.ietf.org/rfc/rfc3022.txt`.

[265]  Ross STAPLETON-GRAY et William WOODCOCK. « National Internet Defense – Small States on the Skirmish Line ». In : *CACM* 54.3 (mar. 2011), p. 50–55.

[266]  *Stratégies d'authentification et silos de stratégies d'authentification*. 2015. URL : `https://technet.microsoft.com/fr-fr/library/dn486813.aspx`.

[267]  Vanja SVAJCER. *Rapport Sophos sur les menaces à la sécurité mobile*. Sophos. 2015. URL : `https://www.sophos.com/fr-fr/medialibrary/PDFs/other/sophos-mobile-security-threat-report.pdf`.

[268]  SYMANTEC. *W32 :Stuxnet*. Juil. 2010. URL : `http://www.symantec.com/security_response/writeup.jsp?docid=2010-071400-3123-99`.

[269]  Michael SZYDLO. « SHA-1 Collisions can be Found in $2^{63}$ Operations ». In : *RSA Laboratories* (jan. 2011). URL : `http://www.rsasecurity.com/rsalabs/node.asp?id=2927`.

[270]  *Tails : The amnesic incognito live system*. Nov. 2015. URL : `https://tails.boum.org/`.

[271]  Andrew S. TANENBAUM. *Réseaux*. Paris : Pearson Education (pour la traduction française), 2003.

[272]  Willy TARREAU. « Fiabiliser son infrastructure Web avec HAProxy ». In : *MISC* 84 (mar. 2016). URL : `http://www.haproxy.org/`.

[273]  *The Mystery of Duqu 2.0, a Sophisticated Cyberespionage Returns*. Juin 2015. URL : `https://securelist.com/files/2015/06/The_Mystery_of_Duqu_2_0_a_sophisticated_cyberespionage_actor_returns.pdf`.

[274]  *The TLS Protocol Version 1.0*. 1999.

[275]  Ken THOMPSON. *Reflections on Trusting Trust*. Août 1984. URL : `https://www.ece.cmu.edu/~ganger/712.fall02/papers/p761-thompson.pdf`.

[276]   Nishant THORAT, Arvind RAGHAVENDRAN et Nigel GROVES. « Offline Management in Virtualized Environments - How to run virtual machines together with physical machines, especially when sharing computational resources ». In : *Communications of the ACM* 56.4 (avr. 2013), p. 75–81.

[277]   Eneken TIKK, Kadri KASKA et Liis VIHUL. *International Cyber Incidents : Legal Considerations*. Tallinn, Estonie : NATO Cooperative Cyber Defence Centre of Excellence, 2011. URL : http://www.ccdcoe.org/231.html.

[278]   Roland TOPOR. *Le sacré livre de Prouto*. Paris : Syros, 1990.

[279]   *Understanding "Read Only Domain Controller" authentication*. Jan. 2008. URL : http://blogs.technet.com/b/askds/archive/2008/01/18/understanding-read-only-domain-controller-authentication.aspx.

[280]   *Understanding Trust Direction*. Mar. 2012. URL : https://technet.microsoft.com/en-us/library/cc731404.aspx,%20https://technet.microsoft.com/en-us/library/cc754612.aspx.

[281]   *Using Certificates with BitLocker*. Nov. 2009. URL : https://technet.microsoft.com/en-us/library/dd875548(v=ws.10).aspx.

[282]   Serge VAUDENAY. « Security Flaws Induced by CBC Padding - Applications to SSL, IPSEC, WTLS ... » In : *Eurocrypt 2002*. T. 2332. LNCS. 2002, p. 534–.

[283]   Daniel VENTRE. « Guerre de l'information et cyberguerre : les deux Corées face à face ». In : *MISC* 55 (mai 2011), p. 62–71.

[284]   Daniel VENTRE. « Stuxnet : interprétations ». In : *MISC* 53 (jan. 2011), p. 53–63.

[285]   Michel VOLLE. *e-conomie*. Une analyse économique informée et pénétrante des nouvelles technologies par un maître de l'économétrie et de la statistique, disponible en ligne. Paris : Economica, 2000. URL : http://www.volle.com/ouvrages/e-conomie/table.htm.

[286]   Michel VOLLE. *De l'informatique*. Paris : Economica, 2006.

[287]   D. WAGNER et B. SCHNEIER. « Analysis of the SSL 3.0 Protocol ». In : *USENIX Workshop on Electronic Commerce*. 1996, p. 29–40.

[288]   Xiaoyun WANG, Andrew YAO et Frances YAO. « New Collision search for SHA-1 ». In : *Crypto'05*. 2005.

[289]   Xiaoyun WANG, Yiqun Lisa YIN et Hongbo YU. « Finding Collisions in the Full SHA-1 ». In : *Advances in Cryptology – Crypto'05*. 2005. URL : http://people.csail.mit.edu/yiqun/SHA1AttackProceedingVersion.pdf.

[290]  *Wassenaar Arrangement on Export Controls for Conventional Arms and Dual-Use Goods and Technologies*. Déc. 1995. URL : `http://www.wassenaar.org/introduction/index.html`.

[291]  *What Are Domains and Forests ?* Nov. 2014. URL : `https://technet.microsoft.com/en-us/library/cc759073(v=ws.10).aspx`.

[292]  *What are Operations Masters ?* Nov. 2014. URL : `https://technet.microsoft.com/en-us/library/cc779716(v=ws.10).aspx`.

[293]  Linux ATA WIKI. « ATA Secure Erase ». In : (2015). URL : `https://ata.wiki.kernel.org/index.php/ATA_Secure_Erase`.

[294]  WIKIPÉDIA. « SHA-2 ». In : *Wikipédia* (Avril 2011). URL : `http://en.wikipedia.org/wiki/SHA-2`.

[295]  Ben WILLIAMS. *Symantec Messaging Gateway SSH with backdoor user account + privilege escalation to root due to very old Kernel*. Nov. 2012. URL : `https://www.nccgroup.trust/au/our-research/symantec-messaging-gateway-ssh-with-backdoor-user-account-privilege-escalation-to-root-due-to-very-old-kernel/`.

[296]  Chris WILLIAMS. *AMD to fix slippery hypervisor-busting bug in its CPU microcode*. Mar. 2016. URL : `http://www.theregister.co.uk/2016/03/06/amd_microcode_6000836_fix/`.

[297]  *Windows 7 UAC whitelist : Code-injection Issue, Anti-Competitive API, Security Theatre*. Sept. 2015. URL : `http://www.pretentiousname.com/misc/win7_uac_whitelist2.html`.

[298]  *Windows Remote Desktop Heroes and Villains*. Déc. 2007. URL : `http://www.sans.org/reading-room/whitepapers/windows/windows-remote-desktop-heroes-villains-2026`.

[299]  *Windows Server 2012 R2 Hardening Checklist*. Sept. 2015. URL : `https://wikis.utexas.edu/display/ISO/Windows+Server+2012+R2+Hardening+Checklist`.

[300]  Philippe WOLF. « De l'authentification biométrique ». In : *Sécurité Informatique* (oct. 2003). NDA : cet article du bulletin de sécurité informatique du CNRS expose clairement les limites de la biométrie. URL : `http://www.sg.cnrs.fr/FSD/securite-systemes/revues-pdf/num46.pdf`.

[301]  Craig WRIGHT, Dave KLEIMAN et Shyaam SUNDHAR R.S. « Overwriting Hard Drive Data : The Great Wiping Controversy ». In : *Lecture Notes in Computer Science*. ICISS-2008. Springer Verlag, 2008. URL : `http://computer-forensics.sans.org/blog/2009/01/15/overwriting-hard-drive-data/`.

[302]   P. YEE. *RFC 6818 – Updates to the Internet X.509 Public Key Infrastructure Certificate and Certificate Revocation List (CRL) Profile.* Internet Engineering Task Force, jan. 2013.

[303]   Alessandro ZANNI. *LaZagne.* 2015. URL : https://github.com/AlessandroZ/LaZagne.

Imprimé en Allemagne par BoD
N° d'imprimeur : 154179
Dépôt légal :janvier 2019